CHINA'S E-GOVERNMENT

中国电子政务年鉴（2019）

YEARBOOK（2019）

中国计算机用户协会政务信息化分会
（电子政务理事会）　组织编写

知识产权出版社
全国百佳图书出版单位
—北京—

图书在版编目（CIP）数据

中国电子政务年鉴. 2019 / 中国计算机用户协会政务信息化分会（电子政务理事会）组织编写 . —北京：知识产权出版社，2020.8

ISBN 978-7-5130-7046-1

Ⅰ. ①中… Ⅱ. ①中… Ⅲ. ①电子政务—中国— 2019 —年鉴 Ⅳ. ① D63-39

中国版本图书馆 CIP 数据核字（2020）第 119879 号

责任编辑：于晓菲　李　娟　　　　**责任印制**：刘译文

中国电子政务年鉴（2019）

ZHONGGUO DIANZI ZHENGWU NIANJIAN（2019）

中国计算机用户协会政务信息化分会（电子政务理事会） 组织编写

出版发行：知识产权出版社有限责任公司	**网　　址**：http：//www.ipph.cn
	http：//www.laichushu.com
电　　话：010–82004826	
社　　址：北京市海淀区气象路 50 号院	**邮　　编**：100081
责编电话：010–82000860 转 8363	**责编邮箱**：laichushu@cnipr.com
发行电话：010–82000860 转 8101	**发行传真**：010–82000893
印　　刷：三河市国英印务有限公司	**经　　销**：各大网上书店、新华书店及相关专业书店
开　　本：787mm × 1092mm　1/16	**印　　张**：39.25
版　　次：2020 年 8 月第 1 版	**印　　次**：2020 年 8 月第 1 次印刷
字　　数：800 千字	**定　　价**：450.00 元

ISBN 978-7-5130-7046-1

编 委 会

前 言

2019年，是中国政府数字化转型中重要的一年。

如果说，通过2017—2018年两年政府推进“互联网+政务服务”，大大地便利了企业和个人借助互联网与移动端将服务诉求接入到政府服务“一网通办”平台，实现“老百姓不跑，数据跑”，那么，对2019年的电子政务来说，政务服务（工单）和政府数据（电子工单）的整合，从高数字化的网办平台到低数字化的政务大厅，从业务的联结到数据共享，切实保障整个政务服务体系中“数据跑，人不跑”，是当前政府数字化转型的发展主线。

对于2019年的政务信息化工作来说，可以用到两个关键词——“数据”和“服务”。截至2019年年底，31个省（区、市）有22个成立了数据管理机构。其中，行政单位性质机构13个，事业单位性质机构8个，法定机构1个。显示出地方政府加大了政务数据整合的力度，力图在政务信息系统整合共享上做实，推动“数据跑，老百姓不跑”的利企便民的政务服务一体化。

我们看到，全国各地纷纷升级“行政服务中心”、行政审批局，搞“大审批”，强调“大厅之外无审批”；各省（区、市）基本上都成立了“行政服务管理局”，或者职能类似的机构，成倍“购买人力资源”，扩大政务服务队伍，包括各地的政务服务热线也同步整合到政务服务局或服务中心。2019年，我国的服务型政府建设确实有了一个大升级，数万平方米的服务大厅，跨部门、跨层级的服务热线，城市“一网通办”和App不断升级。部门业务不断被要求依托上级或同级政府的“一网通办”平台或者是服务一体化平台来办理或受理，政府的数字化转型确实有了大起步。所以说，“数据”和“服务”构成了2019年中国电子政务的主要看点。

但是，多年来我国电子政务在前期发展中形成的纵（部门）强、横（地方）弱的格局，使得政务数据沉淀在部门而不是政府；政务数据越来越趋于集中到国家部门而不是具有辖地的城市或城区，当前政府的数字化转型遇到一个发展瓶颈：地方政府所拥有的政务数据不足，大数据建设和应用缺乏本地的数据资源。一方面，当前区（县）政府的大数据机构的一个常态化工作就是把本地的数据从省级部门协调回来，且返回的数据质量没有保证；另一方面，区（县）政务服务局在履职受理和预审业务时，无法将数据本地化，即便是打通部门的业务接口，也难以保存数据。且不说打通部门的业务接口确实存在协调难、操作周期长、投入成本大和可能存在的安全风险，这样在政府服务大厅的综合窗口与部门审批的前后台之间、在街道的政府综合窗口与部门分厅之间，数据跑不起来，纸质审批文件流转不畅，“二次录入”“人跑数据不跑”现象大量存在。

另外，数据越来越集中在部门和省级机构，服务数据没有下沉到基层和本地。基层政务服务很难复用政府数据来提升办事效率，必然造成地市、县级政府的大数据局（中心）无数据、无业务。在大多数的政务服务大厅，一窗、一站式行政审批中流转的不是数据（电子工单），而是密集的服务人员和大量纸质文件，电子签名、电子证照、在线审批覆盖率严重不足，以致形成行政投入的边际效益越来越低。

当然，回首2019年，展望未来，发展是主流，当前的短板是今后发展的动力，我们需要思考在构建新的政府数据治理体系时，如何逐步改变人力密集型发展方式。借鉴部门数字化的经验，提升“一网通办”平台和综合窗口受理业务的数字化水平，推行电子工单和无纸化审批业务流转，通过更多便捷智能化手段，做实行政审批和公共服务业务的数字化；少购买人力资源服务，多使用数字化劳动力与智能化服务工具。通过鼓励、引导、支持政务数据的本地化真正高效地实现“数据跑，人不跑”，大大降低行政成本，提高行政效能，建成高效智能的服务型政府。

电子政务理事会秘书长

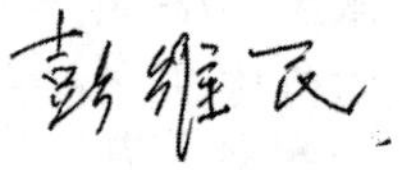

2020年5月

目　录

第一篇　政策文件

· 国务院 ·

第二篇　发展综述

第三篇　中央国家机关电子政务发展概况

第四篇　地方电子政务发展概况

第五篇　中央国家机关电子政务专项成果

·（一）智慧法院建设专项成果·

第八篇 年度发布

·2019 年电子政务年度人物·

第一篇

政策文件

中华人民共和国国务院令

第 711 号

现公布修订后的《中华人民共和国政府信息公开条例》，自 2019 年 5 月 15 日起施行。

总理　李克强

2019 年 4 月 3 日

中华人民共和国政府信息公开条例※

（2007 年 4 月 5 日中华人民共和国国务院令第 492 号公布　2019 年 4 月 3 日中华人民共和国国务院令第 711 号修订）

第一章　总　　则

第一条　为了保障公民、法人和其他组织依法获取政府信息，提高政府工作的透明度，建设法治政府，充分发挥政府信息对人民群众生产、生活和经济社会活动的服务作用，制定本条例。

第二条　本条例所称政府信息，是指行政机关在履行行政管理职能过程中制作或者获取的，以一定形式记录、保存的信息。

第三条　各级人民政府应当加强对政府信息公开工作的组织领导。

国务院办公厅是全国政府信息公开工作的主管部门，负责推进、指导、协调、监督全国的政府信息公开工作。

县级以上地方人民政府办公厅（室）是本行政区域的政府信息公开工作主管部门，负责推进、指导、协调、监督本行政区域的政府信息公开工作。

实行垂直领导的部门的办公厅（室）主管本系统的政府信息公开工作。

第四条　各级人民政府及县级以上人民政府部门应当建立健全本行政机关的政府信息公开工作制度，并指定机构（以下统称政府信息公开工作机构）负责本行政机关政府信息公开的日常工作。

政府信息公开工作机构的具体职能是：

（一）办理本行政机关的政府信息公开事宜；

（二）维护和更新本行政机关公开的政府信息；

※　来源：中华人民共和国中央人民政府网，http：//www.gov.cn/zhengce/content/2019-04/15/content_5382991.htm.

（三）组织编制本行政机关的政府信息公开指南、政府信息公开目录和政府信息公开工作年度报告；

（四）组织开展对拟公开政府信息的审查；

（五）本行政机关规定的与政府信息公开有关的其他职能。

第五条　行政机关公开政府信息，应当坚持以公开为常态、不公开为例外，遵循公正、公平、合法、便民的原则。

第六条　行政机关应当及时、准确地公开政府信息。

行政机关发现影响或者可能影响社会稳定、扰乱社会和经济管理秩序的虚假或者不完整信息的，应当发布准确的政府信息予以澄清。

第七条　各级人民政府应当积极推进政府信息公开工作，逐步增加政府信息公开的内容。

第八条　各级人民政府应当加强政府信息资源的规范化、标准化、信息化管理，加强互联网政府信息公开平台建设，推进政府信息公开平台与政务服务平台融合，提高政府信息公开在线办理水平。

第九条　公民、法人和其他组织有权对行政机关的政府信息公开工作进行监督，并提出批评和建议。

第二章　公开的主体和范围

第十条　行政机关制作的政府信息，由制作该政府信息的行政机关负责公开。行政机关从公民、法人和其他组织获取的政府信息，由保存该政府信息的行政机关负责公开；行政机关获取的其他行政机关的政府信息，由制作或者最初获取该政府信息的行政机关负责公开。法律、法规对政府信息公开的权限另有规定的，从其规定。

行政机关设立的派出机构、内设机构依照法律、法规对外以自己名义履行行政管理职能的，可以由该派出机构、内设机构负责与所履行行政管理职能有关的政府信息公开工作。

两个以上行政机关共同制作的政府信息，由牵头制作的行政机关负责公开。

第十一条　行政机关应当建立健全政府信息公开协调机制。行政机关公开政府信息涉及其他机关的，应当与有关机关协商、确认，保证行政机关公开的政府信息准确一致。

行政机关公开政府信息依照法律、行政法规和国家有关规定需要批准的，经批准予以公开。

第十二条　行政机关编制、公布的政府信息公开指南和政府信息公开目录应当及时更新。

政府信息公开指南包括政府信息的分类、编排体系、获取方式和政府信息公开工作机构的名称、办公地址、办公时间、联系电话、传真号码、互联网联系方式等内容。

政府信息公开目录包括政府信息的索引、名称、内容概述、生成日期等内容。

第十三条　除本条例第十四条、第十五条、第十六条规定的政府信息外，政府信息应当公开。

行政机关公开政府信息，采取主动公开和依申请公开的方式。

第十四条　依法确定为国家秘密的政府信息，法律、行政法规禁止公开的政府信息，以及公开后可能危及国家安全、公共安全、经济安全、社会稳定的政府信息，不予公开。

第十五条　涉及商业秘密、个人隐私等公开会对第三方合法权益造成损害的政府信息，行政机关不得公开。但是，第三方同意公开或者行政机关认为不公开会对公共利益造成重大影响的，予以公开。

第十六条　行政机关的内部事务信息，包括人事管理、后勤管理、内部工作流程等方面的信息，可以不予公开。

行政机关在履行行政管理职能过程中形成的讨论记录、过程稿、磋商信函、请示报告等过程性信息以及行政执法案卷信息，可以不予公开。法律、法规、规章规定上述信息应当公开的，从其规定。

第十七条　行政机关应当建立健全政府信息公开审查机制，明确审查的程序和责任。

行政机关应当依照《中华人民共和国保守国家秘密法》以及其他法律、法规和国家有关规定对拟公开的政府信息进行审查。

行政机关不能确定政府信息是否可以公开的，应当依照法律、法规和国家有关规定报有关主管部门或者保密行政管理部门确定。

第十八条　行政机关应当建立健全政府信息管理动态调整机制，对本行政机关不予公开的政府信息进行定期评估审查，对因情势变化可以公开的政府信息应当公开。

第三章　主动公开

第十九条　对涉及公众利益调整、需要公众广泛知晓或者需要公众参与决策的政府信息，行政机关应当主动公开。

第二十条　行政机关应当依照本条例第十九条的规定，主动公开本行政机关的下列政府信息：

（一）行政法规、规章和规范性文件；

（二）机关职能、机构设置、办公地址、办公时间、联系方式、负责人姓名；

（三）国民经济和社会发展规划、专项规划、区域规划及相关政策；

（四）国民经济和社会发展统计信息；

（五）办理行政许可和其他对外管理服务事项的依据、条件、程序以及办理结果；

（六）实施行政处罚、行政强制的依据、条件、程序以及本行政机关认为具有一定社会影响的行政处罚决定；

（七）财政预算、决算信息；

（八）行政事业性收费项目及其依据、标准；

（九）政府集中采购项目的目录、标准及实施情况；

（十）重大建设项目的批准和实施情况；

（十一）扶贫、教育、医疗、社会保障、促进就业等方面的政策、措施及其实施情况；

（十二）突发公共事件的应急预案、预警信息及应对情况；

（十三）环境保护、公共卫生、安全生产、食品药品、产品质量的监督检查情况；

（十四）公务员招考的职位、名额、报考条件等事项以及录用结果；

（十五）法律、法规、规章和国家有关规定规定应当主动公开的其他政府信息。

第二十一条 除本条例第二十条规定的政府信息外，设区的市级、县级人民政府及其部门还应当根据本地方的具体情况，主动公开涉及市政建设、公共服务、公益事业、土地征收、房屋征收、治安管理、社会救助等方面的政府信息；乡（镇）人民政府还应当根据本地方的具体情况，主动公开贯彻落实农业农村政策、农田水利工程建设运营、农村土地承包经营权流转、宅基地使用情况审核、土地征收、房屋征收、筹资筹劳、社会救助等方面的政府信息。

第二十二条 行政机关应当依照本条例第二十条、第二十一条的规定，确定主动公开政府信息的具体内容，并按照上级行政机关的部署，不断增加主动公开的内容。

第二十三条 行政机关应当建立健全政府信息发布机制，将主动公开的政府信息通过政府公报、政府网站或者其他互联网政务媒体、新闻发布会以及报刊、广播、电视等途径予以公开。

第二十四条 各级人民政府应当加强依托政府门户网站公开政府信息的工作，利用统一的政府信息公开平台集中发布主动公开的政府信息。政府信息公开平台应当具备信息检索、查阅、下载等功能。

第二十五条 各级人民政府应当在国家档案馆、公共图书馆、政务服务场所设置政府信息查阅场所，并配备相应的设施、设备，为公民、法人和其他组织获取政府信息提供便利。

行政机关可以根据需要设立公共查阅室、资料索取点、信息公告栏、电子信息屏等场所、设施，公开政府信息。

行政机关应当及时向国家档案馆、公共图书馆提供主动公开的政府信息。

第二十六条 属于主动公开范围的政府信息，应当自该政府信息形成或者变更之日起 20 个工作日内及时公开。法律、法规对政府信息公开的期限另有规定的，从其规定。

第四章　依申请公开

第二十七条 除行政机关主动公开的政府信息外，公民、法人或者其他组织可以向地方各级人民政府、对外以自己名义履行行政管理职能的县级以上人民政府部门（含本条例第十条第二款规定的派出机构、内设机构）申请获取相关政府信息。

第二十八条 本条例第二十七条规定的行政机关应当建立完善政府信息公开申请渠道，为申请人依法申请获取政府信息提供便利。

第二十九条 公民、法人或者其他组织申请获取政府信息的，应当向行政机关的政府信息公开工作机构提出，并采用包括信件、数据电文在内的书面形式；采用书面形式确有困难的，申请人可以口头提出，由受理该申请的政府信息公开工作机构代为填写政府信息公开申请。

政府信息公开申请应当包括下列内容：

（一）申请人的姓名或者名称、身份证明、联系方式；

（二）申请公开的政府信息的名称、文号或者便于行政机关查询的其他特征性描述；

（三）申请公开的政府信息的形式要求，包括获取信息的方式、途径。

第三十条　政府信息公开申请内容不明确的，行政机关应当给予指导和释明，并自收到申请之日起 7 个工作日内一次性告知申请人作出补正，说明需要补正的事项和合理的补正期限。答复期限自行政机关收到补正的申请之日起计算。申请人无正当理由逾期不补正的，视为放弃申请，行政机关不再处理该政府信息公开申请。

第三十一条　行政机关收到政府信息公开申请的时间，按照下列规定确定：

（一）申请人当面提交政府信息公开申请的，以提交之日为收到申请之日；

（二）申请人以邮寄方式提交政府信息公开申请的，以行政机关签收之日为收到申请之日；以平常信函等无须签收的邮寄方式提交政府信息公开申请的，政府信息公开工作机构应当于收到申请的当日与申请人确认，确认之日为收到申请之日；

（三）申请人通过互联网渠道或者政府信息公开工作机构的传真提交政府信息公开申请的，以双方确认之日为收到申请之日。

第三十二条　依申请公开的政府信息公开会损害第三方合法权益的，行政机关应当书面征求第三方的意见。第三方应当自收到征求意见书之日起 15 个工作日内提出意见。第三方逾期未提出意见的，由行政机关依照本条例的规定决定是否公开。第三方不同意公开且有合理理由的，行政机关不予公开。行政机关认为不公开可能对公共利益造成重大影响的，可以决定予以公开，并将决定公开的政府信息内容和理由书面告知第三方。

第三十三条　行政机关收到政府信息公开申请，能够当场答复的，应当当场予以答复。

行政机关不能当场答复的，应当自收到申请之日起 20 个工作日内予以答复；需要延长答复期限的，应当经政府信息公开工作机构负责人同意并告知申请人，延长的期限最长不得超过 20 个工作日。

行政机关征求第三方和其他机关意见所需时间不计算在前款规定的期限内。

第三十四条　申请公开的政府信息由两个以上行政机关共同制作的，牵头制作的行政机关收到政府信息公开申请后可以征求相关行政机关的意见，被征求意见机关应当自收到征求意见书之日起 15 个工作日内提出意见，逾期未提出意见的视为同意公开。

第三十五条　申请人申请公开政府信息的数量、频次明显超过合理范围，行政机关可以要求申请人说明理由。行政机关认为申请理由不合理的，告知申请人不予处理；行政机关认为申请理由合理，但是无法在本条例第三十三条规定的期限内答复申请人的，可以确定延迟答复的合理期限并告知申请人。

第三十六条　对政府信息公开申请，行政机关根据下列情况分别作出答复：

（一）所申请公开信息已经主动公开的，告知申请人获取该政府信息的方式、途径；

（二）所申请公开信息可以公开的，向申请人提供该政府信息，或者告知申请人获取该政府信息的方式、途径和时间；

（三）行政机关依据本条例的规定决定不予公开的，告知申请人不予公开并说明理由；

（四）经检索没有所申请公开信息的，告知申请人该政府信息不存在；

（五）所申请公开信息不属于本行政机关负责公开的，告知申请人并说明理由；能够确定负责公开该政府信息的行政机关的，告知申请人该行政机关的名称、联系方式；

（六）行政机关已就申请人提出的政府信息公开申请作出答复、申请人重复申请公开相同政府信息的，告知申请人不予重复处理；

（七）所申请公开信息属于工商、不动产登记资料等信息，有关法律、行政法规对信息的获取有特别规定的，告知申请人依照有关法律、行政法规的规定办理。

第三十七条 申请公开的信息中含有不应当公开或者不属于政府信息的内容，但是能够作区分处理的，行政机关应当向申请人提供可以公开的政府信息内容，并对不予公开的内容说明理由。

第三十八条 行政机关向申请人提供的信息，应当是已制作或者获取的政府信息。除依照本条例第三十七条的规定能够作区分处理的外，需要行政机关对现有政府信息进行加工、分析的，行政机关可以不予提供。

第三十九条 申请人以政府信息公开申请的形式进行信访、投诉、举报等活动，行政机关应当告知申请人不作为政府信息公开申请处理并可以告知通过相应渠道提出。

申请人提出的申请内容为要求行政机关提供政府公报、报刊、书籍等公开出版物的，行政机关可以告知获取的途径。

第四十条 行政机关依申请公开政府信息，应当根据申请人的要求及行政机关保存政府信息的实际情况，确定提供政府信息的具体形式；按照申请人要求的形式提供政府信息，可能危及政府信息载体安全或者公开成本过高的，可以通过电子数据以及其他适当形式提供，或者安排申请人查阅、抄录相关政府信息。

第四十一条 公民、法人或者其他组织有证据证明行政机关提供的与其自身相关的政府信息记录不准确的，可以要求行政机关更正。有权更正的行政机关审核属实的，应当予以更正并告知申请人；不属于本行政机关职能范围的，行政机关可以转送有权更正的行政机关处理并告知申请人，或者告知申请人向有权更正的行政机关提出。

第四十二条 行政机关依申请提供政府信息，不收取费用。但是，申请人申请公开政府信息的数量、频次明显超过合理范围的，行政机关可以收取信息处理费。

行政机关收取信息处理费的具体办法由国务院价格主管部门会同国务院财政部门、全国政府信息公开工作主管部门制定。

第四十三条 申请公开政府信息的公民存在阅读困难或者视听障碍的，行政机关应当为其提供必要的帮助。

第四十四条 多个申请人就相同政府信息向同一行政机关提出公开申请，且该政府信息属于可以公开的，行政机关可以纳入主动公开的范围。

对行政机关依申请公开的政府信息，申请人认为涉及公众利益调整、需要公众广泛知晓或者需要公众参与决策的，可以建议行政机关将该信息纳入主动公开的范围。行政机关经审核认为属于主动公开范围的，应当及时主动公开。

第四十五条　行政机关应当建立健全政府信息公开申请登记、审核、办理、答复、归档的工作制度，加强工作规范。

第五章　监督和保障

第四十六条　各级人民政府应当建立健全政府信息公开工作考核制度、社会评议制度和责任追究制度，定期对政府信息公开工作进行考核、评议。

第四十七条　政府信息公开工作主管部门应当加强对政府信息公开工作的日常指导和监督检查，对行政机关未按照要求开展政府信息公开工作的，予以督促整改或者通报批评；需要对负有责任的领导人员和直接责任人员追究责任的，依法向有权机关提出处理建议。

公民、法人或者其他组织认为行政机关未按照要求主动公开政府信息或者对政府信息公开申请不依法答复处理的，可以向政府信息公开工作主管部门提出。政府信息公开工作主管部门查证属实的，应当予以督促整改或者通报批评。

第四十八条　政府信息公开工作主管部门应当对行政机关的政府信息公开工作人员定期进行培训。

第四十九条　县级以上人民政府部门应当在每年1月31日前向本级政府信息公开工作主管部门提交本行政机关上一年度政府信息公开工作年度报告并向社会公布。

县级以上地方人民政府的政府信息公开工作主管部门应当在每年3月31日前向社会公布本级政府上一年度政府信息公开工作年度报告。

第五十条　政府信息公开工作年度报告应当包括下列内容：

（一）行政机关主动公开政府信息的情况；

（二）行政机关收到和处理政府信息公开申请的情况；

（三）因政府信息公开工作被申请行政复议、提起行政诉讼的情况；

（四）政府信息公开工作存在的主要问题及改进情况，各级人民政府的政府信息公开工作年度报告还应当包括工作考核、社会评议和责任追究结果情况；

（五）其他需要报告的事项。

全国政府信息公开工作主管部门应当公布政府信息公开工作年度报告统一格式，并适时更新。

第五十一条　公民、法人或者其他组织认为行政机关在政府信息公开工作中侵犯其合法权益的，可以向上一级行政机关或者政府信息公开工作主管部门投诉、举报，也可以依法申请行政复议或者提起行政诉讼。

第五十二条　行政机关违反本条例的规定，未建立健全政府信息公开有关制度、机制的，由上一级行政机关责令改正；情节严重的，对负有责任的领导人员和直接责任人员依法给予处分。

第五十三条　行政机关违反本条例的规定，有下列情形之一的，由上一级行政机关责令改正；情节严重的，对负有责任的领导人员和直接责任人员依法给予处分；构成犯罪的，依法追究刑事责任：

（一）不依法履行政府信息公开职能；

（二）不及时更新公开的政府信息内容、政府信息公开指南和政府信息公开目录；

（三）违反本条例规定的其他情形。

第六章　附　则

第五十四条　法律、法规授权的具有管理公共事务职能的组织公开政府信息的活动，适用本条例。

第五十五条　教育、卫生健康、供水、供电、供气、供热、环境保护、公共交通等与人民群众利益密切相关的公共企事业单位，公开在提供社会公共服务过程中制作、获取的信息，依照相关法律、法规和国务院有关主管部门或者机构的规定执行。全国政府信息公开工作主管部门根据实际需要可以制定专门的规定。

前款规定的公共企事业单位未依照相关法律、法规和国务院有关主管部门或者机构的规定公开在提供社会公共服务过程中制作、获取的信息，公民、法人或者其他组织可以向有关主管部门或者机构申诉，接受申诉的部门或者机构应当及时调查处理并将处理结果告知申诉人。

第五十六条　本条例自 2019 年 5 月 15 日起施行。

中华人民共和国国务院令

第 716 号

现公布《国务院关于在线政务服务的若干规定》，自公布之日起施行。

总理　李克强

2019 年 4 月 26 日

国务院关于在线政务服务的若干规定 ※

第一条　为了全面提升政务服务规范化、便利化水平，为企业和群众（以下称行政相对人）提供高效、便捷的政务服务，优化营商环境，制定本规定。

第二条　国家加快建设全国一体化在线政务服务平台（以下简称一体化在线平台），推进各地区、各部门政务服务平台规范化、标准化、集约化建设和互联互通，推动实现

※　来源：中华人民共和国中央人民政府网，http：//www.gov.cn/zhengce/content/2019-04/30/content_5387879.htm.

政务服务事项全国标准统一、全流程网上办理，促进政务服务跨地区、跨部门、跨层级数据共享和业务协同，并依托一体化在线平台推进政务服务线上线下深度融合。

一体化在线平台由国家政务服务平台、国务院有关部门政务服务平台和各地区政务服务平台组成。

第三条　国务院办公厅负责牵头推进国家政务服务平台建设，推动建设一体化在线平台标准规范体系、安全保障体系和运营管理体系。

省、自治区、直辖市人民政府和国务院有关部门负责本地区、本部门政务服务平台建设、安全保障和运营管理，做好与国家政务服务平台对接工作。

第四条　除法律、法规另有规定或者涉及国家秘密等情形外，政务服务事项应当按照国务院确定的步骤，纳入一体化在线平台办理。

政务服务事项包括行政权力事项和公共服务事项。

第五条　国家政务服务平台基于自然人身份信息、法人单位信息等资源，建设全国统一身份认证系统，为各地区、各部门政务服务平台提供统一身份认证服务，实现一次认证、全网通办。

第六条　行政机关和其他负有政务服务职责的机构（以下统称政务服务机构）应当按照规范化、标准化要求编制办事指南，明确政务服务事项的受理条件、办事材料、办理流程等信息。办事指南应当在政务服务平台公布。

第七条　行政相对人在线办理政务服务事项，应当提交真实、有效的办事材料；政务服务机构通过数据共享能够获得的信息，不得要求行政相对人另行提供。

政务服务机构不得将行政相对人提交的办事材料用于与政务服务无关的用途。

第八条　政务服务中使用的符合《中华人民共和国电子签名法》规定条件的可靠的电子签名，与手写签名或者盖章具有同等法律效力。

第九条　国家建立权威、规范、可信的统一电子印章系统。国务院有关部门、地方人民政府及其有关部门使用国家统一电子印章系统制发的电子印章。

电子印章与实物印章具有同等法律效力，加盖电子印章的电子材料合法有效。

第十条　国家建立电子证照共享服务系统，实现电子证照跨地区、跨部门共享和全国范围内互信互认。

国务院有关部门、地方人民政府及其有关部门按照电子证照国家标准、技术规范制作和管理电子证照，电子证照采用标准版式文档格式。

电子证照与纸质证照具有同等法律效力。

第十一条　除法律、行政法规另有规定外，电子证照和加盖电子印章的电子材料可以作为办理政务服务事项的依据。

第十二条　政务服务机构应当对履行职责过程中形成的电子文件进行规范管理，按照档案管理要求及时以电子形式归档并向档案部门移交。除法律、行政法规另有规定外，电子文件不再以纸质形式归档和移交。

符合档案管理要求的电子档案与纸质档案具有同等法律效力。

第十三条　电子签名、电子印章、电子证照以及政务服务数据安全涉及电子认证、密码应用的，按照法律、行政法规和国家有关规定执行。

第十四条 政务服务机构及其工作人员泄露、出售或者非法向他人提供履行职责过程中知悉的个人信息、隐私和商业秘密，或者不依法履行职责，玩忽职守、滥用职权、徇私舞弊的，依法追究法律责任。

第十五条 本规定下列用语的含义：

（一）电子签名，是指数据电文中以电子形式所含、所附用于识别签名人身份并表明签名人认可其中内容的数据。

（二）电子印章，是指基于可信密码技术生成身份标识，以电子数据图形表现的印章。

（三）电子证照，是指由计算机等电子设备形成、传输和存储的证件、执照等电子文件。

（四）电子档案，是指具有凭证、查考和保存价值并归档保存的电子文件。

第十六条 本规定自公布之日起施行。

中共中央办公厅　国务院办公厅印发《关于推进基层整合审批服务执法力量的实施意见》※

新华社北京 1 月 31 日电　近日，中共中央办公厅、国务院办公厅印发了《关于推进基层整合审批服务执法力量的实施意见》，并发出通知，要求各地区各部门结合实际认真贯彻落实。

《关于推进基层整合审批服务执法力量的实施意见》全文如下。

基层是党和政府联系人民群众的纽带、服务人民群众的平台。基层管理水平直接关系人民群众生产生活，决定着党执政的社会基础和执政能力、国家治理的根基和水平。要以习近平新时代中国特色社会主义思想为指导，全面贯彻党的十九大和十九届二中、三中全会精神，坚持和加强党的全面领导，适应乡镇和街道工作特点及便民服务需要，加强党的基层组织建设，改革和完善基层管理体制，使基层各类机构、组织在服务保障群众需求上有更大作为。根据党中央关于构建简约高效基层管理体制的部署要求，现就结合乡镇和街道改革推进基层整合审批服务执法力量，提出如下实施意见。

一　综合设置基层审批服务机构

统筹优化和综合设置乡镇和街道党政机构、事业单位，强化乡镇和街道党（工）委领导作用，构建更好服务群众、简约精干的基层组织架构。在整合基层行政审批和公共服务职责基础上，进一步加强乡镇和街道党政综合（便民）服务机构与服务平台建设，实行“一站式服务”“一门式办理”，充分发挥综合便民服务作用。紧扣城乡基层治理，聚焦基层党的建设、乡村振兴、精准脱贫、新型城镇化等重点工作以及就业和社会保障、医疗保障、不动产登记、社会救助、户籍管理、乡村建设、危（旧）房改造、古村（屋）

※ 来源：中华人民共和国中央人民政府网，http：//www.gov.cn/zhengce/2019-01/31/content_5362843.htm.

修缮、改水改厕等群众关心关注的重点事项，建立和完善适应基层实际的办事指南和工作规程，实行“马上办、网上办、就近办、一次办”。加强村（社区）综合服务站点建设，推动基本公共服务事项进驻村（社区）办理，推进村级便民服务点和网上服务站点全覆盖，积极开展代缴代办代理等便民服务，逐步扩大公共服务事项网上受理、网上办理、网上反馈范围。充分发挥市场机制作用，推动公共服务提供主体和提供方式多元化，加快建立政府主导、社会参与、公办民办并举的公共服务供给模式。承接审批服务职责较多、任务较重的经济发达镇和重点镇，在整合现有机构和人员的基础上，可探索设立专门的审批服务机构，实行“一枚印章管审批（服务）”。整合乡镇和街道内部决策、管理、监督职责及力量，为审批服务等工作提供支持和保障。

二　积极推进基层综合行政执法改革

推进行政执法权限和力量向基层延伸和下沉，强化乡镇和街道的统一指挥和统筹协调职责。整合现有站所、分局执法力量和资源，组建统一的综合行政执法机构，按照有关法律规定相对集中行使行政处罚权，以乡镇和街道名义开展执法工作，并接受有关县级主管部门的业务指导和监督，逐步实现基层一支队伍管执法。加强对乡镇和街道综合行政执法机构、执法人员的业务指导和培训，规范执法检查、受立案、调查、审查、决定等程序和行为，建立执法全过程记录制度，实现全程留痕、可追溯、可追责。全面推行行政执法公示制度，做到依据公开、决策公开、执行公开、结果公开、过程公开。严格确定行政执法责任和责任追究机制，加强执法监督，坚决惩治执法腐败现象，确保权力不被滥用。建立健全乡镇和街道与县直部门行政执法案件移送及协调协作机制。除党中央明确要求实行派驻体制的机构外，县直部门设在乡镇和街道的机构原则上实行属地管理。继续实行派驻体制的，要建立健全纳入乡镇和街道统一指挥协调的工作机制，工作考核和主要负责同志任免要听取所在乡镇和街道党（工）委意见。

三　整合基层网格管理和指挥平台

将上级部门在基层设置的多个网格整合为一个综合网格，依托村（社区）合理划分基本网格单元，统筹网格内党的建设、社会保障、综合治理、应急管理、社会救助等工作，实现“多网合一”。强化党建引领，将党支部或党小组建在网格上，选优配强支部书记或党小组组长。合理确定网格监管任务和事项，科学配置网格员力量，实行定人、定岗、定责。推进网格化服务管理标准化建设，提高网格管理规范化精细化水平。整合现有设在乡镇和街道的党的建设、综合治理、社区治理、数字城管等各系统指挥信息资源，建立一体化的信息系统和综合指挥平台。强化信息共享和技术支撑，上级相关部门的视频监控等要尽可能接入基层综合指挥平台，实现互联互通、信息共享、实时监控、综合监测。建立健全发现问题、流转交办、协调联动、研判预警、督查考核等综合指挥工作机制，实现基层管理跨部门、跨层级协同运转。

四　大力推动资源服务管理下沉

按照依法下放、宜放则放原则，将点多面广、基层管理迫切需要且能有效承接的审批服务执法等权限赋予乡镇和街道，由省级政府统一制定赋权清单，依法明确乡镇和街道执法主体地位。各省区市可在试点基础上逐步统一和规范赋权事项，成熟一批，赋予一批，确保放得下、接得住、管得好、有监督。法律规定的县级政府及其部门的管理权限需要赋予乡镇和街道的，按法定程序和要求办理。推进编制资源向乡镇和街道倾斜，鼓励从上往下跨层级调剂使用行政和事业编制，充实加强基层一线工作力量。完善机构编制实名制管理，根据基层对人才的需求，按编制员额及时补充人员，制定用编用人计划优先保障空编的乡镇和街道。整合条线辅助人员，按照属地化管理原则，由乡镇和街道统筹指挥调配。创新基层人员编制管理，统筹使用各类编制资源，赋予乡镇和街道更加灵活的用人自主权。投放基层的公共服务资源，应当以乡镇和街道、村（社区）党组织为主渠道落实。坚持重心下移、力量下沉、保障下倾，加强下放给乡镇和街道事权的人才、技术、资金、网络端口等方面的保障，做到权随事转、人随事转、钱随事转，使基层有人有物有权，保证基层事情基层办、基层权力给基层、基层事情有人办。完善事业单位工作人员待遇保障机制，采取有效措施，进一步调动基层干部队伍积极性，激励担当作为、干事创业。

五　优化上级机关对基层的领导方式

建立健全乡镇和街道机构“一对多”“多对一”的制度机制，理顺与县直部门的工作对接、请示汇报和沟通衔接关系。严格乡镇和街道机构限额管理，具体由省级党委研究确定。探索建立乡镇和街道职责准入制度，县级职能部门将职责范围内的行政事务委托或交由乡镇和街道承担的，需审核报批并充分听取基层意见。上级部门不得以签订“责任状”、分解下达指标、考核验收等方式，将工作责任转嫁乡镇和街道承担。省级党委要组织力量对上级与乡镇和街道签订的各类“责任状”和考核评比等事项进行全面清理，统一规范针对乡镇和街道的评比达标、示范创建等活动，切实减轻基层负担。除中央和省级党委明确要求外，各部门不得以任何形式对乡镇和街道设置“一票否决”事项。上级部门要积极支持基层改革创新，严禁对基层机构编制事项进行干预，不得要求乡镇和街道对口设立机构，不得要求在村（社区）设立机构和加挂牌子。对不符合基层实际和发展需要的法律法规及政策规定要及时清理、修订、完善，为基层改革创新提供制度支持。

地方各级党委和政府要切实履行领导责任，践行以人民为中心的发展思想，全面贯彻“先立后破、不立不破”原则，把推进基层整合审批服务执法力量工作列入重要议事日程，结合本地区实际细化政策措施，作出统筹安排，不断完善服务基层、服务群众、服务民生的体制机制。做好与基层党的建设、乡村振兴、精准脱贫、新型城镇化等重点工作和相关改革的配套衔接，形成工作合力，增强改革整体效应。继续深化经济发达镇行政管理体制改革，完善经济发达镇和重点镇的城镇规划建设管理等职责和体制机制。加强舆论宣传，注重典型引路，引导基层党员干部群众理解、支持和参与改革，激发基层干事创业热情，营造良好改革氛围。中央编办将会同有关部门加强工作指导。

中共中央办公厅　国务院办公厅印发《数字乡村发展战略纲要》※

新华社北京 5 月 16 日电　近日，中共中央办公厅、国务院办公厅印发了《数字乡村发展战略纲要》，并发出通知，要求各地区各部门结合实际认真贯彻落实。

《数字乡村发展战略纲要》全文如下。

数字乡村是伴随网络化、信息化和数字化在农业农村经济社会发展中的应用，以及农民现代信息技能的提高而内生的农业农村现代化发展和转型进程，既是乡村振兴的战略方向，也是建设数字中国的重要内容。为贯彻落实《中共中央、国务院关于实施乡村振兴战略的意见》《乡村振兴战略规划（2018—2022 年）》和《国家信息化发展战略纲要》，特制定本纲要。

一　现状与形势

当前，新一代信息技术创新空前活跃，不断催生新技术、新产品、新模式，推动全球经济格局和产业形态深度变革。党的十八大以来，以习近平同志为核心的党中央高度重视网络安全和信息化工作，作出一系列战略决策，统筹推进网信事业快速发展。农村信息基础设施加快建设，线上线下融合的现代农业加快推进，农村信息服务体系加快完善，同时也存在顶层设计缺失、资源统筹不足、基础设施薄弱、区域差异明显等问题，亟须进一步发掘信息化在乡村振兴中的巨大潜力，促进农业全面升级、农村全面进步、农民全面发展。

立足新时代国情农情，要将数字乡村作为数字中国建设的重要方面，加快信息化发展，整体带动和提升农业农村现代化发展。进一步解放和发展数字化生产力，注重构建以知识更新、技术创新、数据驱动为一体的乡村经济发展政策体系，注重建立层级更高、结构更优、可持续性更好的乡村现代化经济体系，注重建立灵敏高效的现代乡村社会治理体系，开启城乡融合发展和现代化建设新局面。

※　来源：中华人民共和国中央人民政府网，http：//www.gov.cn/zhengce/2019-05/16/content_5392269.htm.

二　总体要求

（一）指导思想

以习近平新时代中国特色社会主义思想为指导，全面贯彻党的十九大和十九届二中、三中全会精神，紧紧围绕统筹推进“五位一体”总体布局和协调推进“四个全面”战略布局，坚持稳中求进工作总基调，牢固树立新发展理念，落实高质量发展要求，坚持农业农村优先发展，按照产业兴旺、生态宜居、乡风文明、治理有效、生活富裕的总要求，着力发挥信息技术创新的扩散效应、信息和知识的溢出效应、数字技术释放的普惠效应，加快推进农业农村现代化；着力发挥信息化在推进乡村治理体系和治理能力现代化中的基础支撑作用，繁荣发展乡村网络文化，构建乡村数字治理新体系；着力弥合城乡“数字鸿沟”，培育信息时代新农民，走中国特色社会主义乡村振兴道路，让农业成为有奔头的产业，让农民成为有吸引力的职业，让农村成为安居乐业的美丽家园。

（二）基本原则

坚持党的领导，全面加强党对农村工作的领导，把数字乡村摆在建设数字中国的重要位置，加强统筹协调、顶层设计、总体布局、整体推进和督促落实。坚持全面振兴，遵循乡村发展规律和信息化发展规律，统筹推进农村经济、政治、文化、社会、生态文明和党的建设等各领域信息化建设，助力乡村全面振兴。坚持城乡融合，创新城乡信息化融合发展体制机制，引导城市网络、信息、技术和人才等资源向乡村流动，促进城乡要素合理配置。坚持改革创新，深化农村改革，充分发挥网络、数据、技术和知识等新要素的作用，激活主体、激活要素、激活市场，不断催生乡村发展内生动力。坚持安全发展，处理好安全和发展的关系，以安全保发展，以发展促安全，积极防范、主动化解风险，确保数字乡村健康可持续发展。坚持以人民为中心，建立与乡村人口知识结构相匹配的数字乡村发展模式，着力解决农民最关心最直接最现实的利益问题，不断提升农民的获得感、幸福感、安全感。

（三）战略目标

到 2020 年，数字乡村建设取得初步进展。全国行政村 4G 覆盖率超过 98%，农村互联网普及率明显提升。农村数字经济快速发展，建成一批特色乡村文化数字资源库，“互联网 + 政务服务”加快向乡村延伸。网络扶贫行动向纵深发展，信息化在美丽宜居乡村建设中的作用更加显著。

到 2025 年，数字乡村建设取得重要进展。乡村 4G 深化普及、5G 创新应用，城乡“数字鸿沟”明显缩小。初步建成一批兼具创业孵化、技术创新、技能培训等功能于一体的新农民新技术创业创新中心，培育形成一批叫得响、质量优、特色显的农村电商产品品牌，基本形成乡村智慧物流配送体系。乡村网络文化繁荣发展，乡村数字治理体系日趋完善。

到 2035 年，数字乡村建设取得长足进展。城乡“数字鸿沟”大幅缩小，农民数字化素养显著提升。农业农村现代化基本实现，城乡基本公共服务均等化基本实现，乡村治理体系和治理能力现代化基本实现，生态宜居的美丽乡村基本实现。

到 21 世纪中叶，全面建成数字乡村，助力乡村全面振兴，全面实现农业强、农村美、农民富。

三　重点任务

（一）加快乡村信息基础设施建设

大幅提升乡村网络设施水平。加强基础设施共建共享，加快农村宽带通信网、移动互联网、数字电视网和下一代互联网发展。持续实施电信普遍服务补偿试点工作，支持农村地区宽带网络发展。推进农村地区广播电视基础设施建设和升级改造。在乡村基础设施建设中同步做好网络安全工作，依法打击破坏电信基础设施、生产销售使用“伪基站”设备和电信网络诈骗等违法犯罪行为。

完善信息终端和服务供给。鼓励开发适应“三农”特点的信息终端、技术产品、移动互联网应用软件，推动民族语言音视频技术研发应用。全面实施信息进村入户工程，构建为农综合服务平台。

加快乡村基础设施数字化转型。加快推动农村地区水利、公路、电力、冷链物流、农业生产加工等基础设施的数字化、智能化转型，推进智慧水利、智慧交通、智能电网、智慧农业、智慧物流建设。

（二）发展农村数字经济

夯实数字农业基础。完善自然资源遥感监测“一张图”和综合监管平台，对永久基本农田实行动态监测。建设农业农村遥感卫星等天基设施，大力推进北斗卫星导航系统、高分辨率对地观测系统在农业生产中的应用。推进农业农村大数据中心和重要农产品全产业链大数据建设，推动农业农村基础数据整合共享。

推进农业数字化转型。加快推广云计算、大数据、物联网、人工智能在农业生产经营管理中的运用，促进新一代信息技术与种植业、种业、畜牧业、渔业、农产品加工业全面深度融合应用，打造科技农业、智慧农业、品牌农业。建设智慧农（牧）场，推广精准化农（牧）业作业。

创新农村流通服务体系。实施“互联网+”农产品出村进城工程，加强农产品加工、包装、冷链、仓储等设施建设。深化乡村邮政和快递网点普及，加快建成一批智慧物流配送中心。深化电子商务进农村综合示范，培育农村电商产品品牌。建设绿色供应链，推广绿色物流。推动人工智能、大数据赋能农村实体店，促进线上线下渠道融合发展。

积极发展乡村新业态。推动互联网与特色农业深度融合，发展创意农业、认养农业、观光农业、都市农业等新业态，促进游憩休闲、健康养生、创意民宿等新产业发展，规范有序发展乡村共享经济。

（三）强化农业农村科技创新供给

推动农业装备智能化。促进新一代信息技术与农业装备制造业结合，研制推广农业智能装备。鼓励农机装备行业发展工业互联网，提升农业装备智能化水平。推动信息化与农业装备、农机作业服务和农机管理融合应用。

优化农业科技信息服务。建设一批新农民新技术创业创新中心，推动产学研用合作。建立农业科技成果转化网络服务体系，支持建设农业技术在线交易市场。完善农业科技信息服务平台，鼓励技术专家在线为农民解决农业生产难题。

（四）建设智慧绿色乡村

推广农业绿色生产方式。建立农业投入品电子追溯监管体系，推动化肥农药减量使用。加大农村物联网建设力度，实时监测土地墒情，促进农田节水。建设现代设施农业园区，发展绿色农业。

提升乡村生态保护信息化水平。建立全国农村生态系统监测平台，统筹山水林田湖草系统治理数据。强化农田土壤生态环境监测与保护。利用卫星遥感技术、无人机、高清远程视频监控系统对农村生态系统脆弱区和敏感区实施重点监测，全面提升美丽乡村建设水平。

倡导乡村绿色生活方式。建设农村人居环境综合监测平台，强化农村饮用水水源水质监测与保护，实现对农村污染物、污染源全时全程监测。引导公众积极参与农村环境网络监督，共同维护绿色生活环境。

（五）繁荣发展乡村网络文化

加强农村网络文化阵地建设。利用互联网宣传中国特色社会主义文化和社会主义思想道德，建设互联网助推乡村文化振兴建设示范基地。全面推进县级融媒体中心建设。推进数字广播电视户户通和智慧广电建设。推进乡村优秀文化资源数字化，建立历史文化名镇、名村和传统村落“数字文物资源库”“数字博物馆”，加强农村优秀传统文化的保护与传承。以“互联网＋中华文明”行动计划为抓手，推进文物数字资源进乡村。开展重要农业文化遗产网络展览，大力宣传中华优秀农耕文化。

加强乡村网络文化引导。支持“三农”题材网络文化优质内容创作。通过网络开展国家宗教政策宣传普及工作，依法打击农村非法宗教活动及其有组织的渗透活动。加强网络巡查监督，遏制封建迷信、攀比低俗等消极文化的网络传播，预防农村少年儿童沉迷网络，让违法和不良信息远离农村少年儿童。

（六）推进乡村治理能力现代化

推动“互联网＋党建”。建设完善农村基层党建信息平台，优化升级全国党员干部现代远程教育，推广网络党课教育。推动党务、村务、财务网上公开，畅通社情民意。

提升乡村治理能力。提高农村社会综合治理精细化、现代化水平。推进村委会规范化建设，开展在线组织帮扶，培养村民公共精神。推动“互联网＋社区”向农村延伸，提高村级综合服务信息化水平，大力推动乡村建设和规划管理信息化。加快推进实施农村“雪亮工程”，深化平安乡村建设。加快推进“互联网＋公共法律服务”，建设法治乡村。依托全国一体化在线政务服务平台，加快推广“最多跑一次”“不见面审批”等改革模式，推动政务服务网上办、马上办、少跑快办，提高群众办事便捷程度。

（七）深化信息惠民服务

深入推动乡村教育信息化。加快实施学校联网攻坚行动，推动未联网学校通过光纤、宽带卫星等接入方式普及互联网应用，实现乡村小规模学校和乡镇寄宿制学校宽带网络全覆盖。发展“互联网＋教育”，推动城市优质教育资源与乡村中小学对接，帮助乡村学校开足开好开齐国家课程。

完善民生保障信息服务。推进全面覆盖乡村的社会保障、社会救助系统建设，加快实现城乡居民基本医疗保险异地就医直接结算、社会保险关系网上转移接续。大力发展“互联网＋医疗健康”，支持乡镇和村级医疗机构提高信息化水平，引导医疗机构向农村医疗卫生机构提供远程医疗、远程教学、远程培训等服务。建设完善中医馆健康信息平台，提升中医药服务能力。完善面向孤寡和留守老人、留守儿童、困境儿童、残障人士等特殊人群的信息服务体系。

（八）激发乡村振兴内生动力

支持新型农业经营主体和服务主体发展。完善对农民合作社和家庭农场网络提速降费、平台资源、营销渠道、金融信贷、人才培训等政策支持，培育一批具有一定经营规模、信息化程度较高的生产经营组织和社会化服务组织，促进现代农业发展。

大力培育新型职业农民。实施新型职业农民培育工程，为农民提供在线培训服务，培养造就一支爱农业、懂技术、善经营的新型职业农民队伍。实施“互联网＋小农户”计划，提升小农户发展能力。

激活农村要素资源。因地制宜发展数字农业、智慧旅游业、智慧产业园区，促进农业农村信息社会化服务体系建设，以信息流带动资金流、技术流、人才流、物资流。创新农村普惠金融服务，改善网络支付、移动支付、网络信贷等普惠金融发展环境，为农民提供足不出村的便捷金融服务。降低农村金融服务门槛，为农业经营主体提供小额存贷款、支付结算和保险等金融服务。依法打击互联网金融诈骗等违法犯罪行为。

（九）推动网络扶贫向纵深发展

助力打赢脱贫攻坚战。深入推动网络扶贫行动向纵深发展，强化对产业和就业扶持，充分运用大数据平台开展对脱贫人员的跟踪及分析，持续巩固脱贫成果。

巩固和提升网络扶贫成效。打赢脱贫攻坚战后，保持过渡期的政策稳定，继续开展网络扶志和扶智，不断提升贫困群众生产经营技能，激发贫困人口内生动力。

（十）统筹推动城乡信息化融合发展

统筹发展数字乡村与智慧城市。强化一体设计、同步实施、协同并进、融合创新，促进城乡生产、生活、生态空间的数字化、网络化、智能化发展，加快形成共建共享、互联互通、各具特色、交相辉映的数字城乡融合发展格局。鼓励有条件的小城镇规划先行，因地制宜发展“互联网+”特色主导产业，打造感知体验、智慧应用、要素集聚、融合创新的“互联网+”产业生态圈，辐射和带动乡村创业创新。

分类推进数字乡村建设。引导集聚提升类村庄全面深化网络信息技术应用，培育乡村新业态。引导城郊融合类村庄发展数字经济，不断满足城乡居民消费需求。引导特色保护类村庄发掘独特资源，建设互联网特色乡村。引导搬迁撤并类村庄完善网络设施和信息服务，避免形成新的“数字鸿沟”。

加强信息资源整合共享与利用。依托国家数据共享交换平台体系，推进各部门涉农政务信息资源共享开放、有效整合。统筹整合乡村已有信息服务站点资源，推广一站多用，避免重复建设。促进数字乡村国际交流合作。

四　保障措施

（一）加强组织领导

建立数字乡村建设发展统筹协调机制，做好整体规划设计，研究重大政策、重点工程和重要举措，督促落实各项任务，形成工作合力。各地区要将数字乡村工作摆上重要位置，抓好组织推动和督促检查。深化“放管服”改革，处理好政府与市场的关系，充分调动各方力量和广大农民参与数字乡村建设。加强数字乡村理论研究，开展数字乡村发展评价工作，持续提升数字乡村发展水平。

（二）完善政策支持

各地区各有关部门要依据本纲要，将数字乡村建设融入信息化规划和乡村振兴重点工程，完善产业、财政、金融、教育、医疗等领域配套政策措施，持续推进落实。充分发挥财政资金与国家级投资基金的引导作用，撬动金融和社会资本支持数字乡村战略实施。

（三）开展试点示范

选择部分地区按照统筹规划、整合共享、集聚提升的原则，统筹开展数字乡村试点示范工作，边试点、边总结、边推广，探索有益经验。

（四）强化人才支撑

开展信息化人才下乡活动，加强对农村留守儿童和妇女、老年人网络知识普及。充分发挥第一书记、驻村工作队员、大学生村官、科技特派员、西部计划志愿者等主体作用，加强农民信息素养培训，增强农民网络安全防护意识和技能。

（五）营造良好氛围

创新宣传方式，及时宣传党的路线方针政策，营造全社会关注农业、关心农村、关爱农民的浓厚氛围。充分发挥主流媒体和重点新闻网站作用，讲好乡村振兴故事，做好网上舆情引导，为全面实施乡村振兴战略凝聚共识、汇聚力量。

国务院办公厅
关于印发2019年政务公开工作要点的通知※

国办发〔2019〕14号

各省、自治区、直辖市人民政府，国务院各部委、各直属机构：

《2019年政务公开工作要点》已经国务院同意，现印发给你们，请结合实际认真贯彻落实。

国务院办公厅

2019年4月17日

（此件公开发布）

2019年政务公开工作要点

2019年是中华人民共和国成立70周年，是全面建成小康社会关键之年。做好今年政务公开工作，要以习近平新时代中国特色社会主义思想为指导，全面贯彻党的十九大和十九届二中、三中全会精神，认真落实中央经济工作会议和《政府工作报告》部署，紧紧围绕党和政府中心工作及群众关注关切，着力提升政务公开质量，加强政策解读和政务舆情回应，深化重点领域信息公开，完善政务公开制度规范，以公开稳预期、强监督、促落实、优服务，进一步提高政府治理能力，切实增强人民群众满意度、获得感，为促进经济持续健康发展和社会大局稳定发挥积极作用。

※ 来源：中华人民共和国中央人民政府网，http：//www.gov.cn/zhengce/content/2019-04/29/content_5387400.htm.

一　着眼稳定预期，加强政策解读和回应关切

（一）深入解读重要政策措施

围绕 2019 年经济社会发展总体要求和主要预期目标，坚持稳中求进工作总基调，坚持以供给侧结构性改革为主线，正确把握积极的财政政策和稳健的货币政策、就业优先政策等宏观政策取向，以创新和完善宏观调控、激发市场主体活力、优化营商环境、培育壮大新动能、促进形成强大国内市场、扎实推进脱贫攻坚和乡村振兴、促进区域协调发展、加强污染防治和生态建设、深化重点领域改革、推动全方位对外开放、更好保障和改善民生等工作任务为重点，全面公开、精准解读相关政策措施，确保政策内涵透明、信号清晰，稳定社会预期，提振市场信心。按照“谁起草谁解读”原则，切实做到政策性文件与解读方案、解读材料同步组织、同步审签、同步部署。国务院各部门对国务院常务会议的公开议题，原则上要通过政策例行吹风会进行解读，对人民群众、市场主体和媒体关注度高的内容要跟进解读。在重要政策出台、重点工作推进、重大事件发生时，相关部门主要负责同志要履行好信息发布、权威定调、自觉把关等职责，带头解读政策，主动引导预期。

（二）积极回应社会关切

对政府出台的重要改革措施和涉及群众切身利益、容易引起社会关注的政策文件，牵头起草部门要认真做好舆情风险评估研判，制定应对处置预案。进一步强化舆情回应意识，坚持将政务舆情回应作为网络舆情处置工作的重要环节，落实政务舆情回应的主体责任。对减税降费、金融安全、生态环境、脱贫攻坚、教育改革、食品药品、卫生健康、养老服务、公正监管、社会保障、社会治安、房地产市场等经济社会热点，以及市场主体和人民群众办事创业的堵点痛点，要加强舆情监测、研判、回应，及时解疑释惑，理顺情绪，化解矛盾。加强重大突发事件舆情风险源头研判，增强回应的针对性，坚持正确的舆论导向。要主动与宣传、网信等相关部门联系沟通，完善重大政务舆情信息共享、协同联动、快速反应机制。

（三）增强解读回应效果

探索运用政策简明问答、网络问政、政策进社区等方式，采用图片图表、音频视频、卡通动漫等群众喜闻乐见的展现形式，多用客观数据、生动案例，进行立体式、多方位解读，真正让群众看得到、能理解。对专业性较强的政策，要注重发挥专家学者作用，提升解读的准确性、权威性、贴近性。对群众关切和社会热点，要主动快速引导、释放权威信号、正面回应疑虑，推动解决实际问题，赢得群众理解和支持。

二　强化权力监督，深入推进决策和执行公开

（一）推进重要决策公开

提高宏观政策预调微调透明度，出台和调整相关政策要加强与市场的沟通，建立健全企业家参与涉企政策制定机制，主动向有代表性的企业和行业协会商会以及律师协会问计求策，使各项政策符合基本国情和客观实际，更接地气、更合民意。进一步推进重大决策预公开，涉及公共利益和公众权益的重大事项，除依法应当保密的外，要主动向社会公布决策草案、决策依据等，通过听证座谈、网络征集、咨询协商、媒体沟通等多种形式，广泛听取意见。

（二）推进重要部署执行公开

围绕 2019 年政府工作任务，加大稳增长、促改革、调结构、惠民生、防风险、保稳定系列政策措施的执行和落实情况公开力度。进一步加强督查和审计发现问题及整改落实情况公开，积极公开问责情况，切实增强抓落实的执行力。在重大行政决策执行过程中，要跟踪决策的实施情况，了解利益相关方和公众对决策实施的意见和建议，积极开展决策执行效果评估，及时调整完善，并将相关情况向社会公开。

（三）推进行政执法信息公开

按照“谁执法谁公示”原则，严格落实行政执法公示制度，规范行政执法行为。利用统一的执法信息公示平台，集中向社会依法公开行政执法职责、执法依据、执法程序、监督途径和执法结果等信息。探索建立群众意见反馈互动机制和执法信息公示平台管理维护机制，强化行政执法社会监督。

三　聚焦政策落实，深化重点领域信息公开

（一）加强三大攻坚战信息公开

围绕继续创新和完善宏观调控、着力缓解企业融资难融资贵问题、加快推进金融改革开放、稳妥处理地方政府债务风险等方面，强化底线思维，及时依法公开相关信息。围绕解决“两不愁三保障”面临的突出问题、深度贫困地区和特殊贫困群体脱贫攻坚、易地扶贫搬迁后续扶持措施等方面，重点做好相关政策举措、扶贫项目、财政专项扶贫资金、精准扶贫贷款、行业扶贫相关财政资金、东西部扶贫协作财政援助资金等信息公开工作。围绕持续开展大气污染治理攻坚、加快治理黑臭水体、防治农业面源污染、推进重点流域和近岸海域综合整治、加强固体废弃物和城市垃圾分类处置等方面，进一步做好生态环境信息公开。

（二）深化“放管服”改革信息公开

围绕“放管服”改革新任务新举措，着力做好实施更大规模的减税降费，“证照分离”改革，工程建设项目审批制度改革，压缩企业开办时间，优化企业注销办理流程，压减行政许可，市场准入负面清单动态调整，清理规范基层各类涉企乱收费项目，深入推进大众创业、万众创新等方面的信息公开工作，助力打造法治化、国际化、便利化的营商环境。加快建立健全以“双随机、一公开”监管为基本手段、以重点监管为补充、以信用监管为基础的新型监管机制，将检查处置结果全部通过国家企业信用信息公示系统和“信用中国”网站公开。推行市场主体和个人“全生命周期”的办事服务事项集成式、一站式公开。加大各类证明事项清理减并力度，对确需保留的证明事项实行清单管理并向社会公开。

（三）强化重点民生领域信息公开

坚持以人民为中心的发展思想，以切实保障基本民生、推动解决重点民生问题为着力点，突出做好就业、教育、医疗、养老、征地、公共文化等领域的信息公开工作。及时公开促进就业创业的政策措施、就业供求信息，做好面向高校毕业生、退役军人、下岗职工、农民工等重点群体的就业专项活动和高职院校考试招生信息、奖助学金政策的公开工作。县级以上地方政府要通过多种形式及时公开义务教育招生方案、招生范围、招生程序、报名条件、学校情况、录取结果、咨询方式等信息，以及多渠道扩大学前教育供给的相关信息，促进发展更加公平更有质量的教育。围绕保障人民群众身体健康，加大医疗服务、药品安全、医保监管、疫苗监管、公立医疗卫生机构绩效考核结果等方面信息公开力度。进一步推进征地信息主动公开，加快历史征地信息补录进度，优化全国征地信息共享平台功能，增强信息查询的精准性便捷性。认真开展研究评估，差别化做好各民生领域信息公开工作。

（四）细化财政信息公开

增加中央部门项目的公开数量，全面公开项目立项依据、实施主体、预算安排、绩效目标、绩效自评结果、绩效评价报告等情况。推动地方各级政府部门加快项目文本和绩效目标公开进度，确保均有项目向社会公开。推进全国统一的地方政府债务信息公开平台建设，由地方政府定期公开其债务限额、余额、债务率、偿债率以及经济财政状况、债券发行、存续期管理等信息。

四　优化服务功能，加强公开平台建设

（一）推进政府网站优质规范发展

严格落实网络意识形态责任制，加强政府网站内容建设和信息发布审核，把好政治关、政策关、文字关。加快推进政府网站集约化，持续提升政府网上履职能力和服

务水平，试点地区要在年底前全面完成政府网站集约化试点任务。以中华人民共和国中央人民政府网为总门户，加快各地区各部门政府网站与中华人民共和国中央人民政府网的互联互通。平稳做好机构改革后政府网站新建、整合、改版、迁移等工作。抓紧完成政府网站域名集中清理，及早部署地级市政府门户网站 IPv6（互联网协议第 6 版）改造工作。

（二）推进政务新媒体健康有序发展

理顺政务新媒体管理机制，建立健全相关工作制度，做好开设整合、内容保障、安全防护、监督管理等工作。推进整体协同、响应迅速的政务新媒体矩阵体系建设，统筹推进政务新媒体与政府网站的协同联动、融合发展，加强县级政务新媒体与本地区融媒体中心的沟通协调，提升信息发布、解读回应、政民互动、办事服务的整体水平。

（三）推进政府公报创新发展

办好政府公报电子版，实现电子版与纸质版同步发行，逐步推行政府公报移动端展示。建设政府公报网上数据库，加快推进历史公报入库管理，向社会有序开放。进一步完善和强化国务院部门向国务院公报编辑部门报送部门规章和规范性文件工作机制。建立健全地方政府部门规范性文件向政府公报编辑部门报送制度，由政府公报统一刊登本级政府规章和规范性文件以及所属部门规范性文件。

（四）加快办事大厅线上线下融合发展

结合机构改革后的职责调整变化情况，及时梳理编制并公开进驻办事大厅的审批服务事项、办事指南、办事流程等。进一步整合优化实体办事大厅“一站式”功能，加快实现“一个窗口”“一次办理”。推动更多服务事项“一网通办”，积极向县级融媒体中心开放政务服务入口，让企业和群众办事更明白、更便捷。进一步清理整合政务热线，国务院部门要积极支持地方政府政务热线整合，推动政务热线与政府网站互动交流系统互联互通、共享共用政策业务咨询问答知识库，除因专业性强、咨询服务量大确需保留的政务热线外，其他政务热线实现“一号对外”，切实解决政务热线电话号码多、打不通、无回应等问题。

五　提升工作质量，完善公开制度规范

（一）强化组织领导

各地区各部门要高度重视政务公开工作，进一步理顺和完善领导体制、工作机制，各级政务公开领导小组要切实履行职责，定期听取情况汇报，研究解决重大问题。县级以上地方政府要严格落实把政务公开纳入政府绩效考核体系且分值权重不低于 4% 的要求。根据政务公开新任务新要求新职责，加强政务公开机构建设、专职人员配备和经费保障。

（二）抓好政府信息公开条例的贯彻落实

新修订的政府信息公开条例施行后，要加强对政府工作人员的培训，使其准确理解掌握相关规定，切实增强公开意识和能力。加大政府信息公开力度，既要在公开数量上有所提升，更要在公开质量上有所优化；要进一步做好依申请公开工作，保障公众依法行使知情权、参与权、表达权、监督权。及时修订完善相关配套措施，确保有序衔接、平稳过渡。国务院相关部门要建立健全本行业本系统公共企事业单位信息公开制度，并加强指导监督。加强对新条例的宣传解读，组织开展形式多样的普法活动，引导公众有序参与，为贯彻落实条例营造良好氛围。

（三）推广基层政务公开试点成果

国务院相关部门要结合基层试点经验做法，抓紧制定相关重点领域政务公开标准指引。制定推进基层政务公开标准化规范化的指导文件，构建政府重点信息公开标准化机制。各地要立足基层实际，积极探索创新，多出可复制可推广的经验，全面提升基层政务公开水平。

（四）加强相关基础工作

强化信息化手段运用，做好政府信息管理等基础性工作。机构改革涉及的各级政府部门要在符合保密要求的前提下，依法公开本机关的“三定”规定等信息，及时制定更新主动公开基本目录。建立行政规章和规范性文件公开台账，确保公开的政府信息底数清晰，并做好与公文管理系统和合法性审核管理信息平台的衔接。进一步提升政府信息公开年度报告质量。办好《政务公开工作交流》电子刊物，加大经验做法交流力度。

各地区各部门贯彻落实本要点的主要情况，要纳入政府信息公开工作年度报告，并向社会公开。

国务院办公厅
关于加快推进社会信用体系建设构建
以信用为基础的新型监管机制的指导意见※

国办发〔2019〕35号

各省、自治区、直辖市人民政府，国务院各部委、各直属机构：

为加强社会信用体系建设，深入推进“放管服”改革，进一步发挥信用在创新监管机制、提高监管能力和水平方面的基础性作用，更好激发市场主体活力，推动高质量发展，经国务院同意，现提出如下意见。

※ 来源：中华人民共和国中央人民政府网，http：//www.gov.cn/zhengce/content/2019-07/16/content_5410120.htm.

一　总体要求

以习近平新时代中国特色社会主义思想为指导，深入贯彻落实党的十九大和十九届二中、三中全会精神，按照依法依规、改革创新、协同共治的基本原则，以加强信用监管为着力点，创新监管理念、监管制度和监管方式，建立健全贯穿市场主体全生命周期，衔接事前、事中、事后全监管环节的新型监管机制，不断提升监管能力和水平，进一步规范市场秩序，优化营商环境，推动高质量发展。

二　创新事前环节信用监管

（一）建立健全信用承诺制度

在办理适用信用承诺制的行政许可事项时，申请人承诺符合审批条件并提交有关材料的，应予即时办理。申请人信用状况较好、部分申报材料不齐备但书面承诺在规定期限内提供的，应先行受理，加快办理进度。书面承诺履约情况记入信用记录，作为事中、事后监管的重要依据，对不履约的申请人，视情节实施惩戒。要加快梳理可开展信用承诺的行政许可事项，制定格式规范的信用承诺书，并依托各级信用门户网站向社会公开。鼓励市场主体主动向社会作出信用承诺。支持行业协会商会建立健全行业内信用承诺制度，加强行业自律。（各地区各部门按职责分别负责）

（二）探索开展经营者准入前诚信教育

充分利用各级各类政务服务窗口，广泛开展市场主体守法诚信教育。为市场主体办理注册、审批、备案等相关业务时，适时开展标准化、规范化、便捷化的法律知识和信用知识教育，提高经营者依法诚信经营意识。开展诚信教育不得收费，也不得作为市场准入的必要条件。（各地区各部门按职责分别负责）

（三）积极拓展信用报告应用

鼓励各类市场主体在生产经营活动中更广泛、主动地应用信用报告。在政府采购、招标投标、行政审批、市场准入、资质审核等事项中，充分发挥公共信用服务机构和第三方信用服务机构出具的信用报告作用。探索建立全国统一的信用报告标准，推动信用报告结果实现异地互认。（国家发展和改革委员会、人民银行牵头，各地区各部门按职责分别负责）

三　加强事中环节信用监管

（四）全面建立市场主体信用记录

根据权责清单建立信用信息采集目录，在办理注册登记、资质审核、日常监管、公共服务等过程中，及时、准确、全面记录市场主体信用行为，特别是将失信记录建档留痕，做到可查可核可溯。（各地区各部门按职责分别负责）

完善法人和非法人组织统一社会信用代码制度，以统一社会信用代码为标识，整合形成完整的市场主体信用记录，并通过“信用中国”网站、国家企业信用信息公示系统或中华人民共和国中央人民政府网及相关部门门户网站等渠道依法依规向社会公开。完成12315市场监管投诉举报热线和信息化平台整合工作，大力开展消费投诉公示，促进经营者落实消费维权主体责任。（国家发展和改革委员会、市场监管总局负责）

（五）建立健全信用信息自愿注册机制

鼓励市场主体在“信用中国”网站或其他渠道上自愿注册资质证照、市场经营、合同履约、社会公益等信用信息，并对信息真实性公开作出信用承诺，授权网站对相关信息进行整合、共享与应用。经验证的自愿注册信息可作为开展信用评价和生成信用报告的重要依据。（国家发展和改革委员会牵头，各部门按职责分别负责）

（六）深入开展公共信用综合评价

全国信用信息共享平台要加强与相关部门的协同配合，依法依规整合各类信用信息，对市场主体开展全覆盖、标准化、公益性的公共信用综合评价，定期将评价结果推送至相关政府部门、金融机构、行业协会商会参考使用，并依照有关规定向社会公开。推动相关部门利用公共信用综合评价结果，结合部门行业管理数据，建立行业信用评价模型，为信用监管提供更精准的依据。（国家发展和改革委员会牵头，各部门按职责分别负责）

（七）大力推进信用分级分类监管

在充分掌握信用信息、综合研判信用状况的基础上，以公共信用综合评价结果、行业信用评价结果等为依据，对监管对象进行分级分类，根据信用等级高低采取差异化的监管措施。“双随机、一公开”监管要与信用等级相结合，对信用较好、风险较低的市场主体，可合理降低抽查比例和频次，减少对正常生产经营的影响；对信用风险一般的市场主体，按常规比例和频次抽查；对违法失信、风险较高的市场主体，适当提高抽查比例和频次，依法依规实行严管和惩戒。（各地区各部门按职责分别负责）

四　完善事后环节信用监管

（八）健全失信联合惩戒对象认定机制

有关部门依据在事前、事中监管环节获取并认定的失信记录，依法依规建立健全失信联合惩戒对象名单制度。以相关司法裁判、行政处罚、行政强制等处理结果为依据，按程序将涉及性质恶劣、情节严重、社会危害较大的违法失信行为的市场主体纳入失信联合惩戒对象名单。加快完善相关管理办法，明确认定依据、标准、程序、异议申诉和退出机制。制定管理办法要充分征求社会公众意见，出台的标准及其具体认定程序以适当方式向社会公开。支持有关部门根据监管需要建立重点关注对象名单制度，对存在失信行为但严重程度尚未达到失信联合惩戒对象认定标准的市场主体，可实施与其失信程度相对应的严格监管措施。（各部门按职责分别负责）

（九）督促失信市场主体限期整改

失信市场主体应当在规定期限内认真整改，整改不到位的，按照“谁认定、谁约谈”的原则，由认定部门依法依规启动提示约谈或警示约谈程序，督促失信市场主体履行相关义务、消除不良影响。约谈记录记入失信市场主体信用记录，统一归集后纳入全国信用信息共享平台。大力推进重点领域失信问题专项治理，采取有力有效措施加快推进整改。（各部门按职责分别负责）

（十）深入开展失信联合惩戒

加快构建跨地区、跨行业、跨领域的失信联合惩戒机制，从根本上解决失信行为反复出现、易地出现的问题。依法依规建立联合惩戒措施清单，动态更新并向社会公开，形成行政性、市场性和行业性等惩戒措施多管齐下，社会力量广泛参与的失信联合惩戒大格局。重点实施惩戒力度大、监管效果好的失信惩戒措施，包括依法依规限制失信联合惩戒对象股票发行、招标投标、申请财政性资金项目、享受税收优惠等行政性惩戒措施，限制获得授信、乘坐飞机、乘坐高等级列车和席次等市场性惩戒措施，以及通报批评、公开谴责等行业性惩戒措施。（国家发展和改革委员会牵头，各地区各部门按职责分别负责）

（十一）坚决依法依规实施市场和行业禁入措施

以食品药品、生态环境、工程质量、安全生产、养老托幼、城市运行安全等与人民群众生命财产安全直接相关的领域为重点，实施严格监管，加大惩戒力度。对拒不履行司法裁判或行政处罚决定、屡犯不改、造成重大损失的市场主体及其相关责任人，坚决依法依规在一定期限内实施市场和行业禁入措施，直至永远逐出市场。（国家发展和改革委员会牵头，各地区各部门按职责分别负责）

（十二）依法追究违法失信责任

建立健全责任追究机制，对被列入失信联合惩戒对象名单的市场主体，依法依规对其法定代表人或主要负责人、实际控制人进行失信惩戒，并将相关失信行为记入其个人信用记录。机关事业单位、国有企业出现违法失信行为的，要通报上级主管单位和审计部门;工作人员出现违法失信行为的,要通报所在单位及相关纪检监察、组织人事部门。（各地区各部门按职责分别负责）

（十三）探索建立信用修复机制

失信市场主体在规定期限内纠正失信行为、消除不良影响的，可通过作出信用承诺、完成信用整改、通过信用核查、接受专题培训、提交信用报告、参加公益慈善活动等方式开展信用修复。修复完成后，各地区各部门要按程序及时停止公示其失信记录，终止实施联合惩戒措施。加快建立完善协同联动、一网通办机制，为失信市场主体提供高效便捷的信用修复服务。鼓励符合条件的第三方信用服务机构向失信市场主体提供信用报告、信用管理咨询等服务。（国家发展和改革委员会牵头，各地区各部门按职责分别负责）

五　强化信用监管的支撑保障

（十四）着力提升信用监管信息化建设水平

充分发挥全国信用信息共享平台和国家“互联网＋监管”系统信息归集共享作用，对政府部门信用信息做到“应归尽归”，推进地方信用信息平台、行业信用信息系统互联互通，畅通政企数据流通机制，形成全面覆盖各地区各部门、各类市场主体的信用信息“一张网”。依托全国信用信息共享平台和国家“互联网＋监管”系统，将市场主体基础信息、执法监管和处置信息、失信联合惩戒信息等与相关部门业务系统按需共享，在信用监管等过程中加以应用，支撑形成数据同步、措施统一、标准一致的信用监管协同机制。（国家发展和改革委员会、国务院办公厅牵头，各地区各部门按职责分别负责）

（十五）大力推进信用监管信息公开公示

在行政许可、行政处罚信息集中公示基础上，依托“信用中国”网站、中华人民共和国中央人民政府网或其他渠道，进一步研究推动行政强制、行政确认、行政征收、行政给付、行政裁决、行政补偿、行政奖励和行政监督检查等其他行政行为信息 7 个工作日内上网公开，推动在司法裁判和执行活动中应当公开的失信被执行人、虚假诉讼失信人相关信息通过适当渠道公开，做到“应公开、尽公开”。（各地区各部门按职责分别负责）

（十六）充分发挥“互联网＋”、大数据对信用监管的支撑作用

依托国家“互联网＋监管”等系统，有效整合公共信用信息、市场信用信息、投诉举报信息和互联网及第三方相关信息，充分运用大数据、人工智能等新一代信息技术，实现信用监管数据可比对、过程可追溯、问题可监测。鼓励各地区各部门结合实际，依法依规与大数据机构合作开发信用信息，及时动态掌握市场主体经营情况及其规律特征。充分利用国家“互联网＋监管”等系统建立风险预判预警机制，及早发现防范苗头性和跨行业跨区域风险。运用大数据主动发现和识别违法违规线索，有效防范危害公共利益和群众生命财产安全的违法违规行为。鼓励通过物联网、视联网等非接触式监管方式提升执法监管效率，实现监管规范化、精准化、智能化，减少人为因素，

实现公正监管，杜绝随意检查、多头监管等问题，实现“进一次门、查多项事”，减少对监管对象的扰动。（国务院办公厅、国家发展和改革委员会、市场监管总局牵头，各部门按职责分别负责）

（十七）切实加大信用信息安全和市场主体权益保护力度

严肃查处违规泄露、篡改信用信息或利用信用信息谋私等行为。加强信用信息安全基础设施和安全防护能力建设。建立健全信用信息异议投诉制度，对市场主体提出异议的信息，信息提供和采集单位要尽快核实并反馈结果，经核实有误的信息要及时予以更正或撤销。因错误认定失信联合惩戒对象名单、错误采取失信联合惩戒措施损害市场主体合法权益的，有关部门和单位要积极采取措施消除不良影响。（各地区各部门按职责分别负责）

（十八）积极引导行业组织和信用服务机构协同监管

支持有关部门授权的行业协会商会协助开展行业信用建设和信用监管，鼓励行业协会商会建立会员信用记录，开展信用承诺、信用培训、诚信宣传、诚信倡议等，将诚信作为行规行约重要内容，引导本行业增强依法诚信经营意识。推动征信、信用评级、信用保险、信用担保、履约担保、信用管理咨询及培训等信用服务发展，切实发挥第三方信用服务机构在信用信息采集、加工、应用等方面的专业作用。鼓励相关部门与第三方信用服务机构在信用记录归集、信用信息共享、信用大数据分析、信用风险预警、失信案例核查、失信行为跟踪监测等方面开展合作。（国家发展和改革委员会、民政部、人民银行按职责分别负责）

六　加强信用监管的组织实施

（十九）加强组织领导

各地区各部门要把构建以信用为基础的新型监管机制作为深入推进“放管服”改革的重要举措，摆在更加突出的位置，加强组织领导，细化责任分工，有力有序有效推动落实。完善信用监管的配套制度，并加强与其他“放管服”改革事项的衔接。负有市场监管、行业监管职责的部门要切实承担行业信用建设和信用监管的主体责任，充分发挥行业组织、第三方信用服务机构作用，为公众监督创造有利条件，整合形成全社会共同参与信用监管的强大合力。（国家发展和改革委员会牵头，各地区各部门按职责分别负责）

（二十）开展试点示范

围绕信用承诺、信用修复、失信联合惩戒、信用大数据开发利用等重点工作，组织开展信用建设和信用监管试点示范。在各地区各部门探索创新的基础上，及时总结、提炼、交流开展信用建设和信用监管的好经验、好做法，在更大范围复制推广。（国家发展和改革委员会牵头，各地区各部门按职责分别负责）

（二十一）加快建章立制

推动制定社会信用体系建设相关法律，加快研究出台公共信用信息管理条例、统一社会信用代码管理办法等法规。建立健全全国统一的信用监管规则和标准，及时出台相关地方性法规、政府规章或规范性文件，将信用监管中行之有效的做法上升为制度规范。抓紧制定开展信用监管急需的国家标准。（国家发展和改革委员会、司法部牵头，各地区各部门按职责分别负责）

（二十二）做好宣传解读

各地区各部门要通过各种渠道和形式，深入细致向市场主体做好政策宣传解读工作，让经营者充分理解并积极配合以信用为基础的新型监管措施。加强对基层和一线监管人员的指导和培训。组织新闻媒体广泛报道，积极宣传信用监管措施及其成效，营造良好社会氛围。（国家发展和改革委员会牵头，各地区各部门按职责分别负责）

国务院办公厅

2019 年 7 月 9 日

国务院办公厅
关于印发全国深化“放管服”改革优化营商环境电视电话会议重点任务分工方案的通知 ※

国办发〔2019〕39 号

各省、自治区、直辖市人民政府，国务院各部委、各直属机构：

《全国深化“放管服”改革优化营商环境电视电话会议重点任务分工方案》已经国务院同意，现印发给你们，请结合实际认真贯彻落实。

国务院办公厅

2019 年 8 月 1 日

（此件公开发布）

※ 来源：中华人民共和国中央人民政府网，http：//www.gov.cn/zhengce/content/2019-08/12/content_5420694.htm.

全国深化“放管服”改革优化营商环境电视电话会议重点任务分工方案

党中央、国务院高度重视深化“放管服”改革、优化营商环境工作。2019年6月25日，李克强总理在全国深化“放管服”改革优化营商环境电视电话会议上发表重要讲话，部署深化“放管服”改革，加快打造市场化法治化国际化营商环境。为确保会议确定的重点任务落到实处，现制定如下分工方案。

一　推动简政放权向纵深发展，进一步放出活力

（一）进一步放宽市场准入，缩减市场准入负面清单事项，清单之外不得另设门槛和隐性限制。（国家发展和改革委员会、商务部牵头，国务院相关部门及各地区按职责分工负责）

具体措施：

1.2019年9月底前修订形成新版市场准入负面清单，缩减清单事项，以服务业为重点试点进一步放宽市场准入限制。推行“全国一张清单”管理模式，建立全国统一的清单代码体系，严禁各地区、各部门自行发布市场准入性质的负面清单。（国家发展和改革委员会、商务部负责）

2.2019年修订《公平竞争审查制度实施细则（暂行）》，组织各地区、各部门完成存量文件专项清理，修改、废止一批不利于公平竞争的政策措施，加快研究制定实施竞争政策的指导意见。（市场监管总局牵头，各地区、各部门负责）

3.2019年9月底前部署开展招投标领域专项整治，全面清理各级政府及有关部门规章、行政规范性文件和其他政策措施中对民营、外资企业投标设置不合理限制和壁垒的规定，纠正并查处一批不合理限制或排斥潜在投标人等违法违规行为。（国家发展和改革委员会等国务院相关部门按职责分工负责）

4. 加强对各地区、各部门政府采购活动的指导和监管，清理政府采购领域妨碍统一市场与公平竞争的规定和做法。（财政部、市场监管总局负责）

（二）继续压减中央和地方层面设定的行政许可事项。2019年内中央层面再取消下放一批行政许可事项。对保留的许可事项要逐项明确许可范围、条件和环节等，能简化的都要尽量简化。（国务院办公厅牵头，各地区、各部门负责）

具体措施：

1.2019年年底前研究提出50项以上拟取消下放和改变管理方式的行政许可事项，清理简并多部门、多层级实施的重复审批。编制公布中央层面设定的行政许可事项清单，逐项简化并明确许可范围、许可条件、许可有效期限等，细化审批标准、办理程序和时

限等要求。（国务院办公厅牵头，国务院相关部门按职责分工负责）

2. 组织清理规范地方层面设定的行政许可事项，2019 年年底前以省为单位集中统一公布地方层面设定的行政许可事项清单。（国务院办公厅牵头，各地区负责）

3. 深化交通运输领域简政放权。简化道路客运经营许可事项和申请材料，精简道路货运从业驾驶员培训考试。优化机动车产品准入，依法整合汽车产品公告、强制性产品认证、环保型式核准目录、道路运输车辆燃料消耗量达标车型公告等，实现一次送检、全面检测、结果互认。2019 年年底前形成货车“三检合一”实施方案。（国家发展和改革委员会、公安部、交通运输部、生态环境部、工业和信息化部、市场监管总局按职责分工负责）

（三）继续压减工业产品生产许可证，2019 年把许可证种类再压减一半以上。（市场监管总局负责）

具体措施：

1. 进一步调整工业产品生产许可证管理目录，2019 年 9 月底前将发证产品种类从 24 类压减至 12 类以内，压缩发证层级，减少产品单元。对保留和退出目录的产品都要制定加强事中事后监管的措施。（市场监管总局负责）

2. 2019 年 10 月底前将强制性产品认证目录再压减 30 种以上，继续扩大“自我声明”评价方式实施范围，简化强制性认证管理程序，减少认证证书种类数量。（市场监管总局负责）

3. 推动检验检测认证机构与政府部门彻底脱钩，鼓励社会资本进入检验检测认证市场。清理检验检测行政许可，实施统一的资质认定管理，加快实现检验检测认证结果在不同部门、层级和地区间互认通用，避免重复评价。（市场监管总局牵头，国务院相关部门按职责分工负责）

（四）大力清理简并种类过多、划分过细的资质资格许可事项。（人力资源和社会保障部、自然资源部、住房城乡建设部、交通运输部等国务院相关部门按职责分工负责）

具体措施：

1. 推动技能人员水平评价类职业资格分批调整退出国家职业资格目录，2019 年年底前建立完善职业技能等级制度，推动实现由用人单位和第三方机构开展职业技能等级认定、颁发职业技能等级证书，政府不再颁发职业技能等级证书。对涉及国家安全、公共安全、生态环境安全、人身健康、生命财产安全的水平评价类职业资格，确需实施准入管理的，依照法定程序调整为准入类职业资格。2020 年年底前将国家职业资格数量再压减一半以上。（人力资源和社会保障部牵头，国务院相关部门按职责分工负责）

2. 大幅压减企业资质资格认定事项，力争 2020 年年底前将工程建设、测绘等领域企业资质类别、等级压减三分之一以上，凡是能由市场机制调节的一律取消，对保留的事项要精简资质类别、归并等级设置。探索对部分资质资格实行告知承诺管理。（自然资源部、住房城乡建设部、交通运输部、应急部等国务院相关部门按职责分工负责）

（五）整治各类变相审批，摸清备案、登记、年检、认定等部门管理措施的底数，并持续清理压减。对确需保留的实行清单管理，并向社会公开。（国务院办公厅牵头，各地区、各部门负责）

具体措施：

2019 年年底前启动清理规范中央层面规定的目录、备案、计划、规划、登记、注册、年检、年报、监制、认定、认证、审定等管理措施，依法依规取消变相审批，分类编制事项清单并明确办理规则和流程。2020 年 6 月底前研究提出一批简化、优化的管理措施，改为通过信息共享等方式优化办事流程。（国务院办公厅牵头，国务院相关部门按职责分工负责）

（六）继续推进“证照分离”改革，重点是“照后减证”。（国务院办公厅、市场监管总局、司法部牵头，国务院相关部门按职责分工负责）

具体措施：

2019 年年底前在自由贸易试验区启动“证照分离”改革全覆盖试点工作，将中央层面和地方层面设定的涉企经营许可事项全部纳入改革范围，通过直接取消审批、审批改为备案、实行告知承诺、优化审批服务等四种方式分类推进改革，2020 年下半年在全国推开。（国务院办公厅、市场监管总局、司法部牵头，相关地区及国务院相关部门按职责分工负责）

（七）进一步压减企业开办时间，2019 年年底前压减到 5 个工作日以内，有条件的地方要压减到 3 个工作日以内。（市场监管总局牵头，国务院相关部门及各地区按职责分工负责）

具体措施：

1. 加快电子营业执照、电子印章推广应用，简并现场登记环节。推广企业开办全程网上办，鼓励具备条件的地区加快实现开办企业时申领营业执照、刻制印章、申领发票、申领税控设备、社保登记、住房公积金开户登记等全流程网上申请和办理，现场“一窗”、一次领取企业开办全部材料。（市场监管总局牵头，公安部、住房城乡建设部、人力资源和社会保障部、税务总局等国务院相关部门及各地区按职责分工负责）

2.2019 年年底前建成全国统一的电子发票公共服务平台，为纳税人提供免费的电子发票开具服务，加快电子发票的推广应用。尽快研究推进增值税专用发票电子化。2019 年年底前将纳税人办税事项、纳税时间再压减 10%，70% 以上办税事项实现一次办结。（税务总局、财政部按职责分工负责）

（八）进一步完善市场主体退出机制，促进优胜劣汰。（国家发展和改革委员会牵头，国务院相关部门及各地区按职责分工负责）

具体措施：

1.2019 年 8 月底前推动各地建成企业注销网上服务专区，实现企业注销“一网”服务。推行税务注销分类处理，大幅简化社保、商务、海关等注销手续，压缩企业注销时间。推进企业简易注销登记试点，对于被终止简易注销登记的企业，允许其符合条件后再次依程序申请简易注销。（市场监管总局牵头，人力资源和社会保障部、商务部、海关总署、税务总局等国务院相关部门及各地区按职责分工负责）

2. 推动各地研究建立办理破产工作统一协调机制，统筹推进破产程序中的业务协调、信息共享等工作。研究建立自然人破产制度，重点解决企业破产产生的自然人连带责任担保债务问题。（国家发展和改革委员会牵头，国务院相关部门及各地区按职责分工负责）

（九）全面开展工程建设项目审批制度改革，压减审批时间和环节，在确保实现将审批时间压减到120个工作日以内的基础上，有条件的地方要进一步压减审批时间。（住房城乡建设部牵头，国务院相关部门及各地区按职责分工负责）

具体措施：

1. 继续开展工程建设项目审批制度全流程、全覆盖改革，大力精简工程建设项目审批环节和事项，分类优化审批流程，实施联合审图和联合验收等。在试点地区探索取消施工图审查（或缩小审查范围）、实行告知承诺制和设计人员终身负责制，并加强事中事后监管。2019年年底前在东部沿海地区率先实现“互联网+工程审批”，在全国基本实现“一窗受理、并联办理”。（住房城乡建设部牵头，国务院相关部门及各地区按职责分工负责）

2. 推进环评制度改革，对不涉及有毒有害及危险品的仓储、物流配送等一批基本不产生生态环境影响的项目，统一不再纳入环评管理。试点对环境影响小、风险可控的项目，简化环评手续或纳入环境影响登记表备案管理，2019年年底前将项目环评审批时间压缩至法定时限的一半。（生态环境部牵头，国务院相关部门及各地区按职责分工负责）

3. 推进用地规划“多审合一、多证合一”改革，合并用地预审和规划选址，整合建设用地规划许可证、建设用地批准书、国有土地划拨决定书，2019年年底前减少用地规划相关证照，压缩办理时限。（自然资源部及各地区按职责分工负责）

（十）治理各种不合理收费，防止地方非税收入非正常增长、抵消减税降费的政策效果，决不能再增加收费项目，确保减税降费的目标落实到位。（财政部、国家发展和改革委员会、民政部、税务总局、市场监管总局等国务院相关部门及各地区按职责分工负责）

具体措施：

1.2019年9月底前组织开展减税降费政策实施效果监督检查工作，重点关注非税收入增速异常和乱收费等情况，坚决纠正违规开征、多征、预征非税收入的行为，坚决查处乱收费、乱罚款和各种摊派等问题。（财政部负责）

2. 治理政府部门下属单位、行业协会商会、中介机构等涉企收费行为，坚决清理整治乱收费和第三方截留减税降费红利行为。动态调整行政事业性收费和实行政府定价的经营服务性收费目录清单，全面公示收费项目、标准和依据。2019年9月底前制定出台进一步加强和改进行业协会商会收费管理的有关文件。（国家发展和改革委员会、市场监管总局、工业和信息化部、民政部、财政部等国务院相关部门按职责分工负责）

3. 降低企业物流成本，督促各地做好口岸收费目录清单公示，整治港口、船公司、物流堆场、货代、船代等乱收费、不合理收费行为，2020年年底前将全国单个集装箱进出口环节常规收费压减至400美元以内。清理铁路、水路的货运和客运杂费，降低收费标准，2019年年底前公布收费和处罚事项清单。（交通运输部、海关总署、国家发展和改革委员会、财政部、市场监管总局、铁路局等国务院相关部门及各地区按职责分工负责）

4. 2019年年底前开展降低融资收费专项清理行动，规范中小企业融资时强制要求办理的担保、保险、评估、公证等事项，减少融资过程中的附加费用。（银保监会牵头，国务院相关部门按职责分工负责）

二　加强公正监管，切实管出公平

（十一）有关部门要分领域抓紧制订全国统一、简明易行的监管规则和标准，并向全社会公开。抓紧清理规范和修订完善那些边界宽泛、执行弹性大的监管规则和标准。（国务院相关部门按职责分工负责）

具体措施：

1. 2019 年年底前对已取消下放的行政许可事项事中事后监管措施落实情况进行全面评估，按照法律规定和“三定”规定确定的监管职责，进一步明确相应的事中事后监管措施，确保监管全覆盖。（各地区、各部门负责）

2. 2019 年 9 月底前制定出台加强和规范事中事后监管的指导意见，落实放管结合、并重的要求，建立健全适合我国高质量发展要求、全覆盖、保障安全的事中事后监管制度。（国务院办公厅、市场监管总局负责）

3. 2019 年年底前对现有的主要监管规则标准进行修订完善，尽可能消除模糊和兜底条款，并依法依规向社会公开。在市场监管、生态环境保护、交通运输、农业农村、文化市场等行政执法领域分别制定规范执法自由裁量权的办法，明确法律依据和处罚标准。（生态环境部、交通运输部、农业农村部、文化和旅游部、市场监管总局等国务院相关部门及各地区按职责分工负责）

4. 2019 年年底前对现有涉企现场检查事项进行全面梳理论证，通过取消、整合、转为非现场检查等方式，压减重复或不必要检查事项，着力解决涉企现场检查事项多、频次高、随意检查等问题。持续清理规范行政处罚事项，对重复处罚、标准不一、上位法已作调整的事项及时进行精简和规范。（国务院相关部门及各地区按职责分工负责）

5. 全面落实行政执法公示、执法全过程记录、重大执法决定法制审核三项制度，2020 年年底前基本实现各级行政执法机关及时准确公示执法信息、执法全过程留痕和可回溯管理、重大执法决定法制审核全覆盖。（司法部牵头，国务院相关部门及各地区按职责分工负责）

（十二）完善“双随机、一公开”监管制度和工作机制，推动日常监管“双随机、一公开”全覆盖。（市场监管总局牵头，国务院相关部门及各地区按职责分工负责）

具体措施：

推进“双随机、一公开”跨部门联合监管，以省为单位建立统一的监管平台，实现各部门监管信息与省级平台互联互通。2019 年年底前市场监管部门完成双随机抽查全流程整合，实现双随机抽查覆盖企业比例达 5%。2020 年年底前在市场监管领域实现相关部门“双随机、一公开”监管全覆盖，地方各级人民政府相关部门联合“双随机、一公开”监管常态化。（市场监管总局牵头，国务院相关部门及各地区按职责分工负责）

（十三）对重点领域进行重点监管，特别是对疫苗、药品、特种设备、危险化学品等涉及人民生命安全、社会关注度高的领域，要实行全主体、全品种、全链条严格监管。（应急部、市场监管总局、药监局等国务院相关部门及各地区按职责分工负责）

具体措施：

1. 加快研究建立违法严惩制度、惩罚性赔偿和巨额罚款制度、内部举报人奖励制度等，

提高重点监管效能，让严重违法者付出高昂成本。（市场监管总局牵头，国务院相关部门按职责分工负责）

2. 2019 年 11 月底前组织开展危险化学品质量安全风险隐患排查和专项整治。（市场监管总局等国务院相关部门及各地区按职责分工负责）

3. 建立疫苗生产企业巡查检查制度，实施对全部在产疫苗生产企业全覆盖检查。推行向疫苗生产企业派驻检查员制度。开展中药饮片质量专项整治。加强对国家组织药品集中采购和使用试点中标品种的日常监管、产品抽检和不良反应监测，督促企业落实主体责任。（药监局牵头，国务院相关部门及各地区按职责分工负责）

4. 开展打击欺诈骗保专项治理活动，实现对全国定点医疗机构和零售药店监督检查全覆盖，公开曝光欺诈骗保典型案例。（国家医疗保障局负责）

（十四）加强社会信用体系建设，大力推进信用监管，推行承诺制，让市场主体和公民讲诚信，自主承诺。对违背承诺、搞虚假承诺甚至坑蒙拐骗的，一经发现要严厉惩罚。（国家发展和改革委员会、人民银行、市场监管总局牵头，国务院相关部门及各地区按职责分工负责）

具体措施：

1. 规范认定并设立市场主体信用“黑名单”，建立健全信用修复、异议申诉等机制。2019 年年底前修订《严重违法失信企业名单管理暂行办法》，完善经营异常名录和严重违法失信企业名单管理等制度。（国家发展和改革委员会、市场监管总局等国务院相关部门按职责分工负责）

2. 围绕信用承诺、信用修复、失信联合惩戒、信用大数据开发利用等工作，2020 年启动信用建设和信用监管试点示范。（国家发展和改革委员会牵头，各地区、各部门负责）

3. 2020 年年底前建立全国统一的信用报告标准，推动信用报告结果实现异地互认。（国家发展和改革委员会、人民银行牵头，各地区、各部门负责）

4. 依托国家“互联网＋监管”等系统，有效整合公共信用信息、市场信用信息、投诉举报信息和互联网及第三方相关信息，充分运用大数据、人工智能等新一代信息技术，加快实现信用监管数据可比对、过程可追溯、问题可监测。（国务院办公厅、国家发展和改革委员会、市场监管总局牵头，各部门按职责分工负责）

5. 建立完善以信用为基础的新型海关监管机制，根据企业信用等级实施差别化通关监管措施，2019 年年底前出台对跨境电子商务等企业的认证标准。（海关总署负责）

6. 推进知识产权领域信用体系建设，研究制定知识产权（专利）领域严重失信联合惩戒对象名单管理办法。加强对商标抢注和恶意注册、非正常专利申请等行为的信用监管。研究制定规范商标注册申请行为的有关规定。（知识产权局负责）

（十五）加快推进“互联网＋监管”，及时总结推广地方好的经验做法，提高监管及时性、精准性、有效性。（国务院办公厅牵头，国务院相关部门及各地区按职责分工负责）

具体措施：

1.2019 年 9 月底前完成国家“互联网＋监管”系统主体功能建设并上线运行，归集共享各类监管数据，建立完善相关风险预警模型，实现对违法行为早发现、早提醒、早处置。（国务院办公厅负责）

2. 加快推进地方和部门“互联网＋监管”系统建设并与国家“互联网＋监管”系统对接联通，推动形成统一规范、信息共享、协同联动的全国“互联网＋监管”体系。（国务院办公厅牵头，各地区、各部门负责）

（十六）坚持对新兴产业实施包容审慎监管，在监管中找到新生事物发展规律，该处置的处置，该客观对待的客观对待，不简单封杀，但也决不能放任不管，推动新业态更好更健康发展。（国务院相关部门及各地区按职责分工负责）

具体措施：

1.2019 年 8 月底前出台促进平台经济规范健康发展的指导意见，加大政策支持力度，创新监管方式，落实和完善包容审慎监管要求，推动建立健全适应平台经济发展特点的新型监管机制。（国务院办公厅牵头，国务院相关部门及各地区按职责分工负责）

2. 优化新业态发展环境，放宽新兴行业企业名称登记限制，完善互联网平台企业用工、灵活就业人员相关政策，加强政府部门与互联网平台数据共享，2019 年年底前建成全国一体化在线政务服务平台电子证照共享服务系统。鼓励各地探索适应新业态特点、有利于公平竞争的公正监管办法，更好支持新业态发展。（国务院办公厅、市场监管总局、人力资源和社会保障部等国务院相关部门及各地区按职责分工负责）

三 大力优化政府服务，努力服出便利

（十七）切实增强服务意识，不断提升服务能力和水平，大力提升政务服务效率，针对群众办事来回跑、环节多材料多、政府服务效率低等问题，对政务服务流程、方式进行系统化改革。（国务院办公厅牵头，国务院相关部门及各地区按职责分工负责）

具体措施：

1. 2019 年 9 月底前制定出台建立政务服务“好差评”制度有关指导意见，倒逼各级政府部门不断改进工作。（国务院办公厅负责）

2. 加快实现公安、市场监管、住房城乡建设、税务、司法、民政等部门信息与不动产登记信息共享集成。对登记中涉及多个部门交叉办理的事项，通过信息化手段整合集成业务流程，2019 年年底前在全国基本实现“一窗受理、并行办理”，东部沿海地区力争率先实现办理一般登记、抵押登记时间压缩至 5 个工作日以内；2020 年年底前“互联网＋不动产登记”在地级及以上城市全面实施，办理一般登记、抵押登记时间力争全部压缩至 5 个工作日以内。（自然资源部牵头，国务院相关部门及各地区按职责分工负责）

3. 提升跨境贸易便利化水平，加强国际贸易“单一窗口”与银行、保险、民航、铁路、港口等相关行业机构合作对接，2019 年年底前实现主要申报业务应用率达 100%。进一步精简进出口环节监管证件数量，加快推行进出口“提前申报”“两步申报”通关模式和无纸化通关作业。（海关总署牵头，交通运输部、银保监会、民航局、铁路局等国务院相关部门及各地区按职责分工负责）

4. 试点建立统一的现代动产担保系统，2020 年年底前力争整合各类动产登记和权利担保登记系统，实现企业担保在一个平台上登记，各相关部门按职责分别实施后台监管。

（人民银行牵头，交通运输部、市场监管总局、知识产权局等国务院相关部门按职责分工负责）

5. 扩大异地就医结算范围，2019 年年底前基本实现异地就医患者在定点医院住院持卡看病、即时结算，2020 年年底前基本实现符合条件的跨省异地就医患者在所有定点医院能直接结算。（国家医疗保障局及各地区按职责分工负责）

6. 加快建成全国统一的社会保险公共服务平台，实现个人权益记录查询、自主认证、养老保险待遇测算、社保卡应用状态查询等“一站式”功能，全面取消领取社保待遇资格集中认证，优化社保卡服务，加快推进电子社保卡。2019 年年底前实现养老保险关系转移接续业务网上办理。（人力资源和社会保障部及各地区按职责分工负责）

7. 推广商标和专利电子化申请，2019 年年底前将高价值专利审查周期压缩至 17.5 个月、商标注册平均审查周期压缩到 5 个月，消减发明专利审查积压 10 万件。（知识产权局负责）

8. 2019 年 10 月底前改进优化来华工作外国人入境和居留管理制度办法，优化外国人来华相关审批、审查服务，压减办理时间。同时，向全社会开放出入境证件身份认证服务平台，为港澳居民、华侨持用出入境证件办理金融、教育、医疗等社会事务提供便利。（公安部、科技部、人力资源和社会保障部、移民局按职责分工负责）

9. 2020 年 6 月底前全面推广证明事项告知承诺制。进一步改进和规范基层群众性自治组织出具证明工作，解决群众反映强烈的“万能居委会”“社区万能章”等问题。（司法部、民政部按职责分工负责）

（十八）依托全国一体化在线政务服务平台，加快打造全国政务服务“一张网”，实现更大范围“一网通办”、异地可办、“掌上可办”，确需到现场办的再到政务服务大厅办理。在办理政务服务事项过程中要注意保护商业秘密和个人隐私。（国务院办公厅牵头，国务院相关部门及各地区按职责分工负责）

具体措施：

1. 2019 年 9 月底前上线运行以国家政务服务平台为总枢纽的全国一体化在线政务服务平台，建立完善全国一体化在线政务服务平台标准规范体系、安全保障体系和法规制度体系，在更大范围实现“一网通办”、异地可办。2019 年年底前首批推动 10 种高频电子证照全国标准化应用和互信互认，推动 100 项以上政务服务事项在各省（区、市）内和跨省（区、市）实现“一网通办”。2020 年年底前基本完成对依申请办理的政务服务事项名称、编码、依据、类型等基本要素和办事指南要素在国家、省、市、县四级统一。（国务院办公厅牵头，各地区、各部门负责）

2. 更大力度推动央地数据共享，建立权威高效的数据共享协调机制，2019 年再新增拓展 1000 项共享数据，将直接关系到企业和群众办事、应用频次高的数据优先纳入共享范围，满足 30 项以上全国普遍性高频政务服务事项的数据共享需求。加快推进“互联网 + 可信身份认证”平台、全国人口信息社会应用平台等多种网上身份认证能力融合，为全国一体化在线政务服务平台提供统一身份认证支撑。（国务院办公厅、国家发展和改革委员会、公安部按职责分工负责）

3. 提升政务服务大厅“一站式”功能，2019 年年底前政务服务事项进驻综合性实体政务服务大厅基本实现“应进必进”，70% 以上政务服务事项实现“一窗”分类受理。推动政务服务大厅与政务服务平台全面对接融合。（国务院办公厅牵头，各地区、各部门负责）

（十九）一些带有垄断性质的供电、供水、供气、供暖等公用事业单位及医院、银行等服务机构，要从方便市场主体和人民群众出发，提高服务质量和效率，大幅压减自来水、电力、燃气、供暖办理时间，提高相关政策透明度，大力推行 App 办事、移动支付等。（国家发展和改革委员会、住房城乡建设部、水利部、卫生健康委员会、人民银行、银保监会、能源局等国务院相关部门及各地区按职责分工负责）

具体措施：

1. 2019 年年底前研究制定规范水电气暖等行业收费、管理、服务等方面的综合性意见。（国家发展和改革委员会牵头，住房城乡建设部等国务院相关部门按职责分工负责）

2. 进一步压减办电时间，加快推广低压小微企业用电报装“三零”（零上门、零审批、零投资）服务，2019 年年底前在全国各直辖市、省会城市实现低压小微企业用电报装“三零”服务，将办电时间压缩至 30 个工作日以内。地方政府要大幅压缩电力接入工程审批时间。研究建立针对供电企业停电超过一定频次和时间的处罚机制。（能源局及各地区按职责分工负责）

3. 优化水气报装服务，指导地方落实新修订的《中华人民共和国城镇建设行业标准：城镇供水服务（CJ/T316—2009）》《中华人民共和国国家标准：燃气服务导则（GB/T 28885—2012）》等国家标准，将水气设施报装提前到施工许可证核发后即可办理，2019 年年底前将供水新增、扩容改装的报装时间分别压缩至 20 个、15 个工作日以内，将燃气报装时间压缩至 16 个工作日以内，大幅压减报装、安装费用。（住房城乡建设部、国家发展和改革委员会及各地区按职责分工负责）

4. 指导督促商业银行优化服务，2019 年年底前解决银行卡解绑和异地注销难、“睡眠卡”收费不透明等一批群众反映强烈的问题，加快推动解决继承财产支取难问题。优化电信服务，持续推进降低电信收费、异地销户、携号转网等工作。持续优化老年证、居住证、流动人员人事档案管理等证件或手续办理流程，减少公用企事业单位索要的证明材料。（银保监会、工业和信息化部、公安部、民政部、卫生健康委员会、人力资源和社会保障部、国家发展和改革委员会、住房城乡建设部、司法部等国务院相关部门及各地区按职责分工负责）

（二十）大力发展服务业，采用政府和市场多元化投入的方式，引导鼓励更多社会资本进入服务业，扩大服务业对外开放，结合城镇老旧小区改造，大力发展养老、托幼、家政和“互联网 + 教育”“互联网 + 医疗”等服务，有效增加公共服务供给、提高供给质量，更好满足人民群众需求。（国家发展和改革委员会、教育部、民政部、住房城乡建设部、商务部、卫生健康委员会等国务院相关部门及各地区按职责分工负责）

具体措施：

1. 2019 年 8 月底前制定出台加快发展“互联网 + 社会服务”的意见，提出进一步推进“互联网 +”与教育、健康医疗、养老、文化、旅游、体育、家政等领域深度融合发展的政策措施，充分发挥社会领域公共服务资源作用，创新服务模式，更好惠及人民群众。

（国家发展和改革委员会牵头，教育部、民政部、商务部、文化和旅游部、卫生健康委员会、体育总局等国务院相关部门按职责分工负责）

2. 结合城镇老旧小区改造，深入落实养老、托幼、家政等服务业有关政策意见。推进建设城乡便民消费服务中心，进一步扩大建设范围和数量，鼓励建设社区生活服务中心，在城乡社区推动包括家政服务在内的居民生活服务业发展，更好满足群众需要。支持社会力量发展普惠性托育服务，增加普惠性托育服务有效供给，促进婴幼儿照护服务标准化、规范化发展。（住房城乡建设部、商务部、民政部、卫生健康委员会、国家发展和改革委员会等国务院相关部门按职责分工负责）

3. 2020 年年底前落实互联网诊疗和互联网医院管理相关政策，推动二级以上医院普遍提供分时段预约诊疗、诊间结算、移动支付等服务。探索建立老年人长期护理需求认定和等级评定标准体系，加强医疗护理员培训，促进老龄健康服务业发展。（卫生健康委员会、国家医疗保障局按职责分工负责）

四　强化责任担当，确保“放管服”改革不断取得新成效

（二十一）抓紧研究制定《优化营商环境条例》，为营商环境建设提供法治保障。2019 年要开展营商环境百项诉求处理行动，破解一批营商环境痛点难点。（国家发展和改革委员会、司法部、国务院办公厅牵头，国务院相关部门及各地区按职责分工负责）

具体措施：

1. 抓紧研究制定《优化营商环境条例》，2019 年 8 月底前完成向各有关方面征求意见和法规审查工作、形成草案，9 月底前公布实施。（国家发展和改革委员会、司法部、国务院办公厅牵头，国务院相关部门按职责分工负责）

2. 围绕开办企业、办理建筑许可、获得电力、登记财产、纳税、跨境贸易等优化营商环境重点领域，搜集一批企业和群众反映强烈的问题，2019 年年底前推动各地区、各部门研究出台具体解决措施。（国家发展和改革委员会牵头，国务院相关部门及各地区按职责分工负责）

3. 对标国际先进水平，聚焦营商环境关键领域和薄弱环节，研究制定优化营商环境重点任务台账，并抓好落实。（财政部、国务院办公厅牵头，国务院相关部门及各地区按职责分工负责）

（二十二）鼓励支持各地大胆创新，及时指导帮助地方解决改革中遇到的难题。要进一步加大向地方放权特别是综合授权的力度，充分调动和发挥地方推进改革发展的积极性、主动性和创造性。（国务院相关部门及各地区按职责分工负责）

（二十三）对滞后于改革要求、不利于优化营商环境、制约新产业新业态新模式发展的有关规定，要加快清理修改。对与改革决策相抵触的行政法规、部门规章和行政规范性文件，要应改尽改、应废尽废。涉及修改法律的，要与改革方案同步提出修法建议。各地区可通过制定地方性法规、规章，将实践证明行之有效、人民群众满意、市场主体支持的改革举措固化下来。（各地区、各部门负责）

（二十四）要把“放管服”改革、优化营商环境各项举措落实情况，作为2019年国务院大督查的重点。继续用好督查奖惩这个有效办法，对成效明显的加大表扬和政策激励力度，对不作为乱作为延误改革的要严肃问责。（国务院办公厅牵头，各地区、各部门负责）

各地区、各部门的贯彻落实情况，年底前书面报国务院。工作中取得的重大进展、存在的突出问题要及时报告。

国务院办公厅
转发国家发展和改革委员会关于深化公共资源交易平台整合共享指导意见的通知※

国办函〔2019〕41号

各省、自治区、直辖市人民政府，国务院各部委、各直属机构：

国家发展和改革委员会《关于深化公共资源交易平台整合共享的指导意见》已经国务院同意，现转发给你们，请认真组织实施。

国务院办公厅

2019年5月19日

（此件公开发布）

关于深化公共资源交易平台整合共享的指导意见
国家发展和改革委员会

近年来，各地区、各部门认真贯彻落实党中央、国务院决策部署，按照《国务院办公厅关于印发整合建立统一的公共资源交易平台工作方案的通知》（国办发〔2015〕63号）要求，积极推动整合分散设立的工程建设项目招标投标、土地使用权和矿业权出让、国有产权交易、政府采购等交易平台，全国范围内规则统一、公开透明、服务高效、监督规范的平台体系初步构建，公共资源交易市场迅速发展，公共资源配置的效率和效益明显提高，促进了经济社会持续健康发展。同时，公共资源交易领域仍存在要素市场化配置程度不够高、公共服务供给不充分、多头监管与监管缺失并存等突出问题，亟待进一步深化改革、创新机制、优化服务、强化监管。为深化公共资源交易平台整合共享，促进公共资源交易市场健康有序发展，现提出以下意见。

※　来源：中华人民共和国中央人民政府网，http：//www.gov.cn/zhengce/content/2019-05/29/content_5395735.htm.

一　总体要求

（一）指导思想

以习近平新时代中国特色社会主义思想为指导，全面贯彻党的十九大和十九届二中、三中全会精神，统筹推进“五位一体”总体布局，协调推进“四个全面”战略布局，按照党中央、国务院决策部署，坚持稳中求进工作总基调，坚持新发展理念，坚持推动高质量发展，坚持以供给侧结构性改革为主线，充分发挥市场在资源配置中的决定性作用，更好发挥政府作用，持续深化公共资源交易平台整合共享，着力提高公共资源配置效率和公平性，着力提升公共资源交易服务质量，着力创新公共资源交易监管体制机制，激发市场活力和社会创造力。

（二）基本原则

坚持应进必进，推动各类公共资源交易进平台。对于应该或可以通过市场化方式配置的公共资源，建立交易目录清单，加快推进清单内公共资源平台交易全覆盖，做到“平台之外无交易”。

坚持统一规范，推动平台整合和互联共享。在政府主导下，进一步整合规范公共资源交易平台，不断完善分类统一的交易制度规则、技术标准和数据规范，促进平台互联互通和信息充分共享。

坚持公开透明，推动公共资源阳光交易。实行公共资源交易全过程信息公开，保证各类交易行为动态留痕、可追溯。大力推进部门协同监管、信用监管和智慧监管，充分发挥市场主体、行业组织、社会公众、新闻媒体外部监督作用，确保监督到位。

坚持服务高效，推动平台利企便民。深化“放管服”改革，突出公共资源交易平台的公共服务职能定位，进一步精简办事流程，推行网上办理，降低制度性交易成本，推动公共资源交易从依托有形场所向以电子化平台为主转变。

（三）主要目标

到 2020 年，适合以市场化方式配置的公共资源基本纳入统一的公共资源交易平台体系，实行目录管理；各级公共资源交易平台纵向全面贯通、横向互联互通，实现制度规则统一、技术标准统一、信息资源共享；电子化交易全面实施，公共资源交易实现全过程在线实时监管。在此基础上，再经过一段时间努力，公共资源交易流程更加科学高效，交易活动更加规范有序，效率和效益进一步提升，违法违规行为发现和查处力度明显加大；统一开放、竞争有序的公共资源交易市场健康运行，市场主体获得感进一步增强。

二　完善公共资源市场化配置机制

（四）拓展平台覆盖范围

将公共资源交易平台覆盖范围由工程建设项目招标投标、土地使用权和矿业权出让、国有产权交易、政府采购等，逐步扩大到适合以市场化方式配置的自然资源、资产股权、环境权等各类公共资源，制定和发布全国统一的公共资源交易目录指引。各地区根据全国目录指引，结合本地区实际情况，系统梳理公共资源类别和范围，制定和发布本地区公共资源交易目录。持续推进公共资源交易平台整合，坚持能不新设就不新设，尽可能依托现有平台满足各类交易服务需要。

（五）创新资源配置方式

对于全民所有自然资源，特许经营权，农村集体产权等资产股权，排污权、碳排放权、用能权等环境权，要健全出让或转让规则，引入招标投标、拍卖等竞争性方式，完善交易制度和价格形成机制，促进公共资源公平交易、高效利用。有条件的地方可开展医疗药品、器械及耗材集中采购。

（六）促进资源跨区域交易

严格执行公平竞争审查制度，防止通过设置注册登记、设立分支机构（办事处）、资质验证、投标（竞买）许可、强制担保、强制要求在当地投资、人员业绩考核等没有法律法规依据的限制性条件实行地方保护或行业垄断。鼓励同一省域内市场主体跨地市自主选择平台进行公共资源交易，积极稳妥推进公共资源交易平台跨省域合作。

三　优化公共资源交易服务

（七）健全平台电子系统

加强公共资源交易平台电子系统建设，明确交易、服务、监管等各子系统的功能定位，实现互联互通和信息资源共享，并同步规划、建设、使用信息基础设施，完善相关安全技术措施，确保系统和数据安全。交易系统为市场主体提供在线交易服务，服务系统为交易信息汇集、共享和发布提供在线服务，监管系统为行政监督部门、纪委监委、审计部门提供在线监督通道。抓紧解决公共资源交易平台电子档案、技术规范、信息安全等问题，统筹公共资源交易评标、评审专家资源，通过远程异地评标、评审等方式加快推动优质专家资源跨地区、跨行业共享。进一步发挥全国公共资源交易平台作用，为各级各类公共资源电子化交易提供公共入口、公共通道和综合技术支撑。全国公共资源交易数据应当由全国公共资源交易平台按照有关规定统一发布。中央管理企业电子招标采购交易系统应当通过国家电子招标投标公共服务系统有序纳入公共资源交易平台，依法接受监督管理。促进数字证书（CA）跨平台、跨部门、跨区域互认，逐步实现全国互认，推动电子营业执照、电子担保保函在公共资源交易领域的应用，降低企业交易成本，提高交易效率。

（八）强化公共服务定位

公共资源交易中心作为公共资源交易平台主要运行服务机构，应不断优化见证、场所、信息、档案、专家抽取等服务，积极开展交易大数据分析，为宏观经济决策、优化营商环境、规范交易市场提供参考和支撑，不得将重要敏感数据擅自公开及用于商业用途。除法律法规明确规定外，公共资源交易中心不得代行行政监管职能，不得限制交易主体自主权，不得排斥和限制市场主体建设运营的电子交易系统。

（九）精简管理事项和环节

系统梳理公共资源交易流程，取消没有法律法规依据的投标报名、招标文件审查、原件核对等事项以及能够采用告知承诺制和事中事后监管解决的前置审批或审核环节。推广多业务合并申请，通过“一表申请”将市场主体基本信息材料一次收集、后续重复使用并及时更新。推行交易服务“一网通办”，不断提高公共资源交易服务事项网上办理比例。

四　创新公共资源交易监管体制

（十）实施协同监管

深化公共资源交易管理体制改革，推进公共资源交易服务、管理与监督职能相互分离，探索推进公共资源交易综合监管。各地区公共资源交易平台整合工作牵头部门要会同有关行政监督部门按照各司其职、互相协调、密切配合的要求，根据法律法规和地方各级人民政府确定的职责分工，形成监管权力和责任清单并向社会公开。建立健全投诉举报接收、转办、反馈工作机制，由有关行政监督部门依法查处公共资源交易过程中的违法违规行为，实现部门协同执法、案件限时办结、结果主动反馈。加大信息公开力度，加快推进公共资源交易全过程信息依法公开。畅通社会监督渠道，加强市场主体、行业组织、社会公众、新闻媒体等对公共资源交易活动的监督，促进市场开放和公平竞争。

（十一）强化信用监管

加快公共资源交易领域信用体系建设，制定全国统一的公共资源交易信用标准，完善公共资源交易信用信息管理、共享、运用等制度，强化各类市场主体信用信息的公开和运用，把市场主体参与公共资源交易活动的信用信息归集到全国信用信息共享平台，作为实施监管的重要依据，依法依规开展守信联合激励和失信联合惩戒。

（十二）开展智慧监管

依托公共资源交易平台电子系统及时在线下达指令，实现市场主体、中介机构和交易过程信息全面记录、实时交互，确保交易记录来源可溯、去向可查、监督留痕、责任可究。运用大数据、云计算等现代信息技术手段，对公共资源交易活动进行监测分析，及时发现并自动预警围标串标、弄虚作假等违法违规行为，加大对重点地区、重点领域、重点环节的监督执法力度，增强监管的针对性和精准性。推进公共资源交易平台电子系统与全国投资项目在线审批监管平台对接。

五　强化组织实施保障

（十三）加强组织领导

国家发展和改革委员会要会同有关部门完善公共资源交易平台整合工作部际联席会议机制，加强政策指导、工作协调和业务培训，督促任务落实。地方各级人民政府要统筹推进本行政区域公共资源交易平台整合共享工作，强化对本行政区域各级公共资源交易中心的业务指导，切实保障公共资源交易平台的运行维护经费，完善工作协调机制，制定细化落实工作方案，加大人员、设施等配套保障力度，加强信息技术方面培训和能力建设。

（十四）加快制度建设

抓紧做好招标投标、自然资源资产转让、国有产权交易、政府采购等公共资源交易领域法律法规规章的立改废释工作。加强信息安全制度建设，根据国家信息安全标准加快构建公共资源交易信息安全防护体系，保障公共资源交易平台运行安全和数据安全。完善评标、评审专家管理办法，健全专家征集、培训、考核和清退机制，加快推进电子评标评审。完善中介机构管理制度，规范代理行为，促进行业自律。完善制度规则清理长效机制，国家发展和改革委员会要会同有关部门抓紧对不符合整合共享要求的全国性公共资源交易制度规则进行清理，制定实施全国统一的公共资源交易服务标准，按程序发布实施全国公共资源交易目录指引；各省级人民政府要定期对本行政区域公共资源交易制度规则进行清理并及时公告清理过程和结果，接受社会监督。

（十五）狠抓督促落实

地方各级人民政府要将深化公共资源交易平台整合共享工作纳入政府目标考核管理，加强对公共资源交易领域公共服务、行政监管和市场规范等工作情况的监督检查，建立市场主体和第三方评议机制，并向社会公开相关情况；加强对公共资源交易监管部门、公共资源交易中心及其工作人员的监督，健全廉政风险防控机制。国家发展和改革委员会要会同有关部门加强指导督促，总结推广典型经验和创新做法；对推进工作不力、整合不到位的，要进行通报，确保各项任务措施落实到位，重要情况及时报告国务院。

国务院办公厅
关于建立政务服务“好差评”制度
提高政务服务水平的意见※

国办发〔2019〕51号

各省、自治区、直辖市人民政府，国务院各部委、各直属机构：

为全面及时准确了解企业和群众对政务服务的感受和诉求，接受社会监督，有针对性地改进政务服务，提升政府工作效能，优化营商环境，建设人民满意的服务型政府，经国务院同意，现就建立政务服务“好差评”制度提出以下意见。

一　总体要求

（一）指导思想

以习近平新时代中国特色社会主义思想为指导，全面贯彻落实党的十九大和十九届二中、三中、四中全会精神，按照党中央、国务院决策部署，坚持以人民为中心的发展思想，深入推进“放管服”改革、转变政府职能，创新行政方式，提高行政效能，对接群众需求实施服务供给侧改革，建立政务服务绩效由企业和群众评判的“好差评”制度，推动各级政府增强服务意识，转变工作作风，夯实服务责任，为企业和群众提供全面规范、公开公平、便捷高效的政务服务，提升企业和群众办事便利度和获得感。

（二）目标要求

2020年年底前，全面建成政务服务“好差评”制度体系，建成全国一体化在线政务服务平台“好差评”管理体系，各级政务服务机构（含大厅、中心、站点、窗口等，下同）、各类政务服务平台（含业务系统、热线电话平台、移动服务端、自助服务端等，下同）全部开展“好差评”，线上线下全面融合，实现政务服务事项全覆盖、评价对象全覆盖、服务渠道全覆盖。确保每个政务服务事项均可评价，每个政务服务机构、政务服务平台和人员都接受评价，每个办事企业和群众都能自愿自主真实评价，每个差评都得到整改，形成评价、反馈、整改、监督全流程衔接，企业和群众积极参与、社会各界广泛评价、政府部门及时改进的良性互动局面，促进政务服务质量持续提升。

※ 来源：中华人民共和国中央人民政府网，http：//www.gov.cn/zhengce/content/2019-12/17/content_5461829.htm.

二　明确责任标准

（一）夯实政务服务责任

省级人民政府对本地区政务服务工作负主要责任，组织领导本地区政务服务工作，明确政务服务管理机构，统筹政务服务机构、平台建设，统一工作要求、服务程序和标准规范，完善配套政策，监督政务服务运行。市县级人民政府负责指导、监督本地区政务服务机构、平台依法依规履行职责，结合实际细化实化相关规定，推动落实各项工作，强化人员管理和考核，督促问题整改，受理复核申诉，查处违规违纪问题。各级政务服务机构、平台具体受理、办理政务服务事项，加强内部管理，明确经办人员职责，接受企业和群众监督评价，及时整改问题。国务院部门要加强对本系统、本领域政务服务工作的指导，发挥跨区域业务协调作用，加强与地方政府的协同配合；垂直管理部门要加强对本系统政务服务工作的组织领导；跨部门的政务服务工作由牵头部门组织，相关部门各司其职、积极配合、协同办理。

（二）厘清政务服务事项

政务服务事项全部实行清单管理。要根据法定职责和权责清单，基于国家政务服务事项基本目录，编制完整的政务服务事项清单，并纳入全国一体化在线政务服务平台管理，实现同一事项的名称、编码、依据、类型等基本要素统一。要逐项编制、完善办事指南，明确受理单位、办理渠道、申请条件、申请材料、办理程序、办理时限、收费依据及标准、评价渠道等要素，推进同一事项无差别受理、同标准办理。清单和办事指南要公开并及时更新完善。

（三）规范政务服务要求

要推进服务办理便捷化，优化办事流程，减少办理环节，加快政务信息系统资源整合共享。完善现场服务规范，政务服务大厅要合理设置服务标识和办事窗口，提升“一站式”服务功能，原则上实现集中办理、异地可办；文印、传真、邮寄等配套服务，需要收费的，要合理设定并公开收费标准。完善网上服务规范，落实“一网通办”要求，健全网上预约、申报、审批服务等流程，提供网上咨询服务，确保企业和群众网上办事流程清晰、操作便捷、沟通顺畅。压减政务服务办理时限，区分不同种类服务，推行当场办结、一次办结、限时办结，各地区可以在国家规定的办理时限内进一步压减时间，超过办理时间的，要公开说明理由。完善人员管理规范，做到业务熟练、服务周到、文明礼貌、仪容整洁。

（四）科学设置政务服务评价标准

在实践基础上，适时制定政务服务评价国家标准，围绕政务服务事项管理、办事流程、服务规范、服务质量、整改实效、监督管理等方面建立健全评价体系，按照统分结合、分级分类的方式，细化评价指标，完善评价方法，推动提升政务服务“好差评”制度的科学性、规范性和有效性。鼓励国务院各行业主管部门制定本领域各项政务服务的行业标准，各地区在国家标准和行业标准的基础上，结合地方实际，提出更高的政务服务评价标准要求。国务院办公厅及有关部门要加强对政务服务评价标准制定工作的指导协调。

三　畅通评价渠道

（一）现场服务“一次一评”

政务服务机构要在服务窗口醒目位置设置评价器或评价二维码，方便办事企业和群众自主评价。偏远地区和基层服务点等暂不具备条件的，应提供书面评价表格。没有在服务现场作出评价的企业和群众可在一定期限内补充评价。评价一般可设置“很好”“好”“一般”“差”“很差”或“非常满意”“满意”“基本满意”“不满意”“非常不满意”五个等级，后两个等级为差评。

（二）网上服务“一事一评”

政务服务平台要设置评价功能模块或环节，方便企业和群众即时评价。发挥信息技术优势，在五级评价的基础上，针对具体服务事项细化评价问询表单，可设置服务指引是否清晰、办事程序是否便利、材料手续是否精简、操作界面是否友好、有何改进意见等项目，由办事企业和群众自愿填写。

（三）社会各界“综合点评”

要通过意见箱、热线电话、监督平台、电子邮箱等多种渠道和方式，主动接受社会各界的综合性评价。引导社会组织、中介组织、研究机构等对政务服务状况进行专业、科学、客观地评估评价，提出意见建议。

（四）政府部门“监督查评”

要积极开展政务服务调查，尤其是对新出台的利企惠民政策、新提供的服务项目以及直接关系企业和群众切身利益的重点服务事项，及时了解政策知悉度、办事便利度、服务满意度等情况。按照一定比例随机抽取参与评价的企业和群众，开展回访调查。根据本地区、本部门实际，委托第三方独立开展政务服务评估，评估结果作为改进服务的重要依据。要进一步发挥中华人民共和国中央人民政府网政务服务投诉与建议平台的作用。

四　用好评价结果

（一）强化服务差评整改

要建立差评和投诉问题调查核实、督促整改和反馈机制。收到差评和投诉后，按照“谁办理、谁负责”的原则，由业务办理单位第一时间启动程序，安排专人回访核实。对情况清楚、诉求合理的问题，立行立改；对情况复杂、一时难以解决的，建立台账，限期整改；对缺乏法定依据的，做好解释说明。核实为误评或恶意差评的，评价结果不予采纳，并通报同级政务服务管理机构。核实整改情况要通过适当方式，及时向企业和群众反馈，确保差评件件有整改、有反馈。做好差评回访整改情况记录，实名差评回访整改率要达到100%。强化对差评回访核实和整改情况的监督检查。

（二）加强评价数据的综合分析和应用

要运用大数据等技术，加强对评价数据的跟踪分析和综合挖掘，及时归纳发现政务服务的堵点难点，分析研判企业群众的诉求和期盼，找准服务企业群众的切入点和着力点，推进服务供给精细化，对企业和群众反映集中的问题，限期依法依规整改解决。

（三）健全政务服务奖惩机制

完善激励约束机制，有效激发政府部门和工作人员创新工作、改进服务的内生动力。国务院办公厅要通过全国一体化在线政务服务平台汇总、分析评价数据，定期形成各地区、各部门政务服务情况报告，并以适当形式反馈。各地区、各部门要将政务服务“好差评”情况纳入绩效评价。对企业和群众评价满意度高的单位和人员，按照国家有关规定进行表彰和奖励；对在政务服务中反复被差评、投诉，弄虚作假，故意刁难，甚至打击报复企业和群众的，依法依规严肃追责。

（四）公开政务服务评价信息

要坚持“以公开为常态、不公开为例外”，除依法不得公开的信息外，政务服务情况、评价结果及整改情况，均要通过政府门户网站、政务服务平台和新闻媒体向社会公开，并建立符合本地区、本部门实际的政务服务竞争机制。对造成不良影响的案例，要进行内部通报，必要时媒体曝光，推动形成愿评、敢评、评了管用的社会共识。

五　完善保障措施

（一）健全评价信息管理机制

基于全国一体化在线政务服务平台，建立“好差评”数据生成、归集、传输、分析、反馈机制，连通线上线下各类评价渠道，实现“好差评”内容同标准提供、评价结果同源发布、差评整改在线反馈、评价数据自动生成。各地区、各部门政务服务平台应当按照标准建设政务服务“好差评”系统，与国家政务服务平台互联互通。各地区统一提供“好差评”页面，完整采集、实时报送相关评价数据。各部门直属机构进驻地方政务服务大厅办理业务的，原则上应当通过所在地区“好差评”系统接受评价。建立评价数据安全保障机制，确保数据真实、安全、可靠。

（二）强化评价人和被评价人权益保护

要保障评价人自愿自主评价的权利，不得强迫或者干扰评价人的评价行为。鼓励办事企业和群众实名评价，建立健全评价人信息保护制度，规范信息查询权限，对泄露评价人信息的，依法依规严肃查处。保障被评价人举证解释和申诉申辩的权利，建立申诉复核机制，排除误评和恶意差评。

（三）加强组织领导

各地区、各部门要把建立政务服务“好差评”制度作为深化“放管服”改革的重要举措，层层压实责任，狠抓督促落实，确保工作扎实有序推进，目标任务按期完成；加强同其他投诉、评价制度的整合衔接，减少基层负担；根据企业和群众评价，及时总结推广创新做法、典型经验；注重政策宣传，引导企业和群众积极参与政务服务评价。国务院办公厅要加强对各地区、各部门政务服务工作的指导协调、跟踪督促。

有关行业主管部门要加强对本行业承担公共服务职能企事业单位的指导、监督，参照本意见的要求，组织开展公共服务评价。

国务院办公厅

2019 年 12 月 3 日

国务院办公厅
关于全面推进基层政务公开标准化规范化工作的指导意见※

国办发〔2019〕54 号

各省、自治区、直辖市人民政府，国务院各部委、各直属机构：

基层政府直接联系服务人民群众，是党中央、国务院决策部署的重要执行者。全面推进基层政务公开，对于坚持和完善基层民主制度，密切党和政府同人民群众联系，加强基层行政权力监督制约，提升基层政府治理能力具有重要意义。近年来，各地区、各部门不断深化基层政务公开，100 个县（市、区）积极开展基层政务公开标准化规范化试点工作，着力解决基层政府存在的公开随意性大、公开内容质量不高、公开平台不统一、

※ 来源：中华人民共和国中央人民政府网，http：//www.gov.cn/zhengce/content/2020-01/08/content_5467526.htm.

解读回应不到位、办事服务不透明等问题，形成了一批可复制可推广的经验做法。为转化推广试点成果，全面推进基层政务公开标准化规范化工作，经国务院同意，现提出如下意见。

一　总体要求

（一）指导思想

以习近平新时代中国特色社会主义思想为指导，全面贯彻党的十九大和十九届二中、三中、四中全会精神，深入落实党中央、国务院有关决策部署和政府信息公开条例，坚持以人民为中心的发展思想，准确把握新时代政务公开工作的职责定位和面临的新形势新要求，着力加强基层政务公开标准化规范化建设，全面推进基层政务决策公开、执行公开、管理公开、服务公开、结果公开，推动基层政务公开全覆盖，让公开成为自觉、透明成为常态，依法保障人民群众知情权、参与权、表达权、监督权，为不断增强政府公信力执行力、深化“放管服”改革、优化营商环境、加快法治政府和服务型政府建设提供重要支撑。

（二）基本原则

坚持标准引领。充分运用基层政务公开标准化规范化试点成果，以全国统一、系统完备的基层政务公开标准体系为引领，健全公开制度，规范公开行为，提升公开质量。

坚持需求导向。紧贴市场主体和人民群众实际需求，全方位回应公众关切，涉及群众切身利益的事项必须应公开尽公开，增强基层政务公开的针对性、实效性，真正让群众能看到、易获取、用得上。

坚持依法依规。运用法治思维和法治方式全面推进基层政务公开标准化规范化，严格执行政府信息公开条例和有关法律法规，履行政务公开法定职责。

坚持改革创新。积极推行“互联网＋政务”，全链条加强政府信息管理，在集成发布、精准推送、智能查询、管理利用等方面探索创新。

（三）工作目标

到 2023 年，基本建成全国统一的基层政务公开标准体系，覆盖基层政府行政权力运行全过程和政务服务全流程，基层政务公开标准化规范化水平大幅提高，基层政府政务公开工作机制、公开平台、专业队伍进一步健全完善，政务公开的能力和水平显著提升。

二　主要任务

（四）全面落实试点领域标准指引

基层政府（包括县、不设区的市、市辖区人民政府和乡镇人民政府、街道办事处）

要对照国务院部门制定的国土空间规划、重大建设项目、公共资源交易、财政预决算、安全生产、税收管理、征地补偿、国有土地上房屋征收、保障性住房、农村危房改造、环境保护、公共文化服务、公共法律服务、扶贫、救灾、食品药品监管、城市综合执法、就业创业、社会保险、社会救助、养老服务、户籍管理、涉农补贴、义务教育、医疗卫生、市政服务等26个试点领域标准指引，结合本级政府权责清单和公共服务事项清单，全面梳理细化相关领域政务公开事项，于2020年年底前编制完成本级政务公开事项标准目录，实行政务过程和结果全公开。目录至少应包括公开事项的名称、内容、依据、时限、主体、方式、渠道、公开对象等要素。编制目录要因地制宜、实事求是，体现地区和领域特点，避免公开事项及标准“一刀切”。

（五）编制完成其他领域标准指引

国务院部门要参照试点做法，结合本部门主要职责，确定涉及基层政务公开的其他领域，围绕公开什么、由谁公开、在哪公开、如何公开等内容，于2021年底前编制完成相关领域基层政务公开标准指引。同时，依据法律法规和本部门本系统职责变化情况，做好标准指引调整完善工作。国务院标准化主管部门要发挥专业优势，制定发布相关国家标准，指导基层政务公开标准指引的编制工作。省级政府要配合做好相关工作，督促指导基层政府抓好标准指引的落实。

（六）规范政务公开工作流程

基层政府要构建发布、解读、回应有序衔接的政务公开工作格局，优化政府信息管理、信息发布、解读回应、依申请公开、公众参与、监督考核等工作流程，并建立完善相关制度。探索将政务公开事项标准目录、标准规范嵌入部门业务系统，促进公开工作与其他业务工作融合发展。

（七）推进基层政务公开平台规范化

基层政府要加强政府信息资源的标准化、信息化管理，充分发挥政府门户网站、政务新媒体、政务公开栏等平台作用，更多运用信息化手段做好政务公开工作。县级政府门户网站作为政务公开第一平台，要集中发布本级政府及部门、乡镇（街道）应当主动公开的政府信息，开设统一的互动交流入口和在线办事入口，便利企业和群众。积极借助县级融媒体中心优势和渠道，扩大政府信息传播力和影响力。政务服务大厅、便民服务中心等场所要设立标识清楚、方便实用的政务公开专区，提供政府信息查询、信息公开申请、办事咨询答复等服务。

（八）完善基层行政决策公众参与机制

基层政府要结合职责权限和本地实际，明确公众参与行政决策的事项范围和方式，并向社会公开。对涉及人民群众切身利益、需要社会广泛知晓的公共政策措施、公共建设项目，要采取座谈会、听证会、实地走访、向社会公开征求意见、问卷调查、民意调查等多种方式，充分听取公众意见，扩大公众参与度，提高决策透明度。对社会普遍关心的问题要进行解释说明，政策实施、项目推进中要及时回应公众关切。完善利益相关方、群众代表、专家、媒体等列席政府有关会议制度，增进人民群众对政府工作的认同和支持。

（九）推进办事服务公开标准化

基层政府要立足直接服务人民群众的实际，通过线上线下全面准确公开政务服务事项、办事指南、办事流程、办事机构等信息。推行政务服务一次告知、信息主动推送等工作方式，让办事群众对事前准备清晰明了、事中进展实时掌握、事后结果及时获知。以为企业和群众“办好一件事”为标准，对办事服务信息加以集成、优化、简化，汇总编制办事一本通，并向社会公开，最大限度利企便民。

（十）健全解读回应工作机制

基层政府要及时传递党和国家相关政策，准确解读本地贯彻执行措施。认真落实政策解读方案、解读材料与政策文件同步组织、同步审签、同步部署工作机制，运用新闻发布会、吹风会、简明问答、图表图解、案例说明等多种方式，对涉及群众切身利益、影响市场预期等的重要政策进行解读，增进沟通，凝聚共识。针对政策实施和重大项目推进过程中出现的误解疑虑，要及时回应、解疑释惑。

（十一）推动基层政务公开标准化规范化向农村和社区延伸

基层政府要指导支持村（居）民委员会依法自治和公开属于自治范围内的事项。完善基层政务公开与村（居）务公开协同发展机制，使政务公开与村（居）务公开有效衔接、相同事项的公开内容对应一致。指导村（居）民委员会建立完善公开事项清单，通过村（居）民微信群、益农信息社、公众号、信息公示栏等，重点公开脱贫攻坚、乡村振兴、村级财务、惠农政策、养老服务、社会救助等方面的内容，方便群众及时知晓和监督。

三　保障措施

（十二）加强组织领导

各地区、各部门要高度重视基层政务公开标准化规范化工作，按照各自职责任务，加强督促指导，防止形式主义、官僚主义，切实抓好贯彻落实。鼓励选择政务公开标准化规范化工作基础好的基层政府和部门，设立创新示范区和示范点，发挥典型引领作用。基层政府要切实担负起主体责任，精心组织实施，强化经费保障。建立完善基层政务公开工作主管部门与宣传、网信、政务服务、大数据管理、融媒体中心等单位的协调联动机制，形成推进政务公开标准化规范化的工作合力。

（十三）加强队伍建设

强化基层政务公开工作主管部门职责，明确工作机构和人员，确保基层政务公开工作有机构承担、有专人负责。加大教育培训力度，把政务公开特别是政府信息公开条例纳入基层领导干部和公务员教育培训内容，切实增强依法依规公开意识。组织开展业务培训、经验交流，不断提高基层政务公开工作人员能力和水平。

（十四）加强监督评价

各地区、各部门要把推进基层政务公开标准化规范化情况作为评价政务公开工作成效的重要内容，列入基层政府绩效考核指标体系。国务院部门要对本领域基层政务公开标准指引落实工作进行督促指导和跟踪评估，省级政府要加强对本地区推进基层政务公开标准化规范化工作的指导协调和监督检查，确保有序推进、取得实效。

国务院办公厅

2019 年 12 月 26 日

（此件公开发布）

国务院办公厅
关于印发国家政务信息化项目建设管理办法的通知 ※

国办发〔2019〕57 号

各省、自治区、直辖市人民政府，国务院各部委、各直属机构：

《国家政务信息化项目建设管理办法》已经国务院同意，现印发给你们，请认真贯彻执行。

国务院办公厅

2019 年 12 月 30 日

（此件公开发布）

※ 来源：中华人民共和国中央人民政府网，http：//www.gov.cn/zhengce/content/2020-01/21/content_5471256.htm.

国家政务信息化项目建设管理办法

第一章 总 则

第一条 为规范国家政务信息化建设管理，推动政务信息系统跨部门跨层级互联互通、信息共享和业务协同，强化政务信息系统应用绩效考核，根据《国务院关于印发政务信息资源共享管理暂行办法的通知》（国发〔2016〕51号）等有关规定，制定本办法。

第二条 本办法适用的国家政务信息系统主要包括：国务院有关部门和单位负责实施的国家统一电子政务网络平台、国家重点业务信息系统、国家信息资源库、国家信息安全基础设施、国家电子政务基础设施（数据中心、机房等）、国家电子政务标准化体系以及相关支撑体系等符合《政务信息系统定义和范围》规定的系统。

第三条 国家政务信息化建设管理应当坚持统筹规划、共建共享、业务协同、安全可靠的原则。

第四条 国家发展和改革委员会负责牵头编制国家政务信息化建设规划，对各部门审批的国家政务信息化项目进行备案管理。财政部负责国家政务信息化项目预算管理和政府采购管理。各有关部门按照职责分工，负责国家政务信息化项目审批、建设、运行和安全监管等相关工作，并按照“以统为主、统分结合、注重实效”的要求，加强对政务信息化项目的并联管理。

第五条 国家发展和改革委员会会同中央网信办、国务院办公厅、财政部建立国家政务信息化建设管理的协商机制，做好统筹协调，开展督促检查和评估评价，推广经验成果，形成工作合力。

第二章 规划和审批管理

第六条 国家发展和改革委员会会同有关部门根据信息化发展规律和政务信息化建设特点，统筹考虑并充分论证各部门建设需求，编制国家政务信息化建设规划并报国务院批准后实施；如内外部发展环境发生重大变化，适时组织评估论证，提出调整意见报国务院批准。各有关部门编制规划涉及政务信息化建设的，应当与国家政务信息化建设规划进行衔接。

第七条 国家发展和改革委员会审批或者核报国务院审批的政务信息化项目，以及其他有关部门按照项目审批管理的政务信息化项目，原则上包括编报项目建议书、可行性研究报告、初步设计方案等环节。

对于已经纳入国家政务信息化建设规划的项目，可以直接编报可行性研究报告。

对于党中央、国务院有明确要求，或者涉及国家重大战略、国家安全等特殊原因，情况紧急，且前期工作深度达到规定要求的项目，可以直接编报项目可行性研究报告、初步设计方案和投资概算。

第八条 国家政务信息化项目原则上不再进行节能评估、规划选址、用地预审、环境影响评价等审批，涉及新建土建工程、高耗能项目的除外。

第九条 除国家发展和改革委员会审批或者核报国务院审批的外，其他有关部门自行审批新建、改建、扩建，以及通过政府购买服务方式产生的国家政务信息化项目，应当按规定履行审批程序并向国家发展和改革委员会备案。

备案文件应当包括项目名称、建设单位、审批部门、绩效目标及绩效指标、投资额度、运行维护经费、经费渠道、信息资源目录、信息共享开放、应用系统、等级保护或者分级保护备案情况、密码应用方案和密码应用安全性评估报告等内容，其中改建、扩建项目还需提交前期项目第三方后评价报告。

第十条 跨部门共建共享的政务信息化项目，由牵头部门会同参建部门共同开展跨部门工程框架设计，形成统一框架方案后联合报国家发展和改革委员会。框架方案要确定工程的参建部门、建设目标、主体内容，明确各部门项目与总体工程的业务流、数据流及系统接口，初步形成数据目录，确保各部门建设内容无重复交叉，实现共建共享要求。框架方案确定后，各部门按照项目管理要求申请建设本部门参建内容。

各有关部门对于需要地方共享协同的政务信息化项目，应当按照统筹规划、分级审批、分级建设、共享协同的原则建设，并加强与地方已有项目的衔接。项目建设单位应当加强对地方的指导，统筹制定信息共享、业务协同的总体要求和标准规范。地方项目建设单位应当根据项目的总体目标、整体框架、建设任务、绩效目标及指标等，按照本地有关规定开展项目审批建设工作，并做好与国家有关项目建设单位的衔接配合。

第十一条 可行性研究报告、初步设计方案应当包括信息资源共享分析篇（章）。咨询评估单位的评估报告应当包括对信息资源共享分析篇（章）的评估意见。审批部门的批复文件或者上报国务院的请示文件应当包括对信息资源共享分析篇（章）的意见。

项目建设单位应当编制信息资源目录，建立信息共享长效机制和共享信息使用情况反馈机制，确保信息资源共享，不得将应当普遍共享的数据仅向特定企业、社会组织开放。

信息资源目录是审批政务信息化项目的必备条件。信息资源共享的范围、程度以及网络安全情况是确定项目建设投资、运行维护经费和验收的重要依据。

第十二条 各部门所有新建政务信息化项目，均应当在全国投资项目在线审批监管平台政务信息化项目管理子平台（以下简称管理平台）报批或者备案。

所有中央本级政务信息系统应当全口径纳入管理平台进行统一管理。各部门应当在管理平台及时更新本部门政务信息系统目录。管理平台汇总形成国家政务信息系统总目录。

第三章 建设和资金管理

第十三条 项目建设单位应当确定项目实施机构和项目责任人，建立健全项目管理制度，加强对项目全过程的统筹协调，强化信息共享和业务协同，并严格执行招标投标、政府采购、工程监理、合同管理等制度。招标采购涉密信息系统的，还应当执行保密有关法律法规规定。

第十四条　项目建设单位应当按照《中华人民共和国网络安全法》等法律法规以及党政机关安全管理等有关规定，建立网络安全管理制度，采取技术措施，加强政务信息系统与信息资源的安全保密设施建设，定期开展网络安全检测与风险评估，保障信息系统安全稳定运行。

第十五条　项目建设单位应当落实国家密码管理有关法律法规和标准规范的要求，同步规划、同步建设、同步运行密码保障系统并定期进行评估。

第十六条　项目应当采用安全可靠的软硬件产品。在项目报批阶段，要对产品的安全可靠情况进行说明。项目软硬件产品的安全可靠情况，项目密码应用和安全审查情况，以及硬件设备和新建数据中心能源利用效率情况是项目验收的重要内容。

第十七条　项目建设单位应当充分依托云服务资源开展集约化建设。

第十八条　对于人均投资规模过大、项目建设单位不具备建设运行维护能力的项目，应当充分发挥职能部门作用或者外包，减少自建自管自用自维。

第十九条　国家政务信息化项目实行工程监理制，项目建设单位应当按照信息系统工程监理有关规定，委托工程监理单位对项目建设进行工程监理。

第二十条　项目建设单位应当对项目绩效目标执行情况进行评价，并征求有关项目使用单位和监理单位的意见，形成项目绩效评价报告，在建设期内每年年底前向项目审批部门提交。

项目绩效评价报告主要包括建设进度和投资计划执行情况。对于已投入试运行的系统，还应当说明试运行效果及遇到的问题等。

第二十一条　项目建设过程中出现工程严重逾期、投资重大损失等问题的，项目建设单位应当及时向项目审批部门报告，项目审批部门按照有关规定要求项目建设单位进行整改或者暂停项目建设。

第二十二条　项目建设单位应当严格按照项目审批部门批复的初步设计方案和投资概算实施项目建设。项目建设目标和内容不变，项目总投资有结余的，应当按照相关规定将结余资金退回。

项目建设的资金支出按照国库集中支付有关制度规定执行。

第二十三条　项目投资规模未超出概算批复、建设目标不变，项目主要建设内容确需调整且资金调整数额不超过概算总投资 15%，并符合下列情形之一的，可以由项目建设单位调整，同时向项目审批部门备案：

（一）根据党中央、国务院部署，确需改变建设内容的；

（二）确需对原项目技术方案进行完善优化的；

（三）根据所建政务信息化项目业务发展需要，在已批复项目建设规划的框架下调整相关建设内容及进度的。

不符合上述情形的，应当按照国家有关规定履行相应手续。

第二十四条　初步设计方案和投资概算未获批复前，原则上不予下达项目建设投资。对于因开展需求分析、编制可行性研究报告和初步设计、购地、拆迁等确需提前安排投资的政务信息化项目，项目建设单位可以在项目可行性研究报告获批复后，向项目审批部门提出申请。

第二十五条 国家政务信息化项目建成后半年内，项目建设单位应当按照国家有关规定申请审批部门组织验收，提交验收申请报告时应当一并附上项目建设总结、财务报告、审计报告、安全风险评估报告（包括涉密信息系统安全保密测评报告或者非涉密信息系统网络安全等级保护测评报告等）、密码应用安全性评估报告等材料。

项目建设单位不能按期申请验收的，应当向项目审批部门提出延期验收申请。

项目审批部门应当及时组织验收。验收完成后，项目建设单位应当将验收报告等材料报项目审批部门备案。

第二十六条 项目建设单位应当按照国家有关档案管理的规定，做好项目档案管理，并探索应用电子档案。

未进行档案验收或者档案验收不合格的，不得通过项目验收。

第二十七条 项目建设单位应当在项目通过验收并投入运行后 12 至 24 个月内，依据国家政务信息化建设管理绩效评价有关要求，开展自评价，并将自评价报告报送项目审批部门和财政部门。项目审批部门结合项目建设单位自评价情况，可以委托相应的第三方咨询机构开展后评价。

第二十八条 加强国家政务信息化项目建设投资和运行维护经费协同联动，坚持“联网通办是原则，孤网是例外”。部门已建的政务信息化项目需升级改造，或者拟新建政务信息化项目，能够按要求进行信息共享的，由国家发展和改革委员会会同有关部门进行审核；如果部门认为根据有关法律法规和党中央、国务院要求不能进行信息共享，但是确有必要建设或者保留的，由国家发展和改革委员会报国务院，由国务院办公厅会同有关部门进行审核，经国务院批准后方可建设或者保留。

（一）对于未按要求共享数据资源或者重复采集数据的政务信息系统，不安排运行维护经费，项目建设单位不得新建、改建、扩建政务信息系统。

（二）对于未纳入国家政务信息系统总目录的系统，不安排运行维护经费。

（三）对于不符合密码应用和网络安全要求，或者存在重大安全隐患的政务信息系统，不安排运行维护经费，项目建设单位不得新建、改建、扩建政务信息系统。

第四章　监督管理

第二十九条 项目建设单位应当接受项目审批部门及有关部门的监督管理，配合做好绩效评价、审计等监督管理工作，如实提供建设项目有关资料和情况，不得拒绝、隐匿、瞒报。

第三十条 国务院办公厅、国家发展和改革委员会、财政部、中央网信办会同有关部门按照职责分工，对国家政务信息化项目是否符合国家有关政务信息共享的要求，以及项目建设中招标采购、资金使用、密码应用、网络安全等情况实施监督管理。发现违反国家有关规定或者批复要求的，应当要求项目建设单位限期整改。逾期不整改或者整改后仍不符合要求的，项目审批部门可以对其进行通报批评、暂缓安排投资计划、暂停项目建设直至终止项目。

网络安全监管部门应当依法加强对国家政务信息系统的安全监管，并指导监督项目建设单位落实网络安全审查制度要求。

各部门应当严格遵守有关保密等法律法规规定，构建全方位、多层次、一致性的防护体系，按要求采用密码技术，并定期开展密码应用安全性评估，确保政务信息系统运行安全和政务信息资源共享交换的数据安全。

第三十一条　审计机关应当依法加强对国家政务信息系统的审计，促进专项资金使用真实、合法和高效，推动完善并监督落实相关制度政策。

第三十二条　项目审批部门、主管部门应当加强对绩效评价和项目后评价结果的应用，根据评价结果对国家政务信息化项目存在的问题提出整改意见，指导完善相关管理制度，并按照项目审批管理要求将评价结果作为下一年度安排政府投资和运行维护经费的重要依据。

第三十三条　单位或者个人违反本办法规定未履行审批、备案程序，或者因管理不善、弄虚作假造成严重超概算、质量低劣、损失浪费、安全事故或者其他责任事故的，相关部门应当予以通报批评，并对负有直接责任的主管人员和其他责任人员依法给予处分。

相关部门、单位或者个人违反国家有关规定，截留、挪用政务信息化项目资金，或者违规安排运行维护经费的，由有关部门按照《财政违法行为处罚处分条例》等相关规定予以查处。

第五章　附　　则

第三十四条　国务院有关部门可以根据本办法的规定及职责分工，制定本部门的具体管理办法。

各省、自治区、直辖市人民政府可以参照本办法制定本地区的管理办法。

第三十五条　本办法由国家发展和改革委员会会同财政部负责解释。

第三十六条　本办法自 2020 年 2 月 1 日起施行。2007 年 8 月 13 日国家发展和改革委员会公布的《国家电子政务工程建设项目管理暂行办法》同时废止。

国务院办公厅
关于做好优化营商环境改革举措复制推广借鉴工作的通知※

国办函〔2019〕89号

各省、自治区、直辖市人民政府，国务院各部委、各直属机构：

优化营商环境是党中央、国务院在新形势下作出的重大决策部署，是促进高质量发展的重要举措。近年来，各地区、各部门认真贯彻落实党中央、国务院决策部署，深入推进“放管服”改革，深刻转变政府职能，持续优化营商环境，取得积极成效。其中，北京市、上海市聚焦市场主体反映的突出问题，对标国际先进，推出大量改革举措，形成了一批典型经验做法。经国务院同意，现就在全国复制推广借鉴京沪两地优化营商环境改革举措有关事项通知如下。

一　在全国复制推广借鉴改革举措的主要内容

（一）在全国复制推广的改革举措

主要包括：实行开办企业全程网上办，压缩企业设立登记时间，全面推广电子营业执照，优化印章刻制服务，实行社保用工登记“二合一”；实行客户用电线上报装；提供不动产登记、交易和缴税“一窗受理、并行办理”服务，提供不动产登记信息网上查询和现场自助查询服务；纳税“最多跑一次”；推广应用国际贸易“单一窗口”，公开口岸收费目录清单，口岸通关提前申报；建立“基本解决执行难”联动机制等13项改革举措。

（二）供全国借鉴的改革举措

主要包括：提供企业档案“容e查”服务；优化环境影响评价分类分级管理，实行数字化联合审图，推行工程招投标交易全过程电子化，实行施工许可证全程网上办；提供低压小微企业接电“零上门零审批零投资”服务，提供客户接电移动作业终端实时响应服务，实行接电工程双经理负责制；推行不动产登记信息和地籍管理信息互联互通，实行不动产登记电子证照协同互认，建立健全不动产登记和土地权籍测绘投诉机制及土地纠纷相关信息公开制度；住房公积金缴存业务全程网上办、“通缴通取”，实行纳税人线上“一表申请”“一键报税”；实行通关全流程电子化，推行海关内部核批“一步作业”，推行集装箱设备交接单无纸化，实行口岸分类验放，实行跨境贸易大数据监管，优化关税征管全流程服务，同步通关和物流作业；推行法院网上立案与司法数据常态化公开，推行全流程网络化办案，构建诉讼服务平台等23项改革举措。

※　来源：中华人民共和国中央人民政府网，http：//www.gov.cn/zhengce/content/2019-09/19/content_5431319.htm

二　高度重视复制推广借鉴工作

各地区、各部门要坚决贯彻落实党中央、国务院决策部署，深刻认识复制推广借鉴京沪两地优化营商环境改革举措的重大意义，加快转变政府管理理念和方式，着力推动制度创新，以简审批优服务便利投资兴业、以公正监管促进公平竞争、以改革推动降低涉企收费，下硬功夫打造好发展软环境，持续提升政府服务水平和办事效率，加快建立健全统一开放、竞争有序的现代市场体系，打造市场化、法治化、国际化营商环境，持续释放改革红利，进一步激发市场主体活力和社会创造力。

三　切实做好组织实施

各地区要主动对标先进，相互学习借鉴，将优化营商环境改革举措复制推广借鉴工作纳入本地区重点工作，加强组织领导，落实工作责任，确保复制推广借鉴工作顺利推进。国务院各有关部门要结合工作职责，积极协调、指导推进复制推广借鉴工作。国务院办公厅、国家发展和改革委员会要加强跟踪督促，及时总结推广典型经验做法，进一步改善全国营商环境。复制推广借鉴工作中遇到的重大问题，要及时报告国务院。

附件：在全国复制推广借鉴的京沪两地优化营商环境改革举措清单

国务院办公厅

2019 年 9 月 3 日

（此件公开发布）

附件

在全国复制推广借鉴的京沪两地优化营商环境改革举措清单

一　在全国复制推广的改革举措（13 项）

序号	改革举措	主要做法
（一）开办企业（5 项） 责任单位：市场监管总局牵头，工业和信息化部、公安部、人力资源和社会保障部、人民银行、税务总局等国务院相关部门及各地区按职责分工负责		
1	实行开办企业全程网上办	开办企业申领营业执照、刻制印章、申领发票、用工信息登记、银行预约开户全流程在线申报。
2	压缩企业设立登记时间	通过企业名称自主申报、经营范围规范化、系统智能审批，推行标准化、智能化、自动化的全程电子化登记，确保企业设立登记 2 个工作日内办结。
3	全面推广电子营业执照	不需领取法人一证通等 CA 证书，凭电子营业执照即可办理后续税务、社保、公积金、银行开户等开办企业事项。
4	优化印章刻制服务	依托地方政务服务平台等，通过开办企业全程网上办，刻制公章环节与申请营业执照合并办理，实现企业在登记环节可自主选择公章制作单位。
5	实行社保用工登记“二合一”	将原用工登记和社保登记 2 个环节合并为就业参保登记 1 个环节，企业可网上一步办结。
（二）获得电力（1 项） 责任单位：国家能源局牵头，国家电网有限公司、中国南方电网有限责任公司、内蒙古电力（集团）有限责任公司等电网企业及各地区按职责分工负责		
6	实行客户用电线上报装	使用手机 App 在线申报，提供用电报装“不见面”服务，客户线上提交用电申请、查询业务办理进程、评价服务质量，无须往返供电营业厅，客户报装在线化、定制化、透明化。
（三）登记财产（2 项） 责任单位：自然资源部牵头，住房城乡建设部、税务总局等国务院相关部门及各地区按职责分工负责		
7	提供不动产登记、交易和缴税“一窗受理、并行办理”服务	整合房屋交易管理部门、税务部门和不动产登记部门窗口，因地制宜设立“一窗式”综合服务窗口，统一受理各项业务所需资料，并同时提交相关部门并行办理，当事人在综合服务窗口即可完成不动产登记、交易、缴税等业务。
8	提供不动产登记信息网上查询和现场自助查询服务	提供不动产登记信息网上查询服务，公众、机构注册并实名认证后，通过不动产登记信息查询系统进行查询。提供不动产登记信息现场自助查询服务，在不动产登记受理大厅安放自助查询设备，权利人可以查询自己名下的所有不动产登记资料，其他人可以根据不动产坐落查阅用途、面积、抵押情况、限制信息和地籍图等登记资料。

续表

序号	改革举措	主要做法
（四）缴纳税费（1项） 责任单位：财政部牵头，人力资源和社会保障部、住房城乡建设部、税务总局等国务院相关部门及各地区按职责分工负责		
9	纳税“最多跑一次”	制定“最多跑一次”办税事项清单，发布办税指南和标准化材料清单，实现纳税事项“最多跑一次”。
（五）跨境贸易（3项） 责任单位：海关总署牵头，交通运输部、商务部等国务院相关部门及各地区按职责分工负责		
10	推广应用国际贸易“单一窗口”	海关、交通运输部门和地方政府通过“单一窗口”、港口电子数据交换中心等信息平台向进出口企业、口岸作业场站推送查验通知，增强通关时效的可预期性。
11	公开口岸收费目录清单	公开口岸收费目录清单，规定清单之外不得收费。
12	口岸通关提前申报	建立提前申报容错机制，实行“提前申报”和“通关+物流并联作业”，在舱单传输后、货物抵达港区前，企业即可向海关办理进出口申报手续，货物运抵后依据风险分析实施快速验放，前推通关作业环节，缩短货物通关时间。海关对提前申报引起的进口日期修改，以及由于装运、配载等原因造成货物变更运输工具的，不予记录报关差错。
（六）执行合同（1项） 责任单位：最高人民法院牵头，司法部等国务院相关部门及各地区按职责分工负责		
13	建立“基本解决执行难”联动机制	人民法院、人民检察院及发展改革、公安、司法行政、税务、市场监管、房管等单位集中签署执行联动合作协议。各单位对被执行人财产实行网络联动查控，覆盖房产、存款、车辆、证券、工商登记等财产信息；联动采取信用监督惩戒措施，在购买不动产、土地招拍挂、矿产资源开发、担任公职及公司高管，以及乘坐飞机、乘坐高等级列车和席次、投资、招投标等方面对失信被执行人实行限制。

二　供全国借鉴的改革举措（23项）

序号	改革举措	主要做法
（一）开办企业（1项） 责任单位：市场监管总局牵头，工业和信息化部、人力资源和社会保障部、人民银行、税务总局等国务院相关部门及各地区按职责分工负责		
1	提供企业档案“容e查”服务	为企业提供带有签章和防伪水印的电子档案查询、拷贝服务，“一次拷贝，终生使用”，提升企业档案查询的实效性和便利度。
（二）办理建筑许可（4项） 责任单位：住房城乡建设部牵头，国家发展和改革委员会、自然资源部、生态环境部等国务院相关部门及各地区按职责分工负责		
2	优化环境影响评价分类分级管理	实行环境影响评价分类管理，对不涉及有毒、有害及危险品的仓储、物流配送项目等一批基本不产生生态环境影响的项目，统一不再纳入环评管理。结合各地区实际情况和基层生态环境部门承接能力，优化省级及以下生态环境部门环评审批权限，做到有收有放、放管结合。

序号	改革举措	主要做法
3	实行数字化联合审图	实行施工图审查无纸化申报和网上审查，实现多图联审全过程数字化。
4	推行工程招投标交易全过程电子化	推行招投标全过程无纸化在线电子交易和电子化监管，全程网上受理、网上审批、网上办结。
5	实行施工许可证全程网上办	实行建筑工程施工许可证网上申报、限时审批、网上发证，申请人全程网上办理。

（三）获得电力（3 项）

责任单位：国家能源局牵头，国家电网有限公司、中国南方电网有限责任公司、内蒙古电力（集团）有限责任公司等电网企业及各地区按职责分工负责

6	提供低压小微企业接电“零上门零审批零投资”服务	提供低压小微企业接电“零上门零审批零投资”服务，压缩小微企业获得电力报装时间、环节及成本，前置到申请环节在线完成合同签订。将电网接入工程中的规划许可、绿化许可、掘路许可等审批环节从串联前置审批改为并联同步操作，取消低压小微企业用户外部接电工程费用。
7	提供客户接电移动作业终端实时响应服务	创新勘察设计移动作业终端，实时响应客户接电需求，整合典型设计、配网资源、地理信息等大数据。应用基于 GIS 系统的移动作业终端，精准定位用户，自动搜索电源，推行典型设计。通过 GPS 定位作业现场，实现电网资源数据与客户需求互联互通，压减现场勘察时间。
8	实行接电工程双经理负责制	客户经理负责项目整体协调推进，项目经理负责外线工程建设，实现“受理业务、施工准备、工程实施、计划排定”责任到人。

（四）登记财产（3 项）

责任单位：自然资源部牵头，国务院相关部门及各地区按职责分工负责

9	推行不动产登记信息和地籍管理信息互联互通	建立省级层面统一的不动产登记和地籍管理信息系统平台，以不动产登记单元号作为唯一关联码，实现不动产登记“带图作业”，登记信息和地籍管理信息融合互通。平台同时实现网上申请、登记办理、网上查询、信息共享等多种功能。
10	实行不动产登记电子证照协同互认	推进政务服务“一网通办”，推行不动产登记电子证照协同互认。通过部门间数据共享获取不动产登记业务办理需要的数据，不再要求申请人重复提交。
11	建立健全不动产登记和土地权籍测绘投诉机制及土地纠纷相关信息公开制度	设立投诉热线，专门负责不动产登记和土地测绘调查的投诉处理。在自然资源管理部门和高级人民法院网站设立“土地权属争议调查处理统计查询”和“法院涉及土地纠纷案件统计查询”栏目，向社会公开土地权属争议案件的调查处理情况，在“法院审判信息网”同步公开涉及土地纠纷案件的审理情况及数据。

（五）缴纳税费（2 项）

责任单位：财政部牵头，人力资源和社会保障部、住房城乡建设部、税务总局等国务院相关部门及各地区按职责分工负责

12	住房公积金缴存业务全程网上办、“通缴通取”	推行住房公积金单位登记开户、单位信息变更、缴存业务全程网上办；住房公积金归集业务“通缴通取”，缴存单位和缴存人可就近自行办理业务。
13	实行纳税人线上“一表申请”“一键报税”	打造电子税务局，探索“财税一体化”，实现企业财务报表与税务申报表数据自动转换，逐步扩大“一键报税”范围。符合条件的纳税人在电子税务局上申请发票配送，选择提货方式、配送地址、配送公司、申领份数，税务部门提供发票配送上门服务。

续表

序号	改革举措	主要做法
（六）跨境贸易（7 项） 责任单位：海关总署牵头，交通运输部、商务部等国务院相关部门及各地区按职责分工负责		
14	实行通关全流程电子化	实行进口许可证件申领和通关作业无纸化，减少进出口环节验核的监管证件，全面推广电子报关委托，实现网上申报、自助打印。
15	推行海关内部核批“一步作业”	简化和下放部分海关内部核批作业，“两步作业”减为“一步作业”。如报关单修撤、直接退运、暂时进出口货物及延期、特殊通道申报等，在通关现场完成核批，职能管理部门开展后续核查、不再事中干预。
16	推行集装箱设备交接单无纸化	按照先易后难原则选取企业进行双轨制试点，在保留使用现行纸质单证的同时，通过上海水运口岸国际集装箱设备交接单无纸化系统平台，实现信息电子化传递。出口集装箱进港无须向港区码头提交纸质集装箱装箱单，凭电子装箱单信息即可完成出口集装箱进港业务。
17	实行口岸分类验放	在监管场所联网基础上，对进口汽车零部件直接采信 CCC 认证结果；对进口矿产品先放行后检测；对鲜活农产品实施绿色通道即到即查，合格的快速放行；对符合条件商品的木质包装实施优先检疫、集中监管等便利措施，优化监管流程。
18	实行跨境贸易大数据监管	开发应用跨境贸易管理大数据平台，采集贸易链、供应链、物流链、金融链、政务链的全程数据，与上海大数据中心、中国（上海）国际贸易“单一窗口”、航运企业、海空港口、生产经营企业等进行对接，实行信息共享互用、联网核验。
19	优化关税征管全流程服务	为企业提供归类先例、税收要素预裁定等服务；推广关税保证保险和企业自助打印出口原产地证书、税单等凭证；推动属地纳税人管理制度落地，打造企业可选择、结果可预期的纳税模式。
20	同步通关和物流作业	建立集装箱“通关 + 物流”应用系统，同步进行通关和物流作业。
（七）执行合同（3 项） 责任单位：最高人民法院牵头，司法部等国务院相关部门及各地区按职责分工负责		
21	推行法院网上立案与司法数据常态化公开	对买卖合同、金融借款合同、委托合同等商事案件开通网上直接立案。当事人申请网上立案符合立案条件的，人民法院即予以登记立案，并在线生成诉讼费用缴纳通知书发送给原告，原告可以不再另行提交纸质诉状。高级人民法院在门户网站设立常态化司法公开平台，向社会动态公开辖区内三级人民法院商事案件平均审理天数、结案率等信息。设立诉讼服务平台或热线，向当事人公开单一案件受理、缴费、开庭日期等案件进展信息。
22	推行全流程网络化办案	高级人民法院探索统筹建设网络办案系统，实行当事人诉讼和法院审判全流程网上办理，将规定的一审民商事案件所涉诉讼流程全部纳入数据化办理平台，同时在网上平台设立“数字卷宗”，当事人提交的和法院办案中产生的材料全部自动归集、自动归档。
23	构建诉讼服务平台	高级人民法院牵头，会同司法行政部门，建设供律师使用的诉讼平台。平台主要服务功能包括：网上立案、案件查询、文书送达、材料提交、开庭提醒、联系法官、卷宗借阅、找法问案、网上交费、证据交换等；提供立案流程指引、网上立案、诉讼费计算、诉讼费用缴纳、文书样式查询、个案查询、失信被执行人信息查询、司法拍卖、在线调解等诉讼服务。

注：上述 36 项改革举措的京沪两地相关具体做法，将同步在中华人民共和国中央人民政府网公布。

国务院办公厅秘书局关于印发政府网站与政务新媒体检查指标、监管工作年度考核指标的通知 ※

各省、自治区、直辖市人民政府办公厅，国务院各部委、各直属机构办公厅（室）：

为进一步推动全国政府网站和政府系统政务新媒体健康有序发展，国务院办公厅制定了《政府网站与政务新媒体检查指标》和《政府网站与政务新媒体监管工作年度考核指标》，现印发给你们，请认真贯彻执行。

各地区、各部门要进一步加强和完善政府网站及政务新媒体日常管理和常态化监管工作。国务院办公厅将每半年对全国政府网站及政务新媒体运行情况进行抽查，每年度对有关监管工作进行考核，抽查和考核结果将予以公开通报。

国务院办公厅秘书局

2019 年 4 月 1 日

政府网站与政务新媒体检查指标

指标说明：

本指标分为三部分，第一部分为单项否决指标，适用于所有政府网站、政府系统的政务新媒体；第二部分为扣分指标，第三部分为加分指标，适用于政府门户网站。扣分指标分值为 100 分，加分指标分值为 30 分。

对政府网站检查时，如网站出现单项否决指标中的任意一种情形，即判定为不合格网站，不再对其他指标进行评分。如网站不存在单项否决问题，则对扣分指标进行评分，如评分结果低于 60 分，判定为不合格网站；高于 80 分，则进入加分指标评分环节，最后得分为第二、三部分得分之和。其中，采用扣分方式评分的，单项指标扣分之和不超过本项指标总分值。对于没有对外服务职能的国务院部门，不检查其门户网站涉及办事服务的指标，对扣分指标评分时以 75 分为满分，结果乘以 4/3 为第二部分得分。

对政务新媒体检查时，如政务新媒体出现单项否决指标中的任意一种情形，则判定为不合格。

※ 来源：中华人民共和国中央人民政府网，http：//www.gov.cn/zhengce/content/2019-04/18/content_5384134.htm.

一　单项否决

检查对象	指　标	评分细则
政府网站	安全、泄密事故等严重问题	1. 出现严重表述错误。 2. 泄露国家秘密。 3. 发布或链接反动、暴力、色情等内容。 4. 对安全攻击（如页面被挂马、内容被篡改等）没有及时有效处置造成严重安全事故。 5. 存在弄虚作假行为（如伪造发稿日期等）。 6. 因网站建设管理工作不当引发严重负面舆情。 上述情况出现任意一种，即单项否决。
	站点无法访问	监测 1 周，每天间隔性访问 20 次以上，超过（含）15 秒网站仍打不开的次数累计占比超过（含）5%，即单项否决。
	首页不更新	监测 2 周，首页无信息更新的，即单项否决。 如首页仅为网站栏目导航入口，所有二级页面无信息更新的，即单项否决。 （注：稿件发布页未注明发布时间的视为不更新，下同。）
	栏目不更新	1. 监测时间点前 2 周内的动态、要闻类栏目，以及监测时间点前 6 个月内的通知公告、政策文件类一级栏目，累计超过（含）5 个未更新。 2. 应更新但长期未更新的栏目数量超过（含）10 个。 3. 空白栏目数量超过（含）5 个。 上述情况出现任意一种，即单项否决。
	互动回应差	1. 未提供网上有效咨询建言渠道（网上信访、纪检举报等专门渠道除外）。 2. 监测时间点前 1 年内，对网民留言应及时答复处理的政务咨询类栏目（在线访谈、调查征集、网上信访、纪检举报类栏目除外）存在超过 3 个月未回应有效留言的现象。 上述情况出现任意一种，即单项否决。
	服务不实用	1. 未提供办事服务。 2. 办事指南重点要素类别（包括事项名称、设定依据、申请条件、办理材料、办理地点、办理机构、收费标准、办理时间、联系电话、办理流程）缺失 4 类及以上的事项数量超过（含）5 个。 3. 事项总数不足 5 个的，每个事项办事指南重点要素类别（包括事项名称、设定依据、申请条件、办理材料、办理地点、办理机构、收费标准、办理时间、联系电话、办理流程）均缺失 4 类及以上。 上述情况出现任意一种，即单项否决。 （注：对没有对外服务职能的部门，不检查其网站该项指标。）
政务新媒体	安全、泄密事故等严重问题	1. 出现严重表述错误。 2. 泄露国家秘密。 3. 发布或链接反动、暴力、色情等内容。 4. 因发布内容不当引发严重负面舆情。 上述情况出现任意一种，即单项否决。
	内容不更新	1. 监测时间点前 2 周内无更新。 2. 移动客户端（App）无法下载或使用，发生“僵尸”“睡眠”情况。
	互动回应差	1. 未提供有效互动功能。 2. 存在购买“粉丝”、强制要求群众点赞等弄虚作假行为。 上述情况出现任意一种，即单项否决。

二　扣分指标（100 分）

一级指标	二级指标	评分细则	分值
发布解读（31 分）	概况信息	1. 未开设概况信息类栏目的，扣 2 分。 2. 概况信息更新不及时或不准确的，每发现一处，扣 1 分。 （注：对国务院部门门户网站不检查该项指标。）	2
	机构职能	1. 未开设机构职能类栏目的，扣 2 分。 2. 机构职能信息不准确的，每发现一处，扣 1 分。 （注：国务院部门门户网站未开设机构职能类栏目扣 4 分，信息不准确的，每发现一处扣 1 分，最多扣 4 分。）	2
	领导信息	1. 未开设领导信息类栏目的，扣 2 分。 2. 领导姓名、简历等信息缺失或不准确的，每发现一处，扣 1 分。	2
	动态要闻	1. 未开设动态要闻类栏目的，扣 5 分。 2. 监测时间点前 2 周内未更新的，扣 5 分。	5
	政策文件	1. 未开设政策文件类栏目的，扣 5 分。 2. 监测时间点前 6 个月内政策文件类一级栏目未更新的，扣 5 分。	5
	政策解读	1. 未开设政策解读类栏目的，扣 5 分。 2. 监测时间点前 6 个月内政策解读类一级栏目未更新的，扣 5 分。	5
	解读比例	随机抽查网站已发布的 3 个以本地区本部门或本地区本部门办公厅（室）名义印发的涉及面广、社会关注度高的政策文件，被解读的文件数量每少一个，扣 1 分。 （注：不足 3 个的则检查全部文件。）	3
	解读关联	随机抽查网站已发布的 3 个解读稿：未与被解读的政策文件相关联的，每发现一处，扣 0.5 分；该政策文件未与被抽查解读稿相关联的，每发现一处，扣 0.5 分。 （注：不足 3 个的则检查全部解读稿。）	3
	其他栏目	1. 其他栏目存在空白的，每发现一个，扣 2 分。 2. 其他栏目存在应更新未更新的，每发现一个，扣 1 分。 （注：因空白、应更新未更新等原因已按其他指标扣分的，本指标项下不重复扣分。）	4
办事服务（25 分）	事项公开	未对办事服务事项集中分类展示的，扣 3 分。	3
	在线申请	1. 未提供在线注册功能或提供注册功能但用户（含异地用户）无法注册的，扣 5 分。 2. 注册用户无法在线办事的，扣 5 分。	5
	办事统计	1. 未公开办事统计数据的，扣 2 分。 2. 监测时间点前 1 个月内未更新的，扣 1 分；3 个月内未更新的，扣 2 分。	2

续表

一级指标	二级指标	评分细则	分值
办事服务（25 分）	办事指南	随机抽查 5 个办事服务事项： 1. 事项无办事指南的，每发现一个，扣 4 分； 2. 提供办事指南，但重点要素类别（包括事项名称、设定依据、申请条件、办理材料、办理地点、办理机构、收费标准、办理时间、联系电话、办理流程）缺失的，每发现一处，扣 0.5 分； 3. 办理材料格式要求不明确的（如未说明原件 / 复印件、纸质版 / 电子版、份数等），每发现一个存在该问题的事项，扣 1 分； 4. 存在表述含糊不清的情形（如“根据有关法律法规规定应提交的其他材料”等表述），每发现一个存在该问题的事项，扣 2 分； 5. 办事指南中提到的政策文件仅有名称、未说明具体内容的，每发现一个存在该问题的事项，扣 0.5 分。 （注：不足 5 个的则检查全部事项。）	8
	内容准确	随机抽查 5 个办事指南，信息（如咨询电话、投诉电话等）存在错误，或与实际办事要求不一致的，每发现一处，扣 1 分。 （注：不足 5 个的则检查全部指南。）	5
	表格样表	随机抽查 2 个办事指南，要求办事人提供申请表、申请书等表单但未提供规范表格获取渠道的，每发现一个存在该问题的办事指南，扣 1 分。	2
互动交流（23 分）	信息提交	存在网民（含异地用户）无法使用网站互动交流功能提交信息问题的，扣 7 分。	7
	统一登录	网站各个具有互动交流功能的栏目（网上信访、纪检举报等专门渠道除外）提供的注册登录功能，未实现统一注册登录的，扣 3 分。	3
	留言公开	1. 咨询建言类栏目（网上信访、纪检举报等专门渠道除外）对所有网民留言都未公开的，扣 6 分。 2. 随机抽查 5 条已公开的网民留言，未公开留言时间、答复时间、答复单位、答复内容的，每发现一处，扣 1 分。 3. 监测时间点前 2 个月内未更新的，扣 3 分。 4. 未公开留言受理反馈情况统计数据的，扣 3 分。 （注：不足 5 条的则检查全部留言。）	6
	办理答复	模拟用户进行 2 次简单常见问题咨询： 1. 未在 5 个工作日内收到网上答复意见的，每发现一次，扣 4 分； 2. 答复内容质量不高，有推诿、敷衍等现象的，每发现一次，扣 4 分。	7
功能设计（21 分）	域名名称	1. 域名不符合规范的，扣 1 分。 2. 网站未以本地区本部门名称命名的，扣 1 分。 3. 网站名称未在全站页面头部区域显著展示的，扣 1 分。	3
	网站标识	未在全站页面底部功能区清晰列明党政机关网站标识、网站标识码、ICP 备案编号、公安机关备案标识、网站主办单位、联系方式的，每缺一项，扣 0.5 分。	3
	可用性	1. 首页上的链接（包括图片、附件、外部链接等）打不开或错误的，每发现一处，扣 0.2 分；如首页仅为网站栏目导航入口，则检查所有二级页面上的链接。 2. 其他页面上的链接（包括图片、附件、外部链接等）打不开或错误的，每发现一处，扣 0.1 分。	1

续表

一级指标	二级指标	评分细则	分值
功能设计（21分）	“我为政府网站找错”	1. 未在首页底部功能区规范添加“我为政府网站找错”入口的，扣1分。 2. 未在其他页面底部功能区规范添加“我为政府网站找错”入口的，每发现一处，扣0.2分。	1
		1. 监测时间点前6个月内，存在网民留言超过3个工作日未答复的，每发现一条，扣1分。 2. 监测时间点前6个月内，存在答复内容质量不高，有推诿、敷衍等现象的，每发现一条，扣1分。	3
	站内搜索	1. 未提供全站站内搜索功能或功能不可用的，扣4分。 2. 随机选取4条网站已发布的信息或服务的标题进行测试，在搜索结果第一页无法找到该内容的，每条扣1分。 3. 未对搜索结果进行分类展现的（如按照政策文件、办事指南等进行分类），扣1分。	4
	一号登录	注册用户在各个功能板块（网上信访、纪检举报等专门渠道除外）无法一号登录的，扣2分。	2
	页面标签	1. 随机抽查5个内容页面，无站点标签或内容标签的，每个扣0.1分。 2. 随机抽查5个栏目页面，无站点标签或栏目标签的，每个扣0.1分。	1
	兼容性	使用主流浏览器访问网站，不能正常显示页面内容的，每类扣1分。	2
	IPv6改造	未按照要求完成IPv6改造的，扣1分。	1

三　加分指标（30分）

一级指标	二级指标	评分细则	分值
信息发布（7分）	数据发布	1. 开设数据发布类栏目并在监测时间点前3个月内有更新的，得2分；监测时间点前3—6个月内有更新的，得1分。 2. 监测时间点前6个月内，通过图表图解等可视化方式展现和解读数据的，得1分。 3. 定期更新数据集，并提供下载功能或可用数据接口的，得1分。	4
	解读回应	随机抽查3个不同文件的解读稿，通过新闻发布会、图表图解、音视频或动漫等形式解读的，每个得1分。	3
办事服务（6分）	服务功能	1. 提供服务评价功能的，得1分。 2. 公布服务评价结果的，得1分。	2
	服务内容	针对重点服务事项，整合相关资源，细化办理对象、条件、流程等，提供专题或集成服务。提供3项及以上的，得2分；提供1至2项的，得1分。	2
	服务关联	随机抽查2个办事服务事项，涉及的政策文件依据均准确关联至本网站政策文件库的，得2分。	2
互动交流（8分）	实时互动	模拟用户进行1次简单常见问题咨询：咨询后一个工作日内答复且内容准确的，得3分；提供实时智能答问功能且内容准确的，得2分。	5
	调查征集	1. 提供在线调查征集渠道（不含电子邮件形式），且监测时间点前1年内开展活动超过（含）6次的，得2分。 2. 监测时间点前1年内开展的调查征集活动结束后1个月内均公开反馈结果的，得1分。	3

续表

一级指标	二级指标	评分细则	分值
功能设计（6分）	智能搜索	1. 提供关键词模糊搜索功能的，得1分。 2. 根据搜索关键词聚合相关信息和服务功能，实现“搜索即服务”的，得1分。 3. 随机选取该地区、该部门下级网站上的2条信息或服务的标题：通过该地区、该部门政府门户网站搜索进行测试，能够在搜索结果第一页找到该内容的，每条得1分。	4
	用户空间	注册用户可在用户主页下浏览其在本网站咨询问题、办事服务等历史信息的，得2分。	2
创新发展（3分）	—	通过政府网站服务中心工作、方便社会公众的做法突出，并获得本地区、本部门主要领导同志肯定的，加3分。	3

政府网站与政务新媒体监管工作年度考核指标

指标说明：

本指标分为三部分，单项否决指标、扣分指标和加分指标。扣分指标分值为100分，加分指标分值为20分。

本指标考核对象为各省（区、市）人民政府办公厅及国务院有关部门办公厅（室）。具体评分方式为：如监管工作出现单项否决指标中的任意一种情形，判定为不合格，不再对其他指标进行评分。如不存在单项否决指标所描述的问题，则对扣分指标进行评分，如结果低于60分，判定为不合格；高于80分，则进入加分指标评分环节，最后得分为扣分、加分指标得分之和。其中，采用扣分方式评分的，单项指标扣分之和不超过本项指标总分值。

类型	指标	评分细则	分值
单项否决	—	1. 在国办开展的抽查中本地区、本部门多个政府网站或政务新媒体因出现严重表述错误被判定为不合格。 2. 在国办开展的抽查中因其他原因本地区、本部门政府网站被判定为不合格超过（含）10个，或政务新媒体被判定为不合格超过（含）20个。 3. 未按季度组织开展本地区、本部门政府网站抽查工作。 4. 在政府网站、政务新媒体管理工作中存在弄虚作假行为。 上述情况出现任意一种，即单项否决。	—
扣分指标（100分）	通报整改	通报公开之日起2周内对问题仍未整改，或整改不到位的，扣10分。	10
	抽查检查	1. 本地区、本部门按季度组织开展的网站抽查未公开结果的，扣15分。 2. 本地区、本部门按季度组织开展的网站抽查比例未达到30%的，每次扣5分。	15
	考核评价	未将政府网站、政务新媒体工作纳入政府年度绩效考核的，扣10分。 （注：对国务院部门不检查该项指标，其评分方式为：扣分指标以90分为满分，结果乘以10/9为得分。）	10

续表

类型	指标	评分细则	分值
扣分指标（100分）	全面监管	政府网站未纳入监管范围的，每发现一个，扣1分。	5
	网民监督	随机抽查本地区、本部门5个政府网站，未全站规范添加“我为政府网站找错”入口的，每发现一个，扣1分。	5
		对上一年度网民通过“我为政府网站找错”平台提交的留言，未办结的，每发现一条，扣3分；超过一个月办结的，每发现一条，扣2分。	10
	集约整合	网站已报关停却未关停，或关停后内容未迁移至上级网站的，每发现一个，扣5分。	20
	年度报表	1. 本地区、本部门政府网站监管年度报表未在省部级政府门户网站首页发布的，扣5分。 2. 网站监管年度报表晚于1月31日发布的，扣2分。	5
		随机抽查该地区、该部门5个政府网站： 1. 网站工作年度报表未在本网站首页发布的，每发现一个，扣2分； 2. 网站工作年度报表晚于1月31日发布的，每发现一个，扣1分； 3. 网站工作年度报表已在本网站首页发布但未在省部级政府门户网站发布的，每发现一个，扣1分。 （注：不足5个的则检查全部网站。）	10
	网站域名	随机抽查该地区、该部门5个政府网站，域名不符合规范的，每发现一个，扣2分。 （注：不足5个的则检查全部网站。）	10
加分指标（20分）	—	1. 省级政府办公厅或实行垂直管理的国务院部门办公厅（室）每季度抽查政府网站比例均达100%的，加4分；抽查比例低于100%，但每季度均达到70%的，加2分。 2. 在国办开展的抽查中，上一年度合格率均达100%的地区，加5分。 3. 上一年度“我为政府网站找错”网民留言按期办结率达100%的，加4分。 4. 本地区、本部门政府网站均迁移至集约化平台，实现资源优化融合、数据互认共享、管理统筹规范的，加5分。 5. 县级政府门户网站的公开、办事、互动等功能与县级融媒体平台对接，提供内容、延伸发布取得较好效果的，加2分。 （注：各地区、各部门可自行报送加分指标相关内容，国办将对上报内容进行复核。）	20

国务院办公厅政府信息与政务公开办公室关于政府信息公开工作年度报告有关事项的通知※

国办公开办函〔2019〕60号

各省、自治区、直辖市人民政府办公厅，国务院各部委、各直属机构办公厅（室）：

修订后的《中华人民共和国政府信息公开条例》（以下简称新条例）已于2019年5月15日起施行。新条例法定主动公开内容更加优化，依申请公开程序更加完备，行政机

※ 来源：中华人民共和国中央人民政府网，http：//www.gov.cn/zhengce/content/2019-11/26/content_5455818.htm.

关责任约束更加刚性，相应地，对政府信息公开工作年度报告也提出了新的要求。新条例第五十条规定：“全国政府信息公开工作主管部门应当公布政府信息公开工作年度报告统一格式，并适时更新。”根据这一要求及授权，国务院办公厅政府信息与政务公开办公室在广泛征求意见基础上，研究制定了《中华人民共和国政府信息公开工作年度报告格式（试行）》。现就有关事项通知如下：

一　抓紧部署

政府信息公开工作年度报告涉及的行政机关量大面广，各行政机关法定报告时限比以往提前了两个月。今年的政府信息公开工作年度报告发布，时间紧、任务重。各政府信息公开工作主管部门要抓紧部署，确保新条例关于政府信息公开工作年度报告的规定落到实处。

二　有序衔接

今年是新条例颁布实施的第一年，相关工作有一个新旧衔接的过程。立足这一客观实际，2019 年政府信息公开工作年度报告，鼓励按照统一格式发布，确实存在现实困难的，可参照统一格式发布。为体现导向，国务院办公厅政府信息与政务公开办公室将在年度考评工作中，把按照统一格式发布情况作为激励性测评指标。

三　加强指导

《中华人民共和国政府信息公开工作年度报告格式（试行）》对政府信息公开工作年度报告格式提出了许多新要求，涉及大量数据汇总整理，专业性较强。各政府信息公开工作主管部门要切实加强工作指导，特别是对下级政府信息公开工作主管部门的指导，确保各项要求落实落细。

四　总结完善

《中华人民共和国政府信息公开工作年度报告格式（试行）》首次对政府信息公开工作年度报告格式作出统一规定。对具体执行过程中遇到的问题，各政府信息公开工作主管部门要认真总结，提出意见建议，及时反馈国务院办公厅政府信息与政务公开办公室，以便更新完善。

特此通知。

国务院办公厅政府信息与政务公开办公室

2019 年 11 月 23 日

附件

中华人民共和国
政府信息公开工作年度报告格式（试行）

政府信息公开工作年度报告，是《中华人民共和国政府信息公开条例》确立的法定监督保障制度，是全面反映政府信息公开工作情况的基本方式，是加强政府信息管理、摸清政府信息底数、从政府信息的角度记录并展现政府施政过程及结果的基础，对于改进政府信息公开工作、加强政府自身建设、推动国家治理体系和治理能力现代化具有重要意义。为切实做好政府信息公开工作年度报告工作，更好发挥政府信息公开工作年度报告的重要作用，依据《中华人民共和国政府信息公开条例》第五十条的要求及授权，结合工作实际，制定《中华人民共和国政府信息公开工作年度报告格式（试行）》，并根据情况变化适时更新。

一　报告内容

政府信息公开工作年度报告内容，要严格按照《中华人民共和国政府信息公开条例》第五十条的规定确定，不能遗漏，也不宜泛化。

（一）总体情况

这一项主要报告本机关上一年度政府信息公开工作总体情况，重在聚焦主题主线，对本机关贯彻落实《中华人民共和国政府信息公开条例》情况进行综述，主要包括主动公开、依申请公开、政府信息管理、平台建设、监督保障（含《中华人民共和国政府信息公开条例》第五十条第四项规定的各级人民政府“工作考核、社会评议和责任追究结果情况”）等方面。

（二）行政机关主动公开政府信息情况

这一项主要报告《中华人民共和国政府信息公开条例》第二十条规定的法定主动公开内容中，适宜以数据方式呈现且具备统计汇总价值的内容，包括（一）（五）（六）（八）（九）共五项。其他法定主动公开内容的公开情况，在“总体情况”部分综合体现。

要突出重点，注重用数据反映情况，将人民群众较为关注、对社会影响较大的政府信息主动公开情况进行报告。在此基础上，进一步反映本机关制发文件、开展行政执法活动等重要工作开展情况，更好发挥政府信息公开制度功能。

（三）行政机关收到和处理政府信息公开申请情况

这一项主要报告两方面情况：一是申请人的类别；二是政府信息公开申请的最终处

理结果。此项内容重在数据准确、要素齐备，全面客观反映政府信息公开申请接收和办理情况，便于政府信息公开工作主管部门全面掌握工作动态，使社会各界了解政府公开透明进程。

需要说明的是，行政机关处理政府信息公开申请的情况中，设置了“其他处理”项目，主要是考虑新旧条例执行衔接以及极少数特殊情况。原则上，所有的政府信息公开申请，都应当按照法定的处理方式做出处理。各政府信息公开工作主管部门要高度关注这一项目的数据，对“其他处理”数量偏高的行政机关，要了解情况，及时发现并解决相关问题。

（四）因政府信息公开工作被申请行政复议、提起行政诉讼情况

这一项主要报告两方面情况：一是政府信息公开行政复议处理结果情况；二是政府信息公开行政诉讼处理结果情况。根据行政复议法和行政诉讼法有关规定，行政诉讼处理结果需进一步区分两类情形，分别是“未经复议直接起诉”和“复议后起诉”。

行政复议机关作为共同被告的行政诉讼案件，只计算原行为主体的案件数量，不计算行政复议机关的案件数量。

（五）政府信息公开工作存在的主要问题及改进情况

这一项主要报告本机关上一年度政府信息公开工作中存在的主要问题及改进情况。此项内容重在实事求是、明确具体，避免笼统模糊、泛泛而谈。查找问题要有针对性，改进举措要有实效性，不得出现敷衍了事甚至年年雷同现象。

（六）其他需要报告的事项

这一项主要报告本机关认为需要报告的其他事项，以及其他有关文件专门要求通过政府信息公开工作年度报告予以报告的事项。

各行政机关政府信息公开工作年度报告格式模板附后。此前有关政府信息公开的各类报告和统计口径，随原政府信息公开条例的失效而失效。政府信息公开工作主管部门负责汇总的本级政府上一年度政府信息公开工作年度报告格式，参照这一格式模板办理。党的工作机关加挂行政机关牌子的单位，政府信息公开工作年度报告内容依据全国政府信息公开工作主管部门发布的有关规定（国办公开办函〔2019〕51 号）确定，并参照这一格式模板办理。

二　报告方式及时间

（一）县级以上人民政府部门向本级政府信息公开工作主管部门报告并向社会公布的方式及时间

根据《中华人民共和国政府信息公开条例》第四十九条的规定，县级以上人民政府

部门应当在每年1月31日前向本级政府信息公开工作主管部门提交本机关上一年度政府信息公开工作年度报告并向社会公布。

县级以上人民政府部门的具体范围，由各政府信息公开工作主管部门依据《中华人民共和国政府信息公开条例》第二十七条的规定，按照“行政性、外部性、独立性”三要素的标准予以确定。县级以上地方人民政府办公厅（室），向社会公布本政府机关［指以政府以及政府办公厅（室）的名义开展政府信息公开工作情况］的政府信息公开工作年度报告。乡镇人民政府，参照对县级以上人民政府部门的要求，向所属的县级人民政府的政府信息公开工作主管部门报告。实行垂直领导的系统，逐级向本系统政府信息公开工作主管部门报告，不向地方政府的政府信息公开工作主管部门报告，但是，实行垂直领导的部门的办公厅（室），要单独向全国政府信息公开工作主管部门报送本机关的政府信息公开工作年度报告。

县级以上地方人民政府的政府信息公开工作主管部门，应当通过本级政府门户网站的“政府信息公开”专栏，集中向社会公布所属行政机关的政府信息公开工作年度报告，一方面便于公众查阅，另一方面通过这种方式对本行政区域内适用《中华人民共和国政府信息公开条例》的行政机关范围予以明确。在集中公布的基础上，各行政机关可自行通过网站或其他适当方式，向社会公布本机关政府信息公开工作年度报告。

实行垂直领导的系统，也应当以适当方式集中向社会公布本系统各级行政机关政府信息公开工作年度报告，具体方式由本系统政府信息公开工作主管部门确定。在集中公布的基础上，系统各级行政机关可自行通过网站或其他适当方式，向社会公布本机关政府信息公开工作年度报告。

（二）县级以上地方人民政府的政府信息公开工作主管部门向社会公布的方式及时间

根据《中华人民共和国政府信息公开条例》第四十九条的规定，县级以上地方人民政府的政府信息公开工作主管部门应当在每年3月31日前向社会公布本级政府上一年度政府信息公开工作年度报告。

本级政府上一年度政府信息公开工作年度报告，应当逐级汇总。县级政府的政府信息公开工作主管部门汇总所属部门和乡镇政府的政府信息公开工作年度报告，于2月20日前向上一级政府信息公开工作主管部门提交并向社会公布。地市级政府的政府信息公开工作主管部门汇总所属部门和县级政府信息公开工作年度报告，于3月10日前向上一级政府信息公开工作主管部门提交并向社会公布。省级政府的政府信息公开工作主管部门汇总所属部门和地市级政府信息公开工作年度报告，于3月31日前向全国政府信息公开工作主管部门提交并向社会公布。

实行垂直领导的部门，参照对县级以上地方人民政府的报告要求，汇总形成全系统的政府信息公开工作年度报告，于3月31日前向全国政府信息公开工作主管部门提交并向社会公布。

三　工作要求

（一）提高认识

政府信息公开工作年度报告，不仅反映政府信息公开工作，也反映政府工作本身，是更好发挥政府信息公开制度功能的重要途径。通过政府信息公开工作年度报告，能够系统反映各行政机关发文数量，以及行政许可、行政处罚、行政强制等重要情况，为国家治理体系和治理能力现代化提供基础数据支撑。要进一步深化对政府信息公开工作年度报告重要作用的认识，切实提高工作主动性、自觉性，不断提升政府信息公开工作年度报告实效。

（二）加强领导

政府信息公开工作年度报告的内容，涵盖行政机关日常工作诸多方面，是从政府信息公开角度对本机关工作的一次系统梳理和全面报告。要有针对性地加强领导，确保内部协调有力，相关情况和数据做到应报尽报，全面准确。各政府信息公开工作主管部门要加强指导，把政府信息公开工作年度报告编报列入业务培训内容。要充分考虑政府信息公开工作年度报告的专业性，配强工作力量，确保工作质量。

（三）夯实基础

政府信息公开工作年度报告内容，涵盖行政机关全年工作情况。要将工作做在平时，按照《中华人民共和国政府信息公开条例》第四十五条要求，建立健全政府信息公开申请登记、审核、办理、答复、归档等各项内部工作制度，避免年底突击开展工作。政府信息公开工作机构要自觉找准政府信息管理员的角色定位，协调推动本机关各内设机构加强政府信息管理的基础工作，确保政府信息公开工作年度报告所需数据“统得出、报得准、可核查”，更好发挥政府信息公开对于政府工作的监督、规范作用。

（四）明确责任

各行政机关分管政府信息公开工作的领导人员是第一责任人，对政府信息公开工作年度报告承担领导责任。各机关政府信息公开工作机构是法定责任主体，要履职尽责，高质量编报政府信息公开工作年度报告。出现不按时发布、发布内容不准确不全面或者内容雷同、敷衍塞责等问题并造成不良后果的，由相应政府信息公开工作主管部门依据《中华人民共和国政府信息公开条例》第四十七条规定，严肃追究负有责任的领导人员和直接责任人责任。

政府信息公开工作年度报告格式模板

一 总体情况

（文字描述）

二 主动公开政府信息情况

第二十条第（一）项			
信息内容	本年新制作数量	本年新公开数量	对外公开总数量
规章			
规范性文件			
第二十条第（五）项			
信息内容	上一年项目数量	本年增/减	处理决定数量
行政许可			
其他对外管理服务事项			
第二十条第（六）项			
信息内容	上一年项目数量	本年增/减	处理决定数量
行政处罚			
行政强制			
第二十条第（八）项			
信息内容	上一年项目数量	本年增/减	
行政事业性收费			
第二十条第（九）项			
信息内容	采购项目数量	采购总金额	
政府集中采购			

三　收到和处理政府信息公开申请情况

<table>
<tr><td colspan="3" rowspan="3">（本列数据的钩稽关系为：第一项加第二项之和，等于第三项加第四项之和）</td><td colspan="7">申请人情况</td></tr>
<tr><td rowspan="2">自然人</td><td colspan="5">法人或其他组织</td><td rowspan="2">总计</td></tr>
<tr><td>商业企业</td><td>科研机构</td><td>社会公益组织</td><td>法律服务机构</td><td>其他</td></tr>
<tr><td colspan="3">一、本年新收政府信息公开申请数量</td><td></td><td></td><td></td><td></td><td></td><td></td><td></td></tr>
<tr><td colspan="3">二、上年结转政府信息公开申请数量</td><td></td><td></td><td></td><td></td><td></td><td></td><td></td></tr>
<tr><td rowspan="22">三、本年度办理结果</td><td colspan="2">（一）予以公开</td><td></td><td></td><td></td><td></td><td></td><td></td><td></td></tr>
<tr><td colspan="2">（二）部分公开（区分处理的，只计这一情形，不计其他情形）</td><td></td><td></td><td></td><td></td><td></td><td></td><td></td></tr>
<tr><td rowspan="8">（三）不予公开</td><td>1. 属于国家秘密</td><td></td><td></td><td></td><td></td><td></td><td></td><td></td></tr>
<tr><td>2. 其他法律行政法规禁止公开</td><td></td><td></td><td></td><td></td><td></td><td></td><td></td></tr>
<tr><td>3. 危及“三安全一稳定”</td><td></td><td></td><td></td><td></td><td></td><td></td><td></td></tr>
<tr><td>4. 保护第三方合法权益</td><td></td><td></td><td></td><td></td><td></td><td></td><td></td></tr>
<tr><td>5. 属于三类内部事务信息</td><td></td><td></td><td></td><td></td><td></td><td></td><td></td></tr>
<tr><td>6. 属于四类过程性信息</td><td></td><td></td><td></td><td></td><td></td><td></td><td></td></tr>
<tr><td>7. 属于行政执法案卷</td><td></td><td></td><td></td><td></td><td></td><td></td><td></td></tr>
<tr><td>8. 属于行政查询事项</td><td></td><td></td><td></td><td></td><td></td><td></td><td></td></tr>
<tr><td rowspan="3">（四）无法提供</td><td>1. 本机关不掌握相关政府信息</td><td></td><td></td><td></td><td></td><td></td><td></td><td></td></tr>
<tr><td>2. 没有现成信息需要另行制作</td><td></td><td></td><td></td><td></td><td></td><td></td><td></td></tr>
<tr><td>3. 补正后申请内容仍不明确</td><td></td><td></td><td></td><td></td><td></td><td></td><td></td></tr>
<tr><td rowspan="5">（五）不予处理</td><td>1. 信访举报投诉类申请</td><td></td><td></td><td></td><td></td><td></td><td></td><td></td></tr>
<tr><td>2. 重复申请</td><td></td><td></td><td></td><td></td><td></td><td></td><td></td></tr>
<tr><td>3. 要求提供公开出版物</td><td></td><td></td><td></td><td></td><td></td><td></td><td></td></tr>
<tr><td>4. 无正当理由大量反复申请</td><td></td><td></td><td></td><td></td><td></td><td></td><td></td></tr>
<tr><td>5. 要求行政机关确认或重新出具已获取信息</td><td></td><td></td><td></td><td></td><td></td><td></td><td></td></tr>
<tr><td colspan="2">（六）其他处理</td><td></td><td></td><td></td><td></td><td></td><td></td><td></td></tr>
<tr><td colspan="2">（七）总计</td><td></td><td></td><td></td><td></td><td></td><td></td><td></td></tr>
<tr><td colspan="3">四、结转下年度继续办理</td><td></td><td></td><td></td><td></td><td></td><td></td><td></td></tr>
</table>

四　政府信息公开行政复议、行政诉讼情况

行政复议					行政诉讼									
					未经复议直接起诉					复议后起诉				
结果维持	结果纠正	其他结果	尚未审结	总计	结果维持	结果纠正	其他结果	尚未审结	总计	结果维持	结果纠正	其他结果	尚未审结	总计

五　存在的主要问题及改进情况

（文字描述）

六　其他需要报告的事项

（文字描述）

国务院办公厅政府信息与政务公开办公室关于规范政府信息公开平台有关事项的通知※

国办公开办函〔2019〕61号

各省、自治区、直辖市人民政府办公厅，国务院各部委、各直属机构办公厅（室）：

《中华人民共和国政府信息公开条例》第二十四条规定："各级人民政府应当加强依托政府门户网站公开政府信息的工作，利用统一的政府信息公开平台集中发布主动公开的政府信息。政府信息公开平台应当具备信息检索、查阅、下载等功能。"为更好贯彻落实这一规定，规范政府信息公开平台设置，提升主动公开工作实效，加强政府信息管理，提出如下意见：

一　找准定位

政府信息公开平台，是发布法定主动公开内容的公开平台，也是加强重点政府信息管理的管理平台。《中华人民共和国政府信息公开条例》确立的主动公开内容，特别是第二十条规定的各行政机关共性基础内容，是社会公众高度关注的重点政府信息。要牢牢

※　来源：中华人民共和国中央人民政府网，http：//www.gov.cn/zhengce/content/2019-12/03/content_5457588.htm.

把握“专栏姓专”的基本定位，聚焦法定主动公开内容，以专门性内容的发布和管理，展现政府信息公开平台的独特价值，使其成为社会公众便捷、全面获取重点政府信息的权威渠道。各行政机关的政府信息公开平台，是各级人民政府统一政府信息公开平台的基础，必须统一名称、统一格式，加强规范。

二　统一规范

政府信息公开平台，原则上以各行政机关网站已有的“政府信息公开”“政务公开”等栏目为依托，不另设专门栏目，不得设立专门网站。未设置“政府信息公开”栏目的，或者有类似栏目但使用其他名称的，应当统一设置并统一命名为“政府信息公开”，在网站首页位置展示。没有单独网站的行政机关，其政府信息公开平台设置事宜，由相应政府信息公开工作主管部门统筹安排。

政府信息公开平台内容主要由四部分组成。一是政府信息公开指南。二是政府信息公开制度，包括《中华人民共和国政府信息公开条例》，政府信息公开方面的地方性法规、自治条例、单行条例、规章，以及全国政府信息公开工作主管部门发布的法规解释性文件，原则上不包括其他制度文件。三是法定主动公开内容，以《中华人民共和国政府信息公开条例》第二十条规定的共性基础内容为主。四是政府信息公开工作年度报告,其中，各行政机关公开本机关政府信息公开工作年度报告，各政府信息公开工作主管部门公开本级政府或本系统汇总后的政府信息公开工作年度报告，以及所属各行政机关的政府信息公开工作年度报告。各行政机关根据自身实际情况，可以增加《中华人民共和国政府信息公开条例》规定的其他内容，但不宜过于泛化。

中华人民共和国中央人民政府网运行中心根据上述要求设计了“政府信息公开栏目页面设计参考方案”，供参考使用。

三　优化功能

政府信息公开平台发布的内容，涵盖行政机关管理社会、服务公众的依据和结果，应当做到权威准确、内容全面、便于获取利用。要优化栏目页面设置，多运用列表、超链接等方式呈现相关内容，避免因信息量大而杂乱无章。要优化栏目检索功能，方便社会公众快速准确获取所需要的政府信息。要优化栏目下载功能，在丰富可下载格式的同时，通过现代技术手段防止篡改伪造。要优化栏目数据互联互通功能，预留必要的数据交换接口，便利各层级政府信息公开平台之间对接，为下一步构建全国统一政府信息公开平台打好基础。

四　注重衔接

政府信息公开平台集中发布的法定主动公开内容，有些可能与本行政机关网站的其他栏目内容存在交叉，如履职依据、机关简介等;有些可能与其他专门网站内容存在交叉，如各行政机关公开的行政处罚信息与“国家企业信用信息公示系统”中的行政处罚信息、地方各级政府公开的政府债务信息与“中国地方政府债券信息公开平台”中的政府债务信息等。要注意加强衔接，坚持数据同源，本行政机关网站其他栏目数据，以及本行政机关依法向其他专门网站提供的数据，涉及交叉重复的，原则上以政府信息公开平台上的数据为基准，最大限度保持数据一致性。

五　加强管理

政府信息公开平台集中发布的法定主动公开内容，涉及行政机关各方面工作，体现行政机关工作动态。要加强政府信息公开平台管理，按照法定时限及时发布并实时更新法定主动公开内容。要明确责任，各行政机关分管政府信息公开工作的领导人员是第一责任人，各行政机关政府信息公开工作机构是法定责任主体，负责推进协调政府信息公开平台建设和管理工作。各政府信息公开工作主管部门要将政府信息公开平台建设和管理工作，作为推进、指导、协调、监督的重要内容。

国务院办公厅政府信息与政务公开办公室

2019 年 11 月 29 日

区块链信息服务管理规定

国家互联网信息办公室令※

第 3 号

《区块链信息服务管理规定》已经国家互联网信息办公室室务会议审议通过，现予公布，自 2019 年 2 月 15 日起施行。

主任　庄荣文

2019 年 1 月 10 日

区块链信息服务管理规定

第一条　为了规范区块链信息服务活动，维护国家安全和社会公共利益，保护公民、法人和其他组织的合法权益，促进区块链技术及相关服务的健康发展，根据《中华人民共和国网络安全法》《互联网信息服务管理办法》和《国务院关于授权国家互联网信息办公室负责互联网信息内容管理工作的通知》，制定本规定。

第二条　在中华人民共和国境内从事区块链信息服务，应当遵守本规定。法律、行政法规另有规定的，遵照其规定。

本规定所称区块链信息服务，是指基于区块链技术或者系统，通过互联网站、应用程序等形式，向社会公众提供信息服务。

本规定所称区块链信息服务提供者，是指向社会公众提供区块链信息服务的主体或者节点，以及为区块链信息服务的主体提供技术支持的机构或者组织；本规定所称区块链信息服务使用者，是指使用区块链信息服务的组织或者个人。

第三条　国家互联网信息办公室依据职责负责全国区块链信息服务的监督管理执法工作。省、自治区、直辖市互联网信息办公室依据职责负责本行政区域内区块链信息服务的监督管理执法工作。

第四条　鼓励区块链行业组织加强行业自律，建立健全行业自律制度和行业准则，指导区块链信息服务提供者建立健全服务规范，推动行业信用评价体系建设，督促区块链信息服务提供者依法提供服务、接受社会监督，提高区块链信息服务从业人员的职业素养，促进行业健康有序发展。

第五条　区块链信息服务提供者应当落实信息内容安全管理责任，建立健全用户注册、信息审核、应急处置、安全防护等管理制度。

※　来源：中国网信网，http：//www.cac.gov.cn/2019-01/10/c_1123971164.htm.

第六条 区块链信息服务提供者应当具备与其服务相适应的技术条件，对于法律、行政法规禁止的信息内容，应当具备对其发布、记录、存储、传播的即时和应急处置能力，技术方案应当符合国家相关标准规范。

第七条 区块链信息服务提供者应当制定并公开管理规则和平台公约，与区块链信息服务使用者签订服务协议，明确双方权利义务，要求其承诺遵守法律规定和平台公约。

第八条 区块链信息服务提供者应当按照《中华人民共和国网络安全法》的规定，对区块链信息服务使用者进行基于组织机构代码、身份证件号码或者移动电话号码等方式的真实身份信息认证。用户不进行真实身份信息认证的，区块链信息服务提供者不得为其提供相关服务。

第九条 区块链信息服务提供者开发上线新产品、新应用、新功能的，应当按照有关规定报国家和省、自治区、直辖市互联网信息办公室进行安全评估。

第十条 区块链信息服务提供者和使用者不得利用区块链信息服务从事危害国家安全、扰乱社会秩序、侵犯他人合法权益等法律、行政法规禁止的活动，不得利用区块链信息服务制作、复制、发布、传播法律、行政法规禁止的信息内容。

第十一条 区块链信息服务提供者应当在提供服务之日起十个工作日内通过国家互联网信息办公室区块链信息服务备案管理系统填报服务提供者的名称、服务类别、服务形式、应用领域、服务器地址等信息，履行备案手续。

区块链信息服务提供者变更服务项目、平台网址等事项的，应当在变更之日起五个工作日内办理变更手续。

区块链信息服务提供者终止服务的，应当在终止服务三十个工作日前办理注销手续，并作出妥善安排。

第十二条 国家和省、自治区、直辖市互联网信息办公室收到备案人提交的备案材料后，材料齐全的，应当在二十个工作日内予以备案，发放备案编号，并通过国家互联网信息办公室区块链信息服务备案管理系统向社会公布备案信息；材料不齐全的，不予备案，在二十个工作日内通知备案人并说明理由。

第十三条 完成备案的区块链信息服务提供者应当在其对外提供服务的互联网站、应用程序等的显著位置标明其备案编号。

第十四条 国家和省、自治区、直辖市互联网信息办公室对区块链信息服务备案信息实行定期查验，区块链信息服务提供者应当在规定时间内登录区块链信息服务备案管理系统，提供相关信息。

第十五条 区块链信息服务提供者提供的区块链信息服务存在信息安全隐患的，应当进行整改，符合法律、行政法规等相关规定和国家相关标准规范后方可继续提供信息服务。

第十六条 区块链信息服务提供者应当对违反法律、行政法规规定和服务协议的区块链信息服务使用者，依法依约采取警示、限制功能、关闭账号等处置措施，对违法信息内容及时采取相应的处理措施，防止信息扩散，保存有关记录，并向有关主管部门报告。

第十七条 区块链信息服务提供者应当记录区块链信息服务使用者发布内容和日志等信息，记录备份应当保存不少于六个月，并在相关执法部门依法查询时予以提供。

第十八条　区块链信息服务提供者应当配合网信部门依法实施的监督检查，并提供必要的技术支持和协助。

区块链信息服务提供者应当接受社会监督，设置便捷的投诉举报入口，及时处理公众投诉举报。

第十九条　区块链信息服务提供者违反本规定第五条、第六条、第七条、第九条、第十一条第二款、第十三条、第十五条、第十七条、第十八条规定的，由国家和省、自治区、直辖市互联网信息办公室依据职责给予警告，责令限期改正，改正前应当暂停相关业务；拒不改正或者情节严重的，并处五千元以上三万元以下罚款；构成犯罪的，依法追究刑事责任。

第二十条　区块链信息服务提供者违反本规定第八条、第十六条规定的，由国家和省、自治区、直辖市互联网信息办公室依据职责，按照《中华人民共和国网络安全法》的规定予以处理。

第二十一条　区块链信息服务提供者违反本规定第十条的规定，制作、复制、发布、传播法律、行政法规禁止的信息内容的，由国家和省、自治区、直辖市互联网信息办公室依据职责给予警告，责令限期改正，改正前应当暂停相关业务；拒不改正或者情节严重的，并处二万元以上三万元以下罚款；构成犯罪的，依法追究刑事责任。

区块链信息服务使用者违反本规定第十条的规定，制作、复制、发布、传播法律、行政法规禁止的信息内容的，由国家和省、自治区、直辖市互联网信息办公室依照有关法律、行政法规的规定予以处理。

第二十二条　区块链信息服务提供者违反本规定第十一条第一款的规定，未按照本规定履行备案手续或者填报虚假备案信息的，由国家和省、自治区、直辖市互联网信息办公室依据职责责令限期改正；拒不改正或者情节严重的，给予警告，并处一万元以上三万元以下罚款。

第二十三条　在本规定公布前从事区块链信息服务的，应当自本规定生效之日起二十个工作日内依照本规定补办有关手续。

第二十四条　本规定自 2019 年 2 月 15 日起施行。

网络信息内容生态治理规定

国家互联网信息办公室令※

第 5 号

《网络信息内容生态治理规定》已经国家互联网信息办公室室务会议审议通过，现予公布，自 2020 年 3 月 1 日起施行。

主任　庄荣文

2019 年 12 月 15 日

※　来源：中国网信网，http：//www.cac.gov.cn/2019-12/20/c_1578375159509309.htm.

网络信息内容生态治理规定

第一章　总则

第一条　为了营造良好网络生态，保障公民、法人和其他组织的合法权益，维护国家安全和公共利益，根据《中华人民共和国国家安全法》《中华人民共和国网络安全法》《互联网信息服务管理办法》等法律、行政法规，制定本规定。

第二条　中华人民共和国境内的网络信息内容生态治理活动，适用本规定。

本规定所称网络信息内容生态治理，是指政府、企业、社会、网民等主体，以培育和践行社会主义核心价值观为根本，以网络信息内容为主要治理对象，以建立健全网络综合治理体系、营造清朗的网络空间、建设良好的网络生态为目标，开展的弘扬正能量、处置违法和不良信息等相关活动。

第三条　国家网信部门负责统筹协调全国网络信息内容生态治理和相关监督管理工作，各有关主管部门依据各自职责做好网络信息内容生态治理工作。

地方网信部门负责统筹协调本行政区域内网络信息内容生态治理和相关监督管理工作，地方各有关主管部门依据各自职责做好本行政区域内网络信息内容生态治理工作。

第二章　网络信息内容生产者

第四条　网络信息内容生产者应当遵守法律法规，遵循公序良俗，不得损害国家利益、公共利益和他人合法权益。

第五条　鼓励网络信息内容生产者制作、复制、发布含有下列内容的信息：

（一）宣传习近平新时代中国特色社会主义思想，全面准确生动解读中国特色社会主义道路、理论、制度、文化的；

（二）宣传党的理论路线方针政策和中央重大决策部署的；

（三）展示经济社会发展亮点，反映人民群众伟大奋斗和火热生活的；

（四）弘扬社会主义核心价值观，宣传优秀道德文化和时代精神，充分展现中华民族昂扬向上精神风貌的；

（五）有效回应社会关切，解疑释惑，析事明理，有助于引导群众形成共识的；

（六）有助于提高中华文化国际影响力，向世界展现真实立体全面的中国的；

（七）其他讲品味讲格调讲责任、讴歌真善美、促进团结稳定等的内容。

第六条　网络信息内容生产者不得制作、复制、发布含有下列内容的违法信息：

（一）反对宪法所确定的基本原则的；

（二）危害国家安全，泄露国家秘密，颠覆国家政权，破坏国家统一的；

（三）损害国家荣誉和利益的；

（四）歪曲、丑化、亵渎、否定英雄烈士事迹和精神，以侮辱、诽谤或者其他方式侵害英雄烈士的姓名、肖像、名誉、荣誉的；

（五）宣扬恐怖主义、极端主义或者煽动实施恐怖活动、极端主义活动的；

（六）煽动民族仇恨、民族歧视，破坏民族团结的；

（七）破坏国家宗教政策，宣扬邪教和封建迷信的；

（八）散布谣言，扰乱经济秩序和社会秩序的；

（九）散布淫秽、色情、赌博、暴力、凶杀、恐怖或者教唆犯罪的；

（十）侮辱或者诽谤他人，侵害他人名誉、隐私和其他合法权益的；

（十一）法律、行政法规禁止的其他内容。

第七条　网络信息内容生产者应当采取措施，防范和抵制制作、复制、发布含有下列内容的不良信息：

（一）使用夸张标题，内容与标题严重不符的；

（二）炒作绯闻、丑闻、劣迹等的；

（三）不当评述自然灾害、重大事故等灾难的；

（四）带有性暗示、性挑逗等易使人产生性联想的；

（五）展现血腥、惊悚、残忍等致人身心不适的；

（六）煽动人群歧视、地域歧视等的；

（七）宣扬低俗、庸俗、媚俗内容的；

（八）可能引发未成年人模仿不安全行为和违反社会公德行为、诱导未成年人不良嗜好等的；

（九）其他对网络生态造成不良影响的内容。

第三章　网络信息内容服务平台

第八条　网络信息内容服务平台应当履行信息内容管理主体责任，加强本平台网络信息内容生态治理，培育积极健康、向上向善的网络文化。

第九条　网络信息内容服务平台应当建立网络信息内容生态治理机制，制定本平台网络信息内容生态治理细则，健全用户注册、账号管理、信息发布审核、跟帖评论审核、版面页面生态管理、实时巡查、应急处置和网络谣言、黑色产业链信息处置等制度。

网络信息内容服务平台应当设立网络信息内容生态治理负责人，配备与业务范围和服务规模相适应的专业人员，加强培训考核，提升从业人员素质。

第十条　网络信息内容服务平台不得传播本规定第六条规定的信息，应当防范和抵制传播本规定第七条规定的信息。

网络信息内容服务平台应当加强信息内容的管理，发现本规定第六条、第七条规定的信息的，应当依法立即采取处置措施，保存有关记录，并向有关主管部门报告。

第十一条 鼓励网络信息内容服务平台坚持主流价值导向，优化信息推荐机制，加强版面页面生态管理，在下列重点环节（包括服务类型、位置版块等）积极呈现本规定第五条规定的信息：

（一）互联网新闻信息服务首页首屏、弹窗和重要新闻信息内容页面等；

（二）互联网用户公众账号信息服务精选、热搜等；

（三）博客、微博客信息服务热门推荐、榜单类、弹窗及基于地理位置的信息服务版块等；

（四）互联网信息搜索服务热搜词、热搜图及默认搜索等；

（五）互联网论坛社区服务首页首屏、榜单类、弹窗等；

（六）互联网音视频服务首页首屏、发现、精选、榜单类、弹窗等；

（七）互联网网址导航服务、浏览器服务、输入法服务首页首屏、榜单类、皮肤、联想词、弹窗等；

（八）数字阅读、网络游戏、网络动漫服务首页首屏、精选、榜单类、弹窗等；

（九）生活服务、知识服务平台首页首屏、热门推荐、弹窗等；

（十）电子商务平台首页首屏、推荐区等；

（十一）移动应用商店、移动智能终端预置应用软件和内置信息内容服务首屏、推荐区等；

（十二）专门以未成年人为服务对象的网络信息内容专栏、专区和产品等；

（十三）其他处于产品或者服务醒目位置、易引起网络信息内容服务使用者关注的重点环节。

网络信息内容服务平台不得在以上重点环节呈现本规定第七条规定的信息。

第十二条 网络信息内容服务平台采用个性化算法推荐技术推送信息的，应当设置符合本规定第十条、第十一条规定要求的推荐模型，建立健全人工干预和用户自主选择机制。

第十三条 鼓励网络信息内容服务平台开发适合未成年人使用的模式，提供适合未成年人使用的网络产品和服务，便利未成年人获取有益身心健康的信息。

第十四条 网络信息内容服务平台应当加强对本平台设置的广告位和在本平台展示的广告内容的审核巡查，对发布违法广告的，应当依法予以处理。

第十五条 网络信息内容服务平台应当制定并公开管理规则和平台公约，完善用户协议，明确用户相关权利义务，并依法依约履行相应管理职责。

网络信息内容服务平台应当建立用户账号信用管理制度，根据用户账号的信用情况提供相应服务。

第十六条 网络信息内容服务平台应当在显著位置设置便捷的投诉举报入口，公布投诉举报方式，及时受理处置公众投诉举报并反馈处理结果。

第十七条 网络信息内容服务平台应当编制网络信息内容生态治理工作年度报告，年度报告应当包括网络信息内容生态治理工作情况、网络信息内容生态治理负责人履职情况、社会评价情况等内容。

第四章　网络信息内容服务使用者

第十八条　网络信息内容服务使用者应当文明健康使用网络，按照法律法规的要求和用户协议约定，切实履行相应义务，在以发帖、回复、留言、弹幕等形式参与网络活动时，文明互动，理性表达，不得发布本规定第六条规定的信息，防范和抵制本规定第七条规定的信息。

第十九条　网络群组、论坛社区版块建立者和管理者应当履行群组、版块管理责任，依据法律法规、用户协议和平台公约等，规范群组、版块内信息发布等行为。

第二十条　鼓励网络信息内容服务使用者积极参与网络信息内容生态治理，通过投诉、举报等方式对网上违法和不良信息进行监督，共同维护良好网络生态。

第二十一条　网络信息内容服务使用者和网络信息内容生产者、网络信息内容服务平台不得利用网络和相关信息技术实施侮辱、诽谤、威胁、散布谣言以及侵犯他人隐私等违法行为，损害他人合法权益。

第二十二条　网络信息内容服务使用者和网络信息内容生产者、网络信息内容服务平台不得通过发布、删除信息以及其他干预信息呈现的手段侵害他人合法权益或者谋取非法利益。

第二十三条　网络信息内容服务使用者和网络信息内容生产者、网络信息内容服务平台不得利用深度学习、虚拟现实等新技术新应用从事法律、行政法规禁止的活动。

第二十四条　网络信息内容服务使用者和网络信息内容生产者、网络信息内容服务平台不得通过人工方式或者技术手段实施流量造假、流量劫持以及虚假注册账号、非法交易账号、操纵用户账号等行为，破坏网络生态秩序。

第二十五条　网络信息内容服务使用者和网络信息内容生产者、网络信息内容服务平台不得利用党旗、党徽、国旗、国徽、国歌等代表党和国家形象的标识及内容，或者借国家重大活动、重大纪念日和国家机关及其工作人员名义等，违法违规开展网络商业营销活动。

第五章　网络行业组织

第二十六条　鼓励行业组织发挥服务指导和桥梁纽带作用，引导会员单位增强社会责任感，唱响主旋律，弘扬正能量，反对违法信息，防范和抵制不良信息。

第二十七条　鼓励行业组织建立完善行业自律机制，制定网络信息内容生态治理行业规范和自律公约，建立内容审核标准细则，指导会员单位建立健全服务规范、依法提供网络信息内容服务、接受社会监督。

第二十八条　鼓励行业组织开展网络信息内容生态治理教育培训和宣传引导工作，提升会员单位、从业人员治理能力，增强全社会共同参与网络信息内容生态治理意识。

第二十九条　鼓励行业组织推动行业信用评价体系建设，依据章程建立行业评议等评价奖惩机制，加大对会员单位的激励和惩戒力度，强化会员单位的守信意识。

第六章　监督管理

第三十条　各级网信部门会同有关主管部门，建立健全信息共享、会商通报、联合执法、案件督办、信息公开等工作机制，协同开展网络信息内容生态治理工作。

第三十一条　各级网信部门对网络信息内容服务平台履行信息内容管理主体责任情况开展监督检查，对存在问题的平台开展专项督查。

网络信息内容服务平台对网信部门和有关主管部门依法实施的监督检查，应当予以配合。

第三十二条　各级网信部门建立网络信息内容服务平台违法违规行为台账管理制度，并依法依规进行相应处理。

第三十三条　各级网信部门建立政府、企业、社会、网民等主体共同参与的监督评价机制，定期对本行政区域内网络信息内容服务平台生态治理情况进行评估。

第七章　法律责任

第三十四条　网络信息内容生产者违反本规定第六条规定的，网络信息内容服务平台应当依法依约采取警示整改、限制功能、暂停更新、关闭账号等处置措施，及时消除违法信息内容，保存记录并向有关主管部门报告。

第三十五条　网络信息内容服务平台违反本规定第十条、第三十一条第二款规定的，由网信等有关主管部门依据职责，按照《中华人民共和国网络安全法》《互联网信息服务管理办法》等法律、行政法规的规定予以处理。

第三十六条　网络信息内容服务平台违反本规定第十一条第二款规定的，由设区的市级以上网信部门依据职责进行约谈，给予警告，责令限期改正；拒不改正或者情节严重的，责令暂停信息更新，按照有关法律、行政法规的规定予以处理。

第三十七条　网络信息内容服务平台违反本规定第九条、第十二条、第十五条、第十六条、第十七条规定的，由设区的市级以上网信部门依据职责进行约谈，给予警告，责令限期改正；拒不改正或者情节严重的，责令暂停信息更新，按照有关法律、行政法规的规定予以处理。

第三十八条　违反本规定第十四条、第十八条、第十九条、第二十一条、第二十二条、第二十三条、第二十四条、第二十五条规定的，由网信等有关主管部门依据职责，按照有关法律、行政法规的规定予以处理。

第三十九条　网信部门根据法律、行政法规和国家有关规定，会同有关主管部门建立健全网络信息内容服务严重失信联合惩戒机制，对严重违反本规定的网络信息内容服务平台、网络信息内容生产者和网络信息内容使用者依法依规实施限制从事网络信息服务、网上行为限制、行业禁入等惩戒措施。

第四十条　违反本规定，给他人造成损害的，依法承担民事责任；构成犯罪的，依法追究刑事责任；尚不构成犯罪的，由有关主管部门依照有关法律、行政法规的规定予以处罚。

第八章　附则

第四十一条　本规定所称网络信息内容生产者，是指制作、复制、发布网络信息内容的组织或者个人。

本规定所称网络信息内容服务平台，是指提供网络信息内容传播服务的网络信息服务提供者。

本规定所称网络信息内容服务使用者，是指使用网络信息内容服务的组织或者个人。

第四十二条　本规定自 2020 年 3 月 1 日起施行。

七部门印发《关于促进"互联网 + 社会服务"发展的意见》※

发改高技〔2019〕1903 号

各省、自治区、直辖市及计划单列市人民政府，新疆生产建设兵团，国务院有关部门：

增进人民福祉、促进人的全面发展是我们党立党为公、执政为民的本质要求。社会服务是指在教育、医疗健康、养老、托育、家政、文化和旅游、体育等社会领域，为满足人民群众多层次多样化需求，依靠多元化主体提供服务的活动，事关广大人民群众最关心最直接最现实的利益问题。要以习近平新时代中国特色社会主义思想为指导，认真落实党中央、国务院决策部署，推动"互联网 + 社会服务"发展，促进社会服务数字化、网络化、智能化、多元化、协同化，更好惠及人民群众，助力新动能成长。经国务院同意，现提出以下意见。

一　以数字化转型扩大社会服务资源供给

运用互联网手段，充分利用"互联网 + 政务服务"发展成果，加快社会服务资源数字化，加大公共数据开放力度，推动服务主体转型，扩大社会服务资源覆盖范围，提升资源配置效率，有效解决社会服务资源相对短缺、优质服务资源供给不足问题。

（一）推进社会服务资源数字化，激发"互联网 +"对优质服务生产要素的倍增效应

健全社会服务领域国家数字资源服务体系，推动社会服务领域从业者、设施、设备等生产要素数字化，支持社会服务机构、互联网企业和其他市场主体根据市场需求，在确保数据安全的基础上开发教育、医疗健康、文化和旅游、体育健身等数字资源，提供网络化服务。鼓励发展互联网医院、数字图书馆、数字文化馆、虚拟博物馆、虚拟体育场馆、慕课（MOOC，大规模在线开放课程）等，推动社会服务领域优质资源放大利用、共享复用。

（二）加大社会服务领域数据共享开放力度，提升数据资源利用效率

建设完善国家数据共享交换平台体系，加强跨部门政务数据共享。研究跨领域数据共享开放统一标准，建立社会服务领域公共数据开放目录和开放清单，优先推进文化、旅游、体育、医疗等领域公共数据开放，明确通过国家公共数据开放网站向社会开放的原始数据集、数据类型和时间表，提供一体化、多样化的数据服务。支持社会服务各领

※　来源：国家发展和改革委员会，https：//www.ndrc.gov.cn/xxgk/zcfb/tz/201912/t20191212_1213336.html.

域间、各类主体间的数据交易流通。充分发挥国家数据共享交换平台的基础支撑和交换通道作用，探索企业数据平台与全国一体化在线政务服务平台等对接，在保障隐私和安全的前提下，提供社会服务所需的数据资源和核验服务。

（三）推进社会服务主体数字化转型，有效提升资源匹配效率

推进学校、医院、养老机构、公共文化体育场馆、家政公司、社区等社会服务主体的信息化建设，拓展管理与服务的智慧化应用。实施“互联网＋社区”行动，提升社区服务信息化、智能化水平。研究建立社会服务主体服务能力标准化和服务质量评价体系。通过互联网、大数据、人工智能等多种技术和模式，推动教育、医疗健康、养老、托育、体育、家政等服务领域供需信息对接，促进以市场化手段优化资源配置。

二　以网络化融合实现社会服务均衡普惠

针对城乡、区域间优质社会服务资源配置不均衡问题，继续推进欠发达地区网络接入和基础能力建设，充分运用互联网手段加快社会服务在线对接、线上线下深度融合，促进优质社会服务惠及更广大人民群众。

（一）加快各类社会服务主体联网接入，推动实现偏远农村地区服务可及

深入开展电信普遍服务试点，提升农村及偏远地区网络覆盖水平。实施学校联网攻坚行动，加快建设教育专网，实现所有学校接入快速稳定的互联网。支持面向深度贫困地区开发内容丰富的在线教育资源。实施区域中心医院医疗检测设备配置保障工程，继续推动偏远农村地区远程医疗设施设备普及。继续实施信息进村入户工程，实现普通农户不出村、新型农业经营主体不出户就可享受便捷高效的数字化社会服务。

（二）开展发达地区和欠发达地区社会服务在线对接，助力基本公共服务公平普惠

鼓励以高水平社会服务机构为核心，建立面向基层地区、欠发达地区、边远地区的远程在线服务体系与基层从业人员培训体系，助力网络扶贫。借助互联网手段，推动具备条件的医养结合机构区域化、全国化拓展。支持发展东西部线上对口帮扶、优质资源“1 带 N”等方式，扩大优质资源的辐射覆盖范围。加强在线服务能力评估。

（三）推进线上与线下社会服务深度融合，扩大线下服务半径

探索教育、医疗健康、养老、社区、家政、旅游、体育等领域线上线下融合互动的社会服务供给体系，鼓励与全国一体化在线政务服务平台实现对接融通，拓展服务内容，扩大服务覆盖面。探索建立高校教育网络学习学分认定与学分转换、在线教育课程认证、家庭医生电子化签约等制度，支持发展社区居家“虚拟养老院”。

三　以智能化创新提高社会服务供给质量

进一步拓展社会服务便捷化、智能化、个性化、时尚化消费空间，加快新型数字基础设施建设，以技术创新推动产品创新、应用创新，有效培育新业态、激发新动能，更好满足人民群众对高品质社会服务的需求。

（一）鼓励新技术创新应用，培育壮大社会服务新产品新产业新业态

推进大数据、云计算、人工智能、物联网等新一代信息技术在社会服务领域集成应用，支持引导新型穿戴设备、智能终端、服务机器人、在线服务平台、虚拟现实、增强现实、混合现实等产品和服务研发，丰富线上线下相融合的消费体验。鼓励开展同步课堂、远程手术指导、沉浸式运动、数字艺术、演艺直播、赛事直播、高清视频通信社交等智能化交互式创新应用示范，引领带动数字创意、智慧医疗、智慧旅游、智慧文化、智能体育、智慧养老等新产业新业态发展。深入推进“互联网 + 中华文明”行动计划。

（二）加快布局新型数字基础设施，为智能化社会服务应用赋能

面向远程医疗、在线教育、智慧养老等领域，加快第五代移动通信技术（5G）行业应用试点，推进 4G、5G、窄带物联网（NB-IoT）多网络协同发展，加速构建支持大数据应用和云端海量信息处理的云计算基础设施，支持政府和企业建设人工智能基础服务平台，面向社会服务提供人工智能应用所需的基础数据、计算能力和模型算法，提升社会服务基础设施智能化水平。

四　以多元化供给激发社会服务市场活力

针对社会服务公益属性强、市场回报低、质量难评估、隐性门槛高等特点，着力破除体制机制障碍，探索市场主导、政府引导的多元化供给机制，促进多领域跨界融合发展，提升市场主体盈利能力和空间，有效激发社会服务市场活力。

（一）放宽市场准入，引导各类要素有序进入社会服务市场

深化“放管服”改革，鼓励各类市场主体依法平等参与“互联网 + 社会服务”供给，发挥市场主体资金、数据、技术、人才优势，激发社会服务市场创新活力。制定出台药品网络销售监督办法。鼓励社会力量参与大型开放式网络课程建设，支持符合条件的网络课程、社会化教育培训产品按照相应规定和程序纳入学校课程体系，培育在线辅导等线上线下融合的学习新模式。按照国家有关规定，规范和引导面向中小学利用互联网技术实施的学科类校外线上培训活动。

（二）培育社会服务平台，推动社会服务市场融合发展

促进社会服务与互联网产业深度融合，大力培育跨行业跨领域综合性平台和行业垂直平台。支持互联网企业基于技术优势搭建社会服务平台，鼓励符合条件的社会服务机构向平台化拓展转型，培育一批具有引领示范效应的平台企业。创新教育、医疗健康、养老等社会服务平台建设模式，吸引社会力量参与公益性社会服务平台建设。通过各类平台有效链接服务主体和用户，加强产业链条延展协作，实现服务无缝对接。探索多领域跨界融合发展，推动医养结合、文教结合、体医结合、文旅融合。

五 以协同化举措优化社会服务发展环境

创新社会服务监管理念和方式，加大知识产权保护和维权保障力度，强化数据安全和个人隐私保护，加强社会信用体系建设和商业保险支撑，开展试点示范，营造包容审慎、鼓励发展的良好环境。

（一）坚持包容审慎，营造良好环境

构建以信用为基础的新型监管机制，加大反垄断和反不正当竞争执法力度，重点加强事中事后监管，保障市场主体公平参与市场竞争。对于社会服务领域新业态新模式，原则上不得新增前置审批和行政许可事项，除涉及个人隐私、道德伦理、资金安全、责任事故、公共安全、社会稳定等情况外，给予市场主体充分的容错试错机会和更多的发展空间。加强“互联网 + 社会服务”领域内容创作、产品研发、模式创新等知识产权保护，特别是针对教育、医疗健康、文化等网络侵权假冒高风险领域，创新线上线下维权机制，加大侵权犯罪行为打击处罚力度，保障优质服务资源安心上网、放心共享。

（二）强化安全保障，增强消费信心

坚持安全与发展并重原则，制定社会服务领域数据共享、开放、流通、交易和数据安全保护的法规标准，严禁社会服务提供机构违法违规收集、使用、篡改、泄露用户个人信息和隐私数据。对于以政府购买服务方式提供社会服务的，加强对承担企业数据使用的全过程监管。加快建立“智能 +”产品和服务安全管理制度，研究制定安全应用指南。加强社会服务领域信用体系建设，探索“互联网 + 医疗”“互联网 + 养老”等商业保险支撑和保障机制，构建良好的社会服务消费环境。加大对网络坑蒙拐骗行为的监管和执法力度，让群众放心消费。

（三）鼓励试点先行，加强经验推广

强化典型示范带动，选择部分领域和地区开展“互联网 + 社会服务”试点，从理念、制度、运营、技术、人才等方面深入剖析、系统总结成功经验和做法，通过现场观摩

和经验交流会等方式，加大典型案例和经验复制推广力度。支持各地区和相关市场主体开展平台经济创新、服务产品创新、产业链协同创新、跨领域融合创新，打造一批“互联网+社会服务”示范平台。建立常态化宣传机制，营造典型经验学习推广的良好舆论氛围。

六　保障措施

（一）加强教育培训，增强数字技能

鼓励依托各类高等学校、职业院校和研究机构建立“互联网+社会服务”试验平台和培训基地，加强技术技能人才培训。为偏远农村地区教师、医护人员等提供远程培训、远程手术示教等服务，为基层从业者提供便捷可得的终身教育渠道。加强全民数字技能教育和培训，针对信息技能相对薄弱的老年人等服务消费群体，普及信息应用、网络支付、风险甄别等相关知识，逐步培育群众新型服务消费习惯。

（二）加大财政支持，优化融资服务

发挥财政资金引导作用，针对市场化机制缺位、薄弱的公共服务领域，坚持“尽力而为、量力而行”，采取政府购买服务等方式给予积极支持。鼓励创业投资基金、天使投资等加大对“互联网+社会服务”的投资力度。支持符合条件的“互联网+社会服务”企业发行包括创新创业公司债券在内的公司债券和“双创”债务融资工具。

（三）强化统筹协调，推动任务落实

地方各级人民政府要强化主体责任，按照本意见要求，明确任务分工，优化服务流程，提高质量效率，结合各地实际抓好贯彻落实。教育部、工业和信息化部、公安部、民政部、人力资源和社会保障部、商务部、文化和旅游部、卫生健康委员会、体育总局、国家医疗保障局、药监局等有关部门要按照职责分工，加大对分管领域“互联网+社会服务”工作的支持力度，细化制定配套制度和政策，加强对地方工作的指导支持。国家发展和改革委员会将会同有关部门加强统筹协调，强化部门协同、上下联动，建立健全“互联网+社会服务”工作协调推进机制，确保本意见提出的各项目标任务和政策措施落实到位。

国家发展和改革委员会
教育部
民政部
商务部
文化和旅游部
卫生健康委员会
体育总局
2019年12月6日

国家互联网信息办公室　国家发展和改革委员会　工业和信息化部　财政部　关于发布《云计算服务安全评估办法》的公告※

2019 年第 2 号

为提高党政机关、关键信息基础设施运营者采购使用云计算服务的安全可控水平，国家互联网信息办公室、国家发展和改革委员会、工业和信息化部、财政部制定了《云计算服务安全评估办法》，现予以发布。

附件：云计算服务安全评估办法

国家互联网信息办公室
国家发展和改革委员会
工业和信息化部
财政部
2019 年 7 月 2 日

云计算服务安全评估办法

第一条　为提高党政机关、关键信息基础设施运营者采购使用云计算服务的安全可控水平，制定本办法。

第二条　云计算服务安全评估坚持事前评估与持续监督相结合，保障安全与促进应用相统一，依据有关法律法规和政策规定，参照国家有关网络安全标准，发挥专业技术机构、专家作用，客观评价、严格监督云计算服务平台（以下简称“云平台”）的安全性、可控性，为党政机关、关键信息基础设施运营者采购云计算服务提供参考。

本办法中的云平台包括云计算服务软硬件设施及其相关管理制度等。

第三条　云计算服务安全评估重点评估以下内容：

（一）云平台管理运营者（以下简称“云服务商”）的征信、经营状况等基本情况；

（二）云服务商人员背景及稳定性，特别是能够访问客户数据、能够收集相关元数据的人员；

（三）云平台技术、产品和服务供应链安全情况；

（四）云服务商安全管理能力及云平台安全防护情况；

（五）客户迁移数据的可行性和便捷性；

※　来源：中国网信网，http：//www.cac.gov.cn/2019-07/22/c_1124781475.htm.

（六）云服务商的业务连续性；

（七）其他可能影响云服务安全的因素。

第四条 国家互联网信息办公室会同国家发展和改革委员会、工业和信息化部、财政部建立云计算服务安全评估工作协调机制（以下简称“协调机制”），审议云计算服务安全评估政策文件，批准云计算服务安全评估结果，协调处理云计算服务安全评估有关重要事项。

云计算服务安全评估工作协调机制办公室（以下简称“办公室”）设在国家互联网信息办公室网络安全协调局。

第五条 云服务商可申请对面向党政机关、关键信息基础设施提供云计算服务的云平台进行安全评估。

第六条 申请安全评估的云服务商应向办公室提交以下材料：

（一）申报书；

（二）云计算服务系统安全计划；

（三）业务连续性和供应链安全报告；

（四）客户数据可迁移性分析报告；

（五）安全评估工作需要的其他材料。

第七条 办公室受理云服务商申请后，组织专业技术机构参照国家有关标准对云平台进行安全评价。

第八条 专业技术机构应坚持客观、公正、公平的原则，按照国家有关规定，在办公室指导监督下，参照《云计算服务安全指南》《云计算服务安全能力要求》等国家标准，重点评价本办法第三条所述内容，形成评价报告，并对评价结果负责。

第九条 办公室在专业技术机构安全评价基础上，组织云计算服务安全评估专家组进行综合评价。

第十条 云计算服务安全评估专家组根据云服务商申报材料、评价报告等，综合评价云计算服务的安全性、可控性，提出是否通过安全评估的建议。

第十一条 云计算服务安全评估专家组的建议经协调机制审议通过后，办公室按程序报国家互联网信息办公室核准。

云计算服务安全评估结果由办公室发布。

第十二条 云计算服务安全评估结果有效期 3 年。有效期届满需要延续保持评估结果的，云服务商应在届满前至少 6 个月向办公室申请复评。

有效期内，云服务商因股权变更、企业重组等导致实控人或控股权发生变化的，应重新申请安全评估。

第十三条 办公室通过组织抽查、接受举报等形式，对通过评估的云平台开展持续监督，重点监督有关安全控制措施有效性、重大变更、应急响应、风险处置等内容。

通过评估的云平台已不再满足要求的，经协调机制审议、国家互联网信息办公室核准后撤销通过评估的结论。

第十四条 通过评估的云平台停止提供服务时，云服务商应至少提前 6 个月通知客户和办公室，并配合客户做好迁移工作。

第十五条　云服务商对所提供申报材料的真实性负责。在评估过程中拒绝按要求提供材料或故意提供虚假材料的，按评估不通过处理。

第十六条　未经云服务商同意，参与评估工作的相关机构和人员不得披露云服务商提交的未公开材料以及评估工作中获悉的其他非公开信息，不得将云服务商提供的信息用于评估以外的目的。

第十七条　本办法自 2019 年 9 月 1 日起施行。

教育部等八部门关于引导规范教育移动互联网应用有序健康发展的意见 ※

教技函〔2019〕55 号

各省、自治区、直辖市教育厅（教委）、网信办、通信管理局、公安厅（局）、民政厅（局）、市场监管局、新闻出版局、“扫黄打非”办公室，新疆生产建设兵团教育局、网信办、公安局、民政局、市场监管局，部属各高等学校，各直属单位，中国教育和科研计算机网网络中心：

教育移动互联网应用程序（教育 App，以下简称教育移动应用）是指以教职工、学生、家长为主要用户，以教育、学习为主要应用场景，服务于学校教学与管理、学生学习与生活以及家校互动等方面的互联网移动应用。近年来，教育移动应用快速发展、广泛应用，在提高教学效率和管理水平、满足学生个性化学习需求和兴趣发展、优化师生体验等方面发挥了积极作用。但一些学校出现了应用泛滥、平台垄断、强制使用等现象，一些教育移动应用存在有害信息传播、广告丛生等问题，给广大师生、家长带来了困扰，产生了不良的社会影响。为引导和规范教育移动应用有序健康发展，更好地发挥教育信息化的驱动引领作用，现提出以下意见。

一　总体要求

（一）指导思想

以习近平新时代中国特色社会主义思想为指导，深入贯彻党的十九大精神，全面落实全国教育大会精神、全国网络安全和信息化工作会议精神，根据《中华人民共和国教育法》《中华人民共和国网络安全法》等国家有关法律法规，围绕落实立德树人根本任务，积极发展“互联网 + 教育”、办好网络教育，全面深化“放管服”改革，实施包容审慎监管，引导教育移动应用健康有序发展，为广大师生营造健康、有序、安全的网络空间和学习环境。

※　来源：教育部网站，http：//www.moe.gov.cn/srcsite/A16/moe_784/201908/t20190829_396505.html.

（二）基本原则

科学施策、分类引导。正确处理政府与市场、管理与服务、安全与发展的关系。分类引导不同教育阶段和类型、不同用户群体、不同功能用途的教育移动应用，构建良好教育生态。

问题导向、标本兼治。围绕群众反映强烈的问题，从供给侧和需求侧两端进行规范。开展专项行动治理乱象，建章立制规范管理，提质增效支撑发展，综合施策打好组合拳。

多方参与、协同联动。以构建常态化的治理体系为关键，建立政府管理、企业履责、专家献策、学校把关、家长监护、社会监督、行业自律等多主体参与、职责明晰的综合协同治理体系。

（三）工作目标

全面治理教育移动应用乱象，补齐监督短板，规范全生命周期管理，提高开发供给质量，营造优良发展生态，促进教育移动应用有序健康发展。2019 年年底，完成教育移动应用备案工作。开展教育移动应用专项治理行动，群众反映强烈的问题得到有效缓解。2020 年年底，建立健全教育移动应用管理制度、规范和标准，形成常态化的监管机制，初步建成科学高效的治理体系。

二　提高供给质量

（四）建立备案制度

教育移动应用提供者应当在取得 ICP 备案（涉及经营电信业务的，还应当申请电信业务经营许可）、网络安全等级保护定级备案的证明、等级测评报告后，向机构住所地的省级教育行政部门进行教育业务备案，登记单位基本信息和所开发的教育移动应用信息。已备案的教育移动应用提供者上线新应用前，应当在备案单位更新相关信息。教育部制定备案办法，明确备案流程和内容，依托国家教育资源公共服务平台为备案登记工作提供信息化支撑，汇总各省级教育行政部门备案信息，并向社会提供查询渠道。

（五）加强内容建设

教育移动应用提供者呈现的内容应当严格遵守国家法律法规，符合党的教育方针，体现素质教育导向，呈现的广告应当与提供的服务相契合。以未成年人为主要用户的教育移动应用应当限制使用时长、明确适龄范围，对内容进行严格把关。鼓励以高校师生为主要用户的教育移动应用增强优质网络教育资源供给能力，成为加强网络思想政治工作的有效载体。具备论坛、社区、留言等功能的教育移动应用应当建立信息审核制度。面向各教育阶段实施培训的教育移动应用应当对提供服务的主体进行审核、登记，其中：在校外线上培训机构实施学科类培训的人员应当取得教师资格证；聘用外籍人员实施培训的应当审查教学资质、学历和能力，并严格落实国家相关要求。

（六）规范数据管理

教育移动应用提供者应当建立覆盖个人信息收集、储存、传输、使用等环节的数据保障机制。按照“后台实名、前台自愿”的原则，对注册用户进行身份信息认证。收集使用个人信息应当明示收集使用信息的目的、方式和范围，并经用户同意。收集使用未成年人信息应当取得监护人同意、授权。不得以默认、捆绑、停止安装使用等手段变相强迫用户授权，不得收集与其提供服务无关的个人信息，不得违反法律法规与用户约定，不得泄露、非法出售或非法向他人提供个人信息。

（七）保障网络安全

教育移动应用提供者应当落实网络安全主体责任，采取有效措施，防范应对网络攻击，保障系统的平稳、安全运行。教育移动应用和后台系统应当统一落实网络安全等级保护要求。应用商店等移动应用分发平台提供者应当加强教育移动应用上架审核管理，建立开发者真实身份信息登记制度，对教育移动应用开展安全审核，及时处理违法违规教育移动应用。鼓励教育移动应用提供者参加网络安全认证、检测，全面提高网络安全保障水平。

三　规范应用管理

（八）落实主体责任

教育行政部门和学校是本单位自主开发的教育移动应用的主管单位和选用第三方教育移动应用的责任单位，应当加强统筹管理，明确职能部门归口，将教育移动应用、公众号和小程序等移动互联网平台纳入本地区、本单位的重要议事日程予以部署。按照“谁主管谁负责、谁开发谁负责、谁选用谁负责”的原则，建立健全教育移动应用管理责任体系，切实维护广大师生和家长的切身利益。

（九）建立推荐机制

省级教育行政部门应当根据地方实际，会同网信等职能部门探索本地区教育移动应用的推荐机制，按照公平、公正、公开原则，组织开展教育移动应用的评议，形成推荐名单并向社会公开，同时报教育部。推荐名单应保证质量，并保持动态更新。鼓励通过第三方评估，组织对教育移动应用的合法合规、功能性能、安全保障等方面进行检测，对教育移动应用呈现的内容进行检查，为推荐工作提供技术支撑。

（十）健全选用机制

教育行政部门和学校应当制定教育移动应用的选用制度。选用应当充分尊重教职工、学生和家长的意见，并严格选用标准、控制数量，避免造成不必要的负担。确定选用的教育移动应用应当报上级教育行政部门进行备案。未经教育行政部门、学校集体决策选用的教育移动应用，不得要求学生使用。中小学学习类教育移动应用应当落实教育行政部门和学校的“双审核”制度；各省级教育行政部门可根据地方实际结合推荐制度简化审核流程。

（十一）规范进校合作

教育行政部门和学校应当规范教育移动应用的进校管理。作为教学、管理工具要求统一使用的教育移动应用，不得向学生及家长收取任何费用，不得植入商业广告和游戏。推荐使用的教育移动应用应当遵循自愿原则，不得与教学管理行为绑定，不得与学分、成绩和评优挂钩。对于承担招生录取、考试报名、成绩查询等重要业务的教育移动应用，原则上应当由教育行政部门和学校自行运行管理。确需选用第三方应用的，不得签订排他协议，或实际由单一应用垄断业务。鼓励高校联合省级教育行政部门、招生考试机构、教育部“阳光高考”平台优化公共服务。

（十二）促进整合共享

教育行政部门和学校应当创新教育资源供给模式，探索通过国家数字教育资源公共服务体系，汇聚优质教育资源，集成各类应用，使网络学习空间成为教育移动应用的主要入口。面向师生提供管理和服务的教育移动应用应当整合为“互联互通、业务协同、信息共享”的综合性教育移动应用。鼓励教育移动应用将收集的机构、师生信息与国家基础数据库进行统一校验，并统一汇聚至国家教育基础数据库。

四　健全监管体系

（十三）加强行业规范

教育移动应用提供者应当自觉接受社会监督，设置便捷的投诉举报渠道，及时处理投诉。应用商店等移动应用分发平台提供者应当落实监督责任，健全资质核验、内容审核，配合进行适龄提示管理，并将教育业务备案作为上架应用商店的重要条件。鼓励移动终端提供者为家长监护提供技术支撑，提供未成年人监管功能。积极发挥行业协会的作用，制定行业公约，建立行业信用评价体系和服务评议制度，促进行业规范发展。

（十四）建立协同机制

建立多部门协同联动的监管机制。教育行政部门牵头负责教育移动应用治理工作，负责统筹协调，指导和监督学校落实主体责任，会同相关部门开展联合治理。网信部门、电信主管部门、公安部门依据职责重点做好教育移动应用提供者、应用商店等移动应用分发平台提供者、移动终端制造商的监管工作。新闻出版部门重点做好教材、教辅等网络出版物的监管工作。民政部门重点做好教育类民办非企业单位的登记管理工作。市场监管部门重点做好线上盈利性教育机构的登记管理，依法查处违规收费，虚假、违法广告等行为。公安部门重点做好打击整治相关违法犯罪活动。

（十五）拓展监督渠道

教育行政部门应当加强与有关职能部门、专业机构、行业协会和企业的合作，通过技术检测和人工查看相结合的方式，建立常态化的监测预警通报机制。通过家长委员会，满足家长对学校教学管理工作的知情权、评议权、参与权和监督权。引导家长履行监护责任，通过加强家庭交流互动、设置移动终端限制等方式，引导学生正确使用教育移动应用。教育行政部门应当全面掌握教育动态，及时受理投诉建议，主动回应社会关切，切实解决群众痛点难点问题。

（十六）加强考核问责

省级教育行政部门应当建立教育移动应用的选用退出机制、负面清单和黑名单制度，推动将黑名单信息纳入全国信用信息共享平台，按有关规定实施联合惩戒。教育督导部门应当将教育移动应用治理情况纳入对下级政府履行教育职责督导评估和对学校的综合督导评估。教育行政部门应当将教育移动应用治理纳入网络安全责任制等相关考核。对责任不落实、措施不到位的教育行政部门和学校予以约谈、通报。对因失职、渎职造成严重后果的，依法依规对相关负责人严肃问责。

五　加强支撑保障

（十七）加强组织领导

教育行政部门和学校应当将引导规范教育移动应用工作纳入重要议事日程，建立由教育行政部门牵头，宣传、“扫黄打非”、网信、电信、公安、民政、市场监管等部门共同参与的部门协同机制，制订工作方案，明确职责分工、时间节点、实施路径和保障措施。建立本地区的教育移动应用重点任务台账，统筹协调校外线上培训机构治理等重点工作，监督指导各项任务落实到位。

（十八）健全制度规范

教育行政部门应当完善教育移动应用的备案、推荐、选用、监督检查等制度，构建覆盖全生命周期的管理机制。健全教育移动应用评估、监测、检查、防护等技术规范，推进教育移动应用治理制度化、规范化、标准化。组织行业专家和相关企业共同完善教育移动应用的标准，规范程序开发、运行管理等环节，提高教育移动应用的服务质量和保障水平。

（十九）提升信息素养

教育行政部门和学校应当组织管理和技术人员培训，将规范教育移动应用管理作为重要内容，切实提高管理水平和保障能力。同时，应当加强宣传引导和教育，以开学教育、网络安全宣传周等活动为契机，培养在校师生科学的使用习惯；通过家长会、家长学校、专题报告等形式，促进家长树立正确的用网观念，全方位地提高广大师生、家长的信息素养。

（二十）落实工作保障

教育行政部门应当加强对教育移动应用管理的经费支持，保障备案推荐、监测评估、监督检查等重点任务开展。教育行政部门和学校应当利用国家教育资源公共服务体系和国家教育管理公共服务平台为教育移动应用治理工作提供信息化支撑，探索“政府统筹引导、企业参与建设、学校购买服务”的教育移动应用供给机制，提供优质的教育资源和应用服务。

教育部 中央网信办 工业和信息化部
公安部 民政部 市场监管总局
国家新闻出版署 全国“扫黄打非”工作小组办公室
2019 年 8 月 10 日

关于修改《国家秘密载体印制资质管理办法》《涉密信息系统集成资质管理办法》的通知※

国保发〔2019〕13 号

各省、自治区、直辖市保密局，新疆生产建设兵团保密局，中央和国家机关各部委保密委员会办公室，中央军委保密委员会办公室，各人民团体保密委员会办公室：

现将《国家秘密载体印制资质管理办法》（国保发〔2012〕7 号）、《涉密信息系统集成资质管理办法》（国保发〔2013〕7 号）修改内容和修改后的文件印发你们，自印发之日起施行。

国家保密局
2019 年 12 月 30 日

※ 来源：国家保密局网站，http：//www.gjbmj.gov.cn/n1/2020/0214/c409099-31586904.html.

《国家秘密载体印制资质管理办法》修改内容

一、将《管理办法》第一条修改为："……根据《中华人民共和国保守国家秘密法》《中华人民共和国行政许可法》《中华人民共和国行政处罚法》《中华人民共和国保守国家秘密法实施条例》等有关法律法规，制定本办法。"

二、将《管理办法》第五条修改为："国家秘密载体印制资质包括涉密文件资料、国家统一考试试卷、涉密防伪票据证书、涉密光电磁介质、涉密档案数字化加工，以及国家保密行政管理部门许可的其他业务。"

三、将《管理办法》第七条修改为："国家秘密载体印制资质管理应当遵循依法管理、安全保密、科学发展、公平公正的原则。"

四、将《管理办法》第九条第四项修改为："从事相应印制业务三年以上，一年内未因违反保密法律法规受到处罚。"

五、将《管理办法》第十六条第二款修改为："省、自治区、直辖市保密行政管理部门和设区的市、自治州保密行政管理部门收到申请材料后，应当在五日内完成材料初审，申请材料齐全且符合法定形式的，按照权限报送有关保密行政管理部门；申请材料不齐全或者不符合法定形式的，退回申请材料，一次告知申请单位补正。"

六、将《管理办法》第十七条修改为："保密行政管理部门收到申请材料后，申请单位符合条件的，应当受理并发出受理通知书；不符合条件的，保密行政管理部门应当作出不予受理的决定，书面告知申请单位并说明理由。"

七、将《管理办法》第十八条修改为："对受理的申请单位，保密行政管理部门应当指派两名以上工作人员和一名以上审查专家对其保密制度、保密工作机构、保密监督管理、保密技术防护以及从事涉密业务的专业能力等情况进行检查，出具现场审查意见。"增加第二款："现场审查满分为100分，达到80分（含）以上为现场审查通过，80分（不含）以下为现场审查不通过。通过现场审查的，申请单位应当按照现场审查意见整改；未通过现场审查的，保密行政管理部门应当作出不予许可的决定。"

八、将《管理办法》第十九条第一项修改为："提前五日通知申请单位现场审查时间"。

九、增加一条，作为《管理办法》第二十条："现场审查中发现申请单位存在涉嫌泄露国家秘密的案件线索，应当按照管辖权限，根据工作需要，由具备执法资格的人员对有关设施、设备、载体等采取登记保存措施。"

十、增加一条，作为《管理办法》第二十一条："申请单位具有下列情形之一的，保密行政管理部门应当终止审查：（一）拒绝按要求接受现场审查的；（二）现场审查中发现保密组织机构、用于国家秘密印制业务的场所、设施、设备等情况与申请材料不符的；（三）未按现场审查意见完成整改的；（四）采取贿赂、请托等不正当手段，影响审查工作公平公正进行的；（五）隐瞒有关情况或者提供虚假材料的；（六）存在违反保密法律法规行为的。对终止审查的申请单位，保密行政管理部门应当作出不予许可的决定。”

十一、增加一条，作为《管理办法》第二十二条：“保密行政管理部门根据工作需要，可以组织专门机构，协助开展申请受理、现场审查等工作。”

十二、将《管理办法》第二十条改为第二十三条，修改为：“保密行政管理部门应当根据审查情况，作出是否准予许可的决定。”增加第二款：“保密行政管理部门作出不予许可的书面决定的，应当说明理由并告知申请单位相关权利。”

十三、增加一条，作为《管理办法》第二十四条：“保密行政管理部门应当自受理申请之日起二十日内，对申请单位作出准予许可或者不予许可的决定。二十日内不能作出决定的，经本行政机关负责人批准，可以延长十日，并应当将延长期限的理由告知申请单位。保密行政管理部门组织专家评审、鉴定所需时间不计入行政许可时限。”

十四、将《管理办法》第二十二条改为第二十六条，修改为：“保密行政管理部门对申请单位作出准予许可的决定的，自作出决定之日起十日内向申请单位颁发《国家秘密载体印制资质证书》（以下简称《资质证书》）。”删除第二款，并将第三款修改为：“《资质证书》样式由国家保密行政管理部门统一制作。”

十五、将《管理办法》第二十三条改为第二十七条，修改为：“《资质证书》有效期为三年，保密行政管理部门另有规定的，依照其规定。”增加第二款：“《资质证书》有效期满，需要继续从事国家秘密载体印制业务的，应当在有效期届满三十日前向保密行政管理部门提出资质申请，有效期满且申请未经保密行政管理部门准予许可前，不得签订新的国家秘密载体印制业务合同。”

十六、将《管理办法》第二十四条改为第二十八条，修改为：“作出准予许可、注销、吊销、撤销和暂停资质的决定，由保密行政管理部门在一定范围内予以发布。”

十七、将《管理办法》第三十一条修改第三十五条，修改为：“资质单位发生下列事项变更的，应当在变更前向保密行政管理部门报告：（一）注册资本或者股权结构；（二）控股股东或者实际控制人；（三）单位性质或者隶属关系；（四）用于国家秘密载体印制业务的场所。”增加第二款：“保密行政管理部门应当对资质单位变更事项进行审查，通过审查的，资质单位应当按照审定事项实施变更，并在变更完成后十日内提交情况报告。”增加第三款：“资质单位发生控股股东或者实际控制人、单位性质或者隶属关系、用于国家秘密载体印制业务的场所等事项变更的，保密行政管理部门应当组织现场审查。”

十八、增加一条，作为《管理办法》第三十六条：“资质单位发生下列事项变更的，应当在变更后十日内向保密行政管理部门报告：（一）单位名称；（二）注册地址或者经营地址；（三）经营范围；（四）法定代表人、董（监）事会人员或者高级管理人员。资质单位变更完成后需换发《资质证书》的，由保密行政管理部门重新颁发。”

十九、将《管理办法》第三十二条改为第三十七条，修改为：“资质单位具有下列情形之一的，保密行政管理部门应当责令其在二十日内完成整改，逾期不改或者整改后仍不符合要求的，给予六个月以上十二个月以下暂停资质的处罚：（一）未经涉密业务委托方书面同意，擅自将涉密业务与其他涉密资质单位合作开展的；（二）超出许可的业务范围，或者未经批准超出行政区域承接国家秘密载体印制业务的；（三）发生需要报告的事项变更，未及时报告的；（四）未按规定提交年度自查自评报告的；（五）不符合保密标准，存在泄密隐患的。”

二十、增加一条，作为《管理办法》第三十八条：“资质单位具有下列情形之一的，保密行政管理部门应当吊销其资质：（一）涂改、出卖、出租、出借《资质证书》，或者以其他方式伪造、非法转让《资质证书》的；（二）将国家秘密载体印制业务分包或者转包给无相应涉密资质单位的；（三）发现国家秘密已经泄露或者可能泄露，未及时报告的；（四）不再符合申请条件的；（五）拒绝接受保密检查的；（六）资质暂停期间，承接新的国家秘密载体印制业务的；（七）资质暂停期满，仍不符合保密标准要求的；（八）发生泄密案件的；（九）其他违反保密法律法规的行为。”

二十一、将《管理办法》第三十三条改为第三十九条，修改为：“资质单位具有以下情形之一的，保密行政管理部门应当注销其资质：（一）《资质证书》有效期届满未延续的；（二）法人资格依法终止的；（三）主动申请注销资质的；（四）法律、法规规定应当注销资质的其他情形。”

二十二、增加一条，作为《管理办法》第四十条：“资质单位采取欺骗、贿赂等不正当手段取得资质的，保密行政管理部门应当撤销其资质。自撤销之日起，三年内不得再次申请。”

二十三、将《管理办法》第三十四条改为第四十一条，修改为：“被吊销、注销或者撤销资质的单位，自作出决定之日起，不得签订新的国家秘密载体印制业务合同。在作出吊销、注销或者撤销的决定之日前已签订有效合同的，在确保安全保密的情况下可以继续完成国家秘密载体印制业务。”

二十四、将《管理办法》第三十五条改为第四十二条，修改为：“资质单位违反本办法的，依照本办法有关规定处理；泄露国家秘密构成犯罪的，依法追究刑事责任。”

二十五、增加一条，作为第四十三条：“申请单位隐瞒有关情况或者提供虚假材料的，保密行政管理部门应当作出不予受理或者不予许可的决定，自不予受理或者不予许可之日起，一年内不得再次申请。”

二十六、将《管理办法》第三十八条改为第四十六条，修改为：“申请单位或者资质单位对保密行政管理部门作出的决定不服的，可以依法申请行政复议或者提起行政诉讼。”

二十七、增加一条，作为《管理办法》第四十九条：“本办法规定的实施行政许可的期限以工作日计算，不含法定节假日。”

国家秘密载体印制资质管理办法

第一章　总　则

第一条　为加强国家秘密载体印制资质管理，确保国家秘密安全，根据《中华人民共和国保守国家秘密法》《中华人民共和国行政许可法》《中华人民共和国行政处罚法》《中华人民共和国保守国家秘密法实施条例》等有关法律法规，制定本办法。

第二条 本办法所称国家秘密载体，是指以文字、数据、符号、图形、图像、声音等方式记载国家秘密信息的纸介质、光介质、电磁介质等各类物品。

国家秘密载体印制，是指以印刷、复制等方式制作国家秘密载体的行为。

第三条 从事国家秘密载体印制业务的生产经营性企业事业单位应当依照本办法，取得国家秘密载体印制资质。

国家机关和涉及国家秘密的单位（以下简称机关、单位）委托印制国家秘密载体，应当选择具有国家秘密载体印制资质的单位（以下简称资质单位）。

第四条 国家秘密载体印制资质实行分类分级管理。不同类别、等级的资质单位应当在规定的范围内从事国家秘密载体印制业务。

第五条 国家秘密载体印制资质包括涉密文件资料、国家统一考试试卷、涉密防伪票据证书、涉密光电磁介质、涉密档案数字化加工，以及国家保密行政管理部门许可的其他业务。

第六条 国家秘密载体印制资质分为甲级和乙级两个等级。

甲级资质单位可以在全国范围内承担绝密级、机密级、秘密级国家秘密载体印制业务；乙级资质单位可以在工商注册地省、自治区、直辖市行政区域内承担机密级、秘密级国家秘密载体印制业务。乙级资质单位跨省、自治区、直辖市承接国家秘密载体印制业务的，应当经委托印制业务的机关、单位所在地省、自治区、直辖市保密行政管理部门批准。

第七条 国家秘密载体印制资质管理应当遵循依法管理、安全保密、科学发展、公平公正的原则。

第八条 国家保密行政管理部门主管全国国家秘密载体印制资质管理工作。

省、自治区、直辖市保密行政管理部门负责本行政区域内国家秘密载体印制资质管理工作。

第二章　申请条件和标准

第九条 国家秘密载体印制资质申请单位（以下简称申请单位）应当具备以下基本条件：

（一）在中华人民共和国境内注册的企业法人或者事业单位法人；

（二）参与国家秘密载体印制业务的人员为中华人民共和国境内公民，国家另有规定的除外；

（三）具有与所申请资质类别、等级相适应的固定生产经营场所和办公场所；

（四）从事相应印制业务三年以上，一年内未因违反保密法律法规受到处罚；

（五）具备相应规模的印制设备和技术力量等生产经营条件；

（六）生产经营和监督管理制度健全。

第十条 申请单位应当具备以下保密条件：

（一）保密制度完善；

（二）保密组织健全，有专门的机构或者人员负责保密工作；

（三）对涉密人员的审查、考核、登记手续完备，且涉密人员具备必要的保密知识和技能；

（四）具备独立的保密室和涉密印制业务所必需的印制车间、成品库、废品库等功能场所；

（五）用于涉密印制业务的场所、设施、设备符合国家保密规定和标准；

（六）涉密计算机信息系统、涉密办公自动化设备防护和管理符合国家保密标准和管理规范；

（七）厂房、生产车间周边环境安全保密。

第十一条　甲级资质申请单位，除具备本办法第九条、第十条规定的条件外，还应当具备以下条件：

（一）具备乙级资质，有三年以上国家秘密载体印制业务经验；

（二）国家秘密载体印制区域实行封闭式管理；

（三）设置专职保密总监，配备专门保密工作人员。

第十二条　有境外（含香港、澳门、台湾）组织、机构、人员投资或者参与经营管理的，不得授予涉密文件资料、涉密光电磁介质印制资质。

有境外（含香港、澳门、台湾）组织、机构、人员控股或者参与经营管理的，不得授予国家统一考试试卷、涉密防伪票据证书印制资质。

第十三条　国家秘密载体印制资质具体条件和保密标准，由国家保密行政管理部门另行规定。

第三章　申请、受理和审查、许可

第十四条　申请单位应当填写《国家秘密载体印制资质申请书》，并提供以下材料：

（一）企业营业执照或者事业单位法人证书；

（二）组织机构代码证书；

（三）从事印刷、复制等经营活动的许可证明；

（四）企业事业单位章程；

（五）生产经营和办公场所的产权证书或者租赁合同；

（六）国家秘密载体印制、保管场所平面图；

（七）法定代表人及从事涉密业务印制、管理人员的身份证明材料；

（八）验资报告及上一年度财务审计报告；

（九）印制设备清单；

（十）保密管理规章制度及保密设施、设备清单。

申请单位应当对申请材料的真实性负责。

第十五条　国家保密行政管理部门负责甲级资质许可；省、自治区、直辖市保密行政管理部门负责乙级资质许可。

第十六条　申请甲级资质的，应当向工商注册地省、自治区、直辖市保密行政管理部门提出申请；申请乙级资质的，应当向工商注册地设区的市、自治州保密行政管理部门提出申请。

省、自治区、直辖市保密行政管理部门和设区的市、自治州保密行政管理部门收到申请材料后，应当在五日内完成材料初审，申请材料齐全且符合法定形式的，按照权限报送有关保密行政管理部门；申请材料不齐全或者不符合法定形式的，退回申请材料，一次告知申请单位补正。

第十七条 保密行政管理部门收到申请材料后，申请单位符合条件的，应当受理并发出受理通知书；不符合条件的，保密行政管理部门应当作出不予受理的决定，书面告知申请单位并说明理由。

第十八条 对受理的申请单位，保密行政管理部门应当指派两名以上工作人员和一名以上审查专家对其保密制度、保密工作机构、保密监督管理、保密技术防护以及从事涉密业务的专业能力等情况进行检查，出具现场审查意见。

现场审查满分为100分，达到80分（含）以上为现场审查通过，80分（不含）以下为现场审查不通过。通过现场审查的，申请单位应当按照现场审查意见整改；未通过现场审查的，保密行政管理部门应当作出不予许可的决定。

第十九条 现场审查按照以下程序进行：

（一）提前五日通知申请单位现场审查时间；

（二）听取被审查单位情况汇报和对有关事项的说明；

（三）组织涉密人员进行保密知识测试；

（四）进行实地检查，并作出检查记录；

（五）对现场审查情况进行评议，形成审查意见；

（六）向被审查单位通报审查情况；

（七）签字确认现场审查结果。

第二十条 现场审查中发现申请单位存在涉嫌泄露国家秘密的案件线索，应当按照管辖权限，根据工作需要，由具备执法资格的人员对有关设施、设备、载体等采取登记保存措施。

第二十一条 申请单位具有下列情形之一的，保密行政管理部门应当终止审查：

（一）拒绝按要求接受现场审查的；

（二）现场审查中发现保密组织机构、用于国家秘密印制业务的场所、设施、设备等情况与申请材料不符的；

（三）未按现场审查意见完成整改的；

（四）采取贿赂、请托等不正当手段，影响审查工作公平公正进行的；

（五）隐瞒有关情况或者提供虚假材料的；

（六）存在违反保密法律法规行为的。

对终止审查的申请单位，保密行政管理部门应当作出不予许可的决定。

第二十二条 保密行政管理部门根据工作需要，可以组织专门机构，协助开展申请受理、现场审查等工作。

第二十三条 保密行政管理部门应当根据审查情况，作出是否准予许可的决定。

保密行政管理部门作出不予许可的书面决定的，应当说明理由并告知申请单位相关权利。

第二十四条 保密行政管理部门应当自受理申请之日起二十日内，对申请单位作出准予许可或者不予许可的决定。二十日内不能作出决定的，经本行政机关负责人批准，可以延长十日，并应当将延长期限的理由告知申请单位。

保密行政管理部门组织专家评审、鉴定所需时间不计入行政许可时限。

第二十五条 省、自治区、直辖市保密行政管理部门应当将许可的乙级资质单位报国家保密行政管理部门备案。

第二十六条 保密行政管理部门对申请单位作出准予许可的决定的，自作出决定之日起十日内向申请单位颁发《国家秘密载体印制资质证书》（以下简称《资质证书》）。

《资质证书》样式由国家保密行政管理部门统一制作。

第二十七条 《资质证书》有效期为三年，保密行政管理部门另有规定的，依照其规定。

《资质证书》有效期满，需要继续从事国家秘密载体印制业务的，应当在有效期届满三十日前向保密行政管理部门提出资质申请，有效期满且申请未经保密行政管理部门准予许可前，不得签订新的国家秘密载体印制业务合同。

第二十八条 作出准予许可、注销、吊销、撤销和暂停资质的决定，由保密行政管理部门在一定范围内予以发布。

第二十九条 实施国家秘密载体印制资质许可，不得收取任何费用。

第四章 管理与监督

第三十条 保密行政管理部门应当定期对资质单位国家秘密载体印制业务开展情况进行监督检查，指导完善保密措施。

第三十一条 委托印制国家秘密载体的机关、单位应当与承担印制任务的资质单位签订保密协议，提出保密要求，督促落实保密措施。

第三十二条 机关、单位委托印制国家秘密载体，应当出具委托印制证明。资质单位承接国家秘密载体印制业务时，应当查验、收取委托方的委托印制证明，并进行登记。没有合法印制证明的，资质单位不得承接。

第三十三条 资质单位应当严格遵守国家秘密载体保密管理规定，加强印制环节保密管理：

（一）承担国家秘密载体印制业务应当有严格的交接手续；

（二）对国家秘密载体印制实行数量控制，严格清点、登记；

（三）国家秘密载体原件、清样、底片、印版、成品、半成品等应当指定专人负责，并采取相应的保密管理措施；

（四）印制过程中的残次品应当清点、登记并及时销毁；

（五）印制任务完成后，应当将原件、清样、成品等交付委托方，相关电子文档应当从信息设备中彻底清除。

第三十四条 资质单位印制国家秘密载体需要与其他单位合作完成的，应当取得委托方书面同意，且合作单位应当具有相应资质。

第三十五条 资质单位发生下列事项变更的，应当在变更前向保密行政管理部门报告：

（一）注册资本或者股权结构；

（二）控股股东或者实际控制人；

（三）单位性质或者隶属关系；

（四）用于国家秘密载体印制业务的场所。

保密行政管理部门应当对资质单位变更事项进行审查，通过审查的，资质单位应当按照审定事项实施变更，并在变更完成后十日内提交情况报告。

资质单位发生控股股东或者实际控制人、单位性质或者隶属关系、用于国家秘密载体印制业务的场所等事项变更的，保密行政管理部门应当组织现场审查。

第三十六条 资质发生单位下列事项变更的，应当在变更后十日内向保密行政管理部门报告：

（一）单位名称；

（二）注册地址或者经营地址；

（三）经营范围；

（四）法定代表人、董（监）事会人员或者高级管理人员。

资质单位变更完成后需换发《资质证书》的，由保密行政管理部门重新颁发。

第三十七条 资质单位具有下列情形之一的，保密行政管理部门应当责令其在二十日内完成整改，逾期不改或者整改后仍不符合要求的，给予六个月以上十二个月以下暂停资质的处罚：

（一）未经涉密业务委托方书面同意，擅自将涉密业务与其他涉密资质单位合作开展的；

（二）超出许可的业务范围，或者未经批准超出行政区域承接国家秘密载体印制业务的；

（三）发生需要报告的事项变更，未及时报告的；

（四）未按规定提交年度自查自评报告的；

（五）不符合保密标准，存在泄密隐患的。

第三十八条 资质单位具有下列情形之一的，保密行政管理部门应当吊销其资质：

（一）涂改、出卖、出租、出借《资质证书》，或者以其他方式伪造、非法转让《资质证书》的；

（二）将国家秘密载体印制业务分包或者转包给无相应涉密资质单位的；

（三）发现国家秘密已经泄露或者可能泄露，未及时报告的；

（四）不再符合申请条件的；

（五）拒绝接受保密检查的；

（六）资质暂停期间，承接新的国家秘密载体印制业务的；

（七）资质暂停期满，仍不符合保密标准要求的；

（八）发生泄密案件的；

（九）其他违反保密法律法规的行为。

第三十九条　资质单位具有以下情形之一的，保密行政管理部门应当注销其资质：

（一）《资质证书》有效期届满未延续的；

（二）法人资格依法终止的；

（三）主动申请注销资质的；

（四）法律、法规规定应当注销资质的其他情形。

第四十条　资质单位采取欺骗、贿赂等不正当手段取得资质的，保密行政管理部门应当撤销其资质。自撤销之日起，三年内不得再次申请。

第四十一条　被吊销、注销或者撤销资质的单位，自作出决定之日起，不得签订新的国家秘密载体印制业务合同。

在作出吊销、注销或者撤销的决定之日前已签订有效合同的，在确保安全保密的情况下可以继续完成国家秘密载体印制业务。

第五章　法律责任

第四十二条　资质单位违反本办法的，依照本办法有关规定处理；泄露国家秘密构成犯罪的，依法追究刑事责任。

第四十三条　申请单位隐瞒有关情况或者提供虚假材料的，保密行政管理部门应当作出不予受理或者不予许可的决定，自不予受理或者不予许可之日起，一年内不得再次申请。

第四十四条　非资质单位违反本办法，擅自从事国家秘密载体印制业务的，由保密行政管理部门会同有关部门依法予以查处；泄露国家秘密构成犯罪的，依法追究刑事责任。

第四十五条　机关、单位违反本办法，委托非资质单位印制国家秘密载体的，对其直接负责的主管人员以及其他直接责任人员依纪依法给予处分；泄露国家秘密构成犯罪的，依法追究刑事责任。

第四十六条　申请单位或者资质单位对保密行政管理部门作出的决定不服的，可以依法申请行政复议或者提起行政诉讼。

第四十七条　保密行政管理部门工作人员在资质管理工作中，玩忽职守、滥用职权、徇私舞弊的，应当依纪依法给予处分；构成犯罪的，依法追究刑事责任。

第六章　附　则

第四十八条　机关、单位内部非经营性印刷厂、文印中心（室），承担本机关、本单位国家秘密载体印制业务的，可不申请国家秘密载体印制资质，由本机关、本单位按照保密要害部门部位进行管理，接受同级保密行政管理部门监督指导。

第四十九条　本办法规定的实施行政许可的期限以工作日计算，不含法定节假日。

第五十条 本办法由国家保密局负责解释。

第五十一条 本办法自印发之日起施行。国家保密局、国家工商行政管理局、公安部、新闻出版署、文化部、轻工业部1990年4月9日联合发布的《印刷、复印等行业复制国家秘密载体暂行管理办法》（国保〔1990〕83号）同时废止。

《涉密信息系统集成资质管理办法》修改内容

一、将《管理办法》第一条修改为："……根据《中华人民共和国保守国家秘密法》《中华人民共和国行政许可法》《中华人民共和国行政处罚法》《中华人民共和国保守国家秘密法实施条例》等有关法律法规，制定本办法。"

二、将《管理办法》第四条修改为："涉密信息系统集成资质管理应当遵循依法管理、安全保密、科学发展、公平公正的原则。"

三、将《管理办法》第八条修改为："……（二）依法成立三年以上，一年内未因违反保密法律法规受到处罚；（三）从事涉密信息系统集成业务人员具有中华人民共和国国籍，无境外永久居留权或者长期居留许可；……（五）具有承担涉密信息系统集成业务的专业能力。"

四、将《管理办法》第十三条修改为："……应当在五日内完成申请材料书面审查。申请材料齐全且符合法定形式的，应当受理并发出受理通知书；申请材料不齐全或者不符合法定形式的，应当一次告知申请单位补正。"增加第二款："申请单位不符合条件的，保密行政管理部门应当作出不予受理的决定，书面告知申请单位并说明理由。"

五、删除《管理办法》第十四条。

六、将《管理办法》第十五条改为第十四条，修改为："对受理的申请单位，保密行政管理部门应当提前五日通知现场审查时间，并指派两名以上工作人员和一名以上审查专家对其保密制度、保密工作机构、保密监督管理、保密技术防护以及从事涉密业务的专业能力等情况进行检查，出具现场审查意见。"增加第二款："现场审查满分为100分，达到80分（含）以上为现场审查通过，80分（不含）以下为现场审查不通过。通过现场审查的，申请单位应当按照现场审查意见整改；未通过现场审查的，保密行政管理部门应当作出不予许可的决定。"

七、增加一条，作为《管理办法》第十五条："现场审查中发现申请单位存在涉嫌泄露国家秘密的案件线索，应当按照管辖权限，根据工作需要，由具备执法资格的人员对有关设施、设备、载体等采取登记保存措施。"

八、删除《管理办法》第十六条。

九、增加一条，作为《管理办法》第十六条："申请单位具有下列情形之一的，保密行政管理部门应当终止审查：（一）拒绝按要求接受现场审查的；（二）现场审查中发现保密组织机构、用于涉密信息系统集成业务的场所、设施、设备等情况与申请材料不符的；

（三）未按现场审查意见完成整改的；（四）采取贿赂、请托等不正当手段，影响审查工作公平公正进行的；（五）隐瞒有关情况或者提供虚假材料的；（六）存在违反保密法律法规行为的。对终止审查的申请单位，保密行政管理部门应当作出不予许可的决定。”

十、将《管理办法》第十七条修改为：“保密行政管理部门根据工作需要，可以组织专门机构，协助开展申请受理、书面审查、现场审查等工作，必要时，可以组织开展专家评审，出具评审意见。”

十一、将《管理办法》第十八条修改为：“保密行政管理部门应当根据审查情况，作出是否准予许可的决定。”增加第二款：“保密行政管理部门作出不予许可的书面决定的，应当说明理由并告知申请单位相关权利。”

十二、增加一条，作为《管理办法》第十九条：“保密行政管理部门应当自受理申请之日起二十日内，对申请单位作出准予许可或者不予许可的决定。二十日内不能作出决定的，经本行政机关负责人批准，可以延长十日，并应当将延长期限的理由告知申请单位。保密行政管理部门组织专家评审、鉴定所需时间不计入行政许可时限。”

十三、将《管理办法》第十九条改为第二十条，修改为：“保密行政管理部门对申请单位作出准予许可的决定的，自作出决定之日起十日内向申请单位颁发《涉密信息系统集成资质证书》（以下简称《资质证书》）。”

十四、将《管理办法》第二十一条改为第二十二条，删除第二款，第三款修改为：“《资质证书》样式由国家保密行政管理部门统一制作。”

十五、将《管理办法》第二十二条改为第二十三条，第一款修改为：“《资质证书》有效期为三年，保密行政管理部门另有规定的，依照其规定。”第二款修改为：“《资质证书》有效期满，需要继续从事涉密信息系统集成业务的，应当在有效期届满三十日前向保密行政管理部门提出资质申请，有效期满且申请未经保密行政管理部门准予许可前，不得签订新的涉密信息系统集成业务合同。”

十六、删除《管理办法》第二十三条。

十七、将《管理办法》第二十四条修改为：“作出准予许可、注销、吊销、撤销和暂停资质的决定，由保密行政管理部门在一定范围内予以发布。”

十八、将《管理办法》第二十六条第一款修改为：“从事涉密信息系统集成业务的人员，应当经过保密教育培训和考试，具备从事涉密信息系统集成业务的保密知识和技能。”

十九、将《管理办法》第三十一条修改为：“资质单位发生下列事项变更的，应当在变更前向保密行政管理部门报告：（一）注册资本或者股权结构；（二）控股股东或者实际控制人；（三）单位性质或者隶属关系；（四）用于涉密信息系统集成业务的场所。”增加第二款：“保密行政管理部门应当对资质单位变更事项进行审查，通过审查的，资质单位应当按照审定事项实施变更，并在变更完成后十日内提交情况报告。”增加第三款：“资质单位发生控股股东或者实际控制人、单位性质或者隶属关系、用于涉密信息系统集成业务的场所等事项变更的，保密行政管理部门应当组织现场审查。”

二十、增加一条，作为《管理办法》第三十二条：“资质单位发生下列事项变更的，应当在变更后十日内向保密行政管理部门报告：（一）单位名称；（二）注册地址或者经营地址；（三）经营范围；（四）法定代表人、董（监）事会人员或者高级管理人员。资质单位变更完成后需换发《资质证书》的，由保密行政管理部门重新颁发。”

二十一、将《管理办法》第三十二条改为第三十三条，修改为：“资质单位具有下列情形之一的，保密行政管理部门应当责令其在二十日内完成整改，逾期不改或者整改后仍不符合要求的，给予六个月以上十二个月以下暂停资质的处罚：（一）未经涉密业务委托方书面同意，擅自将涉密业务与其他涉密资质单位合作开展的；（二）超出许可的业务范围或者行政区域承接涉密信息系统集成业务的；（三）发生需要报告的事项变更，未及时报告的；（四）承接涉密业务未按规定备案的；（五）未按规定提交年度自查自评报告的；（六）不符合保密标准，存在泄密隐患的。”

二十二、增加一条，作为《管理办法》第三十四条：“资质单位具有下列情形之一的，保密行政管理部门应当吊销其资质：（一）涂改、出卖、出租、出借《资质证书》，或者以其他方式伪造、非法转让《资质证书》的；（二）将涉密信息系统集成业务分包或者转包给无相应涉密资质单位的；（三）发现国家秘密已经泄露或者可能泄露，未及时报告的；（四）不再符合申请条件的；（五）拒绝接受保密检查的；（六）资质暂停期间，承接新的涉密信息系统集成业务的；（七）资质暂停期满，仍不符合保密标准要求的；（八）发生泄密案件的；（九）其他违反保密法律法规的行为。”

二十三、将《管理办法》第三十三条改为第三十五条，修改为：“资质单位具有以下情形之一的，保密行政管理部门应当注销其资质：（一）《资质证书》有效期届满未延续的；（二）法人资格依法终止的；（三）主动申请注销资质的；（四）法律、法规规定应当注销资质的其他情形。”

二十四、增加一条，作为《管理办法》第三十六条：“资质单位采取欺骗、贿赂等不正当手段取得资质的，保密行政管理部门应当撤销其资质。自撤销之日起，三年内不得再次申请。”

二十五、将《管理办法》第三十四条改为第三十七条，修改为：“被吊销、注销或者撤销资质的单位，自作出决定之日起，不得签订新的涉密信息系统集成业务合同。”增加第二款：“在作出吊销、注销或者撤销的决定之日前已签订有效合同的，在确保安全保密的情况下可以继续完成涉密信息系统集成业务。”

二十六、将《管理办法》第三十五条改为第三十八条，修改为：“申请单位或者资质单位对保密行政管理部门作出的决定不服的，可以依法申请行政复议或者提起行政诉讼。”

二十七、增加一条，作为《管理办法》第四十条：“申请单位隐瞒有关情况或者提供虚假材料的，保密行政管理部门应当作出不予受理或者不予许可的决定，自不予受理或者不予许可之日起，一年内不得再次申请。”

二十八、增加一条，作为《管理办法》第四十五条：“本办法规定的实施行政许可的期限以工作日计算，不含法定节假日。”

涉密信息系统集成资质管理办法

第一章　总　则

第一条　为加强涉密信息系统集成资质管理，确保国家秘密安全，根据《中华人民共和国保守国家秘密法》《中华人民共和国行政许可法》《中华人民共和国行政处罚法》《中华人民共和国保守国家秘密法实施条例》等有关法律法规，制定本办法。

第二条　本办法所称涉密信息系统集成，是指涉密信息系统的规划、设计、建设、监理和运行维护等活动。

涉密信息系统集成资质是指保密行政管理部门审查确认的企业事业单位从事涉密信息系统集成业务的法定资格。

涉密信息系统集成资质的申请、受理、许可、使用和监督管理，适用本办法。

第三条　从事涉密信息系统集成业务的企业事业单位应当依照本办法，取得涉密信息系统集成资质。

国家机关和涉及国家秘密的单位（以下简称机关、单位）应当选择具有涉密信息系统集成资质的企业事业单位（以下简称资质单位）承接涉密信息系统集成业务。

第四条　涉密信息系统集成资质管理应当遵循依法管理、安全保密、科学发展、公平公正的原则。

第五条　国家保密行政管理部门主管全国涉密信息系统集成资质管理工作。

省、自治区、直辖市保密行政管理部门负责本行政区域内涉密信息系统集成资质管理工作。

第二章　资质等级与条件

第六条　涉密信息系统集成资质分为甲级和乙级两个等级。

甲级资质单位可以在全国范围内从事绝密级、机密级和秘密级信息系统集成业务。乙级资质单位可以在注册地省、自治区、直辖市行政区域内从事机密级、秘密级信息系统集成业务。

第七条　涉密信息系统集成业务种类包括：系统集成、系统咨询、软件开发、综合布线、安防监控、屏蔽室建设、运行维护、数据恢复、工程监理，以及国家保密行政管理部门审查批准的其他业务。

资质单位应当在保密行政管理部门审查批准的业务范围内承接涉密信息系统集成业务。承接涉密信息系统集成工程监理业务的，不得承接所监理工程的其他涉密信息系统集成业务。

第八条 涉密信息系统集成资质申请单位（以下简称申请单位）应当具备以下基本条件：

（一）在中华人民共和国境内注册的法人；

（二）依法成立三年以上，一年内未因违反保密法律法规受到处罚；

（三）从事涉密信息系统集成业务人员具有中华人民共和国国籍，无境外永久居留权或者长期居留许可；

（四）无境外（含香港、澳门、台湾）投资，国家另有规定的从其规定；

（五）具有承担涉密信息系统集成业务的专业能力。

第九条 申请单位应当具备以下保密条件：

（一）保密制度完善；

（二）保密组织健全，有专门机构或者人员负责保密工作；

（三）用于涉密信息系统集成业务的场所、设施、设备符合国家保密规定和标准；

（四）从事涉密信息系统集成业务人员的审查、考核手续完备；

（五）国家保密行政管理部门规定的其他条件。

第十条 涉密信息系统集成资质不同等级和业务种类的具体申请条件和评定标准由国家保密行政管理部门另行规定。

第十一条 甲级资质由国家保密行政管理部门许可。乙级资质由省、自治区、直辖市保密行政管理部门许可，报国家保密行政管理部门备案。

第三章　资质申请、受理、审查与许可

第十二条 申请涉密信息系统集成资质，应当对照资质申请条件，确定拟申请资质的等级和业务种类。申请甲级资质的，应当向国家保密行政管理部门提交申请书；申请乙级资质的，应当向注册地的省、自治区、直辖市保密行政管理部门提交申请书。

申请单位属于企业的，应当同时提交以下材料：

（一）工商营业执照正本、副本；

（二）组织机构代码证书；

（三）公司章程；

（四）验资报告及上一年度财务审计报告；

（五）生产经营场所产权证书或者租赁合同；

（六）保密行政管理部门要求提供的其他材料。

申请单位属于事业单位的，应当同时提交以下材料：

（一）事业单位法人证书；

（二）组织机构代码证书；

（三）办公场所产权证书或者租赁合同；

（四）保密行政管理部门要求提供的其他材料。

申请单位应当对申请材料的真实性和完整性负责。

第十三条　保密行政管理部门收到申请材料后，应当在五日内完成申请材料书面审查。申请材料齐全且符合法定形式的，应当受理并发出受理通知书；申请材料不齐全或者不符合法定形式的，应当一次告知申请单位补正。

申请单位不符合条件的，保密行政管理部门应当作出不予受理的决定，书面告知申请单位并说明理由。

第十四条　对受理的申请单位，保密行政管理部门应当提前五日通知现场审查时间，并指派两名以上工作人员和一名以上审查专家对其保密制度、保密工作机构、保密监督管理、保密技术防护以及从事涉密业务的专业能力等情况进行检查，出具现场审查意见。

现场审查满分为 100 分，达到 80 分（含）以上为现场审查通过，80 分（不含）以下为现场审查不通过。通过现场审查的，申请单位应当按照现场审查意见整改；未通过现场审查的，保密行政管理部门应当作出不予许可的决定。

第十五条　现场审查中发现申请单位存在涉嫌泄露国家秘密的案件线索，应当按照管辖权限，根据工作需要，由具备执法资格的人员对有关设施、设备、载体等采取登记保存措施。

第十六条　申请单位具有下列情形之一的，保密行政管理部门应当终止审查：

（一）拒绝按要求接受现场审查的；

（二）现场审查中发现保密组织机构、用于涉密信息系统集成业务的场所、设施、设备等情况与申请材料不符的；

（三）未按现场审查意见完成整改的；

（四）采取贿赂、请托等不正当手段，影响审查工作公平公正进行的；

（五）隐瞒有关情况或者提供虚假材料的；

（六）存在违反保密法律法规行为的。

对终止审查的申请单位，保密行政管理部门应当作出不予许可的决定。

第十七条　保密行政管理部门根据工作需要，可以组织专门机构，协助开展申请受理、书面审查、现场审查等工作，必要时，可以组织开展专家评审，出具评审意见。

第十八条　保密行政管理部门应当根据审查情况，作出是否准予许可的决定。

保密行政管理部门作出不予许可的书面决定的，应当说明理由并告知申请单位相关权利。

第十九条　保密行政管理部门应当自受理申请之日起二十日内，对申请单位作出准予许可或者不予许可的决定。二十日内不能作出决定的，经本行政机关负责人批准，可以延长十日，并应当将延长期限的理由告知申请单位。

保密行政管理部门组织专家评审、鉴定所需时间不计入行政许可时限。

第二十条　保密行政管理部门对申请单位作出准予许可的决定的，自作出决定之日起十日内向申请单位颁发《涉密信息系统集成资质证书》（以下简称《资质证书》）。

第二十一条　《资质证书》主要包括以下内容：

（一）单位名称；

（二）法定代表人；

（三）注册地址；

（四）证书编号；

（五）资质等级；

（六）业务范围；

（七）发证机构；

（八）有效期和发证时间。

第二十二条 《资质证书》分为正本和副本，正本和副本具有同等法律效力。

《资质证书》样式由国家保密行政管理部门统一制作。

第二十三条 《资质证书》有效期为三年，保密行政管理部门另有规定的，依照其规定。

《资质证书》有效期满，需要继续从事涉密信息系统集成业务的，应当在有效期届满三十日前向保密行政管理部门提出资质申请，有效期满且申请未经保密行政管理部门准予许可前，不得签订新的涉密信息系统集成业务合同。

第二十四条 作出准予许可、注销、吊销、撤销和暂停资质的决定，由保密行政管理部门在一定范围内予以发布。

第四章　监督管理

第二十五条 保密行政管理部门应当对资质单位进行监督管理，组织开展保密教育培训和保密检查。

第二十六条 从事涉密信息系统集成业务的人员，应当经过保密教育培训和考试，具备从事涉密信息系统集成业务的保密知识和技能。

从事涉密信息系统集成业务人员应当保守工作中知悉的国家秘密。

第二十七条 机关、单位委托资质单位从事涉密信息系统集成业务，应当查验其《资质证书》，与其签订保密协议，提出保密要求，采取保密措施。

第二十八条 资质单位与其他单位合作开展涉密信息系统集成业务的，合作单位应当具有相应的涉密信息系统集成资质，且应当取得委托方书面同意。

资质单位不得将涉密信息系统集成业务分包或者转包给无相应资质的单位。

第二十九条 资质单位承接涉密信息系统集成业务的，应当在签订合同后，向业务项目所在地省、自治区、直辖市保密行政管理部门备案，接受保密监督管理。

涉密信息系统集成项目完成后，资质单位应当向业务项目所在地省、自治区、直辖市保密行政管理部门报告项目建设情况。

第三十条 涉密信息系统集成资质实行年度审查制度。甲级资质单位年度审查由国家保密行政管理部门组织实施；乙级资质单位年度审查由注册地的省、自治区、直辖市保密行政管理部门组织实施，审查情况报国家保密行政管理部门备案。

第三十一条 资质单位发生下列事项变更的，应当在变更前向保密行政管理部门报告：

（一）注册资本或者股权结构；

（二）控股股东或者实际控制人；

（三）单位性质或者隶属关系；

（四）用于涉密信息系统集成业务的场所。

保密行政管理部门应当对资质单位变更事项进行审查，通过审查的，资质单位应当按照审定事项实施变更，并在变更完成后十日内提交情况报告。

资质单位发生控股股东或者实际控制人、单位性质或者隶属关系、用于涉密信息系统集成业务的场所等事项变更的，保密行政管理部门应当组织现场审查。

第三十二条　资质单位发生下列事项变更的，应当在变更后十日内向保密行政管理部门报告：

（一）单位名称；

（二）注册地址或者经营地址；

（三）经营范围；

（四）法定代表人、董（监）事会人员或者高级管理人员。

资质单位变更完成后需换发《资质证书》的，由保密行政管理部门重新颁发。

第三十三条　资质单位具有下列情形之一的，保密行政管理部门应当责令其在二十日内完成整改，逾期不改或者整改后仍不符合要求的，给予六个月以上十二个月以下暂停资质的处罚：

（一）未经涉密业务委托方书面同意，擅自将涉密业务与其他涉密资质单位合作开展的；

（二）超出许可的业务范围或者行政区域承接涉密信息系统集成业务的；

（三）发生需要报告的事项变更，未及时报告的；

（四）承接涉密业务未按规定备案的；

（五）未按规定提交年度自查自评报告的；

（六）不符合保密标准，存在泄密隐患的。

第三十四条　资质单位具有下列情形之一的，保密行政管理部门应当吊销其资质：

（一）涂改、出卖、出租、出借《资质证书》，或者以其他方式伪造、非法转让《资质证书》的；

（二）将涉密信息系统集成业务分包或者转包给无相应涉密资质单位的；

（三）发现国家秘密已经泄露或者可能泄露，未及时报告的；

（四）不再符合申请条件的；

（五）拒绝接受保密检查的；

（六）资质暂停期间，承接新的涉密信息系统集成业务的；

（七）资质暂停期满，仍不符合保密标准要求的；

（八）发生泄密案件的；

（九）其他违反保密法律法规的行为。

第三十五条　资质单位具有以下情形之一的，保密行政管理部门应当注销其资质：

（一）《资质证书》有效期届满未延续的；

（二）法人资格依法终止的；

（三）主动申请注销资质的；

（四）法律、法规规定应当注销资质的其他情形。

第三十六条 资质单位采取欺骗、贿赂等不正当手段取得资质的，保密行政管理部门应当撤销其资质。自撤销之日起，三年内不得再次申请。

第三十七条 被吊销、注销或者撤销资质的单位，自作出决定之日起，不得签订新的涉密信息系统集成业务合同。

在作出吊销、注销或者撤销的决定之日前已签订有效合同的，在确保安全保密的情况下可以继续完成涉密信息系统集成业务。

第三十八条 申请单位或者资质单位对保密行政管理部门作出的决定不服的，可以依法申请行政复议或者提起行政诉讼。

第五章 法律责任

第三十九条 资质单位违反本办法的，依照本办法有关规定处理；泄露国家秘密构成犯罪的，依法追究刑事责任。

第四十条 申请单位隐瞒有关情况或者提供虚假材料的，保密行政管理部门应当作出不予受理或者不予许可的决定，自不予受理或者不予许可之日起，一年内不得再次申请。

第四十一条 无资质单位违反本办法，擅自从事涉密信息系统集成业务的，由保密行政管理部门责令停止违法行为；泄露国家秘密构成犯罪的，依法追究刑事责任。

第四十二条 机关、单位委托无资质单位从事涉密信息系统集成业务的，应当对直接负责的主管人员和其他直接责任人员依纪依法给予处分；泄露国家秘密构成犯罪的，依法追究刑事责任。

第四十三条 涉密信息系统集成资质管理工作人员在履行职责过程中滥用职权、玩忽职守、徇私舞弊的，依法给予处分；构成犯罪的，依法追究刑事责任。

第六章 附 则

第四十四条 机关、单位规划、设计、建设和运行维护涉密信息系统，可以由本机关、单位内部信息化工作机构承担，接受同级保密行政管理部门监督指导。

第四十五条 本办法规定的实施行政许可的期限以工作日计算，不含法定节假日。

第四十六条 本办法由国家保密局负责解释。

第四十七条 本办法自印发之日起施行。2005 年 7 月 1 日发布的《涉及国家秘密的计算机信息系统集成资质管理办法》（国保发〔2005〕5 号）同时废止。

第二篇

发展综述

2019年电子政务发展特点评述

2019年电子政务发展的最大特点，就是认真学习领会2018年全国网络安全和信息化工作会议精神，把思想和行动统一到党中央关于网信工作的战略部署上来，不忘初心、牢记使命，撸起袖子加油干，锁定目标狠抓落实，以钉钉子精神把电子政务发展各项工作抓实、抓到位。

中共中央总书记、国家主席、中央军委主席、中央网络安全和信息化委员会主任习近平出席全国网络安全和信息化工作会议并做了重要讲话。习近平总书记的重要讲话从党和国家事业全局出发，全面总结了党的十八大以来我国网络安全和信息化工作取得的历史性成就、发生的历史性变革，系统阐释了网络强国战略思想的丰富内涵，科学回答了事关网信事业长远发展的一系列重大理论和实践问题，为把握信息革命历史机遇、加强网络安全和信息化工作、加快推进网络强国建设明确了前进方向提供了根本遵循，具有重大而深远的意义。习近平总书记指出，信息化为中华民族带来了千载难逢的机遇，我们必须敏锐抓住信息化发展的历史机遇。

2019年，全国各地各部门认真学习领会全国网络安全和信息化工作会议精神，进一步提高政治站位，自觉把思想和行动统一到习近平总书记重要讲话精神上来，切实增强责任感和使命感，加强电子政务建设。深入思考、联系实际、深化认识，狠抓落实、真抓实干、快速发展，推动电子政务建设发展再上新台阶，创造新业绩。

2019年，电子政务发展踏上了新征程，各地各部门电子政务发展成效不断展现，经济社会发展贡献率不断提高，电子政务建设取得显著进步和成就，是电子政务发展成果丰硕的一年。各地各部门大力落实中央部署要求，扎实工作，开拓创新，电子政务统筹协调不断加强，体制制度不断完善，政策规范建设不断进步，技术基础设施不断发展，网络安全保障能力不断提升，发展保障措施不断落实，为民服务应用水平不断提升。综合分析2019年的电子政务建设发展，我们还需要进一步加大力度深入贯彻落实全国网络安全和信息化工作会议精神，必须认清形势，树立全局意识，保持战略定力，增强忧患意识，加强统筹谋划，着力补齐短板，在今后电子政务建设发展中争取新的更大的成绩。

一　一定要把增强电子政务发展能力建设放到更加重要的位置

中共中央总书记习近平在主持中共中央政治局就实施网络强国战略进行第三十六次集体学习时指出，当今世界，网络信息技术日新月异，全面融入社会生产生活，深刻改变着全球经济格局、利益格局、安全格局。世界主要国家都把互联网作为经济发展、技术创新的重点，把互联网作为谋求竞争新优势的战略方向。虽然我国网络信息技术和网络安全保障取得了不小成绩，但同世界先进水平相比还有很大差距。我们要统一思想、提高认识，加强战略规划和统筹，加快推进各项工作。

面对这样的历史发展机遇，各地方各部门大力推进电子政务建设发展，采取了大量的有力措施努力解决问题，电子政务基础设施建设和公共服务水平有了大幅提升，为提高电子政务发展能力奠定了坚实的基础。我们明显地看到，电子政务发展正处于转型发展期，尽管我们不断努力，依然面临一系列问题，认真分析其中根源，关键在于电子政务发展能力相对薄弱。当前不够重视电子政务发展能力建设的现状依然存在，现在的电子政务发展能力不足以支撑在新时代电子政务健康、可持续发展。全面建设中国特色社会主义现代化必须进一步加强现代化政府建设，没有信息化就没有现代化，电子政务发展能力建设的意义显得非常重要。电子政务是未来现代化政务活动的新形态，现在好的起步并不是未来的所有，不断与时俱进才是根本。电子政务建设是项长时期发展任务，有相当漫长的发展阶段，不同阶段有不同的特点，采取不同的措施，具有十分明显的与时俱进特征。发展能力建设始终是核心主线，事关电子政务建设的效益效率，也是下一步电子政务整体发展的关键所在，只有善始善终、善作善成，才能创造新时代电子政务发展的未来。

习近平总书记在中央政治局第三十六次集体学习中的讲话指出，随着互联网特别是移动互联网发展，社会治理模式正在从单向管理转向双向互动，从线下转向线上线下融合，从单纯的政府监管向更加注重社会协同治理转变。我们要深刻认识互联网在国家管理和社会治理中的作用，以推行电子政务、建设新型智慧城市等为抓手，以数据集中和共享为途径，建设全国一体化的国家大数据中心，推进技术融合、业务融合、数据融合，实现跨层级、跨地域、跨系统、跨部门、跨业务的协同管理和服务。要强化互联网思维，利用互联网扁平化、交互式、快捷性优势，推进政府决策科学化、社会治理精准化、公共服务高效化，用信息化手段更好感知社会态势、畅通沟通渠道、辅助决策施政。

党和国家的事业发生了历史性的变革，中国发展环境和现实条件发生了深刻的变化，中国的发展理念和方式有了重大的转变，发展水平和要求更高。“融合”不仅是电子政务建设当前发展阶段的特征，也是电子政务发展面临的新时代核心内容。努力践行习近平新时代中国特色社会主义思想是电子政务发展的时代使命，电子政务发展随着中国新时代发展已站立在一个新的伟大的历史起点。新时代电子政务发展在新起点被赋予了新的时代的使命，需要我们重视并加强新时代电子政务发展能力建设，促进电子政务在新时代建立新气象、发挥新作为、创造新功绩。

第一，要进一步转变观念提高认识。新时代新任务需要新思想引领，在电子政务新时代发展中应该实施新实践，创造新未来，需要我们在电子政务建设发展中不断提升电子政务发展能力。可持续是电子政务发展能力建设的核心内容，发展能力是电子政务各方面通过政府和社会技术、观念、机制、管理、政策等多方面因素综合表现出来，电子政务可持续发展建设是实现新时代中国特色社会主义发展具体目标的必要保证。

第二，更加重视巩固发展能力。各级党委政府近几年来，高度重视电子政务建设，不断地制定各方面的电子政务发展政策，发挥了巨大的作用，解决了不少多年以来想解决还没能够解决的重大问题，现在又面临新一轮政策的制定。电子政务发展政策从制定到执行，都应把提升电子政务发展能力放在更加突出位置。对那些卓有成效的机制、有显著效益的机制，应该认真梳理总结，要更加注重发展中采取有力的措施巩固已形成的有成效的电子政务发展能力建设，进一步加强适合电子政务可持续发展的体制机制，严格政策研制及执行落实，“固化”发展能力。

第三，进一步强化各主体发展能力建设。电子政务发展的实践经验表明，电子政务不仅是技术性工作，更为主要的是政务性工作，不仅是政府内部工作，更是社会性工作，体现了高度的综合性，不是一个有边界的阶段性任务。电子政务建设发展没有终点，只有连续不断的起点，任重道远。电子政务有建设、运维、管理、使用、服务等参与主体，参与机构有统筹协调、组织落实、综合管理、专业服务、研究评估等职能，努力实现各方面发展成果效益最大化，要注重提升的自主发展意愿，激发内生动力，通过改革创新，营造良好的参与氛围和发展环境，才能取得电子政务发展能力建设的更大进展。

第四，注重加强电子政务发展能力的管理体系建设。历史与现实表明，提高决策与管理能力就是发展能力建设的重要内容，电子政务发展中出现的许多问题是由于决策与管理的不当造成的。发展新时代电子政务，一定要进一步增强政治意识、大局意识、核心意识、看齐意识，要以高度的使命感和责任感，切实把思想和行动统一到习近平新时代中国特色社会主义思想上。因此，电子政务需要形成综合决策与协调管理的机制，培养高素质的决策人员与管理人员，综合运用规划、法制、行政、经济等手段，建立和完善电子政务可持续发展的体制机制。

第五，加紧规划推进电子政务立法建设的进程。高质量的电子政务发展，需要高质量的电子政务发展能力。强化问题意识，树立问题导向，创新方式方法，不断在伟大实践中着力提高学习本领、创新本领、工作本领、落实本领、服务本领、执行本领，提升电子政务发展能力。加快电子政务有关的立法进程对新时代发展有着十分重大的意义，电子政务有关的立法实施是新时代发展战略具体化、法制化的途径，是发展战略付诸实现的重要保障，建立电子政务发展的法制体系是新时代发展能力建设的重要方面。

二　一定要把促进电子政务激发创新活力放到优先发展的位置

习近平总书记在全国网络安全和信息化工作会议上强调，网信事业代表着新的生产力和新的发展方向，应该在践行新发展理念上先行一步。“创新、协调、绿色、开放、共享”的新发展理念符合我国国情，顺应时代要求，对破解发展难题、增强发展动力、厚植发展优势具有重大指导意义。发展理念是发展行动的先导，是管全局、管根本、管方向、管长远的东西，是发展思路、发展方向、发展着力点的集中体现。

电子政务建设发展要践行新发展理念方面的起到引领作用。多年来，各级党委政府重视电子政务发展，在政策、财政、队伍、机制等多方面给予电子政务建设极大的支持，同时也对电子政务寄予新时代新发展中发挥巨大作用极大的期望。促进创新发展是新时代电子政务发展的重要任务，要聚焦激发创新活力、发挥创新作用、提升创新效能。深化改革关乎国运，创新发展决胜未来，重视电子政务建设的核心焦点是期望在经济社会发展中创新发展模式，电子政务已经成了落实新发展理念、实现深化改革、推动新时代中国特色社会主义建设的有效手段和途径。

习近平总书记强调，要发展数字经济，加快推动数字产业化，依靠信息技术创新驱动，不断催生新产业新业态新模式，用新动能推动新发展。当前，我国发展正站在新的历史起点，由发展中大国向现代化强国迈进，大而不强、大而不优，要素驱动力明显减弱，新动能未全面接续，社会发展和生态文明发展遇到日益严峻的挑战。近代以来，我国屡次与科技革命失之交臂，在现代化进程中落后了。当前以网络信息技术为代表的新科技发展，极大改变了全球发展竞争的格局，网络信息技术已经渗透到人民生活、工作等全方位的各个方面，深刻改变了社会经济等多方面的发展形态及方式，我们千万不能再放弃这个历史的机遇，必须牢牢抓住。如果我们不能把握这个千载难遇的历史机遇，我们不能在创新上实现突破，我们就不能把握住全球竞争先机和优势，迈向现代化强国就会失去强有力的支撑。

党的十九大提出了坚定实施创新驱动发展战略的历史性任务。多年以来，电子政务发展深化应用，大数据、云计算等技术应用有了重大发展，建设体制及机制有了重大的改变，发展方式正在向有利于促进社会经济创新驱动的方向努力，在切实落实中央网信工作一系列部署要求中起到了带头引领作用，在促进创新发展的许多方面实现了突破性进展，取得了显著的成效。当前，在电子政务促进激活创新活力取得显著成绩的同时，还面临一些有待解决的突出问题。其中，围绕深化改革创新国家建设需要，各方面的思想认识还不统一，充分发挥电子政务作用还有相当差距；政务创新资源分散、重复、低效的问题严重存在，电子政务促进创新的体系整体效能不够；电子政务传统技术导向性建设依然存在，电子政务创造创新高效益价值能力明显不足；电子政务有关领域破除制约创新建设的思想障碍和制度藩篱改革不主动不深化，电子政务促进创新的活力和积极性还没有充分激发出来；等等。从发展现状来看，解决这些问题，落实电子政务促进创新发展显得相当迫切，并不是顺利无难，我们必须要有时不我待的精神，敢于啃硬骨头，敢于涉险滩、闯难关，勇于破除一切障碍，牢固树立狠抓落实的钉子精神。

新时代电子政务建设一定要坚定地落实中央关于网信事业发展的部署，围绕促进电子政务激活创新活力这个目标，要把更好更大地激发创新活力作为发力重点，展现更重要、更有成效的时代风姿，一定要进一步强化新一轮的电子政务发展顶层设计和统筹规划，进一步深化电子政务发展体系改革，进一步加强新时代推进电子政务激活创新活力的政策和制度建设。电子政务建设方式和模式要实现重大转变，要注重动员社会力量处于支持电子政务建设，不断在探索创新电子政务应用服务新形态和新途径方面下更大的力气，努力在强化政务融合方面加大力度实现重大突破。要在现有电子政务发展成果基础上大力落实中央对网信事业发展的统一部署要求，最大限度解放和激发电子政务所蕴藏的巨大潜能，有力推动我国经济社会发展创新能力显著提升。

第一，要进一步加强创新驱动能力建设。强化激发创新活力多种资源的整合，充分利用信息技术的优势，促进改革的深化，不断释放创新潜能，加速聚集创新要素，提升国家全社会创新发展整体效能，实现新时代电子政务的历史性、整体性、格局性重大变化，在现代化治理体系和治理能力建设中更高层次、更大范围发挥创新发展的引领促进作用。

第二，推进电子政务发展再设计深化改革。近年来，电子政务发展迅速，各方面环境有了很大的改变，地位也快速上升。面对新时代新形势新任务，在看到成绩的同时，也要正视差距。围绕新时代创新建设发展的迫切需要，要进一步总结电子政务长期以来在建设实践中积累的成功经验和优秀做法，深入研究电子政务促进激活创新活力的资源优势和发展环境，优化和强化电子政务创新体系的顶层设计，电子政务建设再设计就要以深化电子政务发展改革为契机，将激发各类创新主体的创新激情和活力作为建设重心，在新时代中作出贡献，提升国家创新的整体效能。

第三，大力推进电子政务促进创新发展的环境建设。加紧推进我国电子政务创新能力快速提升，加强电子政务促进创新发展的环境建设。加紧增强电子政务基础理论研究和前沿学科创新，加紧完善我国电子政务人才发展体制机制，健全激发人才创新创造活力的激励机制。环境建设的重心要尽快聚焦到推动传统转化和新形态的推陈出新，要在创造新动能方面下大功夫，要在大幅提升治理创新提升治理能力上发挥超常的作用，争取在更多重要领域跻身世界先进水平。以问题为导向，以需求为牵引，在实践载体、制度安排、政策保障、环境营造上下功夫，在创新主体、创新基础、创新资源、创新环境等方面持续用力，电子政务建设必将促进创新活力充分激发，电子政务的发展潜能必将充分释放。

第四，加快提升电子政务在高质量发展中的贡献率。高质量发展就是体现新发展理念的发展，大力转变过去粗放型经济发展方式，从要素驱动转向创新驱动。针对我国发展中的突出矛盾和问题，党中央和国务院对电子政务赋予了重任和期望，多次部署要求网络信息技术应用要在高质量发展中充分发挥作用。要实现高质量发展，要以创新驱动和改革开放为两个轮子，加快推进网络信息技术自主创新，加快数字经济对经济发展的推动，加快提高网络管理水平，以信息化培育新动能，用新动能推动新发展。

第五，重视深化电子政务发展改革。电子政务发展当前正处在政务与技术的深度融合期，大力转变发展方式遇到了艰难挑战，深化改革就是光明的出路。电子政务不仅要支持深化改革同时也要不断深化自身改革，充分发挥电子政务在创新之路具有自身独有优势，也仍需在发展中深化改革继续提升自身能力。抓住千载难逢的历史机遇，深入开展电子政务发展改革，唯改革创新者胜，坚决破除阻碍创新的体制机制障碍，电子政务促进创新发展的激情才能喷发。加强电子政务建设的改革深化，可以让电子政务建设孕育的一切创新源泉充分涌流，将能极大地激发电子政务建设的创新热情，创新重生的电子政务才会绽放时代光彩。

三　一定要重视并加强提升电子政务基础设施服务能力的建设

习近平总书记在全国网络安全和信息化工作会议上明确指出，党的十八大以来党中央关于加强党对网信工作集中统一领导的决策和对网信工作作出的一系列战略部署是完全正确的。要加快构建高速、移动、安全、泛在的新一代信息基础设施；要推动实施国家大数据战略，加快完善数字基础设施，推进数据资源整合和开放共享，保障数据安全，加快建设数字中国，更好地服务我国经济社会发展和人民生活改善。习近平总书记强调，加强关键信息基础设施安全保障，完善网络治理体系。

各地各部门十分重视电子政务基础设施建设，电子政务建设统筹协调不断加强，政策措施保障力度不断加大；采取有力措施，不断加大投入，电子政务发展取得了长足的进步，长期以来不能得到解决的重大问题正在实现突破。电子政务基础设施发展已经进入了资源整合时期，分散建设的状况正在被不断地改变，互联互通难、服务协同难的局面正在被有力打破，依托电子政务基础设施极大地支撑了电子政务各方面应用的快速发展。根据中央的统一部署，以数据集中和共享为途径，覆盖全国、统筹利用、统一接入的数据共享大平台，全国一体化的国家大数据中心和全国统一的政务服务大平台等建设陆续实施；大力推进构建全国信息资源共享体系，推进技术融合、业务融合、数据融合等方面迈出了扎实的步伐，实现了跨层级、跨地域、跨系统、跨部门、跨业务的协同管理和服务已经成为电子政务建设的重要任务，长期以来制约电子政务应用成效的困难正在成为历史的过去，电子政务建设中重建设轻应用状况有了很大的转变。

新时代电子政务发展亟须重视加强电子政务基础设施建设，多年以来电子政务基础设施建设存在一系列需要重视的问题：思想认识和观念转变存在很大差距；顶层设计不到位、体系规划建设长期被忽视；重技术重建设轻管理轻服务现象严重；制度建设和队伍建设长期不能满足政务应用快速发展的需要；建设及服务方式转变缓慢；政策机制保障体系持续发展能力严重缺乏；等等。这些问题正在制约着电子政务健康可持续的发展，我们一定要重视并十分努力去解决，极力避免电子政务发展出现基础不牢地动山摇的不良局面。

第一，提高对电子政务基础设施发展的认识。事物是不断发展的，随着电子政务发展，我们需要与时俱进，需要转变对电子政务基础设施的基本观点认识。电子政务基础设施要切实转变网络信息技术实施的观念，在新时代电子政务发展历程中越来越呈现出至关重要的作用，电子政务基础设施已经不仅是技术平台，而是未来数字政府和现代化政府运行的政务工作基础，是政务工作基础。电子政务基础设施的关键是“基础”，构建的手段和途径是网络信息技术，其实际意义和实质已经远远超越了网络信息技术本身。这个基础设施不是孤立的，是与社会的基础设施和政务活动的基础设施有着千丝万缕紧密的不可分割的联系。电子政务基础设施已经越来越深地融入政务活动，已经成为政务活动极其重要的部分，电子政务基础设施不仅影响网络信息技术设施而且直接影响了政务活动的质量和效益，更直接影响了现代化政府的建设发展。电子政务基础设施是未来现代化政府建设和国民经济与社会发展的重要根基，具有相当的公共属性和政务属性，涉及组织、系统、机构、网络、技术、平台、评价等体系建设内容，电子政务基础设施建设已经从过去技术为重亟待转变为服务能力建设，核心建设发展应该是聚焦基础设施的服务能力建立提升。

第二，重视并加强电子政务基础设施服务能力建设。电子政务基础设施直接地、有效地、不可或缺地支撑着各级政府的政务活动，服务内容不仅是政务信息资源和政务工作及服务，还有各级政务部门及机构的政务人员，现在更有广大的社会人民群众，内涵和外延都有了重大的改变，电子政务基础设施服务已经明显地滞后于政务改革发展，已经极大地制约了现代化政务改革深化。全球数据呈现爆发增长、海量集聚的特点，大数据对经济发展、社会治理、国家管理、人民生活都产生了重大影响。全面深化改革有力推进，各方面都正发生着重大的历史性的改革转变，电子政务基础设施服务能力建设非常迫切加强，电子政务发展也遇到难得的历史机遇，各方面对电子政务的需求迫切和渴望，电子政务新时代新作为时不我待。在此基础设施之上，构筑促进保障和改善民生，实践坚持以人民为中心的发展思想，抓住民生领域的突出矛盾和问题的平台尤为重要，以此强化民生服务，弥补民生短板，推进“互联网＋教育”“互联网＋医疗”“互联网＋文化”等，让百姓少跑腿、数据多跑路，不断提升公共服务均等化、普惠化、便捷化水平。在此基础设施之上，实现国家治理体系和治理能力现代化水平提升，建立健全科学决策和社会治理的机制，推进政府管理和社会治理模式创新，实现政府决策科学化、社会治理精准化、公共服务高效化。在此基础设施之上，有效地促进建设现代化经济体系，坚持以供给侧结构性改革，推动实体经济和数字经济融合发展，发挥数据的基础资源作用和创新引擎作用，加快形成以创新为主要引领和支撑的数字经济。

第三，互联网是电子政务基础设施不可分割的关键部分。习近平总书记指出，随着信息技术和人类生产生活交汇融合，互联网快速普及，网络信息技术日新月异，全面融入社会生产生活，对经济发展、社会治理、国家管理、人民生活都产生了重大影响。各级领导干部特别是高级干部，如果不懂互联网、不善于运用互联网，就无法有效开展工作。电子政务建设走上互联网已经成为大势，电子政务建设不重视互联网就不能有作为。“互联网+”把互联网的创新成果与经济社会各领域深度融合，推动技术进步、效率提升和组织变革，形成更广泛的以互联网为基础设施和创新要素的经济社会发展新形态。电子政务基础设施建设不仅要重视互联网，而且要坚定不移坚持把互联网作为电子政务基础设施，互联网已经历史性、时代性地成了电子政务发展的主要平台。我们要在传统的电子政务基础设施范围认识上，把互联网作为电子政务基础设施中重要的、关键的、不可缺地的组成部分。

第四，大力提升电子政务基础设施服务能力建设和管理水平。要注重提升基础设施规划建设管理及服务的水平，大力改变电子政务基础设施仍存在的总量不足、标准不高、运行管理粗放等问题，努力转变基础设施服务体系和能力严重缺乏的状况。一定要建立、完善电子政务基础设施建设管理法律法规、标准规范和质量评价体系，尽快出台相关法规，统一规划、建设、管理、规范，避免条块分割、多头管理，杜绝自建自管自用、分散重复建设等现象，保持电子政务基础设施的整体性、系统性。进一步加强顶层设计，科学研究，统筹规划，转变观念，提高电子政务发展质量。坚持先规划、后建设，规划引领，切实加强规划的科学性、权威性和严肃性。电子政务基础设施建设，一定要充分整合已有基础资源，加强老旧基础设施改造，保障基础设施服务的有效供给，提高设施水平和服务质量，满足政务人员执行政务和向社会提供政务服务的需要。加强电子政务基础设施建设服务的机制创新，在保障政府投入的基础上，充分发挥市场机制作用，鼓励社会力量参与电子政务基础设施建设运行和服务供给。全面落实集约、智能、绿色、低碳等生态文明理念，坚定不移地建立自主可控、安全可靠的基础设施体系，建立相关标准体系和规范，促进节能减排和污染防治，切实做到绿色优质。

四　一定要进一步加强电子政务大数据管理体系和提升服务能力的建设

习近平总书记在中央网络安全和信息化领导小组第一次会议指出，信息资源日益成为重要生产要素和社会财富，信息掌握的多寡成为国家软实力和竞争力的重要标志。习近平总书记在中共中央政治局第二次集体学习时强调，加快建设数字中国，更好地服务我国经济社会发展和人民生活改善。推动实施国家大数据战略，加快完善数字基础设施，推进数据资源整合和开放共享，保障数据安全，加快建设数字中国，更好地服务我国经济社会发展和人民生活改善。

国家大数据战略实施以来，各级地方积极谋划布局，纷纷出台促进大数据发展的指导政策、发展方案、专项政策和规章制度等，推动大数据蓬勃发展。从电子政务建设开展以来，政务信息资源开发利用始终都是电子政务建设发展的主线，互联网迅猛发展普及，催生了大数据时代的来临，大数据发展日新月异，数据呈现爆发增长、海量集聚的特点，对经济发展、社会治理、国家管理、人民生活都产生了重大影响，对经济社会发展的影响极其深刻。目前，我国电子政务大数据发展已经形成了相当大的规模，正在向纵深推进，已取得了重要进展和明显效果。随着电子政务的不断发展，各级政府积累了大量与公众生产生活息息相关的信息系统和数据，并成为最具价值数据的保有者。大数据不仅为信息化发展带来了新的发展阶段，同时更是把电子政务发展推到了一个崭新的时代。

促进电子政务大数据应用发展，充分利用积累的大数据，更好地支撑政府决策和向社会提供优质的政务服务，提升治理能力，成为各级电子政务建设的核心任务，事关建设数字政府全局的关键。随着云计算技术的不断发展和完善、大数据平台的日趋成熟、大数据技术自身的快速提升、数据处理水平也得到显著提升，人们获取信息的速度较快，以大数据为基础而开发的应用将越来越丰富。推进政务信息资源共享管理、政务信息系统整合共享、“互联网＋政务服务”试点、政务服务一网一门一次改革等一系列有力措施不断实施，推进跨层级、跨地域、跨系统、跨部门、跨业务的政务信息系统整合、互联、协同和数据共享，用政务大数据支撑“放管服”改革落地，极大地促进了电子政务大数据应用的迅猛发展。

随着电子政务大数据的广泛应用，也有不少问题逐步暴露：数据安全和隐私问题越来越严峻；政府数据开放实施进程和成效严重不足；信息资源的资产地位没有确立，管理体制机制和能力建设严重滞后大数据发展；电子政务大数据的融合应用发展成效不足，远不能满足政务改革深化的迫切需要；电子技术与政务融合进程滞后，存在“项目多、帽子多、牌子多”、投入产出效益不高的现象；电子政务大数据发展的生态环境尚未建立，应用发展的深度和广度受到了极大限制；等等。这些问题亟待解决，以推进电子政务大数据健康有效发展。

第一，要提高认识，转变对电子政务大数据的建设方式。以互联网为代表的新一代网络信息技术发展所带来的社会经济发展的革命，在广度、深度和速度上都是空前的，远远超出我们从工业社会获得的常识和认知，远远超出我们对社会经济发展的预期。习近平总书记提出，要不断提高对信息化发展的驾驭能力。大数据发展代表了信息化发展的新时期。我们必须要跨过如何更好地驾驭电子政务大数据发展的关键阶段，着力点是尽快提高对电子政务大数据的认识，落脚点是大力加强提升大数据管理及服务能力，尽快转变电子政务大数据的建设发展方式。

第二,一定在电子政务大数据发展中切实做到成效优先。习近平总书记对大数据建设发展做出了一系列高屋建瓴、高瞻远瞩的部署指示，为电子政务大数据的建设发展指明了前进的方向。习近平总书记明确指出：善于获取数据、分析数据、运用数据，是领导干部做好工作的基本功。各级领导干部要加强学习，懂得大数据，用好大数据，增强利用数据推进各项工作的本领，不断提高对大数据发展规律的把握能力，使大数据在各项工作中发挥更大作用。 建设现代化经济体系离不开大数据发展和应用 ，构建以数据为关键要素的数字经济；要运用大数据促进保障和改善民生，大数据在保障和改善民生方面大有作为；运用大数据提升国家治理现代化水平；等等。电子政务大数据发展出现了技术、创新、数据三种建设类型，总结其发展成效创新建设类型成效最佳，但是数量太少，建设发展中实际成效不足。此外，项目式、运动式、政绩式等发展方式依然存在，发展成效低的问题依然大量出现，不重视电子政务大数据管理体系和能力建设的问题依然普遍存在。

第三，大力推进电子政务大数据管理服务能力的建设。电子政务大数据应用的价值体现在对大规模数据集合的智能处理方面，大数据突出强调数据实时性处理，面向政务信息处理实时性要求极高，需要在大范围、大规模、大环境的复杂数据中，进行强大的数据分析和挖掘获取有用的信息。这给我们提出了一项艰巨的任务，就是迫切需要快速有效地建立起覆盖全国各级政务部门的电子政务大数据管理体系，要极大地提升各级电子政务大数据管理服务能力，不使用的数据、完整的数据、无效的数据就是死数据，就不是信息资源，没有任何价值。政务人员尤其是领导干部是电子政务大数据重要的建设者，是实施电子政务大数据管理的主要管理者，特别需要极大提升电子政务大数据建设发展的管理能力。由于计算机的计算能力和真实可用的庞大数据量实时处理不再是问题，电子政务大数据智能应用发展将会使政务人员在社会经济管理和服务中变得更加聪明。电子政务大数据应用是政务活动，是未来数字政府的主要工作形态，保障政务数据采集、存储、使用和管理是政务人员的重要工作内容，实时对政务数据进行必需的、准确的分析和挖掘是政务人员的工作能力，会促进政务工作成效更加显著。

第四，加大力度推进电子政务大数据融合应用普及深化。政务融合应用发展的关键是大数据融合产生有极高价值的政务信息资源，政务数据融合是大数据管理体系中关键重要建设内容，也是电子政务大数据建设发展成效显著体现的关键之处。融合应用发展是电子政务大数据发展过程中一个巨大的坎，关键要尽快解决大数据管理和服务制约发展的困难及问题。电子政务大数据管理体系和服务能力建设涉及国家、地方和部门等多方面、多层次，从电子政务大数据存在主体来看，公共企事业单位掌握了 95% 以上有用、有效、实时的电子政务大数据建设使用的公共数据信息，这类单位公共数据信息自有自用的现象相当突出，出现问题的原因有多方面。在电子政务大数据发展中，必须高度重视管理体系建设，而电子政务大数据管理体系服务能力建设一定要转变观念，管理对象不仅是技术平台和数值数据，核心关键是信息资源的价值保值和升值，人员对象是与政务数据信息直接或间接相关的单位和人员，管理体系和管理服务能力建设需要从制度法规、标准规范、应用实践和支撑技术等视角多管齐下。

第五，进一步强化政务信息资源的开放共享管理。电子政务大数据管理中，政务数据共享开放的重要性在现阶段尤其突出，这是大数据融合应用建设的前提。近年来政策出台很多，推进决心和力度相当大，但是突破性进展不够显著，原因是多方面的，相当复杂。电子政务大数据管理体系建设滞后、管理服务能力提升不够和思想认识观念转变不够是重要原因，这缘于政务数据开发利用管理简单化、技术化现象长期存在，认识观念转变不到位，大量政策、制度和机制存在执行不足的问题。政务数据开放共享是电子政务大数据建设发展的重要前提，也是政务活动的重要有机组成部分，不是技术的、孤立的，不能长期处在政务活动体系外建设和运行。目前，政务数字化转型缓慢，其中一个重要的基础问题就是政务数据开放共享进展缓慢。政务数据一定程度的集中是大数据发展趋势所在，只有数据融合才能产生价值，政务数据共享开放必须融合到政务工作体系之中。政务数据开放共享有效推进，以需求为先、应用为重、数据为主，同时需要充分综合考虑数据的使用场合及数据主体的权益，尽快建立电子政务大数据管理体系和管理机制，尽快提升管理能力，强化大数据管理，更好地解决大数据建设带来的一系列管理问题。打破信息孤岛、盘活数据存量是电子政务大数据建设的一项紧迫任务，亟须面对需求深化自身建设方式改革，积极实施创新发展，转变简单化、技术化、行政化的数据集中的建设方式，积极推行“逻辑互联先行、物理集中跟需”。政务数据开放共享一定要将强化政务管理放在首位，将工作纳入政务管理体系，进一步明晰落实政务数据开放共享的责权利，在不改变现有信息系统与数据资源的所有权及管理格局的前提下，实现政务数据开放共享。解决政务数据管理法律法规严重滞后的现状，要真正落实少数相关法律条文中已有的涉及数据管理、数据安全等规范的内容，否则就难以满足快速增长的数据管理需求。

五　一定要重视统筹推进社会主义协商民主电子政务应用的建设发展

习近平总书记在党的十九大报告中提出，协商民主是实现党的领导的重要方式，是我国社会主义民主政治的特有形式和独特优势。又指出，加强协商民主制度建设，形成完整的制度程序和参与实践，保证人民在日常政治生活中有广泛持续深入参与的权利。习近平总书记在全国网络安全和信息化工作会议上指出，各级党政机关和领导干部要提高通过互联网组织群众、宣传群众、引导群众、服务群众的本领。如今我国快步进入了互联网时代，网络信息技术发展深刻地改变了人民群众的生活、生产和学习，必须重视并强力推进社会主义协商民主电子政务应用的发展，充分满足人民群众的民主需求，丰富了民主形式，拓展了民主渠道，电子政务要在新时代社会主义民主政治发展中作出贡献。

近年来，各地围绕社会主义协商民主发展的迫切需要，电子政务应用在加强党政协商、积极开展人大协商、扎实推进政府协商、充分发挥人民政协作为协商民主重要渠道和专门协商机构的作用、认真做好人民团体协商、稳步推进基层协商、探索开展社会组织协商等方面都进行了不同程度的探索实践，社会主义民主协商电子政务应用方面探索涉及的面越来越广，电子政务发挥的促进作用越来越明显，取得的成效越来越受到各级领导和人民群众的关注，出现了许多深受欢迎、富有成效的成功成果。互联网及电子政务极大地改变了我国社会主义协商民主发展环境条件，不断催生了协商民主新业态的涌现，协商民主实现方式不断创新，社会主义协商民主的服务模式更加丰富，有效地提升了社会主义协商民主的发展质量、效益和人民群众满意度。

社会主义协商民主电子政务应用发展中还存在一系列问题：思想认识不够；缺乏统筹协调和顶层设计，发展不平衡、质量不高、成效不足；硬软件不协调、应用不深入、技术服务不协调等制约了发展；人才不足、资金分散、服务不全面，保障机制缺乏；协商民主电子政务应用发展的体制机制和政策规范标准严重滞后，社会资源和力量参与发展的机制缺乏规范；等等，亟须我们加强统筹领导，解决问题，促进发展。

习近平总书记在党的十九大报告中明确提出，保证人民依法通过各种途径和形式管理国家事务，管理经济文化事业，管理社会事务，巩固和发展生动活泼、安定团结的政治局面。中国特色社会主义协商民主是中国共产党和中国人民的伟大创造，中国特色社会主义协商民主已经发展成为中国社会主义政治中独特的、独有的、独到的民主形式，也明显展现了举世瞩目的独特优势。必须加强党的统一领导，统筹资源，强化措施，加大力度协调推进社会主义协商民主电子政务应用发展。电子政务发展要在促进形成协商民主完整的制度程序和参与实践中发挥作用，保证人民在网络时代的日常政治生活中有更广泛持续深入参与的权利，努力提升社会各界、人民群众协商民主的获得感和参与感。

第一，推进社会主义协商民主电子政务应用发展要加强统筹协调。协商民主涉及面广、主体多，推动实施难度大，必须坚持党的统一领导，充分发挥党总揽全局、协调各方的领导核心作用，要把协商民主电子政务应用建设纳入各级党委网络安全和信息化统筹范围中，作为电子政务顶层设计的重要内容，实行统一领导、统一规划、统一部署。立足基本国情，统筹运用各领域各层级公共资源，推进科学布局、均衡配置和优化整合，以需求为导向，转变发展方式，充分利用已有的网络基础设施，提高利用效率，推动信息资源共享，促进集约化发展。明确责任，强化各项协商民主工作网络化的主体责任，确保有组织、有计划、有步骤地开展各项工作。建立督查和考核制度机制，引导督促各级干部形成充分善于利用网络涉及电子政务、自觉推进协商民主建设的良好习惯。

第二，推进社会主义协商民主电子政务应用要加强政策体系建设。电子政务应用发展要紧密结合广泛、多层、制度化发展部署要求，结合实际，围绕需求加强协商民主电子政务应用发展的制度建设和机制建设，建立政策体系。坚持以人民为中心，尊重人民的主体地位，紧紧围绕加强社会主义协商民主制度建设的要求，充分发挥电子政务的作用，突出互联网特点，推动政策化、标准化、规范化建设，明确网络安全主体责任，确保重要网络、应用和数据安全，确保国家秘密安全。通过电子政务应用，以实现最大限度吸纳人民参与协商民主为成效目的，创新方式，消除体制机制障碍，支持各级主体通过互联网开展广泛协商。

第三，以互联网为载体推进社会主义协商民主电子政务应用建设。充分利用互联网信息化发展的成果，努力转变协商民主创新实现方式，不断探索互联网协商民主发展，不断提升协商民主发展效率和成效。逐步推进政党协商、人大协商、政府协商、政协渠道、团体协商、基层协商和社会组织协商等活动走上互联网，建立各类信息收集反馈机制，强化汇集民智和收集民意，创新探索协商形式和渠道，更好地吸收各利益相关方参与协商，增强信息公开、过程透明和公众参与度。加强中国特色网络时代社会主义协商民主发展，是时代的需要，也是中国治理体系和治理能力现代化发展的需要。

第四，建立健全科学有效的协商民主电子政务技术服务体系和机制。加强协商民主电子政务应用建设的标准体系建设，把执行标准作为推进发展的主要内容，依托互联网构建“散聚结合、体系紧密、标准统一、服务规范”的覆盖全国的社会主义协商民主技术服务体系，改变网络信息技术服务建设模式和发展方式，改善人财物等基础条件，强化网络技术服务的财力保障机制建设，加强网络技术服务统筹协调机制建设。从网络技术应用特点出发，充分利用电子政务应用软件系统，以互联网为载体，充分发挥电子政务应用的优势，加强统筹协调，强化信息资源整合，广泛应用云计算、大数据、人工智能等新技术，推进协商民主大数据建设，深化社会主义协商民主应用。

第五，强力促进协商民主与电子政务应用深度融合。牢固树立和贯彻落实新发展理念，坚持以人民为中心的发展思想，有事好商量，众人的事情由众人商量，这是人民民主的真谛。充分利用互联网及电子政务推动协商民主广泛、多层次、制度化发展，重视加强协商民主的应用深化推进，实现众多主体间社会主义协商民主的健康发展。充分发挥移动互联网、物联网、大数据、云计算等技术快速发展的成果，大力推进网上网下、传统新型等一体化建设，强化规范基于网络实施协商民主的程序和做法，对协商过程和成果留下技术痕迹，坚决杜绝协商“两张皮”，构建各方信任的基于网络的各类协商保障机制。尊重群众首创精神，支持各地方结合实际，通过各种途径、渠道、方式进行有效的发展探索创新，不断提炼和积累成功的实践经验，对于实践中证明成熟的好经验和好做法进行推广。推动协商民主新业态不断发展、供给方式不断创新、服务模式更加丰富，更好地满足协商民主现代化发展的紧迫需要。不断总结各地各部门有效和成功的做法，大力推进协商民主与网络技术应用深度融合的制度化、标准化和规范化，保障人民群众在网络时代能够在日常政治生活中拥有便利、广泛、持续、深入参与的权利。

我们坚定地高举中国特色社会主义伟大旗帜，解放思想，改革创新，锐意进取，埋头苦干，扎实践行习近平新时代中国特色社会主义思想，坚定不移地贯彻落实全国网络安全和信息化工作会议部署要求，推进新时代电子政务健康可持续发展，创造无愧于新时代的新成就。

（石嘉虎）

第三篇

中央国家机关电子政务发展概况

2019年国家电子政务外网发展概况

2019年，国家电子政务外网管理中心（以下简称国家外网管理中心）认真贯彻党中央、国务院决策部署，在国务院办公厅、国家发展和改革委员会指导下，与各省级政务外网建设运维单位团结协作、锐意进取，不断提升支撑服务能力，促进跨地区、跨部门信息共享和业务协同，为推进数字政府建设提供有力信息基础设施支撑。

一　完善基础设施建设，优化网络服务功能

（一）完善网络承载能力

拓展网络覆盖。31个省（区、市）和新疆生产建设兵团实现市、县级全覆盖。28个省（区、市）实现下级乡镇的纵向覆盖，乡镇（街道）接入政务外网总数新增至29640个，覆盖率达到74.3%。

优化网络结构和提升网络带宽。广域骨干网新增上海、广州、成都、西安4个核心节点，支持中央部门异地数据中心（灾备中心）接入；互联网出口带宽从1590M扩容至2700M，广域网备电路带宽从4M扩容至30M，网络可靠性和业务承载能力进一步提升。

支持IPv6。中央级政务外网已具备IPv6业务承载能力，支持审计署依托政务外网开展金审三期IPv6应用试点。

（二）构建公共数据中心和政务云服务能力

廊坊公共数据中心投入运行。廊坊公共数据中心建成并投入使用，具备国家A级机房标准服务能力，机柜数达1178个。

构建政务云服务能力。依托政务外网二期的基础设施，充分整合信用二期、法人库等项目的基础设施，构建形成1.8万核CPU、78TB内存、5.3PB存储的云资源能力，开通运行1400多台虚拟机。

（三）拓展部门业务承载

部门依托政务外网网络通道部署的业务。截至2019年年底，政务外网接入中央部门和相关单位共计114家（机构调整后），接入全国政务部门共计约25.2万家，已承载全国性业务应用61项。

政务云平台托管的部门业务。政务外网统一的政务云平台已经为国务院办公厅、国家发改委、民政部和科技部等4个部门的15个业务应用提供托管服务，支撑全国信用信

息共享平台等 4 个国家级跨部门信息平台和国家法人基础信息库等 2 个国家级信息资源库的运行，支持信用中国网站、“一带一路”官网从百度云迁回。

二　发挥共享枢纽作用，支撑“放管服”重大应用

2019 年，基于政务外网建设的国家数据共享交换平台（以下简称“国家共享平台”）进一步发挥共享交换枢纽作用，在“数据通”基础上深化“业务通”，在助力各地区各部门推进“放管服”改革、优化营商环境方面发挥了重要作用。

（一）做好统一受理，完善数据共享机制

按照“统一受理、部门授权”的数据共享管理机制，2019 年，国家共享平台提供受理服务 8622 次，同比增长 102.39%，平台和各部门共授权 7265 次，同比增长 142.65%。

（二）打通数据接口，满足地方和部门共享需求

31 个国务院部门在国家共享平台注册发布实时数据共享接口 1153 个，约 1.1 万个数据项，涵盖个人身份、出生、教育、婚姻、社保等自然人相关信息，企业基本信息、信用信息、资质信息等法人相关信息。国家共享平台累计为生态环境部、商务部、税务总局等 27 个国务院部门、31 个省（区、市）和新疆生产建设兵团提供查询核验服务 9.12 亿次，有力支持网上身份核验、不动产登记、人才引进、企业开办等业务。

（三）提供重点保障，支撑“放管服”重大应用落地

支撑全国一体化在线政务服务平台的数据交换。支持国家政务服务平台和国家“互联网 + 监管”系统与各地区各部门交换信息 264.12 亿条。

支撑“个税专项扣缴”数据共享。支持税务总局与公安部、民政部、国家卫生健康委员会建立数据实时在线调用通道，为“个税专项扣缴”业务提供查询核验服务 6.6 亿次。

支撑“不动产登记”数据共享。支持 22 个地方与公安部、民政部、国家卫生健康委员会、市场监督管理总局、中央编办等 12 个部门建立数据实时在线调用通道，提供查询核验服务 396 万余次。

三　深化重大业务应用，推进重点领域发展

（一）全国投资项目在线审批监管平台

2019 年，在线平台横向联通 65 个中央部门、纵向贯通 37 个地方平台，通过在线平台申报的项目约 335.6 万个，办理审批事项约 690.3 万件，办结信息约 370.9 万项，基本实现非涉密固定资产投资项目审批的在线办理、纵横联动、协同服务、依责监管。

新增全国 PPP 项目信息监测服务。归集 PPP 项目 7041 个，总投资 9.35 万亿元，其中重点推进项目 4111 个，总投资 5.45 万亿元，为 PPP 项目全过程动态管理提供服务。

新增政务信息化建设项目管理。归集 73 个项目单位的系统信息和项目信息超过 4900 条，实现政务信息化项目全生命周期管理。

强化社会公众服务。在线平台开设“堵点”征集功能，向社会公开征集投资“堵点”信息，通过疏解治理投资建设领域“堵点”，切实优化营商环境。

深化数据分析利用。通过对在线平台汇集的投资项目数据进行大数据分析，形成《全国投资发展趋势监测报告》《全国 PPP 项目信息监测服务平台监测报告》，提升数据利用效能，为政府科学决策提供支撑。

（二）全国公共资源交易平台

2019 年，国家公共资源交易服务平台一期工程顺利完成竣工验收，这标志着全国公共资源交易平台体系初步构建，为深化公共资源交易平台整合共享，促进公共资源交易市场健康有序发展奠定坚实基础。

平台互通共享体系已经形成。国家平台横向对接财政部等 5 个中央部门和全国信用信息共享平台等 5 个国家级信息平台，纵向联通 32 个省级服务系统，整合接入 600 多个电子交易系统，基本实现工程建设招投标、政府采购、土地使用权和矿业权出让、国有产权交易四大板块全覆盖，并与 16 个省市开展碳排放、药品、二类疫苗、排污权、林权等新增交易领域试点对接。2019 年四大板块公共资源交易数量约 94.85 万笔，金额约 16.9 万亿。

打造便企服务窗口。平台网站和微信服务号累计发布交易公告公示信息 3770 余万条，日更新量平均 1 万条以上，累计访问量达 13.6 亿次，日均访问量约 166 万次，促进交易公开透明和主体参与。

交易数据汇聚共享作用正在显现。汇聚交易、主体、专家、信用、监管数据约 1.25 亿条，与国家税务总局、全国信用信息共享平台、全国投资项目在线审批监管平台建立数据共享机制，在交易市场分析、重大项目监测、税源监控、信用评价方面发挥积极作用。

（三）国家法人基础信息物理集中库

2019 年，国家法人基础信息库主体建设任务基本完成，实现与国家市场监管总局企业法人分库的自动化数据对接，归集存储企业、个体工商户、农专等法人基础信息 2.25 亿条，日均增量更新约 20 万条，初步实现社会组织法人基础信息归集约 88 万条，机关事业单位法人基础信息归集约 144 万条。国家法人基础信息库开始为 2 个部门、3 个地方省市提供接口查询核验服务，为公共资源交易平台提供批量校核服务，查询校核 3500 万余次。

四　加强安全保障能力，确保网络运行平稳

国家外网管理中心强化中央与地方协调，切实做好政务外网安全防护和运行维护工

作，2019 年全年全网未发生重大网络安全事件，网络和各类业务稳定运行。

圆满完成第二届“一带一路”高峰论坛期间安全保障工作。以“服务不中断、页面不被篡改、数据不丢失”为底线，组建保障队伍，发现并拦截攻击 900 万余次，确保“一带一路”官网的安全稳定运行。

强化全国政务外网信息安全通报和检查机制。发布网络与信息安全通报 237 期，协助 30 余个部委用户和地方节点处理网站及信息系统的安全问题。组织开展安全专项检查行动，赴地方开展现场抽查检查和技术指导，促进提升地方政务外网安全水平。

保障网络稳定运行。中央城域网、广域骨干网、互联网出口平均可用率分别达到 99.92%、99.93% 和 100%。

2020 年，国家外网管理中心继续以习近平新时代中国特色社会主义思想为指导，认真学习贯彻党的十九届四中全会精神，按照国务院办公厅、国家发改委等有关部门工作部署，持续提升政务外网支撑服务能力，为推进我国数字政府建设做出新的更大贡献。

（国家电子政务外网管理中心办公室）

2019 年最高人民检察院电子政务发展概况

2019 年，最高人民检察院（以下简称“最高检”）认真贯彻落实党中央、中央政法委关于电子政务工作的决策部署，聚焦法律监督主责主业，以办案为中心，以需求为导向，坚持“科学化、智能化、人性化”原则，着力打造优质、实用、好用的智慧检务产品，助力推动“四大检察”全面、协调、充分发展，取得了良好成效。

一　强化总体布局，网信工作机制得到进一步完善

多措并举，推动全国检察机关电子政务工作创新发展。一是召开全国检察机关电视电话会议，传达中央关于政务信息化工作指示精神，对智慧检务建设等重点工作进行部署。根据《“十三五”国家信息化规划》《全国检察机关智慧检务行动指南（2018—2020 年）》等，加快推进“十三五”智慧检务工程立项实施，指导各地开展智慧检务创新探索及建设实践，大部分地区进入立项审批阶段，部分地方已启动建设；二是坚持最高检网络安全和信息化工作领导小组对检察机关电子政务工作的统筹指导，定期召开领导小组会议和办公会议，落实《2019 年国家电子政务重点工作计划》，根据《中央网络安全和信息化委员会工作规则》和《中央网络安全和信息化委员会办公室工作细则》，完成《最高人民检察院网络安全和信息化工作管理办法》的编制，进一步明确了最高检网络安全和信息化工作领导小组及其办公室的职能、工作机制和组织程序；三是持续深化与航天科工、科大讯飞、

中国人民大学的合作，智慧检务创新研究院及联合实验室运行良好，在大数据、人工智能、区块链等新技术在检察工作应用方面取得了多项创新研究成果。

二　夯实支撑能力，信息化基础设施显著增强

在网络建设方面，作为中央办公厅确定的试点单位，最高检已完成电子政务内网顶层互联接入区建设，实现了网站互访等测试应用，研发部署了电子公文交换系统、国家电子政务内网检察门户网站等。为推动网络互联互通，最高检印发《关于加快推进全国检察机关工作网建设的通知》《检察工作网安全保障系统建设指导意见》，有力推动了全国四级检察机关检察工作网建设，目前检察工作网已基本实现全覆盖。编制完成《检察工作网边界接入平台建设管理规范》，遵循国家网络安全等级保护、密码安全性等方面标准、要求和技术规范，按照“统一标准、分级建设”的思路，积极构建全国四级检察机关身份认证系统和电子印章系统，最高检本级和试点省份将于2019年年底前完成建设。在信息化基础设施建设方面，依托电子检务工程，最高检在香山办公区建成了国家检察大数据中心，各地检察机关数据中心、灾备中心也相继建成，并完成了相关应用支撑平台、运维管理平台的建设部署，信息化基础支撑能力显著增强。

三　服务检察主业，信息化应用水平明显提高

一是覆盖全国四级检察机关的司法办案、检察办公、检务保障、队伍管理、检察决策支持、检务公开和服务“六大平台”系统得到深入应用。截至2019年11月底，统一业务应用系统注册用户已超过27万人，系统内办理案件数达3856万余件，实现了检察机关办案全员、全面、全程使用，大大提高了检察办案效率，促进了执法活动的规范化。2019年以来，为适应司法改革和信息技术发展，更好地满足检察工作实际需求，最高人民检察院启动统一业务应用系统2.0版的研发。新系统聚焦检察人员在不同办案场景下办案需求，采用B/S模式、微服务结构、云平台等多种技术，规划了流程办案、辅助办案、知识服务、数据应用四大功能模块。按照总体计划，统一业务应用系统2.0版于2020年1月1日开展试点应用，计划于2020年10月1日在全国推广上线。检察办公系统已在检察机关全面应用，办公无纸化、现代化水平大大提高。最高检依托政务微信平台，实现了办文办事在手机端的应用，极大提升了检察人员的工作效率。队伍管理系统、检务保障系统不断升级完善，有效节约了资源，在推进财务保障、人事管理现代化方面发挥了积极作用。各地立足大数据、人工智能等前沿科技运用，深度挖掘检察数据应用，积极探索建设决策支持平台，为检察工作提供了全面、多维的决策支持。以集约化推进检务公开与服务平台，检务公开和服务水平取得质的飞跃。

二是积极探索推进各类创新应用，有效解决检察工作“痛点”。“检答网”开通了基层检察院到最高检的业务指导“直通车”，发挥了检察机关法律研究部门、业务专家的专业优势，打造了业务咨询的新模式。“检答网”自开通运行以来，深受广大检察人员喜爱，

截至2019年12月底，已开通用户约21万人，日均访问量超10万人次，峰值在线人数达1万余人，并呈上升趋势。检答网共设80余个栏目，上传信息2000余条，日均咨询问题约200个，解答问题约180个，累积咨询问题4.9万余个，解答4.7万余个，解答率达95.9%，《人民日报》《检察日报》《法制日报》等媒体进行多次深入报道。2019年两会期间，检答网被写入2019年最高人民检察院工作报告，成为人大代表、政协委员热议的“网红”平台。2019年5月，检答网被中国信息协会评为“2019中国政府信息化管理创新奖”。2019年7月，检答网被电子政务理事会评为“2018年‘互联网+政务服务’先进奖”。针对民事检察、行政检察短板，组织研发“民事行政诉讼监督案件互联网咨询平台”，力求把最高检、各省级人民检察院的业务专家全部纳入网络平台，依托互联网面向全国广泛开展民事、行政案件专家咨询，达到“智慧借助”的目的，目前已完成基本功能研发和测试，即将试点运行。为落实最高检提出的“群众来信7日内程序回复、3个月内办理过程或结果答复”要求，2019年12月，全国检察机关网上信访系统2.0版正式开通，全国四级检察机关依托系统可对受理的每一件信访、每一个办理环节的网上录入、流转、跟踪督办和查询、反馈，实现全流程、信息化管理，更好地解决了人民群众的诉求，提高了信访件的办理质量、效率和规范化水平。

四　深化“互联网+检察”，检察服务能力实现质的飞跃

2019年9月，“12309中国检察网”的上线运行实现了检察服务“一网通办”，检察机关对外服务水平有了质的飞跃。“12309中国检察网”整合了案件信息公开网、网上信访平台、检察服务中心网站等多个网站，包括案件信息公开、网上信访等七大块、二十五项具体功能，集信息公开、办事服务、监督意见等功能为一体，具有网站、手机App、微信公众号和热线电话四种服务方式。通过“12309中国检察网”，畅通了为民服务渠道，实现了检察办事服务互联网上“一个窗口”办理，为每一件群众来信都在七日内程序回复、三个月内完成办理过程或结果答复提供了有力技术支撑。截至2019年11月，已发布程序性信息1100万余条、重要案件信息75万余条，公开法律文书499万余份，收集信访信息1万余条、公益诉讼线索140余条，有力提升了检务公开和服务水平。2019年11月，“12309中国检察网”被电子政务理事会评为“2019年政府网站网上办事精品栏目奖”。作为切实的为民服务措施，“12309中国检察网”的投入使用，实现了检察机关“一个窗口”统一对外提供服务，为“群众来信件件有回复”提供有力的技术支撑。

五　推进数据共享，业务协同能力得到强化

一是根据《“十三五”国家政务信息化建设规划》，按照国家发改委要求，会同最高法、司法部深入推进作为国家政务信息化“六大系统”之一民主法治信息化工程建设，规划了刑事、民事、行政等业务案件协同办理平台，将推进部门间业务协同和数据共享作为

主要建设任务；二是积极配合推进政法跨部门大数据办案平台建设，扎实推进检察机关试点应用，上海、江西、四川、浙江、贵州等检察机关已实现与政法委跨部门大数据办案平台互联。依托统一业务应用系统，主动与最高法、司法部信息化部门进行沟通，梳理信息数据共享的需求，积极推动数据共享工作，并制定政法协同子系统建设的指导方案，力求通过建设政法协同子系统，打通检察机关与其他政法单位的信息系统壁垒，实现跨部门业务协同数据的流转和一体化办案；三是将制定数据中心建设标准规范、开展省级数据中心试点示范建设列为2019年重点督办事项，选定试点单位积极推进相关建设工作，组织完成《检察信息资源目录编制指南》的编制，并选定试点省份做好数据资源上架，为推动全面信息数据共享打下基础。

六　制定安全措施，安全保障能力得到强化

编制《检察机关网络安全应急处理规范》，建立检察机关网络安全事件分级分类标准。制定《全国检察系统网络与信息安全信息通报工作规范》，加强检察机关在信息通报中的联动能力。印发《检察工作网安全保障系统建设指导意见》强化检察工作网安全防护体系建设。根据《关于开展关键信息基础设施安全保护工作的指导意见》，组织推荐关键信息基础设施。组织完成6个信息系统安全风险评估，提升了信息系统和数据信息的安全防护能力。

（最高人民检察院检察技术信息研究中心）

2019年最高人民法院电子政务发展概况

2019年是决胜全面建成小康社会的关键之年，也是全面深化智慧法院建设之年。最高人民法院坚持以习近平新时代中国特色社会主义思想为指导，认真贯彻最高人民法院党组决策部署，在总体设计、电子卷宗、执行信息化、电子诉讼等方面重点发力，全面深化智慧法院建设，有力促进了审判体系和审判能力现代化。

一　突出信息系统总体设计作为顶层设计的关键环节，全方位推进系统融合和智能化建设

全面梳理最高人民法院现有信息系统建设现状，围绕系统融合及智能化建设，制定总体设计方案，指导现有信息系统融合升级，为最高人民法院信息化可持续发展提供体制机制及系统性方法。基于《国家“十三五”信息化发展规划》要求，协同多部门开展重大工程框架方案编制和申报工作。以全面满足验收要求为目标，推动“多元智能化诉讼服务及审判执行关键技术研究”项目按照研究计划完成研究任务。以“十三五”科技

创新成果集成试验为重点，推动智慧法院实验室进入实质化运转。成立人民法院科技创新项目服务办公室，编制并发布《人民法院科技创新重大项目研究指导意见》《人民法院“十三五”科技创新重大项目核心成果应用与集成总体方案》，编制完成《面向2035年的智慧法院领域科技发展战略研究报告》，推进科技创新工作全面发展。开展全国智慧法院建设评价工作，系统分析法院信息化建设和应用成效。健全人民法院信息化标准体系，发布标准14项，目前已经累计发布信息化标准99项。

二　夯实电子卷宗全过程流转作为办案辅助的基础支撑，全方位提升审判智能化能力

持续推进电子卷宗随案同步生成和深度应用，有效提升法官审判质效。截至2019年年底，全国已有3255家法院建设电子卷宗随案同步生成系统，占全国法院总数的93%。研发完成立案风险自动拦截系统、敏感案件自动标识预警系统，在办案系统新增案件智能画像和卷宗自动归档模块，完成民事三类案由要素式智能审判系统研发，并在最高人民法院、三个高级人民法院及其辖区各一家中基层法院上线运行。大力支持知识产权法庭信息化建设，建设裁判规则库、智慧庭审系统等一系列应用，梳理电子卷宗随案同步生成和深度应用的全流程技术环节，以单个案件为例对知产法庭全流程无纸化办案环节进行流转应用。上线应用重大敏感案件监管平台，已实现四级法院重大敏感案件层报、审批、移送立案，为提高重大敏感案件审判质效，维护社会和谐稳定提供了重要支持。建设人民法庭信息网和人民法庭工作平台，截至2019年年底，共接入法庭10714家，完成200多万案件数据采集，全面展示人民法庭工作情况。上线应用国际商事法庭案件办理功能，以信息化成果快速支持业务审判需求。

三　推进执行案件流程管理系统智能化升级，全方位提升执行智能化能力

升级执行案件流程管理系统功能，提高执行工作智能化。利用信息提取、GIS（地理信息系统）、区块链等技术，在执行案件流程管理系统新建案件信息自动校验回填、执行节点自动提醒、执行文书自动生成、违规行为自动冻结功能。研发上线区块链存证系统、终本案件动态管理平台，实现现代科技与执行工作的深度融合，切实发挥信息技术减负增效作用，并在16家高级人民法院及其辖区所有法院上线使用，让信息化成果为执行工作保驾护航。执行查控系统进一步增强，达到上线查询3956家、冻结3947家、扣划3902家。截至2019年年底，全国法院使用“总对总”网络查控系统共查询案件7536万余件，成功冻结银行存款8255亿余元。进一步完善联合惩戒系统，在税务和民政领域进行联合信用惩戒，全国法院公布中的失信被执行人571余万例，限制3750余万人次购买飞机票，限制636余万人次购买列车软卧等火车票，有效破解了规避执行的难题。全国法院网络拍卖量175万余次，成交额10147亿元，标的物成交率65%，溢价率95%，在

高风险的司法拍卖领域实现了违纪违法零投诉。为更方便、精准、快捷地获取财产处置的参考价，上线全国法院询价评估系统，用户总数达12000多个。

四　以移动微法院推广及诉讼服务指导中心建设为牵引，全面提升诉讼服务智能化和易用性

建设推广应用移动微法院，利用移动互联网全时空在线的优势，实现移动诉讼服务“一网通办、一站全办”，引领诉讼活动跨区域、跨层级联动办理新格局，切实让当事人和法官感受到了“指尖诉讼、掌上办案”的便利。截至2019年年底，全国31个高级人民法院和新疆生产建设兵团分院均已开通移动微法院并上线运行，全国法院于2019年9月底前实现跨域立案全覆盖，中国移动微法院累计实名用户量86万余人，日均访问量次超过46万次，办理网上立案120万余件，网上送达文书超过386万份，通过中国移动微法院已开展跨域立案23740件，其中民商事21030件，极大减轻了当事人的诉讼负担，提升法院审判质效。建成最高人民法院诉讼服务指导中心信息平台，可实现对“四位一体”诉讼服务的集约化管理以及实现对全国四级法院诉讼服务大厅、诉讼服务网、中国移动微法院、12368诉讼服务热线诉讼服务成效情况进行综合管理，全面提升人民法院诉讼服务的能力和水平。实现了最高人民法院本级非诉档案（电子公文）汇聚、管理；诉讼档案实现了全国汇聚的能力，打通最高人民法院电子公文归档技术通道，实现从办公平台、大数据平台、档案系统和全国四级法院电子档案系统一键归档。

五　构建人民法院知识型数据生态模式，全面提升司法管理决策科学化水平

积极研发智能化组件，提升大数据平台人机交互智能化水平，大数据平台功能菜单页面实现100%的语音调度支持，并支持不少于3项核心功能的深度语音调度。加强数据资源联合开发，构建司法大数据知识服务平台，形成知识生成、管理与应用机制及知识型数据应用服务。研发司法警察综合管理平台、外事管理系统，建设人民法庭信息网和人民法庭工作平台，上线应用国际商事法庭案件办理功能和老干部管理服务等系统，加快实现司法管理智能化建设。推进最高人民法院办公系统升级改造，打造移动办公平台以及即时通信平台等，进一步构建“智慧行政一体化平台”并逐步向全国各级法院推广，全面提升全国法院行政办公效率及智能化水平。建成全国统一“司法链”平台，加强区块链技术在法院信息化中的应用，已完成法院、国家授时中心、多元纠纷解决平台、公证处、司法鉴定中心等27个节点建设，2019年年底，合计上链数据已超过3.27亿条，全面保障法院数据安全。开展“数助决策”试点工作，提升精细化管理水平和社会治理能力。形成140余份专题报告，不少报告被中共中央办公厅采用报党和国家领导人参阅。公开发布了《金融诈骗》《网络犯罪》等专题研究成果，取得良好的社会反响。

六　扩展全国法院智能化云服务范围，统筹智慧云网一体化建设

建设“人民法院智慧云平台”，实现传统基础设施在云平台上的统一调度管理，为全国法院智能化云服务做出示范。研发人民法院智能语音云平台，实现多功能的共享与应用。统筹智慧云网建设，完成人民法院一级专网的架构转型和带宽扩容。为适应敏捷网络和高可靠性的要求，将人民法院一级专网由星形结构升级为环形结构，同时将31个高级人民法院和新疆生产建设兵团分院的接入带宽增加了两倍，建成支撑云网一体和智能化应用分布式部署的环形骨干网络，实现了人民法院数据中心骨干网络的高可靠（99.99%），同时新增加了域名解析、流媒体分发等网络服务，为实现全面建成智慧法院目标提供了重要基础支撑。

七　完成各项基础设施建设与改造，做好智慧法院建设保障工作

全力推进人民法院庭审语音智能化建设，实现信息化建设全覆盖和实用化。完成最高人民法院机关和巡回法庭34个科技法庭庭审语音识别系统的安装部署，保障庭审1100余次。实现知识产权法庭异构语音平台的对接试点，支撑知识产权法庭异构语音平台的应用。完成一级专网在线割接跨单位跨层级项目，实现了人民法院骨干网络的高安全性和高可靠性，保障人民法院一级专网全国40个节点近400条电路的在线割接顺利完成。开通三大运营商电子诉讼找人专线，服务全国法院诉讼服务和电子送达，切实为助力解决全国法院送达难创造条件。建设远程视频行政应诉平台，保障智慧法院建设工作持续开展。完成多场所的安全设施改造工作，提升机关部分场所安防水平。

八　强化质效型运维理念和推广管理平台应用，推进质效型运维体系在人民法院全面落地

实现最高人民法院质效运维管理体系全面科学化运转，优化完善运维机制及信息系统全生命周期管理，建立质效评估闭环模式，进一步提升质效运维评估能力。实现对最高人民法院3个办公区、6个巡回法庭、知识产权法庭、国家审判信息资源管理中心、联通云、首信云的全面覆盖，实现“三位一体”质效型运维体系良性运转，并指导全国高级人民法院及部分中级人民法院建设可视化运维平台及质效运维体系。深化可视化质效运维平台的分析可视化能力及语音调度能力，实现平台化和模块化管理。实现基础设施总体监控和自有设备覆盖率均达到95%；应用系统总体监控覆盖率达到80%，其中核心应用监控率达到100%；数据资源总体监控覆盖率达到75%，其中核心数据资源监控率达到85%。

九　加强网络安全整治和重要业务安全防护体系构建，全方位保障人民法院信息网络安全

人民法院积极开展法院专网网络安全专项整治工作，筑牢法院专网安全边界。通过对跨网信息交换设备和使用模式的规范化，有效提升了法院专网网络安全性；实现多种大数据平台安全保护措施，构建重要业务系统安全防护体系样板。确保信息化建设与信息安全体系同步发展，建立健全网络与信息安全通报机制，组织全行业的网络安全自查工作，确保信息网络的安全可控和正常运行。

2020 年是全面建成小康社会收官之年，也是深化完善人民法院信息化 3.0 版、全面深化智慧法院建设的攻坚之年。最高人民法院将坚持以习近平新时代中国特色社会主义思想为引领，以智能化为重点大力推动“智审、智执、智服、智管”建设，推进全面深化智慧法院建设迈上新的台阶，更好地实现人民法院司法为民公正司法，努力让人民群众在每一个司法案件中感受到公平正义！

2019 年教育部电子政务发展概况

2019 年在国务院办公厅电子政务办公室指导下，教育部电子政务工作取得重大进展。

一　教育部“互联网 + 政务服务”一体化在线政务服务平台

2019 年，教育部全面推进“互联网 + 政务服务”，建设教育部一体化在线政务服务平台。该平台是全国一体化在线政务服务平台的组成部分，是教育部网上办事大厅的支撑环境，已经完成了全部 8 项行政许可事项的整合，实现了教育部留学服务中心国（境）外学历认证、就业指导中心学历认证、学位中心学位认证三项社会关注度比较高的公共服务事项办理集成，与国家政务服务平台统一身份认证等 5 大类系统进行了对接。机关业务司局已经利用平台实现网上办理政务业务接近 2000 项，公共服务累计服务社会公众约有 15 万余人次。另外，国（境）外学历学位认证业务还通过国家政务服务平台的共享，更大程度上实现了让数据多跑路，群众少跑腿，优化了服务流程，大幅提高了服务效率，大大方便群众办事，为实现教育政务服务的“一网通办”奠定了基础。

在技术支撑方面，开展电子印章、电子证照等公共支撑体系建设，电子印章已经完成系统建设及与国家政务服务平台的对接，开始为试点单位提供电子制章等服务。

二　教育部“互联网 + 监管”平台

2019 年 8 月，开始进行教育部“互联网 + 监管”平台建设，按照国务院办公厅要求

试运行国务院办公厅监管工作门户及各个子系统，依据教育部监管事项目录清单，收集、填报并整理汇聚约 30 万条监管对象，1381 条监管行为数据，884 条其他行为数据。

三　国家教育管理信息系统关键应用

（一）支撑国家个税改革

全国学前教育管理信息系统、全国中小学生学籍信息管理系统、全国中等职业学校学生管理信息系统完成个税改革配套功能的开发和部署，为国家个税改革提供了必要的数据支撑，目前中小学学籍系统在校生家庭成员信息补录比例已达到 89.66%；中职系统在校生家庭成员信息补录比例达 42.14%；学前系统信息补录功能已完成全国部署。

（二）中小学学生跨省转学

全国中小学生学籍信息管理系统的跨省业务在中央统一办理后，减少中间技术环节，进一步提高了办理效率，使学生家长免于往返各地办理转学手续，节省了大量的时间和费用。截至 2019 年年底，系统已采集 2.7 亿学生（含毕业生），累计完成跨省转学超过 644 万例。

（三）支撑教育精准扶贫

全国学生资助管理信息系统已完成与国务院扶贫办、民政部和中国残联的数据共享及比对分析工作。共比对出 1248 万建档立卡学生、约 94 万残疾学生、520 万城乡低保类学生、3 万特困救助供养类学生和 13 万孤儿类学生，保障贫困学生资助。全国中小学生学籍信息管理系统，协助基础教育司推进控辍保学工作，通过与公安部国家人口信息库适龄少年儿童、扶贫办建档立卡信息进行比对，形成了精准到学生个体的全国控辍保学工作台账，为控辍保学、扶贫攻坚工作提供精准数据支撑。

（四）为机关单位提供业务决策服务

全国中小学生学籍信息管理系统为义务教育质量监测、城乡义务教育补助经费测算、高考报名学生信息比对、义务教育大班额统计、高中校额班额统计、外国语学校高中学生数据统计等提供数据支撑。为控辍保学工作开展提供数据支撑。

全国学生资助管理信息系统为推进资助系统全国应用，每月统计系统应用率情况；为学生资助资金预决算提供统计分析；为学生资助业务监管提供统计分析。

教师系统为职成司、体卫艺司提供教师数据支撑，便于各业司了解工作开展师资情况。

全国中等职业学校学生管理信息系统为教育部精准扶贫相关工作提供了数据支撑。

（五）为省级教育行政部门提供业务数据应用服务

全国中小学生学籍信息管理系统、全国中等职业学校学生管理信息系统及全国学前教育管理信息系统为省级教育行政部门提供了跨教育阶段学籍查重、全国学籍查询、跨省学生学籍情况统计等数据应用服务全国中小学学籍管理信息系统，更为了便于各级教育行政部门更好地利用学籍系统指导工作、加强监管提供了“辍学情况”“大班额”“随迁子女”“留守儿童”等业务监控功能，充分利用学籍系统如实记录学生就学情况的特点，为各级教育行政部门服务。

四　为中央部门和地区提供业务数据共享应用服务

（1）按照国务院政务公开要求，全国中职学生管理信息系统和全国中小学生学籍管理信息系统在国家数据共享交换平台中提供了“学籍信息查询服务”。

（2）全国学生资助管理信息系统为扶贫办提供三区三州、建档立卡等中职学生基本信息。

（3）国家学生体质健康标准数据管理与分析系统为全国精神文明城市评比、全国卫生城市评比、国民学生体质健康调研、学校体育发展工作报告等相关行业和单位，提供学生体质健康数据支撑服务。

（4）来华留学管理信息系统为外交部及移民局提供数据共享服务。

五　国家教育管理信息系统数据质量改进

通过与公安部人口库进行数据共享，在中小学学籍、中职学生、学前信息系统开展的跨学段查重认证服务，实现学生学籍信息精准把控，为系统深入应用奠定基础。

六　信息技术标准

2019 年 12 月，按照国务院办公厅电子政务办的电子证照标准规范编制工作任务分工（国办电证〔2019〕51 号），教育部组织学历和学位电子证照标准编制，完成了相关技术标准草案。

（1）《国家政务服务平台 电子证照 学历证书》标准草稿；

（2）《国家政务服务平台 电子证照 学位证书》标准草稿；

（3）《国家政务服务平台 电子证照 国（境）外学历学位认证书》标准草稿；

（4）《国家政务服务平台 电子证照 教师资格证书》标准草稿；

（5）《国家政务服务平台 电子证照 普通话水平测试等级证书》标准草稿。

（教育部教育管理信息中心）

2019 年公安部电子政务发展概况

2019 年，公安部深入贯彻落实习近平新时代中国特色社会主义思想和党的十九大精神，牢牢把握推进国家治理体系和治理能力现代化总目标，以公安大数据智能化建设为关键抓手，围绕中心、服务大局，着力深化改革、全力攻坚克难，推动公安部电子政务发展迈出了新步伐，有力地支撑了各项业务工作和公安改革的全面深化，为维护改革发展稳定大局、促进社会公平正义、提升人民群众幸福感做出了积极贡献。

一　强化顶层设计，统筹推进公安部电子政务建设

公安部党委高度重视信息化建设应用和电子政务发展，加强顶层设计，统筹推进电子政务建设提质增效。一是强化政策引导，加大统筹力度。2019 年 7 月，公安部出台《公安机关服务经济社会发展服务企业群众 60 项措施》，梳理与“放管服”改革不相符的现行制度，开展“立改废”工作。同年 12 月，召开全国公安科技信息化暨大数据智能化建设工作会议，全面部署大数据智能化建设应用工作。二是强化公安部机关信息化项目管理工作体系。拟定了《部机关信息化项目统筹采购管理工作规程》，建立基础软硬件统一采购机制；会同应急管理部，组织 12 个参建部委，编制完成《公共安全信息化工程框架方案》；进一步统筹公安部机关信息化建设项目第三方检测安全等级保护测试、密码应用测试工作，进一步完善了项目管理工作体系；对公安部本级重大信息化项目，按季度通报督导，及时跟踪掌握项目进展情况，协调解决项目推进过程中的难点问题，为快速推进项目执行提供了机制保障。

二　细化防范措施，完善安全保障体系建设

一是制定《公安部贯彻落实〈网络安全工作责任制落实工作指标〉任务分解及分工方案》，明确了网络安全工作机构、新建信息化项目网络安全指标、年度网络安全检查范围、网络安全重大事项报告等重要制度安排。二是制定《公安部机关网络安全工作考核基本要求》，明确了对部机关和直属单位年度网络安全考核工作的内容和指标要求。三是以部名义印发《公安网络安全事件应急预案》，明确了网络安全事件应急处置工作原则、领导机构、责任单位，建立了四级预警和四级应急响应体系。四是按照国家密码管理局要求，组织对网络安全等级保护三级以上的在用信息系统密码应用情况进行了普查。五是调查摸底部机关各业务局信息系统等级保护定级备案情况，完成相关信息系统的网络安全等级保护专家定级评审。

三　促进数据共享，优化完善政务数据资源体系

一是深入推进部门间信息共享协作。开通了与民政部、自然资源部、税务总局、市场监管总局、工业和信息化部、商务部的专用共享链路；依托部门间信息共享与服务平台向人民银行、最高人民法院等10余个单位提供日常核查、批次核查服务，日均服务量约2500万条。二是全力推动国家人口基础信息库应用。截至2019年年底，国家人口基础信息库累计提供各类共享服务应用44亿次，其中通过国家数据共享交换平台为31个省市、27个部委近200个业务系统共提供约6亿次接口服务，已成为全国政务信息共享调用频次最高的共享数据服务接口。

四　聚焦"一网通办"，全国一体化公安政务服务体系初步形成

各级公安机关围绕"一网通办"目标，认真谋划，强力推动，促进公安政务服务提质增效，初步形成上下协同、条块联动的公安机关在线政务服务体系。一是公安部"互联网＋政务服务"平台正式上线。2019年8月1日，公安部召开新闻发布会，通报公安部"互联网＋政务服务"平台上线，公安部"互联网＋政务服务"平台汇聚3个部门警种和26个省级公安机关政务服务事项900余项。截至2019年年底，累计办理业务40余万笔，为接入平台提供网上身份认证服务1.3亿次。二是各省级公安机关政务服务平台建设对接工作明显提速，2019年，辽宁、上海、山东、广东、云南、贵州、宁夏、新疆等26个省、自治区、直辖市公安厅局建成省级政务服务平台并与公安部"互联网＋政务服务"平台实现对接，扩大了全国公安机关政务服务一体化的广度。三是部门警种加强条线统筹和业务指导，全程网办取得新提升。督察审计局开通网上信访大厅和12389举报平台，进一步拓展了群众举报和信访渠道；治安管理局积极指导各地公安机关优化办理流程、减少办理环节、缩短办理时限、改进服务质量；网络安全保卫局的计算机安全专用产品销售许可备案系统实现销售许可备案全流程网上办理，互联网安全管理服务平台有效解决了互联网服务单位人机分离、异地托管带来的备案难问题；交通管理局依托互联网交通安全综合服务平台、"交管12123"App等"互联网＋"服务窗口，积极推行业务"网上办、掌上办"，实现了130余项交管业务"零距离"服务；禁毒局加快统筹全国统一的易制毒化学品管理系统建设，着力解决现有信息系统分散、企业许可证登记备案不方便等突出问题；国家移民管理局充分彰显新机构新作为，先后推出了出入境证件全国通办、出入境证件身份认证服务等应用，社会反响热烈，受到广泛欢迎。

五　坚持需求导向，便民惠警应用取得新成效

各地公安机关坚持"以用户为中心、以需求为导向"的服务理念，主动顺应互联网时代发展趋势，积极运用互联网思维创新应用模式，涌现出一大批群众叫好、便民惠警的公安样板工程和品牌应用。浙江上线"浙里办"公安专区，群众凭借有效身份证件，

即可实现 144 项公安民生事项“一证通办”，其中包括 73 项“零次跑”、45 项“零材料”、29 项可“秒办”、22 项“零录入”；安徽推出支持皖、沪、浙、苏四地牌照的“一键挪车”服务，日均挪车 3000 次，并实现大数据智能预警，大幅减少了 110 指挥中心移车警情；广东打造“小程序 + 公安身份核验”的服务模式，无须安装 App 和重复注册账号，仅在小程序中刷脸即可“零门槛”办理全省政务民生服务；湖北提供“乘车报备”服务，出门乘车群众可在线向公安机关报备乘车信息，托付安全，震慑犯罪；陕西推出了“证件到期提醒”，主动向身份证、驾驶证临到期的群众发送免费短信提醒；云南设立 136 个自助便民服务超市，覆盖 129 个县（市、区），配备多警种自助办理设备，实现了公安窗口服务从“8 小时”到“全天候”的跨越。以上举措的推行，既提高了企业和群众的办事体验，又减少了民警人工审核的工作量，促进了效率提升、办事减负，取得了既便民又惠警的良好成效。

（公安部科技信息化局）

2019 年民政部电子政务发展概况

2019 年，民政部以习近平新时代中国特色社会主义思想为指导，落实党中央、国务院关于建设网络强国、数字中国、智慧社会的战略部署，紧紧围绕民政事业改革创新发展总要求，牢固树立“民政为民、民政爱民”工作理念，加强民政电子政务建设统筹，加快推进信息技术与民政工作深度融合，全面开展金民工程项目等重大信息化项目建设，着力推动“互联网 + 民政服务”，持续增强大数据分析决策能力，民政电子政务工作得到较快发展。

一　大力加强网络安全和信息化体制机制建设

充分发挥民政部网络安全和信息化领导小组的统筹协调作用，多次召开网信领导小组会议研究网络安全和信息化工作重大问题，强化网信工作的统一归口管理，持续推进标准化、制度化建设，不断健全项目统筹、业务衔接、资源共享、运行保障一体化工作机制。民政部网信办（信息中心）围绕金民工程建设做好过程管理、质量管理，启动试点工作，与各部门围绕业务需求进行密切沟通协调，推动形成系统共建、数据共享、业务协同的工作格局。

二　持续深化电子政务顶层设计和完善标准体系

2019 年，民政部认真贯彻落实党中央、国务院关于网信工作重大决策部署。加强顶层设计，坚持“一盘棋”布局、“一张网”建设、一体化发展，推动构建上下协同、创新驱动、优质高效、规范统一的“互联网＋民政服务”业务、技术、服务、标准体系。持续完善民政信息化标准体系，研究编制《民政数据共享交换服务要求》《民政数据质量评价规范》《民政信息化标准指南》《民政信息结构通则》《应用支撑平台目录服务规范》等5项民政信息化基础标准草案，组织编制金民工程22项标准规范，正式发布结婚证、离婚证、社会组织登记证书等电子证照工程标准，推进民政网信工作向着体系化、集约化、标准化、精准化方向发展。

三　加快推进重大信息化工程项目实施

认真组织开展重大信息化工程项目实施，严格执行各项规章制度，建立健全项目组织管理体系，按照全国民政信息化建设“一盘棋”和“一张网”思想，科学规划、一体推进项目建设，取得阶段性进展，为后续工作打下良好基础。积极推进金民工程项目建设，各项建设任务稳步推进，充分借鉴信息化领域专家和地方民政部门信息化建设经验，完成应用系统需求分析，深化设计和编码开发，进入第三方软件测试阶段。印发《金民工程一期项目试点工作方案》，按照试点先行、总结经验、全面推广的工作步骤，确定了上海等9省（自治区、直辖市）和1个计划单列市为第一批试点地区，目前，已启动第一批金民工程试点工作。编制了社会组织电子证照工程标准，完成登记、年检、执法、党建、互联网监管等业务系统，初步完成与国家信息中心、国家政务服务平台系统对接，实现全国社会组织基础数据的共享公示。2020年，全面开展金民工程推广应用工作，积极推进国家社会组织法人库项目建设。

四　深入开展“互联网＋民政服务”融合创新

贯彻落实《“互联网＋民政服务”行动计划》（民发〔2018〕60号）文件精神，积极开展“互联网＋”与社会组织、社会救助、殡葬服务、社区建设、地名服务、养老服务、儿童福利、慈善事业、志愿服务等民政业务融合创新；建成民政政务服务一体化平台；与国家政务服务平台服务资源、应用支撑全面对接，制定印发结婚证、离婚证、社会组织法人证等电子证照标准，实现社会组织、行政区划、残疾人两项补贴等政务服务事项“在线查”“网上办”。在“互联网＋社会组织”方面，全面开展社会组织法人库项目建设，夯实登记管理机关信息化综合服务基础，推动《“互联网＋社会组织（社会工作、志愿服务）”行动方案（2018—2020年）》落地，探索与大型互联网企业在社会组织治理方面的合作。在“互联网＋社会救助”方面，充分利用“互联网＋”和大数据等技术，推进社会救助家庭经济状况核对机制建设，助力社会救助精准认定；指导地方省份加大信息化开发力度，开展移动互联网应用，综合利用多种手段向社会公众提供政策解读等服务，公开社会救助相关信息，接受社会监督。在“互联网＋婚姻服务”方面，聚焦群众关切的婚姻登记难点堵点，制定《“互联网＋婚姻服务”行动方案》，大力推动婚姻登记业务一体化、智能化，持续提高婚姻服务信息化水平。在推进“互联网＋殡葬服务”方面，加强殡葬信息化建设，加快殡葬管理服务模式创新，大力发展智慧殡葬，完成全国殡葬管理服务信息系统开发，积极推进殡葬信息化系统在北京等5个省市的应用试点。在推进“互联网+社区建设”方面，加强顶层设计，在城乡社区治理、村级综合服务等工作中，对社区信息化（智慧社区）做出相关任务安排。编制《“互联网+社区”技术标准》和《城乡社区信息化建设标准》，规范“互联网+社区”的基本定义、建设内容、技术架构和实现路径。在推进“互联网+地名服务”方面，依托第二次全国地名普查成果，建成“中国·国家地名信息库”，实现1200万条标准地名信息等向社会公开共享。在推进“互联网+养老服务”方面，加强养老信息化建设，建立完善养老机构业务管理信息系统、全国农村留守老年人信息管理系统等，结合养老院服务质量建设专项行动，开展移动端应用，提供面向社会的养老机构查询服务，推进养老服务相关信息互联互通，完善养老机构备案管理，加强与相关部门工作协同和信息共享。在推进“互联网+儿童福利”方面，依托金民工程，对全国儿童福利信息管理系统、全国打拐解救儿童寻亲公告平台、全国农村留守儿童和困境儿童信息管理系统、全国收养登记管理信息系统等5个系统作进一步优化整合。在推进“互联网+慈善事业”方面，对照新出台的《慈善组织信息公开办法》要求，完善“慈善中国”信息平台功能和流程，为慈善组织履行信息公开义务提供平台支撑。持续优化完善全国志愿服务信息系统，为公众、志愿团体参与志愿服务活动提供便捷的渠道和有力支撑。

五　全面提升民政大数据治理能力

一是汇聚民政政务数据，健全完善民政大数据资源体系。加强民政业务数据集中汇聚，分层分类汇聚社会组织、婚姻登记等9类5.5亿条政务数据，初步形成民政政务大数据资源库。按照不同应用主题，初步形成脱贫攻坚、婚姻登记、儿童福利等专题数据库。二是深化民政大数据应用，提升决策支持能力。研发大数据分析平台，搭建民政大数据“一张图”原型系统，形成脱贫攻坚、婚姻、儿童福利等4类专题数据库。定期对低保、特困、建档立卡、大（重）病和火化证明等数据开展多维度统计分析，逐步形成业务化应用模式。三是加快实现系统互通、数据共享。与中国残联密切合作，推动实现残疾人两项补贴“三跨”协同应用，将残疾人两项补贴事项纳入国家政务服务平台移动端，实现残疾人两项补贴“网上查”“网上办”。打通残疾人两项补贴系统、低保系统、留守儿童系统间数据接口，实现“底层通”，系统间实现相互调用身份信息进行核验。四是推进民政数据资源共享开放。贯彻落实国务院部门数据共享责任清单（第二批），完成社会组织、收养登记、涉外婚姻等数据共享，依托国家数据共享交换平台，累计为各级政府部门政务服务事项办理提供600余万次数据查询核验服务。打通与最高法、公安部、卫健委、自然资源部、国务院扶贫办、残联、税务总局等9部门数据共享通道，为脱贫攻坚、个税改革、孤儿助学、不动产登记等跨部门业务协同提供数据支撑。

六　不断夯实网络与信息安全基础

一是持续提升信息化基础支撑能力和水平。按照民政部政务云平台整体框架，进行资源扩充，搭建数据库集群和数据备份系统，构建民政数据共享交换区，对网络支撑环境进行优化改造，为民政信息化快速发展提供保障。贯彻落实《网络安全法》和网络安全等级保护制度，完善部网络与信息安全通报机制，定期召开通报机制联络员会议。参加国家网络安全攻防演习，组织邮件系统攻击与监测及钓鱼邮件攻击演练，开展国家网络安全周系列宣传活动，举办民政部网络安全培训并观看网络安全警示教育片。二是加强安全隐患排查和问题整改。组织开展民政部重要数据和公民个人信息泄露安全隐患排查专项整治工作，指导督促网络安全审计中存在问题的直属单位完成审计整改。三是全力做好重大活动网络安全保障。统筹谋划，印发工作通知，强化防护措施，加强监测预警、值班值守和信息通报，圆满完成了“国庆70周年”、两会等重大活动网络安全保障任务。

（民政部信息中心）

2019年人力资源和社会保障部电子政务发展概况

2019年，人力资源和社会保障信息化工作以习近平新时代中国特色社会主义思想为指导，围绕人力资源和社会保障中心工作，积极落实金保工程二期项目实施任务，加快推进社会保障一卡通、大数据、“互联网＋人社”等重大规划部署，保障重点改革任务落实到位，取得明显成效。

一　加快落实重点项目建设及“互联网＋人社”行动计划

加快推进金保工程二期建设，完成业务协同、公共服务信息、外部数据交换三大平台建设任务，启动就业、社会保险、劳动关系、人才人事四个核心业务系统开发工作，视频会议系统改造、异地就医结算、公务员考试报名、人社扶贫信息平台等建设成果初见成效。加快实施“互联网＋人社”行动计划，推动各地提升信息化便民成效，形成了一批可持续、可推广、可复制的实践方案和发展模式。举办“互联网＋人社”现场会及培训班，总结推广浙江“最多跑一次”、南宁“一网通办”及海南、青岛等地电子社保卡建设经验，推动落实行动计划。

二　全面推广社会保障一卡通

截至2019年12月底，全国持卡人数13.05亿人，普及率93.2%，提前完成“十三五”发卡任务。23个省份启动第三代社保卡建设，发放3547万张。推进电子社保卡签发，所有地市开通电子社保卡签发服务，累计签发9092.5万张，162个地市上线移动支付功能。拓展社保卡应用，推动在养老保险、人事考试等重点领域“一卡通”应用。深入开展“提升社保卡服务能力”行动，进一步压缩制发周期，优化社会保障卡管理服务，改进持卡库建设工作。支持海南、雄安、深圳建立以社保卡为载体的“一卡通”服务管理模式。

三　积极推进人社扶贫信息化

加快推进人社扶贫信息平台建设，支持地方全面掌握贫困人员基本情况，实现对贫困人员及三区三州等深度贫困地区及重点群体帮扶情况的动态跟踪和分析。继续与国务院扶贫办定期交换建档立卡贫困人员信息，完成就业、社保等扶贫数据比对工作，为各地精准扶贫提供数据支持。

四　切实落实人社系统行风建设任务

推进人社政务服务平台建设，与国务院建设的国家政务服务平台实现对接，开通“掌上12333”移动应用，现已实现139项人社服务的“移动办”“指尖办”。完成人社业务协同平台部省对接工作，制定人社系统跨层级共享访问流程，已向各地开通24个共享服务接口，为各地精简服务流程和办事材料提供支持。以“智慧人社、智慧服务”为主题，成功举办第8届12333全国统一咨询日活动。全年全国12333话务总量超1亿人次，部级12333短信平台为群众发送服务短信近1000万条。建成外部数据交换平台，与公安、财政、税务、教育、民政、司法、扶贫、交通等部门开展数据共享。

五　全力保障重点改革任务

初步建成国家社会保险公共服务平台，面向参保人提供全国性、跨地区的“一网通办”社保服务，现已开通9类19项服务，总访问人次超过3000万。为加快推进多层次养老保险体系建设，充分发挥养老保险第三支柱作用，重点推进第三支柱个人养老金管理服务信息平台建设，在福建省开展可行性验证，完成商业银行开展对接测试工作。保障跨地区系统稳定运行，当年累计办理社保关系转移业务163万笔，异地居住退休人员资格认证50万人次，养老保险参保待遇状态比对查询1亿余人次。做好机构改革的技术保障，指导各地建设社保费信息共享平台。保障国家异地就医结算系统平稳运行，累计结算377万人次，有效解决异地就医参保人“跑腿垫资”等问题。完成中央机关及其直属机构2020年度公务员招考、公开遴选和选调公务员等报名工作，累计网上报名210余万人次。

六　深入开展人社数据应用

建设人力资源和社会保障监测指挥平台、数据管理平台，开展大数据应用，为养老全国统筹、社保基金风控、全民参保、清理挂证等提供数据支持。建设人社信用信息采集系统，推动人社信用评价模型应用，支持重庆创业担保贷款试点工作。开展数据综合分析和比对核查服务，利用联网监测、人口库等数据，全年累计为部内司局、地方人社部门、政府其他部门提供比对核查服务 80 余次，涉及数据 10 亿余条。完成数据共享交换平台建设。截至 2019 年 12 月底，人社部 17 个共享接口被其他部门调用 93.5 万次；与教育、公安、民政、卫健、扶贫办 5 部委已对接 13 个共享接口，部内司局累计调用近 1000 万次，支持告知承诺制、扶贫、优化营商环境等重点工作。印发《人力资源社会保障行业跨层级信息共享访问流程（试行）》（人社厅发〔2019〕163 号），涉及人社、教育、公安、民政、卫健、扶贫办、移民等 24 个接口开放给各地，推进人社部门各层级及人社部门与其他部门的信息共享和业务协同。建成部级全民参保登记库，各地累计上报 13.7 亿人员基础信息、33.9 亿条参保信息。中国公共招聘网与全国 292 家公共就业人才服务机构实现联网，累计发布招聘岗位信息 3421 万多条。就业联网监测已覆盖 5.76 亿劳动者数据。养老保险、医疗保险、失业保险、工伤保险、生育保险联网监测数据上报量分别达到 9.25 亿人次、5.93 亿人次、2.21 亿人次、2.42 亿人次和 1.41 亿人次。加强人力资源市场信息监测与分析工作，为分析和研判就业形势提供数据支持。

七　进一步提升网络安全防护能力

指导各地开展电子政务外网建设，加快推进电子政务内网项目主体建设。推动人社部省业务专网改造，提升网络承载能力。举办首次全人社系统网络攻防演练活动，检验了全系统网络安全事件应对能力，提高了全系统安全防护和应急响应处理能力。推进电子认证体系建设，印发《关于全面开展人力资社会保障电子认证体系建设和应用的通知》（人社厅发〔2019〕78 号）。为进一步保障数据安全，印发《人力资源社会保障数据安全管理规范（试行）》（人社厅发〔2019〕37 号）。

（人力资源和社会保障部信息中心）

2019年自然资源部电子政务发展概况

一　总体情况

2019年，自然资源部坚持以习近平新时代中国特色社会主义思想为指导，全面落实《国家电子政务总体方案》《国家信息化发展战略纲要》及网络强国战略、国家大数据战略和“互联网+”行动计划等一系列重大战略部署和文件精神，按照“集约化建设、多元化应用、协同化治理、精准化决策”的总体思路，结合自然资源领域电子政务工作实际，加强自然资源信息化工作统筹，大力推进自然资源数据资源及政务办公、公共服务、不动产登记信息管理基础平台、大数据中心建设与应用，持续拓展深化门户网站、数据共享服务、网络安全等方面的建设和应用，自然资源电子政务建设取得了显著进展。基本建成以自然资源“一张图”数据库为核心的政务数据资源体系，有效支撑了自然资源各项管理业务。行政审批基本实现网上运行，形成了贯穿四级、协同联动的网上办公、网上审批新模式，业务管理与协同能力进一步提高。国土空间基础信息平台初步建成，形成了统一的数据基准、管理机制和应用门户。自然资源确权登记与不动产登记信息管理基础平台覆盖国家、省、市、县四级3000多个登记机构，登记业务办理进一步规范高效。自然资源政务服务体系进一步健全，门户网站作为自然资源部政务公开第一平台，充分发挥了自然资源、网上办事主窗口、政民互动主渠道、新闻宣传的主阵地作用。自然资源信息化基础设施持续完善，信息安全技术防护和安全管理建设取得明显进展，有效地支撑了应用系统和数据的部署、存储、管理和运行，保障了信息安全。

二　主要内容

（一）统筹谋划，加强自然资源电子政务工作统筹

一是统筹推进自然资源电子政务管理机构建设和协调完善运行机制，筹建自然资源部网络安全与信息化领导小组与办公室，明确自然资源电子政务工作机制与管理流程。二是按照国务院机构改革关于自然资源部的新职责定位，开展自然资源信息化顶层设计，统筹整合和谋划原国土、海洋、测绘领域的信息化工作，整体规划自然资源信息化建设的发展方向、实现路径和主要任务，自然资源部印发《自然资源信息化建设总体方案》。三是编制信息化“十四五”战略研究工作方案，明确战略研究的思路目标、指标任务、政策措施和重大工程。四是完善信息化项目的统筹审核机制，对2020年自然资源领域（部级）申报财政资金的信息化项目进行统筹审核和全局把控。

（二）深化整合，不断完善政务数据资源体系

一是紧密围绕自然资源管理各项业务需求，集成遥感影像、地理国情普查地表覆盖数据等 8 类现状数据，永久基本农田、生态保护红线、国土空间规划等 6 类管控数据，土地批、供、用、补、查，矿业权、矿产资源储量等 8 类管理数据，以及人口、GDP 等社会经济数据，初步形成自然资源“一张图”基本框架，持续夯实数据支撑能力，稳步推进“一张图”数据的加工与服务。二是基本建立了数据汇交管理的制度与相关机制，遵循“谁产生、谁负责”的责任机制，实现数据的定时和批量更新。三是全国自然资源“一张图”在部机关各司局、相关事业单位、各级自然资源管理部门范围内实现共享共用，同时推进自然资源“一张图”向农业、林业、环保等部门的共享与服务。

（三）优化升级，完善政务服务体系建设

一是新版自然资源部门户网站实现整合上线运行，部门户网站在政务公开、新闻宣传、办事服务、政民互动等方面的重要作用进一步发挥。二是开展“互联网 + 政务管理服务”系统建设，涵盖土地、矿产、地质、测绘、海洋、其他业务共 6 大类 155 小类业务，推进实现部审批事项“一网”申报、报件合规性“通查通验”、审批结果自动推送。三是初步建立自然资源大数据与决策支持系统，形成自然资源大数据体系和服务于自然资源管理的大数据技术体系，2019 年重点开展围绕房地产专题和矿产资源专题的决策参考和智库应用。

（四）多措并举，整体推动不动产登记业务协同体系建设

一是全国 2852 个县区的不动产登记业务数据接入国家级不动产登记信息管理基础平台，每天实时接收 30 多万条不动产登记信息，为国务院确定的重点国有林区的森林、林木和林地核发不动产权属证书，为国务院批准的项目用海、用岛的登记，各地各类不动产登记，以及全国自然资源确权登记提供各类业务办理、信息查询等便民利民服务。二是国土空间基础信息平台 1 月 25 日上线运行，为相关司局日常业务开展提供支撑。三是不动产登记信息管理基础平台与最高人民法院网络执行查控系统实现联网对接。

（五）夯实基础，完善基础设施体系

一是按照 A 级机房标准建成自然资源网络与数据中心云机房，为数据中心软硬件设备、各类应用系统的安全运行提供了基础保障。二是建成主干线路双 40G 光口堆叠，数据中心服务器双万兆接入，1000M 到用户桌面的自然资源部内网、外网的全新云网络，为各类应用系统运行提供了良好的基础网络环境。三是建成在线、近线、离线、重庆异地备份的云存储和备份体系，实现自然资源信息资源存储统一管理要求，保障自然资源各类信息数据安全。四是自然资源部外网、业务网和内网分别按照国家三级安全防护要求和国家涉密信息系统分级保护机密级（一般）要求进行防护和管理，实现了与国家电子政务外网、国家电子政务内网的互联互通。自然资源部内网通过加密方式延伸到部属

68家直属单位，实现自然资源部OA等涉密数据的实时传输共享，自然资源业务网全面覆盖部属68家直属单位和省级自然资源主管部门，实现视频会议、不动产登记等业务数据的实时传输共享。

（六）提高认识，加强安全保障体系建设

一是开展网络安全评估，先后两次部署专业漏洞扫描系统对各应用系统开展漏洞风险评估，挖掘系统存在的安全隐患。二是部署自然资源部网络安全态势感知平台，全天候监测网站和重要信息系统的安全情况，并对异常情况进行实时预警。三是建立健全网络安全通报预警机制，认真落实“零事件”报告制度，及时通报网络、重要信息系统和门户网站的安全运行状况及网络安全监测情况。

三　下一步工作设想

下一步，自然资源部将继续深入贯彻国家关于电子政务工作的总体要求，按照《自然资源信息化建设总体方案》的任务部署，进一步加强对电子政务建设的统筹、指导和协调，加强技术创新、全面整合和深化应用，重点开展以下几个方面的工作。

一是组织实施《自然资源信息化总体建设方案》，编制全系统年度信息化工作要点，深化信息化“十四五”规划战略研究，进一步统筹推进全国信息化建设。积极落实国家“互联网＋政务服务”“互联网＋监管”要求，加快自然资源数据资源调查和目录体系建设，推进政务信息整合与共享。继续加强自然资源行业网络安全保障工作。

二是全力推进自然资源“一张图”和国土空间基础信息平台建设与应用，初步建成自然资源三维立体“一张图”，建立自然资源和国土空间数据统一管理和服务体系，拓展延伸平台在自然资源系统内的应用和跨部门共用。

三是加快推进“互联网＋自然资源政务管理服务”建设，支撑用地、用矿、海洋、测绘等审批业务“一次认证、一网通办”，按时完成与国家政务服务平台全面对接任务。继续推动不动产登记信息平台、自然资源确权登记信息系统建设，进一步深化信息共享与应用。

四是持续深化和完善自然资源监管业务应用，全面提升自然资源态势感知能力、综合监管能力和形势预判能力。

五是继续开展自然资源网络与数据中心基础环境建设，进一步加强系统分级保护测评，推进业务网及视频会议系统升级改造。

（自然资源部网信办）

2019 年农业农村部电子政务发展概况

在新形势下，农业农村部电子政务工作紧紧围绕党中央、国务院决策部署和国家信息化发展战略规划，以网络强国战略为引领，加强顶层设计和统筹规划，积极创新政务治理和公共服务，不断提升电子政务服务能力，以信息化推进国家治理体系与治理能力现代化。

一　总体情况

经过一年建设发展，电子政务管理更加规范高效，政务服务水平明显提升，"互联网＋监管""互联网＋政务服务"等一批重大工程项目稳步推进，网络安全保障水平持续增强，电子政务工作总体迈上新台阶。一是优化政务流程，全面提升政务运转效率。围绕公文管理、会议管理、值班管理、督查督办、保密管理、信访管理等政务工作，利用信息技术优化重塑业务流程，推进全流程电子化、智能化和平台化，加快整合种植、畜牧兽医、渔业渔政等行业信息系统，推动构建集约整合、协同共享、安全可信的"大系统"，全面提升行政效能。二是创新政务服务模式，助力深化"放管服"改革。大力推进"互联网＋政务服务"建设，将 53 项政务服务事项全部纳入网上政务服务大厅，全面推进"一网通办"。开通运行新版农业农村部官方网站，基础网络和重要信息系统覆盖所有机关司局及在京直属单位，全力推进"网络通、数据通、业务通"，数据共享开放水平大幅提升。三是加强网络安全建设，切实提升网络安全保密能力。加大投入，不断夯实网络安全基石，全面提高人防、物防、技防能力，严格落实等级保护 2.0 等标准要求，防病毒、防攻击、防篡改、防窃密、防瘫痪能力显著增强。

二　具体工作

（一）统筹推进机制建设方面

升格网络安全和信息化领导小组，由原农业农村部党组副书记、副部长任组长，调整为农业农村部党组书记、部长任组长；建立了党委（党组）网络安全工作责任制，实行"一把手"负责制。

（二）政务数据资源体系建设方面

一是开展编目和资源挂接。依据《农业信息基础共享元数据标准》，梳理和编制政务信息资源目录，汇聚 150 余个应用系统的结构化数据资源量，形成万余张数据库表单，对照目录挂接资源，打破数据共享交换壁垒。二是建设国家农业数据仓库。汇聚来自 26 个渠道，包括农村经济、农产品贸易、农产品价格等 23 个数据集市数据资源。三是初步建成政务信息资源“一张图”。依托国家农业农村地理信息服务平台实现部分政务信息资源的可视化发布、数据更新和地图服务。

（三）业务协同体系建设方面

一是强化顶层设计，加快国家数字农业农村发展规划编制，加快推进国家农业农村云、大数据平台和国家农业农村大数据中心建设，整合构建统一的农业农村综合业务系统，构建农业农村天空地一体化观测体系，打造农业农村“一张图、一朵云、一套数、一张网”。二是开发构建高效便捷的综合办公系统，支持无纸化智能办公，简化工作流程，提高业务办理的协同性和高效性。三是坚决杜绝以单个司局、处室名义存在的独立信息系统，按照种植业、畜牧兽医、渔业渔政等十大业务板块持续推进系统整合，利用在建信息系统同步带动整合零星分散小系统，实现业务协同和数据共享。

（四）政务服务体系建设方面

一是加快推进一体化在线政务服务平台建设。构建基于统一网络支撑、身份认证、电子印章、电子证照的一体化在线政务服务平台，实现 53 项政务服务事项在线办理，一网通办。开发移动端 App，实现办理进度查询、统计分析、电子监察等功能，提升人民群众的获得感和满意度。二是加强门户网站建设。门户网站全新改版上线，开通信息公开和数据频道，公开重要农产品价格监测信息；建设直播访谈、网上信访等频道，就热点问题和重点工作回应社会关切。三是完善农业信息服务。强化 12316 监管中心数据资源建设，持续加强知识库、案例库、专家库数据量；优化中国农业品牌公共服务平台，强化品牌信息和资讯的采集和品牌的宣传推广。

（五）基础设施体系建设方面

一是推进基础资源集约化建设。云化升级国家农业数据中心，形成统一的计算资源池和存储资源池，推动信息资源由分散建设向集中统一、资源共享、灵活扩展、按需服务转变。二是提升运维服务专业化水平。建立 IT 运维管理服务平台，统一管理网络资源、计算资源、存储资源和基础设施运维，实现运维管理由被动向主动转变，提供持续可靠服务。三是加快视频会议系统纵深化建设。目前，已完成 34 个直属单位视频会议室建设，实现部内视频会议全覆盖。全国农业农村视频会议系统已建成 2 个主会场、54 个省级分会场、341 个地市级、1800 多个区县级分会场，基本形成了部、省、市（地）、县四级农业农村行政管理部门的视频会议系统。

（六）标准规范体系落实方面

发布《农业行业数据交换技术要求（试行）》《农业信息基础共享元数据标准》2 项

标准，编制了《农业农村部信息系统建设技术规范》，正在编制《农业信息化标准体系》，对规范农业农村部电子政务建设、推进电子政务发展发挥了重要作用。

（七）安全保障体系落实方面

一是强化日常监测防护。实时监测、识别、拦截各类网络攻击，定期开展漏洞检测、渗透测试，强化网络安全大数据应用和威胁感知能力建设，保障官方网站和重要信息系统安全运行。二是严格落实网络安全等级保护制度。贯彻《网络安全法》及网络安全等级保护制度等配套法规，开展信息系统定级、备案、测评、整改等工作，做好关键信息基础设施认定和保护，开展网络安全专项检查，及时发现和整改存在的风险和隐患。三是加强网络安全应急处置。完善网络安全信息通报工作机制，开展网络安全风险通报处置工作，避免重大网络安全事件发生。修订完善网络安全应急预案，并开展年度网络安全攻防演习和应急演练。四是开展网络安全宣传培训。组织开展网络安全宣传周活动，举办农业农村网络安全和信息化培训班，提高办公人员网络安全意识和防护技能。

（八）政策法规体系完善方面

先后研究建立了信息资源共享管理办法、共享评估考核办法、网站管理办法、重大信息平台运维专项经费管理办法、网络安全和信息化工作要点等一系列制度。

三　探索与创新

在电子政务推进过程中，农业农村部应用互联网、大数据思维，强调充分利用新技术、新模式、新理念优化工作流程、创新业务模式，促进政务治理现代化和公共服务便捷化。一是打破服务瓶颈，紧密围绕保障民生、利企惠民等主题，大力推进“互联网 + 政务服务”，构建公平、便捷、高效的政务服务信息体系，实现以行政办公需求为主向服务公众需求为主的重心转变。二是创新应用服务模式，初步构建了集全国农业农村空间基础地理信息体系、空间数据资源体系、地理信息服务体系为一体的农业农村地理信息平台，为各级农业农村部门提供全方位地理信息服务。依托网站、客户端、博客、微信公众号、小程序等政务新媒体，广泛收集监测投诉举报、三农舆情等信息，利用大数据分析手段，有效提升了日常监管及应急处置工作的针对性和实效性。创新构建中国农产品供需分析系统，为大宗产品、鲜活品种供需分析提供重要大数据智能化分析。

（农业农村部信息中心）

2019年审计署电子政务发展概况

2019年，审计署以习近平新时代中国特色社会主义思想为指导，认真落实习近平总书记在中央审计委员会会议上的重要讲话精神，认真履行职责，加强自身建设，全面提高信息化环境下的审计监督水平，秉承科技强审，坚持以用为本，稳步提升履职能力。在“金审工程”三期建设、保障全署计算机及网络、应用系统运行维护、大数据环境下开展审计数据综合分析、新技术的审计应用、审计数据采集标准国际化等各方面取得了审计信息化工作新的进展。

一 全面推进“金审工程”三期建设

按照“统一规划、两级部署、以用为本”的总体思路，在审计署网信办的组织指导下，2019年“金审工程”三期建设工作取得阶段性成果。一是“金审工程”三期建设进入上线运行阶段。五大应用系统19个分子系统设计、开发工作已基本完成，并已通过单项初步验收。行政办公管理子系统、移动审计支撑分系统、统一权限管理分系统及与审计核心业务密切相关的系统已在署本级投入使用。二是相关的软硬件采购部署、标准规范制定业已完成。审计工作需要的存储与计算设备已投产。云平台、数据分析平台、大规模并行处理等成品软件采购和验收工作已经完成，23本标准规范全部通过评审。三是加强对地方审计机关信息化建设的指导力度。组织召开了37家省级审计机关参加的金审三期建设研讨会，定期发布工作动态掌握地方审计机关建设情况，解决建设中遇到的共性难题。

二 提供在大数据环境下开展审计数据综合分析的技术支持和技术保障

大数据审计是审计机关适应时代发展的必然选择。各业务司、各领域条线，都在积极推进大数据审计工作，通过信息化、数字化、网络化，践行“总体分析、发现疑点、分散核查、系统研究”的数字化审计模式。一是提供数据采集、数据恢复、数据迁移转换、数据清洗校验、数据标准化、数据备份服务。二是以巡检和存储备份为抓手，保障数据库的安全有效运行并增强防护抗风险的能力。三是贯彻审计数据要“以用为本”的原则，为相关司局提供数据应用非现场技术支撑服务，有效保障了审计项目的顺利进行。四是在数据支持方面尝试新探索，助力提升审计人员发现问题的效率，优化运维团队管理，提升团队服务质量。

三　开展科学研究，积极探索先进信息技术在审计工作中的应用途径和方法

2019年审计署着重研究前沿技术方法与工具，针对审计实践中面临的典型问题和难题，通过摸清发展历程、调研审计实践、研究典型技术等方法，探索成熟的技术与方法在审计中的应用。一是探索审计工作对非结构化文档信息的利用。初步构建了基于审计结果公告的分析研究系统，开发了面向主题的互联网举报信息挖掘工具。二是开展国内外主流计算机技术在审计中的应用综述工作，从业务分类、技术分类、应用领域分类等多层次开展数据挖掘，从宏观层面展示应用成果。三是以"审计综合研究系统"开发为平台，梳理重点关注的审计实战，设计案例教学与实战考核方法，进行技术创新研究与储备。

四　认真履行职责，全力做好审计署网络和信息系统管理与运行维护工作

审计署计算机技术中心承担审计署计算机网络及应用系统的管理、运行和维护。2019年，该中心负责管理和保障国家审计数据中心、各类审计网络、审计应用系统和安全设备的正常运转。全年整体运行平稳有序，未出现网络安全事故和运行事故。工作中一是加强常态化监控力度，定期组织巡检；二是加强对审计网络内全部应用系统的日常管理、运行保障、升级维护与数据加载；三是开展审计署应用系统的建设任务；四是加强审计行业网络与信息安全的指导、监督和检查；五是开展应急体系建设，增强抗风险能力。

五　秉持"合作互惠"的理念，积极推进中国审计信息化的国际化进程

2019年，审计数据标准国际化工作取得了较大突破。一是国际标准化组织（以下简称ISO）首个审计信息化领域的国际标准获批发布。历经ISO成员方两个月的多轮投票，由审计署牵头制定的"审计数据采集"国际标准最终草案以100%的支持率获得通过，并将通过ISO向全球发布。二是ISO首个审计信息化领域的国际标准化委员会获批成立。在国家市场监督管理总局（国家标准化管理委员会）的指导下，由审计署申报的"审计数据服务"技术委员会经ISO批准成立，计算中心具体承担主席和秘书处工作。"审计数据服务"技术委员会的成立，对中国参与审计领域的国际事务、掌握该领域国际标准制订与实施的话语权和主导权具有重要的战略意义。

六　加强审计信息化培训工作

审计信息化培训工作强调面向一线审计人员，使审计人员提升获得感。一是加强国产数据库培训。2019年基于推动软件国产化、拓展审计未来发展趋势的考虑，在审计干

部教育学院组织国产数据库应用骨干培训班1次，培训采用理论教学与实务案例相结合的方式，同时部分课程向全国审计机关进行了视频转播，扩大了培训受众面。二是面向基层，探索审计信息化培训新模式。在内容创新方面，构建了基于综合研究平台的案例教学与实战演练相结合的研究型培训模式，搭建社会网络的审计实践教学环境，部署了图数据库和图分析软件环境、网络安全攻防演练等仿真教学环境，进一步完善了审计数据挖掘培训理论与实践和多维分析的实践教学课程。

（审计署计算机技术中心）

2019年海关总署电子政务发展概况

2019年，中国海关总署以习近平新时代中国特色社会主义思想为指导，坚决落实党中央、国务院决策部署，增强“四个意识”，坚定“四个自信”，做到“两个维护”，不忘初心、牢记使命，稳中求进、攻坚克难，努力推进智慧海关建设，为海关制度创新和治理能力建设提供科技引领和支撑。同时，从机制保障、系统支撑、技术研发、队伍建设、现场服务等方面全流程推动建立海关科技创新应用生态体系，探索应用人工智能、大数据、区块链等新技术，在系统整合共享、“互联网+监管”、大数据应用、智能审图等方面开展大胆探索，信息化建设和应用取得良好成效。

一　核心业务应用方面

一是海关核心通关系统升级换代。完成H2018新一代海关通关管理系统2.0版上线工作。采用以图为纲定需求的方法加快推进需求确认工作，引入“大平台+微服务”应用开发新模式，打造新一代智能作业平台，目前微服务架构已逐步落地。累计梳理电子审单规则2157条，完成了“两步申报”、人工放行、拟证出证等改革急需功能开发上线。

二是推进智能审图攻关。在世界海关中率先推动人工智能技术与海关一线监管深度融合，研发应用进出口集装箱及行李物品扫描图像智能审图系统，发挥机器辅助人甚至代替人的作用，在打击“洋垃圾”及濒危物种走私，维护国门安全，优化营商环境。依托海关大数据云平台和海量“大型集装箱/车辆检查设备”（以下简称H986）及“计算机断层扫描式X光机”（以下简称CT）等机检设备图像数据，通过开展图像标注、模型研发、算法训练和图单比对系统研发，研发出30多种算法模型，迭代优化算法200多次，持续提升智能审图快速、精准识别能力。截至2019年12月底，H986智能审图有效识别商品达618种，CT智能审图有效识别商品达670种。

三是信息系统整合共享。充分利用金关工程二期建设的海关统一门户、大数据平台、应用支撑平台等应用基础平台，大力推进信息系统清理、整合、共享，原来分散、独立的信息化应用系统被整合为6个互联互通、信息共享、业务协同的“大系统”，即海关作业系统、海关管理系统、海关服务系统、海关大数据中心、共享交换系统、安全运维系统，每个大系统内含若干个子系统。机构改革以来，海关总署以6个“大系统”为基础，依托H2018工程，实现了原检验检疫相关信息化应用系统与海关信息化应用系统有机整合，形成统一的信息化系统整合清单。

四是智慧化实验室建设。加快实验室大数据应用工作，深入研究挖掘实验室检测数据在出入境风险管理方面的应用价值，完成了实验室大数据展示平台的业务总体概况分析和主题专项分析开发和测试工作，已在部分海关试点运行。启动实验室信息管理系统升级改造工作，通过对实验室检验检测流程、实验数据、服务与支持等各环节有机互联共享，实现实验室业务流程的自动化、检测过程的无纸化、管理的智能化、检测服务的多样化。

五是“一带一路”海关信息交换共享平台建设。建立“一带一路”海关信息交换共享平台对外联网新模式，共享平台列入第二届“一带一路”高峰论坛成果清单。通过该平台推进对外数据交换项目建设，中哈（中国—哈萨克斯坦）“关铁通”项目实现网络通、数据通，中哈预先信息交换项目已正式投入运行。在WCO信息技术/技术创新大会、WCO信息管理分委会、联合国亚太经济社会委员会工作组会议等场合宣传该平台建设情况，得到各国海关广泛关注。

二　“互联网+”创新应用方面

一是“互联网+监管”系统建设。率先与国家“互联网+监管”系统实现对接，海关总署被国务院列为“互联网+监管”示范试点部门，顺利完成试点任务。完成通关流转状态查询、舱单通关状态查询等8个监管应用与国家“互联网+监管”系统对接，在国务院部门中率先实现海关总署监控指挥中心全景业务监测与展示系统接入国家“互联网+监管”系统，有力支持了国家非现场监管平台建设。截至2019年年底，累计向国家“互联网+监管”系统共享海关监管数据超过4100万条，共享数量及质量位居国务院各部门前列。

二是“互联网+海关”建设。完成“互联网+海关”与国家政务服务平台的对接工作，实现政务服务事项数据、身份认证体系、电子证照等7项对接任务，在国家政务服务平台率先开通海关旗舰店。完成国家政务服务平台进出境专栏的建设，作为首批5个专栏之一率先对社会提供服务。全面升级改版“掌上海关”，推出了微信小程序应用，2019年新增应用32个。2019年“互联网+海关”首页累计访问量达1300多万次。

三　大数据应用方面

大数据采集、治理提速，截至2019年年底累计采集数据表超过1万张、数据记录超过1200亿条，制定发布大数据资源目录和数据字典。组织开展大数据应用攻关，累计研发十几个大数据应用模型，开发了大数据应用模型与风险作业系统对接功能，实现大数据应用模型与作业系统的闭环应用。研发大数据应用工具云擎，满足全国海关大数据分析建模需求。加强大数据应用安全管理，制定发布3类10条措施，建立安全管理员制度，提高各单位安全管理意识。制定发布了海关大数据模型研发管理规程。

四　基础环境建设方面

一是做好全国海关信息化基础设施底账系统推广及应用，完善设备和网络线路数据，关联使用情况，逐步形成全国海关信息系统基础设施资源底账。二是完善海关网络资源底账，合理规划网络运维经费支出，提升海关网络资源精细化管理水平。三是完成银川、兰州、西宁三个试点海关基础资源托管工作，有效降低小型海关运维压力，提高骨干网带宽利用率。

五　信息安全保障方面

一是加强在线应用系统监测能力。综合利用运管平台和应用安全管控系统，将网络中实际采集的流量与应用配置库信息进行比对，探索出“管理＋技术”的方式，实现对运行项目的实时监控和未备案应用的发现。二是提高安全运行工作的数字化、标准化、规范化水平。建立运维制度执行力检查指标，检查落实运维制度执行情况，并在运行管理平台上实现指标展示。依托安全管理中心，开展信息通报、风险预警、安全检查等管理工作，部署全国范围安全工作35次，发布通告409次。三是加强安全大数据分析能力。将安全数据纳入海关大数据治理框架，形成海关安全数据治理方案，搭建安全数据治理平台，实现总署节点安全日志数据的集中采集、治理和存储，日均处理日志数据约4.6亿条；建设了异常网络流量分析等3类模型，在护网行动期间已发挥作用，提升了网络安全态势感知水平。四是落实等级保护和关键信息基础设施保护工作。按照国家新发布的等级保护2.0标准，组织对全国海关的22个安全等级保护三级系统开展测评，各系统均通过测评。五是增强涉密信息系统安全保密能力。全面应用国家级CA系统，更新涉密网络安全保密产品，增强网络防护水平，并通过国家保密技术测评中心分级保护风险评估。

（海关总署科技发展司）

2019年国家市场监督管理总局电子政务发展概况

2019年是全力抓好市场监管机构改革的开局之年，也是全面贯彻落实党的十九大精神的关键之年。新成立的国家市场监督管理总局（以下简称“市场监管总局”）立足职能定位，以习近平新时代中国特色社会主义思想为指导，严格贯彻总局党组决策部署，认真完善市场监管信息化顶层设计，全力推进重点信息化工程建设，深入开展政务信息系统整合共享、“互联网＋政务服务”“互联网＋监管”工作，继续做好商事制度改革和事中事后监管等信息化保障工作，积极推动市场监管大数据中心建设，努力构建市场监管一体化信息平台，切实加强网络安全和信息化基础设施建设，为市场监管机构改革发展提供信息化支撑和保障服务，取得了良好成效。

一　认真完善信息化顶层设计，全力推进重点信息化工程建设

一是统筹做好市场监管信息化规划。为切实加强机构改革形势下市场监管信息化的顶层设计，指导、规范全系统在新形势下的信息化建设，有效支撑和保障市场监管改革发展，编制关于加强信息化工作的指导意见和总体技术方案等文件，提出了构建统一的市场监管信息化体系的创新发展格局。二是全力推进食品安全监管和市场监管信息化工程立项。在做好市场监管信息化规划的同时，积极推进市场监管信息化工程立项，从技术层面梳理工程建设的初步思路，分析各部委涉及市场监管的共性内容，初步明确了工程整体框架。同时，围绕改革后的食品监管形势，积极协调共建单位，统筹考虑机构合并后信息化建设基础，重新梳理整合食品安全监管业务需求，积极与国家发改委协商，力争尽快批复工程初步设计方案和投资概算。三是推进国家法人库等“十二五”工程信息化建设。积极推进国家企业信用信息公示系统信息化工程建设，加快北京中心和贵阳云中心的实施，完成一体化数据平台项目、12315互联网平台等项目验收；认真做好国家法人库工程牵头工作，加快推进国家法人库（工商总局建设部分）工程决策支持系统、企业法人库等项目实施和验收，力争年底前全面建成国家法人库；扎实推进原质检总局参与“十二五”安全生产监管、全民健康保障、生态环境保护3个参与国家信息化重点工程建设项目的实施工作。四是统筹规划信息化标准规范。梳理现存原工商、质检、食药等信息化标准，组织人员队伍根据对现有信息化标准开展整合修订工作，强化标准规范建设对信息化建设的基础指导作用，初步完成了市场监管信息化标准体系框架规划，形成了《标准化工作指南》等13项标准规范讨论稿。

二　深入开展政务信息资源整合共享工作，加快推进总局政务服务平台、“互联网＋监管”系统建设

一是开展政务服务平台建设。按照国务院办公厅的有关要求，积极推进总局政务服务平台建设，完成相关系统接入，开展总局“旗舰店”建设工作，12 个系统添加政务服务事项，部分系统接入统一用户身份认证。积极推进“互联网＋督查”，完成总局网站留言管理对接国家政务服务平台需求调研。二是推进“互联网＋监管”试点工作。作为国家政务服务平台和“互联网＋监管”系统试点建设单位，起草“互联网＋监管”规划建设方案推进项目立项，完成与国家“互联网＋监管”系统的数据对接和应用对接，积极推进企业信用风险分类监管建设工作。三是推进大数据中心建设。按照“数出一源，归口管理”的数据管控理念，逐步归集各市场监管系统数据，初步建成了动态更新的国家经济户籍库、生产企业库、企业产品库、标准库、电子证照库、计量标准物质库、检测项目库等基础数据库，全面覆盖市场准入退出、监管、执法和消费维权、质量技术基础设施等业务，进一步提高了数据治理与数据质量管控水平，增强了安全可信数据服务支撑能力。四是推进政务信息系统整合共享。深化政务信息系统整合共享工作，认真梳理原工商、质检、食品和反垄断等信息化系统，摸清信息化系统底数，修改政务信息资源目录，定期更新最新部门间共享信息，进一步破除信息孤岛，推动信息便民惠民。

三　继续做好业务信息化保障工作，积极构建市场监管一体化信息平台

一是支撑商事制度改革信息化建设。围绕压缩企业开办时间，不断完善企业网上登记和全程电子化系统，进一步提高企业注册登记便利化水平。按照五部门推进注销便利化改革要求，出台配套技术方案指导各地开展简易注销信息化建设。积极推进全国统一的企业身份信息管理系统建设，实现与公安部人口库的对接，为各地开发接口，供其实名认证调用，实现企业登记的实名认证，遏制冒用他人身份证信息办理登记违法的行为。支撑全国超过 1300 万申请人完成实名验证，每日平均注册验证近 8 万次，人脸识别正常通过率达 98%。二是做好国家企业信用信息公示系统运维和完善。为适应机构改革完成了公示系统升级改造，完善国家企业信用信息公示系统功能，提升系统应用效能。加强公示系统运维管理，支撑市场监管领域开展“双随机、一公开”监管。截至 2019 年年底，系统累计访问量 1317 亿人次，查询企业 241 亿次。三是做好全国 12315 平台升级改造。按照《市场监管总局关于整合建设 12315 行政执法体系更好服务市场监管执法的意见》，完成全国统一的 12315 平台建设方案的起草和论证，积极推进 12315、12365、12331、12358、12330 市场监管五条热线信息化平台整合，新平台共接收消费者投诉 42.3 万件，举报 21.5 件，消费者注册总数达 333.7 万人。四是推进电子营业执照系统应用。推进电子营业执照系统升级改造和推广应用，完成电子营业执照微信小程序、支付宝小程序和 App 开发，完成电子营业执照网上亮照系统建设，与国办电子政务办联合下发《关于依

托全国一体化在线政务服务平台做好电子营业执照应用推广工作的通知》，在各行业领域推广电子营业执照应用，服务300万市场主体下载电子营业执照，与100多个系统实现衔接。五是做好e-CQS信息化建设和保障工作。推进工业产品生产许可证、计量标准器具核准、进口计量器具型式批准行政审批系统开发上线，完成质量有关行政审批、产品质量监督抽查、双随机、计量强检等业务整合，大大提高了行政审批的工作效率，进一步提升服务效能，全年支撑e-CQS产品质量监督抽查管理实现了对474种产品的抽查管理，支撑完成了22176批次检验和37966批次抽查。六是推进婴幼儿配方乳粉追溯等食品信息化建设。为贯彻食安法食品追溯相关法律要求，选取婴幼儿配方乳粉为试点，启动了婴配乳粉追溯系统（一期）建设。完成食药总局相关信息系统的迁移工作，建设特殊食品监管等主题信息资源库，开展校园食品安全监管信息化建设。七是做好网站工作。狠抓网站功能完善、技术运维保障、安全风险防范等环节，确保总局网站安全、稳定、高效运行，成效显著。在2019年12月中国软件测评中心公布的第十八届中国政务网站绩效评估结果中，总局网站位列国务院其他部门网站评估第一名。

四　切实加强硬件设施与信息安全建设，努力提升信息化基础和运维保障能力

根据国家网络安全各项政策要求，推进基础设施数据资源的调整合并，确保网络和信息系统的安全稳定运行。一是结合机构改革情况，对市场监管系统网络进行重新规划，满足新机构系统运行保障要求。加快电子政务内网建设，完成总局现用办公楼光纤布线和设备安装部署，扎实做好网络基础设施的运维保障工作，完成各办公区视频会议和办公网专线连接，保障了异地办公区域网络基础设施稳定运行。二是不断完善总局网络与信息安全体系并认真落实。组织开展了年度网络安全检查、等级保护测评、全国两会、国庆等国家重大时期安全通报及政府网站监测预警工作，做好网络安全培训和宣传工作，强化全局干部职工的网络安全参与意识和责任意识。圆满完成中华人民共和国国庆70周年安全保障、2019年全国两会安全保障等重点网络安全保障工作，受到公安部总指挥部的肯定，被授予“国家网络与信息安全信息通报工作先进单位”“新中国成立70周年庆祝活动网络安全保卫先进单位”荣誉称号。三是提高安全运维服务能力，夯实总局网络和信息安全基础环境。按照集约化建设的理念，全面理清现有基础设施，开展风险排查工作，对运维团队和基础资源进行整合，理顺工作流程，提升工作效率和资源利用效率，进一步提升运维服务的整体形象和质量。四是根据各业务应用发展情况，规划“两地三中心”灾备系统建设，建立和完善容灾备份管理制度，完成了市场监管总局新业务系统异地容灾平台需求梳理和方案研讨，有序推进广州灾备中心容灾平台扩容建设和“一张网”工程贵阳分中心建设等工作，提高系统应急备份水平。

五　充分发挥信息化的引领作用，不断支持市场监管业务的创新与发展

一是以牵头国家法人库工程为基础推进政务信息共享。按照政务信息资源整合共享要求，不仅以法人库为基础推进市场监管各司局业务系统在基础信息方面的整合共享，而且在国家数据共享交换平台部署开放了企业基本信息查询接口和验证接口，为各地区、各部门行政审批提供便利，促进解决群众涉企办事堵点问题，有效缩短企业办事时间、减少企业提交材料，真正让企业和个人少跑腿、数据多跑路。截至2019年年底，实现以统一社会信用代码为索引，对企业名称、法定代表人、处所、状态等10多项基础信息的共享交换、多元校核和查询分析，支持近50个中央部委和地方政府调用。二是以国家企业信用信息公示系统应用为基础推进市场监管机制完善。完善国家企业信用信息公示系统功能，努力提升国家企业信用信息公示系统的应用效能。拓展公示系统移动应用建设，开发App、微信小程序和支付宝小程序，完成抽查计划公告、任务公告的公示工作。优化产品质量监督抽查管理信息系统、双随机系统，全面支持“双随机、一公开”的新型监管方式。通过国家企业信用信息公示系统全面建设，以信息归集共享为基础，以信息公示为手段，以信用监管为核心的新型监管机制基本形成，企业自治、行业自律、社会监督、政府监管的社会共治新格局逐步完善。三是以开展大数据建设和数据分析为基础保障市场监管风险预警和决策支持。依托大数据建设市场监管决策支持平台，建立市场主体发展和市场竞争秩序各类分析应用建设专题库，并基于各专题库数据的综合汇总、查询，构建市场主体现状分析、发展预测、市场秩序动态等分析模型，研判市场主体发展和市场秩序形势，为领导提供辅助决策依据，为服务市场监管提供信息支撑。

由于市场监管总局整合了原工商、质检、食药及发改委和商务部反垄断等机构，现有政务信息系统整合面临困难和压力，信息化建设与新时期市场监管要求还有一定差距。2020年，围绕智慧监管建设，继续开展好以下几个方面工作：一是深入开展政务信息系统整合共享。进一步加强市场监管内部各系统之间的整合，完善市场监管信息资源的共享和交换，加强市场监管信息资源的开发利用，推动市场监管业务系统的“物理整合”和“化学融合”。二是继续应用大数据加强市场监管和服务，进一步扩大数据采集范围，加大数据治理力度，提高数据质量，强化数据分析、风险预警、决策支持等建设，整合完善形成应用大数据加强市场监管和服务有效支撑能力。三是加快推动国家重大政务信息化工程建设，以参与国家重大政务信息化工程为契机，进一步提高市场监管信息化水平，完成市场监管信息化工程立项。四是坚持“高起点、高标准、高要求”的原则，积极探索研究云计算、大数据等前沿技术理论，进一步提高市场监管现代化、智能化、精准化水平，努力构建大平台支撑、大数据慧治、大系统融合、大服务惠民、大监管共治的“智慧监管”信息化创新发展格局。

（市场监管总局信息中心）

2019年国家医疗保障局电子政务发展概况

2019年，国家医疗保障局信息化工作以习近平新时代中国特色社会主义思想为指导，围绕建设全国统一的医疗保障信息平台，加快推进国家医保信息平台、医保电子凭证推广应用、个税扣除专享信息系统建设，保障改革落实到位。

一　启动医疗保障信息平台建设

一是强化顶层设计。2019年，国家医疗保障局印发《关于医疗保障信息化工作的指导意见》，明确医保信息化工作思路和具体要求，按照标准全国统一、数据两级集中、平台分级部署、网络全面覆盖、项目规范建设、功能高效便捷、安全保障有力等原则，加强医保信息化建设总体规划，加快形成自上而下“一盘棋”格局。在网络联通方面，统一规划、分级管理，以建成纵向到底、横向到边、交互协同的全国一体化医保网络体系；在数据集中方面，国家平台建设基础信息库和大数据库，地方平台建设基础信息库和数据交换库，国家平台与地方平台在基础信息方面实现实时同步，在业务数据方面实现按时同步;在应用系统方面，采用“中台”设计思想提升快速服务能力，采用“云+分布式”技术路线支撑业务横向扩展。2019年2月，完成国家医保信息平台建设工程立项工作；5月初，国家医保信息平台项目正式启动建设，进展顺利。

二是有力指导地方信息化建设。2019年4月，国家医疗保障局在福建省三明市召开全国医保信息化建设试点工作启动会，并印发《关于开展医疗保障信息化建设试点工作的通知》,在河北等16个省份开展试点工作。7月初,印发《医疗保障信息平台建设指南》,明确地方医保信息平台建设要求；及时开展地方平台建设可研报告和初步设计方案的备案工作。全年开展6次全国培训，有力指导地方信息平台建设。

三是全力保障信息网络安全。相继印发《医保信息系统安全开发规范》《医疗保障核心业务区网络安全接入规范》《云平台技术规范》和《应用系统技术架构规范》，着力规范医保信息平台开发控制流程和医保核心网络管理，加强医保信息平台稳定性和安全性。

二　统一医疗保障业务标准和技术标准

为解决地区间医保信息系统碎片化、数据不互认、不共享等问题，国家医疗保障局出台《关于医疗保障标准化工作的指导意见》，提出积极适应医保改革发展需要，统一规划、统一分类、统一发布、统一管理，制定各项医保标准，推动标准实施，为推进全国统一医保信息化建设和提升医保治理体系及治理能力现代化提供数据标准支撑。

一是发布15项全国统一的医保信息业务编码规则和方法，初步形成了跨区域、跨层级、跨部门的“通用语言”。公布了4项主要标准数据库信息，其中疾病诊断代码约3.3万条，手术操作代码约1.3万条，医疗服务项目国家代码7848条，第一批医保药品代码约8万条，创建了医保医用耗材通用名，形成了9011个分类，发布第一批医用耗材代码3万多个，实际规格型号超过890万条。

二是建设数据库和动态维护窗口。按期完成15项编码标准数据库动态维护窗口。组织开展医保系统单位及工作人员、两定机构及人员等编码信息维护工作，利用线上维护优势，持续开展编码信息维护督导工作，及时收集并解决各地遇到的问题，确保数据审核“日清”。各地已线上注册账号约12.6万个，维护数据约71.6万条。

三是开展测试应用工作。选择北京、天津等8个地区开展信息业务编码标准测试应用，验证编码标准和数据库的兼容性和适用性，形成可借鉴、可复制、可推广的经验和模式，以推动信息业务编码标准在全国落地使用。支持30个DRG付费国家试点城市统一测试应用医保疾病诊断和手术操作、医疗服务项目、药品、医用耗材、医保结算清单等5项信息业务编码标准，为DRG付费国家试点提供数据基础支撑。

三　陆续推出重点业务应用

一是研发推广医保电子凭证。从提升便民服务和强化基金监管角度出发，研发具有方便快捷、应用丰富、全国通用、安全可靠等特点的医保电子凭证。2019年11月，国家医疗保障局在山东济南举行联合首发仪式，签发了全国首张医保电子凭证，得到社会广泛关注和认可，央视等主流媒体第一时间进行报道。截至2019年年底，超过1000万用户激活使用，应用推广进展迅速。

二是建成并上线个税大病扣除系统。落实国务院关于个人所得税改革专项附加扣除工作总体要求，制定并下发了《国家医疗保障局个人所得税大病医疗专项附加扣除信息共享工作实施方案》，对全国个税改革医保信息采集工作进行统一部署。规划建设个人所得税大病医疗专项附加扣除信息共享系统，截至2019年年底，国家医疗保障局本级系统的开发、部署、联调和省级子系统的部署工作已经完成，组织开展了数据整理。

三是推出政务微信。为提高办公效率、减轻基层负担、方便医保系统内部沟通，推出了医保系统政务微信辅助办公软件，得到医保系统用户的积极响应和广泛认可。截至2019年年底，全国已导入用户12429人，其中激活使用7375人，使用率约60%。

四是开发国家异地就医备案小程序。2019年12月，国家医疗保障局推出国家异地就医备案小程序（试运行），正式启动全国统一跨省异地就医备案服务试点工作。异地就医备案小程序以跨省异地就医备案为核心功能，拓展了跨省异地就医联网定点医疗机构，开通了统筹地区和医保经办机构相关信息查询等服务。首次试点地区为内蒙古自治区区本级、辽宁省省本级等14个统筹地区，覆盖职工医保、城乡居民医保中异地安置退休人员、异地长期居住人员、常驻异地工作人员和异地转诊人员四类备案人群，从全国层面相对统一备案材料清单，尝试启用个人承诺制的方式，兼顾参保地政策差异，边实践边探索提供全国统一的跨省异地就医备案服务。

四　提升异地就医直接结算能力

一是加快落实和完善跨省异地就医直接结算政策。2019 年全年实现跨省异地就医直接结算 272 万人次，医疗费用 648.25 亿元，医保基金支付 383.21 亿元，越来越多参保群众享受到异地就医结算的便利。二是稳步扩大跨省定点医疗机构覆盖范围。截至 2019 年年底，跨省异地就医定点医疗机构数量达 27608 家，其中二级及以下定点医疗机构 24720 家。三是建立健全国家跨省异地就医业务协同机制，推进异地备案、问题协同、费用协查、信息共享等协同服务。四是稳妥有序推进长三角、京津冀、西南五省（云南、贵州、四川、重庆、西藏）跨省异地就医门诊直接结算试点工作。

五　提升医保扶贫信息化水平

一是建立全国建档立卡贫困人口参保台账。汇总全国医疗保障参保情况数据，并定期比对国务院扶贫办的建档立卡贫困人口数据，掌握最新贫困人口参保情况。

二是开发医保扶贫政策辅助分析功能。梳理、优化现有纸质报表，实现县、市、省到国家的逐级网络填报、自动逻辑校验、人工分级审核、数据自动汇总、临时调度等功能，高质、高效、快速掌握医保扶贫进展情况，实现数据分期、分类查询、实时展示等功能。

（国家医疗保障局规财法规司）

2019 年气象局电子政务发展概况

一　总体发展情况

2019 年，完成全国气象政府网站集约化建设，所有气象政府网站完成入驻气象政府网站集约化平台；中国气象局一体化在线政务服务平台基本建成，行政审批四级“一网通办”融入“互联网 + 政务服务”国家治理体系；气象部门新版气象政务管理信息系统“气政通”全面上线运行，“一中心、一平台、多应用”政务集约化建设初见成效。

二　建设进展

（一）建成“1+31”集约化气象政府网站

为打通信息壁垒，实现资源共享，推进公共服务高效化，利用现代信息技术强化网站安全和监管，促进网上履职能力和服务水平提升，2019 年 6 月底，所有气象部门政府网站完成入驻气象政府网站集约化平台。该集约化平台主动对接气象部门信息化发展规划，注重网站规划与信息化顶层设计相结合，网站建设与年度评估考核相结合，网站运行与日常抽查监管相结合，将气象政府网站集约化建设纳入气象整体发展建设。同时，借助气象部门内已有政务管理系统资源，实现信息公开、互动交流、网上办事等对外服务事项的“一窗”办理，内部流转和审批事项等后台工作的用户统一管理，提高服务效率，强化安全防护。

气象政府网站集群建设完成后，已在国办监管平台登记注册的气象政府网站数量由2018年初的128个减少为32个（国家级1个，省级31个），网站域名、网站标识、域名管理和ICP备案等统一管理。96个市级气象政府网站完成功能迁移后注销，所有服务功能全部由省级网站承接。

集约化平台具备标准规范的新闻发布、信息公开、互动留言、办事服务和新媒体管理等功能组件，建设统一的网站搜索引擎，可满足用户对单站及全站群的分类别、分形式、分格式信息检索需求。建立统一的数据资源库，规范数据格式，对基本栏目、数据结构、采编规范等进行统一管理，彻底打通了各级气象政府网站间的“数据壁垒”，让数据信息“连起来”“用起来”，实现了对海量数据的高效存储和共享。部署统一的安全防护平台，提升气象政府网站整体防御能力、降低安全风险、减少安全运维成本。同时，集约化平台智能门户平台管理子系统具有良好的渠道扩展能力，能够针对网站、App、微博、微信等渠道的特性，完成站点和栏目创建管理、账号配置绑定、模板编辑、工作流定义分配等操作，可使内容分发共享向“两微一端”延伸拓展。

（二）建成中国气象局一体化在线政务服务平台

按照《国务院办公厅关于切实做好各地区各部门政务服务平台与国家政务服务平台对接工作通知》（国办函〔2018〕59号）的对接任务要求，2019年基本完成中国气象局一体化在线政务服务平台建设和对接工作，主要包括政务服务事项管理库、政务服务门户、数据资源共享系统、运维管理体系、身份认证系统、电子证照系统、电子印章系统、中国气象局一体化政务服务平台网络安全等级保护定级备案和安全测评等8项任务。通过建设气象行政审批服务统一服务接口，满足外部政务服务的共享需求，支撑跨层级、跨地域数据互联互通。依照相关数据标准规范完成气象部门的监管数据梳理，完成向国家“互联网＋监管”系统汇聚数据的工作。

遵循国家一体化政务服务平台建设要求，并结合气象部门实际需求，充分运用信息化手段推动政务信息化创新集约高效发展，以技术革新推动审批服务模式的转变，使政务服务规范化、便利化水平全面提升，为企业和群众提供全流程一体化在线服务，推动政府治理现代化。审批流程的集约化建设避免了数据和业务“两张皮”，减少在不同系统中重复录入，提高了基层窗口的工作效率。2019年，中国气象局一体化在线政务服务平台共计注册人数9293人，8项气象部门政务服务事项全部实现全程在线办理，办件总量9633件。系统通过良好的标准化和服务接口能力，已经实现与湖北、上海、河北、浙江、广东等5个省市的政务服务网对接。按照国家构建全国一体化“互联网＋政务服务”技术和服务体系的要求，在国务院电子政务办的支持下开展了垂直管理体系部门的政务服务数据标准及流程技术规范的编制工作，旨在以事项清单标准化管理为基础，构建统一业务支撑体系，为其他垂直体系部门提供借鉴。

（三）气象政务管理信息平台 1.0 版正式启用

2019 年 7 月，新版气象政务管理信息平台（以下简称“气政通”）1.0 版正式启用。平台运行基本稳定，系统功能逐步完善，取得了良好应用效果。2019 年 11 月 15 日，正式在省市县级气象部门全面启用新版气象政务管理信息平台。

新投入使用的平台基础运行环境全部依托国家级气象云化资源池，通过构建开放框架平台可实现更加丰富的应用集成，是气象政务信息化以“统筹规划、集约共享”的模式建设“大平台、大数据、大系统”的重要体现。目前，各省（区、市）气象局均已完成国省网络带宽优化升级，经测试，可满足“气政通”平台全国上线运行的网络条件。同时，为保障平台的运行可靠，已完成“气政通”同址异楼备份系统的建设，承担在主服务集群出现重大故障时的降级备份能力。

该平台 1.0 版本上线的新建应用包括电子公文、政务安全邮件及专网门户信息发布系统：其中电子公文系统改变了原有国、省分级部署的模式，实现了全国集中部署、统一建设、分级管理；政务安全邮件系统是气象部门响应国家政策要求，将专网应用迁入国家电子政务外网云平台的首次尝试；专网门户信息发布系统与互联网气象政府网站平台进行集约化管理，是政务信息资源统筹共享的重要实践。该平台规范了全国四级统一的用户管理流程，建设用户全生命周期管理应用。初步建立由总体框架、政务信息资源分类编码、核心元数据、数据元等组成的政务信息资源标准规范体系。制定政务管理平台统一用户、统一认证和单点登录、消息服务、个人菜单等集成接口技术规范，开展与预报预测管理、计财联网监控、机关事务等 20 多个政务和业务多应用接口技术协调和集成对接。

为使办公人员摆脱时间和场所的局限，满足对突发事件处理和应急事件部署的需求，进一步提升组织协同和办公效率，同步开展了“气政通”移动办公平台建设。该平台基于阿里钉钉开放平台实现，有效地解决了手机 App 应用在扩展性和适应性上的局限。通过统一的开发标准（HTML5）和接口标准（REST），实现与“气政通”PC 端的用户同步、消息同步，打造一体化的移动 +PC 的政务管理平台。该移动办公平台已在局机关、信息中心及部分省局开展试用。

“气政通”1.0 的正式投入使用后，将建立以管理大数据为支撑的电子政务，打通政务与业务数据流，实现管理和业务数据资源汇聚共享和融合应用，实现政务应用协同，最终目标是建成以“一平台、一中心、多应用”为核心的气象管理信息系统的整体框架，为行政办公、科学智慧决策、信息资源共享、职能管理提供坚强的技术支撑，使“用数据决策、用数据管理、用数据说话”真正成为可能。

（四）继续深化统筹协调顶层设计并集约立项工作

2019 年，《气象信息系统集约化管理办法》正式出台，明确建设单位主体责任和主管部门监管责任，强化信息业务单位集约化评估责任；建立集约化管理机制，牢牢把住核心气象信息系统建设申报与验收两个关键环节；明确集约化管理流程，完善单位设计、信息中心评估、职能管理部门监督检查。

2019 年，通过立项集约审查，落实管理信息系统加强事中及时跟踪和事后验收运行准入的要求，基于现有政务管理信息化建设的数据中心和支撑平台全面开展了面向审计信息化、因公出国（境）管理、现代化指标体系管理、人事人才数据治理、人才评审、人才招聘及野外科学试验基地管理等多应用建设，“大数据、大平台、大系统”的统筹集约要求取得显著效益。

（国家气象信息中心　王甫棣）

2019 年国家文物局电子政务发展概况

2019 年，国家文物局坚持以习近平新时代中国特色社会主义思想为指导，在党中央、国务院领导下，深化“放管服”改革，创新事中事后监管，切实做好国家文物局电子政务建设与应用发展工作；利用信息化手段提高行政审批、行业管理的效率和质量，为行政管理机构、从业机构和人员、社会公众提供便捷高效的公共服务，推进国家文物局的治理体系和治理能力现代化。

一　国家文物局“互联网 + 监管”信息采集系统上线

“互联网 + 监管”是创新监管机制、提高监管效能的有效手段，是加强事中事后监管、深化“放管服”改革的重要举措。2019 年，国家文物局认真贯彻落实党中央、国务院部署要求，在国办电子政务办的指导下，积极推进国家文物局“互联网 + 监管”系统建设，做好与国家“互联网 + 监管”系统对接。办公室牵头在梳理法律法规、部门规章，征求各相关司室意见的基础上，编制完成文物行业覆盖国家、省、市、县四级的监管事项目录及 7 种局本级监管事项的行政监察实施清单。监管事项目录已经国家平台发布并由各级文物部门顺利认领。依托国家电子政务外网数据共享交换平台，通过数据抽取、接口转换、前置机代理等方式，实现了国家文物局“互联网 + 监管”系统和国家“互联网 + 监管”系统的联通对接，完成基础环境准备、数据通路测试、创建数据库表及文件、数据资源的注册审核发布等工作。目前国家文物局“互联网 + 监管”信息采集系统已建成，相关司室监管数据责任人定期登录填报的数据可直接推送至国家“互联网 + 监管”系统共享数据库，该系统实现了各司室之间的业务流程集成、信息共享，使国家文物局可以随时随地为公众提供政务公开和政务服务，确保国家“互联网 + 监管”系统与国家文物局数据同源。下一步国家文物局将加快与国家“互联网 + 监管”系统的互联互通。

二　不断完善文物融媒传播体系

守牢文物领域意识形态阵地，印发《国家文物局热点舆情应对工作规定》，舆情监测覆盖200个主流媒体，编印舆情摘编200多期，舆情快报和汇编60期。举办“文化遗产与文明交流互鉴”纪念宣传活动，策划推出“百花齐放春满园——文化遗产与文明交流互鉴成果”红楼橱窗展。对良渚申遗、长城保护、文物返还等进行重点策划、集中传播，主动引导。及时举办新闻发布会、通气会、组织媒体专访等。构建全媒体管理与传播体系，基本完成国家文物局新闻宣传全媒体采编管理与传播平台项目建设。国家文物局网站刊载新闻信息5200余篇，官方微信关注量增加60%，官方微博“中国文博”总阅读量1.5亿次。会同中宣部、住房城乡建设部、广电总局推出《记住乡愁》（第六季）；《如果国宝会说话》（第二季）获第十五届精神文明建设“五个一工程”特别奖；“五四百年”宣传微视频《北大红楼》获第十五届全国党员教育电视片观摩交流活动优秀作品奖。

三　促进文物科技融合发展

“互联网＋中华文明”行动计划不断拓展，成为数字乡村发展战略、网络强国建设工作的重要组成部分。推进腾讯、百度、中国移动、网易等战略合作企业与博物馆等文博单位跨界融合发展。实施百余项“互联网＋中华文明”示范项目，启动“世界丝绸互动地图”国际科技合作项目。完成第七批国家文物局重点科研基地遴选。试点文物科技资源共享服务平台建设项目。“十二五”文物保护科学和技术创新成果《考古现场脆弱文物临时固型加固提取及其保护技术》荣获国家科学技术进步二等奖。

四　持续推进“放管服”改革

简政放权，转变文保工程资质资格管理模式，开通运行资质资格动态数据库和申报审批平台，实现全国资质资格信息数据库动态管理。精简立项审批项目数量，委托第三方开展专项检查评估，试点探索建立国家总验收模式。召开第七次全国文物保护工程会。放管结合，全面开展“双随机、一公开”检查，加强事中事后监管。印发《关于进一步加强考古管理的意见》，研究编制“考古中国”重大项目申报管理指南、《出土文物移交导则》，加强土地储备考古前置等方面管理。与民政部联合印发《关于加强非国有博物馆登记备案检查工作的通知》，开展1611家非国有博物馆登记备案检查清理；与教育部协调加强高校博物馆规范管理；与审计署签署审计博物馆合作共建协议。规范文物藏品征集管理，研究起草《博物馆藏品征集规程》。会同文化和旅游部发布《公共文化领域重点改革工作落实任务清单》，指导203家博物馆基本完成法人治理结构改革任务。与海关总署签署《口岸文物风险联合防控合作备忘录》，共建口岸文物风险联合防控监管制度。印发《关于转发〈军事法院涉案文物移交办法（试行）〉并做好相关工作的通知》，共建军事法院涉案文物移交制度。与文化和旅游部积极对接开展文物市场综合执法工作，进一步健全文物市场监管机制。优化服务，指导有关地方做好世界遗产管理、监测评估工作，增补万里茶道、济南泉城文化景观、海宁海塘潮文化景观、石峁遗址、西汉帝陵、唐帝陵等6个项目列入世界遗产预备名单；重点指导培育普洱景迈山茶林文化景观、西夏陵、海上丝绸之路、丝绸之路南亚廊道、北京中轴线、景德镇御窑厂等潜力项目。公布全国博物馆名录，建立全国博物馆网上展览平台，公布500余万件文物基础信息，推动北京、吉林、山东、浙江等地建立本地区博物馆资源共享平台。会同财政部、税务总局、海关总署公布第三批国有公益性收藏单位名单，增加27家博物馆享受进口免税优惠政策；联合海关总署印发《关于优化综合保税区文物进出境管理有关问题的通知》，优化综合保税区文物进出境审批和监管手续；落实自贸区文物商店、文物拍卖企业“证照分离”工作，推动北京、江苏、陕西三省市开展文物购销、拍卖信息与信用管理系统建设。做好涉案文物鉴定、文物进出境审核等工作。

（国家文物局办公室）

第四篇

地方电子政务发展概况

2019 年北京市电子政务发展概况

北京市认真贯彻落实党的十九大精神和习近平网络强国战略思想，高度重视电子政务工作。在中央网信办、国办电子政务办等上级部门指导下，北京市从完善电子政务工作机制、推进基础设施集约化利用、促进政务信息资源共享、深化“互联网＋政务服务”等方面大力推进电子政务工作，取得明显成效。

一　统筹协调机制建设

2019 年年初，在北京市党政机关机构改革中，对信息化有关职能进行了调整：原市经济信息化委的信息化推进、网络安全协调职责划入市委网信办。为更好履行北京市委网信办统筹推进北京市信息化发展的职能，加强北京市委网信委各成员单位工作协调，及时为北京市信息化工作提供决策参考，解决北京市信息化发展中存在的重大和难点问题，2019 年 10 月，北京市委网信办编制印发《中共北京市委网络安全和信息化委员会办公室关于印发〈北京市信息化工作沟通协调制度〉的通知》（京网办通〔2019〕31 号），建立了信息化工作统筹协调会议制度、信息化工作重要情况报告制度、信息化工作日常信息报送制度、信息化工作联络员制度等。北京市委网信委每年上半年召开网络安全和信息化工作会议，明确北京市网信工作方向和目标。北京市委网信办不定期召开电子政务统筹协调会，总结部署阶段性重点工作。

二　政务数据资源体系建设

（一）建设市级大数据平台

北京市建设了市级大数据平台，按照顶层设计架构以及“急用先行、先内后外，重点突破、服务导向”的原则，率先启动了对内平台的建设，以目录链为核心，聚焦于数据汇聚、治理、服务等急需功能，形成大数据平台 1.0 版，涵盖了数据共享全流程的目录编制、数据分级等 8 个环节，集成整合了目录链系统、北京市共享交换平台等系统，向北京全市发布大数据平台先期汇聚的数据，全面启动对各部门的数据服务。

（二）建立三级数据资源目录体系

建立市级部门职责目录、数据目录、数据库目录三级目录，建设目录链系统，推动各部门目录上链并“锁链”，梳理 53 个部门共 1066 个业务处室及下设机构、8199 类数据资源（34147 个数据项）、1869 个信息系统。

（三）加强政务数据开放

一是深入推动一般公共数据向社会无条件开放。编制完成北京市级单位 2019 年度公共数据开放计划，北京全市 71 个部门、1345 类数据纳入开放计划。二是探索通过授权、竞赛等方式推进特殊政务数据向社会有条件定向开放。三是推动向人工智能产业的公共数据供给，促进产业发展。北京市大数据工作推进小组办公室印发《通过公共数据开放促进人工智能产业发展工作方案》。

三　业务协同体系建设

（一）推进政务信息系统整合共享

印发《关于推进我市政务信息系统整合共享的实施方案》，部署政务信息系统整合共享工作。经整合，北京市级部门和各区信息系统数从 3515 个减少至 2194 个。

（二）以优化政务服务为目标推进业务协同

一是完善市统一行政审批管理平台，实现各区、各部门业务系统对接。该平台提供了政务服务事项的审批、查询、反馈等功能，不仅实现了与 41 个市级部门 69 个业务系统的对接，汇聚市区两级办件数据约 146.4 万条，还实现了与 16 个区网上政务服务平台的对接，汇聚覆盖四级的办件数据达 291.9 万条。二是建设全市统一身份认证平台，解决多次认证问题。该平台实现了全市法人、自然人用户统一身份认证功能，已接入 35 个部门 126 个政务服务业务系统。三是建设全市统一的电子签章系统，加快应用对接。北京市电子签章系统目前已实现对 49 个委办局的签章服务支撑。四是建设政务服务事项管理系统，形成全市统一的政务服务事项库，实现了覆盖四级政务服务事项的编码、名称、类型及依据统一。五是完成全部 25 个部门 72 个系统与北京市政务服务网的单点登录对接，实现"一次登录、全网通办"。

四　政务服务体系建设

（一）优化市网上政务服务大厅建设，破解网上办事痛点

一是丰富网上办事登录方式，提供手机号、身份证号、口令账号、"北京通"扫码等多种登录方式，破解网上办事登录难。二是围绕"办好一件事"，推出一批场景式服务，推进"一表申请、并联审批、多证联办"服务模式，破解网上办事手续繁杂。三是强化电子证照应用，破解网上办事材料多。

（二）大力推进移动端政务服务应用建设，拓展网上办事渠道

积极建设政务服务移动端应用，为企业、群众提供多渠道智能化政务服务。目前，

北京通 App 已接入政务服务事项 334 个。同时，政务服务事项已分别在微信小程序接入 334 项、支付宝小程序接入 315 项、百度小程序接入 335 项、建行 STM 智慧柜员机接入 193 项。会同建行推进自助一体机服务，已上线自助办理事项 107 个。

（三）推动信息共享，解决“二次录入”难题，为基层工作人员减负

为解决各区综合受理系统与各市级垂管系统不联通导致基层工作人员“二次录入”问题，基于市级政务服务平台开发了针对二次录入问题的业务总线，组织首批 7 个部门、16 个区开展试点对接，并对前期梳理的 100 余个业务系统进行深入分析，重点突破 18 个市级部门的 58 个业务系统。

（四）完成与国家政务服务平台对接

按照与国家政务服务平台对接工作部署，完成了北京市旗舰店建设，政务服务事项、办件、电子证照的汇聚，统一身份认证、电子印章、电子证照、运维管理、安全管理等关键信息化支撑系统对接等任务。

（五）稳步推进“互联网 + 监管”系统建设

一是组织全市 54 个部门、16 个区和经济技术开发区完成监管事项目录清单和检查事项实施清单的认领和梳理工作，已完成 1101 项监管事项目录清单（子项 3612 项）认领及梳理，以及 806 项检查事项实施清单的填报工作。二是完成监管数据中心、事项目录管理系统、工作门户、服务门户等主体建设。三是依托国家数据共享交换平台，完成 29 万条监管对象、351 万条监管行为信息、11 万条执法人员信息、32 万条投诉举报信息和 2.2 万条“双随机、一公开”信息向国家“互联网 + 监管系统”的汇聚。

五　基础设施建设

（一）完善电子政务网络

目前市级政务外网接入用户累计达 5895 家，承载了全市非涉密政务办公信息系统、电子病历、社会保险信息系统等应用系统，并为全市参保人员持卡就医、实时结算提供通信保障。已建成市政务物联数据专网和 800 兆无线政务网。900 多个公共场所实现免费无线上网。

（二）推进共性平台基础设施建设

一是推进市级政务云建设和应用。以市级党政机关搬迁城市副中心为契机，分批有序开展政务信息系统迁移入云。目前，北京市 75 个部门的 1250 个业务系统已迁移至政务云，显著提高了北京市电子政务的计算资源、存储资源、服务支撑、安全保障等集约

共享水平。二是建设市级大数据管理平台。通过建设和升级改造该平台，优化数据治理、可视化、分析服务等功能，支撑大数据行动计划的数据汇聚和共享交换工作。该平台已完成两批共 42 个部门、709 类数据资源的汇聚，累计开展了 2329914 万条数据的共享交换工作，交换量达 20865.67GB。

（三）统筹建设副中心行政办公区信息化基础设施

统筹推进行政办公区电子政务内网、电子政务外网、互联网、固定电话网络、无线网络、智能化专网、数字会议专网等信息化网络基础设施的建设。

六　信息安全保障体系建设

（一）加强安全管理体系建设

一是健全制度。北京市政务信息安全管理工作由市经济信息化局负责，市委网信办、市密码管理局、市公安局等部门按职能分工配合。已制定印发涉及信息化建设、政务网络与信息系统安全、监督检查与等级保护、密码和网络信任体系、信息安全服务、应急和灾备、工业控制系统安全管理等方面的管理制度约 40 项。二是加强培训。为切实提高政务部门网络安全管理人员的业务水平，及时掌握网络安全相关政策法规、标准规范、工作流程等，北京市每年组织一次全市政务部门网络安全管理人员培训。

（二）加强技术保障体系建设

一是开展安全监测和通报预警。北京市政务信息安全监测预警系统监测覆盖范围包括市政务外网、市政务云、市重要政务网站、重要信息系统和市级重要政务用户互联网接入，共涉及 1461 个政务网站及信息系统，68 个网络节点，300 余台套安全设备，以及通州副中心汇聚节点、国家政务对接节点、政务云、医保专网的监测和预警工作。二是开展容灾备份。北京市信息安全容灾备份中心提供介质备份、集中式数据容灾备份、系统托管备份三类容灾备份服务。目前共为 35 家单位 55 个安全等级保护二、三级政务信息系统提供了灾备服务。三是开展安全等级保护备案。2019 年备案的政务信息系统共 80 个，累计备案的信息系统共 564 个。四是开展攻防演练。北京市 2019 年开展了政务外网、800 兆无线政务网攻防演练以及全市病毒暴发模拟演练。五是开展电子政务网络安全检查。北京市每年由市经济信息化局会同市委网信办、市密码管理局和市公安局联合开展电子政务网络安全检查，持续提升北京市电子政务网络安全保障能力。

（北京市委网信办）

2019年河北省电子政务发展概况

2019年，河北省电子政务紧紧围绕党中央、国务院对电子政务工作的总体部署和河北省委、省政府中心工作，以信息化助推政府治理能力现代化，在电子政务网络、公文处理平台、移动办公、数据决策支持、云视频、政府网站等方面取得了明显成效，圆满完成了各项工作任务。

一　优化创新，不断提升和完善省政府公文处理平台功能

运用移动互联等新技术成果，重新梳理规范公文处理流程，实施流程再造、工作创新，构建河北全省公文处理“一张网”。自平台运行以来，已经运转了非密文件8402件。通过二维码技术，实现线上与线下、移动与传统公文处理融合，运转时间缩短了1/3，提高了工作效率，节约了行政成本，减轻了基层负担。同时开发了移动办公App，截至2019年11月底，河北省政府领导基本通过移动办公进行非涉密文件的审批。

二　全面推进省云视频平台建设

运用云计算技术，依托政务外网建设河北省视频平台，实现省、市、县、乡、村五级全覆盖，接入各级视频六万多点，提供多级多点会商、会议及培训、服务场景信息采集、应急指挥调度等多项功能，使用便捷、技术先进、成本低，解决了“开会一小时，往返两三天”等问题，对基层减负、应急处置、协商会商发挥了积极作用，大大提升了管理服务便捷化、智能化、精准化水平。河北省委、省政府领导对云视频平台建设工作给予了高度评价。

三　加强全省电子政务网络建设管理工作

一是将电子政务外网向村一级延伸，在全国率先实现了省、市、县、乡、村五级全覆盖；二是组织推进部门自建业务专网与电子政务外网接入互通，实现了24个部门专网全部接入政务外网，完成了15个有审批需求的厅局专网内600多个审批事项通过电子政务外网实现跨网访问业务系统，实现真正意义上的“数据多跑路，群众少跑腿”；三是配合国家信息中心国家政务外网二期建设，顺利完成了国家政务外网设备的落地实施和业务割接工作。

四　规范管理，不断提升政府网站为民服务的能力和水平

制定印发了《关于做好政府网站与政务新媒体自查整改及常态化监管检查工作的通知》《关于进一步加强政府网站建设和管理工作的通知》等一系列文件，对比国办最新指标和要求，不断规范和完善政府网站建设管理、检查监管工作；调整完善了省政府门户网站的文件公开、解读、互动交流等板块的内容体系，实现了用户“一网登录、全网访问”和网站综合搜索功能；保障了中华人民共和国成立 70 周年期间政府网站的安全可靠运行；及时更新网站信息，2019 年共更新各类信息及政府文件 51757 条。

五　紧贴领导需求，不断优化完善河北省经济社会发展数据系统

以为领导决策提供科学、及时、准确、直观的服务和参考为目标，整合全省 31 个部门 3457 项数据资源，建设了河北省经济社会发展数据系统，包括综合省情、宏观经济运行、京津冀协同发展等 12 个子系统，并在石家庄、保定、邯郸进行试点推广。安徽省专程考察学习系统建设经验并给予高度评价。

（河北省人民政府办公厅电子政务处）

2019 年安徽省电子政务发展概况

一　总体情况

2019 年在安徽省委省政府的领导下，不断完善全省电子政务顶层设计，推动信息基础设施建设，深化“互联网 + 政务服务”，落实“放管服”改革，推进全省电子政务协调发展。制定印发《关于加快建设“数字江淮”的指导意见》《安徽省推进“互联网 + 政务服务”工作规划》；完成政务云平台扩容、电子政务外网升级改造、灾备中心初步设计等信息基础设施建设；做好全省“互联网 + 政务服务”建设和以群众满意度为导向的全省各市政府电子政务工作等绩效考核；稳步推进投资项目核准审批改革，持续优化在线平台各项功能；持续深化“一网一门一次”改革，不断创优“四最”营商环境。

二　具体工作

（一）统筹推进机制建设方面

成立安徽省政府常务副省长担任组长、省直有关部门负责同志为成员的省电子政务协调发展领导小组，办公室设在省国家发展和改革委员会，统筹推进全省电子政务协调

发展；领导小组成立以来，编制印发全省电子政务年度重点工作计划，建立健全市级政府电子政务工作绩效日常监测、第三方满意度评价以及年度绩效考核等工作制度。

（二）政务数据资源体系建设方面

安徽省启动省政务数据资源共享平台建设，目前已基本建成。该平台上连国家数据共享平台，下连各设区市数据共享平台，并覆盖省直部门，成为全省政务数据共享“主干道”。依托该平台建立的全省政务信息资源目录，截至 2019 年年底，55 个省直部门共编制政务信息资源目录 1528 个，16 个市编制目录 10652 个，挂接资源的目录 804 个，同时明确了政务信息资源的共享使用范围 6817 个。已实现与国家发展和改革委员会企业统一社会信用代码、公安部人口核验、市场监督管理总局企业基本信息等方面的信息资源共享，初步完成人口、法人、电子证照基础信息资源库建设，其中人口库汇聚全省 3800 万人口社保数据、1600 万人婚姻数据、800 万中小学学生数据、350 万低保家庭等数据资源，法人库汇聚 350 万个法人信息，电子证照库完成身份证、营业执照等 44 类近 5600 万个证照的制证入库。

（三）业务协同体系建设方面

1. 安徽省公共信用信息共享服务平台

2019 年，根据国家发改委、省信用办信用信息归集、共享、查询应用新要求，安徽省信用平台不断提升服务能力和应用协同水平，与国家信用平台联合奖惩、双公示、信用修复系统完成对接，协同做好跨层级联合奖惩、信用公示和信用修复，将国家公共信用综合评价结果嵌入省信用平台、推送全省 16 个市、省有关部门，为各地各部门开展分级分类监管提供参考。与安徽省“互联网营商环境监测”系统、安徽省新闻出版局政务服务业务管理系统、安徽省文化和旅游厅综合服务平台、安徽省林业厅协同办公系统、安徽省住房和城乡建设厅政务服务平台等多个业务系统完成对接。为 16 个市、省有关部门新开通政务外网用户 320 个，维护信用目录 10006 个，配置数据治理流程 8639 个，新增数据约 4.42 亿条，共享数据给 16 个市、省有关部门共计约 6.41 亿条，上报国家信用平台和“信用中国”网站 6734 万条信息，为全省政务部门提供信用核查 100 多万次，为安徽省企业提供信用查询报告 400 多份。通过将信用信息查询嵌入政务大厅审批和监管工作流程，实现联合奖惩，做到“逢报必查”“逢办必查”。按月生成城市信用监测报告、失信黑名单和重点关注名单分析报告，信用监测预警、综合评价等业务应用不断深入。

2. 安徽省公共资源交易监管平台

安徽省公共资源交易监管平台纵向连通国家公共资源交易平台和各市级公共资源交易平台，横向连通相关专项业务系统，形成了公共资源交易平台系统国家、省、市三级体系。对标国家和安徽省新的要求，省公共资源交易监管平台启动了二期工程建设，目前二期工程已完成招标采购工作。截至 2019 年年底，平台共接收全省各地市公共资源交易中心推送的交易数据 1374 万条，接收专家数据 4.9 万条，向国家公共资源交易服务平台上传数据共 637 万条。目前，平台数据对接稳定、通畅，逐步规范、完善，在国家月度考核中，安徽省向国家推送的数据数量和质量始终保持在全国前列。

3. 安徽省投资项目在线审批监管平台

安徽省公共资源交易监管平台纵向连通国家公共资源交易平台和各市级公共资源交易平台，横向连通相关专项业务系统，形成了公共资源交易平台系统国家、省、市三级体系。省公共资源交易监管平台启动了二期工程建设，目前，二期工程已完成招标采购工作。截至2019年年底，平台共接收全省各地市公共资源交易中心推送的交易数据1374万条，接收专家数据4.9万条，向国家公共资源交易服务平台上传数据共637万条。目前，平台数据对接稳定、通畅，逐步规范、完善，在国家月度考核中，安徽省向国家推送的数据数量和质量始终保持在全国前列。

4. 安徽省法制监督平台

根据机构改革和省司法厅（原省政府法制办）执法人员管理办法调整等情况，对平台相关功能进行了优化升级。目前平台在全省78个省级部门、近8000个市县部门推广应用，承担全省行政执法人员资格认证通用法律知识考试的报名、考试以及成绩汇总等工作，2019年全省行政执法人员资格认证通用法律知识考试全省报名19446人，申领执法证17672个。

5. 安徽省重点项目信息管理平台

省重点项目信息管理平台经过不断升级改造，已具备全省重点项目信息统一收集、分级申报、动态管理及项目进度信息实时更新、视频监控等功能。截至2019年年底，入库重点项目3万多个，进度信息50多万条，实现所有重点项目相关审批资料入库。

（四）政务服务体系建设方面

为进一步提升政务服务智慧化水平，根据安徽省委省政府推进“慧办事、慧审批、慧监管”，打造智慧政务新模式的要求，配合省数据资源局，在全省开展全程网办、办好“一件事”和跨市通办三个专项行动。目前已实现超过1000个个人事项全程网办、60个“一件事”全流程联办、30项企业服务事项和21个个人事项在长三角一市三省跨区域通办。目前注册用户近1900万，办件量超5000万。中央党校（国家行政学院）电子政务研究中心将智慧政务与“最多跑一次”“不见面审批”等并列为创新典型。

参与安徽省“互联网＋监管”系统建设。目前系统主体功能基本建设完成，初步实现与国家系统互联互通，持续推进全省监管业务系统对接和数据汇集上报。

持续做好与国家政务服务平台对接。安徽省作为国家政务服务平台首批对接试点省份之一，按照国办要求，推进事项、办件、证照等各类数据汇集，每工作日上报相关数据，截至目前，累计上报省、市、县三级6类依申请的事项数据108万条、办件数据2056万条、证照数据230类总计1.57亿条，数据量均居全国前列。

（五）基础设施体系建设方面

1. 安徽省电子政务外网

目前已完成省电子政务外网广域骨干网升级改造工作。安徽省电子政务外网上连国家，下连 16 个市和 105 个县（市、区），横向覆盖 154 家省直单位，并延伸到乡镇、街道、社区、行政村等基层政务部门，延伸率约 99%，承载全国性纵向应用系统 40 个，省级应用系统 67 个。

同时，强化政务外网电子认证服务，完成国密及国际标准算法电子证书注册平台建设，为多家单位和业务系统提供 CA 证书及电子签章技术服务，安徽 RA 证书累计发放 19085 张，RA 算法升级工作圆满完成。

2019 年，全面推进外网升级改造工作，新增退役军人事务部门和应急部门 2 个全省性部门接入政务外网。目前省政务外网横向覆盖 154 家省直单位，纵向实现与全省 16 个市、105 个县（市、区）、1496 个乡 / 镇（街道）和 1.7 万个行政村（社区）的互联互通，乡级以上覆盖率达到 100%，行政村（社区）级覆盖率达到 99.9%。政务外网业务支撑作用进一步增强，41 项国家纵向业务和 67 项省级业务在安徽省外网运行。

完成省级外网安全加固建设。按安全等级保护三级的要求对省级政务外网边界以及红星路、滨湖中心、省政务大厦三地互联网出口进行安全加固，建成了安全接入平台和安全管理平台等，进一步提升了我省政务外网的安全防护能力。

稳步推进市级政务外网 IPv6 改造。根据已印发各市《关于推进省电子政务外网互联网协议第六版（IPv6）改造工作的通知》要求，完成对各市政务外网 IPv6 改造方案的审核工作，推进各市按季度报送工作进展。

完成外网标准的审查工作。完成《电子政务外网市县网络总体构架设计规范》《电子政务外网政务部门接入规范》两个地方标准（送审稿）的编制，并通过省信息技术专标委的审查，近期将颁布实施。

2. 安徽省电子政务外网云平台

安徽省电子政务外网云平台经过不断扩容，目前该平台具有 400CPU 计算资源和 1PB 存储资源，实现了计算、网络、存储的虚拟池化、按需分配和弹性扩展，为用户提供虚机交付、应用负载、硬件资源监控、多租户安全隔离、业务系统可视化监控等云服务，已先后为省委办公厅、省政府办公厅、省政协办公厅、省委组织部、省总工会、省国家发展和改革委员会、省财政厅、省扶贫办等 20 余家单位 60 多个业务系统提供云计算服务。

3. 安徽省电子政务灾备中心

安徽省电子政务灾备中心（国家电子政务外网华东区灾备中心）项目主要用于满足安徽省和国家电子政务外网华东地区接入单位的重要信息系统抵御灾难和重大事故的能力需要，确保重要信息系统的数据安全和作业持续性。目前，该工程项目土地使用权、环评、能评、项目建议书、可研报告和初步设计已经完成，各项建设正不断推进，预计 2020 年年底前投入使用。

（六）安全保障体系落实方面

完成安徽省委网信办开展的关键信息基础设施信息核对工作，同时根据安徽省委网信办、省公安厅和合肥市公安局联合检查组关于信息安全等级保护监督检查工作反馈意见，完成相关问题的整改落实工作。定期开展政务外网安全等级保护测评工作。根据国家信息系统安全等级保护三级相关政策要求，每年组织各市外网应用单位开展一次安全等级保护测评工作。以市级政府电子政务绩效考核为抓手，指导全省电子政务外网的安全运维管理工作。

三　2020 年工作重点

（一）以智慧政务为导向，不断完善网上政务服务平台建设

安徽省将基于智慧政务建设成效，着力做好政务云平台和大数据平台两个基础性支撑平台建设，加强数据共享应用，持续提高已实现的“全程网办”个人事项和“一件事”服务质量。同时，扩展智慧政务服务范围，将个人事项“全程网办”建设经验延伸到企业事项，不断梳理业务场景，实现更多“一件事”联办服务，进一步提升企业和群众办事的获得感和满意度。

（二）以重点业务系统建设为重点，提升信息化服务水平

完善省投资项目在线审批监管平台、公共资源交易监管平台、省委门户网站、综合服务平台等重点业务系统功能，拓展应用，安全运维。

（三）以服务信用体系建设为目标，强化省级信用平台建设

优化完善安徽省信用平台和信用安徽网站功能，建设信用监管系统，推进信用信息查询和联合奖惩，加强信用监测预警和信用数据分析。

（四）以大数据分析为抓手，为业务工作提供数据支撑

开展信息资源目录梳理与编制，建设重大项目、宏观经济、投资项目、信用体系等业务主题库，探索建立宏观经济、信用、投资项目、公共资源交易、节能监测等领域大数据专题分析应用。

（五）以灾备中心建设为契机，拓展信息技术服务范围

基本完成灾备中心机房基础设施、软硬件系统部署等项目内容建设，探索为国有企事业单位提供灾难备份服务，探索建立省、市、县三级政务信息化灾备中心建设体制机制，助力全省数字经济发展。

（安徽省经济信息中心）

2019年江西省电子政务发展概况

2019年，江西省电子政务紧扣“放管服”改革和优化营商环境大局，以信息化助推政府治理能力现代化，在电子政务基础设施建设、政务业务应用、公共服务创新、信息安全保障、机构和队伍建设等方面积极作为，攻坚克难，取得了显著成效。

一　基础设施集约化水平全面提升

坚持“五统一”原则，集约建成全省统一的政务外网平台、政务云平台、数据共享交换平台、政务服务平台、信息公开平台及电子监察平台，成功构建了全省一体化的电子政务平台，平台集约化水平走在全国前列，为各级政务部门打破“信息孤岛”提供统一的基础平台支撑。一是统筹全省政务外网建设。制定印发《江西省电子政务（外网）一体化平台总体框架》，顺利实施完成省级政务外网互联网区IPv6改造，推动江西省委组织部、省人社厅、省科技厅、省文旅厅等41家省直单位依托政务外网开展移动办公业务，以及省生态厅、省民政厅、省林业局等11家省直单位业务承载和专网迁移，网络承载能力进一步增强；成功争取国家电子政务外网异地网管中心落户江西，成为除北京网管中心外全国唯一的异地网管中心，进一步提升了江西省政务外网的骨干地位。二是强化政务云平台。深化政务云应用，新增一批服务器和存储资源。截至2019年年底，省级政务云平台共部署虚拟服务器3900台，存储资源3135TB，承载了江西省政府办公厅、省财政厅、省卫健委等96家政务部门22个跨部门系统和362个部门业务系统；全力推动新建信息系统“上云”，完成省商务厅重要产品追溯管理系统、省司法厅仲裁信息管理系统、省教育厅教育教学信息化系统等102个新建信息系统依托政务云建设。据测算，相比分散建设和运维，节约省财政资金投入17.8亿元。同时，逐步推进了江西省农业农村厅、省人社厅、省财政厅等部门118个原有信息系统“上云”。三是制定发布标准规范。通过标准规范的制定实施推动平台的互联、数据的共享，在原制定的14个标准规范的基础上，2019年又制定印发了《政务数据共享技术规范》《电子证照共享服务系统对接技术规范》《移动政务服务应用技术接入技术规范》3个标准规范，作为地方标准在全省施行。同时，强化项目技术评审，组织开展了江西省委宣传部省级融媒体中心平台、省人社厅人力资源公共服务信息化平台、省生态厅生态环境大数据平台等36个省级信息化项目技术评审。

二　政务业务应用取得突破

一是“信息孤岛”顺利打通。按照“一年内打破信息孤岛”目标，省公安厅、省人社厅、省民政厅等16个部门集中办公、挂图作业，逐个系统对接、逐项任务核销，2019年9月，涉及36个省级部门的116个“信息孤岛”全部打通。12月，江西全省11个地市427个“信息孤岛”基本打通，走在全国前列。二是数据共享取得突破。江西省委省政府将推进数据共享应用作为提升政务服务的重要抓手，加强整体统筹。2019年两次组织各地各部门开展政务数据共享工作和政务信息资源目录编制工作培训，明确目标任务，细化分工责任；2019年10月编制印发了《省级政务信息资源目录》和《省级政务信息资源共享开放责任清单》。建成了人口、法人、电子证照、社保、税务、投资项目、公共信用、自然资源和地理空间等8个高频共享库，已对外提供274类高频数据服务。推动各地各部门在业务场景中应用数据，选择省公安厅、省人社厅、省商务厅、省水利厅、省住建厅、省自然资源厅、省税务局、省地方金融监管局8个省直单位，新余、鹰潭、赣州、抚州、上饶、宜春、九江7个设区市，共青城市、章贡区等15个县区开展了数据共享应用试点，加快释放数据价值。省直部门中，省发改委、省住建厅、省市场监管局等部门通过数据共享，实现企业投资项目备案全程网办，备案办理平均时间由5个工作日缩减为3个小时，企业注册登记实现“网上办、不见面、快递送”；省税务局通过共享信用信息对A级纳税人提供免除认证、“绿色通道”激励措施；省民政厅通过共享公安、人社、税务、住建、银行等多个部门的数据，为社会救助审批提供数据核验，累计核对670万人次。市县中，赣州市、抚州市、九江市、安福县、修水县、共青城市、泰和县、上犹县等地在普惠金融、便民服务、数字文创等领域开展了一批特色应用。三是重大平台建设取得实效。围绕改革发展的关键领域，推进了一批重大平台建设。开发建成“人才云”平台，实现人才政策网上知晓、人才服务网上办理、人才工程网上申报、人才供需网上对接，为各类人才提供一站式服务。截至2019年年底，上线人才服务事项308项，入库重点人才19.85万人，平台入选2019中国营商环境特色评选50强案例。开发建成省公务用车信息化平台，实现省、市、县三级公车信息互联互通，做到便捷派车、高效用车、透明管车，有效提升了全省公车管理水平，已接入公务车辆3万多台，完成公务出行19.8万单。建设“互联网+监管”系统，按照国家要求开发建成“互联网+监管”系统门户、行政执法监管、信用监管等11个子系统，入库数据2455万条，是第5个成功与国家系统实现对接的省份，各项数据推送质量均排在全国前列。开发建成省政府微信公众号和政务头条号，实现重大政策、重要活动、重点信息及时发布，社会关切及时回应，江西形象及时呈现。按照省里统一部署，各地各部门在政务服务、跨境电商、生态环境、食药品监管等领域也积极推进了一批重大平台建设。

三　公共服务创新大放异彩

江西省委省政府将“赣服通”平台建设作为推进“互联网+政务服务”的重大举措，“赣服通”建设水平处在全国前列。2019年11月，江西省打造“赣服通”的典型做法得到国办通报表扬，11月15日李克强总理到江西视察时还专门听取工作汇报并给予肯定。一是开发“赣服通”平台功能。基于全省电子政务一体化平台，开发建成“赣服通”2.0

升级版，实现常用服务智能推荐，电子证照自动匹配，一站式专区服务等，一系列平台功能应用走在全国前列，广受群众好评。在2019年数字政府服务能力评估中，“赣服通”平台名列省级政府优秀政务App全国第六名。二是推进市县“赣服通”建设。按照全省“统一架构、分级负责”模式，加快推进市县“赣服通”分厅建设。2019年6月下旬，江西全省“赣服通”市级分厅全部建成并集中上线；10月中旬“赣服通”县级分厅提前全部建成，江西成为全国第二个互联网+政务服务覆盖省市县三级的省份。三是强化“赣服通”服务应用。紧扣“手机一开、说办就办”目标，通过数据共享、优化流程，加快推进政务服务事项接入“赣服通”。截至2019年年底，6738项政务服务事项实现“掌上办”，115种电子证照实现“掌上查”，政务服务事项和证照种类均位列全国第一，实名用户注册数突破1100万，位列全国第三，真正让企业群众到政府办事享受“网购”式体验。“赣服通”政务服务案例荣获2019年中国政府信息化管理创新奖。省直部门中，省公安厅、省住建厅、省人社厅上线服务事项数量分列前三位。省教育厅、省税务局、省人社厅、省市场监管局等部门在教育精准扶贫、社保一卡通等方面创新推出了一批特色服务。市县中，赣州市、鹰潭市、九江市、南康区、丰城市、瑞金市、寻乌县、瑞昌市等地因地制宜，在学区查询、涉农资金监管、保障房一链办、不动产业务联办、出生一件事联办等方面创造了诸多特色做法。四是拓展“赣服通”服务能力。与浙江签署跨省数据共享应用合作协议，推进跨省数据共享应用，在全国率先实现身份证、户口簿等11本证照跨省“亮证”，为110万名在浙的江西人、4.7万户在赣的浙江企业提供跨省网上办事便利，又与福建签署了跨省数据共享应用合作协议。

四　技术服务和安全保障显著增强

一是高水平做好技术服务支撑。按国家要求，建成省级政府网站集约化平台，升级改版了省政府门户网站，开发热点专题专栏15个，采编发布信息2.4万条，省政府网站在全国省级政府网站绩效评估中名列全国第六名，App客户端荣获优秀政务新媒体奖。全年为各级政务部门保障视频会议130次，处理系统、网络、设施故障1500余次，确保各系统安全稳定运行，得到各单位一致好评。二是高质量做好安全保障支撑。加快建设“两地三中心”的数据灾备体系，着手建立集中统一的数据安全管理体系和运维体系。推进容灾备份中心建设，主要为“赣服通”、公共资源交易、省政府网站等核心系统提供同城应用容灾和数据库容灾服务，全年信息系统实现“零事故”安全稳定运行。三是圆满保障第二届数字中国建设成果参展活动。顺利完成了江西展馆布馆、宣传及互动演示等重大保障任务，全方位展示了江西“数字政府”平台建设、数据共享、政务服务、智慧城市等领域特色做法和创新成果，得到与会领导和专家高度评价。抚州市、鹰潭市、上饶市分别成功举办了2019江西省互联网大会、2019江西国际移动物联网博览会以及首届江西省信息产业自主创新大会，引领推动全省信息产业快速发展。

此外，机构和队伍建设方面，由江西省大数据中心牵头成立了云上江西大数据公司，作为全省政务信息化建设运营主体，承担全省政务大数据汇聚应用、数字政务平台建设运营、数字产业培育孵化、数字经济成果综合展示和数字经济对外合作等平台功能。市县中，南昌、赣州、上饶、宜春、抚州、吉安等设区市成立了大数据管理局或大数据中心，统筹推动政务数据和数字产业发展。依托全省信息系统，全年举办技术培训和专题讲座16场，培训技术骨干1000多人次；深入推进与阿里巴巴、华为、浪潮的战略合作，在项目建设、新技术应用、专利申报等领域落地了一批成果。

（江西省信息中心）

2019年海南省电子政务发展概况

2019年，围绕“全省一盘棋，全岛同城化”和实现“数据、人员、资金、管理、技术”五集中的工作目标，海南省全力推进各项工作，“五集中”水平大幅度提升，预定目标基本实现，并有力推进大数据业务应用。

一　关于数据集中

坚持“以共享为原则、不共享为例外”，推进数据共享和汇集。

（一）进一步补充完善信息资源共享目录

编制形成涉及70家单位共4360个75402项信息资源共享目录，开发共享接口8042个，依托共享交换平台为各部门提供共享数据174.89亿条。

（二）持续完善人口库、法人库、空间地理库、电子证照库、信用库五大基础数据库

截至目前，人口库汇集省公安厅、省卫健委、省人社厅、省教育厅、省民政厅、省编办、省残联、省住房公积金管理局8家单位1188.76万条人口数据；法人库汇集省市场监督管理局、省民政厅、省编办、省住房公积金管理局、省司法厅、省税务局6家单位64.8万条市场主体数据；电子证照库汇集全省53家单位163.21万份电子证照，通过推进电子证照信息在行政审批、公共资源交易领域的共享使用，有效提高了注册登记、市场准入等商事服务的便捷性；地理空间库搭配全省统一的政务地理空间信息大数据云服务平台，已持续为综治办、工信厅、扶贫办等22个厅局提供包括影像、电子地图、专题地图等140项数据及功能接口服务，有效支撑各级政务单位开展各类政务空间地理大数据专题应用；社会信用库累计归集了1.36亿余条信用信息，其中包括94万家企业和非企业法人信用信息7020万条，自然人信用信息6648万条，以及省级45家单位的信用数据，通过推进社会信用信息在行政审批、国际贸易“单一窗口”等业务系统共享利用，满足市场准入、

投融资便利化、贸易便利化、“放管服”改革等领域的平台的信用监管支撑需求。

（三）持续开展数据共享归集

按照“能归集尽归集”的思路，海南省大数据管理局正抓紧组织对交通、环保、人社等部门现有信息系统的数据进行归集，力争 2020 年 8 月底前，完成信息资源共享目录范围内的数据归集工作，形成省政务大数据。

二　关于人员集中

海南省委省政府大数据管理机构改革方案明确要求，成立省大数据管理局（招录各部门信息中心 12 人），省政府各部门（除公安厅外）所属信息中心一律撤销，省卫健委、省财政厅、省人社厅、省商务厅、省交通厅、省林业局 6 部门所属信息中心进行机构调整，其余 19 个部门除保留信息中心 1 至 2 名人员转至其他处室负责部门信息化工作外，其他信息中心人员全部分流。

2019 年 3 月，省委编办等五部门下发《海南省政府各部门所属信息中心机构调整和人员分流安排方案》（琼编办〔2019〕100 号），明确了信息中心人员安排至省大数据管理局和省国际经济发展局、其他事业单位、调整设置的事业单位、主管部门、允许个人提前离岗和辞职等 6 条人员安置渠道。各主管部门分别研究提出了所属信息中心人员共计 175 名人员分流意见，省委编办在充分尊重部门意见的基础上，对部分主管部门无下属单位，确实无法安排分流人员的，经与主管部门沟通协商，由省委编办统筹安排至其他主管部门下属事业单位。2019 年 10 月，海南省委编制委员会下发《关于撤销海南省人民政府政务服务中心信息中心等 19 个事业单位的通知》（琼编〔2019〕80 号），正式撤销省政务服务中心信息中心等 19 个省政府部门所属信息中心，各部门正抓紧办理人事调动、辞职等手续。

三　关于资金集中

自 2006 年以来，海南省实行信息化项目建设资金由省财政厅集中管理、统一安排的资金管理体制。2017 年起，进一步将中央转移支付资金纳入集中管理范围，加强信息化项目建设资金的集中统筹，切实用好省级和中央的相关财政资金，全力保障政务信息化建设所需经费，最大限度发挥财政资金的使用效益。

四　关于管理集中

（一）海南省大数据管理局成立投入运行，实现行政管理集中

根据《海南省大数据开发应用条例》和《海南省大数据管理局管理暂行办法》（省政

府 284 号令），海南省成立了省大数据管理局，作为实行企业化管理但不以营利为目的、履行相应行政管理和公共服务职责的法定机构，负责组织实施大数据开发应用总体规划，统筹政务信息化项目管理和政务信息资源共享开放，管理运营政务数据资产，推进政务和社会大数据开发应用，具体实施大数据开发应用监督工作。

海南省大数据管理局自 2019 年 5 月 23 日挂牌成立以来，领导班子基本到位（领导班子核定 5 人，已到位 4 人），人员已到位 22 人，拟于近期到位 12 人（已完成招聘程序，在办理入职手续）；办公用房基本落实，前期安排省会展楼 1 楼（共 229 平方米）和省政务服务中心 4 楼（共 403 平方米）给海南省大数据管理局办公使用，不足部分（623 平方米）后续安排；2019 年经费预算已到位。海南省大数据管理局自 2019 年 7 月起投入正常运行，有效开展全省政务信息化项目的年度计划制订、审核审批、项目验收、绩效考核等统筹管理和大数据基础性、公共性、共性平台的建设运维工作。

（二）组建数字海南有限公司，推进技术服务集中

依据《海南省大数据管理局管理暂行办法》（海南省人民政府第 284 号令），海南省大数据管理局依法组建了国有控股（国有资本 51%，民营资本 49%）的省大数据运营公司——数字海南有限公司，承担海南省大数据基础性、公共性和共性平台建设运维工作，统一为各部门提供技术服务。数字海南有限公司由阿里云、海南省大数据管理局、中国电信公司、北京太极有限公司投资入股，入股比例分别为 49%、30%、10.5%、10.5%，已于 2019 年 10 月完成工商注册，注册资本 20000 万元。

五　关于技术集中

海南省结合省直管市县的省情，按照“全省一盘棋，全岛同城化”的原则对政务信息化建设进行统筹，坚持“大集中”的理念，推行政务信息化的“大网络、大平台、大系统”建设，推进政务信息化技术集中。

（一）基本形成“一张网、一个中心、一朵云”的大数据基础设施建设格局

“一张网”，即全省统一的电子政务外网实现省、市县、乡镇、行政村四级覆盖，包括 50 家省直单位、20 个市县（含洋浦开发区）、所有乡镇和行政村，并与国家电子政务外网实现互联互通。“一个中心”，即省政府数据中心，原则上不再审批各部门建设独立的机房。目前，省数据中心为省政府办公厅、省政务服务中心、省应急管理厅、省市场监督管理局等 50 多个厅委局和部分市县提供 700 余台服务器及相关设备托管和服务，并为省政务云提供机房等基础设施。“一朵云”，即省政务云，截至 2019 年 11 月 26 日，已为全省 98 家单位 932 个系统提供 4958 台虚拟机及安全防护设施、操作系统、数据库、公共应用等硬件和软件资源服务，基本实现了电子政务基础设施的全省统建共享，各部门新的信息系统依托省数据中心政务云建设运行。

（二）建成统一的大数据“三大”基础平台和“三大”基础数据库

建成了较外省更具优势的全省统一的信息共享交换平台（外省均采取建设省、市、县分级共享平台方式），完成信息共享交换平台48个省直部门和20个市县节点的部署，共享汇集了637类数据项4.09亿条公共数据。建成全省统一的省政府大数据公共服务平台，为各部门和各市县提供统一规范、安全可靠、充分共享的大数据开发应用工具和环境，海南省大数据公共服务平台2019年被中国信息协会授予2019年中国政府信息化卓越成就奖。建成了全省统一的政府数据开放平台，可以依托平台汇集并向各级政府、社会开放共享数据。依托信息共享平台建成了人口库、法人库、空间地理库等基础数据库。

（三）构建了“一网通、一证通、一号通、一站通”的“互联网+政务服务”体系

“一网通”，即构建省域“一张审批网”（一体化政务服务平台），已应用覆盖52个省级部门、19个市县（含洋浦开发区）、全部218个乡镇和3055个行政村。“一证通”，即搭建了全省统一的“五证合一”平台和电子证照库，“五证合一”平台实现了工商企业登记信息与税务、质监、社保、统计等跨部门、跨区域的信息共享，并全面应用于全省“一张审批网”，企业和老百姓办事可以“少带证照”“免带证照”。“一号通”，即建立全省统一的政府12345综合服务平台。整合全省以“123”开头的政府职能部门和部分公共服务热线，各行政单位申诉举报热线全部纳入12345综合服务系统平台运行，形成“一号对外、按责转办、限时办结、统一督办、统一考核”的便民、高效、权威的政府综合服务热线工作机制，最大限度地方便公众进行消费维权申诉、经济违法举报以及其他咨询、求助、申诉服务。“一站通”，即集中部署全省统一的政府门户网站群。采用集约建设方式构建了以省政府门户网站为主网站，56个部门、20个市县（含洋浦）政府为子网站的网站群，为百姓提供政务信息公开、政务服务、政民互动交流等一站式服务。海南省政府门户网站自2007年起连续12年在全国政府网站绩效评价中排名前10名，其中，2016年、2017年排第6名，2018年排第5名，一直保持全国领先水平。

（四）建立“五个一”办公信息化应用体系

“五个一”，即“一个办公OA系统、一个公文交换系统、一个电视电话会议系统、一个邮件系统、一个短信平台”。办公OA系统已应用推广至所有省政府部门、市县政府和7家省委部门；公文交换系统使用单位共208家；电视电话会议系统已覆盖省委省政府、19个市县、洋浦开发区、省农垦总局和205个乡镇政府，为全省视频会议召开和跨部门、跨区域统一调度和视频信息共享提供支持；邮件系统应用单位有85家；短信平台使用单位达120个。

与此同时，海南省大数据管理局按照“业务牵头部门统一建设，各部门各市县共享应用”的大集中建设思路统筹政务信息化项目，并会同有关部门正在实施全省统一、共

用的一体化在线政务服务平台、政务服务 App、“互联网 + 监管”系统、工程建设项目审批管理系统、国际投资单一窗口等系统建设。截至目前，通过全省集中统一建设，各部门各市县共享应用的政务信息化项目占比达 70.3%，有效打破部门、市县界限，推进信息共享和技术集中。

（海南省大数据管理局）

2019 年四川省电子政务发展概况

2019 年，四川省政府系统电子政务工作坚持提站位、谋全局、干实事，实现从“网上”“云上”到数字化转型发展。

一　拓宽电子政务外网覆盖范围

在平台设计、建设规范、运维保障、安全管理等方面加强对市县业务指导，不断拓展政务覆盖范围，电子政务外网建设成效明显，支撑能力不断提升。全省电子政务外网覆盖省、21 个市（州）、183 个县（市、区）及 94% 的乡镇，全省接入部门（单位）超过 1.5 万个，接入电脑终端超过 20 万台。

二　抓好省级政务云建设

持续推动应用迁移上云，省级政务云已部署 79 个省级部门 507 个非涉密系统，应用上云数量居全国政务云前列。30 余次组织省级政务云参与保障“两会”、春节、“国庆”70 周年、西博会等重要活动的平台和系统安全稳定。全面完成网络基础设施 IPv6 改造和异地灾备云建设，增加 IPv6 地址应用、异地数据备份和恢复保障服务，以及基于省级政务云部署的人民政府网站实现 IPv4、IPv6 双栈服务。

三　抓好“互联网 + 政务服务”平台建设

深入做好“互联网 + 政务服务”体系优化，在全省一体化政务服务平台建设、政务服务事项集中办理、一窗综合受理等方面加大改革攻坚，一批企业群众办事堵点难点问题得到解决。全省政务服务环境持续改善，全省依申请办理政务服务事项“最多跑一次”占比 98.73%，省本级全程网办事项占比 53%，全省占比 23%。全面升级四川政务服务网、“天府通办”手机端，建立“天府通办”掌上办事总门户。加快推进部门业务系统与一体化政务服务平台对接，打造全新的“能力开放平台”，通过建立成熟规范、简单易用的系统接口和标准体系，为部门应用系统互通、便民服务接入、智能终端接入提供便捷的技术支撑。建设评分统一标准、数据统一汇聚、评价统一管理的“好差评”系统，实现服务可评价、差评有反馈、结果进考核，用群众满意度评价政务服务“一网通办”成效。加强支撑体系能力建设，推进电子证照、电子签章的对接、采集、制作、应用，目前已完成 3433 个部门 5648 枚电子印章采集，制作完成 3820 枚电子印章，采集证照种类由 23 类增至 125 类，数量由 2700 万条增加到 1.17 亿条，为下一步电子证照共享共用、精简申请材料奠定了基础。研究起草《四川一体化政务服务平台运行管理办法》《四川政务服务网运营管理办法》等制度性文件，切实巩固整治成果。

四　开展政务信息系统整合共享

进一步推动政务信息系统清理整合共享，协同配合省直部门、指导市州做好自查。截至目前，省直部门自查系统总数 1062 个，已关停“僵尸”系统 177 个、整合系统总数 429 个。21 个市（州）自查系统总数 624 个，已关停“僵尸”系统 198 个、整合系统总数 217 个。会同省大数据中心开展全省省级政务信息系统情况调查，共收到 95 个部门 670 个系统的反馈信息，对 32 个重点部门的信息系统建设、数据资源管理等情况开展实地调查。

五　加快构建“互联网 + 监管”平台

按照国家“互联网 + 监管”工作统一安排部署，坚持全省统建、共享开放、协同联动、安全可控原则，创新监管手段，加快推进“互联网 + 监管”平台建设，逐步整合各地各部门监管业务信息系统及其数据资源，形成监管事项全覆盖、监管过程全记录、监管数据可共享、监管结果可追溯的智慧监管体系，为提升事中事后监管规范化、精准化和智能化水平提供支撑。2019 年 1 月，在充分调研、学习、研究基础上，出台四川省“互联网 + 监管”平台建设和工作推进通知；4 月，完成四川省平台的架构设计，创新提出了“1+X”的“自选动作”；5 月，完成项目立项和资金申请；6 月，完成平台各子系统主体功能开发，在全国率先完成独立平台建设，率先完成与国家平台的对接，率先实现各类数据上传；2019 年 7 月，在全国平台建设推进会上作经验交流发言。

六　加强政府网站建设

在统一整合省政府网站用户管理体系基础上，打通与四川政务服务网的统一身份认证系统通道，推进省政府网站信息公开、互动交流与办事服务深度融合，对标国家相关要求，不断优化网站访问性能，提高网站内容准确性和权威性，切实提升用户体验感。建立安全监测预警机制，部署配置省级政务云网页防篡改软件，及时对异常情况响应和处置。完成省政府网站集约化迁移和推广工作，支撑保障省政府门户网站建设管理，探索信息目录系统与市级平台对接试点，实现 21 个省直部门（单位）门户网站的集约化统一运维管理、公开信息的共享互用。2019 年，四川省政府网站在省级政府网站绩效评估结果中位列第二，其中管理保障得分位列全国第一。

七　强化信息安全保障

一是强化技术防范体系建设。贯彻落实国家网络安全等级保护最新要求，实现省级政务云、省电子政务外网等关键核心信息基础设施，以及重要信息系统的全年安全平稳运行。指导四川省大数据中心积极探索政务云密码支撑服务体系和全域安全监测、态势感知、指挥调度中心建设。二是推动重点领域国产密码应用。在省级政务云、政务外网、一体化网上政务服务平台等领域持续推动国产密码应用。大力推进现有电子认证体系国产密码算法替换，2019 年全省发放电子政务外网数字证书 14.7 万张，发证总量连续 3 年全国第一，2019 年新增量全国第二。

（四川省人民政府办公厅电子政务处）

2019 年新疆维吾尔自治区政府系统电子政务发展概况

2019 年，在新疆维吾尔自治区党委、政府高度重视和正确领导下，新疆维吾尔自治区政府系统电子政务工作按照国家对电子政务工作开展的指导精神，紧密结合自治区实际和政务工作发展需求，加强政务业务系统应用效能，促进政府监管方式创新，巩固基础设施建设，强化网络和信息安全保障，努力为推进国家治理体系和治理能力现代化提供技术支撑和保障，推进数字政府建设迈上新台阶。

一　以协同办公和政务业务处理系统的完善为重点推进业务协同体系建设

自治区政府政务协同办公大数据系统应用持续深化。根据自治区政府专题会议审定通过的《全面提升办公厅网上协同办公应用及信息资源共享水平的方案》（以下简称《方案》），在自治区政府主要领导同志的推动下，自治区人民政府办公厅（以下简称“办公厅”）认真组织，确立了明确的工作目标，成立了以自治区政府主要领导同志为组长的工作协调领导小组，建立了周例会、月联系会、专题会和工作简报等多种形式的工作协调推进机制，优化完善系统，建立并优化了收文办理、发文办理、报告（阅件）呈阅、出行报告、派车申请、请销假、处室周工作台账等 35 个工作流程，以现场演示、上机操作、机关大讲堂等方式大力加强培训，积极做好网络环境及软件配置等相关技术保障，领导带头、处室参与积极开展应用，建设政务公文大数据系统，完善政府公文库、建立办公信息资源库，信息上载和应用工作有序开展，制定了《网上协同办公系统安全保密工作管理暂行规定》《网上协同办公系统用户及数字证书管理办法》等6个制度和规范，通过实施办公厅网上协同办公系统升级改造项目健全安全保障体系，完成了《方案》确定的主要工作任务，达到了预期工作目标。在此基础上，以应用效益为根据，解决问题、补齐短板，持续深化网上协同办公应用，进一步完善工作流程及系统功能，努力实现高效便捷的办公信息交换和共享，全面提升协同办公应用水平。

截至2019年年底，所有自治区（省级）领导、办公厅所有干部、部分自治区政府部门已开展协同办公应用，参与统一网上协同办公平台开展应用的各地各单位配发数字安全证书（U-key）近2000个，系统累计网办文件11000余件，网办出行报告、派车申请、请销假、处室周工作台账、干部周工作小结、合同审核等流程9000余件。自治区政府已形成包括自治区（省级）领导的全员全流程网上办公局面，政府公文运行及行政事务运转效率得到明显提高，文件及行政业务工作跟踪督办力度得到进一步加强，公文运转统计数据及应用更加全面准确，系统已成为政务部门日常办公中不可或缺的有效平台，受到政府领导、部门及政务人员的广泛好评。《新疆维吾尔自治区人民政府网上协同办公应用》被中国计算机用户协会评为“2019政务信息化应用创新”优秀案例。

自治区政府公文无纸化传输系统稳定高效运行。依托政府系统统一的电子政务网络，自治区政府公文无纸化传输系统于2006年建成应用，实现了汉文和民文多种文字政府公文的电子化传输，建成了以自治区人民政府为中心、涵盖自治区所有地（州市）、县（市）、各部门近300家单位，实现了自治区人民政府与地（州市）、县（市）、各部门电子公文发文和收文的双向传输。截至目前，系统每年发送自治区政府、办公厅下发的电子公文2000余件，接收单位近300家；接收各地州（市）政府（行署）和自治区政府各部门的正式请示1000余件。系统的稳定运行极大提高了政府公文的传递效率，节约了资源。

从统一的协同办公、公文传输等系统着手，自治区人民政府已逐步建立和完善以公文处理为核心，包括政务信息采编、督查督办、值班应急等的政务业务应用系统，推进跨部门跨区域的大协同办公系统的规划建设工作，充分发挥先进信息技术对政府办公工作的支撑效应，促进政务工作从独立运行向协同治理转变。

二　依托政府网站平台推进自治区政务服务体系建设

全区县以上各级人民政府及所属部门共建立政府网站162家［其中，自治区人民政府门户网站1家，自治区人民政府部门及直属机构网站47家，各地州（市）级政府、各县市（区）政府网站114家］，构建起适应信息时代要求的新疆维吾尔自治区政府网上服务和办事体系。

根据国务院办公厅关于按季度开展政府网站抽查工作的要求，2017年以来，办公厅组织力量认真开展全区政府网站抽查工作，严格督促落实政府网站日常监测抽查通报机制和问责机制，对国务院办公厅和自治区人民政府办公厅抽查通报的问题网站进行通报并督促进行整改下线。

各级政府网站应用管理工作水平不断提升。完成2018年度政府网站年度报表工作的编制发布，以专题形式整合各地各部门2018年政府信息公开工作年报；做国庆70周年期间全区政府网站信息与网络安全保障工作；各级政府网站加强与中华人民共和国中央人民政府网和自治区政府网站的协同联动，做好自治区确定的重大政策信息的联动转发工作，进一步发挥集群效应；建立网民对政府网站存在问题的意见建议举报和受理工作机制，今年网民通过“我为政府网站找错”监督举报平台反映全区各级政府网站问题242条，有关网站主管单位及时对留言进行了核实、处理和反馈，已全部处理完毕。

根据国家政务公开工作评估指标要求，按国务院办公厅有关政府信息公开栏目建设规范，学习借鉴先进省市区经验，认真组织完善和规范了自治区政府网站政府信息公开专栏，提高了应用服务水平，改进了依申请公开信息工作。

三　积极推进自治区“互联网＋监管”系统建设

根据《国务院办公厅关于加快“互联网＋监管”系统建设和对接工作的通知》等文件精神，各省市区政府要建设本地区“互联网＋监管”系统，实现与国家“互联网＋监管”系统的对接联通。2019年4—6月，办公厅组织编制了自治区“互联网＋监管”系统建设规划方案，开展了广泛的工作调研和意见征集，根据工作调研收集到的意见建议及国务院办公厅主管部门的指导意见，多次对建设规划方案进行了修改完善，于2019年6月通过了以中国工程院院士为专家组长的专家评审。同时，积极组织、指导和协调自治区各相关单位对监管事项目录清单和检查实施清单进行认领和梳理。

截至2019年9月底，自治区“互联网＋监管”系统建设和应用前期工作取得显著进展，自治区涉及监管业务的全部29个厅局部门已完成监管事项目录认领1042项，各地州（市）、县市（区）委办局监管事项认领9888项，梳理编制自治区各厅局部门检查实施清单759项，各地州（市）委办局检查实施清单8001项，各县市（区）委办局检查实施清单47586项。全面完成自治区监管事项和检查实施清单梳理填报，汇聚自治区交通厅等单位的监管行为数据共计359万余条并成功发布至国家“互联网＋监管”系统数据库，完成自治区交通厅、住建厅等单位的信用交通（新疆）、新疆工程建设云等监管查询应用对接工作，自治区行业监管数据上报实现应上尽上、监管应用实现应接尽接，达到了国务院办公厅对此项工作的阶段性基本要求，跟上了全国先进省区建设步伐。

新疆维吾尔自治区“互联网＋监管”系统建设项目落实了建设资金，于2019年12月完成公开招标。自治区“互联网＋监管”系统建设及应用取得了重大进展，对加快构建全区一体化在线监管平台、创新监管方式具有重要意义，为推进自治区治理能力和治理体系现代化打下良好基础。

四　电子政务基础设施建设进一步完善

与国家试点省区市同步开展了自治区政府网站集约化建设及 IPv6 改造。按照中共中央办公厅、国务院办公厅《推进互联网协议第六版（IPv6）规模部署行动计划》、国务院办公厅《关于印发〈政府网站集约化试点工作方案〉的通知》等文件精神，在自治区主要领导的关心和支持下，办公厅组织编制了《自治区政府网站 IPv6 改造和集约化建设规划方案》，于 2019 年 6 月通过了由国家有关信息化专家和自治区党委网信办、自治区财政厅等相关部门领导组成的专家组评审。印发《关于开展全区政府网站集约化建设及 IPv6 部署改造工作的通知》，对推进自治区政府网站集约化建设及 IPv6 改造进行部署，按照“统一标准体系、统一技术平台、统一安全防护、统一运维监管”政府网站集约化建设模式，建设统一的自治区政府网站技术平台、信息资源库等，第一期计划整合自治区 38 个厅局和部分地州（市）、县市（区）政府门户网站共 51 家，全面提升自治区政府网站集约化应用和管理水平，实现政府网站资源优化融合、平台整合安全、数据互认共享、管理统筹规范、服务便捷高效。

在自治区主要领导的关心支持下，自治区政府网站集约化建设及 IPv6 改造项目落实了建设资金，于 2019 年 10 月完成公开招标，目前已进入实施阶段。截至 2019 年年底，已组织完成自治区政府门户网站改版和第一批 5 家自治区政府部门的集约化建设和网站迁移工作。

新疆维吾尔自治区作为非试点单位，与全国政府网站集约化建设 10 个试点省区同步开展项目建设工作，项目建成后，自治区政府网站建设及应用水平将全面达到国家相关工作要求、步入全国先进行列，为新疆维吾尔自治区推进数字政府建设奠定基础。

五　网络和信息系统安全保障体系基本建成

近年来，自治区区级网络和信息系统的安全和保密工作不断加强，信息安全责任进一步明确，等级保护、风险评估、网络安全体系建设、应急预案制定等基础性工作和基础设施建设取得明显进展，信息安全防护水平明显提高。

按照中央和自治区有关落实网络安全责任制的工作要求，办公厅成立了网络安全领导小组，建立网络安全工作协调机制。办公厅根据国家的部署安排，结合自治区实际，强化意识，明确职责，印发涉及政府网站应用管理、电子政务网络安全管理的有关文件及相关工作规范，组织制定自治区电子政务专网应急预案及政府网站应急保障预案，并督促各地各部门贯彻落实。通过采取一系列的安全及保密技术手段和措施，加强对人员的培训教育和管理，基本建立了安全保障工作机制。

六　推动电子政务发展的工作机制基本形成

2019 年，自治区人民政府办公厅、自治区人民政府电子政务办公室针对政府网站、专网建设及应用、网络安全等方面发文 30 余件，为各地各部门电子政务工作发展提供指导。不断加强对全区电子政务工作的指导和组织协调。办公厅召开推进政府网站集约化建设工作座谈会、举办全区政府系统电子政务建设及应用和“互联网 + 监管”系统建设及应用工作培训 3 次，传达国家有关文件精神和工作要求、开展应用培训，累计 33 个厅局部门、102 家地州（市）和县市（区）政府电子政务工作机构 310 余人次参加培训。

开展课题研究工作。根据自治区党委网信办印发的《关于申报 2019 年新疆网信科创课题研究课题的通知》，结合自治区政府系统加强电子政务网络和信息安全的迫切需要，办公厅申报了《政府网站集约化平台安全保障体系研究》课题，认真开展调研及研究报告撰写工作，顺利完成课题研究工作，在探索解决政府网站集约化建设及应用安全管理中存在的问题方面获得初步效益。

（新疆维吾尔自治区人民政府电子政务办公室）

2019 年沈阳市政务信息化发展概况

沈阳市高度重视政务信息化建设，始终坚持以人民为中心的发展理念，立足于沈阳市经济社会发展的迫切需要，把推行政务信息化、建设新型智慧城市作为重要抓手，在“谋、建、用、融、管”上下狠功夫，强化信息化基础设施的统筹规划、集约化建设和集中运维管理，力求政务信息化业务高效协同，政务数据全面融合共享，不断优化营商环境，努力实现社会治理系统化、法制化、综合化、源头化，推动社会经济高质量发展，初步形成了具有沈阳特色的数字政府架构体系，构建起了大数据驱动的政务信息化服务新模式。

加强顶层设计，引领数字政府建设有序推进。2019 年，沈阳市按照国家“互联网 +”和大数据战略的总体要求，在原来各种制度的基础上出台了《中共沈阳市委沈阳市人民政府关于推动高质量发展的意见》《加快数字经济发展行动计划（2019—2021 年）》《沈阳市电子政务（数字政府）建设标准框架体系》等文件，这些政策起到了方向引领作用，有力地促进了沈阳市政务信息化的发展。

建立起了电子政务建设项目联评联审、电子政务集中运维管理和信息化安全保障机制。2019 年，编制完成了《电子政务项目绩效评价考评指南》并完成验收政务信息化建设项目 47 个；完成了 210 个政务信息化新建项目和 404 个信息化运维项目的联评联审，核减资金 2400 多万元，大幅提高了财政资金使用效益；建立了政务信息化网络安全事件应急处置联动机制，出台了《关于加强我市政务信息化网络安全防护的实施方案》，完成了重要政务信息系统（网站）的安全等级保护 2.0 测评定级和备案工作。

信息化网络基础设施较为完善，完成了主干线路 IPv6 的升级改造及各类政务专网的整合迁移和融合互联，支撑能力显著增强。沈阳是“宽带中国”示范城市，各项指标达到了“宽带中国”所要求的标准。2019 年，5G 通信在沈阳正式进入商用阶段，信号已覆盖城区主要区域；开通了东北地区首条量子安全政务外网测试线路；虚拟专网能够满足各部门基本需求；完成了主干线路 IPv6 的升级改造，政务外网出口带宽从 4.5G 提升至 10.5G，实现了向上与国家、省级政务外网连接，向下与各区、县（市）级政务外网连接。

深入推进政务信息化基础设施集约整合和共享共用。2019 年，沈阳市建成了区域政务云资源调配和信息管理平台，通过该平台，按照“基础设施即服务”的模式，形成了逻辑集中、物理分布、动态扩展的服务能力；出台并实施了《沈阳市政务云平台管理办法》，依据该《办法》，对政务云平台的管理实现了规范化、标准化；整合第三方可信云资源，政务云承载能力得到提升，有效缓解政务云资源的紧张局面。沈阳市政务云资源从技术层面和制度层面实现了集约整合、动态调配、共享共用、安全稳定、高效运行。

深化基础信息资源开发利用，逐步汇聚形成了政务治理大数据，助力“一事一网一窗一次”改革，实现“沈阳通办”。截至 2019 年年底，沈阳市梳理完成机构改革后各部门政务信息资源目录，共归集资源目录 3958 条；采集、整合了 8.2 亿条数据，2019 年新增 1.2 亿条；为各政务平台开发数据接口 11 个，向国家相关部委提供了 45 个数据接口；累计发放数字证书 3 万个；电子证照入库 18.2 万个；累计征集信用数据 3.88 亿条，公示信息 90 余万条、红黑名单信息 7 万条。2019 年“信用沈阳”网站获电子政务理事会“政府网站精品栏目”奖，相关工作获得国家公共信用信息中心、辽宁省信用办表扬。

推进政府行权履职监督体系建设，充分体现协同共治理念，实现了监督与治理交互、检查与督查共享的工作机制，政府治理能力得到显著提升。2019 年，沈阳市建成了正风肃纪大数据平台，归集了 86 个原生数据库，开发出了 13 个小专项系统，聚焦民生补贴、征地补偿、证件申办和涉农补贴 4 类重点领域，对卫健、民政、房产、水务、农业和人社 6 个部门实施精准监督，涉及 19.7 万人、6 亿元资金。

放管服改革深入推进。2019 年，沈阳市统一规范市、区两级政务服务事项，取消下放调整行政职权 417 项；“双随机、一公开”监管综合执法平台全面启用；市、区两级一体化政务服务平台上线运行，实现 90% 的政务服务事项网上办理，日均访问量 7000 余人次；多规合一平台已受理 2000 余个建设项目，项目从立项到竣工总审批时间压缩 50%；109 个便民服务事项在 56 个社区试点“全市通办”，136 个高频事项实现“最多跑一次”，不动产登记实现 5 个工作日内办结；环保 110 综合管理平台实现环境治理市、区两级联动，环境信访案件办理时限由 60 天缩短为 10 天；公共安管、智慧城管等平台建设成效走在全国前列；教育资源公共服务平台、区域人口健康信息平台、智慧停车平台等提供的教育、健康、出行等服务获得社会认可。“互联网 + 政务服务”成效不断显现，营商环境持续得到优化，企业和群众的获得感显著提升。

沈阳市数字政府建设正处在创新发展的新阶段。未来，沈阳市将顺应新一代信息技术发展大势，抢抓信息革命新机遇，创新政务信息化工作，以信息化培育新动能，推进政府治理体系和治理能力现代化，实现宏观调控科学化、社会治理精准化、公共服务便捷化、基础设施集约化，总体满足城市治理创新需要和人民群众服务期望的总目标。

（沈阳市信息中心）

2019 年长春市电子政务发展概况

2019 年，长春市深入贯彻落实国家、吉林省深化政务服务“一网、一门、一次”改革工作部署，加大电子政务基础设施建设统筹力度，优化“互联网 + 政务服务”体系，促进政务数据共享开放，推进跨层级、跨地域、跨系统、跨部门、跨业务的协同管理和服务，着力解决企业和群众热点难点问题，不断提升人民群众的获得感和满意度。

一　加大统筹力度，强化顶层设计

（一）组建管理机构

按照长春市机构改革工作总体部署，2019 年 3 月，长春市政务服务和数字化建设管理局（简称市政数局）正式组建，是承担全市政务服务和数字化建设管理职能的政府组成部门，成立了以书记、市长为组长，分管市长为副组长，各部门主要负责人为成员的数字长春建设工作领导小组，负责数字长春建设、电子政务建设的组织领导、顶层设计和统筹协调，办公室设在市政数局；组建了数字长春专家咨询委员会，形成了“领导小组高位统筹、办公室协调推进、专家委员会智力支持、各成员单位协同落实”的工作机制。

（二）统筹项目管理

为加强和规范政府投资信息化项目管理，统筹资金应用，避免重复建设，促进数据共享，由长春市政数局负责全市信息化规划和项目年度计划编制、项目立项及初步设计审批、项目建设方案的技术审核、组织实施、验收、绩效评估等工作。2019 年，共论证信息化项目 754 个，其中新建项目 283 个、运行项目 204 个、网络租赁项目 234 个、涉密项目 33 个。通过项目建设必要性、方案可操作性、资金使用合理性、数据共享、系统部署、支撑网络等方面的评审论证，撤并了不合理项目，削减了部分项目预算，促进了政务数据共享，推动了系统向政务云和政务外网迁移，网络专线租赁实现了全市统筹，政务信息系统整合力度进一步加大，财政资金的使用效率显著提高。

（三）完善制度标准

制定了《数字长春信息化项目管理办法》，规范了市本级财政投资信息化项目的建设、资金、部署、网络等方面的管理。制定了《长春市政务云管理暂行办法》，对政务云平台建设、管理、资源申请、监控和安全进行了规范。编制了《用户管理系统接入标准》《电子核验系统接入标准》《政务服务网厅整合标准》《政务服务 App 接入标准》《应用门户接入标准》《电子支付系统接入标准》《数据共享平台接入标准》《电子证照库建接入标准》等标准规范。

二　完善基础设施，提升支撑能力

（一）做大“一朵云”

以政府购买服务的方式，建设了长春市政务云平台，坚持上云是常态，协调推进部门系统迁云工程，从项目建设前期论证阶段要求部门业务系统基于政务云部署，市财政不再安排部门采购服务器等硬件设备的预算。进一步规范政务云资源申请使用管理流程，对部门申请云资源进行评审论证，同时加强政务云资源使用的监控管理，对上云部门CPU、内存等云资源长期利用率低于50%的，进行资源削减，高于90%的进行资源扩容。加强政务云安全管理，制定了《政务云安全管理预案》，建立了政务数据备份中心，实施了政务云平台及网络出口实施信息安全等级保护三级建设。2019年，推进了社会治理非应急平台、公务员考核云平台、不动产登记系统、市公共资源交易电子化平台等10个系统迁移工程，目前全市共有32个部门、50多个业务系统基于政务云部署。

（二）做强“一张网”

以自有光纤城域网为核心、以运营商专线为补充，建设了全市统一的电子政务外网，围绕电子政务应用，促进网络互联互通，不断扩大电子政务外网覆盖范围。2019年，电子政务外网实现市本级和相关299个党政机关单位、1000家财政预算单位网络全覆盖、15个县（市、区）及长春新区主干全贯通。按照国家、省电子政务外网相关标准规范，与移动、电信、联通三大运营商就电子政务外网建设内容、建设模式进行了研究，确定了电子政务外网升级改造方案和初步资金预算。2019年，围绕应用需求，为各县（市）区、开发区、新区、市直部门开通电子政务外网配置服务81次，新增电子政务外网接入主机255个。

（三）建好“一个平台”

围绕全市政务服务改革和“数字长春”建设全局，针对制约政务服务应用和电子政务建设中的数据堵点、协同难点、办事痛点，集成先进技术，重塑支撑体系，优化建管模式，建设了全市统一的“互联网+政务服务”一体化支撑平台，打造长春市政务服务改革升级版，按照“统一建设、集成服务”的原则，对政务服务基础支撑功能实行“统建共用”，完成了统一服务门户、统一用户管理、统一身份认证、统一接口服务、统一电子核验、统一网上支付、统一物流配送等基础功能开发，已整合对接部门业务系统16个，支撑全市“一网通办”“一证通办”“全城通办”成效显著。

（四）打通数据壁垒

大力推进政务数据共享平台建设，完成了政务数据共享平台的建设和部署工作。围绕法人、人口、空间地理、宏观经济数据库、电子证照、社会信用六大基础数据库建设，分别与市监、公安、规自、统计等部门进行了沟通，确定了建设模式，搭建起六大基础数据库框架。按照国家发布的22项电子证照建设标准，启动了电子证照制作工作。编制了覆盖市直50个部门的《政务数据共享责任清单》，启动政务数据和公共服务数据对接工作，完成了规自、市监、民政、教育等20个部门，61类基础数据、43类高频证照，共计2亿多条政务数据归集共享。推进了水务、电力、公交等社会公共服务数据对接。围绕户籍、税务、市场监管、社保等数据，与吉林省政务数据共享平台进行了对接。

（五）强化安全保障

积极贯彻落实《网络安全法》和网络安全管理要求，统筹信息安全等级保护体系建设，推进全市电子政务外网平台、政务服务一体化支撑平台、数据共享交换平台、中介服务交易平台、公共资源交易电子化平台等16个系统启动信息安全等级保护备案和测评工作。强化网络安全管理，协调有关部门编制信息安全应急预案，建立起信息安全协同机制，围绕政务云、政务外网、重要信息系统，落实信息安全监控管理，在春节、国庆节等重点节日期间实行系统安全值班制度，确保网络和信息安全。

三　启动“零式改革”，推动“一网通办”

（一）启动政务服务“零式”改革

为持续优化政务服务，提升市民办事的便利程度，2019年长春市启动政务服务“零式”改革，利用大数据、人工智能技术，在部分高频政务服务事项办理中部分实现“办事零跑动、申请零材料、填报零输入、审批零人工、领证零上门、存档零纸件、等待零用时、政策零距离、沟通零障碍、运行零风险”10个方面的创新突破，通过统一平台、数据共享、业务协同、技术创新，进一步优化了办事流程、精简了办事材料、提升了办事体验。

（二）推进工程建设项目审批制度改革

按照国家工程建设项目审批制度改革要求，建设了覆盖市、区两级全市统一的工程建设项目审批管理系统，推进工程建设项目从申报到审批全流程网上办理。在项目准备阶段，按照权责清晰、规范高效的原则，政府负责对能评、环评、水保、压覆矿等评估评价事项进行区域性评估，并完成拟出让地块周围市政道路建设和水、电、气、热、排水、通信、网络电视等公共设施管线的铺设并预留接口；在项目审批阶段，全面推行设计方案联审、联合踏勘、联合测绘、联合审图、联合验收、联合报装、联合核费（收费）七个联合服务。9 类项目从立项到竣工验收审批时限最长 17 个工作日，最短 9 个工作日。

（三）推动政务服务“一网通办”

全面推进线上线下深度融合，推行政务服务事项“一库同源”“应进必进”、统一标准、功能互补、无缝衔接。推进各部门审批系统全接入、专业大厅事项全对接、综合窗口事项全覆盖，形成全市“一网通办”总门户，实现了综合窗口、网厅、移动端、自助端“四端”全协同。全面推行审批服务“马上办、网上办、就近办、一次办”，强力推进“线上线下一体化”办事模式，试点推行“开放式办公、帮办式服务”，变“面对面受理”为“肩并肩服务”。政务服务网和“灵动长春”政务服务 App 的上线运行，启用了刷脸办事、智能搜索、智能语音、智能机器人引导、智能客服等功能，办事体验全面优化，服务便利化水平进一步提高。

（长春市政府办公厅电子政务处）

2019 年上海市电子政务发展概况

党的十九届四中全会提出，创新行政方式，提高行政效能，建设人民满意的服务型政府。2019 年 11 月 3 日，习近平总书记在上海考察时指出，要抓一些“牛鼻子”工作，抓好“政务服务一网通办”“城市运行一网统管”，坚持从群众需求和城市治理突出问题出发，把分散式信息系统整合起来，做到实战中管用、基层干部爱用、群众感到受用。这些都对“一网通办”改革提出了新要求，指明了新方向。

“一网通办”是上海首创的政务服务品牌，已成为上海城市名片。全面深化“一网通办”改革，持续提升企业群众的获得感和满意度，要始终坚持以人民为中心的发展理念、始终坚持全面深化改革的价值追求、始终坚持建设人民满意的服务型政府的工作导向。2019 年，上海电子政务紧紧围绕“放管服”和“互联网 + 政务服务”等国家有关工作要求，全力推进“一网通办”改革。在市委、市政府的坚强领导下，坚持以用户为中心，对标国际国内先进水平，不断突破堵点、难点，推动“一网通办”不断从“能办”向“好办”“愿办”迈进。

一　完善体制机制，改革攻坚合力持续提升

一是成立了上海市推进“一网通办”改革和政务公开领导小组。办公室设在市政府办公厅，成员由上海市相关部门、16 个区、4 个管委会组成。“一网通办”工作纳入各区、各部门党政领导班子绩效考核体系。

二是推进“一网通办”制度和标准规范体系建设。着重围绕“云、网、数、应用”

建立各项制度规范，先后印发十余份规范性文件和标准规范，涉及全流程一体化在线服务平台、公共数据治理、信息系统整合等方面。

三是实行政务服务“好差评”制度。把“一网通办”政务服务“好差评”作为改革往深里走的重要制度安排，建立完善评价、整改、反馈、监督和考核闭环工作机制，实现事项、承办单位、渠道“三个全覆盖”，企业群众评价、承办单位回复“双公开”，以及办事人、办理事项、承办人“三定位”。对于每条差评，及时分析研判、整改反馈。

四是各区积极优化体制机制，创新服务方式。各区结合机构改革，成立了相应的政务服务管理机构或数据管理机构。各区创新服务方式，取得较好的效果：闵行、金山等区积极实行审批事项帮办、代办，为企业办事提速解忧；奉贤、徐汇等区依托自助终端为办事人提供服务，推行“24 小时不打烊”模式。

二　推进业务流程再造，部门业务协同能力持续提升

2019 年“一网通办”工作核心目标是“双减半”“双 100”，即行政审批事项办理时限减少一半、提交材料减少一半，推进 100 个业务流程优化再造事项落地，新增实现 100 项个人事项全市通办。

（一）“双减半”落地工作取得阶段性成效

“减时限”方面，总体已实现平均减少办理时限超过 59%。“减材料”方面，已减少“无法律法规依据、对审批无实质作用”的材料 5500 余份；通过调用电子证照、数据共享等方式减少材料 5600 余份，合计减少材料 11000 余份，总体实现减材料超过 52%。其中，个人的无犯罪记录证明、出入境记录证明、换领就医记录册，涉及企业的税务发票验旧、增值税发票核定、跨区域涉税事项报告等 125 个事项已完全实现“零材料提交”。

（二）“100 项业务流程再造”攻坚突破

围绕“高效办成一件事”，对“开饭店”“办犬证”等 100 余项“一件事”所涉及的跨部门审批事项和协同办事流程进行系统重构，推动实现“一次告知、一表申请、一口受理、一网办理、统一发证”。例如，对开饭店涉及的办事指南进行了优化，对 4 个部门的审批流程进行了重构，提交材料从 31 份减少到 12 份，将原来的 4 张申请表融合成 1 张申请表，通过调用电子证照减免提交身份证、企业营业执照、食品经营许可证这 3 张证照，跑动次数由原来的 6 次跑不同部门变成只跑 1 次，将 3 次现场核查改为 1 次联合审查，办理时间从原来的 58 个工作日缩减到 10 个工作日。

（三）“100 项全市通办”目标超额完成

全市 220 个社区事务受理服务中心之间已实现信息传输平台统一、政策标准统一、办事指南统一、受理时间统一，以“全市通办”模式打破居民群众办事过程中存在的户

籍地或居住地限制。推动新增177项个人事项实现“全市通办”，涉及教育、公安、司法等部门，目前全市通办个人服务事项共计364项。

此外，积极推进简政放权，配合相关部门深化营商环境对标改革，在浦东、长宁开展告知承诺制试点。

三　深化在线服务平台建设，政务服务能力持续提升

一是平台服务用户数不断增加。截至2019年年底，个人实名用户注册量已突破1024万，法人用户注册量超过201万，PC端用户登录量超过1000万，移动端“随申办”App月活跃用户数超过320万，总服务人次超2亿。

二是平台服务事项不断丰富。截至2019年年底，统一受理平台接入超过2260项政务服务事项，实现行政审批事项全覆盖，并拓展到公共服务类和其他行政权力类事项，涵盖了“诉讼服务”“检察为民”、公共事业等，实现行政审批事项全覆盖。其中，1660余项事项具备全程网办能力；2100余项事项具备最多跑一次能力。平台累计办件量已超2540余万件，其中，最多跑一次办件量超过1610万件。

三是平台服务功能不断增强。统一身份认证增加了对港澳居民、华侨及外籍人士等人群的“实名+实人”身份认证功能，基本实现对办事人群的全覆盖。统一总客服共接收并处理“一网通办”相关诉求5.9万件，解决率99.7%，满意率为86.1%。统一公共支付整合微信、支付宝、银联三种主要支付渠道，对接49项收费事项，累计缴费超过1374万笔，金额超过17亿元。统一物流快递为用户提供邮政速递和顺丰速运两种服务选择，对接1580余个事项，累计寄件超过112万笔。

四是平台服务地域不断扩大。上线全国首个跨区域电子政务服务平台长三角“一网通办”旗舰店，依托国家政务服务平台支撑能力，实现三省一市跨区域身份认证、7类电子证照互认共享；推进长三角“一网通办”业务标准规范统一，实现51个事项跨省办理；拓宽线下异地办事渠道，开通18个城市164个线下专窗办理点。长三角“一网通办”全程网办办件229万余件，交换数据信息322万条。

五是线上服务渠道不断完善。“随申办”App目前已接入830项高频的、适合在移动端办理的事项。拓展移动端应用渠道，开发“随申办”微信、支付宝小程序，已于2019年10月份上线试运行，分别提供500项、701项政务服务。

六是线下服务方式不断改进。加快实现线上线下融合，推动线下办事“一窗通办”，推行“一窗受理、分类审批、一口发证”的“综合窗口”机制。例如，徐汇区将原先83个受理专业窗口整合为18个“零差别受理”综合窗口，受理人员从“专科医生”升级为“全科医生”，申请人等候时间平均减少三分之一。又如，上海市公安局目前已在全市106个派出所设立“综合窗口”，可办理出入境、交警、治安、人口等43项业务。

四　强化公共数据治理，数据基础支撑能力持续提升

一是大力推进数据归集治理。推动信息系统上云迁移工作，稳步推进资源发放和割接上线，有序推进信息系统整合。建成市级大数据资源平台的共享交换子平台，具备全市公共数据集中存储、数据治理、数据共享应用、数据质量检测等功能。创新公共数据共享供需管理体制，建立了“三清单一目录”的工作模式，编制公共数据资源目录，梳理公共数据需求清单、责任清单和负面清单。

二是大力推进数据共享开放。大数据资源平台完成与全市16个区和56个部门对接，提供国家、市、区各级共享数据调用服务。围绕“互联网+监管”，协助45家单位梳理了1230余个监管事项目录，汇聚并上报监管数据超过1060余万条。出台《上海市公共数据开放暂行办法》，数据开放平台2019年9月上线，以普惠金融为试点，推动公共数据与社会数据的融合应用，鼓励社会主体利用公共数据。

三是大力推进电子证照应用。积极推动“随申办”App电子亮证，打造“在线开具证明”功能。市民企业在网上即可申请“收税完税证明”“有无违法犯罪记录证明”等20余类高频电子证明。电子证照库已上线270余类，归集证照8700余万张，调用总量已突破6900余万次，电子证明开具超过60万张。积极推动电子证照社会化应用，已实现电子驾驶证、行驶证应用于本市路面查验、交通违法处理；实现本市户籍居民使用电子身份证办理宾旅馆入住。

四是大力推进主题式服务。通过市民主页和企业专属网页，汇聚涉及市民企业的各类基础信息和政务服务记录，为每个市民和企业画好“像”，主动研判潜在服务需求，向用户提供个性化、精准化、主动化、智能化的政务服务。2019年市民主页已实现民生领域160余项个人主题式服务，能够提供“证照到期提醒”、非户籍用户“居住证”专题、“智能客服”等热门服务。企业专属网页已实现企业开办、资质、投资建设等领域150余项企业主题式服务，进一步推动从“人找服务”到“服务找人”的转变。

五是持续加强数据安全管理。初步建立上海市公共数据安全整体保护体系框架，编制了数据安全相关管理制度，构建了共享交换系统技术安全体系，建设了安全监测监管平台，进一步健全数据安全运营机制，形成闭环管理，全力保障数据安全。

（上海市人民政府办公厅电子政务办公室）

2019年合肥市电子政务发展概况

2019年，合肥市认真贯彻落实上级工作部署，大力推进电子政务工作，不断夯实电子政务基础设施、完善政务数据汇聚治理、做强基础重点应用、创新综合服务体系、健全工作机制体制。

一　夯实电子政务基础设施

（一）实现电子政务网络全覆盖

一是推进电子政务外网全覆盖。政务外网已联通165个市直部门、13个县区、148个乡镇（街道）、1812个社区（村），构建了覆盖市、县、乡、村四级的网络体系。二是初步构建量子保密通信城域网。开展合肥市政务外网与量子通信技术深度融合应用，为合肥市委、市政府、财政、统计、审计、社保、公安等部门提供信息传输的量子加密服务，量子加密服务带宽达到4G。三是深化政务应急通信专网建设应用。完成合肥市政务应急指挥调度数字通信专网建设，建设35座PDT基站，配备5000部PDT终端，实现了全市主要区域的全覆盖，在“合肥马拉松”等重大活动保障中发挥了重要作用。

（二）完善政务云平台支撑能力

按照全市逻辑统一政务云建设规划，完成建设规模为4400核CPU、16200GB内存、1200TB存储的新一代政务云建设，推进市直部门、13个县（市）区重点应用有序上云工作。截至2019年年底，新建政务云已实现23家单位业务系统部署。

（三）推进合肥市先进计算中心建设

推进合肥市先进计算中心（一期）建设，投资4.29亿元，建设规模为双精度计算峰值12PFlops、整数计算峰值256Pops、数据存储总量15PB，为综合性国家科学中心建设和区域战略性新兴产业升级发展提供开放共享的先进计算交叉研究与公共服务平台。

二　完善政务数据汇聚治理

（一）推动数据汇聚共享

以关键应用为牵引，持续完善市级大数据平台功能，实现与国家、省信息交换共享平台的互通，先后接入168个系统、230亿条数据，完成68个市直单位、12个县（市）

区 173 家单位共计 4775 类数据资源共享目录编制。截至 2019 年 3 月底，通过平台申请资源 1814 次，数据交换总量突破 1131 亿条。

（二）提高数据支撑质量

制定《合肥市政务数据共享交换对接技术规范》等数据标准规范，编制数据需求清单、责任清单，开展数据治理。截至 2019 年年底，先后完成 2305 张数据表的初步治理和 409 张数据库表、20 余亿条常用数据的深度治理。

（三）创新数据应用手段

开展数据能力整合支撑平台建设，从全量数据交换模式改为向部门提供数据分析和运算结果，降低部门使用数据的难度，提高数据共享安全性。截至 2019 年年底，已提供 1182 项接口服务，被不动产登记、住房保障等部门调用超过 500 万次。

三　做强基础重点应用

（一）推进城市治理领域重点应用

一是开展城市智能运营平台建设。完成可视化平台建设，开展城市生命线、经济运行、重点工程、生态环境、城市管理、政务服务、人口分析等 7 个重点领域应用建设。二是推进交通超脑建设。通过交通超脑，对每天接入的海量数据进行综合分析、实时感知、辅助决策和自主学习，挖掘交通堵点、智能指挥调度、信号智能配时，服务公众方便出行。三是推进数字化城市管理系统建设。建成覆盖全市 400 平方公里建成区的数字化城市管理信息系统，实现信息收集、案卷建立、任务派遣、任务处理、处理反馈、核查结案、综合评价七个环节的闭环运行。四是建设市场主体网格化协同监管平台。以市场主体档案管理和经济户口管理为基础，以市场监管部门职能为主线，对不同的市场主体采取相应的分类监管措施，实施有效监管，实现精细化监管。

（二）推进公共安全领域重点应用

一是推进全市公共安全视频监控联网应用。积极推进 2016 年全国“雪亮工程”示范城市项目——合肥市“雪亮工程”建设，完善视频应用支撑平台和视频业务服务平台，新建一类视频监控 12257 路。截至 2019 年年底，平台共建设一类视频监控 4.8 万路、接入社会资源 2.8 万路，向综治、公安、应急、城管、交通等 20 家单位提供视频服务。二是建设智慧平安社区。在完成智慧社区总体规划的基础上，统筹推进智慧社区和平安小区建设，提升小区管理的智能化水平和综合服务能力。三是建成生命线安全运行综合平台。构建 24 小时全方位监测平台，完善全面感知、全面接入、全面监控、全面预警功能，开展 51 座桥梁、820 公里燃气管网、715 公里供水管网、574 公里排水管网、201 公里热力管网、14 公里中水管网和 58.5 公里地下综合管廊综合监控。

（三）夯实信用信息共享服务平台应用

按照"一中心、两体系、一网站"的规划，不断完善信用信息共享服务平台，先后建成信用信息大数据中心、征集与共享交换体系、信用信息应用服务体系和信用合肥门户网站。在夯实平台基础信用服务功能基础上，拓展了联合奖惩系统、互联网信用信息采集、信息自主申报、特定人群信用信息管理等功能模块，深度挖掘企业信用数据关联关系，实现企业画像、预警展示。截至 2019 年年底，平台汇集 68 家单位、15.97 亿余条信用数据，合肥市荣获全国第二批社会信用体系建设示范城市。

四　创新综合服务体系

（一）夯实"互联网 + 政务服务"建设应用

一是完善平台智能化支撑。完成"互联网 + 政务服务"平台市县乡村四级覆盖，实现 15.15 万项政务服务事项"应上尽上"，"全程网办"事项 14.32 万项、占比 94.55%。二是突出"智能化服务"。不断提升政务服务智慧化程度，打造前台"智能收件"—中台"智能受理"—后台"智能审批"，将主动式服务延伸到细枝末节。三是做实"集成式、场景式"服务。开展 54 项群众关注热点的"一件事"联办应用建设和"人才引进专题""公共租赁住房申请专题"等专题服务建设，实现政府服务由"人找服务"向"服务找人"的模式转变。四是打造跨城"一网通办"。积极融入长三角"一网通办"，在市县两级政务服务大厅开设"一网通办"企业专窗和个人专窗，实现了长三角 26 个城市、77 个事项异地通办。截至 2019 年年底，已办理异地营业执照近 400 份。在国务院办公厅电子政务办组织的 2018 年度重点城市网上政务服务能力第三方评估中，合肥市在 32 个参评城市中位居第六名。

（二）优化"社会综合服务"App 建设应用

聚焦与人民群众生活息息相关的应用服务领域，完善社会综合服务 App 建设应用，不断融合市直部门、国有企事业单位自建 App 和受众面广的社会建设 App。截至 2019 年年底，社会综合服务平台 App 已汇集医疗卫生、文化教育、交通出行、生活服务、政务服务等 6 个领域 500 余项服务。

（三）完善政府网站建设应用

推进集约化平台建设，建成基于统一信息资源库的政府集约化平台，完成 60 家政府网站数据迁移、上线运行工作，与政务服务、12345 市长热线、统一政务信息处理平台实现对接。在 2019 年全国政府网站考核中，合肥市人民政府网站位列全国市级政府门户网站第四名，受到国务院办公厅通报表扬。

五　健全电子政务机制体制

（一）优化工作架构体系

优化合肥市数据资源工作领导小组及办公室组成，完善各项工作调度，推进工作机制；做强“一核、三辅、多点支撑”的全市数据资源工作体系，13个县（市）区、开发区均成立数据资源管理部门，有效搭建横向联动、纵向支撑的工作格局。

（二）坚持统筹规划标准先行

按照《智慧合肥建设“十三五”规划纲要》《合肥市新型智慧城市建设三年行动计划（2018—2020年）》，明确十项专项行动。推动设立安徽省智慧城市建设标准化技术委员会及安徽省新型智慧城市标准研究院，启动3项国际标准验证、2项智慧城市国际标准和5项地方标准编制。

（三）强化电子政务建设统筹

严格执行《合肥市信息化项目管理办法》等管理规范，推进全年电子政务建设；全年完成45个项目立项批复、52个项目初步设计方案批复。规范政务信息化项目第三方评审，按照《合肥市数据资源局委托第三方咨询评估服务机构考核管理规定（试行）》，细化工作要求，对项目评审工作及时开展考核，提高了评审论证效率和质量。编制《合肥市数据资源局关于信息化项目评审咨询专家库管理相关规定》，完善了专家入库、管理等工作，有效提升专家履职能力。

（四）落实网络信息安全保障

按照《网络安全法》要求，完善网络和信息安全管理机制，强化电子政务安全建设，会同市直相关部门加强网络和信息安全检查监督，落实电子政务网络安全检查、关键信息基础设施网络安全检查、重大活动安全保障等工作部署，组织开展了电子政务外网、市级政务云、重要应用系统的安全保护排查，从网络安全、应用安全、信息安全、运维安全等方面提高电子政务安全性。

（合肥市数据资源局）

2019 年南京市电子政务发展概况

2019 年，南京市围绕打造“创新名城、美丽古都”的发展目标，积极推进智慧南京建设，在政务信息化支撑能力、信息资源共享和开发利用、信息化惠民服务、信用信息系统建设等方面取得了明显成效。“我的南京”App 荣获中国网络理政十大创新案例，“我的南京・我的信用”获得全国首届信用 App 观摩活动政府类全国第二名及“示范推广项目”奖。南京市在由国家发改委组织的全国信用状况检测中排名第四位。

一　2019 年主要工作情况

（一）着力推进集约建设，提升信息基础设施支撑能力

2019 年，南京市按照统筹规划、集约建设、资源优化的方式，继续推进市电子政务外网、市政务数据中心、市政务云等信息基础设施建设，继续加强网络与信息安全保障，不断提高信息化服务水平。

南京市着重注意巩固升级电子政务外网，有序推进市政务数据中心（麒麟）建设，网络信息安全保障水平持续增强。不断筑牢网络信息安全防线，做好安全开发环境运行维护，同时有效组织实施“中国南京”网站群的安全运维。

（二）着力深化应用整合，提升便民惠企服务水平

按照重点打造“我的南京”App 升级版的有关要求，南京市聚焦“互联网 + 政务服务”，强化问题导向、民生导向，坚持高点定位、高度集成、高效运转，提高运行质效和用户体验。

截至 2019 年 12 月，“我的南京”App 实名注册用户达 460 万人。新上线“智慧残联”“低保在线申请”“路况大数据”“劳动者港湾”“宁聚青春”等 54 项便民服务应用，并优化改版了个人信用、公交出行、公共自行车、金陵少儿、游园年卡等服务功能。

开展医院医保在线支付试点，目前已有江苏省人民医院等 31 家医院进入医院服务平台，已有 31.7 万人开通“我的南京”电子社保卡在线结算功能，可进行医保资金和自付资金“一键支付”，实现挂号、预约、医检报告等功能。

灵活就业人员在 2019 年度通过“我的南京”App 缴费达到 150691 人，金额超过 1.97 亿元；居民医保缴费达到 45427 人，金额超过 1051 万元。建设南京市职称评审系统，已实现工程、教育、卫生序列申报功能。一是通过“我的南京”App 实名认证体系认证，申报人可在线比对社保缴纳、学历学位、继续教育等个人信息，通过审核后无须再次提交纸质材料；二是通过中国知网在线进行学术论文相似性检测，杜绝学术造假；三是职

称证书统一纳入南京电子证照库管理，实现职称电子证书制证，取代纸质证书发放，所发证书可扫码验证真伪性。目前，2019 年职称申报已结束，本年度共申报 4.18 万人，顺利进入评审阶段。

总体来说，个人服务更加便捷，企业服务趋于完善。建设了企业服务总门户，推进了线上金融服务，优化了“创新名城”政策网上办理系统。

（三）着力强化考核管理，提升政府网站建设质量

南京市积极贯彻落实国家、江苏省关于政府网站建设管理要求，从讲政治的高度做好政府网站建设管理工作。采取有力措施，在安全管理、制度建设、考核推进、创新应用、站群建设、教育培训等多个方面提升网站建设质量。强化队伍建设，完善管理制度。严格内容审核，做好日常管理。有效传达、坚决落实国务院办公厅考核要求。

（四）着力加强数据共享，提升信息资源利用能效

以实践应用为导向，南京市继续加快信息资源的交换共享和开发利用，“智慧城市”重点应用稳步推进，信息资源利用能力得到了有效提升。

有序开展数据资源归集共享，完善数据资源管理制度。做好数据交换的管理和维护，参与政务数据开放工作。扎实推进重点应用建设，包括“雪亮工程”项目、政务协同办公项目、民政养老时间银行项目、全市重大项目监控等重大事项。积极参与政务信息系统清理整合工作。

（五）着力完善信用体系，提升诚信南京建设水平

2019 年，南京市围绕优化营商环境、“放管服”改革、信用示范城市复检和创新名城建设等重点工作，不断完善市信用信息平台的归集和服务功能，积极参与信用立法，推动城市监测结果在全国持续领跑，为各项工作提供了有力支撑。

在实际工作中，南京市对标找短板推动重点工作落地，落实创新名城建设工作，推动营商环境建设,积极筹备示范城市复核迎查工作。坚持多措并举发挥平台网站基础作用，提升平台服务功能，优化平台数据质量，积极参与促进信用建设顶层设计。

（六）着力开展业务协同，提升优化南京市营商环境

建设企业开办“一网通”系统。通过公安部门协调对接省公安厅刻章备案系统，将刻章申请数据通过实时接口推送给刻章备案系统，完成不见面刻章；推进与农业银行、交通银行、南京银行、民生银行数据对接，将申请信息通过实时接口推送至所选择的银行系统，由银行返回开户状态及预账号，完成不见面银行对公基本户开户；协调对接省税务局电子税务系统，将企业注册登记相关数据通过接口推送给电子税务系统，实现新设企业在“我的南京”App 上完成不见面办税。“企业开办一网通”已在 2019 年 9 月完成开发，并逐步开展试运行，已实现不见面公司设立审批 10562 家。

借助区块链技术，连接房产、税务、公积金等机构，在国内首次实现增值税发票电子化。截至目前已开具电子发票近 10 万张，为市民后续不见面办理公积金提取和住房贷款等业务提供了数据支持。同时，连接水电气等 20 多家业务部门，实现水电气、有线电视在线一键过户功能，截至目前共完成在线过户量 18000 多笔。商品房网签业务系统 2019 年已正式全面上线，涉及南京市全市范围的许可申报，认购签约等业务。

建设“多规合一”业务协同平台，提升工程建设审批效率。平台统筹各类规划，以一张蓝图为基础，统筹协调各部门建设条件，落实建设需求。目前平台已对 553 个项目开展了协同，其中服务协同 95 个、空间协同共计 290 个。

针对工程建设项目反映突出的收费问题，建设“一站式”收费平台，将原多部门收费变为一个窗口集中收费、多环节收费变为两个环节集中收费，多个银行办理变为一个银行集中办理。通过减少收费环节、缩短时间、线上线下通办、提高效率，营造和谐营商环境。平台实现与财政非税系统、银行清分系统、政务办政务服务管理平台、业务部门审批和收费系统的贯通。平台自 2019 年 10 月 11 日运行以来，共接受工程建设项目 384 个，规划许可证 479 张，总计发出 81 张汇总缴费通知书，成功办理 143 张单项费用征收单，开出 31 张非税票据，累计完成约 2.59 亿元费用缴纳。

（七）着力探索大数据分析预警，提升“互联网 + 监管”效能

南京市相关部门共同建设“平台全贯通、业务全覆盖、流程全记录、监管全方位、运行全天候”的医用耗材（药品）阳光监管平台，实现医疗机构、招采业务、价格信息、医保基金四个信息系统医用耗材监管信息互联互通，实现医用耗材（药品）的“招标、采购、配送、结算、使用、支付”六大流程精准、实时、闭环监控管理。

通过建设阳光惠民监管，全面掌握惠民资金来源、种类、金额、流向，实现从任务清单建立到资金使用分配，再到项目实施过程管理的全过程监管，做到上下资金一目了然，资金流向清清楚楚，补贴到户明明白白。2019 年归集了涵盖 23 个市级部门的 204 条资金线，共涉及惠民资金 205 亿元。通过数据归集和预警分析，市级层面对于以往看不到的区级街道的资金使用进度有了进一步了解把控，上级职能部门对下级的项目合规性、业务规范性也能起到监督。通过大数据的碰撞，对于隐藏在流程下的微腐败也能及时掌握，目前通过系统比对，已发现优亲厚友案例 11 个。

（八）着力推进生态眼应用试点，提升综合感知监测能力

探索弥补传统生态环境监测方式的不足，在联通涉江 18 个部门 23 套信息化系统微观数据的基础上，增添宏观、中观两个尺度的监测手段，构建宏观、中观、微观联动，空、天、地一体化的多源生态环境监测体系。借助卫星光谱遥感技术，逐月反演长江南京段水质分布影像，解决全水域水质分布整体情况“看不到”问题；利用卫星遥感和无人机航拍联动，识别岸线异常变化区域，解决岸线保护情况“看不清”的问题;利用彩色夜视技术，解决夜间废水偷排垃圾偷倒等违规行为“看不见”问题；加装 31 套物联网设备，解决生态环境监测各方面情况“看不全”的问题。

二　2020 年工作展望

2020 年，南京市将进一步推动政府治理和公共服务的业务创新，为大数据整合管理、开放应用、产业转化、安全保障及智慧南京建设提供支撑。落实好信息化基础设施建设和数据共享开放工作。打造权威的统一用户认证平台、统一支付平台和基于区块链的个人与法人库等支撑平台。梳理、整合和提升现有个人服务项目，建立“一生相随”的个人用户账户。推动“我的南京”App 提档升级。在“生态眼”“安全眼”“雪亮工程”等项目的基础上，汇聚城市物联网数据，打造实时动态多源的“城市之眼”感知平台。建设数字治理中心，谋划建设城市精细化管理操作系统和领导决策支持系统。

（南京市信息中心）

2019 年青岛市电子政务发展概况

一　总体情况

青岛市电子政务经过多年不断发展，形成了集中统一的管理体制、高度一体化的技术体系、集约化的资源配置使用模式，实现了电子政务与政务管理改革创新的深度融合，为提升政府治理体系和治理能力现代化水平提供了有力保障。形成了电子政务、大数据、公共信用统筹协调发展的新机制。

二　具体工作

（一）统筹推进机制建设方面

1. 统筹管理机构设置

青岛市电子政务发展一直实行“统一机构、统一规划、统一网络、统一软件和分级推进”的“四统一分”管理体制。2018 年 12 月 29 日，中共青岛市委第四次全体会议通过了市级机构改革实施意见，将大数据发展规划、大数据管理、大数据发展促进、大数据基础设施建设、信用信息平台建设和电子政务管理等职责整合，组建市大数据发展管理局，作为市政府工作部门，加挂市电子政务管理办公室牌子，统一负责拟订大数据和电子政务发展规划、政策措施、标准规范和评价体系并组织实施；统筹大数据和电子政务基础设施建设和数据资源管理，推动网上政民沟通等社会治理模式创新，推动“数字政府”建设。青岛市形成了大数据、电子政务、社会信用“三驾马车”统筹管理的新机制。目前，青岛市 10 个区市均成立了大数据局（电子政务办公室），实现电子政务工作分级推进。

2. 统筹协调机制运行

成立了青岛市电子政务发展专项小组，贯彻落实国家、山东省电子政务发展的部署要求，审议全市电子政务的规划及政策措施，协调解决电子政务工作推进中的重大问题，督促指导全市电子政务工作，组织、指导、协调和监督全市政务信息系统整合共享工作。专项小组由市长任组长，常务副市长、市政府秘书长任副组长，市政府各部门、各区市主要负责人任成员。专项小组办公室设在市政府办公厅，由市政府秘书长兼任主任，市政府办公厅主任、市大数据局局长任副主任。

3. 统筹专家智库资源

成立了青岛市电子政务和大数据发展专家咨询委员会，聘请国内电子政务和大数据领域领军人物、知名专家作为专家成员。负责对全市电子政务和大数据发展战略、政策和规划提出意见和建议；开展对国内外电子政务和大数据发展应用等重大课题的研究，指导专题学术研讨、业务培训和信息交流活动；就全市电子政务和大数据发展中的重大问题提出建议和咨询意见；为全市电子政务和大数据建设重大工程、项目提供决策咨询和评估服务。专家咨询委员会下设政策规划专业委员会、电子政务专业委员会、大数据发展专业委员会、网络安全专业委员会。秘书处设在市大数据局，承担专家联系服务等日常工作。

4. 统筹项目资金使用

全市通用基础设施建设由市大数据局立项并提出经费申请。各部门专有信息化项目，由市大数据局提出审核意见，严格把关，最大限度解决因碎片化、重复式建设而造成的财政资金或行政资源浪费问题。

（二）政务数据资源体系建设方面

1. “规”——加强数据源头治理

制定出台了《青岛市政务信息资源共享管理办法》《青岛市政务信息系统项目管理办法》，确立部门间信息资源交换共享目标、体制、原则和方法，对政务信息系统项目实行建设和运维全口径统筹管理。

2. “合”——破除数据共享壁垒

实现市级部门自建专网整合率100%、部门系统上云率达100%、政府网站整合率达100%、互联网出口整合率达100%，基本破除了跨部门、跨层级数据信息共享的技术壁垒。

3. “通”——打通共享应用通道

建设全市统一的政务信息资源交换共享平台，完成与国家、省平台的互联互通，打通了数据共享“上下”“左右”通道。已为40余个部门提供了1700余项信息资源共享服务，累计数据交换总量达30亿条。

4. “聚”——完善基础数据支撑

全市人口、法人、电子证照、空间地理、公共信用等基础库已汇聚各类数据约10亿条。其中，人口基础数据库涵盖青岛市823万人口4.1亿条信息，法人基础数据库涵盖在营57万法人6600万条信息，地理信息基础数据库涵盖255个图层，公共信用数据库涵盖 5.7 亿条信息，为各部门政务应用提供核心数据支撑。

5.“拓”——持续推动数据开放

已开放 53 个职能部门 10 个区市、2843 个数据集、7306 个 API 服务，2000 余万条政府数据，在民生保障、公共服务、市场监管等领域发挥了重要作用，在 2019 年中国开放数林指数中荣获“数开丛生”奖。

6.“融”——探索数据融合应用

以政务数据服务企业新思维为出发点，探求政府、企业、社会多放数据资源融合应用新模式，组织承办的山东省数据应用（青岛）创新创业大赛，推动政务数据取之于民，用之于民，切实发挥数据惠民、兴业的作用。

7.“活”——强化数据共享实效

依托全市共享交换平台，各级各部门大力实施政务服务创新。200 余万名退休人员中 92.6% 实现“不见面、零打扰”资格认证，100% 实现“零跑腿”；青岛海关对企业进口低风险货物实行快速放行，放行周期缩短三分之二，每年为企业节省资金 400 万元，增加经济效益 2000 余万元；青岛市税务局通过数据共享，取消不动产登记信息查询结果证明、结（离）婚证件、户口簿等 11 项证明资料；一般性的房产交易，纳税人只需持《不动产登记收件回执单》，即可办理缴税业务，精简幅度达 100%；对于特殊交易如继承、赠予、析产等业务只需提供特殊证明资料，精简幅度达 90%。人才落户、简化电力审批手续、一次性安家费申领发放、保障房资格审核等重点领域业务也通过数据共享实现了流程优化，更好地提升了服务能力。

（三）业务协同体系建设方面

1. 一网式协同办公

按照“平台化、移动化、智能化”的建设理念，围绕“人、文、会、事、物”，建设全市互联互通、多级联动、“纵到底、横到边”的一体化金宏集群办公平台，实现全市所有党政机关办公业务和内部事务的数字化、网络化和无纸化。除实现公文、会议、信息、督查等日常办公业务外，还提供了全市统一用户管理、统一认证登录、统一工作门户、统一消息提醒等政务基础支撑服务，青岛市的政务公开、信访管理、行政审批、行政执法、电子监察、政务热线、人大建议和政协提案的办理系统、招商引资、公务员考核、安全生产监督管理、社区村务、短信平台等近百个业务系统都是依托该平台建设完成。活跃用户 6.6 万人，移动办公用户 1.3 万人，2019 年累计公文流转量超过 6300 万件。

2. 一站式对外服务

建设了全市统一的政府网站集约化平台体系，实现“四个共享服务”（基础设施共享服务、平台共享服务、应用共享服务和数据共享服务）、“四个统一运行”（统一管理规范、统一技术平台、统一安全防护、统一运维监管）、“四个一站式对外服务”，逐渐形成政府网站建设以政府为中心向以用户为中心转变、以部门为中心向以流程为中心转变、以政府独建向以公众参与社会共治转变、以粗放服务向以精细服务转变“四个转变”。一是一站式信息实时发布。形成统一、高效、畅通、可监控的网上依申请公开机制，主动公开信息 42 余万条，累计受理答复信息公开申请 1.46 万件。二是一站式回应公众诉求。整合建立了集市长信箱、50 个部门信箱、10 个区（市）信箱的“一站式”受理市民咨询、求助、建议和投诉的政府信箱窗口，实现信件多次问答、流程公开、催办督办等功能，办理公众诉求总量达到 58 万件。三是一站式政民互动交流。累计开展网络问政 4334 次，参与网民 372 余万人次，解答市民提问超过 15 万件。四是一站式便民利企业。开设书记信箱，为全民营企业向政府建言献策开辟“直通车”。对于重大政府行政决策提前进行网上公示并公开征求意见，开展“我为政府献计策”等公开意见征集调查 285 次，使政府网站成为政府听民意、解民忧、聚民智、惠民生的重要渠道。

3. 一体化信用应用

建成全市一体化信用信息共享平台和“信用中国（山东青岛）”网站，2019 年全年公示行政处罚、行政许可、红黑名单、重点人群等信用信息 500 余万条，与山东省和国家平台实现全量信息共享。青岛市公共信用信息平台已归集信用信息 2200 项，共计 5.9 亿条，在 700 余个行政审批事项嵌入公共信用联合奖惩服务，各级政务部门累计查询调用公共信用信息 10 万余次，营造了良好的信用诚信环境。

（四）政务服务体系建设方面

1. 深度——网上服务范围深度覆盖

青岛市按照“上网是原则，不上网是例外”的标准，深化“互联网 +”政务服务。梳理发布市、区、镇、村四级机构服务事项 1.37 万项，实现网上 100% 全覆盖。除涉及国家秘密、公共安全等不适合网上办理的事项外，100% 开通网上办理功能，其中 62% 的事项可实现“零跑腿”。2019 年以来，全市政务服务平台共办件 1000 余万件，网上申报率达 80%。另外，青岛市将公安、公积金、社保、不动产、车驾管等专业分大厅的办件信息接入统一平台，全面互联互通，通过实时监控和统一监管的办件信息已超过 2000 余万条。

2. 广度——网上服务方式广泛拓展

青岛市规范整合移动端政务服务，打造一站式指尖办事服务平台，建成全市统一的政务服务 App——青岛政务通，已接入问政咨询、政务办事、政民沟通、涉企业务、社会保险、交通出行等领域 1000 余项高频服务，实现政务服务“一键通办”。整合身份证、驾驶证、社保、公积金、婚姻、营业执照等 21 类证照信息，建成市民个人的“电子卡包”，实现了把证件装进手机。电子身份证的应用已在青岛市行政审批大厅正式启用，市民在办理 1800 余个政务服务事项时，手机出示电子身份证二维码，即可在线查验电子身份凭证并自动存档，不带身份证也能办事成为现实。

3. 高度——政务服务体系高度融合

推进政务服务“一窗受理”。全市各级政务服务大厅全部开展“一窗式”改革，分类实现“前台综合受理、后台分类审批、统一窗口出件”的政务服务模式。改革后，市、区（市）两级政务服务大厅在原有 939 个办事窗口的基础上，压缩窗口 551 个，缩率达 65.7%。在全国率先建成全市统一的公共资源电子化交易平台，实现交易“零成本”。实现“远程投标、网上开标”，投标人投标全程“零成本”，预计年均为各类交易主体节约费用近4500万元。网上审批中介超市组织800余家审批中介机构入驻，系统自动根据中标原则发布中标公告。仅2019年10月份，网上审批中介超市就发布项目49个，项目总预算428.3万余元，中标金额328.9万余元，节省资金99.4余万元，节省率为23.2%。推广“政银合作”，与中国工商银行、中国建设银行等金融机构合作，在全市各级大厅布设政务服务自助终端设备971台，涵盖不动产、社保等业务的4大类70余项服务。

深化流程再造，建立全省首个企业开办注销一站式智能化平台，提供企业开办注销“一站式”服务，将企业开办环节由4个压缩至2个，实现企业开办1天办结。

4. 速度——网上办事服务效率增速

青岛市按照“快”字优先的原则，大力推动政务服务智能化改造，推动高效青岛建设，推动营商环境改善。在全市组织“秒批”清单梳理、流程优化和系统建设，已实现“秒批”的政务服务事项达到93项，涉及公积金提取、社保缴纳等10余个领域，办理时限从3天缩短至几十秒，办件量超过300余万件。推进企业登记全程电子化。变营业执照“窗口办”为“网上办”，让企业足不出户即可获得营业执照，并建立业务咨询群，在线实时解惑，提高企业申报效率。目前青岛市线上申请占新设立企业总量的96.39%（全省平均90.62%），无纸全程电子化登记占新设立企业总量的72.06%（全省平均39.06%），两项指标均列全省第一。另外，容缺预审查、评估评审前置等制度，全面压缩审批事项办理时限，提高办理效率，努力实现审批时限最短。市级部门3000余项依申请政务服务事项，总的法定办理时限从32543天，压缩到实际办理时限14904天，压缩比例达到54%。在国务院办公厅电子政务办公室组织的全国重点城市网上政务服务能力调查评估工作中，青岛市网上政务服务能力评估指数为“非常高”，在32个重点城市中位列第7。

（五）基础设施体系建设方面

1. 网络大统一

2015年，青岛市按照国家相关技术要求对全市电子政务外网进行升级改造。2018年年底，对政务外网广域网带宽进行了扩容。2019年，政务外网已实现乡镇全覆盖，广域网骨干带宽达到20Gk。通过实施政务信息系统整合共享工程，国家和省向青岛市延伸22个专网，中国工商银行、中国建设银行、中国农业银行等10家银行专网以及电力专网已与政务外网实现互联互通。全市120余个单位、部门使用市级统一互联网出口，互联网出口带宽达到8Gk，基本破除了跨部门、跨层级信息共享的网络壁垒。

2. 云上大整合

采用“专业服务商建设运营、党政机关采购服务”模式，建成了全市统一、绿色集约、安全可靠、快捷部署的政务大数据和云计算中心，是国内第一个“两地四中心”的地方政务云，也是移动、联通、电信三大运营商同时提供基础设施服务的政务云。青岛政务云由近400台服务器、300台网络及安全设备组成，建设规模和技术标准均处于国内领先水平。目前，全市56个部门、10个区市的2294台云主机、524个业务系统在政务云上运行，共使用CPU资源11680核，内存资源32.34TB，存储资源1025TB，云资源可靠性超过 99.9%。政务大数据和云计算中心同步规划建设了全市统一的政务大数据基础支撑平台，可存储处理各类结构化和非结构化数据，支持计算节点的扩展，能够有效处理 PB 级数据，可实现对各类数据的多维深入分析和应用展示。另外，青岛市并通过引入监理服务、强化资源使用管控，打造了政务云使用管理的“青岛模式”，相关成果荣获“2019 年度中国信息化（数字政府）示范实践奖”。

3. 安全大集成

按照信息系统等级保护管理要求，采用传统和创新相结合的方式进行政务云安全防护，保障上云系统安全可靠运行。利用传统的防火墙、入侵防御、堡垒机、WAF 等设备做好边界防护，利用防病毒、漏洞扫描等手段提高主机安全性，使用云盾安全防护系统等态势感知平台，实时感知当前的安全态势，及时发现未知威胁，实现主动防御。2019 年，圆满完成了海军节、国庆 70 周年、跨国公司峰会等重保活动，共阻断扫描探测等疑似网络入侵 275 万余次，处理安全风险告警 21 万条，临时封堵 350 余个高风险 IP，在 4 月份“2019 西湖论剑・网络安全大会”上荣获“重大活动网络安保服务创新成果奖”，切实保障了全市网络安全。

（青岛市大数据发展管理局）

2019 年郑州市电子政务发展概况

2019 年是郑州市大数据局成立开局之年，大数据局紧紧围绕郑州市委市政府中心工作，以新型智慧城市、数字政府建设为重点，建章立制，转变作风，提高效能，全力推进数字郑州建设。

一　加快推进互联网 + 政务服务和“放管服”改革

（一）工程建设项目审批制度改革顺利推进

通过集中攻坚，形成了“1+10+44”的闭环政策体系（1 个总体实施方案，10 类流程图，44 个配套制度文件）；全面清理互为前置、相互捆绑的环节、条件，取消无法律法规依据的事项、材料，建立了标准化要素体系，事项由 279 项压缩至 158 项，精简率 43.4%，申请材料精简率为 55.3%，让企业群众办事一目了然，让部门审批有章可循。

建立了郑州特色的“集成化、联合式”辅导，让部门最懂业务的人员从“审批后台”走进联合辅导室，从项目单位土地摘牌时主动介入，同一阶段事项集中辅导，下一阶段事项提前辅导，形成环环相扣、无缝衔接的服务链条。新机制运行以来，得到项目申报单位的高度评价，并被住建部作为经验材料在全国推广。

按照“国内领先、省内示范、郑州特色”的建设标准，围绕项目策划生成、申报审批和督查监管，提出了郑州市“纵向到底、横向到边”覆盖市县两级的系统建设“1+3+N”

整体思路框架："1"是以河南省政务服务网为依托，"3"是以项目策划生成系统、工程建设项目审批管理系统和效能督察系统为主线，"N"是以省投资在线监管平台、市四级联动审批系统、各部门业务审批系统、市信用平台、短信平台、电子签章及电子证照库等其他系统为支撑，建设成物理分散、逻辑集中、资源共享的统一平台体系，实现从立项到竣工验收的全流程覆盖，确保对审批部门、公共服务部门、中介机构的全方位监管。系统于 2019 年 7 月 1 日上线试运行，2019 年 10 月 1 日正式运行，为郑州市工程建设项目审批制度改革提供了坚实的技术支撑。

（二）推进不动产登记相关信息共享集成

在郑州全市实行不动产登记"一窗受理"与"互联网 + 不动产登记"的基础上，以数据归集为支撑，迅速开展全市部门间信息共享交换工作，助力各单位数据与不动产登记相关信息系统打通，实现信息互通共享。目前，共打破 14 个局委的数据孤岛，整理各类数据 31 类，归集数据量 3800 多万条，向省数据共享平台申请税务查询、婚姻查询等接口数量 5 个，累计开发支撑不动产业务办理各类接口 25 个。实现了全市一般登记、抵押登记业务办理时间已分别压缩至 5 个、3 个工作日，八项业务 1 小时内办结，提前完成了国家任务。

（三）提升网上政务服务能力

为了进一步提升政务服务水平，同时在新一轮省级政府和重点城市网上政务服务能力调查评估工作中取得优异成绩，组织集中攻坚，推动政务服务事项"减时间、减材料、减环节、减跑动"，在行政审批制度改革"1、3、7"时限基础上，压缩至 6 个工作日以内，提高即办程度，减少群众办事等待时间和跑动次数。市本级行政许可事项时限压缩达到 79.08%，"最多跑一次"事项占比达 51.33%，"即办件"占比 13.86%。针对企业群众关注的民生领域和重点高频事项，开展集成服务，确定"青年人才首次购房补贴""青年人才生活补贴""公积金提取"等"一件事"集成服务指南，通过系统打通和数据对接，在河南政务服务网上和郑州市政务服务 App 上线发布，推动群众办事"一件事、一网式"套餐服务。

以办事群众和企业的角度重新对办事指南进行审视，逐项梳理办事指南 106 个要素；制作标准化流程图，对办事指南流程进行细化完善；针对能网办的事项，梳理窗口办理流程和网上办理流程，并最终形成一事一流程的网上办事指引；对需要填报申请表的事项，上传样本表格和空白表格，编制详细填写说明；对办理材料的来源说明、介质要求、数量要求等，逐项细化。全市 1389 项政务服务事项办事指南全部符合国家和省的标准规范要求。

（四）积极做好政务服务平台和"互联网 + 监管"系统建设对接工作

完成了市、县两级政务服务平台建设，实现 82317 项权力事项的网上可办，并与省网上政务服务平台实现对接融合；完成了市直有关部门、各县（市、区）、开发区本单位（本级）行政权力事项 8725602 个要素的全面更新，实现县（市、区）级 80985 项非涉密依申请行政权力事项的在线办理；制定出台了《郑州市电子签章管理暂行办法》和《郑州市电子证照管理暂行办法》；积极按照全国一体化在线政务服务平台统一标准规范和对接要求，加快推进"互联网＋监管"系统对接相关工作，完成国家下发的监管事项的认领工作，组织各单位汇聚监管信息，实现了重点监管数据归集共享，按期实现与省"互联网＋监管"系统联通对接。

二 进一步夯实基础设施发展基石

（一）持续扩大政务云规模

按照法定程序，以公开招标形式，入围 3 家政务云服务商和 1 家政务云备份服务商。郑州市政务云警用域，依托市政务云进行建设，极大降低了建设和使用成本。政务云（自建域）共有 48 家部门单位部署了 126 个政务应用，云平台运行 776 台虚拟服务器；政务云（购买服务域）共有 16 家部门单位部署了政务应用，云平台运行 1091 台虚拟服务器。印发《郑州市政务云管理暂行办法》（郑政办〔2019〕53 号），起草《郑州市政务云实施细则》，为政务云规范运行打下制度基础。

（二）推动数据归集，提升数字化水平

新增归集数据 47.8 亿条，累计 50.09 亿条，年增长率 2087%；新增数据共享交换 34.07 亿条，累计 50.09 亿条，年增长率 68.02%；新归集服务接口 70 个，累计 128 个，年增长率 121%；新发布服务接口 62 个，累计 120 个，年增长率 107 %；新增接口调用次数 0.32 亿次，累计 1.12 亿次，年增长率 40%；累计发布页面查询服务 61 项，累计访问 19686 次；对全市 1337 个事项进行筛选，梳理"一证通办"事项 334 项；市视频共享平台新增接入 55000 路，累计接入 103000 路，年增长率 115%。

依托郑州市数据共享平台和数据查询平台，分层分类开展"接口调用"和"页面查询"共享方式，落库数据 12644 条，新上线接口 61 个，其中证照类接口 9 个，结构化数据接口 52 个，国家级接口 1 个，省级接口 14 个，市级接口 46 个，助推"一网通办"，有力支撑不动产办理、人才补贴一件事、公证业务办理等部门间数字化提升。查询平台自 2019 年 8 月 28 日上线以来，累计查询 19686 次，周均查询 1158 次。

（三）持续扩大地理信息数据服务

为提升基础地理信息数据建设和服务能力，在全国首创由市政府统一建设，全市行政事业单位免费使用的共享模式，有效延伸地理信息数据应用面和对全市工作的支撑，避免基础地理信息数据重复建设。已为自然资源与规划、城市管理、人防工程、园林生态、环境保护等 30 多个委办局和惠济、二七、上街、郑东新区、高新区等各区（开发区）提

供在线（离线）时空数据服务。

三　持续推进政府网站集约化建设

（一）持续推进政府网站集约化建设

郑州市从2015年开始实施全市政府网站集约化建设，紧密围绕《政府网站发展指引》相关要求，以“便民、利民、惠民”为指导思想，打造出“统一标准体系、统一技术平台、统一安全防护、统一运维监管、集中管理政务数据、集中提供内容服务”的郑州市政府网站集中运行管理平台。截至2019年，集约化平台共运行各类政府网站80个，其中市政府门户网站1个，政府工作部门网站46个，专题和应用类网站8个，县（市、区）政府门户网站9个，各县（市、区）政府统一信息公开网16个。

2018年依托政府网站建成了全市集约化的“政府信息公开”平台，承担全市各级政府和各部门的网上主动政务公开业务，实现了“信息聚合、部门集中、各有门户”的架构，主要功能有“政府信息公开目录、政府文件、政策解读、领导信息、重点领域信息公开”等。截至2019年，信息公开平台已经发布32万条政务公开信息。

互动交流是政府网站重要功能，郑州市政府网站利用集约化优势，打造多种统一交流互动平台，如“统一信箱平台、统一访谈平台、统一民意征集功能”等。利用多种互动功能，开展形式多样的政民互动活动，拓宽了互动渠道、增强了互动效果、提升了民众满意度。

（二）全流程监测保安全

按照《政府网站发展指引》（国办发〔2017〕47号）的要求，郑州市政府网站自2016年开始实施监测评估工作，以《政府网站检查指标》为准则，不断调整监测策略，优化评估模式，加大工作力度，促进郑州市政府网站规范化运行。

截至2019年，郑州市政府各部门网站46家，各县（市、区）、开发区网站15家，都在网站监测范围内。监测工作每日进行，发现问题立刻形成问题清单，并以邮件和短信息方式通知责任单位整改。依据监测评估标准，每月监测评估后公开绩效排名，引起相关单位的重视，各级政府和部门都安排了专职工作人员负责政务服务网信息管理，建立了人员保障机制及信息公开工作制度。

在监测评估工作机制的促进下，郑州市范围内的政府网站监督检查工作有序进行，督促各单位整改本单位网站以符合检查指标，关停了一大批不符合要求的政府网站，促进了郑州市政府网站集约化进程的发展，总体提升了郑州市政府网站运行的规范性，提高了上级对我市政府网站普查抽查的合格率。从2018年起，郑州市政府网站实现了国办普查“零”通报，从2019年第二季度起，郑州市政府网站实现了省级普查“零”通报。

四　成功举办两个峰会

（一）成功举办 2019 数字经济峰会

郑州大数据局会同省发改委、郑东新区管委会共同成立工作组，在面临时间紧、任务重、事项杂、多方协作难的条件下，凝聚思想强化责任担当、建立机制推进工作落实，完成了峰会及成果展的整体设计、场馆搭建、嘉宾邀请、报名入场、餐宿接待、场地要素保障等，确保了 2019 数字经济峰会在郑州国际会展中心的成功举办。

峰会以“数创未来，出彩中原”为主题，采用论坛和展览展示相结合的方式，集中展示数字经济最新成果，开展国际交流合作，发布重大载体平台，签约一批重大合作项目。展览总面积 1.2 万平方米，设立了国际科技合作、龙头企业展示、行业数字应用三大板块，涵盖大数据、5G+、人工智能、智能制造、虚拟现实等 30 多个细分领域，含 300 余项最新技术成果，给参观者带来了全新酷炫的“数智体验”。

（二）成功举办第八届国际智慧城市峰会暨智慧生态博览会

积极与中国城市科学研究会配合，密切协同，广泛邀约国内外行业龙头企业、知名企业家、知名科学家，围绕学术交流、技术交流、产业对接、信息消费搭建共享共赢交流平台，组织好各项活动，确保了国际智慧城市峰会在郑州国际会展中心的成功举行。

峰会以“助推 5G 商用，升级智慧生态城市”为主题，为期两天，包括开幕式及主论坛两场全体大会和 14 场平行召开的专题分论坛，累计参会人数超 2000 人；多位院士和智慧城市领域数百位权威专家齐聚一堂，分享交流国际前沿智慧城市建设经验，集中探讨 5G、人工智能、未来城市、大数据、城市大脑、物联网、区块链等新技术革命给城市发展带来的机遇和挑战，共享未来智慧城市构建的新理念和新思路，加速推进智慧生态城市标杆建设。

同时，以“推动智慧协同、共建产业生态”为目标，大会同期举办了“智慧生态博览会”，通过集中展览展示大数据、人工智能、5G 科技、物联网、智慧政务和一网通办、智慧城管、智慧交通、智慧建造、智慧市政、智慧能源、智慧住区、智能建筑等最新成果，推广优秀智慧城市解决方案，展现国内外智慧城市建设辉煌成就。

（郑州市大数据局、郑州市电子政务中心）

2019年长沙市电子政务发展概况

2019年，长沙市深入贯彻落实国家和湖南省关于电子政务工作的相关决策部署，以“营商环境优化年”和“产业项目建设年”活动为统领，以“一件事一次办”改革和打造“最多跑一次”升级版为抓手，以云计算、大数据、移动互联网、物联网等新一代信息技术为支撑，全力推进电子政务建设，在顶层设计、基础设施、标准体系、业务应用、“互联网+政务服务”等方面均获得了突破性进展、取得了阶段性成果。

一　数据管理水平显著提升

一是率先出台数据资源管理办法。《长沙市政务数据资源管理暂行办法》（以下简称《办法》）于2019年12月1日正式实施。《办法》系统规定了数据资源采集、存储、汇聚、整合、治理、共享、开放、应用全链条以及安全、保障、监督等工作，从制度根源上解决政务数据资源“共享难、协同难、安全难、应用难”等问题，加快推进政务数据的集中汇聚、开放、共享。

二是率先开展数据营商集中攻坚。在全市范围内开展数据营商集中攻坚行动，归集共享142类政务关键数据资源，汇聚支撑111个政务服务高频事项，实现灵活就业人员养老保险参保登记等10项民生领域高频事项的全程网办，完成353类信息资源目录梳理和24家市直单位共243项数据需求调研。对接省政府相关部门，共同协调部、省业务系统下放49类核心数据，推进“一件事一次办”“最多跑一次”落地见效。

二　重大项目建设加快推进

一是“政务云”效益凸显。政务云一期项目顺利通过专家验收，政务云二期（底座）采用政府购买服务方式建设，有效解决了云资源供给紧张的现状，为新型智慧城市建设提供了统一、灵活、安全、可靠的基础支撑服务。政务云可提供计算能力6240核，存储资源804TB。30家市直单位的62个应用系统已迁移上云，建成了人口库、法人库两大基础库和电子证照库、政务服务事项库、商事库、涉税库四大主题库。政务云信息共享交换平台汇聚超过100亿条数据，可有效支撑24个跨部门业务数据流的互通。

二是“互联网+政务服务”一体化平台正式上线。按照“四个一”“四个办”的要求，组织腾讯公司200余人的实施团队奋战7个月，全新的一体化平台已正式上线运行。平台建成了一网通办等16个核心业务系统和5个应用支撑系统，归集了90个重点类型230余万份电子证照。依申请六类政务服务事项网办率、一次办率均达到97%以上。“一件事一次办”办理环节由851个减少到251个，减少70.5%；办事材料从1201份减少到721份，减少 40%；办理时间由 1478.5 个工作日减少到 684.5 个工作日，减少 53.7%；跑动次数由 268 次减少到 71 次，减少 73.5%。

三是“我的长沙”App 影响力不断提升。以上海“随申办”、广东“粤省事”为标杆，打造“掌上办事之城”，基本建成“我的长沙”城市移动综合服务平台，入选“2019 数字政府服务能力优秀案例”。目前，“我的长沙”App 已上线 90 项公共服务和个人服务，于 2019 年 11 月 27 日正式发布。截至 2019 年 12 月 31 日，注册人数已突破 130 万，获评“2019 互联网 + 政务服务创新应用 App”和“全国市级十大优秀案例”。

四是市政府综合指挥中心投入试运行。完成综合指挥中心项目建设，已整合市政府视频会议系统和公安、交通部门近 12 万路视频数据，通过应急调度系统，可实时展示应急物资、场所、人员位置、气象等关联数据，有效实施应急预案，为领导决策提供辅助支持。

三　相关重点应用建优做强

一是高质量完成电子政务标准化试点。长沙市电子政务服务标准化试点项目以 94.5 分的高分通过了国家标准委专家组的评估。该标准体系紧紧围绕推进电子政务建设、提高社会管理和公共服务水平的目标构建，包括通用基础、服务保障、服务提供三个标准子体系，共包含 102 项标准，其中国家标准 47 项，行业标准 5 项，地方标准 6 项，自制定标准 44 项。该标准体系的建设，有效促进了我市信息互通、数据共享、资源整合、信息安全，为营商环境优化和“最多跑一次”改革提供了技术保障。

二是切实抓好安全运维工作。深化社会综合治税信息平台功能。综合治税拓展项目顺利竣工验收；完成 25 家市直单位、9 个区（县、市）的治税信息采集；2019 年共计追缴入库税收 83898.9 万元，加收滞纳金 1596.48 万元。完善商事服务管理信息平台。开设企业开办服务专区；商事服务登记共归集企业和个人参保信息 1 亿多条，企业基本信息及坐标数据 136.6 万条，推送涉商事主体信息 47.84 万条，“最多跑一次”访问量达 540 万人次，登记范本及模板下载量达 324 万次。加强人才一体化服务项目、协同办公系统运行维护。完成了人才一体化项目绿卡附属卡、高层次人才的认定系统上线和税务接口的全新改造。对协同办公系统定期巡检 286 次，驻场监控 286 次，系统优化改善 39 次，故障处理 39 次，响应率达 100%，用户满意度 100%。

四　政务网站管理不断规范

一是集约化建设加快推进。按照中央、湖南省要求，有序、快速推进市政府网站集约化平台建设，目前基础建设任务初步完成。长沙市政府门户网站在“2019 年中华人民共和国中央人民政府网站绩效评估”中荣获省会城市政府网站第二名。长沙市政府官方微信被评为“优秀政务微信”。

二是规范化管理不断提升。构建了区县（市）、园区、市直部门自评自查、市级平台技术监测、人工核查“三位一体”的日常监测体系，每月对辖区内区县（市）、园区、市直部门等76家政府网站进行全面监测，合格率100%。指导各涉改单位做好本部门政府网站的调整或关停工作；发布了4期《长沙市政府网站阅评简报》，对全市政府网站相关内容进行巡查；指导各区县（市）、市直部门、园区梳理完善本单位网站的信息公开指南与目录。

三是政府信息公开纵深拓展。根据人民群众关注的热点、重点、难点问题，建设与维护了“扫黑除恶专项斗争”“‘不忘初心、牢记使命’主题教育”等各类专题专栏16个，主动公开政务信息9.6万余条，发布政府公报9期，长沙新闻联播337期，发布政策解读类信息737篇，开展“在线访谈”21期，新闻发布会18场，回应社会关切280条。“市长信箱”栏目共收到有效信件29171封，已处理29105封，回复率100%，收到“人民网”给市长的留言167条，已办结156条。就“校园周边食品安全问题”“食品药品抽检及核查处置工作”等主题开展网上调查7期，部分意见得到了采纳，取得了良好的社会效益。

（长沙市数据资源管理局）

2019年深圳市电子政务发展概况

一　2019年信息安全保障发展概况

（一）全面推进全市党政机关网络安全、网络信任体系建设

1. 进一步完善新型智慧城市暨“数字政府”安全体系

为夯实深圳市“数字政府”建设安全基础，全面支撑“数字深圳”建设，深圳市政务服务数据管理局根据《广东省“数字政府”安全体系建设总体规划（2019—2021年）》的要求，积极推进《“数字深圳”网络安全体系建设总体规划》编制工作，进一步完善网络安全顶层设计，并在总体规划中体现深圳智慧城市和数字政府相结合的网络安全保障体系特色，全面落实市委市政府提出的深圳市新型智慧城市建设相关工作，努力打造深圳建设全国新型智慧城市和“数字政府”建设标杆区。

2. 开展新型智慧城市安全保障体系研究

深圳市政务服务数据管理局采取“1+5”体系框架，按照顶层设计、分步实施的思路，建立健全“防御、监测、打击、治理、评估”五位一体的网络安全保障体系。先后编制完成《深圳市新型智慧城市安全可信网络空间保障体系建设管理办法》和《深圳市新型智慧城市可信云平台网络安全规范》《深圳市新型智慧城市可信大数据网络安全规范》《深圳市新型智慧城市可信人工智能网络安全规范》等规范文件，有关规范课题均已于2019年11月顺利通过专家评审。

3. 统一身份认证平台建设

深圳市政务服务数据管理局积极推进广东省网上办事大厅深圳分厅统一身份认证平台建设相关工作：一是协助市住建局公积金业务办理系统等 98 个业务系统接入省统一身份认证平台。二是对各单位存在的移动身份认证需求进行梳理，开展与深圳市市场监管局商事主体年报系统、深圳市不动产登记信息查询系统和市网格办深圳网格管理系统的对接工作，并提供移动端身份认证服务。三是组织各单位完成 72 个业务系统的省统一身份认证平台迁云改造工作。四是在市行政服务大厅以及宝安区、龙华区、坪山区、光明区行政服务大厅陆续开通窗口，由专人为市民提供现场身份核验服务。截至 2019 年年底，全市各实名核验窗口共为 24662 个法人和 13561 个自然人提供实名核验服务。

4. 电子印章试点

按照省统一电子印章试点的工作部署，深圳市政务服务数据管理局积极落实有关电子印章试点工作，组织推进各区、市直政府部门及其直属事业单位的电子印章申办和用章业务系统与省平台对接。截至 2019 年年底，共向省政务服务数据管理局报送 2344 个电子印章，其中行政章 918 个、业务章 1426 个。

5. 密码应用升级改造

深入推进全市使用数字证书密码升级改造工作，深圳市政务服务数据管理局印发《市密码管理局 市政务服务数据管理局关于开展电子政务领域使用数字证书应用系统密码算法升级改造工作的函》（深政数函〔2019〕222 号），开展全市各单位关于使用数字证书密码升级改造工作进展情况调研。

（二）指导监督各部门电子政务安全工作

1. 全市党政机关网络安全联合检查

结合个人信息和重要数据保护等最新要求，深圳市政务服务数据管理局会同市委网信办编制并联合印发《2019 年深圳市党政机关网络安全联合检查工作方案》，联合市委办公厅、市委网信办、市公安局、市密码管理局、深圳国家安全局对市政府、各区共计 76 家单位开展网络安全现场检查，统筹、指导和监督市党政机关网络安全保障建设。

2. 政府绩效评估信息安全指标评测

深圳市政务服务数据管理局编制完成《2019 年信息安全绩效评估指标操作规程》，并结合全市党政机关网络安全联合检查结果以及 2019 年全年网络安全监测扫描、通报反馈情况，顺利完成全市市直部门、各区共计 43 家单位的信息安全绩效指标评测工作，并妥善做好有关指标评分解答工作。

3. 重保时期网络安全保障

在 2019 年“两会”、中华人民共和国成立 70 周年等重要时间节点，深圳市政务服务数据管理局局领导、处室负责人带队开展多次信息安全专项检查，对多家重点市级党政机关单位进行现场检查，有力指导全市党政机关做好重点保护期间网络安全工作，并安排专人进行 7×24 小时应急值守，切实落实信息安全保障工作。

（三）推进市网络与信息安全应急指挥部办公室工作

1. 修编《深圳市网络与信息安全突发事件应急预案》

根据深圳市党政机关机构改革调整情况，结合最新网络安全态势，深圳市政务服务数据管理局已完成《深圳市网络与信息安全突发事件应急预案》修编及专家评审工作。

2. 网络安全预警及相关应急处置

截至 2019 年 12 月底，深圳市政务服务数据管理局会同市信息安全测评中心，共向全市党政机关发布公共预警 30 起，针对性预警 19 起，监测预警发现问题 900 余起，超过 2018 年全年总量;“深网视界公司数据泄露事件”等 8 起相关网络安全事件均全程跟踪，确保成功处置。

3. 圆满完成 2019 年全市党政机关应急演练工作

为深入贯彻《网络安全法》要求，不断提升全市网络空间防护能力，演练采取市区联合演练、市直单位实战盲练两种方式，要求区级单位单独先期处置四级事件，当事态恶化达到三级时，由市网安应急办进行事件升级、现场指挥协调市区两级资源快速处置事件。为接近实战，此次“盲练”的演练对象为临时抽取选定的单位，攻击组按照实战模式迅速攻陷该单位网站，并派出摄影组现场直播该单位应急处置情况。演练历时 1.5 小时，由罗湖区智慧城市建设中心、南山区政务服务数据管理局等单位参演，参与人员 100 余人，全市 32 家党政机关单位共 80 余人观摩。

二　2019 年信息安全保障工作相关经验

明确网络安全责任。一是成立网络安全和信息化领导小组，进一步明晰管理责任，理清工作职责。通过反复的政策宣贯，可使各单位网络安全第一责任人充分认识到当前严峻的网络安全形势，从政治安全、政权安全高度，层层落实网络安全主体责任，自上而下推动解决基础不牢、经费和人员投入不足等瓶颈问题，从根源上消除网络系统“重建设、轻维护，重使用、轻安全”“长期带病运行”等现象；二是不断完善信息安全相关责任体系，做到分工明确，责任到人，不定期对信息安全制度执行情况进行检查，确保相关工作真正落实。

完善日常监督机制。一是全市信息安全联合检查和市政府信息安全绩效评估“常态化”，发挥联合检查和绩效评估两大抓手的作用，在考核标准中明确“严格落实网络安全等级保护制度”“从互联网可访问的网站应采取网页防篡改措施”“个人信息和重要数据保护应从组织管理、制度建设、人员管理、技术保障、规范操作五个重点方面落实”等有关要求；二是坚持信息安全预警通报机制，建立“实时发现、精准溯源、及时预警、跟踪处理”的闭环工作流程，督促各单位进一步规范日常安全管理。

加强专业队伍建设。一是建立信息安全应急专家队伍和专业技术队伍，确保在发生突发事件的第一时间进行响应并予以技术支撑。二是将培养信息安全人才作为信息安全体系建设中的一项长期性、全局性和战略性任务，汇聚人才资源，建设一支政治强、业务精、作风好的“作战”队伍。

强化信息安全意识培训。定期对相关工作人员进行信息安全意识培训，增强网络信息安全意识，提高做好信息安全工作的主动性和自觉性，并将学习到的内容融入日常工作和生活中去，提高应急处置水平及各部门间联动水平，做到预防在前，防患于未然。

（深圳市政务服务数据管理局）

2019年成都市电子政务发展概况

2019年，成都市坚持以习近平新时代中国特色社会主义思想为指导，深入贯彻党的十九大和十九届二中、三中、四中全会精神和习近平总书记对四川及成都工作系列重要指示精神，认真落实省委、市委全会精神，扎实推进电子政务基础设施建设、政务业务应用、公共服务创新、信息安全保障和队伍建设等发展，在政务信息整合共享、网站建设、智慧城市建设、"互联网+政务服务"上多次获得肯定。

一　2019年成都市电子政务发展

2019年，成都市按照"以网络理政中心为龙头，构建智能城市指挥运行体系"的工作部署，扎实推进《成都市"互联网+城市"行动方案（2017—2020）》和《成都市政务云建设规划（2017—2020年）》工作落地落实，着力夯实基础支撑，广泛汇聚数据资源，创新拓展场景应用，不断提升中枢指挥调度能力，初步构建起智能城市指挥运行体系，城市智慧治理水平明显提升，为持续深化"放管服"改革、优化国际营商环境、推进网络理政提供技术支持。

（一）机构和队伍建设

在体制建设方面，成都市整合市政府办公厅的政务服务、公共数据资源、电子政务管理职责，以及相关机构的行政审批制度改革职责等，成立成都市政务服务管理和网络理政办公室。在机制建立方面，成立由市政府主要领导任组长的成都市智慧城市建设领导小组，牵头落实"互联网+城市"行动各项工作。

（二）强化电子政务建设统筹力度

按照成都市电子政务项目管理办法有关规定，以全市电子政务项目方案审核和备案管理为抓手，统筹全市电子政务规范化、标准化建设，强化全市电子政务源头治理，着力构建信息互通、协同联动的智慧政务应用体系。建立信息系统迁移上云、网络理政中心接入、数据资源共享开放为一体的联动闭环审查机制，有效推动电子政务项目基础设施集约建设和信息资源共享利用，提高财政资金使用效益，2019 年完成审核 85 个项目方案，审减预算约占申报金额的 21.7%。

（三）加快构建智能城市指挥运行体系

建成成都市网络理政中心，持续迭代完善市网络理政中心信息系统功能，不断丰富叠加应用和集中展示，加强城市运行态势分析和综合研判能力。创新建立网络理政中心运行管理机制，结合不同时期时段特点，有效统筹部门职能职责，创新设计了针对汛期、假期、日常等时期差异化综合治理模式，实现多部门进驻值守，全方位综合研判，跨领域协同调度。充分利用网络理政中心支撑各类应用场景快速搭建和拓展迭代的特点，在不打破部门应用体系格局的前提下，广泛汇聚数据资源，加快构建场景式、智慧化应用，打造城市级、部门级、支撑级智慧应用场景 34 个。

（四）建立完善政务数据资源交换体系

全面开展数据大会战，组织全市各级各部门清理和录入改革开放以来历史数据，将政府部门和水、电、气等公共企事业单位 245 个业务系统接入网络理政中心，集成视频和物联网传感设备 9.5 万余个，汇聚城市运行 643 类近 40 亿条政务数据，构建形成城市大数据资源池，叠加到城市态势一张图上，有力支撑大数据智能挖掘和分析利用，充分发挥网络理政中心数据治理、应用、展示能力。建立完善政务信息资源技术体系，优化拓展共享交换平台和融合服务平台功能，推动部门共享开放责任落实，全年政务数据资源累计交换量达到 132 亿条，向社会开放 1692 个数据集、1 亿余条数据。

（五）持续提升政务服务水平

推行审批服务“马上办、网上办、一次办、就近办”，全市审批服务事项实现 21.6%“马上办结”，96.6%“网上可申请”，99.7%“最多跑一次”，81%“一窗受理”；87 个区（市）县事项和 66 个乡镇（街道）事项实现“全域通办”。优化提升工程建设项目审批管理系统，工程建设项目从立项到竣工验收用时控制在 90 个工作日内。学习借鉴上海等城市先进做法，推进政务服务“蓉易办”（一网通办）工作改革，着力打造成都政务服务品牌。拓展政务服务方式，开展延时预约服务、免费邮政送件、自助取件等便民服务，全市延时服务 73 万余件。政务大厅服务质量位列全国 36 个城市第 2 名。

（六）大力优化社会诉求办理工作

拓展优化“11637”网络理政框架体系，健全完善网络理政办理制度体系，完善社情民意受理平台、领导理政平台和服务企业平台，2019 年共受理群众来电来信 338.9 万余件，诉求解决率 87.67%，群众满意率 91.81%。强化社会诉求数据分析与通报，每月编制市委书记信箱分析报告和网络理政平台分析报告；以解决民生诉求共性问题为导向，开展以食品安全、教育、住房等为主题的“网络理政·真情面对、民生直通、企业直通”等节目 24 期。

网络理政工作做法先后被人民日报、新华网、中华人民共和国中央人民政府网等媒体报道，荣获“2019 年度卓越管理创新奖”“2019 年度大数据应用创新示范奖”“先锋奖”。

（七）不断深化政府信息公开工作

严格执行《政府信息公开条例》，实现市、区（市）县、乡镇（街道）、村（社区）四级全覆盖，2019 年公开各类信息 500 万余条。依法办理依申请公开，坚持疑难复杂案件法律顾问、会商研判和专题报告制度，2019 年办理政府信息公开申请 524 件，办理信息公开方面的意见投诉等 145 件。在全国率先开展网站平台集约化试点，全市政府网站从 850 个减少到 71 个。获评“中国政府信息化管理创新奖”，政府透明度位列 49 个较大市第 4 名（15 个副省级城市第 3 名），政府门户网站排名省会城市第一名、副省级城市第二名。

（八）深化集约平台应用

建设完善全市统一的综合行政执法智慧服务平台，支撑全市办理行政执法业务 133 万余件，加快推动行政执法跨领域、跨部门、跨层级的信息资源共享，推进行政执法标准化、信息化、智能化、智慧化建设，全面助力综合行政执法制度改革。推进全市一体化协同办公平台建设，支撑全市 161 个部门（单位）公文在线流转，已在 20 个市级部门（单位）、5 个区（市）县内部实现网上、移动办公，办件量超 124 万件，大幅提升公文办理流转时效，有效控制印刷成本。建设市政府无纸化会议，保障市长办公会、市政府常务会、专题会等各类重大会议无纸化运行 434 场，支撑召开全国机关事务文化建设工作研讨会，在全市 15 个部门（单位）推广使用，累计节约纸张 300 万页，有效提升会务管理保障智能化、集约化水平。

二　2020 年工作安排

2020 年，成都市继续坚持以习近平新时代中国特色社会主义思想为指导，深入贯彻党的十九大和十九届二中、三中、四中全会精神，认真落实省委、市委全会精神，以“创新提能年”为主题，实心干事、科学作为，有效服务经济高质量发展和特大城市高效能治理。

（一）积极推动城市运行“一网统管”

充分运用大数据、云计算、物联网、区块链等新一代信息技术，完善全天候能在线监测、能分析预测、能应急指挥的智能城市治理运行体系，全面高效履行政府职能。强化智慧应用场景建设，推动第一批智慧应用场景尽早见效，加快构建以公共服务为重点的第二批智慧应用场景。推进成都市综合行政执法智慧服务平台升级改造，将农业、文化、交通、市场、环保、城管 6 大领域行政执法业务全面纳入平台管理，构建省、市、区（市）县三级综合行政执法体系。

（二）积极推动政务服务"一网通办"

深化"放管服"改革，进一步缩减审批事项、优化审批流程、精简审批环节、压减审批时限，打造"蓉易办"政务服务体系。坚持利企、便民，围绕企业、市民需求，在"一网受理、协同办理、综合管理"的基础上，积极构建"蓉易办"平台，实现线上服务"一网通"、线下服务"一门通"，让企业和群众"办事不求人，办成事不找人"。依托数据资源共享交换平台和城市融合服务平台，深化政务数据归集、共享和应用，推动部门数据共享责任清单落实，提高政务数据社会化利用水平。

（三）积极推进社会诉求"一键回应"

在实现社会诉求 12345"一号通"、网络理政平台"一网通"的基础上，加快推进社会诉求平台智能化、智慧化升级改造，推动现有平台系统的重新架构和系统资源功能的动态扩展，着力精准服务、聚焦数据应用，不断提升对风险感知、预测、防范能力，提升辅助决策效能。强化对社会诉求共性问题的大数据分析研究，着力解决群众及企业普遍关注的"急难愁盼"问题，有效提升网络理政平台服务群众、服务企业的水平和能力。

（成都市政务服务管理和网络理政办公室）

第五篇

中央国家机关电子政务专项成果

·(一)智慧法院建设专项成果·

北京法院打造对外委托一体化平台，助力审判执行质效提升

近年来，随着社会经济快速发展，新型案件不断涌现。为深入推进司法鉴定改革，提升对外委托司法鉴定工作质效，进一步提升审判辅助事务集约化管理水平，北京市高级人民法院诉讼服务办公室、信息技术处联手打造全新版“北京法院对外委托一体化平台”（以下简称“一体化平台”），充分发挥信息化工作的积极作用，不断缩短案件全生命周期中对外委托鉴定评估工作的办理周期，提升审判辅助事务集约化管理水平，为建设数字化、智慧化法院奠定有利基础。

一　规范引领，集约管理

“一体化平台”的建设秉持北京法院信息化建设一以贯之的重规范、重集成、重实效等突出特点。《北京市高级人民法院关于对外委托鉴定评估工作的规定（试行）》（以下简称《规定》）为“一体化平台”的开发建设提供了规范指引。“一体化平台”对标《规定》内容，在机构确定、委托办理、费用交纳、机构实施、补充或重新提取材料、出具文书等环节均设定了严格的时限要求，打造服务群众诉讼、服务法官办案、服务审判管理、服务领导决策，规范化、智能化、集约化、专业化、动态化运行的“四维五化”工作新模式。为解决以往各法院对外委托鉴定评估工作内容不统一、流程不统一、工作模式不统一等问题，《规定》将对外委托工作中的辅助审查、机构确定、委托办理、材料移转、勘验现场、参与听证、沟通协调和司法统计确定为可以由诉讼服务部门集约管理辅助性事务。“一体化平台”开发建设中充分考虑上述不同情形的需求，通过技术处理的方式，实现了对外委托鉴定评估事项“一网通办”，基本满足不同类别对外委托的办理需求。目前，全市已有 15 家法院建立全部或者部分类别鉴定评估案件的集约化管理机制。

二　提高效率，缩短周期

以往，北京法院开展对外委托鉴定评估工作，从当事人申请鉴定开始，到法官填报申请鉴定评估材料，再到各法院诉讼服务部门审核，待机构确定后将委托材料送至机构进行办理，直到机构办理完成将报告回送给法院，整个委托办理过程中 90% 以上的工作需要人工操作完成，极大地耗时、耗人、耗力。同时，不同环节之间材料的交接、移转、登记均需采用手工登记方式，不仅占用了大量办公资源，同时也不利于查找跟踪。

新上线运行的“一体化平台”集合了机构随机确定、节点实时监控、重要信息提示、材料在线传送、鉴定意见回传、司法统计分析、多网信息交互等功能，实现了对外委托鉴定评估工作从“线下”走到“线上”，从独立运行到与整体工作深度融合，从委托后工

作存在“盲区”到“全业务网上办理、全过程信息留痕、全方位智能服务、全流程依法公开”的转变，全面提高了对外委托办理的效率，大大缩短了整个鉴定评估周期。借助该平台，一般案件（除客观上需要耗费较长时间的特殊鉴定外）平均鉴定评估周期为 38 日，与以往相比时间缩短了 60%，为优化北京营商环境提供了积极经验。

三　数据对接，内外共享

为保证数据真实、准确、全面，“一体化平台”在法院系统内部与办案系统、电子卷宗系统、网上办公等平台有效融合。法官在申请委托时，直接调用办案系统中的案件信息，同时委托过程中所涉及的委托材料，一并由电子卷宗系统提供，法官通过电子卷宗系统选取与本案有关的电子材料，真正实现了一库多用，保证了数据来源的统一出入口。

“一体化平台”对外依托北京法院“一库两平台”顶层设计构建，通过安全交换平台进行数据交互，实现与北京法院审判信息网、北京法院诉讼服务微信公众号、北京移动微法院等平台的有效对接。

根据北京法院内外网安全策略，构建“北京法院对外委托一体化平台内外网交互平台”，法院内部工作人员通过内网访问平台并进行对外委托鉴定评估相关系统操作，专业机构及其工作人员通过外网专用端口登录平台查询并办理委托事项，通过内外网专属交互平台使法院和机构无缝衔接，实现数据实时共享。

通过加强法院内外多个系统有效融合，实现鉴定评估工作在线监管、类案研究、司法统计、大数据检索和动态管理，整体把控鉴定评估工作进展，实现多方数据流通、信息共享和“一网在手，信息全有”，以信息化、智能化促进鉴定评估质效整体提升和强化法院监管水平。

此外，“一体化平台”通过在内外网数据传输交互时进行加密传输，用户登录时进行身份认证等多种方式，保证北京法院案件相关信息、对外委托相关信息以及当事人相关信息的安全，杜绝信息泄露，为保证当事人合法权益提供保障。

四　自动生成，无纸办案

近年来，北京法院大力推进电子卷宗随案同步生成和深度应用工作，依托信息技术手段，辅助法官智能办案。“一体化平台”全面对接电子卷宗系统，法官根据需要，可以将随案同步生成的电子卷宗材料以及自动生成的程序性文书（如对外委托书等）线上推送至专业机构，提高工作及时性、安全性、便捷性。各专业机构还可通过平台实时上传鉴定评估电子文书，法官通过内网办案系统即可下载查看，为裁判文书的撰写工作提供便利。

“一体化平台”对办案流程进行节点管控，对电子卷宗分阶段审查，确保立案、庭审、结案各个环节的法律文书在电子卷宗中及时生成，切实做到电子卷宗随案同步生成，保证为法官无纸化办案提供完整准确的电子材料信息，实现了办公由纸质化向电子化的转变，推进电子卷宗深度应用驶入“快车道”，提高审判效率，节约司法资源，真正实现了“数据多跑路，百姓少跑腿；机器多干活，法官少受累”。

五　全程监控，信息留存

为加强对对外委托鉴定评估事项的管理，全面提升对外委托工作效率，“一体化平台”设立了全流程监控管理功能，从法官申请委托开始，直到整个委托流程结束，系统自动抓取节点信息实时监控，记录每一个流程环节，全流程进行展示，方便法官团队、诉讼服务部门工作人员、专业机构办理人及时查看，便于及时了解鉴定评估案件进展。

北京法院积极建设大数据平台，对平台中的所有账户实时记录操作流程，形成操作日志，构建底层大数据库，保留所有用户操作过的数据，以便日后查看，一旦出现问题，可以第一时间发现问题根源，追本溯源找到责任人；同时也为“一体化平台”同其他平台的数据交换和共享奠定基础。

六　重点事项，期限提醒

为有效解决专业机构办理时间长等突出问题，切实压缩整个鉴定评估周期，北京市高级人民法院根据调研情况，“一体化平台”专门将查体、勘验、听证和外调设置为重点事项进行专栏展示，凡是专业机构在办理鉴定评估过程中遇到的重点事项，均需要上传佐证材料或在平台系统中录入相关信息。“一体化平台”会实时给法官团队和诉讼服务部门工作人员进行展示，以便于及时了解重点事项进展。

根据《北京市高级人民法院关于对外委托鉴定评估工作的规定（试行）》的要求，法院办理委托、机构审查委托案件、机构办理委托案件、法官补充委托材料等工作均有明确的时间要求。为更精准地压缩和管控对外委托鉴定评估工作周期，“一体化平台”在每个环节均增加了时间到期提醒功能，及时提醒法官团队、诉讼服务部门工作人员、专业机构工作人员每个环节的剩余办理时限，从而不断提高工作效率。

自 2019 年 5 月 10 日“一体化平台”上线运行以来，全市法院通过线上办理委托案件 8182 件，机构出具报告 4636 件，线上传送电子材料 41 万余份。通过设置重点环节提醒、临近超期预警等多项措施，全市法院线上办理委托案件环节平均用时缩短至 5.2 天，各机构出具报告环节平均用时缩短至 21.1 天。依托该平台，全市法院一般简单鉴定评估案件平均鉴定评估周期有效控制在了 40 天以内，较之前缩短了约 60 天。

（北京市高级人民法院）

北京法院司法区块链建设成果

北京法院深入学习贯彻落实习近平新时代中国特色社会主义思想和习近平总书记关于区块链技术的一系列重要指示精神，认真落实中央推进区块链技术和最高人民法院、市委市政府相关工作要求，对标一流、靶向攻坚、持续用力，以最高标准、最严要求、最好效果，依托区块链技术，进一步加强网络空间治理，努力建设网络空间诚信生态体系，成效显著。

一　提高政治站位，深刻认识司法区块链的重要性

根据习近平总书记在主持中央政治局第十八次集体学习时强调的“区块链技术的集成应用在新的技术革新和产业变革中起着重要作用”的精神，按照市委要求，北京法院切实增强责任感、紧迫感，进一步提高政治站位，深刻认识区块链技术在司法工作中的重要性。

（一）从首善标准加强创新的高度认识

北京法院根据市委强调的，以习近平总书记的“要探索利用区块链数据共享模式，实现政务数据跨部门、跨区域共同维护和利用，促进业务协同办理，深化最多跑一次改革，为人民群众带来更好的政务服务体验”重要指示为根本，坚持首善标准，把区块链技术在北京法院司法实践中的应用，作为深入学习贯彻习近平新时代中国特色社会主义思想的具体行动。从审判、执行工作中的难点、痛点问题入手，加强区块链技术与司法融合应用方面的研究，使区块链技术在北京法院司法实践中真正落地生根。

（二）从把握新形势、新要求的高度认识

作为坚持以人民为中心的发展思想，切实增强人民群众的司法获得感、幸福感、安全感的重要一年，促进审判体系审判能力现代化的任务极其紧迫。北京法院从政治的高度、改革的深度以及法院长远发展的角度提升对区块链工作的认识，加强对区块链技术的深入理解，充分发挥区块链在促进数据共享、优化业务流程、提升协同效率等方面的作用，积极探索利用区块链数据共享模式，促进业务协同办理，全力以赴将这项工作推向深入，肩负起新时代法院应有的责任和担当。

（三）从服务网络空间治理的高度认识

北京法院充分认识区块链技术在推动首都网络空间治理中的重要作用，充分认识法

院在法治建设中承担的重大职责，认真履职尽责，切实担负起服务保障网络空间治理的政治责任，助力网络空间命运共同体建设迈出安全新步伐。

二　推进试点先行，互联网法院区块链运行效果初显

2018 年至今，北京互联网法院锐意进取、迎难而上，全面调研互联网审判模式的特点与需求，坚持中立、开放、安全、可控的建设理念，有效落实北京市高级人民法院对全面深化智慧法院建设的工作思路，并在探索区块链技术与司法融合应用方面成效显著，为全市法院区块链应用探索了一条可行之路。

（一）采用联盟链建设模式，实现中立开放

“天平链”坚持高标准、高起点，“以审判为中心、以预防为抓手”，通过区块链技术解决电子数据信息安全和联合验证、认证等问题，实现了电子数据的全流程记录、全链路可信、全节点见证。上链证据真实性高、不易被篡改，打通了全流程在线审判“梗阻”，缓解了电子证据的存证、取证、认证难题，将取证时间由过去几周甚至几个月缩短到一瞬间，为法官在线审判提供了有力支撑，为当事人降低了举证成本，创新了互联网审判模式，进一步推动了网络空间诚信生态体系建设。目前，“天平链”已有的生态包括版权、著作权、供应链金融、电子合同、第三方数据服务平台、互联网平台、银行、保险、互联网金融等。2018 年 12 月 22 日，工业和信息化部区块链技术与数据安全重点实验室在互联网法院设立区块链技术司法应用实验基地并进行揭牌。

（二）许可授权由法院控制，确保数据安全

北京互联网法院制定出台了《电子证据平台接入与管理规范》《电子证据平台接入与管理规范细则》《电子证据存证接入申请表》《电子证据存证接入接口说明》等系列规范性文件，从“天平链”接入方的资质要求、电子证据的存证规则、接入平台的管理机制、电子数据的使用方式等四个方面提出管理要求，并从实际操作角度详细规定接入方电子数据系统环境规范要求、证据平台的司法应用要求，方便申请方按要求有序接入，保证“天平链”上的数据安全和对当事人隐私的有效保护。2018 年 12 月 15 日，由工信部中国电子信息产业发展研究院发起设立的赛迪区块链研究院作为第三方测评机构，从数据操作、账户管理、共识机制、加密算法、智能合约、性能效率、节点管理、运维管理等方面对北京互联网法院“天平链”进行了测评。经过测评，“天平链”符合相关要求，获得许可链测评合格证书。

（三）与司法审判深度融合，突出应用优势

“天平链”在电子诉讼平台、法官办案系统的应用主要体现在电子证据存证、上链证据在线勘验两个方面。目前的应用优势为以下几点。一是验证程序上更高效。与传统的

取证程序相比，“天平链”存证相对更加简洁，对于区块链平台存证的安全性、可信度的审查前置，对于证据是否一致都可以通过后台的技术支持进行检验。二是专业化水平得到提升。证据一致性验证前置，电子诉讼平台会直接进行标记，实现技术与法律相分离。对于验证了技术标准的平台，呈现在法官面前的是一份已经经过校验的证据，当事人如果没有相反的证据，该证据的真实性就基本没有问题，法官可以将注意力集中于证据所体现的事实方面。三是使权利保护更易实现。采用区块链存证、取证的费用比传统的取证费用低。以版权侵权存证为例，公证处侵权行为证据保全费用在 1000 元左右，而“天平链”节点存证费用一般在 5 元左右，部分区块链节点可免费存证，且都可以自行操作完成。四是促进司法信任体系构建。在涉及区块链取证的案件中，当事人对于证据真实性的认可度更高，鉴定启动率大幅下降。当事人在整个诉讼过程中的表现更加诚信，易于开展调解工作，提高庭审效率，对提升审判效率和质量均有助推作用。

三　加强顶层设计，统筹规划北京法院区块链建设

北京市高级人民法院纵观全国，统筹全市，充分发挥规划控制和引领作用，立足法院实际业务，运用区块链技术，统筹编制北京法院区块链应用建设顶层设计规划，明确技术路径，构建标准体系，制订实施计划，并对应用系统开发上线和运行维护进行整体管理。

（一）统一原则，持续完善法院区块链总体架构

北京法院区块链应用建设遵循以下三个原则。一是“建链”自主可控。北京法院区块链建设由北京法院自有技术团队主导进行研发设计，并全面掌握相关核心技术，实现规划设计、研发升级、管理维护的全程可控。二是“接链”安全协同。构建协同单位间区块链安全接入体系，完善跨链互信机制，确保业务资源及协同办理信息的可信共享联动。三是“入链”规范可信。明确完备的外链接入技术安全标准及区块链运行管理规范，保障第三方联盟单位与北京法院进行安全可信的链上资源共享，面向社会公众为诉源治理提供有效技术支撑。

在此建设原则下，北京法院区块链建设主要包括建设自主可控、技术先进的北京法院区块链基础技术平台，以及结合北京法院实际业务需求和信息化建设现状构建区块链上层应用服务两部分。在北京法院区块链基础技术平台建设方面，主要包括用于解析固化诉讼办理及法院业务数据信息的诉讼业务链，以及获得准入许可、符合相关标准规范的第三方联盟单位接入链。为保障业务协同信息交换传递的安全、可靠、防止被篡改，响应最高人民法院对区块链上链信息统一管理的相关要求，北京法院区块链将与各业务协同委办局区块链、最高人民法院司法链实现跨链互信；在区块链上层应用服务建设方面，依托北京法院区块链基础技术平台，构建通用业务服务集约能力，面向北京法院现有法院专网及互联网域业务系统，提供区块链基础技术服务，进而推进各业务服务场景应用的逐步建设。

（二）加强调研，制定北京法院区块链建设目标

为推进区块链技术与北京法院工作的深度融合，扩展区块链在法院的应用场景，挖掘区块链技术在提高司法能力、提升司法效能、增强司法公信力、加强审判监督等方面的应用价值，充分做好顶层设计，有针对性地解决审判实践中的难点、痛点问题，北京法院特组织区块链建设专班，不定期开展“区块链司法应用系列专题研讨会”，找寻业务场景与区块链技术的有效结合点，全面梳理区块链在北京法院应用的实际需求，综合制定了北京法院区块链的建设目标。一是统筹北京法院“建链”，支撑司法业务资源转码“上链”，构建链上司法新阵地。北京市高级人民法院统筹规划北京法院区块链建设，推进区块链技术与司法业务的深度融合和创新应用，最终实现以电子卷宗为基础的诉讼业务相关数据全流程上链，从而促进电子卷宗为主、纸质卷宗为辅的审理方式有效落地，持续构建链上司法新阵地。二是带动协同单位“接链”，推进协同业务数据解析“存链”，拓展业务流转新机制。北京市高级人民法院积极带动各业务协同单位与北京法院区块链进行衔接，通过跨链互信保证业务办理数据及案件司法信息在共享互通中的真实有效，防止被篡改，进一步促进业务协同，提升办理效率，有效保证诉讼服务公信力，拓展业务流转新机制。三是助力联盟单位“入链”，引入合规外链信息拓展“扩链”。北京市高级人民法院持续引导第三方联盟单位接入业务数据，促进面向公共服务的电子数据司法业务联动，构建多层次诚信体系，借助信息上链推动构建网络监管新形态，打造诉源治理新格局。

（三）完善标准，深入加强全市区块链标准研究

为切实保障全市法院区块链安全、稳定运行，北京市高级人民法院切实加强对区块链安全风险的研究和分析，把依法治网落实到区块链管理中，加强对司法行业的电子数据及平台建设合规性管理，推广区块链技术在司法领域的有效应用，构建了北京法院区块链应用规范体系，制定了上链流程、数据接入、数据认证、电子合约、链上数据运转监管等相关规范，主要包括《北京法院区块链业务流程规范》《北京法院区块链建设技术规范》《北京法院区块链安全管理技术规范》《北京法院区块链运行管理规范》等。

四　拓宽业务场景，北京法院区块链应用成效显著

区块链技术作为一种去中心化、不可篡改、可追溯、多方共同维护的分布式数据库，基于规则，将各方数据进行共享、维护、监督，这种数据管理模式，为法院业务带来了革新的动力。但区块链技术是一种底层技术，需要通过构建上层应用来实际运用。长期以来，北京法院在试点基础上，不断拓宽区块链的应用场景，取得了不错的成果。

（一）互联网端应用场景

证据是诉讼的核心内容，证据的真实性来自源头的侦查取证，来自中途的存储及移交流转。区块链技术可以在对证据上链后担保其真实性,从而解决信息交互中的“信任”的问题。

一是联盟链互信，追溯电子证据来源。区块链存证担保电子证据的合法性、真实性。当事人通过第三方存证平台可以及时取证存证，电子诉讼平台与第三方存证平台基于区块链联盟建立互信，可实现对证据的溯源追踪，直接认定第三方存证证据的真实性、有效性。

二是覆盖全流程，监控追踪数据流转。区块链技术通过将一段时间内的数据集，按照一定的规则进行打包，形成“区块”，然后将目前的区块哈希值包含在下一区块中，从而使得相邻的区块首尾衔接，最终形成牵一发而动全身的“链”。当事人在网上立案提交材料，第一时间上链存证，在案件流转过程中可对证据材料实现追踪、监控、防止被篡改。

三是区块链存证，确保证据真实完整。各种数据不断增加，但是区块链上的数据被认为是“不可篡改”的，借助这个特性，可以实现对事物的“存在性证明”，也就是“存证”。当事人在互联网诉讼平台提交的执行线索信息及时上链存证，法官在业务系统中首次核实线索信息后，将相关信息上链存证，实现线索填报及核实的全流程上链存证。

（二）法院审判业务应用场景

与传统证据相比，电子证据具有易被篡改的特点，所以电子证据的真实性与证明力仍然是司法实践中的一大痛点问题。对法院业务而言，大量审理的案件对证据真实性的要求更为严格。而区块链技术的防篡改、去中心化、共识机制等特点，能够切实保证电子证据的真实性与可溯源性，从而让法院诉讼审理过程更加公开透明，进一步提高司法公信力。

一是数据共享，提供溯源跟踪。卷宗材料扫描后，第一时间上链存证，对后续电子卷宗归档、协同单位间数据共享提供溯源跟踪，提高数据共享的可信度。

二是文书上链，提供真伪溯源。法官制作文书签章后，自动上链存证并自动入卷，后续当事人签收送达文书时，可直接进行链上文书真伪验证。这也是在线诉讼案件全流程无纸化办案的数据溯源的基础。

三是链上追溯，助力案款执行。执行案款发还操作上链存证，在法官进行缴款和发还操作时，将关键业务信息及操作信息上链存证，为业务操作提供链上追溯。

（三）正在规划中的应用场景

区块链技术的集成应用在新的技术革命和产业革命中起着非常重要的作用，是法院自主创新的重要突破口。目前区块链技术飞速发展，北京法院运用区块链技术取得了不错成效，但是仍然存在广泛的应用空间。目前正在对法院业务中高风险、高可靠、高公信力的数据进行上链存证，主要包括两个方面。一是完善法官关键业务操作全流程上链存证。比如将案款诉讼费等高风险数据上链，及时将诉讼费交纳和诉讼费退还业务的信息和操作上链存证。二是加强协同。基于区块链跨链互信，将法院的案件信息及文书卷宗上链存证，法院与协同单位比如民政部门、公安机关、规自委等单位数据共享时，提高共享数据的公信力，协同单位对共享数据进行链上核验，确保数据的可靠性；同时协同单位与法院共享的数据，也要上链存证，法院应用数据时基于区块链跨链互信进行数据核验，以保证共享数据的可靠性。

北京法院将以区块链技术作为重要的突破口，加强数据共享，扎实推进首都智慧法院建设，促进司法为民、公正司法，创新探索区块链司法场景应用，大力提高诉讼服务信息化、智能化水平，全面推进一站式多元解纷机制和一站式诉讼服务中心建设，继续抓好电子卷宗随案同步生成和深度应用，加强司法审判大数据分析和应用，推进阳光执行体系建设，全面提升网络防护能力，强化安全管理和防护，确保网络和信息安全。

（北京市高级人民法院）

天津法院运用大数据　助力智慧送达新模式

为贯彻落实《最高人民法院关于建设一站式多元解纷机制　一站式诉讼服务中心的意见》，天津法院积极推行送达事务集约化改革，进一步提升各级法院送达工作效率，坚持以思想先行原则推动切实解决“送达难”问题。天津法院运用大数据等新兴技术，以数据共享、创新升级、安全可控为理念，在梳理已有方式的基础上，整合创建了全流程、一体化的集约化送达平台，合理划分社会化服务参与送达的职责范围，使法官从简单、繁杂的事务性工作中脱离出来，在缩短案件送达周期和送达全程留痕的基础上，对送达成功率进行了质的提升。

一　送达系统建设背景

“送达难”一直是法院审判工作中存在的突出问题。随着社会经济的发展和人民群众对司法需求的提高，法院案件量逐年递增，而送达作为案件审理过程中的重要程序事项，其占用的精力也日渐突出，致使“案多人少”的矛盾日益凸显。纵向来看，天津法院处于分散送达模式，存在送达标准不统一、送达事务发展不平衡、送达数据缺失等现象。送达问题已经成为制约审判公正与效率的瓶颈之一。

因此，天津市高级人民法院为实现对送达工作的规范化、高效化管理，将天津法院送达工作流程、服务标准、考核指标进行统一管理。

二　送达系统部署模式

为严格落实最高人民法院对统一送达工作部署要求，天津法院采用“集约管理＋协同运作”的工作模式，统一建设天津法院集约化送达平台，开展三级人民法院的审判辅助事务—送达专项工作，实现对天津法院法律文书送达的管理，以及对送达文书及任务的统一运维。

（一）统筹规划、统一部署

集约化送达平台是天津市高级人民法院根据辖区送达工作实际情况，合理整合现有送达模式，引入补全新型送达方式，统一开发并部署于天津法院内网，数据集中储存于天津市高级人民法院服务器，并统一进行系统运行维护的新平台。其既便于天津市高级人民法院全面了解天津法院送达工作开展情况，为继续改革优化天津法院送达工作提供决策依据，又能够保障数据安全，避免当事人相关信息泄露。

（二）协作开展，独立管控

集约化送达平台支持各级法院按照工作需求开设独立管理账号和使用账号，由各法院自行组织开展本院案件文书送达工作，天津法院协作形成送达网格，送达如遇当事人跨区，可通过系统直接将该案件委托至当事人所在地法院送达中心，运用打印文书、邮寄或者外出直接送达等方式。

（三）资源互通，数据共享

“大数据”时代，实现司法信息化数据共享，既能节约司法成本，又能巩固司法公信力。因此，集约化送达平台现已接通电信运营商数据，对数据资源进行整合，并将平台运作中沉淀的送达数据在天津法院内部共享。

（四）集中展示，自主选择

集约化送达平台将电话送达、电子送达、邮寄送达、直接送达、公告送达等送达方式进行模块化组合，集中于统一平台和页面，方便法官或审判辅助人员根据案件情况自主选择送达方式，随时掌握案件送达信息。

三　创新送达机制

为解决送达关键难点“找不到被告人”问题，天津法院在安全、合规的前提下，联合相关公司在集约化送达平台中推出高效覆盖三大电信运营商实名认证用户的工作模式，提供快速精准的当事人触达服务能力。

整合三大电信运营商的大数据资源，通过法院授权以及运营商确权的对应地址，构建法院和电信运营商之间的安全通信通道。通过前置审核过滤，许可发起请求，同时在电信运营商处集中审核，自动化处理找人，建立起虚拟电信通路。让法官和当事人通过电话或者短信模式与对方沟通，操作过程全程留痕录音。

同时结合服务交付网络，整合天津全域送达地址，建成覆盖全域的高效的委托送达网络，充分实现线上线下的集约化送达服务。

四　集约化送达平台成效显著

集约化送达平台已在天津市高级人民法院部署完毕，并正式于天津法院运转，效果显著。

（一）构建最优路径的送达一体化网络

集约化送达平台不仅集成各种送达方式和资源为一体，还可以使天津市高级人民法院诉讼服务中心从统筹规划的角度，形成全市“送达一盘棋”的管理思路和路径，实现三级人民法院的联动协调机制。同时，通过整合现有资源，减少重复建设。

（二）送达标准统一、送达流程规范

针对案件送达操作，天津法院确立了规范的送达业务流程体系及统一的送达标准。专业送达外包团队按照既定的规范送达案件，确保送达结果被法官确认无误，亦被上级法院认可。

（三）送达事务集约化促进提速增效

1. 电子送达应用率显著提升

电子送达作为最高效便捷的送达方式，是极易被法官接受，也是最受当事人认可的，而法院如何选择合法合规又操作简便的电子送达工具显得尤为重要。集约化送达平台建成后，天津法院电子送达应用率得到显著提升，有利于迅速、及时、便利地解决纠纷。

2. 送达周期有效缩短

由审判团队利用空余时间分散做送达，所花费的时间周期非常长。而由专业送达外包团队集中在平台上处理，业务流程已统一设定，耗时短，将送达周期缩短至平均 15 天。

3.“失联人”案件得到批量解决

最大限度让当事人知晓案情是法院应尽的职责。之前与当事人沟通渠道的缺失和沟通渠道的有限性，造成了大量案件使用公告送达的方式，案结事未了，容易引发当事人对司法公信力的质疑和不满。集约化送达平台统建完成后，针对失联当事人，平台可调用“修复”功能，查询当事人实名认证手机号码，这使得大批案件顺利实现送达。

（四）搭建天津送达数据库

结合天津法院送达中转平台收集的各院送达数据，形成天津法院送达数据库，包括涉诉自然人送达地址数据库、涉诉企业送达地址数据库、全市律师送达地址确认数据库等。

五　下一步工作

构建智能化、集约化送达平台并推行送达事务集约化改革，是天津市高级人民法院围绕“全业务网上办理、全流程依法公开和全方位智能服务”三个方面推进智慧法院建设的又一创新举措，也是对落实《最高人民法院关于建设一站式多元解纷机制一站式诉讼服务中心的意见》的有益探索。天津法院会以“不忘初心，牢记使命”为工作要求，继续解放思想，积极运用互联网思维模式，加快完善送达工作机制，在解决“送达难”的道路上不断创新探索。

（一）继续完善优化送达平台

建成天津法院集约化送达平台是推行送达事务集约化改革，破解“送达难”问题的第一步。只有推动包括法官在内的诉讼参与人积极接受与使用平台，才能充分发挥平台效用，这也是平台不断完善的必然要求。同时，针对平台运行过程中出现的新问题及天津法院的新需求进行主动改进，努力支撑案件文书送达工作。另外，鼓励各级法院在实际使用中收集相关建议与意见，积累使用经验，共同推进集约化送达平台优化完善。

（二）送达资源和数据的对接与共享

根据最高人民法院对统一建设诉讼服务中心工作的安排，天津法院集约化送达平台接口已正常开放，后续将与最高人民法院统一送达平台对接，完成天津法院送达数据上报工作。

在破解“送达难”问题过程中，其他部分省区市法院也开展了积极探索，进行了线上送达平台的建设。在下一步平台迭代更新中，一方面积极将平台建设、使用经验及面对的问题与困难提供给其他法院作为参考。另一方面努力协调各自平台并进行对接，做到更大范围内的数据共享，合力破解困扰法院的“送达难”问题。

（天津市高级人民法院）

上海法院民事、行政案件智能辅助办案系统

近年来，上海法院坚持“科技强院”方针，全力推进智慧法院建设，走出了一条具有上海法院特色的现代科技应用与司法实践紧密结合之路，智慧法院建设取得了显著成效。上海市高级人民法院着力探索将大数据、人工智能等现代科技融入民事、行政诉讼活动，研发了“上海民事、行政案件智能辅助办案系统”，着力解决民事、行政案件审判实践中存在的办案思路不统一、证据审查不全面、自由裁量权行使不规范、裁判结果偏离度过大等问题，规范法官自由裁量权行使，促进法律适用统一，减少司法任意性，大大提升了司法质量、司法效率和司法公信力。

一　建设背景

随着新一轮科技革命的兴起，以人工智能、大数据为代表的现代科技新技术与各领域的融合发展已成为不可阻挡的时代潮流。全球范围内，运用大数据、互联网、人工智能等现代科技推动经济发展、完善社会治理、提升政府服务和监管能力，已成为发展的大趋势。在全面依法治国、全面推进司法体制改革的大背景下，党的十八届五中全会提出实施网络强国战略，习近平总书记要求：“遵循司法规律，把深化司法体

制改革和现代科技应用结合起来，不断完善和发展中国特色社会主义司法制度。”2017年7月10日，在全国司法体制改革推进会上，上海市高级人民法院汇报了“推进以审判为中心的诉讼制度改革软件——上海刑事案件智能辅助办案系统”（以下简称“206工程”）的研发成果，得到了与会领导的强烈反响与一致好评。为深入贯彻落实习近平总书记的要求，全面推进智慧法院建设，上海市高级人民法院在总结借鉴“206工程”经验的基础上，将人工智能辅助办案系统拓展至民事、行政案件办理中，构建人力与科技深度融合的标准化、规范化、智能化的民商事、行政审判新模式。2017年10月25日，上海市委政法委批准上海市高级人民法院《关于研发“上海民商事、行政智能辅助办案系统”（一期）的工作方案》。按照工作方案要求，上海市高级人民法院在“206工程”办公室下设民商事、行政业务组、技术组、综合组、专家咨询组等，组建了研发队伍，确定了试点单位，从全市法院以及相关企业抽调专门力量，集中力量攻关，取得阶段性成效。

二　建设目标与任务

以“努力让人民群众在每一个司法案件中感受到公平正义”为总目标，以提高司法公信力为根本尺度，找准互联网、大数据、人工智能等现代科技和民事、行政案件审判实践的融合点，通过对海量司法数据和民事、行政办案要件的机器学习、深度挖掘，研发出符合民事、行政案件审判规律，契合一线审判需求，智能化程度高的民事、行政案件要素式审判系统，切实发挥其在辅助法官采信证据、认定事实、适用法律、公正裁判等方面的重要作用，有效解决民事、行政案件审判实践中存在的办案思路不统一、证据审查不全面、自由裁量权行使不规范、裁判结果偏离度过大等问题，全面打造民事、行政案件审判从立案到审结的全流程网上办案系统，提高司法能力和水平，增强人民群众对公平正义的获得感。

主要完成以下几项建设任务。

（一）建立完善民事、行政案件证据规则指引

证据是诉讼的灵魂，建立完善民事、行政案件证据规则指引是研发“要素式审判系统”的核心。依据民事诉讼法、行政诉讼法以及有关司法解释的规定，制定统一适用的证据规则指引，对案件当事人提出的诉讼主张所应当提供的证据、人民法院应当调查收集的证据种类、形式要件以及有关举证责任分配、举证认证规则等作出详细规定。

（二）建立完善民事、行政案件办案要件指引

建立完善民事、行政案件办案要件指引，是研发“要素式审判系统”的重点。结合不同办案阶段特点，立足上海司法实践，聚焦民事、行政领域常见多发、重要、新类型的案件，在证据规则指引下先选择六类八个案由构建办案要件指引，为办案人员提供统一规范、简明易行、数据化、清单式、全流程的办案指引。

建立完善民事案件办案要件指引。遵循诉讼要件审查—固定诉请与抗辩—明确请求权基础—确定争议焦点要件事实证明—要件事实认定—具体法律适用—裁判文书生成等民事案件审理步骤，研究建立民事案件办案要件指引，为法官统一办案思路、确定案件审理方向、规范案件审理流程、减少裁判结果偏离度提供办案指引。

建立完善行政案件办案要件指引。结合行政案件审判经验，从行政行为的执法目的、职权依据、认定事实、行政程序、法律适用等要件出发，研究制定行政案件办案要件指引，进一步明确行政案件审判要件，为法官统一办案思路、确定案件审理方向、规范案件审理流程、减少裁判结果偏离度提供办案指引。

（三）研发“要素式审判系统”

融合互联网、大数据、人工智能等现代科技手段，将民事、行政案件证据规则指引，民事、行政案件办案要件指引转化为数据模型，嵌入智能辅助办案系统，由其对证据的合法性、关联性等进行自动审查、提示、把关和监督，对办案要件审查是否完整、齐全进行指引、提示和监督，对整个诉讼流程实行全程可视、全程可控、全程留痕，有效统一民事、行政案件的审理思路，规范自由裁量权的行使、统一法律适用，提升司法质量、司法效率和司法公信力。

三　系统功能与创新

（一）系统功能

目前系统功能设计21项，已全部完成开发，主要包括电子卷宗智能编目、案件要素自动抽取、办案要件指引、智能辅助庭审、智能阅卷、证据审查判断指引、法条推送、裁判文书自动生成、案件受理标准审查、争议焦点预归纳、证据缺失性检验等。

（二）主要创新

电子卷宗智能编目功能。系统通过智能编目技术，实现自动、快速准确、详尽地标注电子卷宗目录和材料名称，形成结构化的卷宗目录，帮助立案法官快速完成卷宗整理归类。同时方便快速定位检索、可视化利用电子卷宗内容，为电子卷宗的深度应用奠定了坚实基础。

案件要素自动抽取功能。根据法官提炼出的各类案由重要信息点，系统后台内置抽取卷宗标签点的抽取规则，实现快速抽取案件的关键信息，帮助法官提高阅卷效率。

争议焦点预归纳功能。系统依据办案指引，采用人工智能手段，自动抽取并智能拆分诉状或其他材料中的诉讼请求和抗辩，通过语义比对技术与案由数据库中的诉讼请求和抗辩进行智能比对、转化，得出标准诉讼请求和抗辩。再通过大数据学习归纳，构建标准诉讼请求和抗辩之间的关系，辅助法官快速将诉讼请求和事实与理由中的抗辩部分预归纳为争议焦点。

智能辅助庭审功能。通过与庭审智能辅助系统的深度融合，实现庭审过程中的音字转换、语音呼出法条、语音唤醒证据，实现卷宗、要件、提纲的全量实时共享。庭审过程中，法官可以同步查看要件式庭审笔录、比对多份电子证据，实现无纸化质证，辅助法官提高庭审效率。

裁判文书自动生成功能。通过对卷宗材料及庭审笔录的要素抽取，实现裁判文书内容自动填充，方便法官审核文书内容，减少法官重复工作量，提升工作效率。

四　取得的主要成效

2017 年 10 月至 2020 年 1 月，研发团队完成了一个版本开发，并一直在进行功能迭代，取得 1 项计算机软件著作权，建立了 12 个大数据资源库，制定了涉及六大类八个案由的证据规则指引、办案要件指引，覆盖了民事、商事、海商、金融、知产、行政全领域，其中既有案件量较大的案由，如道路交通事故人身损害赔偿纠纷、信用卡纠纷，也有体现上海特色的案由，如融资租赁合同纠纷、信息网络传播权纠纷等。2019 年 1 月 1 日至 2020 年 1 月 15 日，首批八个案由中的道交、信用卡、政府信息公开三个案由已在上海法院全面推广使用，进入系统案件 18 万件，使用系统案件约 1.9 万件，占该类案件的 10.56%，股权转让等其他五个案由在上海部分法院试点应用。智能编目功能在上海三级人民法院均已上线应用，编目准确率为 78% 左右，共有 17015 个案件使用庭审提纲辅助生成功能，16935 个案件使用文书生成功能，共计生成文书 18714 份。

“上海法院民事、行政案件智能辅助办案系统”的应用，对于解决民事、行政案件审理过程中存在的证据审查不全面、适用法律不统一等问题，提升民事、行政案件审判质效具有重要作用，是法官离不开的智能办案助手。

（上海市高级人民法院）

浙江法院步入全流程智能送达 3.0 时代

为进一步缓解法院送达难问题，提高智能化服务水平，2019 年 5 月，浙江省高级人民法院开展法律文书送达智能化建设，变革传统送达方式，由 AI 法官助理“小智”全面取代法院工作人员开展送达工作，打造了全流程无人工干预的智能送达 3.0 时代。

浙江省高级人民法院与嘉兴市中级人民法院组成联合项目组，在前期台州电子送达 1.0 和湖州“e 键智能送达”2.0 的基础上，探索研发线上线下、内网外网、有线无线协调一致、互联互通的智能送达体系。同年 7 月，嘉兴桐乡法院率先进行试点，8 月试点范围推广至嘉兴全市法院。随后，浙江省高级人民法院组织召开“e 键智能送达”推广应用工作座谈会，进一步扩大试点、改进功能、制定规则，并在全省建立“e 键智能送达”网络，为智能送达全面铺开做好准备。今年 1 月初，“e 键智能送达”在全省上线应用，浙江法院全面步入智能送达 3.0 时代。

“e键智能送达”构建了全面的当事人送达地址库，可自动触发送达任务，并自动完成程序性文书生成、签章、送达、反馈结果等任务，实现整个送达过程的“无感启动、智送速达”。据统计，试点以来已累计线上发起送达18万余次，送达成功率达95%以上。有关经验做法得到浙江省委常委、政法委书记王昌荣，浙江省高级人民法院党组书记、院长李占国等领导同志的肯定，并在全国法院司法体制综合配套改革推进会上交流。

一　突出大数据集成，送达地址检索从“被动查找”向“主动推送”转变

送达地址不真实、不完整、不准确等问题，是送达工作面临的最大“拦路虎”。浙江省高级人民法院依托大数据技术支撑，充分发挥其海量数据规模、快速数据流转、精准数据提取等独特优势，构建起最为完整的送达地址库。一是对内囊括海量历史送达数据。平台深度嵌入审判执行信息系统，智能导入全省法院历史送达数据，为每一名当事人“量身定制”送达地址数据库，并实时更新数据库信息，有效解决因送达地址更迭频繁而产生的“找人难”问题。二是对外连接各大平台数据。与掌握大量数据信息的部门、机构密切协作，无缝对接平台，突破“信息壁垒”，目前已对接公安户籍及交警相关信息、电商平台活跃地址、工商行政管理部门登记信息、三大电信运营商登记信息、律所及银行保险行业预先登记信息、诉讼服务平台验证信息等平台，确保地址检索全覆盖、无死角。三是智能推送送达地址信息。为提高送达精准度，采用送达地址确认前移的管理模式，立案后平台自动从送达地址库中抓取受送达人地址信息，按照优先级顺序，先向受送达人活跃手机号发送地址确认信息、规范告知权利义务，得到确认回复后，自动存入送达地址库。在发起送达任务时，有效避免重复发起、无效发起，并根据法律规定合理设计确认地址的送达效力智能判断规则，显著提升了送达准确性和合理性。

二　突出全流程自动，送达任务推进从“人工介入”向“自动触发”转变

传统送达模式需办案人员、辅助人员全程参与，遇邮寄送达、公告送达等情形时，所需送达周期短则数天、数周，长则耗费数月，不仅成本高昂，更会影响整个诉讼流程。“e键智能送达”将送达任务交由AI法官助理“小智”，实现送达全流程“机器换人”，减负增效效果明显。一是精准识别送达任务。在案件周期的每一个送达节点，自动发起送达任务，并实现“三个精准”。首先，精准识别当事人诉讼代理情况，对有代理人的当事人，仅向其代理人发起文书送达，符合业务逻辑。其次，精准识别是否为智能送达反向清单，对于保全案件和不予受理案件，业务系统识别后，过滤此类案件的推送，尤其对于保全案件，避免产生因文书送达不当，当事人转移财产的司法责任问题。最后精准识别节点文书，根据节点文书图，对每一个案件节点，提取相应文书，并整合打包，避免因多次任务打扰当事人，增加不必要的司法成本。“e键智能送达”上线后，线上送达成功的电

子文书送达时效由原来的3~10天变为瞬时可达，直接带动了审判执行各环节的提速增效。二是智能选择送达方式。按照流程设计，平台自动检索受送达人属性并智能选择送达方式，真正做到“送无虚发”。对本案已确认地址的受送达人，直接向确认地址发起送达。对标记规避情形的受送达人，按照法律效力级别向推定地址发起送达。一般受送达人，则按可获取到送达地址的活跃度发起送达。根据送达地址库信息，选择线上送达或线下送达路径。三是智能判断送达结果。完善“送达—反馈”逻辑回路，严格按照法律规定，对确认地址、规避情形设置特别效力判断规则，由平台自动验证各流程的送达反馈信息。判断送达成功则将送达回证反馈至法官办案系统，判断送达失败则进入下一流程，直至最终进入公告送达。同时，为防范当事人逃避送达、恶意拒收，运用“闪信”技术强制被告人反馈，送达成功率从传统线下模式的不足50%提升至95%以上。

三　突出多平台互联，送达工作模式由“单线推进”向“多管齐下”转变

推进“e键智能送达”平台与邮政平台、公告平台、律师平台及当事人终端等多平台互联互动，构建线上与线下立体融合、送达端与接收端有序互动的工作模式，促进智能送达工作持续良性运行。

一是联通邮政、公告平台，发挥线下兜底作用。与邮政、公告平台紧密衔接，当线上送达穷尽后，先自动推送至邮政平台，由邮政全程进行线下送达，并按照平台预设的反馈信息规则进行邮寄结果反馈。浙江省高级人民法院与省邮政达成战略合作协议，将留置送达权限授予邮政人员，采取“特投”服务，更有效提升送达效果，上门送达人员可通过移动终端反馈送达现场照片、定位等信息，并按“本人签收、亲属代收、现场留置、退回”等信息项规范反馈结果，相应的电子材料，反馈至智能送达平台后同步推送至法院案件管理系统，法院干警足不出户即可掌握送达一手信息，并可直接将电子材料整理入卷。并且，通过构建全省“e键智能送达”网络，进一步优化处理流程、简化运输环节，实现跨区域电子数据传输，异地打印并妥善送达，使“法院专递”邮件的生成、处理与配送衔接更为紧密、快捷、安全，极大程度提升法院整体送达效率。此外，在邮政反馈三次投递未成功后，平台将生成公告送达内容，由工作人员审核无误后，向浙江法院网、“浙江公告”微信公众号推送网络公告。

二是联通“律师镖局”，提高律师参与度。将智能送达平台与律师办案系统“律师镖局”直接对接，自动将电子诉讼文书推送至“律师镖局”，律师可阅读、下载，相关接收信息将自动生成并反馈至法院办案系统。同时，律师可依托平台进行网上立案、远程阅卷等操作，极大便利了执业活动。该举措得到律师群体的广泛好评。

三是对接司法区块链，为智能送达规范性背书。与传统模式不同，智能送达模式对当事人地址的获取更加主动，需要对当事人通过各种途径提供送达地址行为进行认证固定。在对不同属性当事人进行区别管理的精细化运作模式下，预防送达流程中法院工作人员的不当干预，也是保障当事人诉讼权利的必然需求。并且，邮政等社会服务的加入，

更需要通过对过程性行为的记录，确保法律文书传输过程的安全性。通过区块链技术的分布式存储、不可被篡改的高可信度，对当事人行为和送达全流程上链存证，为智能送达背书，既倡导诚实守信的诉讼风气，也能有效预防司法责任。

“e键智能送达”是浙江法院推进人工智能与司法审判深度融合的重大创新成果。“e键智能送达”的全省应用，标志着全流程无法院人工干预的新型送达模式由“盆景”变为“风景”。浙江法院将努力创造具有时代特色、引领潮流的司法运行新机制，让人民群众共享智慧法院建设带来的更多获得感。

（浙江省高级人民法院）

江西法院开创以“审送分离”集约送达工作新模式

解决人民法院“送达难”问题关乎司法公正的体现，是司法改革的重要一步。送达旨在告知当事人或其他诉讼参与人诉讼权利、义务和预设的法律后果，在文书送达后，产生相应的法律效力。送达贯穿立案、审判、执行、结案全过程，送达活动是否顺畅影响着诉讼程序的进行，决定诉讼效率的高低，必然也将影响司法的公正。现实中，以切实提高送达实效为目标，以技术创新引领业务创新，探索解决“送达难”问题的新路径。

一　背景分析

（一）司法送达问题分析

1. 文书送达量大

法院送达工作量连年剧增，压力大。一方面，随着社会的快速发展，法院的案件受理数量快速增长。历年来，江西法院新收案件数量急剧增长：2015年新收361990件、2016年新收395613件、2017年新收460153件、2018年新收581850件、2019年新收668488件。另一方面，单个案件的平均送达次数多，且贯穿于整个诉讼程序。一个民事案件至少需要分别向原、被告进行三次送达：诉前起诉状副本、举证通知书与答辩状副本送达；诉中开庭通知、合议庭成员信息等送达；判决后裁判文书送达。

2. 送达成本高

传统送达方式的成本居高不下的原因有以下几个方面。一是人力成本高。法官、助理、书记员等直接负责案件的送达，电话通知、直接上门、邮寄办理、公告流程等事务性工作消耗了专业审判资源。二是经济成本高。传统送达模式中，邮寄费用、直接送达派车派人的必要支出以及兜底的公告送达的费用，经济成本不菲。随着案件数量的连年快速增长，法院的送达经济成本也剧增。三是时间成本高。法院派车派人的直接送达耗时耗力。邮寄送达过程不由法院控制，邮寄回单不及时反馈；公告送达等待排版、排期等环节冗长，消耗时间更长。委托送达和转交送达期间复杂的手续办理，同样拉高了时间成本。

3. 送达难度大

法律规定的几种现有送达方式中除公告送达外，送达成功的前提是法院提前知悉受送达人信息，包括地址、联系方式等。但是随着社会的发展和案件复杂程度的加大，案件审理中遇到的问题是受送达人信息不明，这导致法院无法进行有效送达。

（二）不同视角下的送达信息化需求分析

送达是连接法院及当事人的重要桥梁之一，也是当事人行使其诉讼权利的基本保障。送达的信息化建设，是为了更好地促进送达规定完善，提升送达效率，保证送达效果，并减轻当事人诉累。因此，送达信息化必须符合当事人及法官乃至法院管理的实际需求。

1. 当事人视角下的送达信息化

传统送达方式下，案件当事人的困扰主要在于每次电话通知均需要其前往法院领取诉讼文书，邮寄送达也可能存在收件不在场问题。因此，在当事人视角下，送达的信息化应当满足的需求是送达的简单性和便捷性。从这一角度出发，电子送达符合当事人的需求，应当积极推广并应用。但是另一方面，由于电子送达的特殊性，其安全性也应得到保障，如通过微信或信息网络等其他媒介平台进行电子送达，则应核实当事人基本信息，如身份证号码等，以确保其为本人签收。

2. 法官视角下的送达信息化

通过送达信息化减轻工作压力，并提升送达效果，是法官的主要期待。为了满足法官的需求，送达系统应当操作简便、录入内容少，并对送达效果及时进行跟踪记录。针对以上需求，应通过以下几个方面来解决。

（1）将送达系统与网上办案系统相连接，自动提取相关案件基本信息，将大幅减少法官的录入工作内容，避免重复劳动。

（2）操作智能化，对于送达方式的选择以及不同送达方式之间的转换能简便操作且全程留痕。

（3）对于送达结果，尤其是邮寄送达的送达回证信息能及时反馈。

3. 法院管理者视角下的送达信息化

随着司法改革的不断深入，送达等相关辅助性事务将逐步从审判事务中剥离出来，转为由法官助理负责。作为法院管理者，所需要的是对送达工作的统筹管理，通过送达信息化建设，实现对个案送达工作和整体送达工作的系统化管理，增强送达工作效率，同时也能对送达整体情况进行数据分析，提升案件审判质效。

二　建设思路

（一）建设原则

1. 集约化原则

突破送达工作分散的传统模式，通过对送达工作全流程的改造实现送达工作的集约。

一是打造统一送达平台，实现对送达工作全流程、全部送达方式、所有送达材料的全覆盖；二是再造送达工作集约模式，实现送达工作的归口，统一管理运作、统一规范标准。

2. 审送分离原则

通过流程再造和技术创新，将送达事务性工作从审判日常工作中剥离。办案流程中审判人员需要关注的将仅仅是送达工作发起指令和送达结果接收判断，其他送达事务性工作从审判流程中被完全剥离，由专门的事务性工作人员通过送达平台运作。

3. 智能化原则

新送达模式充分利用信息化、智能化手段，对传统送达方式进行升级改造，提高送达工作的信息化运用水平。打造运用全新的电子送达方式，形成完善的电子送达体系；提升邮寄送达的信息化水平，将物流、投递信息与送达信息进行全面交互利用，提升邮寄送达质效；改造公告送达，探索网络公告送达方式，利用权威网站或政府机关官网实现网络公告；对送达工作进行全面网上操作，实现对送达数据的全面统计分析。

4. 社会化原则

新送达模式的应用方面，探索送达事务的社会化服务运行方式。通过审送分离和送达集约，将送达工作从审判工作中实现分离，为送达工作的社会化服务提供良好的条件。新送达模式从平台设计建设到流程梳理再造，都充分考虑社会化送达服务的原则。

（二）建设目标

1. 构建送达方式全覆盖、送达过程全留痕、送达服务多样化的一体化送达服务平台

通过送达集约一体化平台建设，对全省法院送达业务的流程重塑和业务集约归口，实现送达集约一体化服务管理。一是将电子送达、邮寄送达、委托送达、电话通知领取、外出上门直接送达、留置送达、公告送达等所有送达方式纳入平台，实现送达方式全覆盖，并对所有送达方式进行集中化流程管理；二是对每一个送达任务流程进行记录，实现送达全过程的数据化、可视化，从送达的发起、送达方式选择转换、送达具体过程及反馈信息到送达结果综合分析报告，全过程留痕；三是为当事人或代理人提供立体多样、便捷高效的送达服务，充分利用互联网尤其是移动互联网的普及和便捷特性，引入“互联网+”理念，将诉讼服务平台、微法院、自助终端、24小时法院等平台与语音热线、短信、电子邮件、网站、微信、手机App等渠道设计结合，提供全方位、全时段的集多种方式为一体的便捷化、多样化送达服务。

2. 以集约化的思路在全省推进送达一体化平台应用

结合江西法院实际，在集约送达工作应用推进分以下两个阶段进行。

第一阶段，以院为单位的送达集约（按院分散集约）。通过送达平台的推广应用，构建“审送分离”业务新模式，实现送达工作业务模式的变革。

第二阶段，全省法院统一的送达集约（全省统一集约）。进一步拓展集约深度，建设全省法院“集约送达中心”，实现全省法院送达工作的统一集约。

三　集成实施

（一）第一阶段：平台研发

南昌市高新区法院自主开发了送达业务流程管理系统，于 2015 年 12 月 21 日正式上线司法送达服务平台 1.0 版。2016 年 8 月到 2017 年初，江西省高级人民法院在 1.0 版基础上完成了对司法送达服务平台的再造。

（二）第二阶段：按院集约模式推广

江西省高级人民法院以实际工作中存在的大量辅助性事务困扰办案法官工作为突破口,确定以诉讼材料“收转发 e 中心”为品牌的送达推广模式。“收转发 e 中心”中的“发”就是司法送达服务平台代表的“送达”。2017 年 10 月 23 日,全省三级人民法院全部完成“收转发 e 中心”的上线应用,作为其中“发”的部分,以院为单位的送达集约模式初步形成。

（三）第三阶段：全省统一集约模式推广

2018 年底，江西省高级人民法院对此前一年送达集约的情况进行全面总结梳理，认为拓展集约深度的时机和条件已经成熟，启动“全省法院集约送达中心”的建设。2019 年 3 月 25 日，江西法院“集约送达中心”上线应用，开创了送达工作全省集约的新模式。“集约送达中心”逐步对各种送达方式进行全省集约，初步实现的业务为电子送达统一集约。当天，南昌、九江两地市所有法院电子送达接入“集约送达中心”。2019 年 7 月 26 日，全省 118 家法院全部实现电子送达的业务割接，江西法院电子送达统一集约完成。

四　应用成效

（一）按院分散集约应用成效

据系统后台统计，截至 2018 年 11 月 30 日，江西法院“收转发 e 中心”累计送达 1406893 人次、送达案件 399628 件，全省法院送达工作都实现了送达工作的院内完全集约，送达事务与审判工作切实分离，按院分散集约阶段目标达成。

送达集约化有力促进了送达工作进一步规范，提高了送达事务效率，在解决数量急剧增长的繁重送达工作的同时，实现了送达成本的大幅降低。以江西省上饶市玉山县法院为例：2016 年上半年玉山县法院民事案件共结案 343 件，共实施送达 1482 次，采用传统送达模式；2018 年上半年，玉山县法院民事案件共结案 2132 件，共实施送达 9968 次，应用“收转发 e 中心”落实按院分散集约模式。新模式下，该基层法院在送达任务急剧增长的情况下送达成本大幅下降，具体数据如表 5-1 所示。

表 5-1 “收转发 e 中心”送达模式对送达成本的改善

项目	经济成本（元）		时间成本（天）	
	任务平均	案件平均	任务平均	案件平均
2016 年上半年	39.47	170.55	14.09	60.89
2018 年上半年	14.56	68.07	6.40	29.92
成本降低比率	63.11%	60.09%	54.58%	50.86%

（二）全省统一集约应用成效

截至 2020 年 3 月 25 日，“集约送达中心”实施的全省统一电子送达任务数累计 398148 人次、送达文书 1078178 份；送达任务成功率 80.52%，在全部送达方式中的成功占比为 48.48%，与全省集约前比较，成功率和成功占比分别上升 4.02% 和 17.27%；电子送达成功平均耗时 13.54 小时，较全省集约前缩短 2.36 小时；送达失败处理平均耗时 19.14 小时，较全省集约前缩短 53.73 小时。与此同时，全省集约后电子送达人员投入大大减少，由原来分散全省各地法院的 253 人减少为“集约中心”统一管理的 45 人。

五　推广意义

（一）全国首创“审送分离”送达模式

送达事务性工作挤占消耗了大量的专业审判资源，极大地影响审判质效进一步提升。江西法院通过摸索，在不断试点、总结、改进中，确立了送达事务性工作与审判核心工作必须分离、为法官减轻送达事务工作负担这一重要原则。将送达事务工作从法官手上剥离出来，进行集约化、社会化归口管理运作。2017 年，全省法院送达集约化工作全面应用中彻底落实，全国首创“审送分离”送达工作模式。“审送分离”送达模式释放了传统送达工作消耗的专业审判资源，让审判人员集中精力于办案核心工作，促进了审判质效的提升。

（二）电子送达优先化，应用成效显著

可充分利用电子送达便捷、高效、低成本等优势，是送达工作发展的一大趋势。江西法院在送达集约化工作推进中，向全省法院发文明确了电子送达优先原则。一方面，电子送达方式极大地降低送达成本，节省大量打印、设备、派车、人员往返消耗；另一方面，电子送达快速高效，文书在途时间基本可以忽略不计，文书发送和签收快速简便。另外，电子送达方便了当事人，为当事人了解送达详情、接收送达文书提供了便捷服务。在江西法院实际中，电子送达已经超过邮寄送达，成为实际使用率、实际签收占比最高的送达方式。

（三）公告送达网络化，大幅提升审判质效

传统公告送达一般依托纸质媒体进行，存在经济成本高、排期等待时间长等不足。按照最新《最高人民法院关于适用〈中华人民共和国民事诉讼法〉的解释》第一百三十八条规定："公告送达的公告载体可以拓展至网络媒体"，因此，江西法院对公告送达进行了大胆创新，将传统纸质公告改进为网络公告，把"江西法院审判综合服务平台"作为网络公告媒体。一方面，公告网络化充分利用线上流程一体化优势，将公告申请、公告文书制作、任务提交流转、任务审核发布、公告期满自动提醒等业务环节贯穿打通，极大提高了工作效率；另一方面，网络公告送达成本基本为零，为当事人节省了诉讼成本。另外，公告送达实现平台统一管理，有效促进了公告送达的规范，降低滥用风险。

（四）全国首创全省送达集约模式

江西法院是全国首个法院送达工作全省统一集约的省，有力促进了送达工作的规范性和整体质效。通过送达集约一体化平台，将全省法院送达工作全部纳入统一运行管理，全部送达方式、全部送达流程线上办理留痕，并通过应用情况统计分析进行可视化展示，极大促进了江西法院送达工作的规范。通过全省统一集约模式的全面落实，可以在全省范围内进行送达资源合理优化，针对不同地区特点进行针对性送达策略调整，同时利用江西省高级人民法院整合的优势送达资源建立全省法院集约送达中心，为基础法院提供送达支撑服务，减轻基础负担。

（江西省高级人民法院）

最高人民法院智慧法院（广东）实验室
——科技创新引领智慧法院发展

2019 年 9 月，最高人民法院智慧法院（广东）实验室在广东省高级人民法院揭牌投入运行，这是贯彻落实最高人民法院提出的"加强关键技术研究和应用，努力攻克以智慧法院人工智能技术为标志的一批关键技术"要求的重要举措，是促进科技创新驱动广东智慧法院发展，推动智能化诉讼服务和审判辅助服务，为司法为民、公正司法提供有力科技支撑的具体实践。

一　建设背景

习近平总书记指出"没有信息化就没有现代化"。为贯彻落实"五位一体"总体布局、"四个全面"战略布局和"创新、协调、绿色、开放、共享"五大发展理念，中共中央办公厅、国务院陆续出台《国家信息化发展战略纲要》和《"十三五"国家信息化规划》

等重要文件，大力增强信息化发展能力，着力补齐核心技术短板，提升应用水平，推进网络强国建设，促进国家治理体系和治理能力现代化。

最高人民法院为贯彻落实国家创新驱动发展战略，根据上述文件，提出加快建设智慧法院的意见，要求坚持创新驱动、安全发展，加强前沿技术和关键技术研究，紧密结合审判执行工作实际，推进技术转移和转化应用。周强院长在最高人民法院网络安全和信息化领导小组 2018 年第二次全体会议上提出，“要加强关键技术研究和应用，努力攻克以智慧法院人工智能技术为标志的一批关键技术”。为落实这一指示精神，最高人民法院决定由广东省高级人民法院筹建最高人民法院智慧法院（广东）实验室。

广东省高级人民法院积极响应最高人民法院的部署，紧紧抓住创新发展的机遇，努力发挥区域创新能力和资源优势，建设最高人民法院智慧法院（广东）实验室。建立人民法院信息技术开发试验平台，为开展智慧法院核心技术预先研究、关键技术试验攻关提供支撑；打造能够真正发挥技术引领作用、带动人民法院信息化创新发展的科研及应用实体。

二　建设过程

2018 年 11 月 20 日，最高人民法院下达最高人民法院智慧法院（广东）实验室建设任务后，广东省高级人民法院全力推进项目建设。2018 年 12 月 30 日前完成项目立项工作；2019 年 1 月 30 日前完成项目构思，确定实验室的功能定位和物理环境功能分区；2019 年 3 月 20 日前完成项目设计；2019 年 6 月 30 日项目竣工。具体建设阶段如下。

（一）立项阶段

一是编制项目建议书。确定最高人民法院智慧法院（广东）实验室项目建议书编制单位，启动项目建议书编制，为立项和预算申报做好准备。二是院党组审议。院党组会议经研究同意建设最高人民法院智慧法院（广东）实验室项目。三是申报预算。提交项目建议书、可行性报告、预算申请表等材料，申报立项并申请项目预算。

（二）构思阶段

一是明确智慧法院实验室建设要求。组织有关人员到最高人民法院信息中心，了解学习最高人民法院智慧法院实验室建设要求和经验，并请示广东实验室如何开展建设。二是交流实验室建设经验。组织有关人员到省科技厅了解学习实验室建设经验，并商请省科技厅给予指导和支持。三是参观省内重点实验室。主管院领导带领有关同志参观广东工业大学物联网实验室和中山大学大数据分析实验室，了解实验室建设与运作。四是明确实验室功能定位。通过考察和谋划，确定最高人民法院智慧法院（广东）实验室功能定位以及实验室物理环境分区。五是储备研究课题。组织 10 家信息技术先进企业举行论坛，研讨智慧法院建设创新研究课题，为实验室创新研究做好准备。

（三）设计阶段

一是确定项目设计单位。正式启动设计工作。

二是设计平面图。设计单位制作平面图，经讨论完善后确定（见图 5-1）。

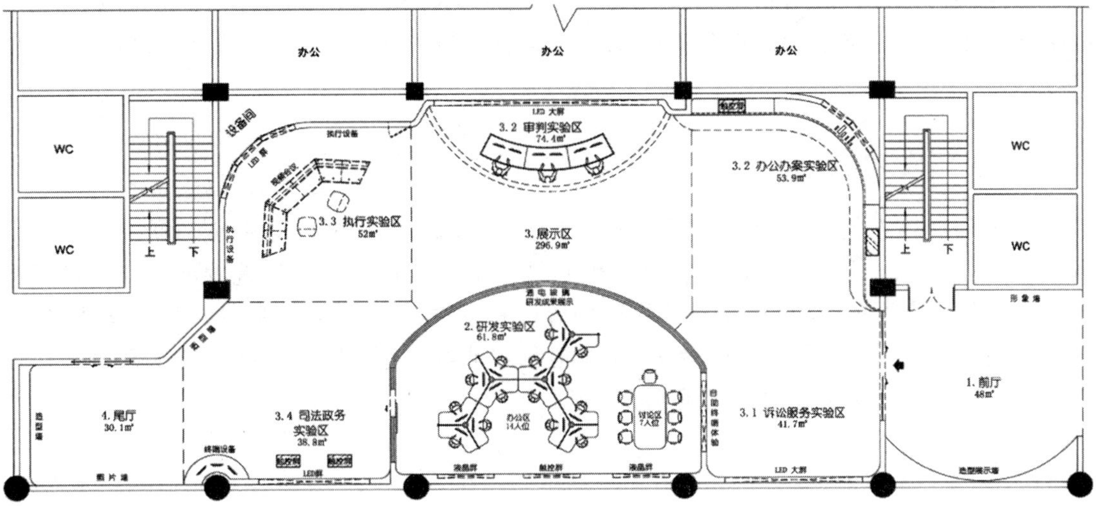

图 5-1 平面布局

三是设计效果图。设计单位根据平面图，制作整体效果图，经讨论完善报院领导和最高人民法院信息中心审定。

四是方案编制。设计单位根据效果图编制设计方案，经集体讨论和修改完善，邀请专家对实验室设计方案进行评审，通过专家评审后，编制招标需求。

（四）实施阶段

一是项目采购。开展项目公开招标，确定中标单位并签订建设合同。二是场地装修。进行原场地设施拆除作业，实施装饰工程、布线工程、支架等配件安装。三是设备安装部署。完成 LED 主屏体、投影机、音响设备、网络设备、一体机等智能化设备安装以及后台支撑资源部署。四是项目验收。邀请专家对项目进行初步验收，试运行期结束后进行竣工验收。

三 功能定位

建成的最高人民法院智慧法院（广东）实验室占地面积 438.5 平方米，分为八个区域，即前厅、诉讼服务实验区、办公办案实验区、审判实验区、执行实验区、司法政务实验区、研发实验区、尾厅，为诉讼服务、审判、执行、司法管理等相关信息系统提供研发、实验场所。广东法院专有云为实验室提供后台资源支撑，支持能力达到 3000 台虚拟主机、

5PB 数据存储空间。实验室搭建全业务的系统测试和体验环境，为新系统上线提供验证能力；配置多类型显示系统、扩声系统、中控系统、统一管理平台、安防门禁系统等设施，建设高速网络，连接法院专网、移动专网、互联网，覆盖 5G 无线信号，为开展司法领域应用基础研究和创新技术研究提供支撑环境。

根据最高人民法院对智慧法院实验室的功能要求，结合广东智慧法院创新研究的实际需求，最高人民法院智慧法院（广东）实验室具备“研发、测试、展示和培训”四项功能。

（一）研发功能

一是开展技术创新类课题研究，积极申报国家和省级科研计划的创新研究项目，争取科研经费支持，形成基础性、关键性创新技术成果，促进智慧法院发展；二是试点最高人民法院研究课题和项目，推动成果应用验证和落地，为在全国法院应用推广积累经验；三是针对智慧法院建设过程中业务应用的痛点和难点，充分融合业务和技术开展项目攻关研发，实现技术突破，提升应用成效。

（二）测试功能

建立应用系统测试环境和标准接口服务环境，满足系统在功能、性能、安全等方面的测试需求，为系统上线前的充分验证提供环境支撑。

（三）展示功能

作为广东法院在智慧服务、智慧审判、智慧执行、智慧管理等方面建设成果的展示载体，实现各类业务系统的融合对接调度，支持业务系统应用情况的实时演示。

（四）培训功能

建立智慧法院实验室学术委员会，搭建课题研究平台，聚集司法领域业务与技术跨界融合的优秀创新型人才。利用技术应用实验环境，开展专题培训，培养满足智慧法院建设需要的复合型人才。

四　研究课题

目前最高人民法院智慧法院（广东）实验室已经开展了“大数据、区块链、人工智能在司法审判领域的融合应用问题研究”“智慧司法协同全链条技术解决方案设计、综合服务平台构建及综合应用示范”“以审判为中心的刑事案件司法证据智能指引技术研究及平台研发”等课题的成果转化工作。

（一）大数据、区块链、人工智能在司法审判领域的融合应用问题研究成果转化

广东省高级人民法院与腾讯公司、北京大学法学院联合申报并中标2019年度司法研究重大课题“大数据、区块链、人工智能在司法审判领域的融合应用问题研究”。经联合课题组深入讨论，首先以区块链为重点进行成果转化。主要思路是：在最高人民法院智慧法院（广东）实验室建立测试环境，将腾讯的区块链电子存证公共平台“至信链”与广东移动微法院进行对接，建立“电子数据到电子证据”的可信证据通道，实现在审判中电子证据的一键提交、一键校验、一键调用，降低当事人的举证成本，提高电子证据的采信率，提升法院的审判效率，并助力构建诚信社会。

（二）智慧司法协同全链条技术解决方案设计、综合服务平台构建及综合应用示范成果转化

该课题是国家重点研发计划项目“智慧司法典型应用协同示范及综合评价项目”的课题之一，主要研究构建智慧司法协同综合服务综合平台，为司法协同应用集成、开发和运行提供通用支撑；同时，搭建协同集成验证环境，对综合服务平台及各协同技术研究成果进行集成验证和示范。最高人民法院智慧法院（广东）实验室构建集成环境，验证研究成果在广东司法协同业务中的可行性，并进行产学研成果转化和示范。

（三）以审判为中心的刑事案件司法证据智能指引技术研究及平台研发成果转化

该课题主要研究通过数据挖掘和智能分析技术，从海量司法数据中提炼出证据标准指引规则，通过开展刑事案件的证据指引标准、证据合法性审查、证据链构建及证据内容的逻辑分析判断等研究，实现以审判为中心的刑事案件司法证据智能指引。该技术有利于统一司法机关的证据标准，规范执法办案程序，减少司法任意性；提高办案质量和效率，减轻办案人员的工作负担；有效防范冤假错案，推进以审判为中心的刑事诉讼制度改革。最高人民法院智慧法院（广东）实验室依托支撑环境，对成果进行集成验证，推动成果进行实际应用示范。

最高人民法院智慧法院（广东）实验室作为全国法院推进智能化应用的试验田和孵化器，将持续深化大数据、区块链、云计算、人工智能等新技术在审判实践中的广泛运用，为新时代审判体系和审判能力现代化注入新动力，不断满足信息化条件下的司法需求，让人民群众有更多的获得感。

（广东省高级人民法院）

重庆法院“数智说”平台深度发掘司法大数据价值

发掘司法大数据的价值，服务经济社会发展大局，是智慧法院建设的一个重要方向。重庆法院在数据智能和数据治理方面开展积极探索，引入人工智能技术，全力打造“数智说”平台，运用电子卷宗和裁判文书智能标注工具，提取非结构化信息，实现数据深度挖掘。通过“数智说”平台建设，深挖司法大数据价值，全方位推进数据治理。

一 “数智说”平台建设背景

司法大数据能够反映经济、政治、社会稳定等方面的因素，在数据治理和社会治理中具有举足轻重的作用。司法大数据既与其他行业及政法各家有关联，也有自身独特性。首先，司法大数据更全面。相比公安机关、检察机关等而言，人民法院还有民事、行政、执行和信访等数据，数据量更大，涉及的方面更全。其次，司法大数据具有权威性。人民法院作为司法的最后一道关口、最后一道防线，其数据权威性远比日常经济社会中产生的数据权威性更高。

随着大数据日益转化成为国家基础性战略资源，拥有司法数据的规模及分析、解释、运用这些数据的能力，也必将成为人民法院综合能力的重要组成部分。司法大数据不仅可以为公正司法服务，还可以为国家治理现代化提供基础数据和决策支撑，为党和政府服务、为社会服务、为人民群众服务。司法大数据在很多方面对很多群体都有巨大价值，发掘司法大数据的价值，服务经济社会发展大局，变得越来越紧迫。

二 “数智说”平台的创新路径

（一）以新技术实践提升数据采集分析效率

“数智说”平台采用了当前主流的Hadoop架构。在数据采集方面，结构化数据在案件管理系统、政务管理系统等产生的日志中被抓取，并将日志保存到消息集群中，通过Spark Streaming解析消息后存入HBase，由Hive数据仓库进行处理。非结构化数据则是通过NLP语义分析采集起诉书、裁判文书等材料，获取需要分析的非关系型字段信息，将其提取到对应的信息固化到数据库中。在数据处理方面，建立业务原表，实时同步对应数据，通过Hive与HBase的映射，将对应的HBase数据切片到Hive的数据仓库中，最后通过springsql针对不同的报告期进行计算后将结果固化到数据库中。在结果展示方面，“数智说”平台采用动态图表形式生成分析报告，通过ECharts渲染展示，并采用Presto集群实现数据结果集反查和验证。

（二）以“边缘”数据运用拓展数据治理维度

通过解放思想，跳出司法大数据限于案件信息开展的窠臼，尝试分析日常“不受重视”的数据。分析各系统运行过程中的痕迹信息，以促进实际工作的改进。“数智说”平台第一期推出全市三级人民法院所有系统总体运行情况分析。数据来源于各平台汇聚的日志表，包括用户登录时间、操作行为记录、资源占用情况等。比如，对政务管理、审判管理两大系统中全市人民法院用户登录情况分析显示，自 2018 年以来，节假日干警登录系统呈逐渐上升趋势。实际情况是，近年来重庆三级人民法院法官人均收结案数量不断攀升，周末加班已成常态，为满足这一新变化，重庆高级人民法院专门制定节假日运维人员值班制度。再比如，通过分析政务管理系统、案件管理系统用户的操作日志，对功能进行使用热度排名，实现功能菜单智能排序，更加方便操作人员使用。

（三）以智能化手段实现非结构化数据的精准提取

结构化数据在司法统计、数据分析等方面的运用，受限于数据采集方式，其潜力已被挖掘殆尽。要进一步发挥司法大数据作用，实现数据的深度挖掘，必须突破非结构化数据运用的技术难关。重庆三级人民法院自 2018 年 4 月以来，全面推行电子卷宗随案同步生成与深度应用。研发电子卷宗和裁判文书智能标注工具，尝试电子卷宗、文书数据的结构化，以实现从文书、案卷中提取信息。“数智说”平台的各项分析报告中，绝大多数分析项目均已突破结构化信息的局限，并通过对生效裁判文书进行标注定位、分段提取，实现提取指定位置、指定信息的精准提取。同时，“数智说”平台辅以自然语义分析技术、前后文对照和人工修正，极大地提升数据提取、分类的准确性。

（四）以数字期刊形式为数据治理提供支撑

“数智说”平台采用数字期刊形式，不断推陈出新，为及时掌握审判动态提供依据、为提升公众防范意识提供数源、为司法建议提供数据支撑、为推进重点工作提供数据辅助。“数智说”第二期、第三期，分别推出刑事案件总体情况、盗窃、醉驾、赌博、贪污、受贿、渎职、涉毒品犯罪专题分析。“数智说”第四期紧跟营造法治化营商环境专题推出相关分析报告。比如，通过分析盗窃案件目标物，发现排名前三位的分别是现金、手机和车辆，占比达 65% 以上。现金、手机目标小、易隐藏，因此常被当作盗窃目标。重庆市摩托车保有量较大，转移和交易便捷，也是被盗的高危对象。发布这些报告，可以提醒公众注意，帮助其提升防范意识。又比如平台毒品犯罪案件，针对通过突破结构化信息限制，实现走私、贩卖、运输、制造毒品罪的案件信息从生效裁判文书提取，最终分析得出制造毒品案件近年来在重庆范围内呈上升趋势，为报送上级单位的简报提供了数据支撑。

（五）以更经济的投入探索司法大数据治理

当前，正处于大数据建设的兴盛时期，但由于涉及的技术领域广，大数据的投入也相对较高，司法大数据也一样。总体来看，一些社会组织和商业公司在大数据分析和应用方面已经走在前面。这主要是由于涉及商业利益，公司的投入意愿强，资金和人力很充裕。但就人民法院本身而言，在人力、物力和技术等层面均存在一定限制，投入的资源和一些科技公司相比九牛一毛。因此，“数智说”平台选择更集约化的建设方式。自2017年起，逐步引入百度等“外脑”，以有限资金引入其人工智能底层技术。依托运维公司力量，融合机器学习、自然语言处理等前沿技术和法院实际，以较低投入打造出数据挖掘的智能化平台，迈出探索数据治理的第一步。

三 “数智说”平台的建设总结

（一）初步建成智能化的数据挖掘平台

通过近两年来的不断探索，初步建成了可拓展的重庆法院“数智说”平台。“数智说”平台有三大特点。一是可扩展性强。平台由重庆市高级人民法院自行组织研发，图像文字识别和自然语言分析等人工智能技术由引入的战略合作伙伴提供。数据汇聚、清洗及分析、结果展示等由合作运维公司负责。平台可根据工作需要，不断充实扩展。二是分析性能强。“数智说”平台的源数据总量已达到千万量级，但由于采用了一系列新技术，平台以年度为单位的分析报告均可在数分钟内生成。三是结果可靠性高。“数智说”平台在设计之初即考虑到分析结果的可验证性，分析报告的各个图表均可链接到原始数据，反查到原始卷宗图片、文书、案件信息等，实现智能分析、深度挖掘和关联追溯的有机统一。

（二）锻炼了专业的数据分析队伍

“数智说”平台建设，一方面锻炼了合作运维单位研发人员的技术能力；另一方面，更重要的是形成了业务部门、技术部门和上下级人民法院之间共同推动数据治理和数据分析的工作格局。虽然部分人员是兼职参与，但通过项目建设，熟悉了相关工作，实际上为积极搭建平台、引进人才、培育团队，形成司法大数据人才的梯次培养和储备开了一个好头。

（三）尝试了新技术的应用，数据挖掘存在技术瓶颈

司法大数据涉及数据积累和数据挖掘两个方面。在数据积累方面，目前已不存在技术障碍，但数据挖掘方面存在的问题较大。不断尝试人工智能相关技术，如自然语义分析、机器学习等，结合司法大数据中裁判文书等非结构化数据的运用，不断提升OCR和自然语义分析提取电子卷宗和裁判文书信息的准确性，为突破电子卷宗和裁判文书信息获取的技术瓶颈打开了突破口。

（重庆市高级人民法院）

甘肃省智慧法院“慧审云”平台建设

根据最高人民法院对智慧法院的建设要求，司法体制改革和智慧法院建设是推动人民法院工作发展的“车之两轮，鸟之双翼”。甘肃省法院党组书记、院长张海波高度重视信息化工作，2018年年初提出了“补短板、理机制、突重点、强管理、成特色”的全省法院信息化工作要求。为此，甘肃省人民法院党组坚持问题导向，聚焦需求牵引，定向施策、精准发力，筹划部署全省法院云平台和智慧法院项目建设工作。两年来，项目在云网一体化、电子诉讼、互联网法庭、电子卷宗随案生成和深度应用等方面重点发力，开启了甘肃省智慧法院建设新征程。

一　坚持高起点设计，科学决策建设内容

项目按照云化转型、智能融合、统一部署、安全可控的建设思路，围绕智慧支撑平台，智慧服务、智慧审判、智慧执行、智慧管理四类系统，智慧保障、标准规范、容灾备份三大保障体系展开建设。充分运用云计算、大数据、区块链和人工智能等技术，构建全省法院集约化、低成本、高效益的甘肃省人民法院“慧审云”平台，同步建设音视频调度管理及可视化质效运维平台。项目以应用集成、数据全面、服务智能为标准，改造升级全省各级法院智慧化应用，聚焦“两个一站式”诉讼服务新要求，以电子卷宗深度应用为牵引，升级完善司法大数据平台，云化转型建设全省法院全流程智慧业务应用新生态。

项目采用购买服务方式建设全省法院统一的“慧审云”平台。“慧审云”平台由专区专建、面向法院专网应用的专有云区域和由省级政务云平台承载、面向社会公众的开放云区域组成。“慧审云”平台全线采用国产化硬件设备，采用业界主流的云计算技术，为智慧法院各类业务应用提供丰富的基础资源需求支撑。“慧审云”平台具有vCPU 13200+核、存储354TB和内存33860GB的体量，建设规模居全省前列。

“慧审云”平台可满足甘肃省113个法院未来3~5年内信息系统基础支撑需求，与传统应用系统部署模式相比，“慧审云”平台在资源扩容、节约投资、高效利用和业务可靠性4个方面得到了显著提升。一是快速部署，平均速度提升24倍，资源分配和应用部署可在10分钟内完成；二是节约投资，总体投资下降30%，本项目节约资金约3000万元；三是高效利用，基础设施资源利用率总体提升约6.5倍，传统模式下7台设备完成的工作，在“慧审云”平台中仅需要1台设备；四是业务可靠，“慧审云”平台利用其弹性扩展、动态迁移等特性，为业务系统提供了99.99%的可靠性，全年业务中断时长不超过52分钟。

二　坚持高标准要求，全力推进项目建设

（一）筑基建塔，省级“慧审云”平台成效显著

“慧审云”平台全面实现了“省院统建、集中管理、统一维护、全省共用”的建设目标。大幅缩短业务部署周期、降低中基层院信息化建设和维护压力，并为下一步法院系统与政法、政务、财政和银行等外部数据共享交换奠定了坚实基础。自2019年年底平台建成后短短2个月时间里，已部署运行了甘肃移动微法院、诉讼服务网、司法公开网、跨域立案、互联网法庭等三十余个业务系统。

（二）全面保障，安全容灾两大体系同步建设

在网络安全保障方面，“慧审云”平台根据国家网络安全云安全等级保护2.0版要求，结合全省法院信息化特性，实现了“技术+管理+人”全过程防御体系。云网一体化支撑体系安全技术应用全面覆盖“安全等级保护2.0”114个控制点，做到了“事前监测、事中预防、事后溯源”的全流程安全支撑体系。管理方面根据《信息技术安全技术 信息安全管理体系要求》制定了甘肃省人民法院信息安全管理体系，与可视化的安全管理平台充分融合，全面提升安全管理效率。通过购买服务的方式，让专业的人做专业的事，甘肃省人民法院安全服务团队为平台提供7×24小时不间断的技术力量保障。

在灾备系统建设方面，通过对甘肃省人民法院现有信息化资产的充分利用，在完成改造的专网机房同步建设了容灾备份系统。系统建设采用“新购系统+利旧设备”的建设方式，整合利旧原有服务器、网络和存储等设备百余台，占容灾备份系统设备量的80%。容灾备份体系将面向甘肃省人民法院所有业务系统和数据资产提供长效性的容灾和备份保障。目前，已初步实现了全省法院核心数据不丢失、核心业务不中断和重点业务秒恢复的建设成效。

（三）质效护航，可视化管理系统全效保障

“慧审云”平台充分考虑与最高人民法院的数据交换，借鉴最高人民法院建设经验，于2019年9月20日完成甘肃全省法院音视频调度管理分平台建设，11月初完成全省各级人民法院2099路诉讼服务音视频资源接入，并全部推送至最高人民法院平台，实现了全省人民法院100%覆盖。通过不断优化完善，现已实现了全省各级人民法院音视频资源的统一归集、调度和管理，平台已具备了安防监控、科技法庭、远程接访、立案接访和执行指挥五大功能模块，通过一个平台实现了对全省法院的“随时看、随时听、随时查”，有效提升了对各级人民法院工作过程的监督管理。

同步建设的可视化质效运维分平台是对现有运维工作的补充完善。在传统运维模式中，各类系统分项监控独立运维，运维效率低、事故处置慢。该分平台将传统网络、安全、应用和音视频等监控管理数据全面整合，并通过对数据的实施分析，形成了“一平台、多视角、全覆盖”的新型运维管理体系。分平台横向覆盖五大网系，纵向贯穿基础设施、

业务应用、数据管理、信息安全、运维管理五个层次，以运行状况和应用质效为关注焦点，形成宏观与微观相结合、实时与事后相统一、常态与应急相协调的监管平台。通过不间断监测收集业务系统的访问频次、性能和健康性等数据进行应用质效分析，为运维工作提供良好的可视化支撑,同时提供了运维工作重点方向的数据支撑。在运维效能方面，平台跟踪统计故障处理、会议保障和升级优化等运维活动数据，综合分析后直观反映运维效率和管理效能，为运维工作的改善提供有效保障，做到“早发现、早处理、保业务、重效能”的运维成效。可视化质效运维平台大幅提升了运维工作效率，将运维工作从原来的“被动申报、被动处理”扭转为“主动预警、主动优化”的新局面，为全省智慧法院业务系统的稳定运行提供了更有力的保障支撑。

三　坚持高水平目标，确保项目建设成效

目前，“慧审云”平台已承载运行了“甘肃省人民法院诉讼服务网”“甘肃移动微法院”“两个一站式”智慧诉讼服务系统，全新打造了甘肃网上智能法院。同时，电子卷宗随案生成和深度应用系统完成云化部署，升级完善司法大数据平台，实现全省司法大数据分析智能服务，为全省人民法院审判执行工作提供强大数据支撑。

（一）基于云平台，倾力打造自助诉讼平台

甘肃省人民法院诉讼服务网于 2019 年 12 月 30 日全新改版上线后，通过与审判信息网及电子卷宗的网间数据交换，全流程实现网上立案、网上缴退费、诉状自动生成、诉讼风险评估、证据指引、网上证据交换与质证、网上送达等功能，实现及时为当事人、律师提供随案同步生成的电子卷宗在线浏览、借阅等服务，促进案件可公开信息的全面及时公开，大大减轻了立案庭法官的接待压力，提升了司法服务质量，提高了人民群众的司法获得感。其为当事人及其他诉讼参与人提供更加便捷的一站式服务，为人民群众提供了了解法院工作的互联网窗口，努力为人民群众提供普惠均等、便捷高效、智能精准的公共服务，使当事人在家点点鼠标、手机就能完成诉讼，让司法服务时刻伴随在身边。

（二）基于云平台，倾力打造智能办案辅助平台

电子卷宗随案生成和深度应用是智慧法院建设的重要内容之一，在案件办理阶段，充分利用人工智能技术，实现电子卷宗随案同步生成及自动归类和入卷，实现了案件信息的重复高效利用。“慧审云”平台借助数字影像、文字识别、语义分析等技术，使上传的电子卷宗自动转变为可复制、结构化、数据化的电子文件，方便法官快速定位、检索相应内容及复制引用文字，并对文字内容进行结构化分析 ，提取出可用的案件信息自动回填至业务系统中，大大减少了法官人工的信息录入工作量，同时通过交叉比对等手段，针对差异信息自动校验，提升案件信息的准确率。支持案件办理过程中形成的电子文档自动生成图片并转入电子卷宗相对应的目录下，实现了卷宗材料的自动归目，减少了法

官制作卷宗的工作量，为后续法官办案打下卷宗基础，辅助电子卷宗随案快速生成及深度应用。在此基础之上，还为法官提供了统一的法律知识检索和知识管理平台。平台不同于传统检索系统的依据关键词进行检索，而是基于要素进行检索，除此之外该平台将不同审级、不同程序的案件信息与文书合并，实现一审、二审、执行、再审案件的一体化串联，为办案法官提供一站式、一体化的智能体验。

在庭审阶段，建成了智慧法院庭审系统，提供语音控制、知识推送等服务，有效提高了庭审效率。法官在庭审过程中，可以随时查阅系统基于电子卷宗内容主动推送的与本案相关的法条、案例、审理要素、历史笔录等知识信息，了解案件争议焦点，掌控庭审进程，避免法官耗费大量精力在整理基础内容上，节省有限的审判资源。

在结案阶段，建成了文书智能编写系统。系统利用知识图谱技术，通过智能提取并分析案件电子卷宗内容，以智能化手段提升生成文书质量，自动生成制式文书，将法官从重复繁杂的制作制式文书的工作中解放出来，将更多的精力投入办案活动。在平台自动向法官推送法律法规、相似案例的同时，实现量刑建议的自动推荐，实现大部分类型案件的智能分析，统一了裁判尺度，促进类案同判。在结案阶段，系统根据案件事实中的关键要素，结合相关法律信息资源，自动组装生成裁判文书初稿，生成文书的完整度在 85% 以上，以智能化手段提升生成文书质量。

（三）基于云平台，全面升级“司法大数据”平台

为增强对法院审判工作的高效管理，建设了人民法院司法大数据平台，平台汇聚各类核心业务数据，并基于汇聚的数据构建司法知识体系框架和司法知识库。建成的智能报表系统汇聚了全省关于收结存统计、收立案统计等统计数据及审管办在审判管理工作中所需的统计数据报表，方便领导直观了解全省整体审判情况。在智能报表系统的基础之上，还辅助建设了审判态势分析系统，让实时、动态掌握全省法院审判态势成为可能。通过对全数据进行分析，捕捉人民群众司法需求，研判审判运行态势，为调整优化司法政策和措施提供依据。系统需要提高司法管理科学性,需要分析审判执行工作的运行态势、特点和规律，为社会治理和经济社会发展提供立法建议、司法建议和决策参考。

甘肃省人民法院以“慧审云”平台为中心的云网一体化智慧支撑体系的建成，为甘肃省智慧法院建设的全面推进迈出了坚实的第一步。在进一步完善的智慧审判、智慧执行、智慧服务和智慧管理的系统建设中，全省人民法院将根据智慧法院业务需求和行业技术发展趋势，引入先进技术体系和管理理念，不断优化完善智慧支撑能力，以更高的标准、更快的效率、更优的质量全面完成项目建设，为全面建成具有甘肃特色的国内一流、自主创新的智慧法院而不断努力。

（甘肃省高级人民法院）

吉林省吉林市中级人民法院深化智慧法院建设应用

按照最高人民法院和吉林省高级人民法院开展智慧法院建设应用总体部署，吉林市中级人民法院始终围绕审判执行，推进管理的规范化、精细化和信息化，同步开展法院司法改革和信息化建设工作，提升人民群众在每一起司法案件中的获得感。吉林市两级人民法院按照智慧法院建设“三全三化”和“四个服务”工作目标，坚持“抓应用、填空白、补短板、深融合”工作方针，全面推进智慧法院建设应用深入开展，有效提升立案、审判、执行、信访、公开、管理等工作的信息化水平，推进智慧法院、网络法院、阳光法院全面建成。

一　推进智慧诉讼服务体系建设

按照最高人民法院提出建设“两个一站式”现代化诉讼服务体系的要求，吉林市中级人民法院围绕“让人民群众少跑腿，让信息多跑路”目标，自2017年开始对原有诉讼服务中心进行升级改造，拓展智慧法院信息化应用。

一是拓展智慧诉讼服务功能建设。吉林市中级人民法院诉讼服务中心进行功能分区设置，有效分流诉访人员，全面提升诉讼服务质量和效率。在自助书写区设置显示屏，通过触摸电子屏幕查阅诉状书写格式、自助打印或拷贝电子版、查询法官联系方式等功能。设置诉讼风险评估智能终端，对案件诉讼风险进行评估告知，可自由选择进行诉前调解或直接诉讼立案。利用3D导航设备可查阅审判法庭位置和相关分区功能设定。听取虚拟导诉员对诉讼流程、当事人权利义务的告知。同时，通过吉林电子法院网、司法公开网搭建网上诉讼服务平台，提供诉讼告知、诉讼流程等相关功能的介绍。

二是开展多元化解纷机制建设。吉林市中级人民法院制定完善矛盾纠纷多元化解机制工作意见，构建“41012”多元化解工作体系。在诉讼服务大厅设立了法律援助和律师代理申诉窗口，分别由司法局法律援助中心及吉林市律师代理申诉案件服务中心派驻律师值班，无偿为当事人提供诉讼咨询和服务。通过吉林电子法院、吉林移动微法院、人民法院调解平台等开展网上调解工作，邀请合作调解机构和调解人员入驻，提供婚姻家庭、道路交通、物业纠纷、劳动争议、医疗纠纷等多种类型案件的诉前调解工作。辖区基层法院在诉讼服务中心设置诉前调解室，由调解人员开展诉前调解工作，强化矛盾纠纷化解工作。通过多元化解纠纷机制的建设，推进诉前调解联动和诉源治理、分调裁审等机制有效落实。

三是开展审判事务性工作整合。为推进法院审判事务的集约化管理，充分发挥审判辅助人员作用，2018年5月，吉林市中级人民法院在全省法院率先建立“诉讼无忧e中心”，开展电子卷宗的集中扫描工作，在2019年4月将其升级为智能办案辅助中心。

智能办案辅助中心实现了卷宗扫描、智能编目、卷宗管理、卷宗评查、卷宗装订、卷宗归档等一体化智能电子卷宗、纸质卷宗管理模式，提供了标准化、信息化、流程化的智能卷宗管理解决方案。通过设立中间柜、云柜，实现了纸质卷宗流转的全流程留痕记录。2019 年 6 月，吉林市中级人民法院组建了智能送达中心，通过集中送达软件开展电话、网络、邮寄等 7 种送达方式，推进集中送达。通过送达软件，法官可实现送达任务一键发送、流程动态可见。对邮寄送达，送达小组人员可直接打印快递单并动态查看物流信息。送达成功后系统自动生成带有水印的送达回执，并锁定送达日期和送达人员，送达回执自动同步至电子卷宗系统。

二　推进全流程无纸化网上办案应用

吉林市中级人民法院智慧法院建设之路从 2015 年吉林电子法院建设起步，有效推进网上立案、网上审判、网上执行、网上信访、网上公开、网上管理等平台建设，积极推进网上办案，实现了审判全流程覆盖。

一是开展智慧立案功能应用。立案前将当事人提交相关材料全部扫描形成电子卷宗，在正式立案时可从电子卷宗自动提取相关立案信息，实现立案内容的智能回填，避免了人工重复录入信息，提高了立案效率。通过录入当事人手机联系方式，可实现诉讼全流程自动向当事人推送审判流程动态信息，并可实现电话送达、网络送达相关诉讼文书。在诉讼服务中心设立自助立案区，当事人可自行扫描上传诉状、证据电子版实现自助立案。通过吉林电子法院、吉林移动微法院，当事人使用手机还可实现网上立案、网上交费、网上阅卷等多种功能应用。2019 年，吉林市两级法院还全面开展跨域立案，当事人在家门口法院就可完成在全省任意一家法院的立案工作。

二是开展智慧审判功能应用。2016 年，吉林市中级人民法院率先应用远程视频庭审系统，实现看守所远程视频询问被羁押的被告人与法院审判法庭法官及其他诉讼参与人直接对话。2017 年，吉林市中级人民法院全面打通电子法院民事二审案件网上审理工作，使互联网庭审成为可能。吉林省委书记巴音朝鲁在《吉林电子法院简报》第 19 期专题中进行了批示。“哪里有创新，哪里就有无限的活力；哪里有改革，哪里就有生动的局面。祝贺吉林市中级人民法院！”2018 年，吉林市中级人民法院实现电子卷宗审判信息全案智能回填、网上阅卷、智能编目、自动归档、裁判文书智能编写、智审辅助办案、案例智能推送、法条智能检索等多项应用，深入推进电子卷宗随案同步生成和深度应用工作，相关工作经验在全省法院会议上进行了介绍。2019 年，吉林市中级人民法院建成智慧科技法庭、智能合议室，有效推进案件网上办理。通过智慧庭审系统实现当事人身份实时比对核实、庭审全程电子阅卷，当事人可通过外接设备直接展示手机或 U 盘中照片、视频等电子证据。庭审中通过随讲随翻功能，电视屏幕同步展示电子卷宗相关内容。庭审笔录通过语音识别系统自动生成，庭审结束后双方当事人可在核对笔录后进行电子签名和捺印，相关材料直接进入电子卷宗。2019 年 11 月，吉林市中级人民法院还被评为“互联网 + 政务服务”先进单位。

三是开展智慧执行功能应用。高标准建成执行指挥中心，通过执行综合指挥平台统一调度全市法院执行专项活动开展，配备单兵系统和执行指挥车，实现对执行现场即时调度指挥，该平台在2019年组织的“春雷”“夏日闪电”“秋猎”“冬季风暴”等多项执行攻坚活动发挥了较好作用。开展执行网络办案平台建设，通过“总对总”“点对点”的方式联通，实现了法院与银行等相关部门实时的电子数据交换，可快速查询、冻结、扣划被执行人银行存款。开展网络拍卖活动，通过网络拍卖活动的开展进一步保障了买受人的拍卖利益，实现全程自由竞价和竞买的透明公开。开展执行信息公开平台建设，通过互联网、户外大屏幕公开失信被执行信息，对失信被执行人进行限高，重拳打击拒执“老赖”。定期公开执行终本案件信息,通过“一案双查”有效解决消极执行问题。建立执行线索举报平台，通过执行悬赏等方式，广泛发动社会公众提供失信被执行人线索信息。积极推进执行信息宣传工作，对“执行不能”、执行流程、执行工作进行动态宣传，推进全民法制意识形成。

四是开展网上管理平台建设。充分利用信息技术加强对案件审判执行活动的网上管理，确保审判质效的稳步提升。通过办案系统加强对临届审限的提醒措施，并规范延长审限审批流程，加强对长期未结案件的定期调度。推进裁判文书质量管控，通过文书辅助生成系统可自动生成大部分裁判文书内容，通过裁判文书智能纠错系统避免文书产生低级错误，对拟上网文书实现一键屏蔽和自动排版。同时，吉林市中级人民法院还与第三方科技公司合作，实现对上网裁判文书质量软件自动筛查，切实提高文书质量。开展结案案件网上评查工作，通过设定评查内容规则，自动对案件信息、电子卷宗、裁判文书进行辅助评查,做好每案必查。2019年,吉林市中级人民法院围绕司法责任制深入开展，积极应用结案裁判文书网上审批和电子印章，结案裁判文书在网上提交审批，并发送至文印室进行电子签章，最后通过自动打印装订设备进行输出，极大提高了审判效率，规范了印鉴管理。2019年11月，吉林市中级人民法院为推进院长、庭长监管职能落实，采用院长、庭长监督管理系统,对“四类案件”实现了全流程、静默式、自动留痕的动态监管，进一步压实院长、庭长监管职责，全面提升案件裁判质量和效率。

吉林市中级人民法院积极推进司法公开工作，搭建了裁判文书、庭审活动、审判流程、执行信息公开平台，依托吉林市中级人民法院司法公开网开展深入落实。在2019年11月对司法公开网进行了改版升级，实现公开内容更丰富、数据展示更直观、栏目设定更具体、版面设计更新颖，通过对公开内容的持续更新，不断满足社会公众的司法需求，实现“努力让人民群众在每一个司法案件中感受到公平正义”的目标。吉林市中级人民法院在第三方司法透明度指数评估工作中，连续4年在全国中级人民法院排名前10位。2017年、2018年连续两年获得“优秀直播法院”称号。

吉林市中级人民法院将以不断提升法院审判质效、提升法官执法办案水平为基础，全面推进法院司法改革和智慧法院建设深入开展，完成全流程无纸化网上办案示范任务，积极推进区块链、人工智能、在线解纷等功能平台建设,构建智慧法院全面覆盖、移动互联、跨界融合、深度应用、透明便民、安全可控的平台体系建设应用。

（吉林市中级人民法院）

广州互联网法院以互联网思维化解互联网金融纠纷

随着科技与司法的深度融合，司法实践中在各个诉讼环节均出现不同程度的新变化。在互联网金融快速发展背景下，呈现出案件数量激增、放贷主体多元、被告基本失联的特点，海量的互联网金融纠纷对司法提出了新的需求。一方面是案件数量不断攀升；另一方面却是司法改革后法官数量减少，法院面临案多人少、审判执行工作压力不断加大的难题。如何提高审判效率，减轻当事人诉累，节约有限的司法资源，实现缓解法院压力、保障群众诉权、化解社会矛盾的“多赢”效果，是现实中急需解决的问题。

广州互联网法院承担着为互联网产业健康发展提供司法保障的重要使命，充分利用互联网技术，坚持互联网审判思维，不断创新审判机制，并结合互联网金融案件的互联网特性，积极利用大数据、云计算、人工智能、区块链等技术，专门研发在线纠纷“类案批量智审系统”，推行诉讼全程线上批量智能办理，实现互联网金融纠纷化解标准化、批量化、智能化。

一　建设背景

（一）政策形势

最高人民法院强调要坚持创新发展新时代“枫桥经验”，推进“诉源治理”，主动把司法工作融入“党委领导、政府负责、社会协同、公众参与、法治保障”的社会治理体制，完善多元化解机制，积极开展“分调裁审”、繁简分流改革，促进纠纷多渠道高效率解决。

（二）行业背景

粤港澳大湾区作为全球经济发展最迅速的区域之一，集聚众多从事“互联网＋”业务的金融机构和小贷公司，如在广州民间金融街，小贷公司就超过 40 家。据不完全统计，仅广州市的互联网金融借款、小额借款合同纠纷潜在存量案件就超过 100 万件。

（三）案件趋势

随着金融体系不断拓展，金融业参与经济、民生的广度、深度和密度不断增强，金融案件数量也在不断攀升。2019 年，我院的金融案件立案量在 20000 件以上，预计到 2020 年，金融案件立案量将达 25000 件以上，潜在案件存在上百万件。随着金融案件数量逐年增长，法院深受案多人少的困扰。

图 5-2 为 2018 年全国民事一审案件统计数据汇总，可以看到，与合同及公司有关的案件为所有案件类型的前两名，两者加起来占据了民事案件总量的 80% 以上，这足以表明金融案件的体量之大。

单位：件

项目	收案	结案						
			判决	不予受理	驳回	撤诉	调解	其他
合计	12449685	12434826	5532546	26516	424798	3210422	3133015	107529
人格权纠纷	176046	178847	90410	354	3335	39413	44569	766
婚姻家庭、继承纠纷	1808787	1814441	655674	1397	20199	432280	692657	12234
物权纠纷	324162	329220	142719	3139	24731	100702	55342	2587
合同、无因管理、不当得利纠纷	7972100	7952001	3661604	14973	329655	2172969	1710597	62203
知识产权与竞争纠纷	283414	273945	83797	453	1813	151486	27677	8719
劳动争议、人事争议	452289	450589	206284	3379	18645	76418	136577	9286
海事海商纠纷	15784	16181	5063	47	213	7076	3232	550
与公司、证券、保险、票据等有关的民事纠纷	262552	252647	127066	762	8279	51368	57476	7696
侵权责任纠纷	1096130	1112755	524604	1526	12637	166881	404301	2806
其他	58421	54200	35325	486	5291	11829	587	682

图 5-2　2018 年全国民事一审案件统计数据汇总

仅一年的时间收案量就增加了 100 多万件（见表 5-2），可以看出金融案件的增长速度之快，以此预计 2019 年收案量将会达到近 1000 万件。

表 5-2　2017—2018 年与合同公司有关的案件收结案情况

年份	收案（件）	结案（件）
2017	7226133	7399111
2018	8234652	8204648

二　系统建设

（一）建设理念

该系统的建设是司法与科技深度融合的创新果实，秉承建立和完善数字化审判、审判流程智能化应用实践的理念，为互联网空间治理法治化提供“广州互联网法院样本”，为粤港澳大湾区互联网经济的发展注入新动能。

1. 创新参与社会治理方式，坚持互联网纠纷诉源治理

司法规则前置，积极主动向互联网金融企业提供司法指引，引导其规范金融活动，从源头减少纠纷数量。

2. 创新互联网审判方式，坚持以智慧司法满足互联网产业新需求

以银行、广州“金融一条街”互联网小贷公司为代表的新兴互联网金融产业，对粤港澳大湾区普惠金融服务，正发挥重要作用。对其涉众型、电子化的金融产品所产生的批量纠纷，传统法院的线下审判方式已不能满足其全流程在线、批量快速解决的司法需求。在线纠纷“类案批量智审系统”通过数据对接、批量处理、在线化解及在线执行等技术手段，以智慧化审判方式及时回应上述需求。

3. 创新纠纷化解理念，坚持执行问题源头解决

针对互联网金融纠纷数量多、金额小的特点，实行全流程智能多元化解，为满足多元化解纠纷需求，引入我院在线纠纷多元化解平台，将相关司法资源配置到引调纠纷环节，引导和鼓励当事人选择非诉方式解决纠纷。

（二）运行机制

为依法开展互联网金融审判工作，规范互联网金融纠纷化解程序，满足互联网金融纠纷批量化解需求。依据繁简分流、简案速审的理念设计纠纷化解程序，系统全程融入本质上是一种在线速裁的机制指引。

第一，明确适用对象，在线批量准入。对于事实清楚、权利义务关系明确、争议不大，适合小额诉讼程序审理或者其他通过一审诉讼程序即可化解的互联网金融借款、小额借款合同纠纷，可以进行批量化解。

第二，导入多元化解平台的纠纷按照催告、和解、调解的程序进行化解。

第三，将具有典型意义的纠纷调解结果向同类型案件当事人公示，促使当事人自动履行或者达成和解、调解协议。从源头减少进入执行程序的案件总量，坚持线上执行原则，引导互联网金融企业将线上执行程序终结后仍不能执行的金额纳入经营风险。

（三）系统运作原理

在线纠纷“类案批量智审系统”立足纠纷化解的业务需求，集成我院各类平台优势，以系统化全链路解决批量互联网金融纠纷。目前系统已对接平台有诉讼服务平台、可信电子证据平台、多元化解平台、智能网关、内网审判系统、EMS 邮政系统、运营商短信平台等。

（四）集成先进技术

结合互联网金融案件的互联网特性，我院积极利用大数据、云计算、人工智能、区块链等技术，专门研发在线纠纷“类案批量智审系统”，推行诉讼全程线上批量智能办理，实现互联网金融纠纷化解标准化、批量化、智能化。

三　系统特点

（一）技术创新

1. 大数据

针对互联网金融借款、小额借款合同纠纷案件中大量被告无法联系的痛点，我院在大数据场景下，采用失联修复技术，提高电子送达率。

2. 人工智能

借助人工智能技术，采用令状式、要素式、表格式等样式批量制作裁判文书，实现案件裁判文书制作的自动化和智能化；自主智能选择审理方式，支持远程视频庭审模式、示范性庭审模式和异步审理模式。

3. 区块链

审判过程采用区块链技术全程留痕、回溯查询；当事人提前应用区块链技术进行过程数据存证，系统通过自动比对哈希值完成证据认定。

（二）应用创新

1. 诉讼流程批量化

依托互联网思维，立足广互金融案件审判实务，在线纠纷“类案批量智审系统”针对互联网金融纠纷进行了创新实践。该系统覆盖各诉讼环节，实现了全程在线快速、批量、智能办理。

2. 示范性庭审

对于代表性强，具有示范意义的典型案件，法官可以通过发送邀请码等形式，实现同类型案件当事人在线旁听，推送类型化案件达成和解、调解协议或自动履行。

3. 判决书智能生成

对案件提交信息提前进行标准化处理，应用大数据、云计算技术。批量智能化生成裁判文书，提高审判质效。

4. 异步审理

将案件各审判环节分布在我院在线诉讼平台上，法院与原告、被告等诉讼参与人在规定期限内按照各自选择的时间登录平台以非同步方式完成诉讼。这一新型互联网审理模式，从打破“空间限制”，升级成打破“时空限制”，让当事人可以充分利用零碎时间参与诉讼活动。

四　应用成果

自 2019 年下半年开始，截至 2019 年年末，处理的金融纠纷案件达 2.7 万件以上，且 2020 年预计处理案件 3 万 ~4 万件。以我院所受理的几个主要金融机构提交的某一批全流程案件为例，统计每个环节的时间节点及总共耗费的时间（见表 5-3）。

表 5-3　全流程案件的时间节点及耗时统计表

环节	B 银行	C 消费金融有限公司	D 小额贷款有限公司
收案	10 月 19 日	10 月 24 日	11 月 5 日
立案	10 月 22 日	10 月 28 日	11 月 5 日
分案	10 月 23 日	10 月 30 日	11 月 6 日
排期	10 月 28 日	10 月 30 日	11 月 7 日
开庭	11 月 20 日	11 月 28 日	11 月 29 日
结案	12 月 26 日	12 月 29 日	12 月 27 日
总计	68 天	66 天	52 天

在使用金融类案智审平台后，金融纠纷案件从收案到结案的全流程所需时间基本在两个月左右，与传统线下立案相比，大大节省了时间。

金融类案智审平台作为建设智慧法院中智慧审判的一部分，成功建立了金融类案件一体化处理模式，进一步推动了智慧法院的建设，其成效体现在以下三个方面。

（一）为数字金融法治化营商环境提供有力支撑

在线纠纷“类案批量智审系统”的上线，经过一年的打磨与应用，进一步影响数字金融特别是普惠金融新业态的健康发展，助推实体经济健康发展，为营造公平、透明、稳定、有序的数字金融法治化营商环境提供有力支撑，为粤港澳大湾区全力推进数字金融建设提供可复制可推广的经验和示范。

（二）提高法院审判质量和效率

审判质效是公正司法的基础，法院的信息化技术在一定程度上能够实现向科技要生产力，帮助法官提升审判质效。具体表现在审判管理智能化水平提升、审判管理科学化进一步得到促进、审判管理信息精确性提高上。

（三）满足人民群众多元、高效、便捷的需求

我院聚焦制度创新，立足繁简分流改革探索，致力于提高司法效能，以满足人民群众多元、高效、便捷的需求。

第一，提供在线金融一体化案件管理平台，当事人可以 24 小时随时随地批量申请立案，不受限于物理空间。

第二，在起诉阶段，系统提供标准的案件要素、证据清单规范，提供在线的批量案件提交功能，系统根据案件要素表和证据清单，自动化批量生成起诉状和对应的证据文件。

金融类案智审作为智慧审判的一部分，在提高审判质效、服务法官办案、方便人民群众诉讼、推进法院科学精确管理等方面发挥越来越重要的作用，推动了“全业务网上办理、全流程依法公开、全方位智能服务”的“网络化”“阳光化”“智能化”的智慧法院信息化体系建设，促进了司法为民、公正司法，提升了中国司法的国际影响力，树立了中国法院的良好形象。

（广州互联网法院）

广西壮族自治区柳州市中级人民法院
向信息化要警力　打造警务智能化

近年来，广西壮族自治区柳州市中级人民法院坚持“向信息化要警力”，以信息化为支撑，以实战化为目标，建设完成警务信息化三大工作平台八项应用系统，实现警务管理集约化、庭审押解可视化、执行警务智能化、安防监控精准化和枪库智能化，将司法警务信息化管理平台、可视化管理云平台、智能访客系统、周界防范报警系统和智能枪库管理系统等多项智能科技纳入司法警务指挥中心统一管理应用，让司法警务工作从“单边作战”向“统一指挥”成功转型，为司法警务工作提档升级注入了强大动力。

一　提“速”效能：警务管理集约化

2017年，柳州市中级人民法院加大投入，依托司法警务指挥中心，自主研发司法警务信息化管理平台，将警务安防、警务、警政、警训、装备管理、警务督察等6大管理模块、21个子功能、55项工作内容整合至平台运行，有效推进各项警务工作的深度融合，逐步建成警务管理的“网络数据资源池”，形成全方位司法警务信息化支撑体系。针对基层司法警察工作量大、事务繁杂的特点，将警员档案、会议管理、教育培训、警衔及证件管理、通知及报表、警用装备管理及调警、车辆管理等工作在该平台上均生成信息化模块，实现网络化警务办公。通过信息资源共享，实现中级人民法院法警支队对基层法警大队的警务动态监控和督查，中级人民法院法警支队可通过该平台直观了解辖区警队警力配置、用警内容、出警名单等信息。

二　放“远”眼界：押解庭审可视化

注重推进各系统平台深度融合，通过自主研发的可视化管理云平台，对全市法院科技法庭、视频监控、会议系统、单兵车载等信息化音视频设备进行集约管理，使司法警务指挥中心看得更远、听得更清、动得更快。目前，柳州市中级人民法院实现从“科技法庭”向“智慧法庭”的全面升级。“智慧法庭”依托可视化管理平台，实现审判区、候审区、通道等全区域的监控摄像无死角、全覆盖，对庭审押解过程的实时全流程音视频监控和指挥。同时，“智慧法庭”与司法警务指挥中心专线横向连接，实现内外双向沟通、庭审实时监督、庭审全程记录等功能，并具备庭审报警、庭审法纪自动检测等“智能化应用”。柳州市中级人民法院所有警用车辆都安装了GPS卫星定位系统，并在囚车安装摄像头，实现动态调度管理，利用无线通信系统对执勤警车实现卫星导航，为警车执行任务提供了准确的路线保障。在此基础上，警务信息化管理平台依托北斗定位系统、4G移动专网、无线图传技术，创新实现押解过程的车辆定位及音视频的全程动态监控、传输。相关数据信息的传输过程中应用了专用的数据加密技术，押解中的音视频信号全部汇集于警务管理中心，指挥人员在中心屏幕上可查看押解车辆的实时位置、车辆行驶途中道路和周边环境，以及车辆内部的人员情况。此外，柳州市中级人民法院还在羁押室安装了音像监控语音呼叫系统，实现对羁押场所的实时监控、全程录像和异常监管等功能，消除了从羁押室到庭审现场“最后一百米”的安全隐患。

2016年，柳州市中级人民法院以审理广东省政协原主席朱明国受贿、巨额财产来源不明案为契机，利用4G移动专网、无线图传技术，创新实现押解过程的车辆定位及音视频的全程动态监控、传输。押解中的音视频信号通过专门的加密“保护技术网”，全部汇集于司法警务指挥中心，确保对押解全过程的“路面”与“高空”，“车内”与“车外”全方位、无死角实时监控。

这些可视化智能管理设备就好比指挥中心的眼睛和耳朵，让指挥人员看得更远、听得更清，自然动得更快。

三 做“活”地图：内部防控精准化

经过近年来的有序推进，柳州市中级人民法院及试点基层法院相继建成集“访客监控”“自动报警”“安防联动”等功能为一体的“安防监控”体系，实现对进出人员智能化动态管理及对法院干警的实时保护。

（一）法院内部区域监控全方位

柳州市中级人民法院广泛利用高清视频技术，在各安检区域、公共区域、审判区域、押解专用通道、羁押场所、当事人通道等地进行不间断监控，全部纳入司法警务指挥中心，便于及时发现安全隐患，并派警处理。

在布局视频监控的基础上，柳州市中级人民法院根据来访事项，对应给来访人员发放访客卡，通过“访客系统”在安检处进行人证面部信息自动比对，核实来访人员真实信息，实现来访人员在审判场所、诉讼服务区域的精准定位。值班法警可在警务指挥中心的视频监控三维地图上，全面掌控来访人员所在位置及行动轨迹。若出现重点布控人员，可提前预警；若出现进入非授权区域或出现某个法庭、场所来访人员突然增加等情况，立即自动报警，随即启动相应位置所有摄像头对访客进行动态接力跟拍。指挥人员通过分析监控跟拍视频，研判预警和报警信息，及时作出警员增派、疏导或控制来访人员等决策。

（二）法院周界外部安防全天候

柳州市中级人民法院在加强周界外部安防上“下功夫”，构建法院周界外部安防体系。柳州市中级人民法院通过部署鹰眼全景摄像头和防区划分实现周界安保“双保险”，建设完成综合式周界报警系统。鹰眼全景摄像头实现 360º 全景多画面无缝拼接融合，可快速查看 2 公里之内全景实时状况；防区划分通过在防护区域的边界依托视频联动技术形成“防护墙”。当有人攀越时，相应的探测器会即时发出报警信号；当有人站在防护区域交界处，也能通过分析人员相貌、身高、体态、动作等四点要素，在后台数据库进行精确计算，准确判断被监控人员是否为本院干警，是否存在入侵或破坏等危险性，从而第一时间向警务指挥中心发出防范预警信号。

四 筑“牢”护盾：外界安保互联化

为进一步强化法官人身安全防护保障，柳州市中级人民法院创新研发法官人身安全防护系统，进一步完善了警务信息化体系的智能化功能应用。当法官认为人身受到威胁时，可向法警支队申请“防护手环”。该手环除了有位置实时监控、SOS 紧急报警、移动轨迹查询、实时通话、低电量报警显示等功能，还能通过警务指挥中心搭建的司法警务信息化管理平台实时关注申请保护干警的日常动态。若发生异常情况，法官通过“一键报警”，可即刻将所处位置信息发送至警务指挥中心，方便第一时间开展救援工作。

2018 年 5 月底，柳州市中级人民法院引入“鹰眼”+ 边界电子防区划分的综合技术，应用于周界防护报警系统中。不断革新升级的周界防范技术，进一步加固与司法警务指挥中心结成的“防护网”。

五 管“控”弹药：枪库管理智能化

枪库管理系统着力强化枪库物防设计、变被动处置为主动应对和全面提升指挥通信能力。

（一）严格安全标准，着力强化枪库物防设计

结合本院实际情况和实战要求，对枪弹库重新规划设计，将枪弹库划分为枪库、弹库、值班室等三个功能区域，实行分区域管理。并在室内安装 12 个高清球体摄像头，实现 3 个功能区域的全方位、无死角监控管理。枪弹库安装精密空调，智能管控库房内温度在 15~20℃，最高相对湿度不大于 70%。枪弹库采用国家安全级防盗防冲撞门，施行“枪弹分离”“双人双锁”管理枪弹库室模式，全面提升枪弹库的物防管理能力。

（二）智能研判分析，变被动处置为主动应对

2019 年 2 月，柳州市中级人民法院智能警务一体化枪库完成建设，在技术上引入了

智能枪弹柜管理系统，针对司法警务用枪管理工作的特点，集用枪审批登记、用枪超时报警、多级网络监控等多种功能于一体，综合运用计算机软件、活体指纹识别、人脸识别、酒精测试识别和数据库处理技术等多种先进技术的枪支弹药管理系统。实现了枪弹的领用和归还过程的智能化管理以及超时用枪、非法用枪等多种状态报警，枪支状态检测，远程查询、授权和监控等功能，取代了过去烦琐的人工管理操作，实现远程监控管理、远程控制，使枪支管理更科学化、规范化、智能化。

自柳州市中级人民法院智能警务一体化枪库启用以来，通过系统和平台领用、归还枪弹 81 次，对枪支进行维护保养 40 次，利用平台对枪弹状态查询 112 次，极大地便捷了枪库智能化管理。

（三）小身材大能耐，全面提升指挥通信能力

2019 年年初，为进一步提升司法警务指挥通信能力，柳州市中级人民法院法警支队开始装备单警多功能执法记录设备，单台小设备即可全部集成同步录音录像、音视频回传、音视频对话等多功能智能化应用，还具备与传统对讲机连线功能，能够适应异常恶劣的气候条件和应用于特殊场合。

柳州市中级人民法院将多功能应用拓展至警务指挥中心，通过登录警务指挥平台，即可音视频对讲将指令传达至全国范围内有无线信号覆盖的各点单警，从而提升决策指挥和快速响应能力，使应急突发事件在最短时间内得到处置，进一步提升司法警务指挥通信能力。同时，柳州市中级人民法院还建立采集站及后台管理平台，将单警多功能执法记录设备中的相关音视频资料导入，便于音视频证据的存储和管理。

（广西柳州市中级人民法院）

海南省三亚市中级人民法院为海南自贸区（港）保驾护航

海南省三亚市中级人民法院坚持以习近平新时代中国特色社会主义思想为指导，坚持党对人民法院工作的绝对领导，坚持以人民为中心的发展思想，紧紧围绕“努力让人民群众在每一个司法案件中感受到公平正义”目标，深入推进智慧法院建设，运用先进科学技术手段不断完善智慧服务、智慧审判、智慧执行、智慧管理，推动诉讼服务和审判辅助智能化，为司法为民、公正司法提供了有力科技支撑。

2019 年 9 月 26 日，作为海南省三亚市中级人民法院的增设机构，海南第二涉外民商事法庭揭牌成立。为打造现代化、智能化、一站式的诉讼服务系统，海南第二涉外民商事法庭集中优势资源，采用互联网、大数据、云计算、人工智能等国内先进的技术应用，不仅建设了网上立案、跨域立案、智慧审判、电子卷宗随案同步生成、OA 办公、科技法庭、智能语音转写、智能语音助手、同声传译、互动式可视化大屏等常规系统，还建设了互联网法庭、24 小时自助法院、涉外民商事在线解纷平台等便利系统，提升法院涉外民商

事纠纷解决的能力，促使审判体系和审判能力现代化，为海南自贸区（港）建设营造一流营商环境提供有力司法服务和保障。

一　“互联网法庭”彻底打破地域时空限制，防疫审判两不误

互联网庭审系统充分利用移动互联的特点，建立规范完善的庭审管理流程，打破传统庭审中法院人员与诉讼参与人必须身处一室的空间限制，法官及当事人可通过互联网开展庭审活动，节省了财力、物力及时间。尤其是新冠肺炎疫情防控期间，为了避免诉讼参与人聚集流动，有效降低感染风险，做到法院审判工作与防疫工作“两手抓、两不误”，海南省三亚市中级人民法院多次利用海南第二涉外民商事法庭的互联网法庭开展庭审活动，充分保障了疫情防控期间当事人的诉讼权益。

在互联网法庭，原被告双方均无须到庭，只要通过网络就能“进入”庭前会议现场，“出现”在审判席对面的显示器上。法官在核实双方身份后，只需利用庭内的全流程一体化在线服务平台，通过实时画面、声音，就可以组织远在千里之外的当事人，有序“隔空”举证、质证。

揭牌仪式当天，李宁法官首次通过互联网法庭，就原告李某阳和被告王某斌、李某梅委托合同纠纷一案，与双方当事人召开了一次“不见面”的庭前会议。

在这起涉外案件中，原告李某阳为美国公民，现居住于美国俄亥俄州哥伦布市。审判团队在征得原、被告同意后，决定运用互联网法庭，突破地域限制。

在庭前会议期间，现场画面清楚、声音清晰、秩序井然，会议过程全程录音、录像并完整保存。整个过程进展流畅，庭审质量和效果，与传统庭审无明显差异。在结束庭审活动后法院送达的所有法律文书或需签字确认的内容，诉讼参与人都可通过手机电子手写签名或电脑端配合鼠标签名的方式完成确认、签收，确保了庭审流程的合法性、完整性。

互联网法庭，一方面通过审判流程在线化、智能化改造，从根本上解决异地诉讼难、诉讼累等问题，真正实现了让数据多跑路，让当事人少跑腿；另一方面是将“互联网+”的理念融入智慧法院建设，有效解决时空地域对庭审的限制，节约了司法资源，提高了诉讼效率，让案件得到更高效快捷的审理。特别是面对新冠肺炎疫情的严峻形势，互联网审判的优势更加凸显，是海南第二涉外民商事法庭在智慧法院建设过程中的又一重大举措。

二　24 小时自助法院“全年无假期”

来访者通过门禁系统进行身份的鉴定，核对无误后被允许进入 24 小时自助法院区域，可在部署的自助化设备上办理诉讼业务，如自助立案、联系法官、提交材料、文书领取、自助查询、自助诉状、司法评估、风险评估、自助阅卷。同时支持线下 24 小时自助法院与线上微法院互相联动，实现功能上的互补，更加便民利民。

“24 小时自助法院”内部署了诉讼服务自助终端、智能文书填写服务终端、综合文书打印服务终端、诉讼服务阅卷查询自助终端、庭审直播终端、24 小时云柜、公共服务终端等设备，可实现自助立案、跨域立案、自助查询案件信息、材料转交、约见法官等功能（见图 5-3）。

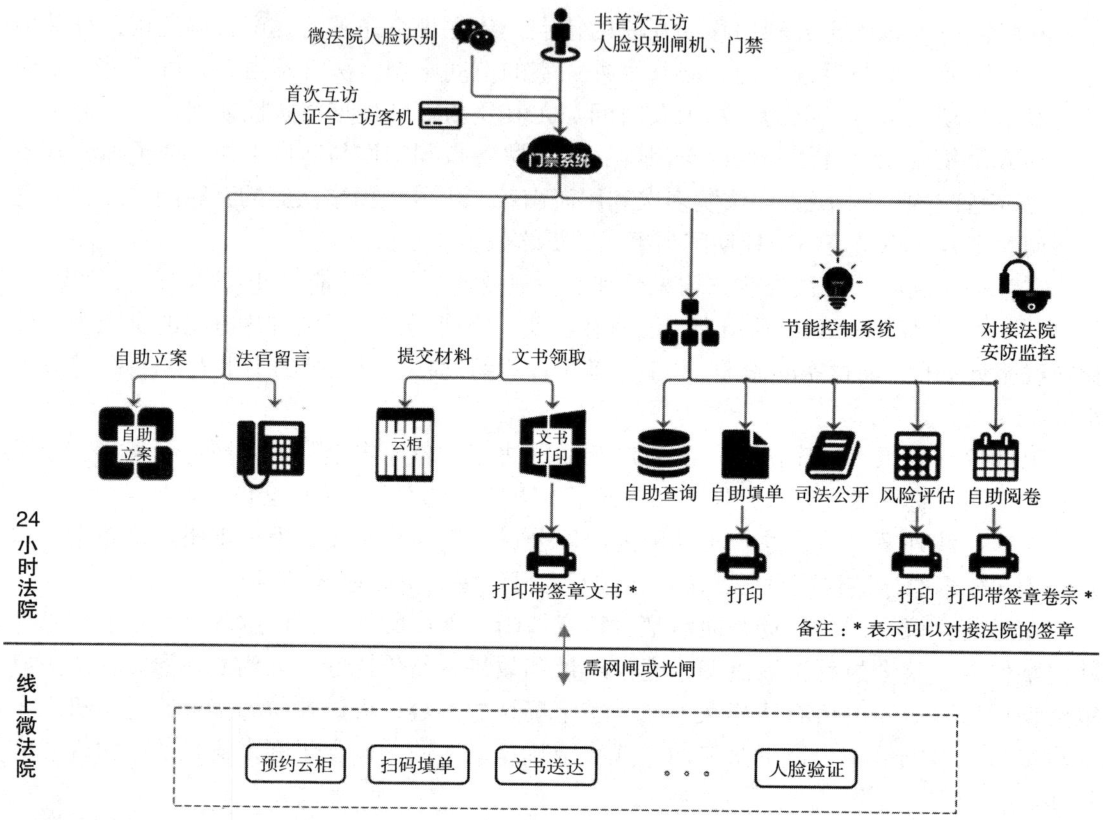

图 5-3 “24 小时自助法院”功能示范

壁挂式公共服务终端：当事人可以通过终端直接和法官进行通话或者留言，直接咨询案件相关信息，方便当事人对案件相关信息的了解。

智能云柜系统：主要用于当事人向法官提交诉讼材料和法官向当事人送达法律文书，是诉讼材料与法律文书双向自主流转的交换站，具有便捷、高效、安全的特点。

庭审播放自助服务终端：可提供案件庭审公开、直播和点播，查看庭审录像等服务，真正做到司法公正“可视化”。

综合文书自助打印终端：当事人登录成功之后通过对接文书送达系统查看名下待打印的文书，支持通过签收电子送达回证实现快速打印，并且提供人性化的自动装订服务。

自助诉状服务终端：功能包括多种文书样式模板的填写、模板查看等，支持对生成的诉状等文书进行打印。

诉讼风险评估终端：以诉讼案件的案由为入口，以提问的形式让当事人根据自身实际情况选择答案，系统将根据选择的答案，从风险、时间、经济等方面进行风险评估，并自动生成诉讼风险评估报告。

“24 小时自助法院”的建成，真正做到了让数据多跑路，让群众少跑腿，是深入开展“不忘初心、牢记使命”主题教育，贯彻落实最高人民法院“两个一站式”建设要求的具体实践。

三　涉外民商事在线解纷平台“民商有办法”

自挂牌成立以来，海南第二涉外民商事法庭主动融入一站式多元纠纷建设工作大局，积极推进涉外民商事在线解纷平台建设。该平台收录了 4 万多条法律法规、1100 多万件案例，为当事人和调解员提供了丰富的参考依据。线上使用短信或邮件的方式将案件进度信息通知到当事人和调解员，让相关方能够及时掌握最新进展，做到全程跟踪。

平台融合了大量先进的信息技术，让在线调解过程方便快捷。其中，真人核身功能可以有效核实当事人身份，确保调解过程的合法性。情绪识别功能可以识别当事人的情绪变化，帮助调解员调整沟通策略。语言转写功能可以识别各方语音并转为文字，形成调解笔录，大大减少调解员的工作量。证据材料共享与质证功能可以让各方在线查看证据材料,并验证材料的真实性。调解视频录制功能为调解过程的公正有效提供了有效保障，法官在司法确认过程中，可以再次调取视频进行审查。在线签名功能让当事人在通过手机微信小程序就完成签名过程。

另外海南省三亚市中级人民法院还与澳门调解协会签约，聘请澳门的调解员参与到三亚的创新型一站式在线纠纷多元化调解工作机制当中来，协助完善涉外民商事在线纠纷多元化调解工作机制，为海南自贸区（港）建设提供优质高效的纠纷解决服务。

工作中，海南省三亚市中级人民法院注重引入港澳等地调解及仲裁机构，利用涉外民商事在线解纷平台，整合各种调解资源形成合力，通过标准化、规范化、国际化流程，专业的调解团队，最终让各类纠纷在平台内找到成本最佳、效果最优的解决方案，从而公正、高效、便捷审理涉外民商事一审案件，大幅提升涉外民商事案件的审理质量和效率，这是司法主动服务海南全面深化改革开放的又一创新举措。

海南省三亚市中级人民法院仅用两个月的时间，就完成了海南第二涉外民商事法庭智慧法院的设计施工。主要得益于，一是市委领导和法院领导高度重视，全员参与；二是与上级法院交流学习、细化流程、强化沟通，实现各部门有机联动，形成合力；三是信息化建设，为智慧法院建设提供安全稳定的网络和设备部署环境。

今后，海南第二涉外民商事法庭将坚持问题导向和需求导向，不断创新方式，加强诉讼与调解、仲裁的线上线下对接，不断丰富诉讼服务机制和内容，努力构建分层递进、繁简结合、衔接配套的一站式多元解纷机制，打造集约高效、多元解纷、便民利民、智慧精准、开放互动、交融共享的现代化诉讼服务体系，为当事人和诉讼参与人提供更加优质、高效、快捷、精准的诉讼服务，助力三亚法治化营商环境的优化，切实扛起服务海南自贸区（港）建设的崇高使命。

（海南省三亚市中级人民法院）

河南省焦作市中级人民法院“两分三化一惩戒”执行工作长效机制见成效

为破解执行难题，近年来，焦作市中级人民法院对标执行评估指标，谋划从法院内部破解执行难的基本思路，2018年12月，探索出执行权配置科学、执行节点全面监管、执行队伍高效运转的“两分三化一惩戒”执行工作长效机制，实现了执行案件的规范高效办理。2019年上半年，焦作“两分三化一惩戒”长效工作机制被最高人民法院确定为可复制、可推广的经验做法。通过执行案件全流程智能管控系统，有效推动执行案件管理模式从事后管理向事中管理转变，实现“两分三化一惩戒”执行长效工作机制与“智慧执行”的无缝对接。

“两分三化一惩戒”执行工作长效机制中的“两分”即实行繁简分流和分段执行的办案基本模式；“三化”即实行执行智慧化、节点账册化和监管即时化的执行管理有效措施；“一惩戒”即将纳入失信名单、限高、罚款、拘留等惩戒措施贯穿执行工作全过程。

一　执行智慧化——实现由“人管人”“制度管人”向“智能管人”的升级

现有执行信息系统统计分析功能偏向于从结果角度展开，分析维度偏于宏观和抽象，对具体案件办理异常情况的感知能力偏弱，对案件的管控节点较少且不够系统全面，难以精准、集中地掌握具体执行案件具体办理环节中的异常情况，案件督办也不能直接督办到具体承办人。执行案件超期预警难、执行程序瑕疵监管难、消极执行、选择性执行、乱执行防范难等成为长期困扰执行工作的“绊脚石”“拦路虎”“肠梗阻”。执行流程节点化管理、办案流程监控即时化，既是执行工作长效机制有效运行的重要抓手，也是推进各项具体监管措施落实的重要保障。如何真正发挥执行智慧化在“两分三化一惩戒”长效工作机制中的作用？焦作市中级人民法院对此成立了课题组进行专项调研，经过历时9个月的反复打磨调试，“执行案件全流程智能管控系统”正式上线运行。该系统功能主要包括案件检查、案件异常详情及管控、个案体检报告、管控记录与管控报告等，贯穿执行案件从立案到结案全流程，通过期限预警、期限异常、执行公开、终本异常等7大模块分类展示，即时向指挥中心及承办人推送管控信息，不仅满足对个案办理全流程的预警提示和异常情况监督，同时实现指挥中心对案件和承办法官的精细化管理，真正做到执行工作全程公开、全程留痕、全程可视、全程监管。

二　期限预警——点对点实时提醒，为执行法官“扫雷”“拆弹”

基层法院执行法官每年平均办理数百起案件，稍有疏忽就可能触发类似“脱封”等雷区，造成不可挽回的后果。关键节点期限预警解决了执行法官的后顾之忧，减轻了执行法官的工作量和工作压力。

预警功能主要包括查封、冻结、节点、扣押、全案等 5 项期限预警功能，对即将到期的案件起到提醒、督促和监督的作用，提醒执行法官及时处理。除了对查封、冻结、扣押等执行行为进行预警外，期限预警还具备节点期限预警立案、节点期限预警启动评估、节点期限预警评估结果确定、节点预警启动变卖等 31 个功能。

截至目前，焦作市中级人民法院执行指挥中心通过“全流程智能管控系统”，已对全市法院受理的 29972 起案件实现了实时智能监控。案件超期、节点超期现象呈不断下降趋势，执行人员规范化意识不断增强，案件规范化水平不断提高。

三　异常分析——对非规范行为“问诊”“问责”

为了提高执行指挥中心对案件异常情况的感知能力，焦作市中级人民法院将“案件异常”模块纳入“全流程智能管控”系统，对期限异常、办理异常和终本异常 3 种情况进行实时监控，分析结果以短信形式督促案件承办人说明情况并予以整改，中级人民法院执行监管团队对进入异常目录的案件进行重点督办。

期限异常：主要对案件期限超期、超期未办理、扣押超期未办结等 6 个关键数据进行监控，对于已经数据异常的案件，该批评的批评、该通报的通报、该问责的问责。

办理异常：收纳了案件办理过程中出现的异常情况，主要包括必要信息缺失、节点流转异常、办理结果异常 3 类。通过“办理异常”分析，有效防范了执行款物管理、执行案件人为干预等各类风险，提高了执行质效。

终本异常：包括时限异常、财产查控异常、未上限高 3 个方面。有效防止了立案后，执行法官不办理直接终本，或者未穷尽一切手段查人找物、没有给失信被执行人限制高消费而违规终本的情况发生。

截至目前，焦作市中级人民法院通过全流程智能管控，共发现期限异常、终本异常案件 65 起，并及时进行了跟踪督办。

四　执行公开——让执行在阳光下运行

“全流程智能管控系统”专门设置了“执行公开”功能模块。该功能包括办案未留痕、留言未回复、线索未核实、举报未处理等内容。执行法官取证时如果没有留痕、当事人留言没有回复、当事人提供线索没有核实，该软件都会自动进行提醒，并发短信通知执行法官纠正自己的错误行为，让执行法官自觉地进行阳光、公开、透明的执行，随时随地让申请人知道自己都干了哪些工作。当事人如果对执行法官的工作有任何不满，还可以通过该模块的投诉功能进行举报，市中级人民法院执行指挥中心会对当事人的投诉举报进行核实处理，确保当事人的合法权益得到保证。

配合使用焦作市中级人民法院专门为申请人量身定制的“阳光执行”微信小程序，申请人可随时查看自己的案件进展、承办法官的办案轨迹、里程和时长，以及对被执行人的财产查控情况，从而参与、见证执行的全过程，知情权、监督权实现了“看得见、摸得着”的有效保障。

五　作用凸显——“两分三化一惩戒”促执行工作良性循环

该机制运行至目前，在焦作两级法院执行工作 18 项质效指标中，实际执结率、实际执行到位率、法定期限内结案率和执行完毕率在内的多项指标位于全省第一方阵。与去年同期相比，结案数增加 4592 件，结案率增长 21.26%；超长期案件数降低 86.75%，法定期限内结案率增长 19.02%，结案平均用时缩短 39.45 天，保全率增长 128.89%，终本案件合格率为 100%，关键节点超期现象已经杜绝，打击拒执案件判决人数增长 122.92%，发布失信被执行人数量增长 56.32%。“两分三化一惩戒”执行长效机制使焦作两级法院执行工作进入良性发展轨道。

2019 年 12 月 31 日，在全国法院“基本解决执行难”工作总结表彰大会上，焦作市中级人民法院被评为全国法院“基本解决执行难”工作先进单位。

（河南省焦作市中级人民法院）

湖南省长沙市中级人民法院首创“闪信 +”司法送达新模式

习近平总书记在中央政法工作会议上指出，政法系统要在更高起点上，推动改革取得新的突破性进展。要深化诉讼制度改革，推进案件繁简分流、轻重分离、快慢分道，推动大数据、人工智能等科技创新成果同司法工作深度融合。最高人民法院院长周强强调，要推进智慧法院建设，让司法人员从大量重复性劳动中解脱出来，集中精力处理司法关键事务。长沙市中级人民法院以大数据和互联网发展为契机，充分运用智慧法院建设成果，在严格遵守民事诉讼法和相关司法解释关于电子送达适用条件的前提下，坚持创新，首创“闪信 +”司法送达新模式。

一　组建队伍、建章立制，实现“零敲碎打”到“专项行动”转型

面对长期存在的送达难题，过去我们进行过很多探索，比如调整送达部门、人员，但改革总是零敲碎打，修修补补，按下葫芦浮起瓢，没有真正找到具有制度性、长效性的解决方案。2018 年 10 月以来，长沙市中级人民法院将“闪信 +”送达改革为专项行

动进行部署开展。一是落实相关制度，强化组织保障，实现“一个中心”“两个促进”。成立了以党组书记、院长肖新平为组长的工作领导小组，设立了专项办公室，先后召开专题领导小组会议 2 次、全市推进会 4 次、培训会 5 次，始终确保以提升审判质效为中心，把“闪信 +”送达改革当作全市两级法院重要的政治任务来抓。通过庭室轮流集中培训、分组模拟演示，促进员额法官、助理、书记员对“闪信 +”平台的了解和运用，使各审判部门勇做“闪信 +”送达改革的“探路者”，不断改进完善；通过统一动员部署和带队上门宣传，促进全市法院对“闪信 +”送达模式的认同和支持，使各基层法院勇做“闪信 +”送达改革的“实践者”，相继运用推广。二是建章立制，实现“三个细化”，即细化制度、细化管理、细化责任。在深入调查研究的基础上，建立健全相关制度，制定了《长沙市中级人民法院关于“闪信 +”送达的实施细则》《长沙市中级人民法院“闪信 +”平台管理规定》《长沙市中级人民法院“闪信 +”送达司法文书工作方案》等规定，明确技术维护、宣传、录入、绩效考核等责任到人。

二　汇集科技、弹屏发送，实现“送达无门”到“精准送达”转型

传统送达方式成本高、效率低、人难找，增加法官办案压力，影响结案效率，妨害当事人充分行使诉权。“闪信 +”送达模式，充分运用现代科技，实现“四大突破”。一是突破方式。通过法院内网，链接移动、联通、电信平台，以“短信 + 闪信”“短信 + 彩信 + 短信”的方式弹屏发送，受送达人收到闪信后，手机屏幕即被锁定，送达内容持续浮于屏幕，需查看后点击关闭，手机方可继续使用。二是突破范围。工业和信息化部下发《电信网码号资源使用证书》，特许长沙市中级人民法院在全国范围内使用号码 106960731236 发送“闪信 +”。“闪信 +”送达通过三大运营商向全国范围内的手机用户送达开庭传票、谈话通知、执行告知书等各类程序性诉讼文书，同时对拒不配合或者更换了手机号码的当事人，当即查询该人名下号码再精准送达，大大减少因被告下落不明而需要由简易程序转为普通程序以及缺席判决的案件数量。三是突破数量。截至 2019 年 11 月 8 日 16 时，长沙两级法院使用“闪信 +”共送达 95608 次，累计查询 53065 次，送达数量呈几何倍增长。四是突破效率。过去送达最耗时耗力的系列案件，通过“闪信 +”平台，录入手机号码即能“秒送达”，几乎实现了送达“零成本”，有效节约了司法资源，促进审判提速。近来，全市法院收案数井喷，达 233209 件，同比增长 48.69%，但是结案数也大幅提升，高达 210978 件，同比增长 33.45%，自“闪信 +”送达在全市法院推广以来，结案周期较往年同期缩短了 19 天。

三　创新宣传、及时推广，实现“一院试点”到“多点开花”转型

任何改革都不是一蹴而就的，我们抱着“知难而进，志在必成”的信念，前期经历了 8 个月的沟通协调和研发、2 个月的中级人民法院试点先行，才开始重点部署宣传和推广。一是聚焦新媒体，实现“五大创新”，即创新理念、创新方式、创新内容、创新载体、

创新队伍。认识有高度，行动才有自觉。创新宣传理念，探索多元化宣传方式，通过微信平台以漫画方式宣传“闪信+”送达，阅读量达3.4万，被最高人民法院、省市各家官方公众号转发，得到社会各界的广泛关注。创新宣传内容，突出特色成效。主推“闪信+”送达实用性操作手册，真正方便法官及当事人学习掌握，为进一步推广奠定基础。组建专业宣传队伍，创新宣传人员配置，组织宣传人员培训，激发创造活力。二是深入调研，总结完善，实现“六个及时”，即及时调研、及时统计、及时反馈、及时培训、及时沟通、及时解决。联系研发公司派员驻院服务，专业指导培训，收集改进意见，提质优化软件，确保“闪信+”送达平台不断升级。“闪信+”专项工作办公室周周统计发送情况，月月进行通报，多次走访基层调研，及时了解问题、反馈意见、进行整改。面对“闪信+”送达合法性质疑，我院反复研究民事诉讼法第一百五十九条及其司法解释，通过简易程序直接“闪信+”送达，普通程序采用“闪信+”送达结合其他送达方式进行效力补强，实现当事人司法权利的有效保障，“闪信+”运行机制的优化完善。2019年8月底，“闪信+”送达正式在全市9个基层法院全面推广。

利民之事，丝发必兴。长沙法院在推进“闪信+”送达改革过程中，坚持问题导向，清醒地发现了亟待补齐的短板。一是进一步解决软件运行故障问题；二是进一步完善平台互动功能；三是进一步学习兄弟省份先进经验，探索集约送达；四是落实党的十九届四中全会关于推进国家治理体系和治理能力现代化的要求，进一步在全省乃至全国推广。

“闪信+”送达改革运用了智慧法院建设的丰硕成果，发挥了“车之两轮”“鸟之两翼”的积极作用，在解决“送达难”的进程中迈出了划时代意义的一步。其为法官和群众提供了智能服务，实现“让数据多跑路，让人民群众少跑腿”，得到了社会的广泛认可，实现审判体系和审判能力现代化，促进了司法公正高效权威。

（湖南省长沙市中级人民法院）

内蒙古自治区呼和浩特铁路运输中级人民法院推行“跨域审判+”模式

随着司法改革的深入，为了实现从“群众多跑路”到“法院多服务”的诉讼服务方式转变，从根本上解决当事人诉讼难的问题，内蒙古自治区呼和浩特铁路运输两级法院提出了“跨域审判+模式”，给审执工作装上现代信息技术的“千里眼”和“顺风耳”，这样即便是远隔千山万水，当事人动动手指就能“面对面”地打官司，让公平正义在万里铁道线上更好地被实现。

一　推行“跨域审判+”模式的背景及意义

2019年1月15日，习近平总书记在中央政法工作会上强调：“要加快推进跨域立案诉讼服务改革，推动诉讼事项跨区域远程办理、跨层级联动办理，解决好异地诉讼难等问题。”2 月 29 日，内蒙古自治区高级人民法院院长杨宗仁在全自治区中级人民法院院长会上指出：“要扎实开展‘提质增效年’活动，要牢固树立以人民为中心的发展思想，切实增强人民群众获得感、幸福感、安全感。”

呼和浩特铁路运输两级法院的地域管辖为内蒙古自治区全境铁路线，营业里程达 15000 多公里，横跨自治区十二个盟市，具有站点多、里程长，管辖地分散等特点。内蒙古自治区东西狭长，从最东面的满洲里市到最西面的额济纳旗横跨 2400 多公里，而铁路两级法院一共才有五院加一个法庭，如何让辖区企业、群众打官司不跑冤枉路、切实减轻诉讼当事人的诉累，同时进一步节约审判成本和审判资源，提高审判的质效，是近年来摆在呼和浩特铁路运输两级法院面前的一大难题。为了解决这个难题，2019 年 3 月呼和浩特铁路运输中级人民法院党组决定要结合“不忘初心、牢记使命”主题教育，进一步深化司法改革，从根本上解决当事人诉讼难的问题，打造“零距离”诉讼服务模式的目标，为当事人提供一体化、一站式、全域通的诉讼服务，全面推行“跨域审判 +”模式。

“跨域审判 +”模式是呼和浩特铁路运输两级法院在全面深化改革和全面依法治国背景下，利用网络信息技术对传统诉讼模式的重大创新举措，其目的在于搭建多元化纠纷解决机制，解决呼和浩特铁路运输两级法院辖区点多线长、司法服务覆盖不足、基层企业群众诉讼成本高等切实问题，切实满足人民群众多元化的司法需求，是对司法便民的最好诠释。

二 “跨域审判 +”模式的组织架构和服务项目

“跨域审判 +”模式就是借助信息化手段，使当事人及其他诉讼参与人远程参加诉讼各程序，最大限度降低诉讼成本，包括网上立案、网上送达、远程开庭、提讯、远程调解、跨域协作执行。探索通过内外网结合的远程视频系统，实现各种司法服务功能，切实减轻当事人诉累，降低诉讼成本。

（一）“跨域审判 +”模式的组织架构

“跨域审判 +”模式的组织架构分为两级法院一体化和全区法院一体化以及未来可能实现的全国法院一体化架构。目前我们已经实现的是铁路两级法院一体化和部分区内外法院一体化的架构。

两级法院一体化架构指的是，呼和浩特铁路运输两级法院的科技法庭、包头铁路公安处看守所科技法庭以及设在铁路沿线的各个巡回审判联络点实现互联互通。呼和浩特铁路运输两级法院案件的诉讼参与人可以在两级五院任意一家法院或巡回审判联络点，就近进行立案、材料提交、参加庭审等各项诉讼活动。

全区法院一体化模式是指各类诉讼参与人可以通过呼和浩特铁路运输两级法院诉讼服务网、微法院或手机程序进行网上立案、网上缴费、网上庭审、笔录核对与签字、网上送达、文书签收与下载、上传证据材料、网上阅卷等诉讼服务网上全流程操作。同时我们在积极打通与地方各级法院的互联互通工作，争取实现让诉讼参与人在全区任何一家法院都能参与远程诉讼各流程。

全国法院一体化模式是在前两阶段成熟后，探索与区外法院科技法庭、微法院的对接，实现让区外诉讼参与人足不出省就可以在当地法院就近立案或参与其他诉讼活动。

（二）“跨域审判+”模式的服务项目

“跨域审判+”模式依托网络技术，以“线上线下均跨域，互联网、政法网、微法院等协同使用”模式开展，设计服务包括跨域立案、跨域送达、跨域网上应诉与答辩、跨域举证、质证、网上庭前会议、跨域调解、跨域庭审、跨域提讯、跨域协同执行、网上阅卷等十余项内容。

三 “跨域审判+”模式的运行情况

呼和浩特铁路运输两级法院推行“跨域审判+”模式于2019年3月正式启动，对科技法庭设备进行软、硬件升级及调试工作，确立以辖区包头铁路运输法院为试点法院，先行开展“跨域审判+”模式，在探索运行、总结经验后，在呼和浩特铁路运输两级法院全面推开。目前已经实现呼和浩特铁路两级法院、辖区所有巡回审判联络点、部分地方法院以及北京四中级人民法院之间数据的互联互通。

两级法院畅通多种渠道实现跨域立案，通过开通诉讼服务公务号、微信立案、网上立案三种模式，当事人可以选择在铁路法院微信公众号中实现异地立案，或者借助司法公开网的“网上立案”平台进行异地立案。同时升级诉讼费缴费系统，开通云闪付、微信扫码等多种快捷缴费方式，不仅有效拓展了诉讼服务空间，也极大提高了立案工作效率，真正实现了跨域立案的“提质增效”。

同时呼和浩特铁路运输两级法院依托政法专网以及互联网平台实现跨域庭审和远程调解。诉讼当事人通过政法网视频系统、微信视频系统和小鱼易连NE20云会议系统实现远程庭审和远程调解，从而保障跨域庭审和调解的技术方面无障碍开通，实现当事人远在千里之外也能及时、实时参与庭审等审判各环节，让当事人“少跑路”，同时便捷当事人各项诉讼权利的实现。

四 “跨域审判+”模式运行成效凸显

“跨域审判+”模式是呼和浩特铁路运输两级法院推动诉讼服务向智慧法院转移的创新探索，自推行以来，成效凸显，为当事人提供异地立案33件，材料收转540多次，跨域庭审26次，判后答疑126次，为当事人节约诉讼成本近20万元。两级法院正在以“跨域审判+”为牵引，探索提高诉讼服务信息化、智能化水平，建好用好已有信息化系统，同时推动线上纠纷解决平台的建设，真正方便当事人“一网解纷”，切实解决好异地诉讼不便等问题。

（一）为群众提供多途径、多层次的纠纷解决方式

在服务人民群众方面，呼和浩特铁路运输两级法院贯彻以人民为中心的审判理念，通过“跨域审判+”信息化手段，充分运用互联网技术，突破地域限制，让数据多传输，让群众少跑路，不断满足人民群众的多元化司法需求，建设集约高效、智慧精准、交融共享的现代化诉讼服务体系，为人民群众提供多途径、多层次的纠纷解决方式。自推行“跨域审判+”模式以来，呼和浩特铁路运输两级法院减少群众出行约133人次，减少群众出行约68178公里，节约出行成本约31240元，节约群众时间约2292小时，充分发挥信息技术对诉讼服务的放大、叠加作用。

（二）减少诉讼成本，提高审判工作质效

“跨域审判+”模式不仅服务于当事人，使当事人在异地可以参与诉讼的各项环节，同时也服务于审判执行工作。自这一模式在呼和浩特铁路运输两级法院推行以来，在服务审判执行方面，通过远程开庭、提讯、网络执行查控、异地执行委托、远程音视频系统等功能的应用，减少法官出行约78534公里，节约出行成本约156100元，节约时间约3231小时；在服务司法行政方面，通过电子公文网上流转、文书电子送达、电子签章等功能的应用推进无纸化办公办案、提升工作效率，节约纸张约12000张。该模式大大整合了有效的司法资源，减少了诉讼成本，提高了审判执行工作质效。

五　“跨域审判+”模式发展愿景

呼和浩特铁路运输两级法院“跨域审判+”模式，推动了跨域诉讼服务全面铺开，实现诉讼事项跨区域远程办理、跨层级联动办理，切实解决了异地诉讼不便等问题。呼和浩特铁路运输两级法院通过在地域上做“减法”，在诉讼服务模式上做“加法”，在延伸业务上做“乘法”，在繁简分流上做“除法”，全方位、多层次方便诉讼当事人。下一步，我们将从三个方面继续推进两级法院“跨域审判+”工作深入开展。

一是对巡回审判联络点进行深化升级。将现有的巡回审判联络点融合更多司法服务功能，运用数字化、智慧化平台，升级为多元化矛盾化解中心，从而使其承载更多的“跨域审判+”功能，最终实现建设现代化诉讼服务体系，构建多元化纠纷解决机制。

二是将继续扩大与区内、外法院搭建互联互通平台，实现网络、数据互通共享，进而实现全国范围内的跨域，建设覆盖全国、全业务、全流程，融合大数据分析功能的诉讼服务平台。实现最高人民法院院长周强在2019年6月13日全国高级人民法院院长座谈会上提出的“到2020年，全国各地区网上立案开通率要达到100%，跨域立案法院覆盖率要达到100%的目标。”

三是在“跨域审判+”上继续下功夫。进一步综合运用互联网新兴技术，推动审判流程再造和诉讼规则重塑，让传统审判插上科技的翅膀，进行深度融合，依托法院诉讼服务网，推动诉讼服务移动终端拓展，开通覆盖电脑端、移动端的直通式网上司法服务平台，加快智慧法院建设，建设集约高效、多元解纷、便民利民、智慧精准、开放互动、交融

共享的现代化诉讼服务体系，让当事人“少跑路”，使科技覆盖诉讼全流程。

用一句话来讲，我们要实现的目标就是：今后，呼和浩特铁路运输两级法院辖区的当事人，不管案件属于哪个法院管辖，只要迈进任何一个法院、任何一个法庭、任何一个“巡回审判联络点”，从诉前咨询到立案、审判、执行、信访各环节的数十项诉讼事务中，均可获得“一站式”解决。

这一模式不仅突破了地域的限制，而且提高了审判工作质效，为人民群众提供了便捷、经济的庭审参与方式，大幅度减轻了当事人的诉累，真正体现了“以人民为中心”的审判理念。今后，呼和浩特铁路运输两级法院将继续主动适应新形势下审判工作的需要，积极回应人民群众对司法便民的期待，全面提升办案质效，进一步提升呼和浩特铁路两级法院司法审判服务水平，让“跨域审判+”模式在司法为民实践中生根、发芽、开花、结果。

（呼和浩特铁路运输中级人民法院）

四川省宜宾市中级人民法院“四类·敏感”案件监督管理系统应用与探索

随着网络时代和信息社会的到来，信息技术已经普遍地应用于各级人民法院办公办案、审判管理、人事管理、后勤管理等各项工作中，这对我国的案件诉讼类型、诉讼理论、实践与审判管理提出前所未有的机遇和挑战。司法改革后，在落实“让审理者裁判、由裁判者负责”要求过程中，院长、庭长与承办法官之间的主要管理矛盾日渐突出。为切实解决承办法官不愿接受监管，院长、庭长不想监管、不会监管等新问题，在最高人民法院、四川省高级人民法院的指导下，宜宾市中级人民法院探索建立全院、全员、全程审判监督管理（以下简称“三全管理”）新机制，并以“四类案件”“敏感案件”监管为突破点，积极探索案件智能监管应用，助力构建新型审判监督管理体系。

一　建设背景及动因

以司法责任制改革为核心的新一轮司法改革要求保障审判权独立运行与加强审判监督管理并行。法官与院长、庭长之间如何做到“放权不放任，监督不缺位，到位不越位”面临新的破题。部分员额法官将“去行政化”错误理解为“去监督管理”，以独立审判为由，不愿接受监管;有的院长、庭长担心被误解为领导干部干预司法，不愿履行监管职责;司法改革文件对审判监督管理的职责内容、权力行使规定较为原则、抽象、分散，有的院长、庭长对“管什么”“怎么管”感到茫然；如何监管面临普遍困惑。监管方式不具体、不规范、留痕难，有的院长、庭长观望等靠情绪较普遍，存在管理虚化问题。再者，员额法官法律知识储备、研究方向不同，审判经验程度也不同，在这种特定的环境下，完全放任独任法官或者合议庭审理案件，可能出现类案不同判、裁判效果不理想、案件质量不高、办案效率低下、案外因素干扰严重等诸多问题，需要切实充分发挥院长、庭长的监督管理作用。

另外，“智慧法院”建设提高了法院案件受理、审判、执行、监督等各环节信息化水平，让信息化实实在在地成为人民法院组织、管理和建设的运行载体。借助信息化手段，也能够让院长、庭长监管更加刚性，让监管更透明，不流于形式，更有利于促进审判体系、审判能力、审判管理现代化发展。

二　重构审判管理模型

宜宾市中级人民法院成立专项课题组，以“三全管理”理念为基础，从应重点监管案件的实体问题进行事中监督的“点”上，依照法定职权审核审批程序性事项的“线”上，对本部门或分管范围内的审判工作负主责、统筹监管审判质效、建立高效预警机制的“面”上，调研剖析审判监督管理存在的难点并研究改进方案。由技术管理部门牵头，同审判管理部门一起仔细解构“三全管理”“四类案件”“敏感案件”及相关监管制度。从规范团队构建、优化团队运行、完善专业法官会议和审委会会议，政治部、政研室、技术室、纪检监察、诉讼服务中心等多部门协作辅助审判管理，动态跟踪、案件预警、监控等方面重构宜宾市中级人民法院审判管理模型。

三　实现从制度规范到技术支撑的转变

以应重点监管案件——“四类案件”为研发基础对象开展应用建设，实现监管的清单化、组织化、平台化。在此基础上，扩大到对“四类·敏感”案件的自动化识别、预警及监管应用。

（一）重点监管案件智能识别、标注，自动纳入监管

系统设置自动识别规则库，配合电子卷宗随案生成系统，系统自动对案件信息进行数据获取、数据处理、特征提取、生成对应特征属性并与已定义特征属性进行匹配，识别案件，分别标注“四”“敏”“监”字特征并根据监管层级自动纳入监管。同时，系统对于自动纳入监管的案件设置兜底监管措施。

（二）监管层进提示、预警

系统可灵活配置本级法院各监管主体监管流程以及上下级法院之间联动监管、信息提示、预警等流程。根据所在区域的实际情况在系统中预先定义敏感案件、重要案件等级，系统在自动识别预警的同时，自动将纳入的敏感案件层进预警至上级法院；监管部门通过系统下发监管指导意见或按业务要求交至审判业务部门、政研室、“三同步”工作会议进行监管。

（三）全程监管，节点控制

从立案识别到归档结案的每一环节，院长、庭长、立案诉讼部门、审管办等监管主体以及案件承办人自身均可“一键启动”监管程序。通过技术支撑有效消除了监管渠道不畅通问题，同时系统自动根据预设，按照PDCA（计划—执行—检查—行动）控制模式对监管案件的重要流程环节进行跟踪和实时行为对照，并进行提醒，对不合规“动作”及时采取措施。对于被冻结节点，案件承办人必须在完成院长、庭长监管要求操作以后，发起解冻流程并主动报告情况说明原因，待监管主体审批后方能解冻。

（四）全程留痕、信息回填

全业务线上运行，对线上监管全过程中产生的数据信息以及监管动作信息进行实时保存，完整反映案件监管工作，避免了以听取汇报、口头过问等形式对案件进行监督管理导致的不全面也不透明的情况。监管过程中形成的数据，通过结构化、特征识别、文本抽取技术、信息校验处理后保存到数据库相应字段，并自动回填至预设表单。

（五）自定义查询统计，多维度可视化分析

系统按案由、敏感等级、承办人、分管部门、监管方式、监管主体、平均监管时间、发现主体、监管后平均办案时间、案件判决偏离度等设置查询统计条件及查询公式，对各类型案件、各条线监管案件、跨类型案件进行查询统计及分析。依托大数据分析技术，对数字化数据进行清洗，按需挖掘信息背后的数据。以采取柱状图、饼状图、折线图等可视形式对各类监管案件的数量分布、启动主体、监管事由、审理时限、案件监管比例等数据情况进行直观展示，向院长、庭长、审管办提供预测辅助性分析，对监管情况模拟判断，发挥决策支撑功能。

四　探索创新实效

（一）实现了“四类·敏感”案件监管从理念倡导到现实操作的转变

通过平台的应用，使全院、全员、全程监管中的“四类·敏感”案件监管变成了可能。同时，深化了各监管主体的管理意识，使审判团队的自律管理，院长、庭长的主责管理，审管办的专责管理，综合部门的协同管理变得看得见、摸得着。2019年，宜宾市中级人民法院纳入“四类·敏感”监管案件3446件，占全市法院受理案件数的4.75%，其中，群体性纠纷案件居多，重大疑难复杂案件次之，其他类型较少。

现阶段，“三全管理”机制统筹下的“四类·敏感”监督管理系统已由四川高级人民法院在全省法院推广使用。国家版权局也就智能监管系统及“三全管理”系统先后向宜宾市中级人民法院颁发了计算机软件著作权登记证书。

（二）实现了对审判行权从随意化、行政化、碎片化到清单化、组织化、平台化的转变

通过后台管理，严格控制访问权限、使用权限。对全院案件监管过程中各自所行使的公共权力进行严格的权限设置。个人权限、部门权限、审管权限、庭长权限、分管院长权限、院长权限，在系统中均以清单勾选的形式对行权主体按其责任设置不同的操作权限，严格区分权力边界，让院长、庭长与承办人，承办人与审管办，审管办与院长、庭长之间的监管职责边界更加清晰，有效杜绝随意性操作。去除了逐级审批，改变了过去院长、庭长以个人名义监督指导个案的做法。通过与数字会议系统（专业法官会议、审委会会议）的融合，实现对纳入监管案件实体部分监管的组织化行权。

（三）实现了对"四类·敏感"案件监管从粗放式到精准化的转变

系统的应用，让案件的监管都在"二维表"+"控制"的环境下运行，依托系统的各大功能，有效解决了以前采用台账方式不能对案件进行深度管理，管理数据也不能及时进行统计，审判系统与管理系统数据脱节的问题。审判管理部门可以方便地根据系统监管数据、分类查询，倒查数据到具体个案，及时有效地按月跟踪、统计、分析"四类·敏感"案件监管各类情况，并根据可视化工具实时掌控案件监管情况，预测态势。在精准化管理下，宜宾市中级人民法院及辖区各基层法院未发生一件院长、庭长管理疏漏导致的群体性纠纷，对"敏感案件"把控也更加精准、更加及时。同时，平台的提示、静默管理功能也更好地协助了监察部门对反映法官有违法审判行为案件是否存在问题的监察，强化了廉政风险的防控，有效提升了法院的公信力。

（四）实现了审判质效从稳中有进到突破提升的转变

2019 年宜宾全市法院受理各类案件 72474 件，同比上升 13.75%；结案 68733 件，同比上升 22.26%；员额法官人均结案 194.16 件，同比上升 26.34 件。在案件数增长的情况下，通过使用监督管理系统，在提高审判效率的同时，确保了审判质量，案件平均审理时间 50.34 天，同比缩短 0.35 天；一审服判息诉率、生效案件发改率等质量考核指标均为全省一流水平。被监管案件取得了社会效果、法律效果和政治效果的有机统一，其中 11 件案例先后入选最高人民法院长江流域环境资源审判典型案例、审判案例要览，全省法院十大典型案例，参考性案例以及环境资源审判、产权司法保护、惩治脱贫攻坚领域职务犯罪等典型案例。

五　小结

信息化作为法院工作的车之轮、鸟之翼，有效支持了法院的各项工作，提高了司法为民、公正司法水平。"四类·敏感"案件监督管理系统以服务审判管理为目标，借助大数据、人工智能技术，让审判管理更加科学、精准；让审判管理模式实现了从微观到宏观、

从个案到类案、从事后到全程，以及司法权责从分离到统一、重点案件管理从随意性到规范化的全方位转变。

只争朝夕、不负韶华。宜宾市中级人民法院将在上级法院的指导下，进一步做好最高人民法院指定的2019年智慧法院重点研发任务，不断加强技术服务法院工作的探索与创新，继续以“我驻长江头，勇于争一流”的宜宾市中级人民法院精神推进“智慧法院”建设，极力贡献宜宾市中级人民法院信息化智慧成果，为审判执行提质增效不懈努力。

（四川省宜宾市中级人民法院）

新疆维吾尔自治区昌吉回族自治州中级人民法院 发挥信息化效能　推进“两个一站式”建设

近年来，昌吉回族自治州中级人民法院始终坚持以人民为中心的发展思想，认真贯彻落实自治区、昌吉回族自治州党委和自治区高级人民法院决策部署及工作要求，努力践行司法为民的宗旨，加快“两个一站式”服务建设，着力构建集约高效、多元解纷、便民利民、智慧精准、交融互享的现代化诉讼服务体系，做到“让信息多跑腿，让群众少跑路”，为群众解忧、为法官减负、为审判执行提速，取得了一定成效。现将信息化助力“两个一站式”诉讼服务建设情况汇报如下。

一　提高政治站位，强化机制建设

（一）坚持政治引领

始终坚持党对人民法院工作的绝对领导，全面贯彻新时代党的治疆方略，聚焦社会稳定和长治久安总目标，不忘司法为民初心，牢记公正司法使命，持续推进诉讼服务工作。积极主动向昌吉回族自治州党委请示汇报“两个一站式”诉讼服务建设工作，并且推动将诉源治理、多元解纷等内容纳入昌吉回族自治州综治考评体系，为搭建“党委领导、政府主导、综治协调”的矛盾纠纷多元化解格局做出贡献。

（二）坚持高位推动

昌吉回族自治州中级人民法院党组高度重视信息化工作，组建“两个一站式”诉讼服务建设领导小组，由院长周玉星担任组长，多次召开专题工作推进会，深入两级法院指导督促，压实责任，确保此项工作有序推进。

二　加强平台建设，实现多元解纷

（一）统一工作规范，实现诉讼服务标准化

昌吉回族自治州中级人民法院牢牢把握诉讼服务指导中心信息平台在诉讼服务体系信息化建设中的作用，按照最高人民法院诉讼服务体系建设质效评估体系，将多元化解、立案服务、分调裁审、审判辅助、涉诉信访五大业务板块的71项指标划入两级法院信息化考核指标，严格按照指标内容进行文件上传、数据填报、信息录入、平台对接等工作，每个月按时通报，以诉讼服务指导中心信息平台的使用来考核“两个一站式”诉讼服务建设情况。2019年，昌吉回族自治州两级法院诉讼服务指导中心均分为63分。

（二）完善诉服大厅硬件设施，推进智能化服务水平

2019年，昌吉回族自治州中级人民法院坚持服务群众关口前移，着力打造全智能化诉讼服务大厅，实现由立案窗口服务向诉讼全程服务的功能转型，共计投资110万元，购置自助立案服务一体机等多种智能化机器，分解当事人排队立案的工作压力。当事人可以在自助立案机上完成身份信息识别读取，将起诉材料通过扫描形成电子材料，诉状辅助生成功能可以帮助当事人直接生成电子版诉状。而通过自助立案服务一体机与法院审判管理系统的对接，法院工作人员可直接引用当事人录入的信息，这适用于小额诉讼、简易案件的快速处理；为拟提起诉讼的群众提供诉讼风险评估服务，输入各类与诉讼相关的信息，系统自动给出风险评估，辅助当事人形成诉讼结果的自我评价；执行风险评估机也是通过各类执行信息的智能识别，帮助当事人预判执行风险，积极寻找被执行人财产线索，提高合法权益的实现率；自助服务区的阅卷终端可以满足当事人及其代理人随时阅卷的要求，避免法官临时外出调查等不在岗无法阅卷的现象。

昌吉市中级人民法院在立案大厅配置了诉讼引导机器人，直接进行对话交流，为当事人及其代理人提供更智能的诉讼服务。昌吉回族自治州两级法院还对诉讼服务大厅的监控进行了改造升级，全部接入全国法院视频监控系统。通过诉讼服务大厅的升级完善，昌吉回族自治州两级法院不断改进服务方式和司法作风，消除各种诉讼不便问题，让人民群众诉讼更省时、省力、省心，成为民众走进司法、感受司法的第一窗口。

（三）整合各类应用平台，助推诉讼服务的便捷化

昌吉回族自治州中级人民法院不断将实体诉讼服务向互联网、移动终端扩展，构建涵盖诉前、诉讼、执行、信访全过程的“互联网+”诉讼服务体系。昌吉回族自治州两级法院先后上线了新疆移动微法院，手机移动端具备了网上立案、诉前调解、法规查询、跨域立案等功能，当事人足不出户即可网上立案；与新疆移动微法院相配套设立了网上立案、跨域立案窗口，充分体现了网上立案时间和空间的优势，为当事人提供了多种方式畅通诉讼渠道，确保线上线下“一站式”诉讼服务，让信息化服务普惠群众；加快应用人民法院调解平台，在辖区范围内统筹推进远程调解工作，减少了当事人往返法院的

不便，提供了高效便捷的调解方式，同时还通过信访室的远程信访系统实现远程调解和化解息诉工作，推动互联网、人工智能与诉讼服务工作深度融合发展，为诉讼服务的质量变革、效率变革、动力变革注入强大动力，让诉讼服务更加人性化、智慧化、精准化，形成具有一流水平的“智慧诉讼服务”新模式。

三　加强信息化推进与应用，确保“两个一站式”诉讼服务定位精确

（一）强化组织保障，打造集约化诉讼服务团队

昌吉回族自治州两级法院坚持将“两个一站式”诉讼服务建设作为审判格局重塑和诉讼流程再造的重要内容，将多元解纷、立案服务、分调裁审、审判辅助和涉诉信访五大业务板块从割裂的“条线”向统筹的“块面”转变，选派一批优秀法官、司法辅助人员充实到诉讼服务队伍中，确保归口统一、职责清晰，最终实现管理制度精细、衔接程序顺畅、保障机制健全、参与单位积极性高。

（二）强化宣传推广，确保智能化服务为民所用

昌吉回族自治州中级人民法院通过多种渠道宣传“两个一站式”诉讼服务工作，通过网络微信公众号、法院官网等媒体平台推广“一站式”诉讼服务，向群众宣传智能化、便捷性，同时在诉讼服务大厅放置网上立案、跨域立案的流程以及微信公众号、微法院二维码，设立服务区并配备专人引导、讲解。特别是2019年10月18日，昌吉回族自治州中级人民法院承办了全区法院“两个一站式”诉讼服务建设现场观摩会，受到自治区高级人民法院充分地肯定和社会各界的一致好评，召开新闻发布会向社会各界推广“一站式”诉讼服务工作，确保公众了解熟悉掌握法院的智能化服务模块。

四　加大信息化保障力度，“两个一站式”诉讼服务成效显著

（一）审判质效进一步提升

通过诉讼服务流程的再造和创新，昌吉回族自治州两级法院构建起集约高效、多元解纷、便民利民、智慧精准、开放互动、交融共享的现代化诉讼服务体系，目前已步入较为高效运转快车道，多元解纷效率也已处于稳步提升阶段。昌吉回族自治州中级人民法院建立“赵瑞琴法官工作室”“12368诉讼服务热线——在线网络调解室”“远程视频接访——律师调解室”等，发挥各行业的优势力量，将简单案件化解在诉讼服务中心，缓解了审判庭室的办案压力；昌吉回族自治州中级人民法院精心研究案件受理类型，2019年打造了10个各具特色的调解室，每日结案数达到40件以上。

通过加大诉前调解、繁简分流推进力度，昌吉回族自治州两级法院2019年诉前调解

案件比 2018 年多出 2000 多件，诉前调解成功率由 60% 提高到 70% 以上，有效节约了诉讼成本，缩短了群众与司法的距离，切实增强了人民群众的获得感、幸福感、安全感。奇台县人民法院一路领跑，诉前分流率再创新高，诉前调解成功率高达 98%。昌吉回族自治州两级法院初步建立起由多数法官办理少数疑难复杂案件，少数法官解决多数简单案件的工作格局，实现将 60% 的矛盾纠纷解决在诉讼前端。

（二）信息化推进与应用指标趋向满意

2018 年，昌吉回族自治州中级人民法院和玛纳斯县人民法院作为全区法院电子卷宗随案同步生成和深度应用试点法院，着力推进辅助法官办案的智能服务，经过一年的实践，昌吉回族自治州两级法院所有案件都实现了电子卷宗随案生成，电子卷宗同步生成覆盖率为 95%，昌吉回族自治州中级人民法院已达到 99.32%。持续推进电子送达，建立“电子送达”窗口。从 2019 年 6 月 1 日起通过中国审判流程信息公开网电子送达诉讼文书，昌吉回族自治州两级法院通过电子送达方式（微信、短信、电子邮件、传真、中国审判流程信息公开网）送达法律文书 16420 多件次，切实提高了送达效率。2019 年昌吉回族自治州两级法院网上立案率超过 20%，中级人民法院网上立案 117 件，跨域立案 114 件。昌吉回族自治州中级人民法院裁判文书上网率 100%，庭审录音录像率 97.72%，庭审直播率 37%，在 2019 年全区法院信息化推进与应用考核、审判质效考核中均名列第一。

（三）群众获得感进一步提高

昌吉回族自治州两级法院坚持群众需求导向，全面提档升级诉讼服务，为人民群众提供“一站式、多渠道、综合性”三位一体的信息化诉讼服务。昌吉回族自治州中级人民法院自 2016 年就专门聘请两名退休老法官接听 12368 诉讼服务热线电话，提供法律咨询服务。2019 年又组建速调快审团队，通过互联网、手机 App 开展远程调解、在线调解、视频调解等工作，充分发挥“互联网 + 诉讼服务体系”优势。2019 年，昌吉回族自治州两级法院通过人民法院调解平台受理调解案件 7390 件，调解成功 5382 件。其中，奇台县人民法院特邀调解员徐建华调解结案 920 件、崔勇调解结案 788 件，该两位调解员在人民法院调解平台上已经升级为五星级调解员，也深得群众的肯定和好评。通过速调团队一体办理，强化诉调工作环节的统筹衔接，最大限度提高工作效率，减轻群众诉累，满足人民群众日益增长的多元司法需求，让人民群众在家门口、掌心里就能办成事、办好事。

（昌吉回族自治州中级人民法院）

北京市朝阳区人民法院
“无讼朝阳”矛盾纠纷源头治理在线平台

北京市朝阳区位于首都中心城区、首都核心功能承载区、国际交往的窗口区，经济发达、文化繁荣、人口密度大。特殊的功能定位、区情特点以及人民日益增长的美好生活需求对该区矛盾多元化解提出了更高要求和更多期待。朝阳法院在市高级人民法院的支持帮助下，以信息化为依托，在不断提高审判质效的情况下，积极开展多元解纷工作，形成“一统双网三覆盖”的诉源治理体系，主动融入全区矛盾多元化解工作，充分运用“智慧法院”建设经验，高度集成大数据、区块链、人工智能等技术成果，为全区社会矛盾治理研发了具备综合功能的“无讼朝阳”矛盾纠纷源头治理在线平台，打通矛盾源头化解前移的“最后一公里”。

一　建设背景

党的十九大报告提出将“加强和创新社会治理，维护社会和谐稳定”作为新时代中国特色社会主义思想的重要内容，对“打造共建、共治、共享的社会治理格局”做出新的部署。党的十九届四中全会专题研究坚持和完善中国特色社会主义制度，推进国家治理体系和治理能力现代化问题并做出决定。

如何贯彻落实党的十九大和十九届四中全会精神？如何坚持和完善共建、共治、共享的社会治理制度？如何构建基层社会治理新格局？是各政法单位共同思考、共同作答的重要命题。

习近平总书记强调，“社会治理的最好办法，就是将矛盾消解于未然，将风险化解于无形”“要坚持把非诉讼纠纷解决机制挺在前面”。在全面推进依法治国，坚定不移推进国家治理体系和治理能力现代化的谋篇布局下，在全力打造共建、共治、共享的社会治理格局，努力满足人民群众多元化解矛盾需求的时代背景下，在合力打造和谐宜居大美朝阳，致力推动区域经济社会高质量发展的现实要求下，亟待完善人民调解、行政调解、司法调解联动工作体系，完善社会矛盾纠纷多元预防调处化解综合机制，努力将矛盾化解在源头。“无讼朝阳”矛盾纠纷源头治理在线平台正是立足朝阳区特点、统筹全区需求、依托科技支撑构建的覆盖全区的基层治理新机制。

二　建设目标

朝阳法院在区委的坚强领导下，积极推动区委统筹建设覆盖全区的诉源治理工作格局，大力扶持村居型调解组织建设，实现各类调解组织对辖区街乡和民商事纠纷的“双网覆盖”，并通过司法定制服务包、法官工作站、示范性裁判“三点支撑”，努力让纠纷化于未发、止于未诉，形成了“一统双网三支点”的诉源治理新格局。但在深入推进诉源治理工作实践中发现，存在长效常态协调联动机制不完善，调解组织公信力、群众认同度、吸附作用有待进一步提升，人民调解、司法调解、行政调解三大调解体系统筹尚不到位，矛盾源头化解前移延伸仍需打通“最后一公里”等问题。

为切实解决上述问题，进一步整合人民调解、司法调解、行政调解资源，构建完善顺畅的多元调解网络体系，畅通多位一体、便捷智能的一站式解纷渠道，在区委政法委牵头和区司法局的协作下，朝阳法院依托“智慧法院”建设经验和技术成果，建成集调解资源整合管理、矛盾纠纷排查分析、在线矛盾多元调解、调解业务培训指导、在线申请司法确认等各项功能于一体的“无讼朝阳”矛盾纠纷源头治理在线平台，为群众提供手掌上的“一站式多元解纷”服务。

三　技术亮点

“无讼朝阳”矛盾纠纷源头治理在线平台在应用智慧法院技术成果的基础上引入了区块链、大数据、人工智能三大前沿技术，形成突出的技术亮点。

以区块链技术保障矛盾化解全流程可信价值。“无讼朝阳”平台将当事人提交的调解申请、证据材料，调解员开展工作形成的调解笔录、相关卷宗，法院司法确认生成的民事裁定书等材料上链。区块链综合了信息储存、信息传输、信任机制、底层算法，确保诉源治理、诉前调解和纠纷裁判等环节的可信价值传输、信任体系建立、信息纽带联结，为矛盾纠纷化解提供从源头至化解全过程的信任保障。

以大数据技术保障诉源治理科学分析、精准决策。“无讼朝阳”平台将收集的调解案件信息、调解机构信息、调解员信息、法官工作站信息以大数据分析技术和可视化呈现技术予以直观展示，形成案件地图、调解地图、司法地图。“案件地图”直观反映矛盾发生趋势、区域分布情况、案由分布类型等;“调解地图”直观反映区域内调解机构数量位置、调解员驻地、纠纷化解成效；“司法地图”直观反映诉讼案件发生趋势、区域分布、纠纷类型等。通过运用大数据技术的量化评估、可视化展示功能，对矛盾风险各方面进行全面评估、预测，助力矛盾风险的事前防控。

以人工智能技术保障公共法律服务触手可及。“无讼朝阳”平台在研发过程中，特别注重为群众提供全方位的法律咨询服务、专业性的法律意见参考、有价值的实用解纷指引，从而引导和鼓励当事人选择非诉讼方式解决纠纷。为此，平台采取人工智能技术研发了智能问答、智能咨询两个板块。智能问答板块针对婚姻、消费、交通事故、劳动等八类纠纷，设置了 200 万个常见问题库。智能咨询板块针对群众多发的十类纠纷，通过在线问卷方式，较为详尽地了解纠纷情况，并结合具体情况给出具有个性化的《法律咨询意见书》，包括各项诉求的法律分析、法律风险梳理、证据收集指南、裁判结果预测等。通过运用人工智能技术为群众提供更加便捷、专业、个性化的公共法律服务。

四　平台四大端口和功能

在开发模式上，“无讼朝阳”诉源治理系统以当前最受用户欢迎、最流行的微信小程序及Web应用程序模式进行开发，由服务当事人、调解员、法官的3个微信小程序和服务调解员、法官的2个Web应用程序组合而成。基于此，“无讼朝阳”诉源治理系统具备开放性强、即时性好、经济性优的天然优势。当事人、调解员、法官可使用手机、电脑等任一终端设备在无须下载应用程序的情况下直接打开网页或者打开微信小程序进入系统。前期开发，后期维护、拓展和升级相比传统系统更经济。

在技术架构上，“无讼朝阳”诉源治理系统，除了三大技术亮点外，还集成了朝阳法院“智慧法院”建设的其他技术成果，具备文书自动生成、OCR文字识别、语音识别、证件拍照识别、二维码识别、远程视频连线、数据可视化呈现等实用技术，大大提高了系统功能性和便利性。

平台根据不同主体、不同需求，提供以下四个端口。

（一）在当事人端，系统为当事人提供高效、便民、专业的全流程一站式调解服务

在纠纷未发阶段，系统为当事人提供在线咨询、相关案例搜索服务，引导当事人采取恰当方式妥善处理分歧。

在纠纷初发阶段，系统为当事人提供一站式在线调解服务。当事人通过系统在线提交调解申请，上传相关材料后，系统管理员根据当事人纠纷类型、纠纷内容即时在线委派相应调解组织的调解员，确保调解员在纠纷发生第一时间即可介入纠纷，并实时开展化解工作。系统支持远程视频调解，让调解员和当事人打破空间限制和时间限制，任何时间、任何地点均能连线沟通。未登录过系统的被申请方当事人可以根据调解员提供的二维码扫码查询案件进展。

在纠纷化解阶段，已调解成功的调解案件，当事人无须再跑法院进行司法确认，在系统中即可在线提起司法确认，起到及时固定纠纷化解成果的作用。对调解失败的案件，系统为当事人提供在线诉讼风险评估服务，以风险评估、示范性案例推送方式，为当事人处理纠纷提供规范指引。

（二）在调解员端，系统为调解员提供智能、便利、规范的调解办案保障

在调解案件管理上，调解员登录系统即可查看承办的包括新收、正在办理、已办结的全部调解案件信息。对于未经系统办理的调解案件支持补录、补登。对口头、简易处理的调解案件支持快速登记。

在调解办案辅助上，调解员可以使用电脑、手机等各类终端设备，不受使用场地限制，随时进入系统，开展线上调解工作，有效解决场地协调问题。针对不同信息化水平、不同年龄的调解员，系统支持文字输入、语音转写输入、图片上传三种录入方式，并根据录入的信息通过OCR识别技术、信息提取技术、文书自动生成技术，自动生成调解申请书、

调解协议书、司法确认申请书等文书。更为便利的是，系统支持随时查看调解案件全部卷宗材料，对调解全过程留痕，且系统所生成文书能够在手机端实现电子签名，实现了调解员办理调解案件全流程无纸化，调解员在不带任何纸质材料的情况下随时随地即可开展调解工作。

在调解办案指导上，系统具备在线培训功能，调解员可通过系统接受在线培训。在调解过程中，调解员可以通过系统查询法律法规及我院示范性裁判案例，以便根据示范案例制定调解方案，做好释明工作。此外，根据个案的特殊需要，调解还可通过系统在线联系法官工作站，获取法官的在线调解指导。

（三）在法院端，系统为法官对接调解员、查阅调解卷宗、在线办理司法确认提供了技术支撑

为方便法官使用系统，系统支持法官通过手机和电脑任意方式登录系统。法官可在系统中查阅调解全部卷宗及调解记录，亦可通过远程视频、语音、文字等多种方式开展调解指导，核实相关案情。对于当事人申请司法确认案件，经审核后，法官可对调解结果予以在线确认，并在线上传司法确认书。为保证信息安全，当事人提供的地址确认书和法官上传的司法确认书通过司法链平台予以上传，以区块链技术确保信息真实有效。此外系统为法官提供了司法确认案件的统计、管理和查询功能。

（四）在管理员端，系统为管理员统筹管理调解力量、培育指导调解组织、分析研判纠纷矛盾、建立健全矛盾分级机制和调解员考核机制提供了重要抓手

系统涵盖人民调解、司法调解、行政调解三大调解体系，对接法院在线司法确认系统，收录各调解组织、调解人员、调解业绩等管理类信息，记录纠纷类型、纠纷内容、纠纷分布、重要案件等各类矛盾相关数据，可实现考核公正、管理便捷、信息联通、工作联动、矛盾连调。该系统具备教育培训版块，可以依托系统对三大调解体系的调解员进行在线技能培训工作,有效解决了调解员培训场地协调难的问题。该系统基于大数据技术开发的“调解地图”功能，可直观反映纠纷趋势、重点纠纷、当事人分布、调解机构分布、调解员驻地分布、其他专业组织分布等情况，便于了解诉源治理整体态势，有助于及时调配诉源治理资源和力量，科学开展诉源治理工作。

五 取得成效

作为全市法院首个应用区块链技术的诉源治理平台，“无讼朝阳”有效解决了群众遇到纠纷该找谁、该依靠谁的问题；有效解决了群众对调解组织的信任度低、接纳度低的问题；有效解决了矛盾纠纷化解流程中的对接和衔接问题；有效解决了司法供需异步问题。该平台为人民群众寻求调解帮助、解决纠纷矛盾、获取司法服务、查询法规指引提供了宝贵资源。为调解员提高法律专业水平、增强调解业务能力、提升调解工作效率提供了

重要保障。为法院指导调解工作、完善诉调对接机制、运用非诉程序化解矛盾提供了有力支撑。为全区统筹调解力量、整合调解资源、培育壮大专业调解组织、分流指派调解任务、排查化解矛盾纠纷、分析研判矛盾趋势提供了重要抓手。

“无讼朝阳”平台推定矛盾源头治理从线下走向线上、从分散走向统一，让社会矛盾化解在老百姓家门口，让社会各有关单位形成社会治理合力，是矛盾纠纷一站式化解的重要工具，是社会力量协同完善共建、共治、共享基层社会的崭新思路。

（北京市朝阳区人民法院）

北京市丰台区人民法院文书送达社会化服务探索

党的十九大报告提出，要“深化司法体制综合配套改革，全面落实司法责任制，努力让人民群众在每一个司法案件中感受到公平正义”。这为人民法院进一步深化司法体制改革指明了方向。丰台法院以习近平新时代中国特色社会主义思想为指引，始终坚持以人民为中心，统筹推进党的十八大和党的十九大以来部署的司法体制改革任务。面对日益繁重的“人案矛盾”，为缓解不断增长的案件数量和有限的司法资源之间的矛盾，充分发挥社会主义制度优势，把适合由社会力量承担的事务交给市场主体、社会组织、人民群众去做，形成共同推动司法事业发展的合力，已成为推进构建共治、共享的社会治理格局，是推进国家治理体系和治理能力现代化的内在要求。按照中央政法工作会议关于深化市场化、社会化机制建设的要求，丰台法院院党组经研究决定从审判辅助事务性工作的“牛鼻子”——文书送达入手，将文书送达交由专业的社会化服务公司来承担，审判团队针对每一个司法案件只看送达结果。由社会化团队来负责送达的全过程管理，实现送达方式的引导、确认、切换、跟踪及以司法案件为单位的“一案一表”送达报告，确保送达结构合格、有效，既保证了公平正义，又兼顾了效率资源。下面就丰台法院文书送达社会化服务进行的探索工作从七个方面做简要阐述。

一　机构改革

最高人民法院院长周强指出，司法改革和信息化是人民事业发展的“车之两轮、鸟之双翼”。要实现文书送达的高效、可控，需要改变文书送达由各审判团队自行负责的现状，通过文书集中送达的方式，实现文书送达信息化、流程化、可视化、数字化的管理；实现文书送达回证全过程，全留痕、全追溯、全保全的高可用；自 2017 年 4 月起，为了配套速裁庭的审判工作，丰台法院成立了以文书送达工作为主要内容的案件流转中心，将速裁庭的送达工作全部交由案件流转中心负责。速裁庭的审判团队仅需要发起送达任务，随时了解送达进展，及时掌握送达结果即可。同时，还进一步明确了丰台法院诉讼服务中心为案件流转中心社会化服务团队的直接领导，实现了送达工作的荣辱与共。在近两年的工作时间里，我院诉讼服务中心的领导与同事和案件流转中心的社会化服务团队，全身心扑到我院的集约化送达工作开展上面。从最初的为速裁庭提供一站式文书送达服务，逐步扩展到为本院所有审判团队提供一站式文书送达服务，再进一步拓展到为派出法庭提供除本辖区外的外出送达工作。近期还在积极考虑通过完善与其他法院的协作机制和送达平台，实现跨域文书送达。

二　制度建设

为了让文书送达工作有法可依，丰台法院在认真研究民事诉讼法关于送达的规定和最高人民法院办公厅印发《关于进一步加强民事送达工作的若干意见》的基础上，结合北京市高级人民法院关于集约化送达工作的规定，兼顾送达工作的公正与效率，拟定了丰台法院“一站式文书送达规定”，通过“送达规定”约定送达工作的标准、规范、流程及其相应法律后果。案件流转中心的社会化服务送达工作人员严格按照丰台法院的“送达规定”进行文书送达，实现文书送达工作“增量、高效、优质、减负”目标。

三　平台构建

文书送达工作是一个综合性、系统性、专业性很强的工作，离不开信息化平台的支撑。丰台法院在充分吸取先进法院送达平台工作的基础上,创造性地自研了融合电话沟通、窗口预约、电子送达、司法专邮、外出送达、公告送达、委托送达为一体的一站式送达服务平台，对各类送达方式均可以产生诸如音视频数据和电话录音、窗口预约回证、电子送达回证、司法专邮回证、外出送达回证、公告回证等相结合的各类送达回证。为了解决纸质版文书在审判团队、社会化服务团队和当事人之间的流转,还研发了智能云柜（材料收转柜），实现了文书材料的收转发。通过智能云柜的应用实现“法官书记员文书送达不出楼，当事人文书领取不进院”。同时，丰台法院的一站式文书送达平台还和北京市高级人民法院集约化送达平台进行了完美对接，实现了审判团队从高级人民法院集约化平台发起送达任务，即可将任务推送到一站式文书送达服务平台，由驻场服务团队完成后续的各项送达工作，直至送达工作完成，并将各项送达数据返回北京市高级人民法院集约化送达平台。随着《最高人民法院关于进一步全面 落实司法责任制的实施意见》《最高人民法院关于深化人民法院司法体制综合配套改革的意见——人民法院第五个五年改革纲要（2019—2023）》等文件精神的出台，丰台法院的一站式送达平台要紧跟这些文件的精神，目前除了积极完善跨域送达模块外，还在构建为“保全中心”服务的诉讼保全管理平台、为案件管理服务的“一站式案件流转跟踪平台”。

四　团队养成

尽管剥离审判辅助性事务工作，让法官专注审判，提升审判质效是当前司法改革的一个大方向，但是文书送达社会化服务市场仍然不是很成熟，社会上可供选择的文书送达服务团队不是很多。丰台法院通过一整套公开招标引入机制和送达社会化服务团队的养成方案，让送达服务团队从不了解到了解、从不熟悉到熟悉、从不精通到精通文书送达事务性工作。主要采取的措施和办法有岗前培训、师傅带徒弟、岗位轮换、每天工作例会、每周工作例会、绩效考核管理等，对工作好的驻场服务人员进行表彰，对不好的进行批评，对屡教不改的直至辞退。通过近两年的锤炼与摔打，丰台法院一站式送达服务团队沉淀了一支由 25 人组成的精干送达团队，承担了全院每年近 6 万案件的 10 余万次送达任务。

五　改革创新

为深入贯彻中央决策部署，认真落实全国人大常委会授权决定，深化民事诉讼制度改革，推进案件繁简分流、轻重分离、快慢分道；为充分保障人民群众合法诉讼权益，有效降低当事人诉讼成本，满足人民群众多元、高效、便捷的解纷需求，进一步优化司法资源配置，提升审判工作质效和公信力，北京市丰台区人民法院作为民事诉讼程序繁简分流改革试点基层法院，高度重视案件繁简分流改革，积极扩大审判实践中小额诉讼程序的适用，坚持“简化程序，不减损权利”。对当事人来说，可于起诉当日立案、开庭、宣判，并最终获得胜诉判决，提高了司法公信力，也让司法更加亲民。对法院来说，大大压缩了审理周期，简化了办案手续，节约了司法资源。对于全社会来说，案件繁简分流改革是一次司法资源的有效分配，满足了人民群众对法院及时解决纠纷的期待，也是推进国家治理体系和治理能力现代化的一项重要举措。

最高人民法院在全国范围内部署推行跨域立案服务改革的基础上，鼓励建立各地法院之间的诉讼服务协作机制，在提交申请、材料收转、文书送达等方面共享信息资源，不断扩大跨域诉讼服务范围。丰台法院作为北京辖区跨地域委托送达协作试点单位，认真总结实行一站式集约送达服务工作经验,发挥“管理＋平台＋服务＋数据”模式的优势，打破审判辅助性事务的地域局限，打造团队化、一体化、智能化的全新管理格局，丰台法院在 2020 年 4 月牵头建立“审判辅助性事务跨域协作机制”，并搭建了“智慧司法服务平台”。

六　成效评估

文书送达工作原来由各个审判团队自行负责，引入社会化服务团队后，如何评估社会化服务团队送达工作的成效成为丰台法院重点研究的一个课题。在原有司法专邮妥投率的基础上，丰台法院创造性地提出了以下指标，作为社会化服务团队送达工作的考核依据。

案件送达合格率。没有合格的送达就没有合格的审判，要求案件送达合格率为 100%，提出“一案一表”，每一个案件都有一份送达报告，该报告以时间轴为顺序，将案件中涉及的所有当事人，在何时间、采取何方式及对应的送达回证均顺序罗列，确保送达程序 100% 合格。

平均案件送达时长。送达服务团队接收到审判团队任务发起的时间至该案件所涉及当事人所有送达工作均有效完成（除公告送达）并取得有效回证的最终时间的时长为平均案件送达时长，并通过月报对该时长进行跟踪、分析和优化。

电话沟通转化率。与当事人通过电话沟通确认身份、送达地址及引导受送达方式，尽量让当事人来院领取文书或接受电子送达。并通过月报对该转化率进行跟踪、分析，对转化率高的驻场服务专员的话术、当事人特点进行总结，逐步推广。

电子送达占比。电子送达是一种高效、低成本的送达解决方案，通过与律所、律协、保险公司、银行、物业、企事业单位等统一签订电子送达地址确认书的方式，提高电子送达的占比。通过月报与司法专邮中单月司法专邮量较多的受送达人进行约谈，引导其签署电子送达地址确认书，采取电子送达。

司法专邮成功率。司法专邮是当前审判团队主要采取的一种送达方式，在原告提供多个地址的情况下，审判团队由于事务性工作量大，在没有和受送达人确认地址的前提下，往往会向多个地址进行司法专邮，而受送达人不能在多个地址都进行签收，这造成了司法资源的浪费。为了避免这种情况，我们要求社会化服务团队，在司法专邮之前必须要通过电话沟通和受送达人确认准确的送达地址，再按确认的地址进行司法专邮，这样的好处是在节省成本的同时，还可以大大提高司法专邮的成功率（妥投率）。

七　后续展望

丰台法院案件流转中心的一站式文书送达服务通过“管理＋平台＋服务”的方式，为实现审判事务性工作分离，让法官专注审判、提高审判质效做了有益的探索，并取得了积极的成效。后续丰台法院将在集约化送达社会化服务的基础上，通过诉讼保全管理平台，建设一站式财产保全中心；通过一站式案件流转跟踪管理平台，建设案件管理中心；实现财产保全集约化管理、卷宗流转集约化；实现卷宗无序存放、有序管理，通过案件流转跟踪管理平台，还可积极推动随案电子化、文书送达、财产保全、评估鉴定、排期开庭等事务性工作的开展。为健全信息化全流程审判监督管理机制，实现全面支持网上办案、全程留痕、智能管理，智能预警监测审判过程和结果偏离态势，推动审判监督管理由盯人盯案、层层审批向全院、全员、全过程的实时动态监管转变，确保放权与监督相统一奠定良好基础。

北京市丰台区人民法院始终坚持以人民需求为导向，将诉讼服务工作与司法改革系统推进、与基层治理深度对接、与社会力量有机融合，努力为群众提供集约高效、多元解纷、便民利民、智慧精准、开放互动、交融共享的公共服务，全面建设现代化诉讼服务体系。

（北京市丰台区人民法院）

聚焦重点　提速增效
玉环县人民法院创新应用“一体化办案系统E助理”

为全面推进以审判为中心的刑事诉讼制度改革和电子卷宗在刑事案件办理中的深度应用，玉环县人民法院利用浙江省政法委全面推进刑事一体化办案的契机，积极探索刑事一体化办案智能化，成功推出“一体化办案系统E助理”，实现了从立案到归档全流程智能办案新模式。

为确保项目的快速推进，玉环县人民法院组建智能化办案团队，吸收一线办案法官、书记员、技术骨干组成工作小组，下设办公室，负责统筹协调以及法官、书记员的培训工作，确保全员熟悉掌握一体化办案平台的操作流程。同时积极运用电子卷宗、智能审判等全国性试点工作经验，认真梳理刑事审判事务性工作，将原有的人工操作升级为智能操作，即通过开发拟人化机器人软件实现任务替代，可以将法官及其辅助人员从烦琐的事务性工作中剥离出来，大幅提升办案质效（见图5-4）。

“E助理”针对刑事审判流程各个环节进行智能化配置，实现了一键立案、一键送达、一键调警、一键结案、一键生效执行、一键转档、一键文书上网等功能。

立案审查阶段，“E助理”接收一体化办案系统中的电子文书和卷宗，并根据起诉书编号智能抽取对应案件的信息，智能校验立案必填项、审判系统必填项，立案法官仅需对关键信息内容核验校对，大幅减轻信息录入工作量，实现一键立案；刑事文书送达阶段，首先通过在审判执行系统中后台配置程序性文书自动签章，实现常用的程序性文书自动生成并加盖电子签章，配合一键送达功能可以实现只要掌握案件号、送达对象两项信息点即可自动查询当事人信息、检索选择智能送达平台签章文书，自动完成文书送达的相应操作，大大减轻书记员事务性工作负担；刑事开庭审理阶段，刑事案件排期后，输入要调警的案号，“E助理”自动获取被告人基本信息、强制措施及羁押地点，生成提押票等，完成审批和调用警力，实现“一键调警”。以20个被告人调警为例，机器操作仅40秒，效率相比人工操作提升375%。一键开庭功能可以实现同时启动数字法庭、语言识别系统、庭审直播系统、语音质证平台，免去书记员多次操作系统界面录入登录账号的事务性负担；结案归档阶段，一键结案功能可以实现通过对签章裁判文书的语义解析，完成案件结案基本信息、定罪量刑、刑期起止信息等内容的智能回填。工作人员只需对异常信息项进行干预，案件节点信息录入的差错率降至0。一键转档功能可以实现自动将审判阶段生成需转化归档的文书自动归目，大大减轻归档工作量。刑事执行阶段，一键执行功能可以实现根据结案登记的定罪量刑等信息一键生成自动签章执行通知书。

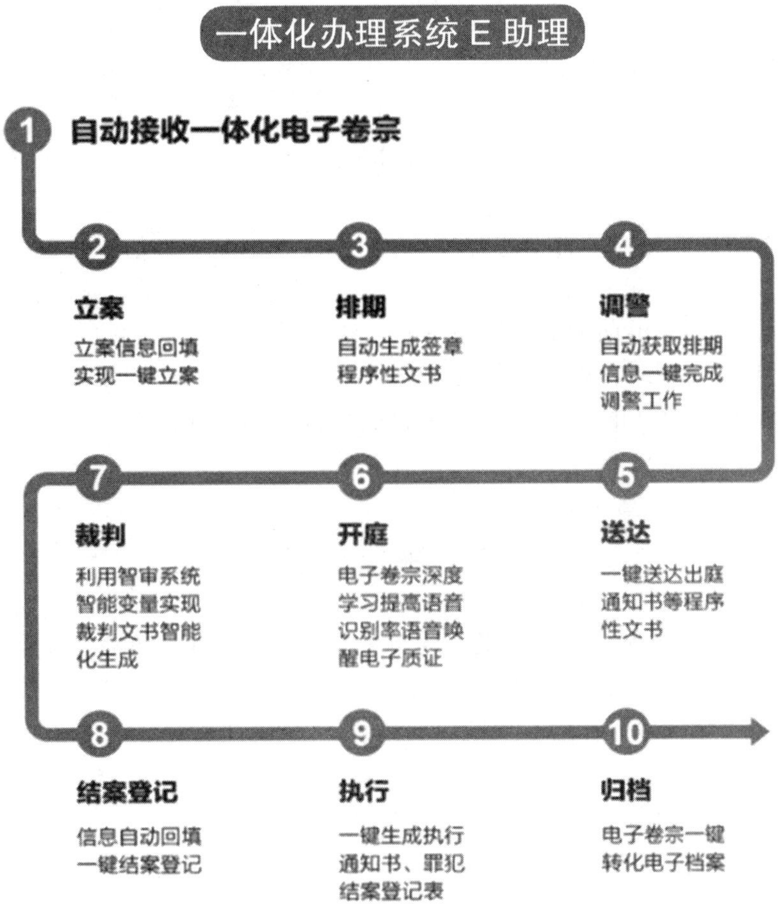

图 5-4　一体化办案系统 E 助理

"一体化办案系统 E 助理"依托浙江政法一体化办案平台，是法院系统在刑事案件一体化办案的积极探索，具有很好的实用性和推广应用价值。下阶段，我院进一步提炼刑事条线试点经验，扩大试点应用范围，进一步检验"一体化办案系统 E 助理"使用效果，早日打造刑案智能化办理模式。

（浙江省玉环县人民法院）

福建省厦门市翔安区人民法院"指尖诉讼"新模式

"好厝边"在闽南语中是"好邻居"的意思。闽南有句俗语叫"千金难买好厝边"。2017 年 9 月，厦门市翔安区人民法院正式启动诉前解纷机制改革，在重塑线下诉前解纷流程的同时，运用互联网、云计算、大数据等信息技术研发"好厝边"在线诉前解纷平台，打通多元调解的内外壁垒，形成全覆盖、全流程、智能化、一体化的"指尖诉讼"新模式，为群众提供丰富快捷的纠纷解决渠道和一站式高品质诉讼服务，满足群众多元司法需求，促进市域社会治理现代化。

一　建设背景

“案多人少”长期以来一直是法院的一大难题。《最高人民法院关于进一步推进案件繁简分流优化司法资源配置的若干意见》提出，要树立“大繁简、大分流”的理念，其中一项分流就是纠纷的诉前分流。诉前解纷模式的设置适应了案件的集中审理需要，有利于纠纷快速化解；同时，诉前阶段为信息化运用提供了广阔空间，既可向内延伸至诉讼程序，实现诉前与诉讼的无缝衔接，亦可向外链接，打通信息孤岛，实现数据的互联、互通、互享。

二　主要功能

“好厝边”在线诉前解纷平台涵盖预立案、诉前送达、诉前调解、诉前调查等多项诉前案件流程管理功能。2019 年，“翔法在线”微信小程序通过升级打通了在线立案、胜诉退费、在线保全等便民服务，进一步推动了全面在线解纷模式。

（一）平台功能亮点

1. 在线多元解纷：系统支持引入公证机构、鉴定机构、律师服务及其他特邀调解组织等和第三方平台，多种渠道满足人民群众化解矛盾纠纷的多重需要；

2. 对接仲裁机构：案源自动推送，及时、便捷、有效地化解纠纷；

3. 远程在线调解：实现远程视频、电话调解，在线签署确认文书，实时固定调解成果；

4. 实现多头调解：方便当事人时间安排，支持多头调解，化解纠纷，提高调解效率；

5. 自动存证出证：调解全程中自动录音录屏，自动存证，出具电子数据保管函，支持出具公证书；

6. 文书自动生成：支持自动生成 / 一键批量打印有关文书，如诉前调查报告、诉前调查笔录、调解笔录、调解协议书、调解报告等；

7. 诉前多方式送达：多方式诉前送达，自动形成送达全流程登记表，为后续审判、执行送达奠定基础；

8. 多维数据分析：针对不同机构、部门、人员的诉前调解案件数量、已结案件数量、未结案件数量等进行统计，通过数据多维分析，提升决策能力；

9. 案件实时监督：随机分配法官助理，法官助理全程对诉前程序进行跟踪监督管理；

10. 强化流程管理：实现鉴定流程、保全流程管理；

11. 特色异步调解：异步在线完成调解，举证质证、诉前调查、调解笔录，一步到位。

（二）功能模块介绍

通过逐步完善，“好厝边”在线诉前解纷平台目前已具备五大模块的功能。

1. 网上诉讼服务模块。当事人可通过“翔法在线”微信小程序、网页端实现在线申请立案，自动生成起诉状。诉前保全申请，诉讼材料上传、交换，在线缴费、胜诉退费及生效证明开具等多项业务均可通过该模块进行。该模块实现了移动端实人认证、电子签章、法规查询、计算工具、智能问答等诉讼便民服务。

2. 集约送达模块。通过资源集约调度、数据集约归拢、流程集约管控，实现送达过程全程可读、送达数据实时存储、送达路线智能规划、送达过程实时存证等多项功能，进一步提升司法送达的工作效率、公信力和成功率。

3. 在线调解模块。支持远程视频调解和异步调解，当事人可以异时、异地、异步参与调解，进一步推动调解的便利化。在调解过程中还可完成明确诉求、证据交换、争点归纳、无争议事实固定等诉前调查报告内容，并无缝转入诉讼程序，切实缩短庭审周期。

4. 电子卷宗管理模块。具备当事人提交材料一键上传、流程文书一键生成、电子数据自动采集、电子卷宗随案生成等功能，实现数据一键流转共享，打通诉前诉后数据壁垒。

5. 诉前解纷流程管理模块。实现诉前纠纷的自动分配和案件的节点管理，对庭前送达、开庭、管辖异议、鉴定、调查、再次开庭、中止、追加、结案、庭后文书送达、文书上网、上诉移送、归档等节点进行科学、规范、有序的系统化管理，将节点数据以报表、列表等形式展示，自动完成各项司法指标的统计分析，方便法官查看案件办理进展以及流程信息，从而服务于法院案件办理实务。

三　运行成效

经过两年多的运行，“好厝边”在线诉前解纷平台成效已初步显现，入围2019年度“福建法院十大改革创新亮点举措”，在2019年举办的第二届数字中国建设峰会、第五届全国智慧法院论坛上广获好评。

（一）切实减轻群众诉累

消除法院与群众沟通的地域、时间、情景困境，让诉讼服务更加快捷、高效、全面，实现“指尖诉讼”新模式。当事人可选择诉讼服务中心的立案服务终端、网页端、手机App端、“翔法在线”微信小程序的任意方式一键提交解纷申请，打通了全方位立案通道。可在线提交财产保全申请、在线缴费及退费、实时查询纠纷解决进度、开具生效证明及在线监督。在调解过程中还可完成明确诉求、证据交换、争点归纳、无争议事实固定等诉前调查报告内容。改革开放以来，群众的民事纠纷化解时间较改革前同比缩短26.22天，2019年完成线上胜诉退费113件，线上开具生效证明487件，满足当事人“一次不用跑，最多跑一次”的便捷诉讼需求。

（二）有效减轻法官办案压力

通过平台的集约送达机制实现资源集约调度、数据集约归拢、流程集约管控，自动完成各项司法指标的统计分析。使用该平台后，共完成送达案件5万余件、集约送达30万次，除公告案件外平均送达周期缩短至14天，公告送达案件占比下降11.86%。最高级人民法院副院长张述元调研时肯定了该系统的研发是“花小钱，办大事”。

（三）促进诉源治理取得成效

在党委的领导下，充分发挥司法引领作用，打通纠纷解决的多元之路，聚焦于共建、共治、共享，平台接入司法、公证、医疗、律协、保险、社区网格化平台等各类社会解纷系统，为当事人提供调解、公证、仲裁等非诉讼纠纷解决路径，让司法真正成为纠纷解决的最后一道防线，并倡导协商精神，培育社会自治意识，形成共建、共治、共享社会治理新格局。运用区块链的理念，打通信息孤岛，从社会治理的高度将辖区的社会纠纷以数据化的方式进行管理，实现数据的互联互通互享。截至2019年12月底，翔安法院高达48.63%的纠纷在诉前即已化解，无须进入烦琐的诉讼程序。

（四）全面提升法院审判质效

自开展改革以来，翔安法院的审判质效位居厦门市基层法院前列。2019年，翔安法院受理各类案件8823件、审执结案件7930件，结案率、结收比均居厦门基层法院前列。

四　未来展望

下一阶段，翔安法院在信息化转型升级的过程中将继续把科技理性与司法理性“两个智慧”融合好，把制度优势和技术优势“两个优势”结合好，推动大数据、云计算、人工智能、移动互联、区块链等在司法领域的全面深度运用，促进审判体系和审判能力现代化。

一是全面覆盖，移动互联。进一步将实体诉讼服务向互联网、移动终端拓展，构建涵盖诉前、诉讼、执行、信访全过程的“互联网+”诉讼服务体系。

二是深入挖掘，服务至上。加强大数据分析应用，深入开展数据挖掘、数据分析、数据检索和数据利用，更好地服务法官办案、服务司法改革、服务社会治理。

三是跨界融合，深度应用。进一步摸索人工智能技术在提高法院工作质效上的融合点，建立人工智能学习模型，培育智能办案机器人，为智能辅助法官办案开辟新的实践空间。

四是社会治理，共治共享。加快构建富有活力和效率的新型基层社会治理体系，进一步提高社会治理社会化、法治化、智能化、专业化水平。

五是平台互通，数据共享。以推动资源整合、注重开放协同为原则。建设各级政务服务数据共享平台，推进跨地区、跨部门、跨层级数据共享，以及身份互信、证照互用、业务协同，实现就近办理、同城通办、异地可办。

（厦门市翔安区人民法院）

重庆市巴南区人民法院“一书一令”矛盾化解“一体化”司法确认机制

近年来，重庆市巴南区人民法院坚持问题导向、互联网思维，在智慧法院建设过程中围绕智能生成、高效流转的“司法确认裁定书”及“人身安全保护令”的“一书一令”新模式，把矛盾纠纷化解在基层，把风险隐患消除在初始，借助科技赋能，努力打造共建共治共享社会治理新格局。2019 年 11 月，最高人民法院院长周强批示推广巴南区“一体化”司法确认机制。

一　创新背景

现行法律制度中，司法确认、人身安全保护令为经济纠纷的多元化解、家庭纠纷的平稳化解提供了解决路径，但这两种制度在实际运行中存在制度性壁垒，容易导致错过矛盾化解的最佳窗口期，增加群众维权成本和政府维稳成本。

（一）以问题为导向

群众报警多，民警疲于应对，且多数出警内容属于民间纠纷，出警后若不及时解决，群众意见便会增大，有的纠纷存在升级恶化的风险，引入人民调解入驻派出所有效破解了这一难题。

（二）以互联网增效

依据现行法律规定，司法确认程序时间流程过长，难以实现便捷、高效、彻底化解纠纷的立法初衷。通过培训驻所调解员，使其在熟练使用纠纷易解平台基础上，不断创新改进，实现司法确认、人身保护令申请法院线上审核，调解室当场打印送达法律文书，真正做到让数据“代跑路”、老百姓省心力，体现了科技在实际工作中的运用。

（三）增强政法部门之间的协调联动

政法部门因其职能职责的不同，在工作中存在衔接不到位、配合不紧密的现象。例如，在矛盾纠纷的调解过程中，公安机关缺乏处理民间纠纷的法定职能和应对举措；法院因诉讼专业性强、流程烦琐和时间成本高，难以成为化解纠纷的最佳选择。通过驻所调解，就能综合政法部门优势、整合力量，共同发力解决矛盾纠纷。

为此，重庆市巴南区委政法委统筹公安、法院、司法等部门协调联动，运用互联网思维，借助纠纷易解、易诉两大智慧平台，针对快捷司法确认、快捷人身安全保护令两项创新探索，在全区 26 个派出所推动建立“调解确认（申请领取）一体、部门联动一体、网上网下一体”的矛盾化解“一体化”司法确认机制，利用科技手段，努力打通化解基层矛盾纠纷、服务群众的“最后一公里”。

二　主要做法

针对“一书一令”存在的制度性壁垒问题，重庆市巴南区法院用互联网思维，在智慧法院建设过程中，充分整合法院、公安、司法等各方资源，借助信息化方式实现“一体化”司法确认机制，使矛盾纠纷化解工作水平大幅提升。

（一）用活法律资源，找准法律支撑

立足盘活法律资源、用好法律手段，把法律规定变为可操作性的运行流程。一是吃透法律精神。对相关法律进行深入研究，深刻领会司法确认、人身安全保护令制度的立法本意、内在精神及具体流程。二是细化具体举措。对于司法确认、人身安全保护令，对申请、受理、审核、裁定、送达等各环节进行规定，逐一细化可操作措施，确保其能落地、有效果、可推广。三是体现法治权威。调解协议经过司法确认具有司法权威性和强制执行力，人身安全保护令可以避免家暴再次发生，防止矛盾纠纷激化升级为刑事案件或信访上访事件。

（二）建立协同机制，凝聚部门合力

制定《巴南区“一体化”矛盾纠纷化解工作制度》，明确法院、公安、司法等各部门职责，建立教育培训、对接协调、信息传递等机制，确保流程顺畅、快捷高效。一方面，调动各方参与的积极性。通过“一体化”纠纷化解工作机制的部门联动，司法机关能加强调解工作；公安机关能释放警力，减负增效；法院能节约司法资源，提高司法效率。另一方面，参与各方尽职履责形成合力。为了确保“一体化”司法确认机制顺利运行，司法部门主动加强驻派出所调解工作指导；法院同步协同配合；公安机关为调解工作提供必要的软硬件设施。

（三）打通信息渠道，增强社会认同

利用法院的易解平台、易诉平台，打通公安、法院信息连接通道，将司法确认、人身安全保护令申请材料直接导入信息平台，由法官在内网审核并出具裁定书，制作完成的裁定书通过文书逆向传输技术，传送至调解员账号。一是申请便捷。司法确认前的调解工作、人身安全保护令的前期取证均在派出所完成，大大简化了申领流程。二是办理速度快捷。依托互联网平台，实现申请资料线上传输、法院法官内网审核、裁定文书实时回传，将司法确认流程由 20 天缩短至 30 分钟，将人身安全保护令流程由 72 小时缩短至 20 分钟，申请人的时间、经济成本几乎降到零，司法效率得到跨越式提升。三是“一次”

不用跑。“一体化”司法确认机制，使得司法确认、人身安全保护令的申请和领取均在派出所内完成。

（四）在线视频调解，科技赋能司法

一是调解员通过易解平台在线视频调解。调解员在易解平台添加调解排期后，系统自动生成双方当事人的在线视频调解凭证码，当事人在调解员确定的调解时间用手机在易解平台页面输入凭证码，即可一键进入在线视频界面，通过语音聊天的方式实时与调解员、对方当事人沟通，双方当事人亦可实时看到书记员的调解笔录。调解结束后，调解员一键发送调解笔录，当事人在手机电子签名，便完成对调解笔录的确认。通过科技手段，真正让相隔千里的当事人异地解决矛盾纠纷，减少奔波之苦。二是引入智慧法律大牛机器人，助力人民调解工作。大牛机器人以最先进的人工智能“类脑”模型及技术为核心，收录了数万条法律法规及案例，可利用“意图识别、多轮会话、推理决策”等先进人工智能技术，对群众咨询的法律问题，一键生成法律意见书。同时，大牛机器人还可以成为调解员队伍的好助手，使调解工作更专业、更高效。

三　取得效果

（一）突破司法壁垒，实现纠纷化解的“一站式”服务

“一体化”矛盾纠纷化解工作机制，通过司法、法院与公安紧密联动，将司法确认、人身安全保护令的申领前置到派出所，通过智慧法院易解平台和易诉平台，实现让数据多跑路、群众少跑路的“一站式”矛盾纠纷化解服务。

（二）简化司法流程，提高纠纷化解工作效率

“一体化”矛盾纠纷化解机制将司法确认流程由原来的 20 天缩短至 30 分钟，将人身安全保护流程由 72 小时缩短至 20 分钟，大大提高了司法效率，跨越式地提升了矛盾化解工作水平。以花溪派出所为例，自 2017 年 7 月试点以来，受理各类纠纷 2200 余起，调解成功率达 98.6%，涉当事人 4000 余人，金额 800 余万元，调解成功率达 98.8%，协助司法确认 200 余起，协助申领人身安全保护令 28 件，群众满意率达 95% 以上。自全区推广矛盾化解“一体化”工作机制以来，其余 25 个派出所的矛盾纠纷调解成功率达到 98% 以上，共发出司法确认裁定书 800 余份，发出人身安全保护令 150 份，司法调解履行率达 100%。2020 年 1 月起至今，各调委会通过在线申请司法确认 306 件，申请人身安全保护令 49 件。特别是疫情期间，法院诉讼服务中心暂不开放，各调委会积极利用易解平台申请司法确认，化解当事人矛盾纠纷，从 2020 年 1 月 24 日至今，各调委会利用易解平台在线申请司法确认 86 件，通过易诉平台申请人身安全保护令 20 件。巴南区社会治安综合治理中心人民调解委员会利用在线视频调解，成功调解一起一方当事人在上海的变更抚养权纠纷案件，取得良好社会效果。

（三）树立法治权威，促进纠纷化解工作法治化

“一体化”矛盾纠纷化解机制是运用互联网思维，通过部门联动及流程优化，借助科技力量，在法律框架内促进矛盾纠纷化解的工作机制，有利于形成“办事依法、遇事找法、解决问题用法”的社会氛围。

（重庆市巴南区人民法院）

2019年市场监管综述

2019年是中华人民共和国成立70周年，是市场监管系统深入贯彻落实党中央、国务院决策部署，以坚持和完善中国特色社会主义制度、推进国家治理体系和治理能力现代化为主轴，系统性、整体性、协同性全面深化改革的一年。大市场大监管，新时代新作为。改革后的市场监管部门任务更重、责任更大。全国各级市场监管部门，创新体制机制、推进监管智能化、夯实基层基础，充分运用信息技术提升监管效能。

更加突出商事制度改革，加大“放管服”改革力度，持续优化营商环境，激发市场活力和创造力，全面夯实现代化经济体系建设的微观基础。办照难易最能体现政务服务质量和效率。河北省市场监管局推行手机政务，开发运行个体工商户营业执照登记全程电子化手机“云窗办照”业务办理服务平台，使零跑腿、零见面成为现实，24小时不打烊成为常态，全面提升“互联网+政务服务”水平，在打造便民高效服务上取得了显著成效。中共中央办公厅、国务院办公厅印发的《关于深入推进审批服务便民化的指导意见》提出以审批智能化、服务自助化、办事移动化为重点，让数据多跑路、群众少跑腿。审批智能化作为一种新的审批方式，已成为便利登记、提高行政效率、缓解人手紧张的有效途径，是市场监管部门结合自身职能、顺应时代发展、满足群众要求、推进国家治理体系和治理能力现代化的具体体现和重要抓手。湖北省市场监管局全面推行审批许可全程电子化，积极探索审批许可“智慧办”，基于市场主体经营范围标准化和住所承诺制度，应用人脸识别、电子签名和人工智能技术，实现计算机智能审批，申请人从提交资料到打印执照，全程自助办理，自动完成个体工商户设立登记和证照打印。“智慧办”是一个无人工干预的智慧审批平台，在该平台办理个体工商户营业执照，从身份证提交到营业执照打印，全程可在6分钟内完成，个体工商户登记进入“零见面”“零干预”“全天候”“全程自助”的智能化办理时代，审批环节真正实现“秒批”。审批智能化要求政府部门建立健全适应信息化时代要求的服务机制，实实在在地做到流程简化、效率优化、办理时间缩短、服务质量提升。2013年，世界银行对190个国家进行营商环境排名，我国排名第96位；2019年10月世界银行发布报告，显示我国营商环境排名跃升至全球第31位。经过5年多的努力，提升了65位，这主要得益于“放管服”改革。

市场监管是政府的重要职能之一，市场治理是国家治理体系的重要组成部分。各级市场监管部门加强数据和业务整合，大力推动“智慧市场监管”，更加突出食品安全风险管控，创建稳定可预期的监管环境，有效防范化解市场监管风险。针对机构改革后市场监管工作所涉领域广、链条长、场所多、产品多、社会关注多、风险多、责任重等突出特点，青岛市市场监管局打造“互联网+”智慧监管新模式，以安全评估为基础，以分级监管为抓手，以风险预警为重点，整合建设情报风险应急处置信息化体系，采用人工智能技术从互联网挖掘与市场监管相关的情报信息，构建多源一体、全局共享、智能高效、管理规范的青岛市市场监管风险监测系统，实现了网络信息采集、网络信息分析、综合信息整合、网络情报监测、情报信息管理、专题情报、定向监测、情报分析研判、大屏展示等功能，开启了市场监管大数据慧治模式，创新了大监管共治的事中事后综合监管局面，有力支撑了市场监管体制改革。上海市浦东新区市场监管局针对机构改革后的监管对象多、职能多、各级各类信息系统多，且互不相通，单一系统无法解决监管事项的痛点难点，以“智慧监管可看”“基层实践可用”“风险隐患可控”为目标“筑云”“强脑”“织网”，建设“大数据监管中心”，涵盖市场主体从设立到退出的所有数据，依托 GIS 地图形成市场主体的“全息画像”。运用大数据深化智慧监管场景应用，以大数据监管中心为“总系统”，开发建设各智慧化场景运用“子系统”，联通原有各业务系统，并与各单位干部的“个人电脑端”、基层人员的“移动监管端”连接，形成一张覆盖各领域、各单位、各环节的智慧监管网络，实现“更精准”的市场风险防控、“更高效”的执法资源配置、“更集成”的多元共治格局，以方式创新为引擎，提升事中事后监管效能，推动治理能力新提升。

更加突出食品安全风险管控，推进安全放心工程，切实保障食品质量安全、保障广大群众饮食安全。福建省市场监督管理局牵头组织并会同14个省直厅局单位，全力推进“一品一码”追溯体系工作，建设统一的“福建省食品安全信息追溯管理平台”，充分发挥科技与信息化作用，运用大数据、互联网、云计算等技术，积极推进“机器换人”，创新食品安全共建共治共享新模式，率先在全国建立起涵盖农业、海渔、出入境、粮食、商务、市场监管等部门的食品追溯协商机制，率先在全国建成并投入使用覆盖种植养殖、生产加工、流通、餐饮全过程的统一追溯管理平台，率先在全国构建起一套食品安全追溯信息化技术标准体系，率先在全国打造覆盖 11 大类满足人民群众日常生活必需食品的全生命周期全数字追溯链条，在提升监管效能、服务产业发展、保障人民安全方面取得了良好成效。

2020 年年初，新型冠状病毒肺炎（以下简称新冠肺炎）疫情暴发，市场监管总局依托市场主体登记信息、小微企业名录信息、国家法人库基础信息等市场主体大数据，加强野生动物市场监管、保障医疗物资供给、制定扶持政策、推动个体工商户复工复产，以及为疫情防控期间线上办公提供基础数据支持，深度挖掘信息价值，服务疫情防控精准决策和经济社会发展工作，有效助力 2020 年实现决胜全面建成小康社会、决战脱贫攻坚目标任务。

发挥市场主体大数据作用　服务疫情防控和复工复产

充分发挥市场主体大数据作用，助力疫情防控，有序推动企业复工复产是时代发展赋予市场监管部门的现实使命。自新冠肺炎疫情发生以来，市场监管总局依托市场主体登记信息、小微企业名录信息、国家法人库基础信息等市场主体大数据作用，深度挖掘信息价值，服务疫情防控精准决策和经济社会发展工作，力争把疫情影响降到最低，有效助力 2020 年实现决胜全面建成小康社会、决战脱贫攻坚目标任务。

一　市场主体登记信息助力疫情精准防控

市场主体登记信息包括企业名称、法定代表人信息、企业类型、行业、注册资本（金）、实收资本、经营范围、股东信息事项等登记数据项目。截至 2020 年 3 月底，市场监管总局汇集了全国的市场主体数据，含注吊销共计 2.2 亿市场主体，其中存续市场主体共计 1.2 亿多户，包括近 3900 万户企业和 8400 多万户个体工商户，实现了每一户企业登记详细信息的动态收集更新。市场主体登记信息量大面广、价值高，通过对数据进行多维度分析统计，可以多角度、全方位表现市场主体的发展变化情况。

在疫情防控期间，登记信息为强化监管、精准防控提供了有力的信息支持服务。一是在加强野生动物市场监管方面，利用企业名称、经营范围、行业等快速检索野生动物饲养繁育场所以及野味经营者，掌握野生动物分布区域，为打击野生动物违规交易专项执法行动提供支撑。二是在医疗物资保障供给方面，及时整理出国内抗击疫情急需物资的生产和流通企业名单，快速统计全国口罩生产企业分布情况，进而扩展到测温仪、防护服、消毒液、医疗器械物资等防护产业数据统计，全面掌握医疗物资生产经营企业、生活物资供应企业分布情况及企业名单，为确定疫情防控物资重点生产企业名单、保障供应、恢复产能提供基础支撑。三是在制定扶持政策方面，密切监控疫情期间市场主体登记注册、变更等情况，通过数据判断疫情对生活服务、出行、旅游、房地产、餐饮、娱乐、制造等行业影响，为制定复工复产政策提供精准信息支持。

二　小微企业名录助力扶持企业复工复产

受疫情影响，个体工商户复工复产和正常经营都受到较大冲击，小微名录开始发挥重要作用。市场监管总局建成的小微企业名录系统集中公开了各类扶持政策及企业享受扶持政策的信息，提供了企业申请扶持的导航，实现了对小微企业名录库的查询。截至目前，该系统收录了全国超过 1 亿户的小微企业和个体工商户信息，占全国存续市场主体的八成以上。

小微企业名录不仅成为政府部门招标中判定企业是否是小微企业的主要依据，而且已经成为银行等金融机构服务小微企业融资贷款、签订小微企业信用的重要信息来源。一是宣传国家对小微企业和个体工商户的扶持政策。目前，小微企业名录成为国家帮助个体工商户尽快有序复工复产、降低个体工商户经营成本的重要信息平台。截至 2020 年 3 月底，系统集中公示 1.8 万多条各类扶持政策、申请扶持导航等信息以及全国 140 多万条企业享受扶持政策信息，其中包括各省扶持政策集中公示 7501 条、各省申请扶持导航 2555 条，小微企业名录促进扶持政策宣传的作用凸显。二是支持小微企业的精准扶持、融资贷款。完成与银保监会对接，实现对高新科技、大学生创业等新型行业小微企业细分，通过批量查询、接口开放等方式为 18 家银行提供有针对性的数据服务，在创业创新基地城市示范、国家中小企业发展基金使用、帮扶创业就业等方面尽可能多地为政府部门服务小微企业提供个性化的定制服务。三是加大信息挖掘应用，开展小微企业发展指数和活跃度等数据分析，及时研判疫情对小微企业、个体工商户的影响，为制定个体工商户等应对疫情影响的扶持政策提供支撑。

三　国家法人库全方位服务经济、社会发展

建设国家法人单位基础信息资源库是实施国家大数据战略，加快建设数字中国的重要内容。在各类法人单位中，企业法人最为活跃，从数量上也占到了绝大多数。2019 年年底，市场监管总局牵头全面建成具有基础性、基准性、权威性的国家法人单位基础信息资源库，实现了对我国企业法人基础信息的统筹管理。国家法人库具备以下三大显著特点。第一，“全”，即覆盖全国所有登记机关范围内的企业、个体工商户、农民专业合作社等各类市场主体，覆盖市场主体设立、变更、注吊销、迁入迁出的全生命周期。第二，“准”，即全国统一业务标准和技术标准，基于“一照一码”登记模式，以企业登记注册信息为基准，主要信息指标完整率达到 100%，保证企业法人数据的完整性、唯一性、真实性。第三，“快”，即实现了国家法人单位基础信息资源库每日动态更新，平均每日更新数据量 30 万条左右。这些特点保障了国家法人单位基础信息资源库（以下简称“国家法人库”）的基准性、权威性和鲜活性。

疫情防控期间，倡导线上办逐渐成为疫情防控的有力措施，国家法人库为政务服务网上办、宏观决策支持等提供保障。一是为国家政务服务平台提供基础信息核验。国家法人库包括了能确定实有性和唯一性的统一社会信用代码和名称、设立的批准或核准机关、设立的批准或核准时间、法定代表人（负责人）、法人类型、处所、状态等基础信息。自疫情暴发以来，国家法人库支撑小微企业服务专栏、人社部跨省就业企业对接等，充分保障政务服务在线办事、信息共享畅通无阻，截至 2020 年 4 月 10 日，对外服务总量 1000 万次，日均服务量 15 万次。二是支撑统一身份认证。针对政务服务领域企业网上身份认证的共性需求，国家法人库作为基础信息资源为“互联网 + 政务服务”平台提供身份认证技术支撑，通过企业名称、统一社会信用代码、法定代表人、身份证号四要素核验企业法人的唯一性实现身份认证，助力“互联网 + 政务服务”平台实现企业网上办事“一

次认证、全网通办”，目前累计为政务服务平台提供认证4000余万次，日认证量30万次，在市场监管、税务、海关、民政、人社、教育、卫健等诸多政务服务领域发挥日益重要的支撑作用。三是在宏观分析方面，国家法人库以数量、规模为主要指标，以地域、时间、类型、行业、状态为主要维度，对增长速度、结构等进行趋势分析，通过直观的数据统计图表，清晰地展示各类企业法人的发展情况，可有力支撑人社部门分析预测就业形势、统计部门提升统计调查的时效性和准确性、税务部门提高税收征管水平等相关部门在国民经济和社会发展的宏观调控功能。

四　在常态化疫情防控中继续发挥市场主体大数据作用

习近平总书记在2020年2月14日下午主持召开中央全面深化改革委员会第十二次会议并发表重要讲话强调“鼓励运用大数据、人工智能、云计算等数字技术，在疫情监测分析、病毒溯源、防控救治、资源调配等方面更好发挥支撑作用”。市场主体大数据汇集了全国所有企业从成立到消亡的信息，为全面掌握企业发展动态提供了数据基础，是市场经济发展的晴雨表。在此次新冠肺炎疫情大考中，市场主体大数据资源的开发利用成为疫情防控和复工复产的支撑力量。尤其是国家法人库的建设与应用提高了市场监管部门汇集、分析信息的能力，国家法人库成为推进市场监管和服务的有力支撑，在此次疫情防控中发挥了重要作用，其作为重要的社会管理资源，对于政府科学决策、加强行业管理、维护公平竞争、引导理性投资、保障交易安全和消费安全具有重要作用。

当前各级政府出台了应对疫情复工复产的系列政策，以提振实体企业的信心。随着疫情防控进入常态化，应加快推进生产生活秩序全面恢复进入新阶段，下一步要持续发挥市场主体大数据基准性、权威性和鲜活性的特点，为业务办理、决策、协同提供高质量的信息辅助，未来也将长期助力推进市场监管乃至国家治理体系和治理能力现代化。一方面，要通过建立市场主体大数据指标体系，开展市场主体登记宏观监测、区域监测、行业监测，对实体准入退出趋势分析进行及时预警，研判政策绩效，为宏观决策、开展政策评估、政策调整做好支撑；另一方面要发挥国家法人库作用，通过对法人信息进行多层次、多类型、多维度的分析、挖掘，为各部门开展管理模式创新提供信息支持，为政府部门提供更准确、实时的决策依据。

（市场监管总局信息中心　袁瑞丰　张志清）

湖北省市场监管审批许可“智慧办”

为进一步深化“放管服”改革，优化营商环境，提升市场主体准入效能和办事体验，促进创业创新，湖北省市场监管局积极探索审批许可“智慧办”改革，取得了初步成效。

一　加强组织领导，统筹推进“智慧办”改革

湖北省市场监管局高度重视市场监管审批许可“智慧办”改革工作，按照“试点先行、以点带面、分步推进”的要求，选取黄冈市作为试点单位，以个体工商户智慧审批为突破口，探索开展审批许可“智慧办”改革。一是领导高度重视。省市场监管局分管领导多次召开专题会议部署推动“智慧办”改革工作，并到黄冈市实地调研，现场了解工作进展情况和存在的问题，提出了明确的工作要求，推动各项工作落实落地。2020年1月6日，省市场监管局、省政务管理办主要负责人，黄冈市副市长，工商银行湖北分行、中国银行湖北分行副行长在黄冈市共同启动湖北市场监管“智慧办”平台。二是建立工作专班。成立由省、市市场监管局、黄冈市政务服务和大数据管理局相关领导和工作人员组成的省市联合工作专班，专责推进“智慧办”改革相关工作。三是制定工作方案。制定了《湖北省市场监管局关于在黄冈试点市场监管“智慧办”平台工作方案》，明确项目牵头单位及项目责任人，细化工作任务、责任分工、完成时限、系统技术要求等内容，确保改革各项工作落到实处。四是加强工作调度。为协调改革工作的顺利推进，湖北省局科信处作为项目主责单位，会同相关处室单位、带领相关技术人员多次到黄冈市实地开展工作，强化工作调度，按既有时间表、路线图、任务书逐项推进落实。

二　探索开展试点，以点带面积累可复制推广经验

湖北省市场监管局自2019年9月起，在黄冈市试点推动个体工商户“智慧办”改革。黄冈市局将“智慧办”改革作为一把手工程来抓，成立工作专班，市局主要负责人担任组长，分管领导、副县级干部具体组织实施，工作专班下设综合协调、流程再造、信息技术和后勤保障四个小组具体负责落实。为保障试点工作效果，联合市政务服务和大数据局组成考察组，赴上海、浙江、广东等地学习借鉴先进经验，综合湖北改革先进做法，带着问题三赴武汉东湖高新学习取经。探索开展个体工商户住所登记承诺制，提请市政府出台相关管理办法。编制《网上申请指南》，指导市场主体通过网上专区自助网办。

2020年1月6日，湖北市场监管“智慧办”平台在黄冈举行了启动仪式，正式上线运行。应用该平台的第一位申请人在现场只用了5分钟就自助完成了个体工商户登记

业务办理并打印出全省第一张“智慧办”个体工商户营业执照。今后，投资创业者通过该平台办理个体工商户营业执照，从身份证提交到营业执照打印，全程均可在6分钟内完成，使审批环节真正实现“秒批”。“智慧办”平台上线标志着湖北省个体工商户登记进入“零见面”“零干预”“全天候”“全程自助”的智能化办理时代，创业成本进一步降低。

三　建立“智慧办”平台，支撑保障改革落实到位

“智慧办”是湖北省市场监管部门基于市场主体经营范围标准化和住所登记承诺制，应用人脸识别、电子签名和人工智能技术，实现计算机智能审批，自动完成个体工商户设立登记和证照打印的即时办理平台。它是一个无人工干预的智慧审批平台，申请人从提交资料到打印执照，全程自助办理。目前，主要设置在政务服务中心和部分银行，也可部署在其他方便群众办事的地方。许可审批“智慧办”，是市场监管部门利用现代技术手段推进商事制度改革，提升群众办事体验的有益尝试。

（一）“智慧办”平台主要特点

一是简便申报流程。按照智能审批需求重新梳理个体工商户登记流程，减少中间环节、简化申报材料，提供系统引导式、智能化申报服务。二是标准化经营范围。对经营范围进行标准化、颗粒化、规范化梳理。自主申报时不需要手动输入，只需点击选择即可，既方便群众操作，也便于规范化管理。三是住所登记承诺制。实行住所（经营场所）登记承诺制，用户无须提供经营场所登记证明，直接在线签署《住所（经营场所）承诺书》即视为提供了有效的经营场所登记证明。四是自动化审查核准。建立系统自动审查核准规则，改变原有的营业执照人工审批模式，将业务审批工作交给计算机系统，实现计算机人工智能审批。审批的内容主要包括电子表单审查、业务自动审核、审核风险管理等。五是自助执照打印。设立登记自动审核通过后，系统实时生成电子营业执照，申请人通过微信、支付宝小程序即可获取电子营业执照，也可根据需要至登记窗口或自助终端进行纸质执照打印领取。六是登记全程电子化。申请人只需持本人身份证即可办理，申报全流程不需要提供纸质材料，直接在系统上填写相关信息。七是登记流程智能转换。在申请智能审批过程中如果出现不符合智能审批条件的登记行为时，系统自动跳转到常规全程电子化登记流程继续办理。

（二）“智慧办”平台技术要求

一是多方式实名认证。系统与公安部人口库、支付宝、银联等系统对接，实现身份在线认证。二是多方式电子签名。支持互联网CA签名，如法大大、e签宝等。三是系统智能审批。按照确定的智能审批业务规则对业务表单内容及电子签名进行审核和验证，并依据负面清单对申报内容进行限制性审查和警示。在申请过程中，当系统检测出不符合智能审批条件登记行为时（如使用非标准化经营范围），系统自动跳转到常

规全程电子化登记流程继续办理，由人工后台审批。四是实时领取执照。通过设置在政务服务大厅、市场监管所、银行网点、社区等地的自助办照终端和证照打印机，登记申请后实时自动审核，现场打印领取执照，系统同步生成电子营业执照。五是全天候零见面办理。通过市场监管“智慧办”平台和自助办照终端等设备，实现“7×24 小时”不间断服务。

四 大力深化“放管服”改革，不断优化营商环境

湖北省市场监管局自组建以来，积极落实党中央、国务院和省委省政府关于全面深化改革的战略部署，大力深化市场监管领域“放管服”改革。聚焦湖北省委、省政府提出的湖北省营商环境要“进入全国第一方阵”的目标，将提升审批许可便利化、压缩市场主体开办时间、打造市场主体准入“快车道”，作为深化商事制度改革、优化营商环境的第一突破口。一年多来，全省市场监管系统在提速度、撤门槛、优服务上下功夫，专门出台了便民化服务20条。全面推行审批许可全程电子化，上线个体工商户微信办照系统，启动“一照通”改革试点，先后推出“网上办”“掌上办”“自助办”，为申请人提供了更多便利选择。推动“证照分离”改革，工业产品生产许可证由 24 类压减到 10 类，食品经营许可实行告知承诺“简易办”，自贸片区“证照分离”改革正在全覆盖推进。2019 年，湖北全省市场监管系统办理“证照分离”登记 19.6 万件，惠及企业 14.3 万户。2019 年 6 月底，会同有关部门将湖北省企业开办，包括登记注册、社保登记、发票申领、印章刻制、银行开户等五个环节的时间，全面压缩到 3 个工作日以内，荆州、襄阳、宜昌自贸片区等地实现一个工作日办结。近期推出的“智慧办”改革实现了个体工商户办照即来即办，立等可取。

下一步，湖北省市场监管局将在全省推广“智慧办”平台应用，并在中国（湖北）自由贸易试验区内探索企业类市场主体的智慧审批应用，让更多办照群众体验到“马上办、就近办、一次办”到“自助办、智慧办、即时办”的升级版服务。同时，湖北省市场监管局还将通过加强信息化建设顶层设计，按照全省集中统一、信息共享、平台整合的集约化建设思路，加快全省市场监管信息化系统“一张网”和智慧监管服务机制建设，进一步提升“智慧审批”“智慧监管”水平，让企业和群众办事少跑路、不跑路，为生产经营者和消费者提供更及时、更有力、更高效的市场监管和维权执法服务，让人民群众更多感知、更多分享市场监管改革红利，增强获得感、幸福感、安全感。

（湖北省市场监管局）

河北省市场监管个体执照移动办

为了进一步做好市场监管政务服务，河北省市场监管局按照国务院“简政放权、放管结合、优化服务”的要求，细谋划、出实招，提出“四办”措施，即“网上办、即时办、一日办、联合办”，全面提升河北省市场监管“互联网+政务服务”水平，大力营造一流营商环境，特别是积极创新手机政务，推行个体工商户登记便利化，研发了个体工商户登记全程电子化手机办照软件“云窗办照”，在推行手机政务、打造便民高效服务上取得了显著成效。

一　推进手机政务的重要意义

党中央、国务院高度重视优化营商环境工作。国务院发布《优化营商环境条例》并从2020年1月1日起施行，为贯彻落实深化“放管服”改革决策部署，推动政府职能深刻转变提供了法律依据。日前，河北省“三创四建”活动协调推进小组印发了《2020年建设一流营商环境体系实施方案》，提出了20项打造一流营商环境体系的推进措施，其中涉及市场监管的年度目标包含企业开办一日办结、省市县三级政务服务事项网上可办率达到95%以上等，这些都对市场监管部门履行职责做好优化营商环境提出了更高的要求。特别是在今年疫情形势下，对如何通过优化营商环境，切实降低企业负担、全面激发市场活力，帮助企业渡过抗疫难关，助力经济社会发展重回正轨，提出了更高要求。手机政务具有便利、快捷、体验感好的特点，面对优化营商环境新形势，手机政务是全面提升系统“互联网+政务服务”水平的突破点，也是一项创新举措。推进手机政务具有以下几个方面的重要意义。

第一，是贯彻落实习近平新时代中国特色社会主义思想现代化治国理念的重要实践。习近平总书记在党的十九大报告中明确提出，要转变政府职能，深化简政放权，建设人民满意的服务型政府。2020年4月17日，习近平总书记在中央政治局会议上提出了“六稳”“六保”的要求，其中“六保”之一是“保市场主体”，并要求不失时机推动改革，善于用改革的办法解决发展中的问题。推进手机政务是市场监管政务服务又一次深刻的自我革命，零跑腿、零见面成为现实，24小时不打烊成为常态，是对市场监管政务服务工作的一项突破性创新和实践。

第二，是坚持以人民为中心，践行高质量发展理念的重要体现。办照难易最能体现政务服务的质量和效率，关乎政府的形象，关乎营商环境的优劣，关乎全省人民的获得感、幸福感。领导高度关心、群众高度关切、社会高度关注。河北省委书记王东峰视察河北省政务服务大厅时专门到“市场准入区”市场监管服务窗口进行深入了解和指导，并提出了具体要求，即每位同志都要树立“人人皆为营商环境”的意识，认识到自己身上的担子和责任。一方面，“发展经济靠市场，优化环境靠政府”，政府的主要任务是优化环境；另一方面，发展经济离不开三要素，即“政策、人才、环境”，这当中环境是重要因素之一，事实证明若一个地方市场主体“好办事”“快办事”，这个地方就有吸引力，经济就发展得快。

第三，是深化市场监管领域“放管服”改革的重要突破点。2013 年，世界银行对 190 个国家进行营商环境排名，我国排第 96 位。2019 年 10 月世界银行发布报告，显示我国营商环境排名跃升至全球第 31 位。经过 5 年多的努力，排名提升了 65 位，这主要得益于“放管服”改革。河北省委省政府提出“企业开办一日办结”的举措，面对行政审批中存在的审批时间长、审批过程复杂、部门间的协同不够等问题，探索推动政务服务的现代化，河北省市场监管局研发了个体工商户登记全程电子化软件和“云窗办照”App，通过手机端即可办理营业执照，为提升审批服务效能探索了新路径。

二　什么是“云窗办照”

“云窗办照”是由河北省市场监管局面向全省个体工商户开发的营业执照电子化业务办理服务平台，用户可以使用这款软件提交申请材料，并可以随时随地查看业务办理进度，减少了用户来回“跑腿”的次数，降低了办事成本，使个体工商户注册登记从“面对面”线下单一办理模式转变为“键对键”线上办理与“面对面”线下办理双模式并行，实现了个体工商户登记注册的便利化、智能化、电子化，让“信息多跑路、群众少跑腿”。办事群众只需扫描二维码下载“云窗办照”App 即可办理个体开业设立、注销和变更业务，具有免预约、零见面、全天候、无纸化、高效率、可邮寄的便捷功能。

（一）功能介绍

个体工商户设立，集名称申报、工商户信息采集、经营者信息采集、在线生成申报材料、在线 CA 电子签名为一体。

个体工商户注销变更，经营者登录“云窗办照”后，对已设立工商户勾选相应事项，在线 CA 电子签名，即可进行注销和变更。

系统流程为：

1. 手机扫脸 CA 认证；
2. 登录；
3. 信息填报；
4. CA“证照签”签名；
5. 提交到登记机关审核；
6. 按照约定方式获取执照，可选择自取、邮寄方式。

（二）系统亮点

1. 填报人和经营者进行实名验证，活体识别，杜绝身份被冒用的情况发生。
2. 自然人身份信息注册和填报时查询公安系统接口，保证信息注册的准确性。
3. 申报材料在手机端进行勾选和填空，简便易用。
4. 在线电子签名，系统自动生成的电子材料需要填报人和经营者进行 CA 电子签名确认，防抵赖、防篡改，便捷高效。
5. 支持营业执照邮寄，实现全流程“零跑腿”。

三　“云窗办照”优势

操作简便、用时短。申请人只需要用手机下载“云窗办照”App，按提示步骤操作提交申请，登记人员后台办理审批，申请人可网上查询办理进度，办事时间由之前的 1 天缩短至 0.5 天。河北省市场监管局以石家庄市桥西审批局作为全省试点单位，受理审批了第一个“云窗办照”个体户营业执照，经营者石某通过手机端“云窗办照”App，在网上成功办理了名称为“石家庄市桥西区沃友之家电器商行”的个体营业执照，从下载 App 填报申请信息到取得营业执照总计用时 2.5 小时。

网上申请，减少“跑腿”次数。用户通过“云窗办照”系统，在网上提交申请材料，通过网上反馈，补充、修改材料，减少到窗口“跑腿”次数。同时，申请人还可选择将营业执照通过 EMS 邮寄到家，实现“信息多跑路、群众少跑腿”的目标。

使用方便，易推广。“云窗办照”系统只需一部智能手机就能操作，简单、便捷，绝大部分群众都能快速学会使用，可适性强，便于推广。“云窗办照”系统无须提交纸质材料、审批时限短，半天就能完成执照审批。

四　“云窗办照”应用成效

石家庄市“桥西区融合食品销售店”的个体经营者刘某某收到了通过 EMS 邮寄来的营业执照。其前一天下午在家里通过手机端“云窗办照”App，从网上成功申请了个体营业执照，从下载 App 到填报申请信息，从后台审核到营业执照打印，仅用了不到两个小时，而且第二天上午就有快递把营业执照送上家门，“不见面审批”就像网上购物一样简单方便。

一年多来，通过“云窗办照”系统，河北全省已办理个体执照 28.8 万户，已占到个体登记总业务量的 60%，部分区县局已超过 80%。通过对使用者的电话回访，商户对通过“云窗办照”系统取得营业执照的满意度非常高，办事群众切身体会到了政府“便民、利民、惠民”的改革红利，“云窗办照”系统在办事群众中赢得了良好的反响，使用率越来越高。

（河北省市场监管局网信办　张克　李辉）

践行数治之道　创新食品安全　共建共治共享新模式
——以福建省市场监督管理局为例

2017年5月以来，福建省市场监督管理局牵头组织并会同14个省直厅局单位，全力推进“一品一码”追溯体系工作，建设了统一的“福建省食品安全信息追溯管理平台”，充分发挥科技与信息化作用，运用大数据、互联网、云计算等技术，积极推进“机器换人”，创新食品安全共建共治共享新模式，在提升监管效能、服务产业发展、保障人民安全方面取得了良好成效。福建省食品安全“一品一码”追溯体系建设工作可以总结为“八个率先”：率先在全国以省政府令名义出台食品安全全过程追溯的地方规章；率先在全国发布食品追溯信息编码规范的省级地方标准;率先在全国建立起涵盖农业、海渔、出入境、粮食、商务、市场监管等部门的食品追溯协商机制；率先在全国建成并投入使用覆盖种植养殖、生产加工、流通、餐饮全过程的统一追溯管理平台；率先在全国构建起一套食品安全追溯信息化技术标准体系；率先在全国打造覆盖11大类满足人民群众日常生活必需食品的全生命周期全数字追溯链条；率先在全国探索打造食品安全追溯与社会第三方共治共管的运行推广模式；率先在全国推进符合“一进口一出口”追溯要求的农产品批发市场标准化改造建设。

一　统一技术标准，促进信息融合共享

以科学、适用、合理的原则，制定“一品一码”食品安全追溯编码标准、食品安全追溯信息的技术标准，构建“三横七纵”数据汇聚共享体系，建设全省统一的食品安全追溯大数据中心。

（一）制定食品安全追溯编码地方标准

为确保福建省食品追溯能有唯一的标识，实现追溯信息在各个环节、各类主体之间互认、互联、互通，福建省市场监督管理局牵头制定了《食品质量安全追溯码编码技术规范》，规定了零售食品、储运包装食品、物流单元食品的追溯码编码规则，使其作为全省统一的食品追溯识别码。

（二）制定追溯数据格式及接口标准

为更好地实现跨地区、跨部门、跨层级业务协同能力，福建省市场监督管理局先后制定发布了数据元、数据格式、基础代码、交换共享接口等8份技术规范。明确了其他追溯平台接入省级追溯管理平台并开展数据交换需遵循的技术规范，为各相关政府部门

和企业、行业协会等单位现有追溯平台进行升级改造，并对向省级追溯管理平台推送和下载的数据提供统一的标准规范。

（三）建立“三横七纵”交换共享体系

在横向上，福建省食品安全信息追溯管理平台与各地市自建追溯系统、企业及第三方追溯系统对接，实现省、市、企业三级互联互通；在纵向上，福建省食品安全信息追溯管理平台实现了与省直食品安全信息追溯相关部门数据对接，包括原福建省食品安全监管与社会共治系统、省商务厅肉菜追溯系统、省农业厅农产品质量安全可追溯系统、省海洋与渔业厅追溯系统、省经信委食盐追溯系统、省粮食局原粮追溯系统、省卫健委餐具饮具追溯系统七个行业监管系统。

（四）构建省级食品追溯大数据中心

通过统一的数据交换与共享通道汇聚各厅局单位、地市、行业协会及企业的食品安全追溯数据，开展清洗、处理、转换等大数据治理管理，构建“全品种、全主体、全链条”食品安全追溯大数据中心，通过统一的数据服务注册、调用和监控管理，应用加密、脱敏、分级授权等方式，实现食品安全追溯数据服务开放。截至 2020 年 4 月，数据中心共有 14.67 万家食品生产经营主体信息，备案食品信息 400.03 万种，累计上传追溯数据 3.99 亿条，平均每天上传追溯数据约 66.00 万条。

二　坚持需求导向，构建应用支撑平台

福建省市场监督管理局按照“源头可溯、去向可追、风险可控、公众参与”的基本要求，以“一品一码”（一个批次产品有唯一的追溯码）为总体思路，构建数据驱动、多方协同的食品安全治理模式，打造统一的食品安全信息追溯管理平台，实现全省食品安全追溯“五个统一”。

（一）统一基础数据，提升追溯信息规范化

通过整合国家物品编码中心的商品条码信息和全省法人库、人口库和证照库等政务信息，结合农业部发布的农产品分类与代码，构建了食品安全产品档案库、生产经营者档案库。面向厅局行业监管平台、地市监管平台、企业自建追溯平台，提供统一身份认证服务、“一码一档”及“一企一档”专题数据服务。企业通过输入商品条码或统一社会信用代码即可关联出食品基本信息或企业基本信息，减轻企业数据录入的负担，也使企业录入的数据更加规范、完整，提升系统易用性，同时也提升了追溯数据质量。

（二）统一交易登记，兜底全省电子台账登记

“一品一码”食品安全信息追溯管理是面向全省范围生产经营主体的一项工作，需

要兼顾不同环节各类生产经营信息化水平。通过整合各环节进销存单据格式，建设了一套适应各种交易场景的台账登记管理系统，面向全省生产、流通、餐饮酒店等各类生产经营主体，提供电脑端的福建省食品生产经营追溯管理系统以及移动端的食品交易登记App，满足了各类主体的交易台账规范化登记需要。

（三）统一交易调度，实现食品交易一码通行

统一“追溯凭证”数据格式，采用“互联网+”模式，在上下游交易时，应用手机、手持终端扫取凭证上的二维码，通过平台数据调度，可实现凭证信息的即时传递，提升交易真实性和作业便捷性。同时，平台注册的用户在交易时，通过对交易双方身份的自动识别，可实现交易凭证信息的自动推送，企业可以一键实现交易数据的登记。

（四）统一数据分析，助力多部门协同监管

平台建设了协同监管系统，提供监管人员使用。通过对汇聚的食品追溯数据进行比对、清洗、关联，构建单品种食品每批次流量流向数据追溯链条。当发生质量问题时，对不合格食品可精准定位召回、查寻原因、追究责任，有力保障食品质量安全、保障广大群众饮食安全的知情权和监督权。同时，根据食品行业安全标准，分析电子台账是否异常、从业人员流动是否异常、企业证照是否异常、供需关系是否异常等。对食品安全事件进行事前预警，提升风险预警的能力。

（五）统一平台形象，实现多渠道公众服务

以“信息交互、扫码追溯、品质保障”为创作依据，设计了平台统一 Logo，面向社会公众提供了食品安全追溯服务网站、食品安全服务 App、“一品一码”微信公众号 3 个参与食品安全追溯的渠道。让广大群众积极参与到食品安全追溯中，通过市场手段倒逼食品生产经营企业遵守福建省食品安全全程追溯的规章制度，履行追溯主体责任。

三　从农田到餐桌，实现追溯过程全覆盖

建设以“源头赋码、过程记录”为业务主线的食品追溯应用场景，通过统一赋码管理、台账登记管理、追溯凭证自动生成及打印管理，覆盖食用农产品、水产品、预包装食品，并贯穿种植、养殖、生产加工、出入境、流通、消费全过程全链条的追溯管理信息化。

（一）源头赋码，让食品有身份

食品生产加工企业、食用农产品和水产品种植养殖企业、食品进口商等对相关食品和食用农产品赋予规定格式的追溯码。一是地产食用农产品准出赋码，福建省辖区内在工商登记注册的食用农产品生产企业、农民合作社、家庭农场、畜禽屠宰厂，通过建立

农产品生产档案，在产品上市前进行赋码，并通过粘贴追溯标签或生成批次追溯凭证，作为省内产的食用农产品在我省市场销售的准入凭据；二是入闽食品赋码，省内一级批发经销商入市时赋码，按要求将追溯信息上传录入食品追溯系统，食品追溯系统生成的入闽环节追溯凭证，作为省外生产的食用农产品在福建省市场销售的准入凭据；三是入境食品赋码，省内进口代理商入市时赋码，按要求将追溯信息上传录入食品追溯系统，食品追溯系统生成的销售环节追溯凭证作为进口的食用农产品在我省市场销售的准入凭据和追溯凭据；四是本省生产预包装食品，生产企业包装时赋码，企业可选择采用包装上已有的 GTIN 和生产日期或批号组成作为追溯码，也可以选择将追溯码标识到同一个载体中，粘贴到包装上进行销售。

（二）过程记录，追溯全链条

面向食品流通经营企业、批发市场、农贸市场等各环节食品经营主体，依托统一赋码管理，实现流通环节经营活动记录与关联。一是重点批发市场经营管理，全省 28 家重点批发市场按照“一进口一出口”标准化改造，在市场内构建追溯码的读取、识别、赋写、流转等工作机制，配备所需的电子读写设备和载体，在进货和销货时，扫描追溯凭证上的追溯码，向福建省“一品一码”食品安全信息追溯管理平台进行数据获取，完成台账信息登记；二是食品批发经营者，包括食品进口商、食品批发销售者、兼营食品批发业务的贮存运输服务企业等，截至 2020 年 4 月已有 35865 家入驻平台；三是特定食品零售经营者，包括大型超市、中型以上食品店等，以沃尔玛、永辉超市、新华都超市等大型连锁超市为主，主要通过与总部或集团数据对接方式完成数据汇聚；四是特定餐饮服务提供者，包括大型以上餐馆、提供 500 人以上就餐服务的学校食堂、集体用餐配送单位、中央厨房等，其中已入驻平台的餐饮企业 11945 家，集体配送、中央厨房 176 家。

四　创新运营模式，营造协同治理合力

通过“平台建设 + 运营推广”的创新模式，构建食品安全信息追溯管理平台推广运营生态体系，打造各方共同参与、共创价值、共享成果的良性机制。

（一）宣传推广，推进共治共管

福建省市场监督管理局积极探索“共建共治共享”的追溯体系应用推广模式，通过开展企业培训、媒体推广宣传、建设呼叫中心等七项应用推广重点工作，激发消费者对“一品一码”的认知度和认同度。福建省市场监督管理局在 2018 年和 2019 年连续两年在“数字中国”峰会成果展厅布置食品安全“一品一码”追溯体系建设和应用的专门展台，向公众介绍工作规划与初步成效，激发广大群众对“一品一码”工作的关注度和参与热情。2018 年 6 月起，针对福建省九个设区市及平潭综合实验区的监管人员进行巡回培训。截至 2020 年 4 月，“一品一码”推广运营已完成线下 461 场培训，覆盖企业数 48847 家、

培训人数 6.94 万人次；线上累计学习 720256 人次，视频学习共计 22939 人次、直播互动学习 697317 人次。

（二）强化引导，制定激励措施

福建省市场监督管理局印发了《关于推进实施“一品一码”食品安全信息追溯工作激励措施的意见》，根据福建省实际情况和监督管理职能，制定了无偿提供相关业务培训与咨询指导服务、无偿提供食品安全检验与风险数据分析、企业风险等级降级和日常监督检查降频、优化办理许可事项服务、企业特别标识与宣传弘扬等 5 项激励措施，并明确了各级监管部门工作落实职责，为激励引导食品生产经营者参与“一品一码”食品安全信息追溯管理工作提供了有效手段。福建省 9 市 1 区市场监管部门均同步出台了推进实施“一品一码”工作的相关激励措施。

五　深化信息应用，构建现代化治理机制

福建省市场监督管理局对“一品一码”下一阶段工作进行了全面部署，重点围绕深化追溯信息应用的核心，继续深入推进“一品一码”工作。

（一）强化对追溯主体责任落实的监督执法

农业、海渔、食药监、粮食等主管部门要对未能按要求履行追溯主体责任的生产经营者，依法严格实施监督管理与行政执法。加强相关食品和食用农产品按照规定格式进行源头赋码。督促全省各级市场监管部门进一步加强食品生产经营者的检查,通过抓两头、促中间，层层倒逼，以点连线、以线铺面，纵向打通追溯链条，横向增加覆盖面，最终实现区域追溯主体和追溯品种的全覆盖。

（二）持续提升追溯数据管理和应用水平

结合福建省市场监管智慧应用一体化建设的需要，推进“一企一码”“一品一码”“一检一码”“一案一码”“一诉一码”，实现“五码”的有机融合，整合信用监管、稽查执法、投诉举报、检验检测等信息，不断完善福建省食品安全大数据资源池。通过加强“人工智能”“区块链”等现代化技术应用，提升交易登记管理智能化程度，帮助企业提升品牌价值，构建安全可信数据追溯、关联分析、数据研判，建立起“用数据说话、用数据管理、用数据决策”的食品安全现代化治理机制;通过开展风险预警、食品召回、信息查询、公众互动等工作，着力发挥食品追溯在创新监管机制、强化监管支撑、提升群众满意度、推进社会共治等方面的积极作用。

（三）营造“共建共治共管”的应用推广模式

“一品一码”追溯体系涉及多类品种、多个环节、多元主体，福建省市场监督管理局

深入研究“一品一码”追溯体系应用推广的新模式、新做法，向互联网领域大型企业学习，争取合作，提升项目运营水平；深入挖掘食品生产经营企业和消费者的需求，提供有价值的产品和服务，激励和吸引更多的老百姓关注、参与和监督“一品一码”工作，在发挥消费者“用脚投票”倒逼企业注重食品安全的同时，更好地保障人民群众对食品安全的知情权和选择权，进一步提高社会大众对食品安全的满意度和感知度。

（福建省市场监督管理局）

山东省青岛市——以情报风险应急处置为导向，创新“互联网 +”智慧监管新模式

按照“大市场、大监管”的形势要求，青岛市市场监管局以把坚守安全底线、确保市场安全作为首要任务，按照总局、省局的部署要求，以情报风险应急处置作为切入点和突破口，整合各类信息化资源，以信息化建设推动“互联网 +”智慧化监管，有力支撑了市场监管体制改革。

一　背景介绍

机构改革后，市场监管力度不断加大，但与现实监管任务、未来发展要求还不适应。一是市场风险高。机构改革后市场监管工作呈现风险多、链条长、责任重的突出特点。一方面，监管所涉领域多、场所多、产品多、社会关注多，带来风险点很多；另一方面，监管涉及研发、生产、流通、消费全链条，全局性、系统性风险的发生概率高。二是群众诉求风险高。近年来，商品消费、服务消费、食品安全、市场秩序等群众诉求一直居高不下，社会敏感度高，舆情燃点低、触点多。三是监管能力不足。市场主体倍增、监管领域宽泛、监管业务条线复杂、专业性要求高及紧缺的人员力量是市场监管工作的长期矛盾。四是监管手段急需现代化。随着互联网等新一代信息技术的发展，传统的经验式、巡查式、碎片化的监管手段，已经无法满足电子商务等数字经济时代的监管需要。

二　主要做法

为从根本上提高情报风险应急处置能力，有效防范化解市场领域风险隐患，坚守不发生区域性、系统性风险的工作底线，按照对标一流、务实管用的原则，以安全评估为基础，以分级监管为抓手，以风险预警为重点，整合建设情报风险应急处置信息化体系，切实解决人员力量不足、风险发现滞后、监管效能低下等突出问题，提高监管工作的标准化、规范化、精准化水平，推动青岛市场安全治理的数字化、现代化，打造“互联网 +”智慧

监管的新模式。实现“四个更加”的工作高线，风险发现更加及时、监管靶向更加精准、监管能力更加高效、监管手段更加智能。

（一）顶层规划设计

1. 标准层面

根据国家总局、山东省局信息化建设标准规范，细化、补充我局原有的信息化建设数据标准，形成风险监管数据标准和规范。

2. 数据层面

以既有系统数据库为数据源，按照风险监管数据标准，对原有系统数据进行处理、清洗、转换后，形成横向集成、纵向贯通、全局共享的数据服务平台。

3. 服务层面

构建开放服务平台，实现对原有技术支撑平台的整合、升级，实现基础支撑服务、业务处理服务，并向第三方开发开放。

4. 应用层面

通过统一基础数据，在开放服务中台，可以针对不同的业务需求，通过组合方式进行个性化的开发定制，既减少了开发的工作量，又提高了数据的利用度。

5. 展现层面

根据不同的用户群体，形成不同的数据处理展现界面。监管平台主要面向监管人员；政企互动平台主要面向企业用户；政民互动平台主要面向社会公众。

（二）信息资源整合

组织 28 个相关处室和 11 个区市局梳理汇总市场监管风险点清单、信用信息清单和信息化系统清单，共梳理主要风险点 140 个、企业信用信息数据目录 1119 项、现有信息化系统 62 套、分类分级监管事项 15 项、标准化检查表 33 个、系统建设需求 32 项，完成了主要信息类的数据归集和应用，并进一步采集整合互联网情报数据，为分类建仓、风险建模、数据联通打下了坚实基础。

（三）重点系统突破

采用人工智能技术从互联网挖掘与市场监管相关的情报信息，构建的多源一体、全局共享、智能高效、管理规范的青岛市市场监管风险监测系统。实现网络信息采集、网络信息分析、综合信息整合、网络情报监测、情报信息管理、专题情报、定向监测、情报分析研判、大屏展示等功能，为全市市场监管、领导决策提供有效的信息参考和技术支撑。

一是建设完成风险评估子系统，深入研究市场监管各类风险形成的重要因素，对风险信息的特征项进行解析，建立食品安全、药品安全、特种设备安全、质量安全、市场秩序五大类风险评估指标体系，分析建模构建风险评估分析模型，对市场监管的五大领域涉及的风险信息进行科学评估。

二是建设完成风险预警子系统，基于风险评估的指标体系和评估分析结果，建立分级、分类的风险预警规则和预测模型，从风险领域、时间、区域、要素特征等维度进行多方位预测预警，包括四大安全预警（食品安全、药品安全、特种设备安全、质量安全）、市场秩序预警、区域预警、主体预警和综合预警。

三是构建了风险监控大屏展示图，完成平台的大数据可视化展示，通过一张图可快速掌握全市、各辖区、各监管领域、主体、行为等风险态势。

（四）建立情报风险应急处置机制

风险监管模式创新是市场监管工作刀刃向内的自我革命，为强化组织领导，实施了“1+3”顶格领导和推进机制，成立了局长任指挥长的风险监管工作专班，分管局长任作战队长，明确任务分工、路线图、时间表，强化工作统筹推进。出台了情报风险处置相关管理办法、规定，形成了较为完善的情报风险应急处置工作机制。

以风险监测系统处置为例，系统发现的情报信息使用分为综合研判和专业研判两个层面。一是由情报分析处室负责综合研判，综合研判流程管理按照“情报发现—关注—研判—任务分派—调查反馈”进行，实施流水化作业。二是业务处室负责专业研判，专业研判流程管理是业务处室按照“情报发现—关注—研判—调查反馈”和“情报接收—研判—调查反馈”分类进行，流水化作业。

三　应用成效

一是实现了“互联网 +”情报风险信息的监测应用。通过人工智能等技术构建风险模型，实时抓取互联网信息分析研判，及时发现处置互联网中反映出情报风险信息。二是开启了市场监管大数据慧治模式。通过情报风险信息的收集、处理、加工、存储、检索和利用，主动推送情报风险产品，提高服务决策能力。三是创新了大监管共治的事中事后综合监管局面。通过运用大数据分析，把对市场主体的被动式事后处罚逐步推进到情报风险导向、联动监管、联合惩戒的事中事后综合监管模式上来。

截至目前，平台共监测全国 385 家和青岛信息密切的网站，包括新浪微博等自媒体也被纳入监测范围。24 小时不间断抓取互联网情报风险信息 650 余万条，智能推荐出 1 万余条，归集整合 460 余万条监管信息，产生情报产品 55 期，启动调查 54 次，成功实现情报转案源 15 起，罚没款达 180 余万元；实现情报转调解维权 14 起，为网民挽回经济损失 14.2 万元。

（青岛市市场监管局信息中心　夏仿超）

上海市浦东新区大数据赋能智慧监管

近年来，在全球化的发展大格局下，互联网、人工智能、云计算、大数据技术的快速革新，促使网络经济、分享经济、众创空间、线上线下互动等新产业、新业态、新模式不断涌现，从而对相关市场的监管提出了新要求和新挑战。与此同时，在传统市场领域，监管部门也同样面临市场规模、主体数量等要素持续高速增长，而监管手段相对落后、监管资源相对不足的实际困难。为应对这些新形势、新问题和新挑战，探索推动市场监管领域治理能力的现代化，上海市浦东新区市场监管局于2018年正式启动了“大数据监管中心”建设项目，通过运用大数据技术，深化智慧监管场景应用，着力让数据变资源、促效能，开展覆盖市场主体全生命周期的智慧监管、精准监督，为提升市场监管领域的治理能力现代化探索新路径，取得了积极进展。

一　建立智慧监管运行体系——以“五个一”为核心

浦东市场监管局以“智慧监管可看”“基层实践可用”“风险隐患可控”为目标，以“筑云”“强脑”“织网”为着力点，加强大数据监管的顶层设计，已基本形成“五个一”的运行体系。

（一）“一朵云”——构筑“市场监管数据云”

市场监管部门的监管对象多、职能多，使用的各级、各类信息化系统约90个，不少系统互不相通，存在单一系统无法解决的痛点难点。为此，浦东市场监管局归集市场监管各业务系统数据和浦东新区政务云涉企数据，以及外部第三方和互联网信息，形成全面覆盖、互联互通的市场监管“大数据云”，为智慧监管提供强大支持。截至2019年12月底，已整合归集各类数据128万项。

（二）“一张网”——形成以“大数据监管中心”为支撑的智慧监管网

以大数据监管中心平台为“总系统”，开发建设各智慧化场景运用“子系统”，联通原有各业务系统，并与各单位干部的“个人电脑端”、基层人员的“移动监管端”连接，形成一张覆盖各领域、各单位、各环节的智慧监管网络，初步实现六大功能：数据归集功能、智能分析功能、智能发现功能、智能预警功能、智能处置功能和在线指挥功能。

（三）“一个环”——构建覆盖市场主体全生命周期的智慧监管“闭环”

注重市场主体从设立到退出的数据“全覆盖”；智慧监管内容涵盖证照管理、双随机检查、现场执法、部门协同、在线指挥等“全方位”;涉及问题发现、问题处置、信用评估、风险评估等“全环节”，着力以监管的闭环化提升效能化。

（四）“一组图”——依托GIS地图形成市场主体的“全息画像”

将不同业务系统的数据集成到GIS地图上，从市场主体类型、监管对象种类、监管资源分布等多维角度，形成市场主体的“全息画像”，在图上直观显示。通过画像，为每一家企业“量身定制”监管频次和监管方法，实施动态监管、精准监管。例如，将全区2.2万户餐饮单位进行智能化风险、信用分级，精准投入监管力量。截至2019年年底，已实现对全区40万余户市场主体的动态画像。

（五）“一团队”——组建坚强有力的运行保障团队

成立了以局主要领导为组长，全体班子成员为副组长，各处室负责人参加的智慧化监管领导小组，下设办公室;并成立综合监管处，负责全局智慧化监管的综合协调和推进，形成“统一协调、共同参与、分工协作”的高效运行机制。

二　推进智慧监管场景应用——以“7+2+X”为重点

近半年来，浦东市场监管局大力推进智慧监管场景建设，目前已基本形成“7+2+X”运用场景。

（一）“7”:7个行业综合监管运用场景

结合浦东新区“六个双”（“双告知、双反馈、双跟踪”“双随机、双评估、双公示”）综合监管深化应用要求，以“风险监管、信用监管、分类监管”为基础，建设重点领域运用场景，目前已上线7个并投入实战。一是“餐饮业食品安全监管”场景。对全区2万多户餐饮企业开展智能、动态、远程监管，并实现线上线下联动。目前通过智能化手段监管的要素达到10个，具体包括新发许可证、许可证过期、控烟管理、健康证管理、加工场所环境、个人卫生、明厨亮灶，第三方送餐平台信息、投诉举报、案件趋势等。已基于平台开展日常监管36895户次、专项检查3070户次。二是“特种设备（电梯）监管”场景。通过智能分析数据模型，自动分析企业的风险和信用状况，自动匹配相应监管方式;通过“智能视频发现”模块，依托远程摄像头及时监控和发现电梯安全问题（如电梯困人事件等），及时预警、及时响应和及时处置。场景运用后，电梯设备超期率下降了近30%。三是“零售药店药械化监管”场景。重点针对含麻黄碱复方制剂等特殊管理药品销售，在零售药房推行安装特殊管理药品网络终端系统，依托人面识别、网络传输等基础技术，把住异常购药预警关和全链条安全关。目前，全区844家零售药店终端安装率已达到100%。四是“民生计量智慧化监管”场景。建设“计量移动强制检定系统”，将浦东计量质量检验所对集贸市场、加油站的强制检定数据与局监管平台实时对接，根据不合格检定提示及时开展跟踪检查、靶向监管。2019 年 7 月以来，已处置不合格信息 258 条。五是“户外广告电子显示屏监管”场景。针对小陆家嘴核心区、沿江景观带等重点户外广告电子显示屏，建立完整监管链，一期已纳入 17 座，初步实现协同化、智能化、精准化、可视化监管。六是“重要工业产品监管”场景。对辖区 61 家工业产品生产企业开展智能监管，功能包括重要工业产品基本情况、许可证过期提醒、不合规行为发生情况等。七是“超市便利店（酒类）监管”场景。对食品销售过程、投诉举报等要素进行智能监管，实现实时发现、实时响应、实时处置。目前已推送并处置食品许可证过期事件 252 件。

（二）“2”：两个重点联动监管平台

浦东市场监管局聚焦违法违规经营（无证无照）治理、公众诉求处置等涉及广、任务重的领域，开发建设多元联动、多功能集成的监管平台，着力为基层“减负增效”。一是以“浦东新区违法违规经营综合治理平台”构建长效机制，运用“互联网 + 监管”手段，破解违法违规经营回潮、新增难题。一方面，以街镇网格化管理为切入点，建立“巡查发现、综合治理、巡查管控”的监管闭环，联通电脑端、移动端，覆盖浦东 36 个街镇；另一方面，运用地图定位、超期预警、照片上传等功能，对违法违规经营回潮点位、多发路段等实现分析预警。2019 年下半年，消除新增、回潮违法违规经营 336 户。二是以“公众诉求智能分析系统”提升维权效能。2019 年下半年，进一步优化系统功能性、提升界面亲和力，实时指导、实时协调，统一调查、统一答复，有力支撑基层对疑难复杂投诉举报问题的处置。强化“诉求分析”“智能预警”“职业举报”“自动推送”功能运用，已推送统计表 77 条、事件 33 条，提高了诉求高发领域的监管针对性。

（三）“X”：多个个性化运用项目

以大数据监管中心系统为依托，拓展开发 X 个运用功能，目前正推进以下三个项目。一是“企业年报智能管理系统”。引入人工智能、语音机器人等技术，开发上线“企业年报智能管理系统”，实现智能提醒、智能分析、智能学习功能，在全局 38 个基层单位全面应用，有效破解人工催报方式投入人力巨大而效果不尽理想的难点。2018 年，企业年报公示率较上年提升 4 个百分点，同时也降低了行政成本。二是“腾讯智能监测平台服务”项目。借助腾讯公司的技术优势，开发“网络广告”“食品药品医械”“传销”“网络舆情”等监测功能，对互联网上违法违规行为等实时发现预警、快速处置，实现“以网治网”。目前已完成 80% 的“服务定制”。三是“在线指挥系统”。将大数据监管中心与各基层单位的移动监管终端相连，实现对突发事件的快速反应、统一调度和在线指挥，提升应急处置能力。目前已实现远程连线互动。

三　提升事中事后监管效能——以“方式创新”为引擎

通过“智慧化”监管运用，全局干部的现代化管理能力不断增强，事中事后监管效能不断提升，监管手段创新的效益不断凸显。以食品安全监管为例，智慧化监管推进实现了三个“更”。

（一）“更精准”的市场风险防控

通过大数据分析，对市场风险隐患精准评估、精准发现、精准预警、精准打击。如通过智慧化监管系统，对浦东新区 2 万余户餐饮单位实施“分类监管”“动态监管”，对不同信用等级企业进行不同频次的检查，构建“信用修复”模型，对检查中连续两次评价为“良好”的可上升一个等次。通过“智能发现”功能，依托“明厨亮灶”视频系统，智能识别并抓取未戴工作帽、发现老鼠、无健康证人员进入后厨等违规情形，自动推送到属地市场监管所，安全隐患发现和防控能力显著提高。2019 年下半年，通过“明厨亮灶”视频，智能发现食品安全问题或风险隐患 760 件，并全部完成处置。

（二）“更高效”的执法资源配置

浦东新区共有食品生产经营主体 5.4 万余户，监管力量不足的矛盾突出。通过智慧化场景运用，对餐饮单位的监管变“被动”为“主动”，变“人工”为“智能”，变“工作日”为“全天候”，实现了执法成本下降和监管效能提升这“一降”“一升”双重效应。2019 年下半年，每月对餐饮单位监管 2847.2 户次，比上半年减少 25%；月均发现问题 617.5 次（含视频系统、第三方平台、许可证过期推送、现场检查等各种途径），比上半年增加 1.5 倍。

（三）“更集成”的多元共治格局

浦东市场监管局的智慧化监管，集成了企业注册许可数据、相关部门数据、企业相关经营数据、第三方平台数据等，基于数据开展信用监管，推动构建“主体自律、行业自治、社会监督、政府监管”的多元共治格局。一方面，促进行业自律。餐饮智慧化监管模式带来的全时段、全流程、全覆盖监管，倒逼企业进一步强化食品安全的主体责任；另一方面推动社会参与。通过“互联网 + 明厨亮灶”视频系统，将餐饮单位操作间等关键场所全面展现给消费者，并整合大众点评、美团网等第三方数据加强风险预警。2019 年下半年，完成预警事件 269 件，增强了信息透明度和消费者感受度。

四　优化“双随机”监管机制——以“综合监管平台”为依托

2019 年 7 月 18 日，市场监管总局局长肖亚庆在浦东市场监管局大数据中心亲自启动了 2019 年浦东新区宾馆“双随机、一公开”跨部门联合抽查指令，随机抽取了 8 家宾馆并随机选派了市场监管执法检查人员。浦东市场监管局按总局领导指令要求，迅速展开跨部门双随机检查，并以此为契机，进一步深化、优化“双随机、一公开”抽查机制，实现了新的提升。

（一）迅速行动，完成宾馆业跨部门“双随机”核查

浦东市场监管局以大数据综合监管平台为依托，第一时间协同区文体旅游局、区公安分局、区卫健委等8个相关部门，组成联合抽查组，于2019年7月26日对重点宾馆进行首次联合核查，分4次于10月全部完成双随机抽查，对检查发现的场所卫生等问题督促企业即知即改，产生了积极成效。一是深化“集成式”应用，将8个部门、51个检查事项，整合为“一体化事项清单”，实施“一次出动、全面体检”，尽量减少对企业的打扰。二是深化“综合化”效应。以发现和防控深层次问题隐患为重点，对企业实施跨部门双随机检查，达到了以点带面促行业规范的目的，有效保障了第83届国际电工委员会（IEC）大会、第二届中国国际进口博览会等重大活动顺利举行。

（二）举一反三，完善双随机联合抽查长效机制

在开展宾馆业双随机联合抽查的基础上，浦东市场监管局依托大数据综合监管平台，会同相关部门不断深化跨部门“双随机、一公开”抽查，进一步构建常态化、标准化工作机制。完善“综合监管”平台功能，将风险评估、信用评估机制与“双随机”抽查有机结合，实现综合监管优化升级，不断打造“六个双”应用升级版。深化“双随机”机制建设，以“检查安排统筹联合、检查事项无缝整合、检查队伍协同配合”为抓手，建立健全跨部门“双随机”常态化机制。同时，进一步实现市场监管领域“双随机”抽查全覆盖，累计发布方案145项，抽取检查对象22.6万余户次。

（三）开拓创新，探索“新业态”跨条线“双随机”检查

2019年下半年，浦东市场监管局针对生鲜电商行业快速发展的新形势，探索实施了“跨条线”双随机联合抽查。通过“事中事后综合监管平台”，按50%比例随机抽取检查对象，“线上网络核查”与“线下实地检查”相结合，检查覆盖10个领域、31个事项，实现了新业态监管的全方位、集约化，不断推动“双随机”抽查机制“升级”。

五　推动治理能力新提升——以“常态长效”为原则

浦东市场监管局将持续深挖智慧监管发展潜力，巩固和提升实战能力，着力打造大数据智慧监管2.0版。主要工作思路有以下几点。一是制定智慧监管场景运行制度，进一步推进“长效化”。大数据智慧监管是一个长期工程，必须持续用力。浦东市场监管局将积极研究完善平台运行规则、场景使用手册、安全管理、应急处置等制度，进一步为智慧化监管提供有力支撑。二是加快智慧化系统建设迭代升级，进一步实现“高效化”。加快梳理监管体征，进一步解决管什么、怎么管的问题，不断提高监管靶向性。加快开发

应用场景，逐步推进重点领域全覆盖，并加强“人工智能”“区块链”等现代化技术应用，深化趋势性问题、重大问题的智能化分析研判、监管，不断降低监管风险，提升监管能级。三是拓展实战运用的深度和广度，进一步体现“实效化”。从基层实战需要出发，进一步在智慧化监管实战运用效能提升上下功夫。在场景建设中，着力为基层赋能、减压、增效，并提高界面的生动性、使用的便利度。同时加强运用培训，建立考核激励机制，不断推动智慧监管在实践中开花结果、拓展实效。

（上海市浦东新区市场监督管理局）

第六篇

“互联网 + 政务服务”专项成果 · 领先城市

·上海市·

上海推进长三角地区政务服务“一网通办”

上海全面贯彻落实习近平总书记“支持长江三角洲区域一体化发展并上升为国家战略”指示精神，不断加大长三角一体化推进力度，积极探索依托全国一体化在线政务服务平台推进长三角政务服务“一网通办”。

一　总体进展

近年来，国家层面不断加强统筹，对各部门、各地区政务服务平台加以规范，提升跨地区、跨部门、跨层级的业务协同能力。上海全面贯彻落实国务院关于加快推进全国一体化在线政务服务平台建设的首批试点对接要求，全力推进各项对接任务。

上海在总结一市三省“一网通办”“最多跑一次”“不见面审批”等改革经验基础上，研究设计长三角区域政务服务“一网通办”模式。上海、江苏、浙江、安徽“长三角一市三省”作为全国一体化在线政务服务平台首批试点省市，率先完成了对接任务，在事项规范、身份认证、电子证照互认共享、数据共享等方面得到了国家平台的有力支撑，具备了线上一体化协同办理的基础。长三角“一网通办”是全国首个区域通办试点区。

2019 年 3 月 7 日，国务院办公厅秘书局正式印发《长三角地区政务服务“一网通办”试点工作方案》。上海市政府办公厅牵头会同江苏省政务服务管理办公室、浙江省大数据发展管理局、安徽省数据资源管理局共同推进长三角“一网通办”。5 月 22 日，长三角“一网通办”正式开通上线。依托国家政务服务平台，充分整合一市三省的政务服务信息化成果，在不影响各省市原有事项受办理体系的基础上，实现“异地通办”事项从申报、预审、收件到受理、审查、决定一体化的全流程服务和动态监管。

二　主要做法

（一）提供制度保障

《上海市公共数据和一网通办管理办法》（沪府令 9 号）明确“本市立足长三角一体化战略目标，加强与长三角地区公共数据和一网通办工作的合作交流，通过数据资源共享、平台业务协同办理等方式，推动区域协同发展”，为各部门推进长三角“一网通办”提供法制支撑。配合国务院办公厅制定了《长三角地区政务服务“一网通办”试点工作方案》，并牵头会同兄弟省市制定《长三角政务服务一体化项目技术方案》。2019 年 8 月 22 日，长三角区域合作办公室印发《长三角“一网通办”2019 年下半年工作要点》。

（二）成立工作专班

建立长三角政务服务“一网通办”工作组，一市三省明确分管领导、责任部门和联络员，建立工作专班，细化工作方案，明确时间节点，挂图作战、协同推进。一市三省各抽调业务人员和技术人员，到上海集中办公、集中攻坚。由一市三省政务服务、数据资源部门牵头各省公安、民政、人社、市场监管、档案、税务、医保、“12345”政务热线等条线部门的业务、技术人员40多人，先后召开30多场对接会，共同完善相关技术标准和业务规范，现场对接联调专栏、专窗、移动端App“无感漫游”以及长三角地区数据共享交换平台等。

（三）推进试点先行

2018年9月，G60科创走廊九城市“一网通办”试点开通，覆盖长三角松江、嘉兴、杭州、金华、苏州、湖州、宣城、芜湖、合肥九个城市，涉及营业执照和工业产品生产许可证等首批30个事项，完成异地办理事项96项，初步实现“一网受理，九城通办”。在长三角地区试点异地就医门诊费用直接结算，江苏省南通市、盐城市、徐州市，浙江省嘉兴市、宁波市、省本级，安徽省滁州市、马鞍山市共8个统筹地区率先成为首批试点，上海长期在外地居住、工作的参保人员，在上述地区的试点医院门诊就医时，可以按规定直接拉卡结算。上海充分总结先行先试经验，推动在平台互通、机制联动、服务模式、流程优化等方面积极探索、不断创新，以试点示范破解难题、总结做法，分步推进、逐步完善。

（四）开发核心功能

上海牵头线上打造长三角政务服务“一网通办”专栏，作为长三角企业与群众异地办事的主入口，前端面向政务服务办事者，后端提供长效管理的系统支持。线下开通长三角“一网通办”专窗，通过综合收件管理、远程协助及自助取证终端的建设，实现长三角地区线下联动服务。后台建设长三角“一网通办”运管模块，通过事项接入管理、物流信息接入管理、平台运行管理和数据可视化监控，实现对试点事项的全生命周期查询和管理。“长三角政务服务‘一网通办’专栏”为企业市民提供智能导引、网上申报、查询反馈、互动交流等服务;线下工作人员依托“长三角政务服务‘一网通办’专窗系统”实现异地窗口就近收件；一市三省政务服务主管部门依托“长三角一体化运管系统”实现对试点事项全生命周期的查询统计、内容展示及动态监管。

三　取得成效

（一）统一和规范业务标准

依托国家政务服务平台“四级四同”标准化支撑，不断拓展事项数量和服务类型，实现服务从政务服务领域向司法诉讼服务领域延伸。

实现 58 项服务事项跨省通办，其中试点方案确定的 51 项政务服务事项全部完成，超额完成 1 项公积金跨省协查事项以及 6 项法院诉讼服务事项。开通 12 类档案查询事项，一市三省居民通过线下专窗提交查询申请，可实现档案查询跨省办、异地办、就近办。长三角“一网通办”全程网办办件超 230 万件，线下专窗办件 2200 余件，咨询引导服务 2.1 万余次。

（二）推进身份信息互认共享

实现长三角区域跨省身份认证、电子证照共享。依托国家政务服务平台基础支撑能力，已实现 15 类电子证照扫码亮证。依托国家政务服务平台 PC 端统一身份认证支撑能力，实现长三角区域用户跨省身份认证，“一次认证、全网通办”。依托国家政务服务平台电子证照共享交换支撑能力，实现长三角区域电子证照逻辑汇聚、动态调取、实时核验、异地互认。一市三省政务服务 App 实现企业营业执照、居民身份证等 15 类高频证照扫码亮证。法人认证超 5 万次，个人认证超 62 余万次，证照共享 2160 次，电子亮证超 172 万余次。

（三）拓宽线下专窗覆盖范围

构建区域政务服务线下“一张网”，三省一市开通 543 个线下专窗办理点，提前 1 年实现长三角区域 41 个城市（地级市）全覆盖，方便三省一市企业群众跨省（市）线下办、就近办、异地办。

（四）电子印章替代实体印章

依托国家政务服务平台电子印章支撑能力，研究出台长三角“一网通办”线下专窗代收件服务电子印章建设方案，制定专窗代收件服务电子印章标准，推进长三角“一网通办”线下专窗电子印章系统建设。在线下专窗点启用电子印章代替实体印章，并持续推广应用。

（五）移动端服务异地推送

创新政务服务 App“无感漫游”应用，实现用户 App“一次登录、异地认可”“无感漫游”至异地城市，该异地城市政务服务立即主动推送至用户。已实现 391 项高频服务事项 App“无感漫游”，提供漫游服务 94 万余次，不断扩大服务事项数量。

（六）一市三省数据互联互通

建成长三角区域数据共享交换子平台。一市三省共同制定数据交换规范，实现数据对接，完成政务服务事项办件库和事项库创建，入库率达 100%。累计完成交换数据信息约 328 万条。

（七）统一受理咨询投诉

推进长三角区域“一网通办”咨询、投诉一体化，实现由“12345”市民服务热线统一受理咨询投诉。2019年，上海共受理长三角“一网通办”咨询投诉3000余个。

（八）试点政务服务“自助通办”

扎实推进“青浦、吴江、嘉善”长三角一体化示范区政务服务事项的互联互通和异地办理，提供区域性一体化政务服务，部署自助终端，接入758项高频民生事项、常用证明事项，实现三地居民凭身份证可在自助终端自助通办“证明打印类”“自助申报类”“证照打印类”等事项。

2019年12月，中共中央、国务院印发《长江三角洲区域一体化发展规划纲要》（以下简称“纲要”），根据《纲要》最新要求，围绕“重要证照互认，高频事项互通，专窗服务统一”目标，下一步拟重点在五个方面取得突破。一是推进跨省通办事项标准化、规范化建设，深化业务流程再造；二是规范电子证照制发归集标准，拓展电子证照应用场景，推动电子证照长三角区域广泛共享互认；三是优化线下专窗系统对接模式，推进综合窗口建设、电子印章应用，提升线下综合服务能力；四是围绕城市公共服务、公共管理、公共安全等领域，加快长三角政务数据资源共享共用，提高政务服务水平；五是打造长三角“一网通办”特色政务服务专区，推动长三角绿色、生态协调发展。

（上海市人民政府办公厅电子政务办公室）

上海市推进“互联网+监管”创新监管方式

上海市委、市政府坚持以习近平新时代中国特色社会主义思想为指导，按照党中央、国务院总体部署，持续深入推进“放管服”改革，转变政府职能，深化简政放权，创新监管方式，全力以赴做好“互联网+监管”试点工作。在全市范围内构建统一、规范、多级联动的“互联网+监管”体系，强化事中事后监管，促进政府监管规范化、精准化、智能化，增强政府公信力和执行力，进一步提升政府治理体系和治理能力现代化水平。

一　试点工作总体进展

作为国家“互联网+监管”的试点地区，上海具备良好基础，早在2016年就建立了事中事后综合监管平台，在推进综合监管、增强监管合力、提升监管效能方面持续发挥积极作用。2019年，对照国务院办公厅监管工作的新战略、新要求，上海市抓紧推进“互联网+监管”系统建设，加快形成齐抓共管的协同监管模式。

2019 年 8 月，按照国家对监管工作的新部署、新要求，上海市抓紧制定并发布了《上海市“互联网 + 监管”工作实施方案》。该实施方案提出了 12 项重点任务：全面梳理形成监管事项目录清单（任务一）；加快建设监管主题数据库（任务二）；建设若干监管应用子系统（任务三到任务八）；加强风险研判和预测预警（任务九）；做好与国家系统的对接，强化全市“互联网 + 监管”系统统一部署应用（任务十、十一）；建设完善面向社会公众的服务界面（任务十二）。明确了推进“互联网 + 监管”责任部门和时限要求，各区、各部门制定本单位工作推进方案，共同保障“互联网 + 监管”系统建设有序推进。目前已基本完成“互联网 + 监管”系统建设任务，按照国家要求与国家系统进行对接，于 2019 年 10 月底上线试运行。

二　主要工作内容

（一）深入推进“互联网 + 监管”系统建设

按照国家对地方“互联网 + 监管”系统建设方案要点的要求，研究制定了《上海市“互联网 + 监管”系统建设方案》。目前，上海“互联网 + 监管”系统已完成服务界面、工作界面、监管事项目录管理、双随机、联合抽查、审批联动、日常监管、监管预警、协查协办、专项整治、监管对象特征分析、监管行为风险分析、无证无照治理、综合评价分析等主体功能，初步开发“移动监管”App。

同时，在上海市事中事后综合监管平台基础上，建设上海市“互联网 + 监管”系统，搭建市、区两级“1+16”体系架构。依托上海市数据资源共享平台，实现监管业务、监管数据实时上传下达，并与国家“互联网 + 监管”系统互联互通。各区政府充分依托区级“互联网 + 监管”系统开展各项监管业务应用，并向市级“互联网 + 监管”系统反馈监管结果，鼓励各区在区级“互联网 + 监管”系统上部署特色功能，实现因地制宜、个性化监管。

（二）大力推进与国家“互联网 + 监管”系统对接

按照国家“互联网 + 监管”系统监管数据标准，补充完善了《上海市“互联网 + 监管”系统监管业务对接规范》，推动上海市“互联网 + 监管”系统与国家系统网络通、数据通、业务通。目前已基本完成与国务院办公厅投诉举报、特色应用等业务的对接，定期上报监管动态和曝光台信息，落实与国务院办公厅监管事项清单目录动态管理对接并完善相关系统功能，向国家平台上传监管对象、执法人员、监管行为等数据。

（三）全面推进与重点部门系统对接

积极组织开展“互联网 + 监管”系统与重点部门系统对接工作。上海市政府办公厅会同市市场监管局专题研究协调市国家发展和改革委员会、市交通委、市文化旅游局、市规划资源局、市生态环境局、市司法局、市信访办、市药品监管局、市城管执法局、市烟草专卖局等部门，推动相关部门业务系统与“互联网＋监管”系统的对接联调。

目前，上海已基本落实与市民热线投诉举报处理系统、市信用平台的对接。依托“12345”市民热线平台，建设投诉举报处理子系统，对国家“互联网＋监管”系统按属地分送的监管投诉举报信息，根据各部门监管职责进行分发处理，并记录事件认领、事件分流、任务指派、结果录入、回复反馈、督查督办等工作情况。同时，系统汇聚上海市“12345”“12315”等投诉举报系统的投诉举报信息，形成统一的投诉举报信息数据库，开展综合分析应用。

（四）全力推动监管数据汇聚

按照国家“互联网＋监管”系统监管数据标准和上报数据工作要求，编制了上海“互联网＋监管”数据需求清单。组织各相关部门向市大数据中心汇聚监管对象、执法人员、监管行为、投诉举报等数据。市大数据中心建立监管数据上报流程和纠错机制，保障数据治理，督促问题数据主管部门及时整改，并通过国家数据共享交换平台将符合要求的监管数据上报国家。

（五）深化创新监管方式

强化数据分析，提升风险预警。依托市级数据共享交换平台，抽取汇聚相关数据，建设上海市“互联网＋监管”主题数据库，利用数据分析比对、关联计算、机器学习等多种技术手段，从监管对象特征、投诉举报风险、监管行为风险等角度，及时发现可能存在的风险点。例如，通过已建立的市场监管风险模型，从监管行为、信用信息、投诉举报、行政处罚等方面对重点领域、重点行业、重点企业等重点监管对象进行特征分析、发现风险线索。监管人员可以针对发现的风险点发起风险核查处置流程，及时发现、处理风险，提前消灭可能的风险点。通过大数据分析，上海不断提升监管精准化能力，为事中事后监管提供有效支撑。

加快建立健全“双随机、一公开”新型监管机制，着力提升监管的公平性、规范性和有效性。贯彻落实国务院有关部署要求，制定出台《上海市人民政府贯彻〈国务院关于在市场监管领域全面推行部门联合“双随机、一公开”监管的意见〉的实施意见》，加强相关部门、各区政府之间的沟通，筹建上海市市场监管领域联合“双随机、一公开”监管联席会议制度。在上海市“互联网＋监管”系统内建设统一的“双随机、一公开”监管工作平台，供全市各级监管部门使用，满足单部门随机抽查、跨部门联合随机抽查的需要。上海市交通委、市住建委、市农业农村委、市科委等部门已经直接使用系统开展有关业务抽查工作，例如，2019 年上海市市场监管局通过平台发起了关于开展检验检测机构“双随机”联合监督抽查方案，协同部门涉及交通 、农委 、公安 、环保，共抽取 120 户检查对象。

目前，“双随机、一公开”监管工作平台已建立完善监管对象名录库和执法人员名录库，支持客体随机和执法人员标注，夯实了随机抽查基础，实现了全程信息化记录和管理。同时，通过建立监管对象风险与信用分级分类监管机制，针对不同信用风险等级的监管对象采取差异化分类监管措施，合理确定、动态调整抽查比例、频次和被抽查概率，不断提高双随机抽查靶向性、精准度。

此外，还积极建设与平台相适应的移动监管功能，完善特色应用。建设完善移动监管子系统，为各级政府部门开展移动执法检查提供支撑。归集、整合移动监管的全过程记录，纳入监管行为信息库。基于移动监管子系统，利用移动终端设备、手机 App、全过程执法记录仪等开展行政执法、日常检查、“双随机”抽查等监管任务，进一步规范执法流程，保障依法履职。

（六）建立完善“互联网 + 监管”工作机制

在上海市推进“一网通办”改革和政务公开领导小组（市长担任组长）的统一领导下，成立“互联网 + 监管”工作组，负责统筹规划、组织推进和监督指导相关工作。工作组由上海市政府秘书长任组长，联系市场监管的市政府副秘书长和市市场监管局局长任副组长，市政府办公厅、市市场监管局、市公安局、市司法局、市信访办、浦东新区政府等部门和单位的分管领导作为成员。

运行机制上，上海市政府办公厅每周组织召开工作例会，推进落实重点工作任务，市市场监管局负责监管平台建设，市审改办负责梳理监管事项目录清单，市大数据中心负责建立监管主题数据库。其他部门、各区政府充分对接，强化组织保障，积极开展系统建设和业务应用。

三 典型基层创新案例

上海市以浦东新区为试点区域，创新监管方式，以“双告知、双反馈、双跟踪”许可办理机制和“双随机、双评估、双公示”协同监管机制（以下简称“六个双”）为突破，构筑经济领域重大风险防范化解体系，提高风险防控能力。

（一）编制“五张清单”，完善监管体制

针对有的行业监管缺位（特别是不需审批的行业），有的行业涉及多个监管部门、牵头责任不清晰、监管资源和力量分散等问题，编制行业监管主管部门、协同部门、监管制度、支撑数据和智能化需求“五张清单”，厘清各部门权责边界，实现监管行业全面覆盖，完善事中事后监管体制。

（二）深化“六个双”，创新监管机制

上海市浦东新区推行许可办理“双告知、双反馈、双跟踪”。“双告知”是指登记注册部门在市场主体办理登记注册时告知其需要办理的许可证及审批部门，同时将市场主体登记注册信息告知行业监管和综合执法部门。“双反馈”是指信息接收部门向告知部门反馈已接收到告知信息，审批部门将市场主体办证情况反馈回发照部门或监管、执法部

门。“双跟踪”是指在“照后证前”阶段跟踪了解是否办证，网上督查室跟踪办证时限，通过证照办理信息的共享联动，对可以政府内部共享或网络核验的材料，不再要求企业重复提交，让“信息多跑路，企业少跑腿”，提升审批服务便民化，推动市场主体办证审批“一次办成”，为“照后证前”监管盲区补短板。

推行协同监管“双随机、双评估、双公示”：“双随机”是指随机抽取检查对象、随机选派执法检查人员的方式开展检查；“双评估”是指企业公共信用评估和行业安全风险评估；“双公示”是指向社会公示市场主体的行政许可信息和行政处罚信息，着眼监管对象分类和跨部门协同。对守法企业，政府充分放手；对失信企业，政府快速响应，真正实现对企业“无事不扰、有求必应”。

（三）推进“四个监管”，转变监管方式

上海市浦东新区推行以“动态、风险、信用、分类”监管为核心的“四个监管”，创新监管方式，研究形成“四个监管”工作实施规程。“动态”监管着眼“全项实时，主动发现”，掌握管理部门行业实际运行情况，行业运行体征和管理要素的全项实时信息都在“动态”监管中体现。“风险”监管和“信用”监管着眼“智能研判，精准预警”，构建风险预知研判中枢，对全项实时信息筛选分析，明确重点关注和及时处置的风险点信息。“分类”监管着眼“分类处置，突出重点”，根据风险和信用情况对企业进行分类管理，优化政府部门资源配置，充分提高管理效率。

（上海市人民政府办公厅电子政务办公室）

上海市普陀区实现“无差别”综合窗口模式

为持续优化普陀区的营商环境，推动区域经济高质量发展，不断提升政务服务的效能，让群众和企业能办事、好办事、办成事，普陀区全面聚焦“无差别”综合窗口，探索建立“前台综合受理、后台分类审批、窗口统一出件”的全新工作模式，将“一网通办”与“综合窗口”相融合，充分整合线上线下的政务服务资源，站好普陀安商引商、服务群众的迎宾岗，擦亮“服务是普陀第一资源”的金字招牌，让企业和群众体验普陀服务的满意与惬意，更有获得感。

一　四大保障提升服务效能，实现“无差别”综合窗口

普陀区结合工作实际，升级改造区行政服务中心办事大厅，全面梳理业务事项，设计开发综合窗口系统，招录培训工作人员，力求整体功能更完备、业务流程更便捷、智能办理更优化、服务环境更舒心、群众企业的办事体验更惬意，切实推进受理环节与审批环节分离，夯实综合窗口接待受理、后台分类审批的模式基础，逐步推动企业群众办

事从“找多个部门”向“找一个窗口”转变，逐步实现前台窗口“一件事一次告知”“一件事一个窗口”“一件事高效办成”。

（一）升级硬件，确保服务环境人性化

以改善群众和企业办事体验为目标，优化综合“一网通办”实体大厅的功能布局和动线设计，提升了服务功能，丰富了服务载体，设立自助服务、“一网通办”导办、综合窗口受理、提前服务、主题式服务等多个功能区，形成一楼大厅“综合窗口 + 自助服务 + 帮办服务”的全新功能格局，使服务环境更具人性化，实现群众和企业“进一门、多办事”。

（二）厘清业务，确保服务事项精细化

开展无差别业务梳理工作，细分业务情形至最小颗粒度，让综合窗口人员进一步明晰各个办事情形需要的办理材料，从过去检查办理材料“有没有”进阶为核对办理材料“准不准”，不断减少办事人员返工改材料的次数。开展高频事项核验，安排工作人员蹲点部门受理窗口，现场收集办事群众的申报问题、常见错误，纳入受办分离知识库，为今后综合窗口再提升提供参考和依据，不断推动政务服务更精准、服务事项更精细。

（三）开发系统，确保服务质量高效化

开发“综合窗口”管理系统，推动综合窗口服务质量日趋高效、精准。为综合窗口事项库管理系统开发物料交接、系统证照引用及制发证、绩效考核、主题式套餐的申报（预审、收件、受理）业务受办理平台、电子监察平台、数据统计平台等功能；为受办分离环节提供标准化业务库、前后台流转通道、前后台呼叫响应、电子证照调用支持、审批业务办结、审批效能监察等功能。

（四）培育队伍，确保服务水准专业化

为推进综合窗口建设，着力打造和培育专业化的综合窗口服务团队。一是面向全市公开招录 27 名专职工作人员，主要承担窗口收发件及引导辅助等工作。二是建章立制，通过建立《非编人员管理手册》等内部工作制度，明确了综合窗口服务团队的人事管理、服务规范、工作纪律和薪资福利。三是强化培训带教，安排各业务部门的业务骨干对新入职工作人员进行为期两周的集中脱产培训和历时 1 个月的岗位带教实训，最后以个人实战现场办理的方式进行考核，确保综合窗口服务团队的业务能力在短时间内达到窗口收件的基本要求。

二 “四到”标准打造“普小二”品牌，营造有温度的服务

普陀区提出对服务企业要“不叫不到、随叫随到、服务周到、说到做到”的工作要求，

着力打造“以我们的责任心、进取心、事业心，换取企业和群众体验‘一网通办’服务的满意和惬意”的“普小二”服务品牌，为政务服务增添温度，用温馨的环境和优质的服务拉近与群众、企业的距离，切实推动依申请行政权力事项进驻窗口受理，整合政府职能部门的资源充实窗口服务事项，逐步将“群众企业来回跑”转变为“政府部门协同办”。

（一）“普小二”导办，进门即服务

前置服务导台，让办事人能够进门即见服务。服务导台的“普小二”落实“首问负责”，开展微笑服务，第一时间为办事人提供全面且专业的业务咨询和引导服务，让办事人少走“弯路”。对于疑难复杂的问题，或是提前服务的需求，值班长会直接呼叫中台的“老法师”，在一分钟内响应并到达窗口，为办事人答疑解惑。

（二）“普小二”帮办，一窗全办妥

在新设企业“一网通办”服务专区创新推出“普小二”帮办服务，率先突破刻章难、开户烦等问题，实现开办企业执照、发票“一窗发放”，确保企业两天完成准入又准营，有效降低企业办事的时间成本，让企业事项不仅“能办”，而且“好办”。“一窗领取”的服务模式得到国务院检查组的肯定，并要求全国推广复制。

（三）“普小二”预审，疑难尽解答

提供商事登记领域的提前预审服务，如材料缺失、填写有误、登报时间不满、章程内容不全、产证信息不符等问题，在预审时提前向办事人指出，能补的材料尽可能帮办事人补齐，当场无法解决的问题一次性向办事人告知。

（四）“普小二”包干，园区有“触角”

将“一网通办”服务延伸至中以（上海）创新园等区域内重点园区，下沉服务资源、指派“普小二”定点包干，建立“中心＋园区”“代办＋协调”的服务对接机制。在园区内设立“无差别”综合窗口，安排“普小二”为入驻企业主动协调相关政府职能部门、全程代办相关事宜，缩短新设企业入驻园区的时间，提高园区服务企业的整体水平。

三　自助引导助力“一网通办”，推动智慧化业务办理

为使“数据多跑路、群众少跑腿”，普陀全区高度重视“一网通办”线上线下融合发展，不断提升智慧化服务水平，多措并举进一步完善线上线下的服务体系。一是深度应用电子证照。在综合窗口系统内接入已上线的115类电子证照，根据市电子证照库用证清单模式调用的新技术规范，更新综合窗口系统电子证照的调用功能，截至2019年10月底，调用量97093件，位居全市第三。整合电子证照和市级办件库信息数据，实现智能领表、智能填表、智能问答和自助办理等功能。二是更新精准叫号功能。为落实窗口

一次性告知制度，减少办事人跑腿次数，提升窗口收件效率，中心将综合窗口管理平台系统与预约排队叫号系统对接，推出“精准取号”2.0 版。办事人全程可在同一窗口接受同一工作人员的指导和服务，有效规避了在不同窗口办理出现的补材料口径不一致等问题。三是引导自助办理。新设“一网通办”自助服务区，配置高拍仪、电子扫码枪等自助服务设备和办公电脑。办事人在自助办理时遇到任何问题，中台“老法师”和“普小二”引导人员都能在第一时间响应并提供指导和帮助。设立 24 小时自助取件服务区，为群众和企业提供不间断服务，做到“服务不打烊”。

2020 年，普陀区将围绕“一网通办”工作要求，以问题为导向，以群众满意为目标，积极完善工作机制，重点做好服务能力、服务效率提升。从最高频、最烦琐的事项入手，推进智能服务和自助办理。把实体大厅、网上平台、移动客户端、自助终端、服务热线等结合起来，提高在线服务精准度和响应度，实现线上线下功能互补、融合发展，让企业和群众感受热情而有温度的普陀服务，惬意而来，满意而归，不断打造“普陀之治”的新亮点。

（上海市普陀区人民政府办公厅）

上海市宝山区实现“网约车驾驶人员背景审查”AI 零材料自助办理

为推动政务服务从“能办”向“好办、愿办”转变，持续提升企业群众办事体验感和获得感，上海市宝山区探索电子证照、人工智能等技术在政务服务领域的应用，实现“网约车驾驶人员背景审查”AI 零材料在智能政务服务工作台上的自助办理。

一　数据共享“减材料”

依托市“一网通办”统一身份认证系统，通过宝山区行政服务中心大厅内的智能政务服务工作台读取申请人“随申办”身份证二维码完成身份认证后，原来需要提交的身份证、户口本、驾驶证等材料系统通过调用电子证照库相关的电子证照实现材料的免交。

二　人工智能“助审核”

一方面，原来需要提交的申请表，系统通过抓取统一身份认证和调用电子证照的相关字段信息，智能填写生成《上海市网络预约出租汽车驾驶人员背景审查申请表》（以下简称《申请表》），实现该事项“零材料”提交；另一方面，智能政务服务工作台在证照引用完成后，根据户籍本上的印章，自动审核申请人是否为宝山户籍，并将申报信息推送到综合窗口后台审批系统。

三　优化流程“减时间”

综合窗口审批完成后，《上海市网约车驾驶员人员背景核查申请回执》（以下简称《回执》）电子版通过短信发送给申请人，申请人可在智能政务服务工作台扫码打印回执，也可回家自行打印。原来窗口办理全过程需 20 分钟，现在智能政务服务工作台上自助办理，只需 10 分钟。20 个工作日后（涉及市交通委和市公安的驾驶员无犯罪记录审核），自行上网查询最终结果，凭借《申请表》和《回执》至市交通委指定地点报名考试。

四　市区联动“路畅通”

原来《申请表》需要申请人手工填写，现在设备自动生成，盖“上海市宝山区行政服务中心单一窗口收件专用章”电子印章；原来《背景核查申请回执》打印后手动盖“宝山区网约车办事专用章”，现在回执通过电子证照系统直接生成，盖“上海市宝山区交通委员会”电子印章。在区交通委与市交通委充分沟通后，加盖电子印章的材料与原来手动加盖橡皮图章的材料具有同等效力，是该事项能够零材料 AI 自助办理的不可或缺的一环。

自 2019 年 11 月 1 日“网约车驾驶人员背景审查”AI 零材料自助办理推出以来，共成功办理了 986 个申请。通过流程再造和智能终端赋能，该事项现在已实现了“全程网办”。申请人只需手机点一点，即可享受到“像网购一样方便”的服务体验。在此基础上，宝山区聚焦企业群众的实际需求，不断拓展智能自助办理领域，目前已上线“数字证书”“酒类零售经营许可”等 20 个高频事项的自助办理系统，另有“食品经营许可”等 18 个事项的办理系统正在开发推进中。下一步，宝山区将继续以“放管服”改革为抓手，多措并举，创新落实，努力让“一网通办”改革的成果惠及更多企业和群众。

（上海市宝山区行政服务中心）

·沈阳市·

沈阳市不动产统一登记平台
——以便民利民为核心目标

我国的不动产登记涉及国土、房产、农业、林业、海洋等多个部门，且各部门间的数据标准、业务流程不同，监管力度不足，信息不能及时共享，给群众登记业务带来了诸多不便。

沈阳市自然资源局在已有一张图及综合业务电子政务系统的基础之上，根据不动产统一登记和政府职能改革的需要，建立了不动产统一登记平台，以支撑沈阳市不动产统一登记工作的开展。该平台自 2019 年 10 月正式上线以来，共计受理业务 447113 件，其中证书 64352 件、证明 61115 件，通过平台能够便捷查询全市各区县的不动产登记业务办理情况，及时了解各地不动产登记的汇交情况、购买力情况，通过数据分析为领导提供辅助决策。

本文结合沈阳市不动产登记的实际工作，提出搭建集全市不动产登记信息实时接入、动态智能监测监管、实时分析辅助决策于一体的沈阳市不动产统一登记平台。

一　总体设计

在沈阳市自然资源局已有一张图及综合业务电子政务系统基础之上，结合不动产统一登记和政府职能改革的需要，开展不动产统一登记平台建设及数据整理入库工作。

不动产统一登记平台遵循“国土资源云”总体框架，由资源得到充分共享、互联互通的四级平台或系统组成，确保国家、省、市、县四级不动产登记机构信息实时共享，与各级横向部门间实现互通、共享、交换。

采用云计算、大数据等技术手段，利用面向服务的 SOA 架构，基于 Oracle、MogoDB、MySQL 和 ArcGIS 等基础平台，从不动产登记应用的要求分为业务受理中心、数据交换中心、监管中心、共享中心和运维中心四大中心七大系统，实现不动产登记数据的管理、业务受理、交换共享和监管决策等方面的全面管理。同时，平台还充分考虑到通过服务形式实现与市级电子政务平台等我局已有平台系统的对接。

二　不动产登记业务管理系统

依据我国不动产统一登记的管理办法和规范等要求，建立基于同一平台的不动产初始登记、转移登记、变更登记、注销登记、预告登记、更正登记、异议登记、抵押登记、查封登记等类型的不动产登记业务统一办理模式。通过对沈阳现有的登记业务流程、业务要件进行搜集整理，结合沈阳市现状梳理出具有沈阳特色的不动产登记流程，业务审批涵盖土地、房屋、林地、农村承包地等各类不动产登记业务，能体现不动产登记单元在不动产登记业务流转中的基础作用，具有流程业务与图形信息一体化管理功能。

三　不动产登记信息汇交与监管系统

不动产登记信息汇交与监管系统主要是实现国家、省、市、县四级不动产登记信息的汇交与监管，同时实现对不动产权证书和不动产登记证明的统一管理。系统基于可伸缩分布式数据融合技术的数据交换中心，通过分布式部署建立多任务协同机制，有效解决数据上报处理效率问题，完成了对国家、省数据的实时汇交以及沈阳市 3 个县不动产登记信息的全域接入，建立了对不动产登记信息的实时接入、逐级汇交和动态更新机制，并创建了市县两级联动的不动产登记信息业务监管模型，以市级不动产登记业务监管为主线，通过接入、建模、整合、分析等技术手段，实现监管业务需求的快速构建、迅速响应和指标可视化，构建了市级及区县共计 9 个大类 26 个登记事项的全业务监管体系。

不动产登记分析及监管分为分析和监管两个部分。分析部分通过大数据处理技术，实现数据的清洗、融合和挖掘，建立数据之间的逻辑关联，提供数据综合查询、基础数据报表分析、自定义报表分析、多维即席分析、指标提取与评价、模型预测、分析报告制作与输出等功能，对不动产登记数据开展综合应用分析，构建不动产相关的指数体系，通过指数的周期变化反映不动产发展的趋势，对指数的运行区间进行监控，为管理部门提供决策支持依据；监管部分实现对整个不动产登记的执行过程进行业务监管、证书监管、知识库管理等操作，对不动产登记执行的监督把控，从而督促不动产登记任务能够快速有效的执行。

四　不动产登记数据库管理系统

不动产登记数据管理系统是以数据库和 GIS 平台软件为基础，对不动产登记信息相关的空间数据、属性数据、图片等各类数据进行统一管理和维护，满足不动产登记数据的检查入库、组织管理、查询检索、导入导出、数据分发、专题制作、更新维护、不动产证书管理等要求。

五　不动产权籍调查成果管理系统

不动产权籍调查成果管理系统是对不动产权籍调查成果的统一管理，建立与不动产权籍调查测绘软件和不动产登记信息管理系统之间的关系。

六　不动产信息共享交换中心建设

不动产统一登记信息是智慧城市数据体系的重要组成部分，建立不动产信息共享交换中心，基于数据接入、实时加载建立市级不动产数据中心，面向财政、税务、金融、统计等部门提供信息共享，满足相关主管部门对不动产登记信息的共享需求，服务于社会征信体系的建立健全和市场经济制度的完善，为权利人、利害关系人及取得权利人同意的单位和个人提供“一站式”、便捷的信息依法查询服务，保障不动产权利人和利害关系人的合法权益。

交换中心通过数据的完整性、规范性和一致性检查、汇交和信息接入，实现对不动产业务相关的住建、林业、农业、牧业、水域等部门交易、登记、收费等信息的数据协同共享。

七　不动产统一登记综合监管分析系统建设

不动产统一登记综合监管分析系统以业务监管、证书监管、登记簿核查等为手段，重点辅助解决登记业务办理中审批逻辑规则、登簿成果完整性等不动产登记管理中出现的问题，强化政府特别是市级不动产登记部门的综合监管职能，同时实现对地方各节点的网络与应用系统运行状态集中统一监管。构建“事中防范、事后监管、综合分析”的立体监管分析模式。

通过平台构建全市统一的不动产数据标准体系，在国家不动产数据标准体系的基础上，制定不动产登记信息数据汇交规范和监管规范；探索新型监管手段，实现对全市不动产登记工作的动态、全面实时监管；利用不动产数据成果和信息化成果，促进领导干部核查机制的创新。

八　不动产统一登记移动应用系统建设

通过建立微信、移动应用、网站等多种模式的应用模式，实现不动产登记业务的网上预约、网上报建、在办信息查询、不动产法律法规信息获取等内容，更大程度提升不动产办事效率，更好地服务人民群众。

在移动应用系统中引入智慧登记预约服务，结合叫号数据、不动产登记数据、交通数据提出基于大数据智慧预约服务，为不动产登记预约提供全方位监测，服务流程优化。

预约成功后，系统根据市民申请不动产的信息，利用“不动产登记窗口分布一张图”直接推送办事地点至手机导航，避免发生跑错位置。

九　总结

本文提出的不动产管理系统的解决方案建立了不动产登记实时接入、动态更新的数据资源管理体系，不动产登记业务监测监管指标模型可视化表达体系以及基于 SM4 国密加密算法的信息化干部核查工作机制，使数据更新及时、功能易用、运行稳健，为沈阳市自然资源局的数据接入汇交、不动产登记业务监管、领导干部不动产核查、舆情收集等工作提供了支撑，提高了业务人员的工作效率且扩展便民惠民服务渠道，也为集体科学决策提供了依据，有效提升了沈阳市不动产登记工作的管理服务水平。

（沈阳市自然资源局）

沈阳市公共安全视频监控建设联网智能化应用——“雪亮工程”建设项目

一　概述

2017 年 2 月，沈阳市被国家确定为“雪亮工程”辽宁省唯一重点支持城市后，全市各地区、各部门在市委、市政府和市委政法委的坚强领导下，按照“全域覆盖、全网共享、全时可用、全程可控”的总体目标要求，将“雪亮工程”作为平安城市建设的有力抓手，举全市之力、集全民之智，挂图作战、倒排工期、攻坚克难，圆满完成“雪亮工程”建设任务，有力助推了平安沈阳建设提档升级。

二　党委政府高度重视，高起点开局“雪亮工程”建设

在辽宁省委、沈阳市委、市政法委领导指挥下，市委、市政府专门成立全市“雪亮工程”建设领导小组。领导小组下设办公室（以下简称“雪亮办”），办公室设在市公安局，负责全市“雪亮工程”建设的规划设计、需求调研、组织协调、督导推进等工作。市“雪亮办”先后组织召开 116 次工作调度会议，及时协调解决工作中遇到的资金、技术、保障、标准等难题；报送下发工作专报、通报及督办单共 45 期，强力推进实施“雪亮工程”建设。

三　各地区部门挂图作战，高效率推进“雪亮工程”建设

（一）定位为“一把手”工程

沈阳全市各地区、部门按照市委、市政府的部署要求，均将“雪亮工程”建设作为

“一把手”“一班人”的重要工程，成立领导小组及办公室，结合本地区、本部门实际，科学制定工作方案，因地制宜、多措并举，全力推进“雪亮工程”建设。

（二）加大前端点位建设投入力度

沈阳市发改委、大数据局、财政局等单位，积极推进“雪亮工程”建设论证、审核、立项、采购等工作，优先保障所需建设资金。全市“雪亮工程”建设先后投入建设资金达 9.5 亿元。其中，市级建设项目共投入 1.08 亿元（市本级财政投入 8400 万元，中央配套扶持资金 2400 万元），各区（县、市）前端点位建设共投入 8.42 亿元。于洪区投入 1.7 亿元，新建 5768 个高清探头；大东区投入 1.5 亿元，新建 4700 个高清探头；开发区投入 1.5 亿元，新建 4244 个高清探头；沈河区投入 1.15 亿元，对已建的 6540 个视频探头进行全面升级改造；和平区投入 9000 万元，新建 3000 个高清探头；铁西区投入 8648 万元，新建 3934 个高清探头；沈北新区投入 5046 万元，新建 1630 个高清探头；浑南区投入 3000 万元，新建 989 个高清探头。截至目前，全市视频探头总量达 60 万个，比 2017 年初增长一倍，实现全市 160 个反恐重点部位、2409 个公路重点路段、1198 个农村行政村主要出入口、486 个开放式老旧小区等重点复杂地区视频监控全覆盖。

（三）积极推进视频资源整合共享

各地区、各部门按照“分级整合、整体推进”的工作思路，积极推进全市视频监控资源应联必联、全网共享。截至目前，全市公共区域一、二类视频探头联网数量为 70268 个，比 2017 年初增加 4 倍多。市、区两级公安机关指挥中心共享 6.9 万余路视频监控资源，有力支撑了可视化指挥调度。

（四）视频建设应用各具特色

全市各地区、各部门因地制宜、勇于创新，形成百花齐放的视频建设应用工作格局。大东区积极创新视频应用“五位一体”工作体制机制，实现由“人工合成”到“智能合成”“手动分析”到“云计算”的全新转变。沈河区紧紧抓住平安沈河、智慧沈河建设的有利契机，将视频专网升级改造为视频大数据分析平台，全力打造视频封控、智能感知、超前预警的沈河特色“雪亮工程”。和平区建设了大数据“云防”系统，实现视频应用立体化格局。新民市创新启动“无人机 +”空地一体化防控系统建设，首创无人机集群作战、协同联动、指勤对接的实战化应用模式，在重大安保、抢险救灾、打击犯罪、治安防控发挥了巨大效能。沈北新区针对农村地区治安防范特点，以道义派出所为试点，建设了多媒体信息技术实战应用一体化平台，实现了派出所视频巡查、侦查、指挥一体化新模式。于洪区北李官警务工作站在全省率先安装人脸识别系统，实战成果显著，浑南、皇姑、开发区等地区按照购买服务和分期付款的方式，开源节流、广开渠道，积极探索市场化运作模式，最大限度为政府减轻财政压力。

四　工作专班全力攻坚，高强度实施“雪亮工程”建设

（一）高起点建设市级项目

沈阳市“雪亮办”从市公安局、中国联通沈阳分公司、辽宁北方实验室等单位选调55名业务骨干，组成四个工作专班，实行集中办公，负责“雪亮工程”市本级建设工作的组织协调、需求调研、技术支撑、实施建设、督导检查等工作，确保项目建设有序推进、高质完成。

2018年7月17日，沈阳市级建设项目完成承建招标工作，中国联通沈阳分公司中标。华为、海康、烽火、北方实验室、科达、中软等10余个全国知名企业参与工程建设。沈阳市“雪亮办”先后召开22次市本级建设工作调度会，对建设内容进行精细化研究论证，全面完善建设内容标准。

（二）高标准建设视频解析中心

在充分调研论证的基础上，瞄准全国一流，在市局应急指挥中心大楼建设了600平方米的视频解析中心，规划设置警企联创、综合展示、数据清洗、案件研讨、业务指导、支撑保障、图像处理和数据碰撞等8个功能区，为视频大数据应用提供强大硬件支撑。市公安局为解析中心配备12名民警、12名辅警，开展视频大数据应用。

（三）搭建八大视频智能应用平台

沈阳市公安局以云计算、大数据、深度学习等新技术为支撑，立足实战需求，搭建了视频图像解析、多维数据感知、视频智能巡控和视频侦查作战四大应用平台，新建、升级人脸比对、车辆轨迹、视频监控、人形比对四大支撑平台，研发53个模块、294项功能，有力提升了视频监控大数据作战能力。同时，结合公安业务需求，打造手机App视频移动警务，为基层警务工作提供高效便捷服务。

（四）实行视频精细化分类管理

依托视频图像信息共享平台，将全市公共区域视频探头按照设备类型、建设类别、功能属性、共享应用、公安警种和自定义设置等6大类属性，划分609个GIS图层，上图标注，实现视频探头分类管理、一键快搜。

（五）构建视频大数据资源库

采集整合全市70268个视频探头、21634个人脸卡口、8187个车辆卡口、4870个WiFi探针、429个路内停车场视频探头、1.7万台出租车的3.4万个前端点位。整合逃犯、扒手前科、涉稳人员、肇事肇祸精神病比对数据库，数据总量达35万条。同时，对接了智慧沈阳统一平台、公共安全管理平台、综治平台、350兆数字集群等平台数据。目前，

已累计汇聚数据总量达1600亿条，并以每天6亿条递增，为视频大数据实战应用提供强大支撑。

（六）全面优化视频专网架构

升级扩容图像信息传输“通道”，形成双链路、双设备冗余，实现市到区（县、市）、社区全网覆盖，视频网络万兆传输。首次引入联通、华为5G传输技术，完成4K高清、全景VR在沈阳视频监控领域中的测试应用。

（七）构建全方位安全防护体系

运用最先进的安全防护措施，将公安网、视频专网、党政外网、综治专网、互联网等网络资源安全连接，建立了一整套涵盖视频前端、网络边界、平台系统等方面的安全防护管理体系。

（八）引入运营商集约化服务

中国联通沈阳分公司按照国家一级标准，建设了总面积达300平方米的视频解析中心模块化机房，承载“雪亮工程”300台服务器、120台网络交换机及系统安全设备，60条万兆传输线路运转。同时，为“雪亮工程”提供在线存储、集中备份、运维管理等集约化服务，满足海量数据存储及大规模业务承载需求。

五　立足实战突出应用，高成效展现“雪亮工程”建设

各单位、各部门在推进视频监控系统建设中，注重运用数据挖掘、人像比对、车牌识别、智能预警等前沿技术，有力提高了打击犯罪、防范风险、社会管理和服务民生的能力，实现风险防控由被动响应向主动预防的转变。

（一）打击犯罪能力大幅提升

2018年以来，全市公安机关运用视频监控系统破获刑事案件同比上升4.3%，刑拘、逮捕人数分别上升29%、29.2%。

（二）风险防控能力大幅提升

2018年以来，沈阳全市入室盗窃、机动车盗窃、街面扒窃等三类可防性案件同比下降10.3%。中甲足球联赛、CBA联赛沈阳赛区比赛、2018沈阳马拉松赛、全国民营企业500强峰会等大型活动实现了绝对安全、万无一失。

（三）人脸识别能力大幅提升

充分运用全市火车站、长途客运站、地铁出入口和反恐重点要害部位建设的人脸识别摄像机，开展人脸自动抓拍、识别、比对和报警。2018 年以来，通过人脸识别系统，识别各类重点人员 87474 人、锁定“失控”重点人员人脸轨迹 2394 人、抓获网上逃犯 743 人。

（四）社会管理能力大幅提升

沈阳市“雪亮办”依托电子政务外网、互联网、公安视频专网等网络载体，为应急、建委、城管、水利、林业、水务、排水、防汛、地铁、铁路等 11 个部门共享视频监控资源，有效提升了社会管理能力。

在交通管理方面，2019 年 5 月以来，通过运用车辆卡口系统，实现对全市车流数据实时统计分析，识别打击套（假）牌车辆 501 台，有力提升了道路交通安全管理水平。

在出入境管理方面，2019 年通过视频系统智能比对，识别“双重国籍”目标人物 183 人。市“雪亮办”为排水集团搭建 80 个视频监控图层，实现 24 小时实时监控全市积水点位。

（五）服务民生能力大幅提升

2019 年 5 月以来，通过视频监控系统帮助救助社会走失老人儿童人 73 人、帮助找回遗失物品 120 余件（次），群众安全感、满意度得到进一步提升。

六　总结

虽然沈阳市“雪亮工程”建设取得了明显的成效，但是在视频建设应用方面还存在一些突出问题，主要表现在以下几个方面。一是受经济条件及基础条件和人才等因素影响，沈阳市各地区视频监控建设发展不平衡。二是社会面重点行业视频探头存在行政、行业、技术壁垒，缺乏有效的沟通和衔接，没有形成整体推进的工作格局。三是因城市拆迁改造、道路施工，公共区域视频监控存在被拆除或损毁故障问题。下一步，沈阳“雪亮工程”建设将在市委、市政府和市政法委的坚强领导下，以党的十九大精神为指导，深入贯彻落实习近平总书记“深化平安建设，完善立体化社会防控体系”的重要指示，全力构建数字化、集成化、智能化的视频监控体系，全面实现“全域覆盖、全网共享、全时可用、全程可控”的总体目标，不断提升人民群众获得感、幸福感和安全感，为推动沈阳高质量发展、新时代振兴做出新的、更大的贡献。

（沈阳市公安局视频解析中心）

沈阳市租房租赁交易服务平台

沈阳市是住建部选取的首批开展住房租赁试点的12个城市之一。沈阳市住房租赁交易服务平台于2019年7月30日正式上线运行，随着信息技术的发展，结合行业需求，在平台的基础上将整个业务、数据、网络进行整合，构建了基于GIS的沈阳市住房租赁交易服务平台体系建设。此举大力强化大数据技术产品的研发，深化大数据创新应用，促进行业大数据应用发展，加快大数据产业主体培育，推进大数据标准体系建设，完善大数据产业支撑体系，提升大数据安全保障能力。

一　建设成果

在沈阳市智慧城市建设总体框架要求下，以建立房产地理信息系统（GIS系统）和云楼盘表数据为基础，建设了基于GIS的沈阳市住房租赁交易服务平台体系。

项目建设体系基于“三个一”（一套标准体系、一套数据库、一个云环境）、两个平台和N个应用。通过构建全国一体化“互联网+政务服务”技术和服务体系“三融五跨”实现创新发展。

（一）一套标准体系

为了完善沈阳市住房保障制度，进一步规范公共租赁住房筹集、准入和退出、租赁补贴、分配、运营以及监督管理，根据《公共租赁住房管理办法》《辽宁省保障性安居工程建设和管理办法》等规定，结合实际，沈阳市房产局于2019年6月25日制定并下发了《沈阳市公共租赁住房管理规定》。标准体系建设是为了强化住房租赁市场的监督和管理，加强住房租赁市场监测，及时掌握了解、分析研判住房租赁市场状况，为百姓提供住房租赁信息发布、房源信息核验、租赁合同网上签约和登记备案等一系列便捷服务。

（二）一套数据库

构建基于GIS的住房租赁交易数据库。要以现有的沈阳市地理信息系统为基准，整合房产局房屋租赁管理的各种信息：具体包括房源核验、身份信息识别、房源发布、“我要找房”、地图找房、个人求租、合同网上签约、合同网上备案、经纪机构管理、经纪人管理、信用评价、发布租金参考价、政策资讯、便民服务、社区网格化管理等15个功能模块信息，对房屋租赁行为从信息发布、合同签约、登记备案等几方面进行“一站式”规范管理。基于百度地图应用于互联网上，再集成与房产相关的其他信息，如五级行政区网格信息、租金参考价区信息、地铁沿线信息、热点区域信息、房产中介信息等。

（三）两个平台

沈阳市住房租赁交易服务平台分为政务版和公众版两个平台。政务版平台主要服务对象是沈阳市房地产信息中心和沈阳市房屋租赁管理中心，主要解决了在GIS平台的基础上实现沈阳市住房租赁网格化管理的问题，并对每一级网格的租赁房源信息进行查询统计。具备了分析沈阳市房地产市场发展态势，为政府决策提供信息服务的政务功能。平台运行在政务外网环境下。公众版为百姓和中介企业服务，打造了政府备书的、可信的、授权的、权威的、为民服务的沈阳市住房租赁交易服务平台网站。该网站有别于市面上几大租赁服务平台，解决了租房市场房源信息虚假、价格不透明等问题。具体功能为综合情况展示、市场分析、租金参考、楼盘分布、城市网格管理、系统设置。平台运行在互联网环境下。运用云计算技术，统筹利用已有的机房、计算、存储、网络、安全、应用支撑、信息资源等，与房产局不动产交易系统、商品房网签合同备案系统、住房保障管理系统、存量房资金监管系统、商品房资金监管系统进行跨业务集成，将数据进行多元易构、融合、关联、数据处理、分析。发挥云计算虚拟化、高可靠性、高通用性、高可扩展性及快速、按需、弹性服务等特征，为政府行业提供基础设施、支撑软件、应用系统、信息资源、运行保障和信息安全等综合服务平台。由支撑平台、数据服务平台、业务应用层组成，在政务云管理体系和安全体系保障下，通过各类用户终端，为政府内部提供统一信息化支撑，向社会公众提供高效外部服务。

二　应用创新

基于GIS的沈阳市住房租赁交易服务平台体系建设构建了新型电子政务基础设施平台，助推了政务信息化“三融五跨”创新发展。

（一）多源数据融合

基于GIS融合处理包括多源实时数据融合和实时、历史数据融合，其中多源实时数据融合对某一时次不同数据来源或格式的相同实时数据，按照一定的策略进行融合处理，生成唯一供用户访问的实时数据序列。实时、历史数据融合将经过质量控制等加工处理的部分历史数据集，按照一定的策略，更新、追加到经多源实时数据融合后的数据序列中，解决了“数据孤岛”的问题。

（二）多业务融合

基于GIS的沈阳市住房租赁交易服务平台体系建设中，将房产局不动产交易系统、商品房网签合同备案系统、住房保障管理系统、存量房资金监管系统、商品房资金监管系统进行业务融合，解决了业务烦琐重复的问题。

（三）多种技术融合

平台体系建设过程中，通过将云技术、虚拟化、大数据分析、空间地理信息整合，统一地理坐标系，并与百度坐标系进行技术转化等各种技术进行融合，达到了技术创新领域的新高度。

（四）跨业务

随着信息技术与经济社会的交汇融合，虽然各政府部门中存储海量的政务数据，但是各部门间的数据都互不共享，没有进行统一的管理。通过跨业务的平台处理，能很好解决数据应用的难题。平台集合各项业务包括规范全市房地产交易、房屋租赁市场秩序，拟订全市房地产交易、房地产中介服务管理等政策和规章制度并监督执行，负责新建商品房销售、存量房转让合同网签、房屋租赁管理工作，负责全市新建商品住房预售价格指导、商品房买卖合同网签及备案管理，负责全市商品房预售资金监管及存量房交易资金监管的监督指导工作，负责全市房屋租赁网格化管理及登记备案的监督指导工作，监督全市房地产咨询机构、房地产估价机构、房地产经纪机构的执业行为，负责全市商品房销售、房地产估价市场行为检查。基于GIS的沈阳市住房租赁交易服务平台体系建设结合了先进的大数据技术和传统的数据仓库技术，对广泛分布在各个政府部门触角的海量零碎的政务数据资源进行收集、整理、清洗、转换、融合、分析和挖掘，打破各部门间的数据壁垒，实现数据共享，将各类数据充分应用起来。

（五）跨应用

进一步加大推进国家电子政务外网平台建设和应用力度，打造“网络通达、业务上云、数据共享、统一认证”的新型电子政务基础设施。平台与不动产交易系统、商品房网签合同备案系统、住房保障管理系统、存量房资金监管系统、商品房资金监管系统进行跨平台业务对接，实现构建基于GIS的沈阳市住房租赁交易服务平台体系建设。

（六）跨网络

将政务外网、互联网门户网站、微信端、移动端进行网络整合，打通数据孤岛的壁垒，实现数据多元易构的完美融合。政务外网将积极参与建设统一的网上政务服务平台，支撑整合构建综合服务窗口和一体化政务服务体系，形成方便快捷、公平普惠、优质高效的网上政务服务体系。

（七）跨平台

构建“互联网+政务服务”技术和服务体系，其核心在于信息共享。国家电子政务外网作为国家统一的政务网络平台，已基本市全覆盖，并已逐步向乡镇街道延伸，横向连接了133个中央政务部门和相关单位。同时，政务外网统一的数据共享交换平台也已构建完成，并整合在构建基于GIS的沈阳市住房租赁交易服务平台体系建设中。

（八）数据共享交换平台体系

实现国家平台与地方平台的多级对接互通，促进政务信息资源跨层级的畅通流动和业务的高效协同。

三 应用成效

（一）实现了从市到区、街道、社区和小区的五级行政区应用

基于GIS系统软件发布沈阳市地图服务，以地图为背景，划分行政区、街道、社区、项目小区、租金参考价区、热点区域、地铁沿线等多图层显示，实现综合情况展示、市场分析、房源分析、出租走势、房源分布、备案走势、租金分布、租金走势、户型分析、租期分析、固定分析、租金参考、参考价测算、楼盘分布、楼盘表、城市网格精细化管理。为领导提供辅助决策，为业务人员提高管理能效，为经纪机构提高服务，为百姓服务，方便租房群众查找比较理想的租赁房源信息，并对房屋进行核验，以杜绝虚假信息。

（二）实现了与多平台的无缝对接

1. 不动产交易系统对接

系统遵循“网上办理、流程再造、信息共享”的建设思路，重构整体业务流程，打破部门间的信息壁垒，利用大数据管理局汇聚了住建、自然资源和规划、税务、民政、公安、财政、政务办等部门数据，实现房产网签、交易备案、产权登记、公安户籍，形成信息系统的互联互通和工作机制的衔接，为业务高效协同提供支撑，源头上消除虚假证明。方便了办事群众，也提高了政府工作效率。平台进行对接将房屋地理信息在GIS地图上进行展示，应用涉及五级行政区，实现了登记信息、交易、审批信息实时互通，方便政府监管不动产交易实时状态。平台广泛应用于多渠道载体，包括web端、手机微信端、手机移动端。

2. 商品房网签合同备案系统对接

根据我国建设部颁发的《城市商品房预售管理办法》第六条规定：商品房预售实行许可证制度。开发企业进行商品房预售，应当向城市、县房地产管理部门办理预售登记，取得商品房预售许可证，结合业务场景，进行系统对接。显示楼盘表信息，方便房地产业务部门登记业务办理，对商品房的网上销售进行信息化管理。平台广泛应用于多渠道载体，包括web端、手机微信端、手机移动端。

3. 住房保障管理系统对接

住房保障管理系统的建设是为了落实中央关于住房保障的相关政策，实现低收入家庭住房状况调查管理、保障计划及落实管理、保障申请及审核管理、保障户和保障房源档案管理等，并具有保障监督业务、黑名单管理、综合查询分析功能。平台对接后建立了住房保障地理空间数据库，基于GIS对地理房屋信息进行统计分析，以数字地图的形

式展现保障住房空间规划等信息。平台广泛应用于多渠道载体，包括 web 端、手机微信端、手机移动端。

4. 存量房资金监管系统对接

为了加强存量房预售资金监督管理，保证存量房预售资金专款专用，政府出台了对存量房预售资金进行监督管理的相应办法。要求存量房预售资金遵循政府指导、银行监管、多方监督、专款专用的原则。在提高我市经济和社会效益及科学管理水平的总目标下，尽可能实现一个准确、规范、使用、先进、安全可靠、灵活方便的系统。基于 GIS 建立存量房可视化楼盘表，可以直观看到存量房项目、楼盘、开发商、商品房及销售备案情况，使存量房屋状态在电子地图上一目了然。

5. 商品房资金监管系统对接

为了加强商品房预售资金监督管理，保证商品房预售资金专款专用，政府出台了对商品房预售资金进行监督管理的相应办法。要求商品房预售资金遵循政府指导、银行监管、多方监督、专款专用的原则。在提高我局经济和社会效益及科学管理水平的总目标下，尽可能实现一个准确、规范、使用、先进、安全可靠、灵活方便的系统。基于 GIS 建立商品房可视化楼盘表，可以直观看到商品房项目、楼盘、开发商、商品房及销售备案情况，使商品房屋状态在电子地图上一目了然。

（三）实现了多载体应用

平台广泛应用于多渠道载体，包括 web 端、手机微信端、手机移动端，解决了房源信息虚假、价格不透明等问题。

（四）成果应用成效显著

沈阳住房租赁交易服务平台自 2019 年 7 月 30 日正式上线运行以来，已成功应用在沈阳市房产局、沈阳市自然资源局、沈阳市公共事业发展中心、全市 14 个区县（市）房屋登记部门；与 20 家银行以及公积金等金融机构、500 多家房地产开发企业在线办理业务。 全市平均每天通过房产信息系统办理业务 2000 余件、各类房产业务年登记量达 50 余万件、同时与国家、省级互通互联，向下在各行政区、街道、社区中实时应用。

平台数据库覆盖二环内建筑物蓝牌地址，包括 3 条地铁线路、14 个行政区、97 个街道、721 个社区、2566 个项目小区。平台基于业务将多种数据类别进行融合，包括中介机构信息数据类、中介人员信息数据类、租赁房源数据类、政府部门统计数据类、GIS 平台下行政区网格数据类、蓝牌地址点位数据类、热点区域统计信息数据类等 18 种大类数据类。

平台已经发布租赁房源 13463 条，其中经纪机构房源 12410 条、个人房源 15300 条。发布备案经纪机构 428 家、经纪人员 94130 人。在互联网环境下，平台上线以来经过各大媒体的宣传及政府部门的政策推动，平台累积访问次数约 165 万次。

（沈阳市信息中心）

·南京市·

江苏省南京市基于区块链的企业开办一网通

一　建设思路

《国务院关于加快推进“互联网＋政务服务”工作的指导意见》（国发〔2016〕55号）明确要求，加快推进政务信息共享，国家发展和改革委员会牵头整合构建统一的数据共享交换平台体系，贯彻执行《政务信息资源共享管理暂行办法》，打通数据壁垒，实现各部门、各层级数据信息互联互通、充分共享。

江苏省认真贯彻落实中央决策部署，结合实际，坚持把不见面审批（服务）改革作为推进“放管服”工作的重要举措，多次召开深化“放管服”改革会议，对不见面审批（服务）、“3550”改革、“互联网＋政务服务”等作出具体部署，大力推进各项改革措施落地生效，努力把江苏打造成审批事项最少、办事效率最高、创新创业活力最强的省份之一。

南京市深入推进不见面审批改革服务。2018年，全市电子政务工作要认真贯彻党的十九大精神，坚持以人民为中心的发展思想，牢固树立创新、协调、绿色、开放、共享的发展理念，深入贯彻落实国家和省关于电子政务协调发展、电子政务综合试点、“互联网＋政务服务”、政务信息系统整合共享、电子政务外网建设应用等有关文件要求，进一步深化和完善各项电子政务应用，加快推进政务信息资源的共享开放和业务协同，不断提高政府运用互联网技术和信息化手段开展工作的水平，逐步建立与新时代政府履职相适应的电子政务工作体系。

二　建设内容

实现工商登记、公安刻章、银行开户、办理税务、社保开户、公积金开户等业务一网通办，最快可在1个工作日内完成企业开办业务。

基于区块链分布式存储的特性，保障7×24小时稳定服务；基于多方智能合约跨部门业务快速审批。

通过信息共享优化整合，实现一般企业开办全程网上服务。

1. 工商登记

企业经办人在本平台申请起名和工商登记后，工商和市场监管局工作人员在后台及时完成核对、审批和登记工作。

2. 公安刻章

企业经办人收到登记结果信息后，使用本平台自主选择刻章店、刻章类型、数量、领取方式等，并交费。刻章申请经本平台推送至公安业务系统，完成刻章。

3. 银行开户

企业经办人收到登记结果信息后，使用本平台自主选择开户银行和开户许可证领取方式。银行从本平台中调取企业开户相关材料，进入银行系统审批，银行验证审核完毕后给出银行开户账号（未激活），完成银行开户。

4. 办理税务

经办人使用本平台选择税务报到业务，进行办税信息补填，系统将数据推送进入税务系统审核完成税务办理业务。

5. 社保开户

经办人使用本平台选择社保开户业务，通过实时接口将数据推送进入社保系统，完成社保开户业务。

6. 公积金开户

经办人使用本平台选择公积金开户业务，通过实时接口将数据推送进入公积金系统，完成公积金开户业务。

三　建设成果

1. 提升企业开办效率

本平台将线下企业开办所涉及的工商登记、公安刻章、银行开户、办理税务、社保开户、公积金开户等环节，提交 17 件材料、最少跑 6 次窗口、用时 10 天左右，缩减到只去 1 个窗口（银行面核面签），提交 4 件材料、用时 1 天以内。

2. 引入刻章、银行等社会服务机构

平台已集聚南京市 150 多家有资质的刻章机构，企业可自主选择距离近的、效率快的、好评多的刻章企业。此外，农业银行、交通银行、民生银行、南京银行等 300 多个银行网点也已进驻，各银行网点在自己的界面里添加了后续融资服务。

3. 企业开办数量

本平台自上线运行以来，不见面审批设立的公司已达到 12000 余家，不见面率超过了 95%。

4. 社会效益

企业开办一网通是大势所趋，有利于实现政府横向部门和纵向机构间的信息资源互相挂接、集成与交互，为资源的发现和获取、共享和使用提供有效而安全的整合手段，推进各部门之间的信息整合与共享，有效打破政府内部“信息孤岛”，为企业一站式全生命周期、全方位的“互联网 +”服务，为来宁投资的企业创造良好的营商环境。

5. 经济效益

能够将各项企业服务事项进行有效集成，实现重点领域政务部门的互联互通、共享交换，远期将实现政务部门的互联互通、共享交换，避免了各级政务部门之间数据交换平台的重复性建设。同时，全面推广不见面审批事项，缩短审批流程，节省政府办公经费和建设资金，从而产生良好的经济效益。

四　创新点

（一）全国首创企业开办一网通模式

2018 年 11 月 30 日，李克强总理考察“智慧南京”中心。李克强总理称赞道，“不见面审批”已成为江苏的一张亮丽名片，是“放管服”改革的一大突破，切实做到了“数据多跑路、群众少跑腿”，不仅提高了行政效率，也在更大领域里促进了公平。江苏要继续深化“放管服”改革，为全国作标杆。

2019 年在市级统一证照共享等服务能力支撑下，继续深化企业开办一网通，实现与工商系统、公安刻章系统、各商业银行系统、税务系统、社保系统、公积金系统等全流程互联互通，为企业开办提供全流程一站式服务，实现 1 个工作日完成企业开办。

（二）基于区块链的企业开办一网通

保证登记质量：企业开办登记的关键是信息和意愿的真实。本平台借助区块链技术，以投资主体及相关当事人为信用单元，做到六个真实，包括真实场景、真实身份、真实意愿、真实信用、真实场所、真实联系方式。

降低审批难度：运用强大的运算能力和对申请事项进行智能把关，窗口人员、审批人员不需要太多的专业技能进行逐项审核，就可以直观地看到申请文书中的要件是否齐全、准确，真正实现了数据多跑腿、群众少跑腿的改革理念，降低了审批难度。

安全数据共享：通过登记信息采集和现场人脸识别验证，以最严格的标准获得投资主体及相关人的第一手真实资料和信息，利用区块链技术打通信息壁垒，实现各部门层级数据信息安全共享，省去对当事人的重复验证，节省了大量行政审批的运行成本。

（南京市信息中心）

南京市工程项目一站式缴费平台介绍

为进一步转变政府职能，提高政务服务效能，加快形成法治化、国际化、便利化的营商环境，打造全国营商环境最优的示范城市，更好地服务企业发展，激发市场活力和创新动力，中共南京市委 、南京市人民政府市于 2018 年 9 月 3 日发布了《南京市优化营商环境 100 条》。其中第 22 条明确提出：规范审批收费。清理工程建设项目审批及相关中介服务收费，调整并公布收费清单。探索建立工程建设项目行政事业性收费“一站式”服务窗口。

为贯彻市领导的指示精神，进一步优化营商环境，结合南京市工程建设项目审批制度改革，南京市工程建设项目审批制度改革工作领导小组正式印发了《南京市工程建设项目“一站式”收费改革方案》。方案出台后，南京市建委牵头制定了《南京市工程建设项目"一站式"收费实施细则(试行)》。通过建设"南京市工程建设项目企业服务总门户——一站式缴费平台系统",在南京市范围内的房屋建筑和市政基础设施工程建设项目(不包括特殊工程和交通、水利、能源等领域的重大工程)涉及的收费中,纳入财政部门管理的收费项目,由原来各收费单位分别征收改革为一站式集中收费,施工许可和首次不动产权属登记两个环节集中收费。

根据南京市工程建设项目"一站式"收费改革方案及实施细则明确的流程,以便捷服务和资金安全为前提,结合系统建设实际,"一站式"收费采取线上线下并行的方式已于2019年6月17日正式启动试运行,于10月11日正式启用全线上运行。平台自运行以来,共纳入11项非税收费事项进行缴费管理,共收录工程建设项目580个、规划许可证784张、建设单位509家,总计发出148张汇总缴费通知书,成功办理247张单项费用征收单,开出181张非税票据,累计完成约71161.9918万元费用缴纳。

一 项目思路

(一)以系统化思维进行整体谋划

针对工程建设中各类收费项目独立收费、企业办事多头跑存在的问题,加强体制机制等方面的顶层设计,研究提出系统解决收费事项的"一站式"解决方案。根据管理工作特点和实际需求,突出重点、分步实施,确保业务平台建设有序推进。

"一站式"缴费平台的核心目标是将多个部门的收费事项纳入"一个平台"进行归集和管理,从而支持企业在一个平台、一个办事窗口就完成全部收费事项的办理。平台需要以信息技术为支撑,分析不同收费事项的收费环节、收费方式、收费标准、所需材料,整合不同部门的业务数据、项目证照数据等内容。通过统一环节、统一出具、统一办件、统一缴费的"一站式",实现多个部门收费事项的融合,帮助政府部门实现对多种收费事项的统一管控,解决企业多次办事、多跑路的痛点,提高多种政府事项协调的工作效率和准确性,提升营商环境和企业满意度。

本着共建、共享、共用原则,通过"一站式"缴费平台实现跨部门、跨层级、跨网络的信息融合共享,使"一站式"成果能够方便地被城建、水务、城管、交通、财政等多部门调用。

(二)以应用创新为动力,加强行政协调

充分利用云计算、移动互联网、大数据等先进信息技术,高起点、高标准建设"一站式"缴费平台,加大业务平台在落实工程建设项目中的应用力度,提高平台应用服务效益,促进工程建设管理体系创新与行政管理体制改革。

"一站式"缴费平台的建设与使用涉及多个部门,存在多部门协调的问题,包括内部和外部协调。在"一站式"缴费整体工作开展之初,政府成立工程建设项目"一站式"收费改革领导小组,由政府主要领导负总责,对"一站式"收费工作进行宏观指导与决策;

在具体操作层面，可由各部门联合成立“一站式”收费专职小组，负责协调各部门的数据、技术标准以及业务改造等相关问题，各部门内部也相应成立“一站式”工作组，指定项目协调人，负责对接平台实施中的技术细节等问题，健全的组织协调机制是保障项目实施成功的必要条件。

（三）“一站式”缴费服务全覆盖，全面推广应用

“一站式”缴费平台不是一个孤立的平台，而是一个跨部门、跨层级、跨网络、纵横衔接的信息共享与业务平台。市级“一站式”缴费平台横向联通市级部门业务系统，纵向覆盖区级“一站式”缴费平台。在市级层面，通过平台实现信息联动，“一站式”平台成果能够方便地被各收费业务部门使用，并且在工程项目证照数据共享的基础之上，实现收费部门费用核定的直接调用，保证成果数据可持续的升级与更新。

二　项目建设内容

企业服务总门户——“一站式”缴费平台的建设主要包括以下四块内容。

（一）缴费平台建设

开发“一站式”缴费平台，包含信息同步系统、收件系统、收费事项征询系统、缴费单管理系统、收费单位业务操作系统、管理单位财务系统、窗口人员操作系统、收费事项管理系统。

（二）资金清分及对账系统

开发资金清算系统，向银行系统出具资金清算文件，根据银行资金清算数据向管理部门出具资金流水对账文件。

（三）财政非税票据打印管理

开发财政非税票据打印管理系统，实现非税票据一键式打印，对非税票据领取、使用、存量进行管理。

（四）门户展现

企业服务总门户——“一站式”缴费平台需与门户，即政务服务网、“我的南京”App 对接自助缴费查询系统，用户可通过政务服务网、“我的南京”App 直接进入“一站式”缴费系统的企业端平台进行使用。

三　南京市工程项目“一站式”缴费平台的具体实践成效

（一）用户导向、服务创新，实现“群众少跑腿、信息多跑路”

系统整合、统一平台、一窗受理，减少材料，放管结合，数据共享自动核验。以办事人视角，对全流程按照最优目标重构，从办多个事项到办“一件事”，将城市基础设施配套费、防空地下室易地建设费、城市道路占用挖掘费、城镇垃圾处理费、水土保持补偿费、城市市政公用设施园林绿化损坏赔偿费和考古调查勘探发掘费 7 项收费事项全部合并，设立综合窗口，制定并公布申报材料目录。

办事人只需在线上一次申报或线上一个窗口提交，提交一套材料，后台以电子档流转，市建委、规划局、人防办、交通局、水土局、城管局、园林局、财政局、文旅局、信息中心 10 大部门数据共享。窗口受理后系统自动进行数据稽核，减轻了各部门工作量，消除反复核对纸质材料、操作多个系统的弊端。真正实现了“群众少跑腿、信息多跑路”。

工程项目“一站式”缴费平台上线后，通过流程优化和整合，办事人只需一次申报、收一张缴费通知书、一次缴费、领一次非税票据就可以完成工程项目建设中涉及的 7 项收费的全部流程，真正做到了简化办事流程，减轻企业办事负担（见图 6-1）。

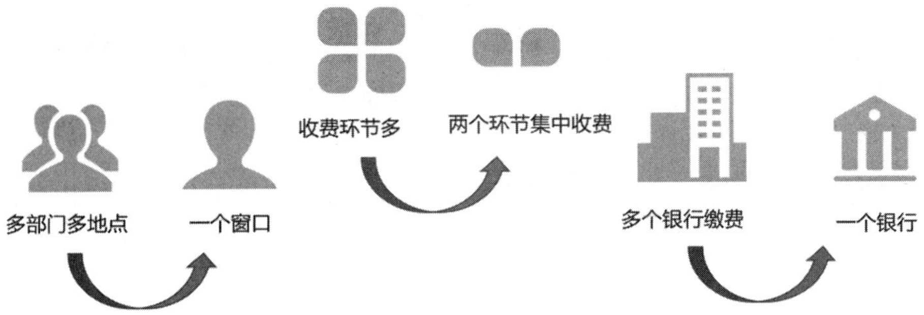

图 6-1　南京工程项目“一站式”缴费平台办事精简示例

（二）服务融合、流程优化，实现“企业一次缴费，完成多项收费”

借助互联网特别是移动互联网，城市的治理结构变得更加扁平化，政府各职能部门作为智慧城市的行政业务代表所组成的城市公共管理系统实现资源共享、服务融合，底层的数据融通支撑上层的服务融合，帮助政府服务更加透明高效。

南京工程项目“一站式”缴费平台以数据互通、信息共享为基础，实现办事人线上一次缴费，完成工程项目建设中的多项行政收费。将城市基础设施配套费、防空地下室易地建设费、城市道路占用挖掘费、城镇垃圾处理费、水土保持补偿费、城市市政公用设施园林绿化损坏赔偿费和考古调查勘探发掘费等缴费流程进行合并，办事人只需在收到汇总缴费通知书后按照提示进行一次缴费，无须再分别到不同单位进行办理。

（三）信息共享、业务互通，实现主管单位的业务闭环

平台打通了财政侧非税系统、银行侧资金系统、政府侧业务系统，实现了对缴费资金实时追踪、非税票据一键打印、缴费信息实时反馈。主管单位业务人员只需在“一站式”平台处理业务，即可通过系统间信息共享、业务互通完成所有数据的传递和业务办理。同时因数据全都是实时反馈，各主管单位业务系统也完成了业务闭环，杜绝以往依靠人工进行业务结单处理。

对于收到的款项将由平台后台自动完成记账并清分给各收款单位，并实时反馈至财政系统，完成资金业务闭环。

四　南京市工程项目“一站式”缴费平台的南京模式

（一）信息融合——南京工程项目“一站式”缴费平台服务实现的基础

工程项目建设周期长、收费事项多，办事人需要在多个部门间来回办理，才能够完成缴费进行许可证的办理，此前，办事人在办理工程项目收费事项中要在不同窗口之间来回跑，成为工程项目办事中的“堵点”。南京市通过打破部门间信息壁垒，协同共享，发挥互联网的交互性和共享性优势，变“群众来回跑”为“部门协同办”，实现跨部门、跨层级的政务信息共享，通过政务系统之间的信息共享、校验核对，实现工程项目建设收费事项办理的“一窗口”受理、“一平台”共享和“一站式”服务，有效解决办事人办事“多头跑、重复跑”问题，发挥信息化技术的数据集聚和智能处理优势，及时获得群众个性化需求，变“等待群众上门”为“主动上门为群众服务”。

利用新手段、新思维、新方式来构建工程项目行政收费服务体系，优化提升政府公共服务水平和行政效能，为群众提供规范有序、公开透明、便民高效的政务服务，增进民生福祉，推动政府职能转变、建设法治整合和服务型政府。

（二）业务融合——南京工程项目“一站式”缴费平台服务高效的核心

此前，工程项目建设收费涉及主体和环节多，信息共享度低，造成群众排队次数多、办事窗口多、时间长，进而影响工程项目建设办事效率。通过优化简化业务流程，变“群众跑腿”为“信息跑路”，把线下办理的事项扩展到线上，群众通过网上办事等方式实现工程项目建设收费事项的网上办理，让“信息跑路”替代“群众跑腿”，将办件信息跨部门共享，群众可以“足不出户”实现网上办理。

通过审批系统将原来“串联”审批改为“并联”审批，通过业务融合将多项收费事项办事流程融合为“一个事项流程”，将所有办事窗口融合为“一个综合窗口（线上和线下）”，大幅提升办事效率，大大减少信息传递的资金、人力、时间成本。

（三）技术融合——南京工程项目“一站式”缴费平台服务运行的保障

为了能够更好地进行研究，为南京工程项目“一站式”缴费平台搭建了政务活动模型，其活动模型主要包括业务活动和行政活动。业务活动是指人根据不同的资源及其关系而从事的活动，例如城市基础设施配套费办理。行政活动是指人根据不同行政级别而从事的业务活动，例如初审、终审。由此可见，通过业务活动和行政活动的共同作用，构成了南京工程项目“一站式”缴费平台业务流。即一个业务类别可对应多个业务细类，一个业务细类可对应很多业务活动，每个业务活动可对应多种工作流，每个工作流里包含多项行政活动。

在南京工程项目“一站式”缴费平台政务活动模型搭建的基础上进行“互联网＋政务服务”模式下的应用和数据整合，可以通过将行政活动自由组合而形成灵活的工作流，这就是传统意义上的流程定义。本次平台应用通过智能化流程整合技术将多个业务活动之间的流程整合，甚至与另一个应用系统内的流程进行整合，由此完成多项事项办理的技术整合。

（南京市信息中心）

南京市医用耗材阳光监管平台

2019年5月29日，习近平总书记在中央全面深化改革委员会第八次会议上指出，高值医用耗材治理关系减轻人民群众医疗负担，要完善全流程监督管理，推动形成高值医用耗材质量可靠、流通快捷、价格合理、使用规范的治理格局，促进行业健康有序发展。7月19日，国务院办公厅印发《治理高值医用耗材改革方案的通知》（国办发〔2019〕37号），推动高值医用耗材价格虚高、过度使用等重点领域改革。2020年初，习近平总书记在十九届中央纪委四次全会上强调，要坚决查处医疗机构内外勾结欺诈骗保行为，建立和强化长效监管机制。

为贯彻中央和省市部署要求，南京市于2019年8月30日印发《关于开展医用耗材集中采购工作的实施意见》（宁医采组〔2019〕1号）、《关于建设南京市医用耗材阳光监管平台的实施方案》（宁医采组〔2019〕2号），推进市医用耗材治理改革工作，建设医用耗材阳光监管平台。

一 建设内容

医用耗材阳光监管平台运用数据汇聚方式，规范、提升和整合现有的“医用耗材招采信息系统”“医用耗材价格信息采集系统”“医院信息系统”“医保信息系统”，将医用耗材相关的业务数据进行多系统融合，建设1个实现覆盖医用耗材“招标、采购、配送、使用、结算、支付”一体化应用管理的阳光监管平台。实现医用耗材“招标、采够、配送、结算、使用、支付”的全过程监测监管。

医用耗材阳光监管平台建设按照“统一规划、统一管理、统一建设、授权管理”的原则建设开发，平台聚焦减负和反腐两大工作目标，突出集中采购、带量采购、集中结算三大核心任务，打通融合医用耗材招采信息系统、医用耗材价格信息系统、医保信息系统、市卫生信息平台四个信息系统，实现监管过程全记录、监管门类全覆盖、监管对象全监控、监管平台全贯通、监管运行全天候五大功能特点，从而有效减轻参保人员就医负担，净化医用耗材市场环境和医疗服务执业环境。

二　运用技术

为实现监管平台相关功能，平台采用了以下技术手段。

（一）多数据源接入，实时数据展现

基于异构数据源整合，实现与招采平台、价格平台、医院平台和医保平台的系统对接，彻底打破数据孤岛；同时实时展现整合后的数据，帮助各相关单位第一时间了解南京医用耗材的全业务过程情况，为及时做出决策提供支持。

（二）自动计算引擎技术

基于规则库设置的规则以及医用耗材的招标、采购、配送、结算、使用全过程相关的业务信息，由计算引擎系统对医用耗材相关的信息进行逐条比对、筛选、过滤，生成预警或异常问题数据，并对问题数据进行分类、分级展示。规则计算引擎系统包含对规则的解析、执行、跟踪、结果记录、日志记录（含错误日志）等的全面管理，均由已封装的规则引擎后台自动执行，基本无须人工干预自动审核。

（三）分布式计算技术

由于单台的服务器性能有限，面对大量实时性数据处理请求时，往往难以应对。监管平台的自动计算引擎具备先进的分布式计算技术，通过引入多机集群、线程池和异步通信等机制来获取最高的处理性能。系统中设计了高性能的任务分发和管理组件，通过将任务进行合理分包，并通过动态负载技术分发至多个线程、多个进程甚至多台服务器上进行运行，有效利用了计算机处理资源，大大提升了数据处理效率，并具有很好的水平扩展能力。

（四）监管预分析技术

由于监管规则主要依赖于招采平台、价格平台、医院平台、医保平台的历史数据信息，而目前的历史数据信息是海量数据，对其访问的资源开销非常巨大，如果每次计算时都去访问一次会严重影响监管分析的速度，甚至造成系统瘫痪。

因此系统采用预分析技术，将历史相关数据通过预分析后载入高性能内存数据库，

在后续的监控规则运行时如果需要访问历史海量信息时，则直接从预分析库读取数据，提高数据分析、计算效率。

三 建设成果

医用耗材阳光监管平台自2019年8月30试运行以来，已汇聚采购数据638140条、医院使用数据17亿条、医保支付数据37亿条；通过汇聚的数据监测到已有235家医疗机构、1533家供应企业在网上进行医用耗材的集中采购；医用耗材的网上集中采购金额已达70亿元，其中执行带量采购的医用耗材超2亿元；自2020年1月1日以来，平台监测到医用耗材集中结算支付费用达4.39亿元，通过平台监管，使定点医疗机构医用耗材的采购费用结算率达到92.9%；同时平台为数据分析制定了关于定点医疗机构、医生、供应企业3大类45条规则，其中预警规则10条、异常规则35条。截至目前，平台已发现3430条预警数据、2231条异常数据、已处理1428条异常问题。

另外，自疫情暴发后，南京市国家医疗保障局还依托阳光监管平台，在监管平台中扩展了新业务、新功能，即“防疫物资采购调配大厅”。平台运用大数据分析支撑起南京市防疫物资采购信息的采集、分析、调度工作，并通过平台科学合理地进行防疫物资的采购与分配。自2020年2月20日“防疫物资采购调配大厅”上线以来，已有410家医疗机构入驻大厅，并已通过大厅分配防疫物资超99万件，充分保障了南京市各医疗机构在疫情期间的物资供应需求。

四 建设成效

（一）加强基金监管力度，提升医用耗材精细化监管能力

由于高值耗材种类繁多、规格型号复杂，没有一套医用耗材监管的系统，难以对耗材的采购、供应和使用实时跟踪。

本次抓住医用耗材治理的关键，击中耗材管理困境的要害，聚焦“减负”和“反腐”两项目标，突出集中采购、带量采购、集中结算三大业务，打通招采结算、医保支付、医院管理之间的数据，对定点医疗机构的医用耗材全面实施“招标、采购、配送、结算、使用、支付”全流程监控管理、阳光运行，实现“降低价格、便企惠民、节约基金、规范行业”的治理工作目标。

（二）减轻群众负担，降低基金运行风险

医保基金的可持续，是在保障参保人必要、必需的医疗服务基础上的可持续。从高值耗材治理入手，以信息化建设为龙头牵引医用耗材专项监管工作，适应医用耗材治理体系和治理能力现代化的要求，降低耗材价格，减轻群众负担。

（南京市国家医疗保障局）

·青岛市·

青岛市大数据发展管理局倾力打造集约化掌上办事 App

一　建设背景

“移动互联网 +”环境下，我国手机网民规模达 7.88 亿，占网民总数的 98.3%。为发挥移动互联网在转变政府职能、建设服务型政府上的作用，加快实现“高效青岛建设攻势”目标任务，推进政务服务“移动办”。2019 年以来，青岛市大数据局解放思想、创新思路，充分发挥移动互联网在转变政府职能、建设服务型政府中的重要作用，全面提升青岛市掌上政务服务的集约化、规范化、便利化水平，大力推进掌上政务服务整合共享，不断提升政府数字化服务能力。

二　建设内容

“青岛政务通”App 已建成覆盖全市、整体联动、部门协同、区市统筹、一网办理的技术和服务体系，实现移动办事服务的标准化、精准化、便捷化、平台化、协同化，办事服务流程显著优化，服务形式更加多元，服务渠道更为畅通，群众办事满意度显著提升。

（一）移动办事服务标准化

实现政务服务事项清单标准化、办事指南标准化、审查工作细则标准化、考核评估指标标准化、实名用户标准化、线上线下支付标准化等，让企业和群众享受规范、透明、高效的掌上移动政务服务。

（二）移动办事服务精准化

按照公众和企业办事需求，群众“点餐”与政府“端菜”相结合，将政务服务事项办事指南要素和审查工作细则流程相融合，删繁化简，去重除冗，减条件、减材料、减环节，实现政务服务精准供给，让数据“多跑路”，让群众“少跑腿”。

（三）移动办事服务便捷化

以用户为中心，整合政务服务资源和流程，提供个性化政务服务，实现掌上办理。应用云计算、大数据、移动互联网等新技术，对移动端政务服务办理过程和结果进行大数据分析，创新办事质量控制和服务效果评估，大幅提高政务服务的在线化、个性化、智能化水平。

（四）移动办事服务平台化

打造线上线下融合、多级联动的政务服务平台体系。着力破解“信息孤岛”，建成网上身份认证体系、支付体系、电子证照库、电子材料库，推动跨部门、跨地区数据共享和业务协同；推动移动政务服务平台向基层延伸，促进实体办事大厅规范化建设，公众和企业办事掌上直办、就近能办、同城通办、异地可办。

（五）移动办事服务协同化

运用互联网思维，调动各地区、各部门的积极性和主动性，在政务服务标准化、精准化、便捷化、平台化过程中，推动政务服务跨地区、跨部门、跨层级业务协作。开展众创、众包、众扶、众筹，借助社会资源和智力，加快政务服务方式、方法、手段迭代创新。

（六）移动办事服务常态化

切实提高政务服务事项网上办理比例，除法律法规另有规定或涉密等外，原则上各级政务服务事项均应纳入网上政务服务平台办理，并按照国家政务服务平台相关标准规范组织实施。根据推进审批服务标准化有关要求，推动各地区、各部门网上政务服务平台标准化建设和互联互通，实现政务服务同一事项、同一标准、同一编码。拓展网上办事的广度和深度，延长网上办事链条，实现从网上咨询、网上申报到网上预审、网上办理、网上反馈“应上尽上、全程在线”。推动政务服务向“两微一端”等延伸拓展，为群众提供多样性、多渠道、便利化服务。完成支付宝小程序、微信公众号的第三方入口的上线，实现了移动政务服务的多端发布，市民可以根据自己的使用习惯，在公众号、小程序里继续享受移动政务服务的便利。

三　建设成效

目前，“青岛政务通”已整合发布的1000多个办理事项来源于50多个政府部门及相关企事业单位。依托政务通App，为市民提供“电子卡包”服务，已实现了身份证、驾驶证、行驶证等21类证照的电子亮证。通过App领取的电子身份证，已可以在办理市审批服务大厅的212项政务服务事项中使用。在“找政府”栏目中，整合了“政府信箱”“在线问政”和“12345政务服务热线”，市民可以方便地通过手机向市政府各部门咨询、求助、建议和投诉，有关诉求将流转到相关职能部门，确保有人管、按时办。

“青岛政务通”App的建设，进一步倒逼了“放管服”改革持续向纵深推进，有效推动行政审批改革体系走在前列、形成示范，增强群众和企业对改革的获得感。通过建立起多渠道的智慧政务服务应用体系，对外实现政务全链条服务，对内实现常态化精准审改，进一步提高行政效率和政务服务水平，打造政务服务App权威主渠道。逐步形成品牌一体化、服务规范化、体验便捷化、建设集约化、资源共享化的移动端网上“政务超市”，真正推动“上一张网、进一扇门、一网通办、一证通办、一次办好”的政务服务新模式建设。

（青岛市大数据发展管理局）

青岛市全流程一体化在线服务平台

党中央高度重视以信息化推进国家治理体系和治理能力现代化，强调要加快推进电子政务，打通信息壁垒，构建全流程一体化在线服务平台，助力建设人民满意的服务型政府。国务院把“互联网+政务服务”工作作为推进“放管服”改革和优化营商环境的重要抓手，进行多次部署。按照国家和省有关要求，青岛市大数据局结合“高效青岛”建设攻势，加强电子政务统筹整合，以信息化推动政务创新，提升了“一网通办”水平。

一　实施统筹整合，形成协同治理大环境

针对原来部门自建平台管理分散、系统繁杂、标准不一、群众体验不佳等问题，青岛市大数据局坚持统筹整合、集约发展理念，出台《青岛市政务云平台暂行管理办法》《青岛市政务信息资源共享管理办法》《青岛市政务信息系统项目管理办法》等规定，以制度创新推动全市加大整合力度，为构建网络环境下的“一体化”政府提供了基础设施支撑。

完成顶层规划，形成市级电子政务“一张网”“一片云”。“一张网”即电子政务网，实现了从国家到省市县纵向贯通、各部门横向互联，打通了全市政府部门的“经脉”。“一片云”即云公共服务平台，已汇聚全市政府部门96.4%的业务系统，承载服务能力位居全省前列，成为名副其实的数字政府和智慧城市的“核心大脑”，有效解决了部门分散建设、利用率低、运营成本高的问题。

打通数据壁垒，构建全市信息资源共享体系。针对数据不共享的问题，建成全市统一的人口、法人、地理、公共信用等六大基础数据库，数据总量达10亿条。全市60多个部门通过政务信息资源交换共享平台完成与国家、省平台互联互通，有效支撑了各部门业务流程再造，助力“一次办好”改革顺利推进。

整合服务门户，形成“一体化”平台。全市政府网站数量由405个降至50个，全部迁入统一网站集约化平台；关停各部门政务服务App达47个。依托全市统一的政府门户网站体系和App，打造高效、便民的“互联网+政务服务”平台，推动公积金、社保、不动产、车驾管专业办事大厅全面接入，实现从网上“找部门”到“找政府”的转变。

二　推动流程优化，提升“一网通办”新体验

优化服务，是政府职能转变的最终目的。在解决网络通、数据通的基础上，通过拓展网上办事的广度和深度，延长网上办事链条，推动业务部门再造办事流程，实现从简单的“事项上网”到全流程“服务上网”的转变，让人民群众办事像网购一样方便。

申请便捷化。以“上网是常态，不上网是例外”为原则，全面梳理依申请政务服务事项 1.37 万项，实现依申请政务服务上网全覆盖。除涉及国家秘密、公共安全等不适合网上办理的事项外，100% 实现网上办理，63% 实现“零跑腿”。为解决多点登录问题，依托全省统一身份认证平台，打通公安、民政、工商、公积金、审批大厅、城市管理、社会保障等部门应用系统用户体系，实现用户互认和信息共享，最大限度提高用户操作便利性，实现“一次认证、全网通行”，网上申报率达 80%。

事项标准化。为解决市、区两级政府部门办事标准不统一的问题，通过建立事项标准化库，对事项名称、事项类型、申请材料、承诺时限、收费标准等 10 个要素进行标准化管理，实现了行政权力事项的目录清单和实施清单要素市、区两级统一。事项标准化优化了办事流程，个人和企业在申请表格中反复填写名称、统一社会信用代码、法人姓名等的基础信息，系统将按需推送到各部门，变群众跑腿为数据跑路。

证照电子化。依托电子证照共享管理系统，实现电子证照目录采集、证照信息入库、共享应用功能。民政、工商局等 13 个部门的 33 个电子证照，供全市各部门共享使用，对共享调用的数据，通过系统核验视同为核验原件，等同法定办事依据。个人和企业办事时，只要自身证照信息在电子证照库可查到，窗口人员“即需即用”，打通了办事材料多、手续繁的堵点。

审批智能化。坚持“快”字优先，推动“秒批”清单梳理、流程优化和系统建设，实施政务服务智能化改造，全市已有 90 余项“秒批”业务上线，实现了网上申报、受理零窗口，信息共享、审核过程零材料，自动比对、审批零人工，主动送达、领证零跑腿，全程留痕、纸质材料零提交的“五个零”标准。审批部门已办理“秒批”业务 200 余万件，平均办理时间压缩到几十秒。

三　创新服务方式，感受便民服务零距离

围绕“一次办好”改革，发挥技术优势，创新服务方式，让企业和群众办事真正能“马上办、网上办、就近办、一次办”，实现不排队、少跑腿、好办事、不添堵，全面提升政务服务均等化、普惠化、便捷化水平。

建成掌上办理 App。在整合政务新媒体基础上，建成青岛政务通 App。市民通过实名认证后，可进行网上预约、网上查询、网上办理、网上支付，涉及社会保险、公积金、交通出行、医疗卫生、出入境业务、纳税服务等多个领域的 1000 余件事项，均可实现“掌上办理”。

将证照装进手机里。依托移动终端为广大市民建成“我的证照”库，实现把个人证

件装进手机里。目前，市民的电子身份证、驾驶证、行驶证、营业执照等21类证照信息，可以通过手机查询使用。全市4000多家药店可以实现刷电子社保卡买药；在市行政审批大厅212个服务事项上，推进电子身份证的亮证和扫码共享应用，市民不带身份证就能把事办成。

部署自助化终端。创新“政府银行合作”模式，在全市布设综合类和专业类的自助服务设备951台，推行政务服务就近办、多点办、少跑快办。服务范围包含不动产登记、社保、企业注册、出入境、税务、交通处罚等常用业务领域，以及办事指南和办理进度查询、身份证复印等常用便民事项，为群众提供24小时不间断服务。

（青岛市大数据发展管理局）

“青岛智慧人社”引领人社公共服务创新发展

近年来，在人社部、山东省人社厅的指导下，在青岛市委、市政府的领导下，青岛市人社局按照“互联网＋人社”2020行动计划的总体部署和要求，坚持以更好更快地服务群众为导向，深化改革创新、狠抓工作落实，积极运用新一代信息技术，全力优化营商环境，推进“一次办好”和“放管服”改革，让企业和群众享受到了实实在在的“VIP”人社服务。

一　坚持问题导向，积极转变信息化工作思路

近年来，青岛市人社局坚持“人民群众的需求为信息化建设最根本需求”的服务思路，全面实施“流程再造”，突出解决企业和群众办事难、跑腿多、流程繁等痛点、堵点问题，较好地实现了信息化建设的三大转变。

（一）建设思维转变

实现由功能式、需求式向业务协同、信息引领的转变。以“标准化＋业务流程”为基础，全面梳理服务事项，形成符合省厅标准的经办规程，打造“需求导向＋流程驱动”智能流水线技术支撑模式；完善“标准化＋服务接口”，共享接口服务平台，增强人社服务社会化输出能力；强化“标准化＋团队协作”，与各开发商建立高效、长效工作机制，提升协同作战能力。

（二）服务模式转变

实现由窗口服务为主向全渠道、全覆盖转变。全面启动“互联网走近市民”行动计划，在全市形成“窗口一站办、网上随时办、电话帮扶办、移动指尖办、自助自选办、基层

就近办”的信息化服务格局。目前，人社领域450个服务事项全部实现网上办理，其中60%实现“零跑腿”。

（三）应用方向转变

实现由普惠式、粗犷式应用向精准化、个性化方向的转变。为进一步满足群众多元化服务诉求，青岛市人社局积极运用大数据技术在智能分析、精确研判等方面的优势，为服务对象进行精准画像，通过多种应用场景，为市民和企业提供个性化、智能化体验式服务。

二　强化信息驱动，积极构建信息支持保障体系

为全面提升信息化创新驱动、服务保障能力，青岛市人社局探索建设以“电子档案、电子签章、信用体系、数据共享”为基础的公共服务保障支撑体系。

（一）搭建“电子档案”系统，实现全链条“材料复用”

按照山东省人社电子档案标准，搭建规范、科学的电子档案平台，根据业务应用和流程衔接需求，把电子档案融入经办全过程。同一档案，一次采集、多次使用，逐步建立起个人和单位电子证照库，发挥电子档案的流转复用价值，精简材料。

（二）搭建“信用人社”平台，实现信用“联合惩戒”

基于人社部信用评价模型与标准，建立个人、企业信用“画像”平台，大力推行“承诺制”服务，并在内部开展试点应用，重点对违约、违规行为进行预警，并为就业扶持资金审批、稽查抽审等起到科学参考作用，对失信主体实施联合惩戒。

（三）搭建“信息共享”平台，实现业务“多元协同”

借助省集中工作，纵向上建立与部、省、市三级数据交换通道；横向上实现与工商、公安、民政等20余个政府部门、17家金融机构和多家企业的信息共享，为跨部门、跨区域的业务协同发挥了积极作用。

（四）筹建“电子签章”系统，实现业务“全省通办”

目前，青岛市人社局已经按照省厅标准启动电子签章建设工作，按照“先内部、再企业，后个人”的步骤实施推广，工作稳步推进，为企业与个人减负，并积极解决电子签章标准规范在纵向、横向上的融合，实现与其他部门间的互信。

三　突破工作难点，全力推行“一次办好”改革

近两年，青岛市人社局以信息系统省集中为机遇，以打造“AI 人社”服务新品牌为工作切入点，着力推进“一次办好”改革。

（一）加强“互联网 + 人社”建设，推进体验式服务规模发展

1.“青岛人社”手机 App 功能持续深化。当前，“青岛人社”手机 App 已实现了社保缴费、挂号就医、人脸识别、办事预约、移动支付、找工作、搜培训、查公积金等 18 大类 150 多项“指尖”办理功能，注册用户数量超过 90 多万，年均访问量 3000 多万人次，在青岛市政府类 App 中服务热度位居第一。

2. 深化完善“三口合一”系统。深化完善“三口合一”系统，将就业失业登记、社保登记、劳动用工备案等业务统一整合为“一个入口、一个名称、一套流程”。上线以来，新开户企业 2 万多户，办理业务近 200 万笔，办事效率提高两倍。

3. 大力推广电子社保卡。在实现人社领域 102 项线上应用基础上，又在 2000 多家药店开通了电子社保卡支付应用，并开通近 20 余个签发渠道，签发电子社保卡 100 多万张。全国首创社保卡电子时间银行建设，调动公众积极参与志愿服务，助推社会主义精神文明建设。在银行服务网点，探索建设“24 小时无人值守柜台”。

4. 试点人社“智慧大厅”。先后在市北区社保局、市就业服务大厅试点启用社保、就业智慧大厅，设置自助服务区、综合服务区、引导服务区等多个不同功能区，融合网上、掌上、自助和窗口于一体，为群众带来了全新的“互动式、自助式、人本式、柜员制”服务体验。

（二）深挖大数据潜能，大力推行“秒办”“免办”服务

1. 全国首创社保养老退休认证大数据应用。充分整合了公安、民政、司法、银行、社保、交通、电信等 9 个领域 20 多类信息资源，建立起了大数据分析模式，实现了“静默”认证，实现了认证“零跑腿”。2019 年，此大数据平台已认证 200 多万人，认证率达到 92.6%。此项目先后获人社部主要领导和分管领导批示，得到了省政府领导的高度肯定，入选中组部“不忘初心、牢记使命”主题教育党课教材，在“亚太论坛”上作为典型案例予以推广。

2. 实施大数据“政策找人”服务。将 9 项就业、创业补贴业务纳入了“政策找人”系统，主动推送政策并指导申报落实，直接将补贴资金拨付其银行账号，实现“免办”。

3. 实行就业岗位大数据智能匹配服务。在青岛就业网、青岛人社 App 上，推出了“求职快讯、招聘快码、人才快览、政策快递”等功能服务，“智能检索、精准匹配、智能推荐”三个大数据模型，为企业和市民带来全方位新体验。

4. 全市首发人社“政策一本通”。市民可通过电脑、手机轻松便捷地“一键智能查询”人社政策。

5. 创新“学历汇”，借助教育部学信网面向社会化免费开放。利用信息对比，在人才

引进、大中专毕业生落户等方面，实现了“不见面审批”，推动了人才服务的“秒办”。

6. 开发智能人员画像平台。实现对近千万参保职工和居民标签化动态管理，并与公共服务渠道业务平台信息系统实现了对接，对业务经办起到智能分析、精准推送、动态展现的辅助作用。

7. 以驻青高校毕业生和失业预警为课题，研发高校毕业生监控平台和解聘预警平台。将 P2P 爆雷、青岛本地事件作为示范案例纳入预警监控系统，为我市稳就业、促就业政策预警、形势分析起到了决策支持作用。

（三）强化市场化、平台化思维实践，有效提升人社公共服务输出能力

1. 全国首创“政企直通车”服务输出平台。面向诚信企业研发了“政企直通车”，实现同企业“一键直连、嵌入式”的信息交互，使企业享受到“零跑腿、零距离、零操作”的便捷服务。目前，此平台已同海尔集团及山东元田、中青国合等人力资源企业对接，为 465 家参保单位提供人社帮扶式、一对一的服务，进一步提升了办事效率，降低了企业成本，激发了人力资源产业的新活力。

2. 加强“青岛人社”公共服务应用服务输出。目前,已将“青岛人社”中的 60 项应用，向我局新媒体矩阵以及局外的便捷青岛、智慧青岛、爱城市网等 10 多个平台提供了延伸服务，实现了人社服务的社会化、多渠道普及。

3. 稳步推进信息增值服务输出。实施部署“社会协同合作”技术平台，面向社会提供人社服务的“理念输出、成果输出、服务输出”，实现信息增值服务。现已向青岛国信集团、工商、农商、招商、光大等多家战略合作单位实现适度的开放，积极培育社会化公益服务新模式。

四　坚持问题为导向，持续提升人社便民服务新体验

下一步，青岛市人社局将在人社部、山东省人社厅的指导和青岛市委、市政府的领导下，坚持以人民为中心，创新发展，以更加开放、包容的姿态，推动政务服务“全打通、全归集、全共享、全对接”，深化打造“AI 人社”智能服务新品牌，全力推进全国全省人社公共服务发展。

（一）推进大数据和区块链应用规模发展

制定大数据和区块链应用发展规划，在多个公共服务领域广泛应用大数据和区块链，形成技术驱动人社服务发展的强效新动能。

（二）加强社保卡建设

发挥社保卡在公共服务领域的主导作用。有序推进电子社保卡金融扫码支付试点，积极推动电子社保卡在便民服务领域的推广使用。

（三）提升“AI人社”智能服务品牌成效

优化信息化建设管理模式，推广“秒办”“免办”服务事项，重构青岛市“人社一键通”公共服务平台，做大、做优、做强本地化公共服务信息系统，积极推进全市、全省、全国政务公共服务资源有机融合和对接。

（青岛市人力资源和社会保障局）

·深圳市·

深圳市——让服务更便捷

破解群众办事找不准地方、看不懂指南、不理解政策等痛点问题，按照群众办事“只进一个门、只上一个网”的服务理念，“服务在网上、一门在基层”的工作思路，深入推进政务服务事项集中办理、综合受理。结合深圳实际，创新政务服务模式，全力推进深圳政务服务“八个一”建设，即“一码管理、一门集中、一窗受理、一网通办、一号连通、一证申办、一库共享、一体运行”，实现服务内容更加集约、服务流程显著优化、群众办事满意度显著提升。一是全面实现“一门进驻、集中办理”，截至 2019 年 9 月，深圳市政务服务事项集中进驻率超过 99%，除个别不适宜集中进驻的事项外，基本实现政府服务事项“应进必进、集中办理”。二是全面推进“综合窗口无差别受理”，按照“前台综合受理、后台分类审批、窗口统一出证”的业务模式，对进驻行政服务大厅所有政务服务事项，实现任一窗口无差别受理。三是推进“全程在线一网通办”。实现市、区、街道、社区所有事项除涉密事项外网上查、网上问、网上报、网上办、网上评。目前，广东政务服务网深圳站共进驻部门 79 个，进驻事项 1963 项，政务服务网上进驻率实现 100%，实现市、区、街道、社区四级网上办事统一标准、统一平台、统一数据采集。

一　推广容缺办理，打造有温度的政务服务

全面推广容缺办理工作模式，对主审要件齐全但非主审要件暂有欠缺或瑕疵的业务实行容缺办理，审批部门提前介入开展审批，待材料补齐补正后正式做出审批决定。一是制定容缺办理管理办法。结合“互联网 + 政务服务”和深圳实际梳理形成《深圳市政务服务容缺办理管理办法》，报市政府审定后于 2019 年 10 月 1 日实施。二是引入事前、事中、事后信用监管助推改革提质。事前查询申请人信用，符合信用条件的申请人适用容缺办理；事中对申请人办理过程中违反承诺的行为记入诚信档案；事后对业务办理情况进行检查，对违法违规行为和失信行为记入诚信档案。三是推进电子证照信息共享，大幅减少材料提交。对已实现共享的电子证照和加盖电子印章的电子材料，实行纸质材料免提交，大幅减少材料提交。深入推进“互联网 + 政务服务”改革，与“互联网 +”深度融合，基于信息化支撑实现主动、精准、整体、智能政务服务，切实解决因申请材料不齐“多次跑”的问题。

二　实施政务服务“好差评”制度

依托广东省统一网上政务服务平台，围绕服务评价、实时上报、差评核实、整改反

馈等环节，构建“好差评”闭环工作流程，出台《深圳市政务服务“好差评”实施办法（试行）》；按照国家与省统一评价标准、统一评价等级、统一 UI 设计，为企业和群众提供统一的评价服务。一是畅通市民评价入口。整合并拓展线上线下政务服务评价渠道，线上包括广东政务服务网、广东政务服务网深圳站个人网页与企业网页、“i 深圳”App、粤省事小程序、深圳市掌上政务小程序、短信，线下包括实体大厅评价器、受理回执二维码、自助服务终端与“12345”热线，实现政务服务“好差评”层级、渠道、业务全覆盖。二是采用大数据管理理念，支撑评价信息的公开性。对于实时产生的评价数据，实时汇入到“好差评”系统，并通过广东政务服务网深圳站、“i 深圳”等固定平台进行实时分析与展示，既提供了企业群众监督的权力，也给予了政府部门整改的动力。

三　建设全市统一政务服务预约平台和一体化自助服务终端系统

通过统一政务服务预约平台，为全城通办提供有力支撑。一体化自助服务终端系统整合现有自助服务终端，目前，全市已部署 400 台自助服务终端机，涵盖 31 个部门的 850 项行政审批业务及 26 项便民服务，系统上线以来访问量已达到 37 万次。

（深圳市政务服务数据管理局）

深圳市——让服务更智能

一　推出面向对象的主题式服务，实现“一件事一次办”

从群众办事需求的角度而不是政府服务提供的角度，设计政务服务场景和服务产品，围绕群众办成一件事，将相关政府部门的服务事项进行打包归整，实现内部流程优化、机制创新和信息共享，实现群众办一件事只需一份指南、一次申报、一套材料，实行一口受理、一口出证。把“多次填表、多个流程、多次跑动”转化为“一个窗口、一套材料、一次领证”，为群众提供了审批“一条龙”整体办事指引。一是推出主题服务导办指引。围绕“我要开餐馆”等高频办事需求，将服务主题涉及的所有办事事项，进行流程优化和重构，制作统一整体的办事流程图和办事指南，为群众提供直观易懂的办事指引。目前，深圳市已推出 1134 个高频主题服务。二是实行“一件事一次办”，在主题服务导办指引的基础上，针对常办高频服务，进一步减材料、减环节，通过并联审批、容缺办理、告知承诺、信息共享等方式，实现主题内事项一张表单填报、一套材料提交、一个流程办理、一口同步出证。全市已推出 1363 个高频“一件事一次办”服务。三是实行企业设立一站式办理。为优化营商环境，便利企业开办，依托“开办企业一窗通”平台，实现设立登记、申领发票、刻制印章、员工社保登记、银行开户预约等事项并联办理，实现多部门业务一网申请、数据共享、限时办结的“线上并联审批”，线下提供商事登记、税务申报、印章刻制、社保开户、结果领取、金融办理、资金扶持政策解读等“套餐服务”，实现企业设立“一次配齐、拎包入驻”，将企业开办整体时间压缩至1天内。

二　无人干预自动审批

2018年11月印发《深圳市“数字政府”综合改革试点实施方案》，明确了“掌上政府、指尖服务、刷脸办事”的愿景和信息基础设施、政务信息资源、政府治理和政务服务“四个一体化”的技术路径。同年，深圳市公布首批“秒批”事项，在全国网上政务服务事项四级办理深度的基础上，创新性地提出了更加便民的“秒批”政务服务。

（一）主要特点

1. 推行事项标准化，统一审批规则

对事项名称、事项类型、申办流程、办理时限、所需材料及表单内容要素等进一步统一规范，形成清楚明晰的表格化填报页面，规避了申请人自助填写材料时填写不规范、不正确等情况。

2. 联通大数据库，打破信息孤岛

对接全市政务信息资源共享平台，实现政务数据共享和外部信息连通，为用户申报表单自动填充、申请材料自动获取、审批条件自动比对打下了坚实基础。

3. 实现审批自动化，排除人为因素

“秒批”改革实现审批系统按照既定规则自动进行数据比对，全流程自动办理，无人工干预，在极大地解放人力的同时，确保了行政审批的公平、公正、公开。

4. 实行监管一体化，完善信用机制

采取系统自动检查、人工抽查、交叉检查、现场督查等多种模式，对审批结果进行实时或定时检查，并引入信用监管，对信用良好的申请人提供“秒批”便利服务；对不适用“秒批”情形人员，保留窗口人工审核办理渠道。

（二）秒批案例

1. 人才引进“秒批”服务

在不降低入户门槛、不影响人才政策执行的刚性前提下，深圳市在全国率先开展人才引进“秒批”改革，逐步实现应届毕业生、在职人才等情形的“秒批”服务。以应届毕业生人才引进为例，改革前，申请人要在3个窗口来回至少3次，准备身份证、毕业证、学位证等8类证件原件和复印件到相关部门多次核验提交，环节多、周期长。改革后，申请人在线提交电子版申请材料，即时反馈审批结果，全程零排队时间、零纸质材料提交、零费用开支，极大节约了办事成本和行政成本。

2. 交通运输业务“秒批”

以部门间的证照数据共享为基础，标准化的审批规则为核心，利用系统自动比对、自动审批，申请人可以通过在线实名认证、网上完成信息申报，系统并联审查、自动审批、秒速出证。实现了证照实时追踪、动态监管，许可监管一体化。目前深圳市交通运输业务“秒批”模式已覆盖了小汽车摇号、普货、出租车等15个事项31个情形，年办理业务量近500万件，极大提升了政府部门审批效率，优化群众办事体验。

3. 企业登记“秒批”服务

企业登记“秒批”依托“一网四库”技术方案，打造了登记、监管、巡查、信用四位一体“秒批”模式，覆盖90%以上常见企业经营项目，达到审批时间“大提速”、24小时审批“不打烊”、阳光审批“零违规”、审批监管“无缝隙”的应用效果。这为深圳营造稳定公平透明、可预期的国际一流法治化营商环境提供了有力支撑。

4. 高龄人群、残疾人群体“秒批”服务

“民之所望，施政所向。”针对高龄人群，残疾人群体办理业务往往存在诸多困难情况，深圳市深挖传统申请流程优化空间，通过改造业务环节、标准化电子表格、打通证照库，进一步为弱势群体打造贴心便利服务，目前已推出“残疾人证照换领”“高龄老人补（津）贴”等首批17项“秒批”服务。以高龄老人津贴业务为例，改革前，申请人需到社区综合窗口提交纸质材料，受理、人工审核办理需要7个工作日。改革后，申请人只需通过广东省政务服务网或“i深圳”App提交电子版申请材料，符合条件自动审批通过。

三　强化电子证照和电子材料共享复用，推出“秒报”（无感申办）服务

深入推进“互联网+政务服务”改革和“数字政府”建设，在推进审批端“秒批”的基础上进一步将大数据分析利用向申报端延伸，实现申报端“秒报”。在数据互信互认互用的基础上，依托“i深圳”App、广东政务服务网等一体化政务服务平台，对申请人申办的业务，在填报表单和上传材料过程中，基于刷脸或其他合规方式授权读取个人或企业电子证照或相关后台数据，由系统调取数据自动填充表单信息、自动推送电子材料，从而实现办事信息少填或不填、申请材料少交或不交。一是全国首创“无感申办”新概念，上线业务量大高频。目前已有市直9个部门及福田区共78项“秒报”事项在“i深圳”实现，均为高频民生事项，比如无犯罪记录证明、小汽车增量指标摇号编码延期、居住证签注等。二是实现了主动、精准服务，为减材料、减跑动、减环节提供了新思路。在“秒报”过程中，基于对申请人身份的识别，申报系统自动调取电子证照库或相关合规数据库的数据实行主动填充、主动推送，申请人的信息填报和材料提交压缩了100%。通过对申报材料的精准关联和自动推送，申请人网上申报体验大幅提升，网上办事实现了从能力向实践的转变，从实际业务层面而不仅是能力层面减少了跑动次数。三是推动了电子证照的应用，打破了数据壁垒，为进一步深化“放管服”改革打下了基础。“秒报”背后是大数据和智能化办事平台的支撑，通过电子证照库的充分使用和各政府数据库的打通共享，为“互联网+政务服务”和“互联网+监管”的持续推进打下了良好的基础。

四 推出统一政务服务App“i深圳”，打造掌上综合城市服务平台

深入贯彻落实党中央、国务院关于统筹发展电子政务和加快推进“互联网＋政务服务”，及省政府“数字政府”建设等相关部署的要求，大力推行“掌上政府、指尖服务、刷脸办事”。于2019年1月11日推出全市统一政务服务App——“i深圳”。打造能用、好用、实用的掌上综合城市服务平台，实现“一屏智享生活，一号走遍深圳”。经过一年时间的运行和持续完善，取得了较好的阶段性成效，上线以来受到人民网、环球网、光明网、央广网、中国日报网等媒体深度报道。截至2019年12月31日，“i深圳”累计下载数1424.7万，累计注册用户数668.9万，日均访问量200万，用户好评率95%以上。

一是着力推进个人服务接入，打造全链条服务生态。按照政务服务应接尽接的要求，指导推动各政务服务部门快速完成政务服务移动化改造并分批接入。二是分类汇聚涉企服务，打造掌上营商通。为企业提供从注册到经营再到注销的全生命周期便利服务；建设惠企政策查询平台，实现企业帮扶补助政策精准推送。三是加强线上线下融合，实现一体化协同服务。基于一体化政务服务平台，实现“i深圳”与政务服务网、线下办事窗口、自助服务终端统一身份认证、统一数据采集、统一“好差评”等“十统一”。实现不同服务渠道功能互补、业务协同。四是强化技术与业务融合，实现主动精准服务。通过大数据、人工智能等技术应用，与服务事项和服务主题深度融合，构建智能服务体系。综合用户行为数据和办事数据，实现智能推送和“千人千面”服务，全方位提升办事体验感。

五 龙岗区：智慧龙岗时空大数据平台（GIS）

（一）建设背景

在智慧深圳总体框架之下，龙岗区于2013年全面启动智慧城市规划和建设工作，以“需求导向、民生导向，基础先行、急用先行”为原则，以“一中心、三平台”为主体架构，逐步建成了龙岗智慧中心和基础资源、政务协同、公共服务三大共性平台，形成了独具特色的智慧龙岗框架体系。

龙岗区时空大数据平台（即“龙岗一张图”）是“一中心、三平台”主体架构中“基础资源平台”的重要组成部分，旨在整合各类分散的地理信息资源、物联网感知数据，打造透彻感知、广泛互联、智能决策、灵性服务、安全可靠、集标准性、唯一性和权威性于一体的时空大数据平台，实现“一图全面感知”（图6-2）。

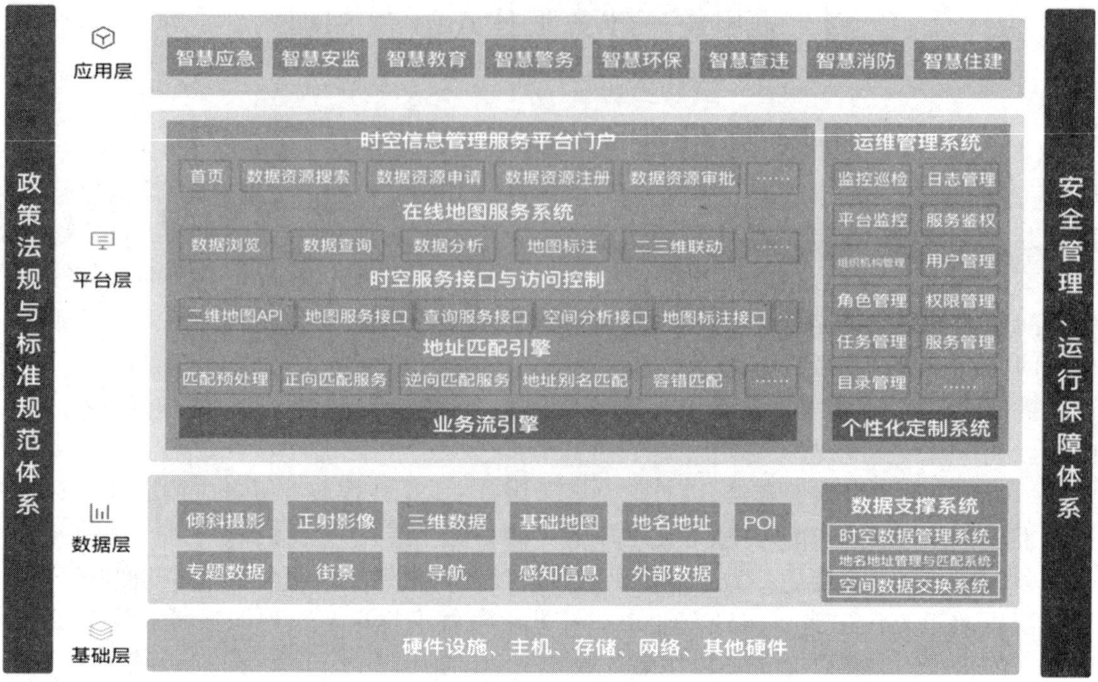

图 6-2 龙岗区时空大数据云平台总体架构

（二）建设目标

“龙岗一张图”建设目标主要是以“五大基础数据库”［人口数据库、法人数据库、宏观经济数据库、空间地理数据库、建（构）筑物数据库］为基础，依托云计算、物联网等新一代信息技术，建设综合了基础数据库的时空数据库集群与信息时间序列框架，接入实时感知信息，实现资源的智能组装、按需服务、多维融合联动。以一站式的服务，致力于实现全区地理信息数据的共建、共享、共用，进而建成生命力强大、运转高效智能的“数字政府”组成单元。

（三）重点建设内容

“龙岗一张图”建设内容可归纳为“1+1+1+N”，即在一套标准规范体系之下，建设一个政务空间地理数据库，搭建一个时空信息服务门户，提供政务地理信息在线服务，支撑 N 个行业应用。具体内容包括以下几个方面。

1. 编制数据生产、应用接入、平台运维等一整套标准规范体系

充分采用国家、行业相关技术标准，结合龙岗区特点进行必要补充，编制了包括数据规范、平台管理、资源共享在内的 13 项标准规范，统一了建设标准、共建共享机制和二次开发接口，为平台更新与拓展提供保障。

2. 构建可关联、可感知、可扩展的时空大数据中心

基于统一时空基准，以时间、位置为纽带，动态关联事物或事件的多时态、多主题、多层次、多粒度信息，关联其他部门的共享业务数据，形成一体化的时空大数据中心。

建设了以电子地图、影像地图为核心的二维基础数据，以及覆盖全区388平方公里的倾斜摄影模型（分辨率5cm）和中心城区22.5平方公里精细模型（分辨率2cm）等三维基础数据。整合了34类专题370个数据图层，包括近500万条人口数据、41万余条法人数据、17.4万余条楼栋数据的“人房法”专题；以及包括危险边坡、危险化学品、重大危险源、工商贸粉尘涉爆、三小场所、既有房屋安全质量等20万余条安全隐患数据；同时囊括了近3万路高清视频、677个高空全景点以及十几类规划国土专题数据等。

3. 搭建二维、三维及实景一体化的时空信息服务门户

构建融合二维、三维和实景信息于一体的时空信息服务门户，通过统一服务接口向各部门开放图层订阅，并收纳、积累各部门的开发成果。各类资源以服务的方式开放共享；也可以利用地址匹配或在线标注服务将业务数据快速。以“可见即可得”的方式提供简单、便捷、一站式的“个性化服务”，实现按需灵性服务。

4. 支撑跨层级、跨区域、跨部门数据共享和业务协同

“龙岗一张图”在政务服务、综治维稳、环保水务、城市管理、应急指挥等15个领域广泛应用，已为30个单位或部门、11个街道提供实时在线服务240多项，系统调用量超过5600万次，单日峰值访问量接近90万次，日均调用量6万余次，各类智慧化应用均取得了较好成效。

（四）项目特色亮点

1. 多渠道汇聚、有序共享

“龙岗一张图”数据来源渠道众多，包括市级下发、外业采集、用户在线标注、与各部门之间共享交换等。众多渠道来源的数据，一一建立对应的共享交换及数据更新机制。有序将二、三维基础数据以及各类专题数据进行共享，使得各类资源价值最大化体现。

2. 信息盘活、增值利用

通过实时获取全区房屋楼栋空间数据，实现将全区17.4万楼栋楼宇精准落图呈现。通过楼栋编码建立与人口、法人、房屋等数据的时空关联，实现“人房法”一体化管理，为各单位实现“以房找人、以人查房”的需求提供数据支撑和决策支持。

3. 空间信息与物联设备的无缝衔接

整合视频监控位置信息，以聚合图形式展示视频位置分布情况，通过视频编码与视频流信息进行关联管理，将视频实时对接到地图上。建立视频分类展示模块，提供视频点位信息查询服务并提供对应视频流的实时播放和服务调用。

4. 全景影像的快速更新及在线服务

整合全区677个高空全景点数据，以热力图形式展示全景点分布情况。通过定期获取高空全景数据，实现全景影像数据展示、历史版本对比等功能。高空全景影像广泛应用于重大项目进展管理、查违、城管绿化巡查、建筑工地监管、既有房屋安全巡视等场景。

5. 大批量数据热力分析的快速呈现

针对“人房法”数据等百万级别数据量，采用热力图及聚合图的技术手段，快速在地图上加载数据，并以热力图形式呈现数据密度分布状态。当放大地图时，则切换成以聚合图展示的方式，展示数据在一定范围内的数量及分布情况。

（五）典型应用成效

“龙岗一张图”以城市中的建筑物、人口、企业、视频监控点、安全隐患和重大危险源等为对象，整合到二维、三维基础地图上，有力支撑了各部门智慧应用，促进形成了智慧城市建设全面开花的态势。

在智慧查违方面：基于“龙岗一张图”，通过7天/次的高频率更新677个高空全景点影像数据，实现全景影像数据展示、历史版本对比，为“天眼”查违提供了有力支撑，大幅提升了发现、取证和处置效率。

在智慧消防方面：基于“龙岗一张图”，整合行业数据资源，精准定位救援队伍、执法队伍、消防水源、消火栓等信息，通过“人防+技防”有效结合，实现对全区消防态势的实时监测、分析研判和指挥调度。自2017年2月下旬全面推广以来，全年发生火灾数量环比下降了23.08%，龙岗区被确定为“智慧消防”国家“十三五”重点研发计划课题示范应用基地。

在建设工地管理方面：针对建设工地规模大、涉及人员多、环境多变、管理复杂、质量与安全隐患大等特点，通过信息化手段及智能技术，对工程项目进行全局掌控。基于“龙岗一张图”整合各类工程项目数据进行上图，实现项目数据可视化管理，一图尽览项目；依托高空全景、视频监控、人脸识别等手段，对建设工地进行实时管控。

在重点项目管理方面：基于“龙岗一张图”的基础，整合项目用地资源，精确掌握重点项目的选址范围、规划条件、实景影像等关键信息，为项目统筹协调、跟进督查等提供预优化、预沟通、预协调服务，促进储备项目可决策、可落地、可实施，实现“多规合一”。目前，400多个重点项目完成落图，初步实现项目投资和建设管理全链条的信息化、便捷化、科学化，为项目决策、建设和跟踪协调探索出新模式。

在边坡管理方面：依托“龙岗一张图”的基础，对全区1791处边坡建立“一坡一档”，通过分类评估划分6个风险级别，制作“边坡管理一张图”。运用热力图、分类统计宏观评估区域风险，科学分配人力和治理资源投入；通过边坡周边人房法人、重点保护对象、三维模型等数据关联，量化评估威胁对象、涉险面积、危害人数、潜在经济损失及次生灾害风险，辅助科学制定应急预案和救援措施；整合视频监控资源，实时查看边坡现场，利用7天更新一次的高空全景影像，以“天眼”视角巡查周边异常变化，有力提升了巡查频次，弥补了人力巡查之不足，降低了恶劣天气户外巡查作业风险。

在教育学位预警方面：基于时空信息平台，对接网格实有人口数据、网格管理单元，通过标绘全区93个小学、54个初中学区，以及各学校的可供学位数，以时空平台的人口数据为基础，开展不同学区范围、任意网格单元、任意社区范围的适龄入学儿童数量统计分析，精确统计各学区内适龄入学儿童人数，辅助学区科学调整和学位紧张度预警等分析应用。

（深圳市政务服务数据管理局）

深圳市罗湖政府合同智慧化监管率先“破冰”

2018 年，罗湖区出台了政府合同监督管理办法，在全国率先“破冰”，探索解决政府合同履约监管方面的上位法笼统、操作性不强、管理依据不足等问题。2019 年继续围绕规范化、标准化目标，陆续出台了系列的配套措施，包括发布合同示范文本库、政府合同合法性审查工作规则、合同履约评价体系、“红黑名单”制度、合同履约监管绩效考核标准等。

罗湖区智慧城市建设中心与区财政等部门通力合作，搭建了全国首个智能化政府合同监管系统。2018 年实现了全区各预算单位合同统一备案，2019 年打造监管平台升级 2.0 版，全国首创综合运用数据挖掘、智能语义分析等先进技术，实现对政府合同大数据的实时分析与监管，及时发现问题、防范合同风险、掌握资金动向、调整资金布局，实现“全面、智能、共享”三大功能特点。

一　政府合同履约监管改革势在必行

罗湖区近年来加大投入，加快推进“找短板、补欠账、惠民生”行动，政府合同数量呈现暴发式增长，涉及金额越来越大，和老百姓的关系也越来越密切。小到一个街区的清扫保洁，大到整个城区的品质提升工程，都和政府合同的履行息息相关。政府合同履约的质量，直接关系到辖区的法治环境、营商环境和民生福祉。

在这项改革开展之前，罗湖区政府合同都是由各个承办部门自行管理，有关部门总结这一传统的管理模式存在缺制度规范、缺合规管控、缺履约监管、缺数据分析、缺结果运用这五大痛点。制度不完善、流程不规范、标准不统一、信息不互通等导致了监管乏力、资金浪费、服务不到位，甚至产生廉政风险。

罗湖区委、区政府从 2018 年起，率先在全国推行政府合同履约监管改革，以问题为导向，出台《罗湖区关于建立政府合同全面管理体系实施方案》，制定从合同生成、签订到履约评价、结果运用 9 个环节共 20 条具体改革举措；《罗湖区政府合同监督管理办法》建立了一套完整独立、职责明晰的闭环监管机制，填补了制度空白;全国首创将人工智能、大数据等先进技术引入政府合同管理，搭建起一套覆盖政府合同全生命周期的管理平台，让政府合同在阳光下运行。

罗湖政府合同履约监管的破冰之旅，是民之所系、现实所需、不得不改的改革，也是一项刀刃向内的改革。智慧化监管在其中扮演了重要角色。

二　化被动为主动，风险管控从事前抓起

传统的政府合同风险管控主要是事后抽查和针对权益受损的问题合同进行检查。主管部门事后抽查限于人手，往往如大海捞针，难以监管到位；针对权益受损问题合同的事后检查在一定程度上可以起到督促整改的效果，但政府权益已经遭受无可挽回的损害。

罗湖区智慧城市建设中心把防范先行、监管有机结合的管理理念融入平台建设，化被动检查为主动防御，通过交易对手风险排查、司法风险智能提醒、建立标准合同范本库、规范合同审核程序等一系列措施，将风险化解在萌芽状态。

罗湖区智能化政府合同监管系统也是一个区级大数据平台，整合了商事主体基本信息、关联公司、信用数据、司法风险、经营风险等多维信息，供各部门在选择服务商时参考。各部门就可以通过合同管理平台提前对交易对手进行风险排查，将存在风险的服务商剔除，为合同签订和保证服务质量打下基础，解决了各部门由于信息渠道不通畅，只能在采购时对服务商进行简单资格和信用审查的问题。

服务商确定后的订立合同阶段，是政府合同风险最大的阶段。如果没有对潜在的司法风险界定权责，政府权益就难以保障。一方面，大量的合同文本是由服务商提供的，政府的权益不一定能全面体现；另一方面，传统的合同法制审核需要由合同当事人的法制专员不断沟通完成，存在沟通成本高、审核效率低的问题。罗湖区大胆引入人工智能技术，构建司法审核机器人，在合同草拟阶段为合同承办人提供司法风险提醒，并通过机器学习不断提升审核准确度，每份合同的审核时长不超过 3 秒，目前已实现对合同的合规性、风险条款、缺失条款三大方面 1093 项风险的智能识别，从源头上把好合同质量关。

今年，罗湖区针对常规性、重复性的同类合同业务还陆续推出了 15 个标准合同范本，这些合同范本由业务部门针对业务风险点提出，并经法制部门审核，合同承办人再也不需要为起草合同发愁了，即使是刚入职的新人也可以胜任。

罗湖区智能化政府合同监管系统还将合法性审查流程嵌入，形成一套标准的审核流程，确保政府合同都经过严格的法制审核，降低司法风险。

三　政府资金动向“一键感知”

罗湖区政府合同管理平台 2.0 版的另一大特点是“全面”，即全方位覆盖、全集中备案、全过程留痕。监管范围全方位覆盖党政机关、街道、学校、医院等 197 个财政预算单位。合同备案范围覆盖支付类、收入类、监管类、合作类等。从合同起草、合法性审查、审批、签订、备案、履约到付款等全过程在平台上留痕，可追踪、可溯源。

罗湖区政府合同管理平台打破了部门数据碎片化，通过数据挖掘，使各部门数据形成相互印证的逻辑链条，成为监管的有力手段。平台已实现与国库支付系统的联通。既可以从合同平台提取合同支付相关信息，也可以通过对支付结果的数据分析，反向掌握合同履约行为以及政府资金执行情况等，为政府决策提供参考。平台还打通了与政府采

购系统、政府投资项目的数据关联，通过合同这个枢纽环节，自下而上生成项目全生命周期，推演出政府投资项目的进展情况、关键节点、资金执行情况等，形成项目与合同的关系图谱，破解了政府投资项目数据采集难的问题。

四 大数据带来大提升

罗湖区政府合同监管平台上线后，各监管部门可依照各自职能开通权限，在线进行监督。一改过去政府合同由承办部门各自管理，区政府无法全面掌握有效信息，监管乏力的窘境。

合同管理平台还为监管部门提供了大数据监测服务，通过数据监测平台可以实时掌握政府合同总体情况，政府资金使用情况，合同金额、数量较高的政府部门，合同金额、数量较高的服务商，服务商的类型分布，服务商来源分布等。

值得一提的是，得益于区级统一大数据平台的赋能，罗湖区智慧城市建设中心今年又在合同监管系统推出了疑似异常交易预警监测，包括履约中失信服务商监测、疑似关联交易预警、自行采购涉及金额较高的合同等。其中，疑似关联交易预警通过对合同大数据的分析，将同一单位与同一服务商，或服务商的关联公司，短期内签订的同类型合同关联出来，尤其是对涉及总金额超过集中采购限额的关联交易。

改革前，这些可能存在采购行为不规范的合同，由于信息掌握不全面、不及时，难以发现问题，即使发现也已完成支付，为时已晚。有了这个关联交易预警监测平台，监管部门可有针对性地进行检查，第一时间发现这些不规范的采购行为，及时止损。据统计，近半年来，监管部门通过系统发现存在疑似关联交易的采购部门有 79 家，其中涉及总金额超过集中采购限额的有 45 家。

经过一年多改革，罗湖区合同监管取得了较为明显的成效：防住了政府合同的法律风险，建立了比较明确的合法性审查的标准。截至目前，全区未发生因政府合同签订不当而导致的败诉或赔偿情况。

目前，罗湖区有关部门正在积极探索推行合同无纸化，将合同当事人对合同草稿的修订、签约搬到线上，并通过区块链进行存证。罗湖区智慧城市建设中心主任乐知表示，合同无纸化是罗湖区落实绿色发展理念的大胆探索，也是未来政府智慧合同管理发展的必然趋势。

（深圳市罗湖区智慧城市建设中心）

·合肥市·

标准引领　创新驱动
合肥市政务服务从“规范化”迈向“智能化”

近年来，合肥市深入贯彻党中央、国务院和安徽省委、省政府决策部署，以优化营商环境为目标，以“放管服”改革为着力点，大力构建“互联网＋政务服务”体系，聚焦群众热点，围绕办事难点，深入推进“一网一门一次”改革，强力推进“智慧政务”工作，打造“慧办事、慧审批、慧监管”政务服务新模式，让群众办事更便捷、窗口审批更高效、政府监管更有力。

一是深化“标准规范”，制定政务服务国家标准。在政务服务工作中，合肥市不断强化“标准规范”建设，促进服务标准化。2012 年，成为“首个通过行政服务标准化评估的省会城市”。2014 年，合肥市“行政服务标准化”被国家标准委确定为“全国服务业标准化示范项目”，形成了“服务质量目标化、服务方法规范化、服务过程程序化”的政务服务新格局。2018 年，合肥市承担了《政务服务中心服务满意度测评规范》国家标准起草任务。2019 年 3 月，国家标准委正式委托合肥市牵头起草《政务服务中心服务满意度测评规范》；2019 年 9 月，《政务服务中心服务满意度测评规范（草案）》通过全国政务大厅服务标准化工作组审核。

二是围绕“便民利企”，优化政务服务体系。不断优化完善合肥市“互联网＋政务服务”平台，有效支撑网上政务服务。一是增强平台智能支撑。在完成市级平台市县乡村四级全覆盖的基础上，运用智能语义分析、用户需求理解和精准访问分析等技术，结合办事人区域、热点排名，建设应用了智能搜索、智能客服等功能，帮助用户快速、精准地找到想要搜索的内容和服务，提升平台智能化和易用性。二是提升服务网办深度。完成全市所有市直部门、13 个县（市）区、148 个乡镇（街道）、1810 个村（居）共 15.15 万项政务服务事项上线，实现“应上尽上”。依托数据共享应用、电子证照调用等措施，进一步精简办事材料、优化办事流程、压缩办事时限，“全程网办”事项 14.32 万项，占比达 94.55%。三是推进个人事项全程网办。按照“零原件、不见面”原则，充分利用大数据平台已集聚数据，优化流程、精简环节、定制表单，实现 80% 个人事项“线上申请，快递送达”，节约了办事成本，提高了审批服务效能。四是打造跨城“一网通办”。在总结长三角 G60 科创走廊九城市“跨城通办”高效推进的基础上，积极融入长三角“一网通办”。开通了“一网通办”专栏，在市本级及全市 13 个县（市）区、开发区政务服务大厅开设“一网通办”企业专窗和个人专窗，实现了长三角 26 个城市、77 个事项异地通办。

三是狠抓“数据汇治用”，夯实数据应用水平。把支撑网上政务服务作为重要目标，推进数据汇聚、治理、应用。一是推动数据汇聚共享。持续完善市级大数据平台，不断整合汇聚各类急需的数据资源，平台接入 162 个信息系统、229 亿条数据，实现身份证、户口本、驾驶证等178类电子证照数据，夯实数据支撑。二是提高数据支撑质量。制定了《合肥市公共基础信息数据元规范》《合肥市政务数据共享交换对接技术规范》等数据标准规范，根据“互联网＋政务服务”工作需要，开展数据治理和跨部门融合，精准服务流程优化。三是创新数据应用手段。开展数据能力整合支撑平台建设，从全量数据交换的模式改为向部门提供数据分析和运算结果，降低部门使用数据的难度，提高数据共享安全性。截至目前，已向部门提供1177项接口服务，被业务部门调用近442万次。

四是突出“智能化服务”，拓展网上服务深度。不断提升政务服务智慧化程度，利用大数据分析将主动式服务延伸到细枝末节。一是前台“智能收件”。开发智能引导收件引擎，系统根据办事情形，引导窗口工作人员通过问答的方式询问申请人相关问题；系统根据申请人的答案对问题进行逐步细化引导，待所有问题回答完毕后，可生成待收材料清单和相关审查细则，为窗口工作人员提供清晰指引，实现“无差别综合收件”，提升收件效率。二是中台“智能受理”。梳理受理场景和预审场景，依托OCR识别技术和要素核对模型，中台可以自动将申请人表单填写的数据和可信数据源的数据进行比对，并给出填写数据是否准确的比对结果，辅助受理人员判断是否符合条件。三是后台“智能审批”。挑选“申报材料简单、审核环节简单、受众面广”的服务事项，开展非准入许可类内资有限公司注册登记、广告发布注销登记、房屋承租人基本情况登记备案等智慧审批应用建设，通过数据碰撞、数据核对，实行审批自动受理、智能审查、自动办结，提高服务效率。

五是做实“集成式服务”，完善场景式应用。在优化常规政务服务的同时，以办好“一件事”为标准，拓展打造“集成式”全生命周期服务。一方面，推进“一件事”联办。针对程序繁多、流程复杂，办事群众“看不懂”的企业开办领域，建设了“我要开餐馆”等54个群众关注热点的“一件事”联办，将复杂事项办理通过简单的问答串联起来，提供智能化引导、一站式套餐，实行“一次申请、一表填报、一套材料”，实现了政府服务由“人找服务”向“服务找人”的模式转变。另一方面，打造特色专题服务。以服务对象需求为牵引，先后建设了“人才引进专题”“公共租赁住房申请专题”等系列专题服务，运用大数据核验，不断优化新落户人才租房补贴审批工作，实现“零纸质、不见面”全程网上办理，实现政务服务由“政府端菜”向“群众点餐”的模式转变。

通过不懈努力，合肥市政务服务能力不断提升，应用成效初显，先后获得全国十大办事“不跑腿”城市称号、全国城市营商环境—政务环境第9名等荣誉；在2019年4月国务院办公厅电子政务办组织的32个重点城市网上政务服务能力调查评估中，合肥市位居第六。

一　领导高度重视，高位推进

开展“互联网＋政务服务”工作以来，合肥市委市政府高度重视，多次听取工作汇报，召开专题调度会，部署、推进“互联网＋政务服务”工作。在各类全市性会议上，书记、市长经常就“互联网＋政务服务”工作进行部署。省党政代表团考察了上海“一网通办”

工作后，市委市政府立即安排工作专班赴上海市考察学习、借鉴经验。市政府把“互联网＋政务服务”工作作为创优营商环境工作的重中之重，召开全局性、重点专题调度推进会10余次。

二　线上线下融合，科学推进

对标先发地区办事流程和审核环节，倒逼责任部门将事项审批办理权限尽可能下沉，有效优化服务流程，减少审批环节和审批时限。推进市级“互联网＋政务服务”平台与部省市对应业务系统的对接打通，实现办件受理数据与业务办理系统的网上流转，减轻窗口工作人员负担，提升窗口部门工作效率。结合网上服务流程，改革传统的工作机制，合理配备工作人员，确保已上网的“全程网办”事项和“一件事”联办事项能够真正“走得通、办得结”。

三　夯实基础支撑，扎实推进

在工作中，注重夯实相关信息化基础支撑，拓展电子政务外网延伸至所有村居，实现网络环境支撑。建设完善新一代政务云平台，为网上政务平台提供安全、可靠的硬件支撑。坚持“以用促汇、以用强建、以用促统”原则，根据工作需要，强力汇聚“互联网＋政务服务”改革工作需要的数据资源。依托信息化项目管理来开展项目安排调整，坚持全市信息化建设应用一盘棋，补足改革工作缺乏的信息化系统支撑。

（合肥市数据资源局）

建设合肥市智安小区　践行新时代枫桥经验

随着合肥市“天网”“雪亮工程”项目的建设，全市街面治安水平已经得到有效改善，但违法犯罪活动开始向社区延伸，尤其是近年来人口增长快、新建小区多，特别是老旧小区存量大，技防、物防建设不到位、不规范，社区安全防范意识薄弱，可防性案件始终在高位运行，已成为影响群众安全感、满意度的一个重要因素。为了有效改善合肥市部分三无、老旧小区安全防范设施弱、基层治理效率低、可防性案件高发等现状，着力构建社区安全感知防线，营造共建、共治、共享格局，不断增强居民安全感、满意度，全面推进智慧平安小区建设。

合肥市智慧平安小区通过人工智能、大数据、物联网等核心技术，围绕社区安防、治安管控、社区服务、综合治理构建全栈智慧平安社区解决方案，解决社区技防、物防基础差，实有信息底不清、数不明、错漏滞后，社区警力严重不足等社区“最后一公里”问题。

一 合肥智慧平安小区建设内容

合肥智慧平安小区主要建设内容可以概括为“1214”全栈解决方案，即建设1套标准体系、2个城市级平台、1张社区感知网，聚焦社区安防、治安管控、社区服务、综合治理4大领域。

（一）制定1套标准体系

合肥市公安局在强化顶层设计、统筹建设的基础上，坚持标准先行，规范全市智慧平安小区建设，先后发布《合肥市智慧平安社区建设标准（试行）》《合肥市智慧平安小区建设技术标准（试行）》《合肥市智慧平安小区数据开放平台接入规范（试行）》3个标准，规定了合肥市智慧平安小区建设的总体要求、技术要求、数据资源标准。

（二）构建2个城市级平台

建设两个城市级平台，即智慧平安社区警务应用平台（含移动警务应用）、智慧平安社区云物业管理平台（含物业 App、居民 App）。

云物业管理平台负责汇聚全市统一建设的、第三方自行建设的前端感知数据，并向智慧平安社区警务应用平台提供数据。面向物业、居民提供智慧平安社区云物业管理平台、物业管理 App、居民服务 App，利用信息化手段，精细化管理小区安全设施并服务居民日常生活，提升物业管理水平，增强居民的安全感、满意度。

警务应用平台提供智慧平安社区警务应用平台和警务应用 App，应用大数据分析技术对小区海量数据进行碰撞、分析，并搭建多套研判模型，反哺基层社区警务实战应用，提升工作质效，同时为基层民警信息采集工作增效减负。

（三）建设1张社区感知网

基于人工智能、大数据、物联网等技术，建设多技术融合的社区感知网，实现小区全域感知。

视频监控系统：在小区公共区域、小区/单元楼等出入口建设视频监控系统、人脸识别系统，实现无死角监控覆盖及智能化分析。

智能车辆管理系统：在小区、地下停车场等出入口建设智能车辆管理系统，通过车辆识别技术对小区进出车辆进行自动识别，规范小区车辆管理。

智能AI门禁系统：在小区和单元楼出入口建设智能AI门禁系统，主要建设内容包括人脸声纹融合认证门禁、人行平开门，除了传统的IC卡、密码等认证方式，基于人脸识别和声纹识别技术支持人脸识别和声纹密码开门，实现无接触出入通行，便捷居民出行。

物联网感知系统：安装智能电表、水表、燃气表、无线烟感，以及物联网网关等设备，应用物联网技术实现远程监控、远程管理、远程抄表等功能，并实时获取物联网设备感知数据，辅助物业管理。

二　合肥市智慧平安小区建设创新举措

（一）构建全市智慧平安小区一张网

为做好全市智慧平安小区建设，合肥市公安局成立工作专班，负责开展全市智慧平安小区建设的系统规划、规范标准制定、项目建设等工作。同时，对全市智慧平安小区建设进行顶层设计、统一规划，做到思想一致、分步迈进，最终实现全市规模化覆盖，着力构建“智慧平安小区”防控网。

（二）制定智慧平安小区建设一套标准

依据市局顶层设计，结合前期试点工作，兼顾各方建设需求，合肥市公安局研究制定了一套市智慧平安小区建设标准体系，包括《合肥市智慧平安社区建设标准（试行）》《合肥市智慧平安小区建设技术标准（试行）》《合肥市智慧平安小区数据开放平台接入规范（试行）》，从而规范全市智慧平安小区建设，确保项目建设质量。

（三）推动市政府出台一个建设管理办法

为做好全市住宅小区安全防范源头管理，合肥市公安局牵头起草了《合肥市住宅小区安全防范设施建设和管理实施办法》，将安全防范设施建设纳入住宅小区、智慧社区建设和老旧小区技防改造。在合肥市委、市政府层面成立全市住宅小区安全防范设施建设和管理工作领导小组，统筹组织全市新建小区和老旧小区安全防范设施建设、验收、管理等工作。

（四）总结智慧平安小区建设五种模式

随着试点项目的深入推动，合肥市公安局及时总结五种智慧平安小区建设模式，多措并举推动智慧平安小区规模化覆盖。一是利用智慧社区项目建设，通过与市民政部门对接，将智慧平安小区建设需求纳入全市智慧社区建设规划；二是各级区县（市）局自筹资金建设，各级公安机关通过向党委政府汇报，争取建设资金，共自主规划智慧平安小区 157 个；三是老旧小区改造建设，利用老旧小区改造专项，2019 年联合房产局计划将 70 个小区按照智慧平安小区建设标准进行改造；四是通过新建小区建设，根据《合肥市住宅小区安全防范设施建设和管理实施办法》要求，推动新建小区按智慧平安小区标准建设；五是引导商业小区建设，鼓励发动物业公司积极参与智慧平安小区建设（见图 6-3）。

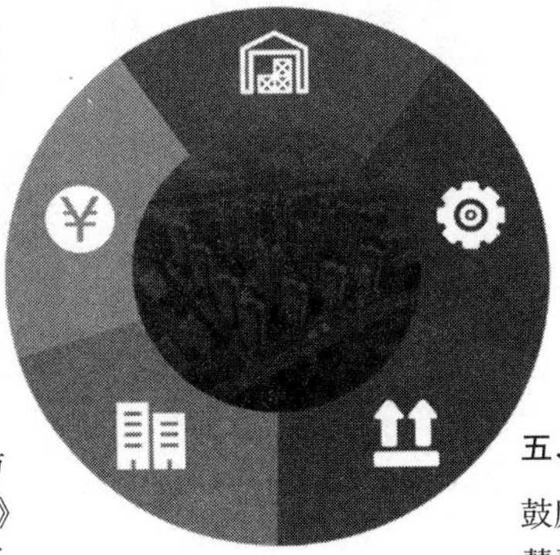

图 6-3 智慧平安小区建设五种模式

三 合肥智慧平安小区建设成效

合肥市公安机关会同有关部门，推动智慧平安小区顶层设计、规划试点、建章立制、项目推进等工作，依托合肥科技优势，提升省会城市治理水平，提升平安合肥建设水平，取得了阶段性成效。

（一）服务基础信息采集，提升实口管理质效

通过智慧平安小区建设，全方位、多维度、动态化采集进出小区人员、车辆信息，做到人过留脸、车过留牌、物过留痕，确保基础信息鲜活。截至2020年3月底，全市已完成78个智慧平安小区建设接入，累计采集实有人口18.6万余人，实有车辆约2.5万辆，日均感知数据200万条，累计感知数量2.5亿余条。通过大数据分析及时发现未采集人员和已注销人员，查缺补漏、自动甄别，提高基础信息采集的效率和质量。

（二）服务公安实战应用，提升警务工作效能

利用人工智能、大数据等新技术，实时汇聚前端设备采集的各类感知信息数据，实时推送至公安大数据中心，进行大数据比对、碰撞。同时，构建智慧模型服务警务实战，对小区治安形势进行智能分析研判、自动预警预防，让数据开口说话、使民警增效减负，并有效提升了基层打防管控的针对性、时效性。

2019年已建成的智慧平安小区可防性案件压降率达80%，部分小区实现零案发，实战方面已产生21例战果，同时带破案件32起（见图6-4）。

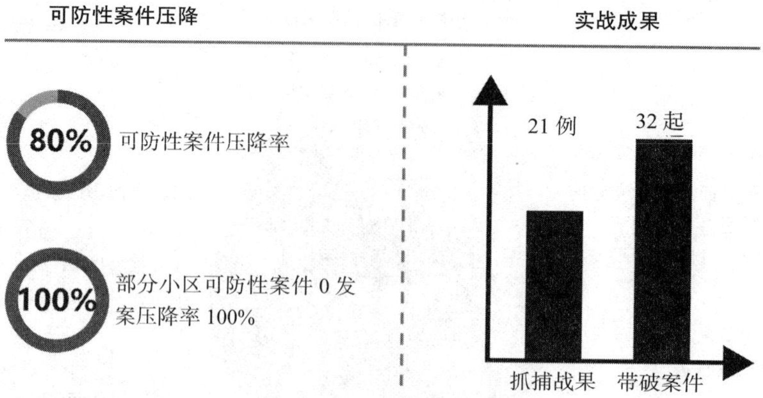

图 6-4　公安实战应用成效

（三）服务社区基层治理，提升综合治理效率

智慧平安小区建设是智慧社区建设的重要组成部分，不仅服务公安警务工作，也广泛服务于社区基层治理。为提高数据资源复用效率，应积极对接市数据资源局，共同挖掘价值数据，服务政府各项工作。通过智慧平安小区建设，有效整合了公安、街道、社区、物业等基层治理力量，提升了基层治理合力和战斗力，为合肥市创新基层社会治理、践行新时代“枫桥经验”探索出了新路径。

在合肥市政府的统筹领导下，全市协同推进、上下凝心聚力，合肥市智慧平安小区建设和运营已取得阶段成效，并总结了一套创新性高、操作性强、复制性广的推进模式，可供省内其他地市乃至国内其他城市借鉴。

（合肥市公安局）

树雪亮标杆　筑平安合肥
——合肥市公共安全视频监控建设

2019 年全国公安工作会议上，习近平总书记明确提出要把大数据作为推动公安工作创新发展的大引擎、培育战斗力生成新的增长点，全面助推公安工作质量变革、效率变革、动力变革。公安部部长赵克志强调要深入推进公安大数据智能化建设和应用，全力打造“智慧公安”。近年来，合肥市委市政府高度重视公共安全视频监控建设联网应用工作，“雪亮工程”被纳入市重点督办项目强力推进，坚持顶层规划、高标准建设，通过科学布点建设、技术架构创新、智能应用开发、全面整合共享，有效服务于城市管理、治安防范等社会管理的方方面面，已成为社会综合治理的新方式、新手段，全面推动了合肥市社会治理模式创新和警务机制改革创新，并被批复为全国示范城市项目。

一 顶层规划、分步实施，视频监控建设平滑演进

在视频技术步入高清数字化以来，合肥市大体上经历了校园视频监控、“天网工程”“雪亮工程”三个建设阶段。每个阶段的建设，均紧盯视频技术发展前沿，强化先进技术引用。系统技术架构也从流媒体直存一体化平台，到“视频云存储＋视频云计算”平台，一路平滑演进到今天的智能视频云平台。

2010年，校园视频监控启动建设，高起点规划、高标准建设，采用高清数字架构，建设了覆盖全市中小学、幼儿园的高清探头，搭建了全市视频数据专网，实现万兆骨干、千兆汇聚，初步构建了全市数字化视频监控基础框架，为后续建设奠定了基础。

2013年，“天网工程”启动建设，区县支网同步跟进，围绕“11129”的总体目标，通过织密1批高清探头、建设1张视频专网、开发1套视频综合平台、搭建2朵视频业务云、实现9大应用服务，基本构建了全市立体化视频防控体系。

2018年，“雪亮工程”启动建设，围绕“514N”总体目标，织密5张视频防控网、打造全市1片视频智能云、构建4大应用支撑平台、建设N个视频实战应用，推动视频资源全面服务于社会综合治理、服务于公安实战、服务于百姓公众。目前项目建设整体进度过半。

二 创新机制、统筹整合，推动建管一体化运作

一是组织建设上，坚持“需求整合、共建共享”。政府牵头，充分整合多部门应用需求，共同勘察设计，统一组织建设；总结提炼出“定点、控面、成网成线”等布点理念，科学布点规划，确保需求兼顾，避免重复投资，实现应用效能最大化。

二是联网共享上，坚持“一个平台、一张网”。基于云技术架构，搭建了全市统一的“视频综合应用平台”和全市统一的视频专网，实现全市视频资源统一接入、统一管理、统一调阅，全市各级公安机关和市、区/县、街道/社区多级政府部门共享共用。

三是技术管理上，坚持“统一标准、统筹建设”。首先是统筹建设。明确公共安全视频监控系统建设由市、区/县两级政府部门统筹建设，公安机关具体负责，部门共享应用，信息化审批部门原则上不批复单一部门独立建设视频监控项目。其次是统一标准，规范审批。坚持标准引导，依托“天网工程”建设，合肥市公安局会同相关单位共同编制《城市公共安全视频监控管理系统技术规范》作为安徽省地方标准发布推广，有效指导全市公共安全视频监控系统规范建设。同时，明确要求区/县视频监控项目建设，严格执行方案报批论证、工程审核验收程序，确保系统建设等高对接、共享应用。

四是共享应用上，坚持“机制创新、全面共享”。视频监控全面接入综治、公安、城管、交通、人防、环保等部门合肥市、区/县、街道/社区多级共享应用，有效服务于维稳处突、防范打击、城市管理等方方面面，已成为社会综合治理的新方式、新手段，全面推动了合肥市社会治理模式创新和警务机制改革创新。

五是运行维护上，坚持“建维一体、分级保障”。系统建设采用“总包建设运维”模式，由中标单位统一承担建设运维，建成验收后，费用按五年运维期分摊，并结合运维考核情况分年度支付，有效解决“重建设、轻运维”的问题。实施三级运维，建成集呼叫联动、流程监控、技术支撑一体运作的视频运维保障中心和智能运维保障系统，组建市局、分县局、派出所三级运维保障团队，由承建单位、设备厂商、监理公司等100多名技术人员驻点服务，打造故障智能检测、一键报修、集中流转处置、实时监督监管等流程化的高效运维保障体系。严格规范管理，细化考核指标，推行月、周例会机制，从日常巡检、故障报修、应急处置、平台开发等多个方面加强运维监管考核，探头平均在线率基本保持在98%以上。

三　科学建设、攻坚克难，打造“雪亮工程”示范标杆

一是科学织密视频网，树“雪亮工程”防控体系标杆。针对视频覆盖区域不平衡、人车封控不到位、新旧点位结合难等问题，充分整合多部门应用需求，兼顾现有监控覆盖，围绕“织密、补盲、加提升”和“人、车、物”管控，综合应用视频前沿技术，科学布建智能前端采集设备，着力构建社会综合治理、车辆感知、人像感知、高空立体防控等5张视频防控网，确保探头布点科学合理，有效实现“动态预警、全时可防，区域联动、全城可控”，全面提升城市防控能力，打造全国首个公共安全“城市门禁”系统。

二是合力攻坚破难题，树“雪亮工程”先进技术标杆。围绕“上下对接难、内外整合难”，探索“雪亮工程”系统技术架构创新，推动视频汇聚接入服务平台研发，实现视频监控平台间的技术解耦、开放兼容，解决“天网工程”与“雪亮工程”、市级平台与区/县支网平台间的异构融合，避免后续项目建设过程中设备单一性采购问题。针对目前人脸等智能分析技术多为同一厂家算法、计算资源技术捆绑现状，围绕开放兼容，推动云化视频智能解析平台研发，实现视频监控前端采集、软件算法、计算资源间有效解耦、动态调配，着力打造全国领先的“雪亮工程”技术架构体系。

三是围绕实战强应用，树“雪亮工程”智能应用标杆。结合云计算、大数据、人工智能技术发展，推动视频图像智能解析、公安视频实战平台研发；围绕实战应用需求和大数据技术发展，推动视频云数据存储中心、视频大数据挖掘平台研发，实现海量视频图像结构化、半结构化数据统一存储管理，多维数据碰撞挖掘服务。为全警种提供视频图像综合应用门户，实现视频图像数据资源在事前巡查、事中指挥、事后侦查业务中的综合应用，实现市局、分局、派出所三级业务贯通，治安、刑侦等多警种横向协作，打造全国领先的专业化视频侦查应用技术体系。

四是分类整合全共享，树“雪亮工程”共享服务标杆。坚持顶层规划、安全可控的原则，推动统一社会视频资源整合接入平台研发，系统开展2000余家单位视频资源、5万余路社会单位公共安全视频监控数据资源联网整合。推动综合治理服务平台研发，面向综治、城管、交通、教育等政府行业部门提供统一视频图像服务，提

供智能分析工具集，提供基于视频流和数据的接口服务。推动互联网社会公众视频服务平台，依托App、微信公众号、网站等载体，为公众提供视频直播服务和视频线索举报渠道，为公安机关提供信息发布服务，并与“皖警一网通”“合肥通”等第三方平台进行服务对接，实现视频图像惠民服务，着力打造全网整合共享的视频服务共享应用技术体系。

（合肥市公安局）

·长沙市·

“我的长沙”城市移动综合服务平台

一　平台总体定位

“我的长沙”城市移动综合服务平台按照长沙市打造“移动办事之城”的总体要求，总体定位为长沙市官方唯一的城市级综合性服务平台，“一屏”汇聚城市各类服务资源，进一步促进数据共享和减少重复建设，实现城市服务“全人群覆盖”“全天候受理”和“一站式”办理，让市民体验到最便捷、最高效的服务。

二　平台建设基本情况

“我的长沙”城市移动综合服务平台建设，主要包括“我的长沙”App、微信公众号、微信小程序建设，汇聚了城市政务服务、公共服务、社会服务、融媒体资讯。2019 年 8 月，“我的长沙”App 在各大应用市场发布上线，市民只需下载一个 App，就可获取跨部门、跨平台、跨业务的“一站式”在线服务。截至 2019 年年底，“我的长沙”App 已接入优质高频城市服务 165 项，移动端用户注册超 160 万。“我的长沙 App”微信公众号开发完成部分事项的查询业务、政务资讯、办事指南查询功能。“我的长沙”微信小程序开发完成个人中心、我的证照、公共服务、公积金服务、一网通办、税务服务、社保服务、医保服务、助残服务、看病就医服务、住建不动产、生活缴费等模块。

“我的长沙”App 以市民为中心，构建了“我的办事”“我的服务”“我的生活”“我的资讯”四大服务体系，为长沙市民打造了一个“最懂你”的城市综合服务 App。

“我的办事”已完成政务服务事项的办事指南开发，实现了长沙市直 90 个部门 1837 个事项、各区县（市）66808 个事项的直达查询。围绕“一件事一次办”改革，实现了首批 100 件事“一件事一次办”套餐的办事指南查询，后续将上线政务服务在线办理功能。已与“12345”市民热线服务数据互联互通，市民可通过“我要问”功能对各职能部门进行咨询、投诉、建议，实现市民与政府的无障碍对话。

“我的服务”以“人”为中心汇聚市民关心的热点公共服务和社会服务，让市民生活更便捷。目前已上线公共服务和社会服务 115 项。市民实名认证后即可一证通行，实时访问查询社保、公积金、车辆违章信息，实现水、燃气、手机、宽带、电视等生活缴费服务，接收停水、停电、气象预警、天气预报等信息。“我的证照”子板块可提供“亮证”功能，一键展示市民的电子身份证、驾驶证、行驶证、居住证、社保卡，高层次人才还可享受便捷的人才绿卡二维码服务。

“我的生活”打造移动端的“一圈两场三道”，可直达步行十五分钟内的所有服务资源。已实现十五分钟生活圈内便民设施信息展示、导航等功能。

“我的资讯”实现本土新闻资讯全覆盖，市民可体验“一机在手、信息都有”的智能化新生活。通过与长沙广电融媒体平台对接，实现资讯内容共享，市民可以在App第一时间掌握长沙本土新闻资讯，包括图文、视频、直播、24小时滚动、专题等新闻，功能将持续升级优化。

三　平台突出亮点

一是助力优化营商环境，打造“移动办事之城”。根据长沙市委、市政府“营商环境优化年”“产业项目建设年”的工作部署，“我的长沙”App加速项目建设与发布流程。2019年8月，App上线后，通过宣传推广，引导群众和企业从“线下办”向“线上办”转移，加速实现了长沙市营商环境的进一步优化。未来，通过“我的长沙”App，长沙将最终实现城市服务“全人群覆盖”“全天候受理”和“一站式”办理，长沙将被打造成真正的“移动办事之城”。

二是促进数据共享，减少重复建设。“我的长沙”App现已陆续将全市各部门的已建App及对公众提供的服务内容进行资源整合，全面实现数据共享后，将打破部门间信息藩篱，促进政府数据对社会公众的开放共享和创新应用，真正意义上实现“一屏”汇聚城市各类服务资源。同时，也省去了市民下载多个App、关注几十个公众号的烦琐。

三是强化便民服务，开启智慧城市建设新时代。根据工作部署，到2020年6月底之前，“我的长沙”App将上线420项高频城市服务，其中，包括300项政务服务、120项公共服务和社会服务，并将为市民提供更加便利、更加丰富、更加智慧的公共服务，同时，也将为长沙进一步推进“互联网+”战略，打造智慧城市建设开启全新时代。

四是打造全国首个“城市公共服务+融媒体”平台。为贯彻落实习近平总书记提出的“推动媒体融合向纵深发展”的指示，“我的长沙”App由长沙广播电视台运营推广。长沙广电完善的媒体宣传渠道及成熟的运营团队，构建了“我的长沙”App独有的运营网络。此外，“我的长沙”App“我的资讯”板块，全面对接长沙广电创新参与长沙市智慧城市建设的重要新媒体平台“智慧长沙”。党媒入驻，保证了平台意识形态的安全，也成为“我的长沙”App探索全国首个“城市公共服务+融媒体”平台的新亮点。

（长沙市数据资源管理局）

湖南省浏阳市创新电子证照共享，助力一件事一次办

“一件事一次办”是关系优化营商环境、利企便民的重要举措，是“放管服”改革的总抓手，而电子证照和电子印章是政务事项办理中最基本要素之一。2019 年，浏阳市数据资源中心借力长沙市“互联网 + 政务服务”一体化平台以及“我的长沙”App 客户端的推广使用，对全市的电子证照和电子印章开展了一次全面、系统的梳理，实现了共享应用新的突破。

一　电子证照目录全梳理

浏阳市作为湖南省率先实行“最多跑一次”改革的县（市），为尽量减少企业和群众办事需提交的材料和证照复印件，2018 年底，浏阳市数据资源中心率先建设了市本级的电子证照库。为进一步梳理和丰富电子证照目录。2019 年 6 月又再次部署电子证照目录的梳理和数据的归集工作，共计收集整理了 25 个单位的 130 个电子证照数据，采集了教育、民政、交通运输局等 10 家单位共计 18.4 万余条存量电子证照核心数据和重点数据，并提交长沙市级电子证照库，获得了长沙市认可。

二　电子印章模板全采集

为了保障电子证照的有效生成和使用，浏阳市数据资源中心通过网络下发、纸质采集、电话沟通、微信督促等多种方式，在 10 个工作日内，全面采集了 57 个市直部门、32 个街道（乡镇）及所辖 323 个社区（村）的行政公章和审批专用章的模板 455 个，并扫描建档，其纸质和电子版本分别上交或上传至长沙市电子印章技术团队，实现了电子印章在“一网通办”中可用率达 100%。

三　事项证照印章全融合

为避免电子证照库与电子印章库出现“两张皮”的现象，浏阳市数据资源中心与技术研发部门一起对“互联网 + 政务服务”一体化平台中涉及颁发证照以及需要使用电子印章的事项进行了认真仔细的梳理，并将“互联网 + 政务服务平台”与“电子证照库”、“电子印章库”三体关联融合，确保事项办理的顺畅高效以及在生成电子证照时加盖电子印章精准无误。目前，市本级“互联网 + 政务服务”平台中共有 72 个事项可颁发 23 种电子证照并加盖电子印章。

四　政务服务成效全提升

通过实施电子证照和电子印章的共享应用，有力助推了政务服务事项“马上办、网上办、就近办、一次办”政务服务事项线上线下充分融合，进一步夯实了全市电子证照库和电子印章库的基础，有效提升了政务事项办理效率。目前已实现32个单位、2个园区跨部门、跨层级营业执照等证照信息共享，共享办件量已达5000余件。

通过以上举措，夯实了我市电子证照库和电子印章库的基础，提高了政务事项办理效率，方便了企业和群众办事，将我市深化“最多跑一次”“一件事一次办”“一网通办”等各项改革推向更高的层次。

（湖南省浏阳市数据资源中心）

长沙市岳麓区24小时政务“无接触”服务区

为深入贯彻落实党中央国务院“放管服”改革措施，全面落实《长沙市营商环境优化工程2020年行动方案》要求，加快推进“互联网+政务服务”工作，充分发挥电子政务作用，提高政府服务效率和透明度，进一步激发市场活力和社会创造力，岳麓区创新政务服务模式，着力建设24小时政务自助服务区，打造“不打烊”政府。

为扎实做好新冠肺炎疫情期间政务服务工作，岳麓区多次专题研究，强调要着力优化政务服务，推动审批服务全程网办，做到疫情防控和政务服务两不误。“网上办”“无接触”“不见面”的防控要求与“不打烊”“自助办”的服务理念相融合，岳麓区24小时政务自助服务区应运而生。

一　基本情况

2020年2月，疫情暴发，岳麓区行政审批服务局秉持为民服务理念，大胆革新，历时一个多月，将位于区政务服务大厅的唯一会议室拆掉，改建成一处24小时政务自助服务区，以一时办公的不便换来企业群众办事的方便。

24小时政务自助服务区面积约60平方米，按照功能明确、业务协同、环境优美、安全舒适的标准，设置终端服务区、咨询辅导区、文件收发区、等候休息区等四大功能区，配备14台自助服务设备（政务自助服务机7台、营业执照打印自助机1台、水电气自助机1台、驾驶人自助体检机1台、交通处罚自助机1台、办税自助一体机1台、智能收发机器人1台、国网智能服务云终端1台），可实现企业登记、税务办理、社会保障、交通违法处理、车管业务、水电气等与企业生产、群众生活密切相关的208项事务的全天候自助办理，已于2020年3月27日正式开通投入使用。

自助服务终端采用人脸识别、材料智能审核、语音提醒指示等人工智能技术，引导企业群众自助操作办理。办事流程简单明了，税务、水电气、交通违法处理、车管等业务办理一“触”即得。办事企业、群众在服务终端一次性提交材料，自助服务终端对材料进行智能预审，审核通过后，可实现“秒拿证”。材料不合规时，服务终端将给予相应提示，预审核通过后再发往相应的审批单位，有效排除信息填错等问题。

驾驶人自助体检机利用超声笔测距、计算机软件、触控和图像处理技术，可实现对体检人员身高、体重、视力、听力、辨色力、上下肢、躯干以及颈部的自动检测。检测完成后，医生将远程对体检结果进行审核签名。

智能收发机器人搭建起办事人与审批人之间的桥梁。办事人将文件放进配送机器人文件柜后，机器人会在固定时间按照既定路线行驶到相应窗口，窗口工作人员将资料拿出进行相关审批手续，审批完成后再将文件放回文件柜，最后办事人可输入验证码取件。

二　服务优势

24 小时政务自助服务区的建设顺应了新一代信息技术革新的大趋势，是切实转变政府职能，不断提升治理能力现代化水平的重要抉择。当政务服务理念的更新与信息技术的革新相碰撞，便迎来了政务服务的极大突破与改变。

一是形成多元化办事格局。自助服务区充分挖掘“线上”资源，借助互联网、大数据、人工智能等技术优势，打破以往政务服务大厅单一的办事模式，形成“线上＋线下”的政务服务闭环。二是突破单一化办事时间限制。自助服务区实现了政务服务从 8 小时向“全天候”的跨越，弥补了政务服务大厅“朝九晚五”工作时间的限制，办事群众可随来随办、即办即走，办事更自由。三是促使业务拓展化、多样化。自助服务区在多部门联合发力、大数据综合利用的基础上，新引进“警医通”、交通违法处理、办电办税业务，促使可自助办理事项增多、范围更广，实现了政务服务深度和广度的进一步延伸。四是构建起安全化办事环境。疫情防控期间，自助服务区“不见面零接触式审批”极大地降低了人群聚集和交叉感染风险，真正做到“人员不聚集、审批不断档、服务不降质”。五是促使业务审批流程高效化。科技赋能后的自助服务区为审批部门协同联动创设契机、提供平台，倒逼审批流程改革、创新，新模式催生出高效办事的温床，有利于构建高效优化的审批模式。

三　未来规划

下一步，岳麓区将坚持“线上”“线下”融合、人工与自助相结合的理念，采用“1+3”建设模式，待区级示范点运营成熟后，逐步扩展建设大科城科创港、基金小镇金融服务超市、岳麓高新区企业服务中心等 3 个特色服务点，“量身打造”多点多层级的政务服务网，构建岳麓政务服务新格局、新生态。

（长沙市岳麓区行政审批服务局）

·温州市·

温州市“个人数据宝”

政府数字化转型是浙江深化“最多跑一次”改革的一项重大部署，是政府在数字化时代提升行政质量和办事效率的一场自我革命。按照浙江省委省政府工作部署，温州市将政府数字化转型摆在重中之重的位置来谋划，结合地方特色，突出应用创新，推出一批贴近实际、符合民意、服务发展的政府数字化应用项目。

一　平台总体定位

公共数据取之于民，更要用之于民。针对公共数据重复采集、质量不高、共享不畅等问题，温州市大数据发展管理局积极运用区块链等前沿技术，在国内率先推出“个人数据宝”应用，将政务、金融、医疗等领域的 30 多类常用信息归集并向用户本人开放，精心谋划推出了一批便民服务应用场景，实现个人数据“随身带”“随时用”“随时纠”，让大数据发展红利更多惠及广大民众。

二　平台建设基本情况

2019 年 10 月 30 日，温州“个人数据宝”应用平台相继在浙江政务服务网一体化平台“浙里办”App 和支付宝 App 发布上线。针对人民群众办事的堵点痛点问题，“个人数据宝”应用已推出五大便民服务场景，实现从单纯的线上“信息服务”转向线上与线下结合的“信息即服务”，让群众充分共享数字化转型红利。主要成效有以下几个方面。

（一）政务服务“一证办”

以前，由于信息不对称，办事群众为避免再跑一次，去政府部门办事时还是会带齐所有材料。现在，群众办事前可在“个人数据宝”先行核对相关信息，可查询到的材料无须再携带，由办事窗口自行向数据平台调取。

（二）金融服务“快易办”

“个人数据宝”打通了与部分银行业务的对接，一方面，群众到银行办理信贷业务时，可在“个人数据宝”上授权银行访问相关数据，简化申贷材料和流程，并享受到更低利率的金融产品；另一方面，“个人数据宝”能为金融机构提供准确权威的个人数据，有效破解授信核查难等问题，提高了银行的审批效率，并大大降低银行的尽调成本，有力助推“融资畅通工程”。以苍南农商银行为例，截至 2 月底，通过“个人数据宝”授权数据查询办理授信业务 8560 笔，合计授信金额近 6.23 亿元。

（三）健康档案“随身带”

“个人数据宝”实现了与温州市医疗大数据平台和医疗影像云平台的对接，统一接入全市 284 家医疗机构的就诊记录、处方信息、检查报告、体检信息、医疗影像等，健康检查数据随时可以查看和共享，群众跨院看病就医无须携带历史病历资料，无须重复进行影像检查，大幅提升就诊就医效率，减轻群众负担。

（四）智能服务“事找人”

“个人数据宝”充分利用省市公共数据共享平台的批量数据，为群众提供各类证件（如身份证、居住证、行驶证等）到期换证、车辆年检、驾驶证清分、图书借阅到期、水电气缴费等主动提醒服务，实现数字时代“人找事”到“事找人”的转变。截至 2 月底，已推送各类提醒信息 2879 条。

三　平台突出亮点

个人数据宝通过三项创新机制，破解公共数据治理体系难点问题。

一是数据采集机制。以前由于数据共享不通畅，各部门需要重复采集个人相关信息，给群众带来很多麻烦，并且数据采集标准不统一也增加了后续数据运用的难度和成本。依托省、市公共数据共享平台，“个人数据宝”汇聚了个人身份、家庭、资产、信用、职业、健康等 30 多类常用数据，按照“一数一源”原则与各部门信息系统直接对接，凡可以通过共享方式自动获取的数据，不再重复采集。

二是数据开放机制。数据权利是公共数据治理中的热点问题。“个人数据宝”率先探索将政府部门掌握的公共数据向本人开放，改变了原来这些数据自己不能看、不能用的状况，每个人都可以通过一部手机方便地了解自己有哪些数据、数据是否正确，并自主授权第三方机构使用数据，让数据资源更加充分流动、发挥价值。

三是数据纠错机制。部分历史公共数据存在失真和差错现象，质量问题影响了数据的推广应用，也给群众办事带来不必要的麻烦，温州市曾多次出现因婚姻登记数据不准确造成公积金业务无法及时办理的情形。“个人数据宝”运用互联网思维，让广大群众共同参与数据质量治理，一旦发现个人数据与实际不符，便可在线提交更正申请和相关佐证材料，由数源部门进行核查修正，并及时告知处理结果，为快速提升数据质量提供了有效途径。截至 2 月底，已累计处理数据更正申请 334 条。

同时，通过实施三重防护措施，确保个人隐私信息安全有保障。

一是数据加密。用户通过“浙里办”实名注册和刷脸认证后，可在线申请开通“个人数据宝”，系统将为每个用户分配单独的密钥，密钥和数据严格隔离保管，任何数据都会在进行加密后再存储传输，防止网络黑客等不法分子截取数据。同时，“个人数据宝”与其他业务系统的数据交互全部基于数字签名技术，保证信息传输的完整性和安全性。

二是精准授权。“个人数据宝”率先推出了数据使用授权机制，第三方机构如需要访问个人数据，必须先通过业务系统向“个人数据宝”发送申请，由本人在手机上对申请进行确认和授权，每次授权仅限于与实际业务绑定的关联数据，且只能在业务规定时限内查询使用。

三是全程留痕。“个人数据宝”运用了区块链技术，每次数据访问记录都将“上链”，任何人无法篡改。用户可随时查看本人数据每次被调阅使用的记录，一旦发现非正常调阅情况，即可在线投诉，由该市大数据局第一时间予以调查处理，确保个人数据不被盗用和滥用。

（温州市大数据发展管理局）

温州市“瓯 e 办”便民服务自助终端

政府数字化转型是浙江深化“最多跑一次”改革的一项重大部署，是政府在数字化时代提升行政质量和办事效率的一场自我革命。按照浙江省委省政府工作部署，温州市将政府数字化转型摆在重中之重的位置来谋划，结合地方特色，突出应用创新，推出一批贴近实际、符合民意、服务发展的政府数字化应用项目。

一　总体定位

按照浙江省委省政府实现“最多跑一次”省市县乡村五级全覆盖的部署要求，针对群众办事路途远、政务服务向乡镇（街道）、村居延伸时遇到的基层工作人员不足、下放事项承接难等实际问题，温州市自主研发“瓯 e 办”便民服务自助终端。“瓯 e 办”便民服务自助终端，全面覆盖市县乡三级、部分偏远重点村以及其他一些人流量大的场所，通过“机器换人”，实现与群众关系密切的高频事项“就近办、自助办”，有效解决政务服务“最后一公里”问题，被中国社科院信息化研究中心评为 2018 年度全国“互联网 + 政务”优秀实践案例 50 强之一。

二　建设基本情况

“瓯 e 办”便民服务自助终端是推进我市“最多跑一次”改革向基层延伸的创新举措。截至 2020 年 2 月底，目前已开通审批、证明、住房、交通、社保、市民卡、医疗健康、公共支付、公安、水电气等 749 项常用服务事项，并在全市各级审批服务中心、村级代办点、银行网点等场所布设 1497 台，月均办理量达到 6 万件左右，累计办件超过 94 万件。

（一）“三统一”建设模式，破解便民服务自助终端多头建设、缺乏系统性问题

为切实避免各地、各部门分散重复建设，进一步体现便民服务的协同性、规范性、系统性，强化顶层设计，统筹规划，确定便民服务自助终端建设采取“三统一”模式。一是统一平台。建立全市统一的便民服务自助终端应用软件平台，各地、各部门不再自行开发类似功能的系统，所提供的自助服务事项全部整合到统一平台，实现“全城通办”。二是统一标准。制定统一的便民服务自助终端硬件配置标准和运维服务标准，包括设备技术、接口标准、故障维修、耗材更换、操作培训、现场引导、热线电话、微信公众号等，形成全市一体化的日常运营管理体系。三是统一监管。建设统一的便民服务自助终端运行监管平台，对全市所有自助终端的工作状态和使用情况进行实时监控，发现故障时第一时间通知相关单位进行处置，确保自助终端正常使用。

（二）“三布点”合理设置服务半径，破解群众办事与政务服务时空差问题

为彻底打破群众以往办理政务事项限定“上班 8 小时”、固定单位等时间、空间限制，科学布局自助终端点位，合理设置服务半径，努力打造“不打烊的数字政府”。一是在各级服务中心布点。在市、县、乡三级行政服务中心、村民服务中心代办点等进行布点，有效解决群众在非工作时间办事以及政务服务向基层延伸时遇到的基层工作力量不足、下放事项承接难的问题。二是在人流量大、受众面广的场所布点。在城市中心区，通过与金融机构、大型商场、通信运营商等合作，在银行网点和其他人流大的场所拓展便民服务终端布局网点，最大限度发挥终端自助服务辐射效应。三是在距离较远、交通不便地区布点。统筹解决群众办事“跑远路”的问题，切实缩短群众外出办事里程，打造群众家门口的政务服务“便利店”。比如，偏远地区老年人办理养老待遇资格认证事项，不再需要跑到行政服务中心或社保部门办理，在村民中心自助终端的语音提示下，1 分钟不到就能把认证相关事宜办好。

（三）“三应用”功能集成，破解群众需求多样化与供给单一化的矛盾问题

为确保自助终端功能设计真正贴近基层群众的实际需求，先后多次深入乡镇、村（社区）调研梳理并归集群众日常最常用、最实用的民生事项，将涵盖公安、社保、医保、公积金、不动产等 23 个主要部门、749 项事项整合到“瓯 e 办”便民服务自助终端，实现“一机可办百项事”。一是数据跑腿一“证”通办。对接省、市大数据平台，对纳入便民服务终端的事项进行流程优化再造，通过对使用频度较高的户籍、企业、婚姻、不动产、社保等 17 项数据的共享应用，简化办事流程，优化办事体验，让更多的事项“刷身份证”即可“零材料”办理。二是刷脸认证一“刷”即办。依托公安部第一研究所“人脸识别”可信认证技术，群众即使忘带身份证，通过“刷脸”也可办理，开启了“刷脸时代”互

联网政务的新模式。三是智能导航一“号”查找。群众通过关注“温州政务服务”微信公众号，随时查找最近的终端网点，并有智能导航系统引导前往，每个网点门口有统一的指示牌和“瓯 e 办”logo 标志，做到点位醒目、群众易找。

三 突出亮点

（一）弥补网上办事和实体大厅办事不足问题

通过合理布设全市统一标准的便民服务自助终端，解决基层群众网上办事缺乏纸质打印服务和实体办事大厅存在交通、非办公时间服务盲点等问题，办理结果盖有电子印章，具有与实体办事大厅办件同等效力，为群众提供一条方便、快捷的办事渠道，初步形成以网上办事为主、自助终端为辅、实体办事大厅兜底的三位一体立体式基层政务服务新模式。

（二）有效解决基层工作力量不足问题

通过在各级审批服务中心等场所布设自助终端，办事群众可随时到点上自助办理办事事项，一定程度减少办事窗口排队现象。比如办理社保证明，操作非常简便，根据语音提醒全流程点 3~4 下就可办成。自助终端投用以来，随着布局扩面和宣传推广，办件呈几何递增趋势，自助终端办事模式已逐渐被群众所接受，大大减轻了基层窗口工作人员办件压力。

（温州市大数据发展管理局）

温州市以数字化转型引领公安“最多跑一次”改革

2019 年以来，温州市公安局坚决贯彻省委省政府和省公安厅决策部署，把数字化转型作为推动“最多跑一次”改革的大引擎，全力打造以“温警在线”为核心的“互联网＋公安政务服务”的办事生态体系，取得明显成效，政府数字化转型省定各项指标全面落地、全部达标，温州公安网上办事量、自助办事量全省领先，构建面向本地温州人、在外温州人、在温州的外地人的完整服务体系，被纳入 2019 年浙江省数字化转型地方“最佳实践”首批十大项目，被评为首届（2018—2019 年）中国城市治理创新奖入围奖、2019 年“微信力量”年度智慧政务民生小程序奖，被《公安内参》等中央、省级主流媒体持续宣传报道。2019 年全省公安出入境管理工作会议暨“最多跑一次”工作现场推进会、全省公安交管系统“最多跑一次”改革暨落实 10 项便民措施推进会相继在温州召开，北上广深等 20 多个城市的党政机关、公安兄弟单位来温考察交流。

一　以技术革新支撑动力变革，推进“温警在线”快速迭代

动力变革是基础，让新技术新应用成为改革的发起段，推动“跑一次”向“一次不用跑”转变。在总体架构上，借助互联网公司成熟的开放性技术（流程处理自动化、双向音视频、快递服务、消息推送、客服体系等），打破传统开发模式的建设周期长、系统对接慢、费时费力费钱等弊端。无须从零开始即可“拿来就用”，在确保安全的前提下，“温警在线”实现快速迭代升级。从2017年1.0版上线15个事项、日均200件，仅具备基础办事功能，到2019年3.0版上线162个事项、日均办件2500件，全面承接各类政务服务和实战应用，服务内涵和外延不断拓展延伸。在基础支撑上，依托基础性平台（政务大数据平台以及电子支付、电子签章、电子证照、电子档案）和关键性技术（公安部一所研发的“互联网+”可信身份认证），打通公安网、政务网、互联网、移动互联网“四大网络”，连通部建省建业务系统和网端平台，破解“必须本人到场办理”的障碍和数据核验真实性问题。在流程设计上，设计适用于所有事项的通用框架，一揽子解决全部事项的上线问题；使用统一风格的引导页面，减少文字输入及拍照上传等烦琐操作，增加用户体验感；构建统一标准的办事政策库，联通权威的数源核验库，数据自动匹配关联、平台智能审批判断，在线受理、审核、流转、办结，981种可以通过数据共享获取确认的材料免去群众提交。在应用模式上，发挥小程序轻量化、易推广的优势，快速聚合用户，让群众上手即会用；打通网上办事前端与办公协作后台（“浙政钉”）消息通道，构建群众与民警消息互通渠道；建立在线客服体系，实时向办事群众推送办事服务评价调查表。目前“温警在线”微信关注数达260万，实名认证数达70万，日均访问6000人次，日均处理群众咨询投诉200余件，累计推送服务评价170828件，收回57409件，平均实现率、满意率分别达99.40%、99.86%。

二　以高效协同促进质量变革，推进改革效应延伸扩面

质量变革是主体，不断推出服务产品，不断提升服务质量，让群众的获得感更实。推广“掌上办”。与“浙里办”“浙江政务服务网”全面融合对接，除全省“八统一”事项外，延伸至律师查询和预约会见、刷脸委托他人代办、车辆抵押登记、管制刀具登记备案等27个便民服务功能，累计网上办理公安业务1411725件（其中户籍类243621件、车管类438357件、出入境类243488件、证明类事项35607件、治安管理及便民服务类事项450652件），日均受理2500余件，今年1—9月，网办量677544件，同比增长73.62%，网上办结率达64.18%，让147494人次在外温州人、2089人次海外华侨“一次不用跑”。创新“海外连线办”。深化市政府为侨服务全球通项目，创新推出“警侨在线”“境外车管所”等精准服务举措，通过视频连线，境外联络点与国内窗口在线互动，简化优化办事流程和材料，让68.8万温籍华侨不用回国也能办成事。目前，我局在8个国家11个城市建立20个境外联络点，推出22个涉侨专属事项，累计为华侨在线办理853件事项；推出“温警在线”商会版，惠及260多万在全国各地的温州人。优化“自助办、就近办”。打破

时间、空间制约，依托市政府开发的便民智能终端“瓯 e 办”以及公安自助设备，在行政服务中心建立 24 小时不打烊的“智能警局”，让群众无须请假、无须排队就能自助办事和立等可取；全面实施全城通办，47 个户籍登记、75 个车辆管理、19 个出入境管理（非涉外）共 141 个事项全市范围内通受、通办，群众可在全市任一公安窗口办理。目前，全市布设“瓯 e 办”设备 1300 余台，公安事项开通 77 项，办件总量达 205524 件，占 12 类政府事项总量的 40%。拓展“乡情警务协作办”。创新发展新时代“枫桥经验”，深化“乡情警务”，加强与流动人口输出地公安机关的警务协作，推出“温警在线”乡情版，线下受理审核，在线流转材料，原籍地审批办结和快递发证，让在温新居民同等享受“不用跑”的改革红利。目前开通重庆垫江专区，面向垫江籍在温人员推出无违法犯罪证明、征兵政审以及身份证、驾驶证补换领提速等 42 个事项，办理 200 余件。

三　以流程再造推动效率变革，推进警务效能提速升级

效率变革是主线，以机器换人着力解决各种低效率洼地，为高质量发展打好效率基础。推行“智慧法制”。连接“执法平台”与银行系统，公安机关所有涉及款项的开票、收缴、监管的执法活动全流程自动化处理，在线收缴、在线对账、在线监管，既让当事人和民警不用跑，也防止了民警代收代缴存在的监管风险，为基层减压减负；全面推行律师查询人口信息、查询案件经办人、预约会见网上办理服务，累计办理 8586 件、出具查询结果 31227 人次，间接为群众节约诉讼成本 312 万余元。推行“智慧监所”。全面推广监管场所入所人员资金管理消费系统，人员资金在线汇存，所内刷脸消费，出所返还专门账户，银行柜台办卡提取，破解了长期以来监所财务审计重点和队伍管理难点问题。推行“智慧户籍”。群众办事从受理初审、比对证件、核验材料、录入系统、扫描上传到最后的打印出件，80% 以上的工作量由设备替代，户籍业务每个件录入信息时间平均约 2 分钟（最快的业务仅 1 分钟），全流程办结从 15 分钟减少至 5 分钟，有效缓解高峰时段窗口群众扎堆的压力。推行“智慧交管”。对年办件量 30 多万笔的车辆抵押业务流程进行全流程改造，精简银行、车主、车管所等多方环节，在线推送数据和刷脸确认，大规模减少纸质材料复印和二次录入工作量，为银行、车主和车管所带来便利。推行“智慧管控”。面向实战需求，围绕住宿登记、网吧上网、易制毒、管制刀具、散装汽油、无人机及边缘性行业等领域实名登记管理，依托网络身份核验技术，联合业务警种探索实施刷脸验证、手机报备等“不见面式”管控模式，进一步严密重大安保的基础排查管控网络，为现实斗争服务。

（温州市公安局）

温州市惠企政策“直通车”系统

政府数字化转型是浙江深化“最多跑一次”改革的一项重大部署，是政府在数字化时代提升行政质量和办事效率的一场自我革命。按照浙江省委省政府工作部署，温州将政府数字化转型摆在重中之重的位置来谋划，结合地方特色，突出应用创新，推出一批贴近实际、符合民意、服务发展的政府数字化应用项目。

一　总体定位

温州市针对企业反映的涉企政策多、不知晓、兑现难、多次跑、多头跑等问题，充分运用互联网、大数据、人工智能等手段，以涉企政策兑现为切入点，全面清理整合产业政策、优化再造兑现流程，依托浙江政务服务网打造温州市惠企政策“直通车”系统，实现了全市产业政策奖补项目统一网上申请、在线审批、刚性兑付全流程“最多跑一次”，推动了政策落地，增强了民营企业获得感。2019 年至今，全市 2973 个奖补项目已开通网上申请，累计办理企业兑现申请 10582 件，核定金额达 25.2 亿元。

二　平台建设基本情况

温州市惠企政策“直通车”系统依托浙江政务服务网办理，做到“一个界面对企业”，具有以下 4 项功能。一是集中公布。在系统 PC 版和掌上版上实时发布所有产业政策、政策解读、申报指南、申报通知等，企业只需登录系统便可获取所有信息。同时，积极探索个性化登录页面，只要企业用账号登录产业政策奖励兑现系统，与企业相关的奖补项目便会自动匹配、智能展示，让企业找寻政策更加轻松便捷。二是主动推送。建立覆盖全市 22 万家企业的综合数据库，通过大数据分析，自动筛选符合政策条件的企业，主动发送短信、微信提醒，告知企业法定代表人或联系人，避免企业因不知晓信息而未及时申报。此外，企业在政务服务网上实名注册并进行网上申报后，还可以随时随地在线查询审核进程，在审核结果公示、奖补资金发放等重要节点，平台会再次通过短信、微信等形式主动提醒告知。三是网上申办。所有政策奖励全网上申报、全网上审批、全网上核验、全网上公示，企业最多是在领取项目奖补时送领取凭证“跑一次”，有效破解“多次跑”“多头跑”等“痛点”问题。四是自动查重。通过数据智能分析技术，对企业申报奖补的项目内容、凭证数据等实现跨区域、跨部门、跨时间维度的自动比对查重，避免出现同一项目多头申报、重复奖补。在加强大数据归集的基础上，在平台增设奖补企业状况智能分析功能，客观评估产业政策实施绩效，进一步提高政策制定的科学性。

三　平台突出亮点

（一）变“企业跑”为“数据跑”

把“数据替人跑”贯穿整个兑现流程，比如，通过大数据和人工智能技术，向奖励条件的企业精准推送申报信息，解决政策不知晓问题；企业网上申报只需填报奖励金额等关键数据，其他数据系统自动填写企业核实即可，解决申报材料填报复杂问题。通过数据推送，全过程网上审批，并且全过程网上留痕，把权力关进了“数据铁笼”里。

（二）变“兑现慢”为“限时办”

固化审批流程，对每一项政策的兑现时间都做了明确规定，做到兑现时间可控，且每个环节网上公开、实时可查，有效提高审批速度，解决了“兑现慢”问题。比如科技进步奖的兑现，原来从发文到企业最终拿到奖励资金，至少需要 2 个月时间，现在 10 个工作日内就能兑现。

（三）变“多次跑”为“最多跑一次”

改变过去产业政策兑现纸质申报模式，打破审批部门系统壁垒，推动所有产业政策奖励全流程网上办理、数据推送，不再需要企业跑多个部门，让企业最多是在领取项目奖补时送领取凭证“跑一次”，有效破解“多次跑”“多头跑”等“痛点”问题。

（温州市大数据发展管理局）

第七篇

年度电子政务试点示范优秀案例

国家留学服务全程在线一网通办

以习近平总书记为核心的党中央对做好留学生的服务工作高度重视，教育部留学服务中心党委始终牢记全心全意为留学人员服务的宗旨，始终牢记要把党中央、国务院对留学人员的关心、爱护通过服务体现出来，传递到广大留学人员中去。牢固树立新发展理念，推动“放管服”改革向纵深发展，深入推进“互联网＋政务服务”，充分运用信息化手段解决群众反映强烈的办事难、办事慢、办事繁的问题，全面推进“一网通办”，为鼓励广大留学人员回国就业创业营造良好的环境。

针对留学人员反映国（境）外学历学位认证难、周期长的问题，为了使留学人员尽早享受到不跑现场即可办事的便利，2018年1月，教育部留学服务中心率先完成国（境）外学历认证申请人端的“互联网＋认证服务”，留学人员可以随时随地在线上提交申请办理认证，这得到了广大留学人员的好评。

2018年7月，根据国务院办公厅和教育部的国家一体化政务服务平台试点建设实施工作计划，为在更大范围方便留学人员办事，教育部留学服务中心按照《国务院关于加快推进全国一体化在线政务服务平台建设的指导意见》的文件精神，依托国家政务服务平台和国家公共支撑信息资源，将国（境）外学历学位认证、公派出国留学派出、留学回国就业落户和留学存档四项留学公共服务事项全部纳入国务院办公厅主办的中国政务服务平台，实施一体化平台整合建设，实现面向广大留学人员的公共服务事项全程在线、“一网通办”。

在国务院办公厅电子政务办公室、教育部办公厅的领导和指导下，在公安部、国家移民局、北京市政府有关部门、教育部信息中心、教育部留学服务中心等政府部门和兄弟单位的大力支持下，经过一年多的努力，留学服务工作基本实现了全流程一体化在线服务。

依托国家政务服务平台为全国各地区、各部门网上政务服务提供公共入口、公共通道和公共支撑，我们完成了网络基础设施扩容提速、云计算、国产化商密应用安全开发环境改造建设工作；完成了与国家政务服务平台中国家自然人库、国家法人库、国家电子签章库等全面整合对接；完成了与国家移民局公民出入境记录库、国家高等教育学历信息库和北京市社保信息库等部省级政务服务数据共享交换；完成了与国家留学基金委、国外相关机构、银联云闪付、中国航空服务公司等第三方数据交换。真正实现了全方位信息资源共享，全程信息在线跑路。

在完成上述对接的基础上，通过创新留学服务方式，优化留学服务流程，大幅简化办事手续，让留学人员和用人单位一趟都不用跑，使不见面办理业务成为可能，教育部留学服务中心面向留学人员的公共服务向数字化服务转型也迈出了坚实的一大步。

一是实现“一网通办”。实现面向全体留学人员的“一次注册，一口受理，在线核验，后台分办”的统一服务模式。

二是实现身份线上核验。通过对接国家平台的自然人库、国家法人库，实现基于人脸识别级的自然人和法人的实人认证。

三是实现跨部门能力支撑。通过对接国家平台的出入境记录和社保记录信息，极大简化了留学人员提交材料和内外部核验工作，实现全程数字化服务。

四是实现电子证照信息共享。通过电子印章，获得国（境）外学历学位认证书的电子证照，按照电子证照标准，全面实现业务办理档案电子化，使无纸化办公成为现实。

五是实现服务规范化、便利化管理。全面公开留学服务事项，依法规范事项办理程序，实现办事全过程公开、透明，可核查、可监督，推进留学服务制度化和规范化。

六是实现资源整合、数据共享。通过建立一体化服务平台，促进信息共享、资源整合和业务协同，提升了跨地区、跨部门、跨层级业务协同能力，推动了面向群众的政务服务事项公开、政务服务数据开放共享，推进了“网络通”“数据通”“业务通”。

七是实现数据共享安全保障。依法加强隐私等信息保护，加强基于国产化商密算法的应用安全，以及网络安全、数据安全和传输安全的安全防护体系建设。

八是实现移动办事，便利服务。提供微信入口、移动支付手机 App 等更加便利的移动信息服务手段，加速“指尖办事”时代的到来。

这四项服务，国家公派留学派出（5 月 31 日）、国（境）外学历学位认证（6 月 28 日）、留学存档服务（8 月 5 日）、留学回国人员就业落户（8 月 19 日）已全部上线试运行。“互联网 + 留学服务”平台上线运行后，留学人员和用人单位可享受全流程、全天候、全地域的线上服务，办事如网购一样便利。每年将有 40 万以上留学人员因此而受益。

在总结试点工作经验的基础上，我们将适时启动国（境）外学历学位认证以认证服务机器人辅助替代人工为标志的深度智能化开发应用。我们还将在出国留学人员咨询服务、平安留学和留学回国人员“双向选择”“创新创业”等更加宽广的留学服务领域进行“互联网 + 留学服务”转型，让更多留学人员在更加开放包容的环境中享受更加便捷的线上服务，使他们不断成长，为祖国建设发挥才能，贡献力量。

（教育部留学服务中心）

气象部门四级“一网通办”平台

一　建设背景

中国气象局作为国务院直属事业单位，承担全国气象工作的政府行政管理职能，负责全国气象工作的组织管理，深化气象管理信息化的发展，推进气象部门治理现代化建设。全国气象部门实行统一领导、分级管理，气象部门与地方人民政府双重领导，以气象部门领导为主的管理体制。全国气象部门（不含港、澳、台地区）现有 31 个省（区、市）气象局、330 个地（市、州、盟）气象局、2170 个县（市、旗）气象局，共涉及 8

类行政审批事项（包括气象台站迁建审批、气象专用技术装备审批、新扩改建设工程审批、防雷装置设计审核和竣工验收审批、防雷装置检测单位资质认定审批、外国组织和个人在华从事气象活动审批、升放无人驾驶自由气球单位资质认定审批、升放无人驾驶自由气球活动审批）的审批及监管。

为深化电子政务，推进国家治理现代化，进一步推进“互联网＋政务服务”，以最大程度利企便民，切实以解决企业和群众办事难、办事慢、办事繁的问题为目标，国家气象信息中心作为实施单位于2016年开始中国气象局气象行政审批网上平台的建设工作，开展政务服务平台规范化、标准化建设。2019年，基本完成了气象部门国家、省、地、县“全国统一、四级互联”的政务服务平台体系建设，通过统一电子证照平台、统一电子印章平台、数据汇聚服务、安全管理中心、运维管理中心与国家政务服务平台的互联互通，实现了国、省、地市、县级气象部门全部8类行政审批事项的申报、受理、审查、反馈、决定和查询告知等全过程网上办理。

二　创新成果

（一）统一数据标准和管理规范

按照国家构建全国一体化“互联网＋政务服务”技术和服务体系的要求，在国务院电子政务办的支持下开展了垂直管理体系部门的政务服务数据标准及流程技术规范的编制工作，旨在以事项清单标准化管理为基础，构建统一业务支撑体系，为其他垂直体系部门提供借鉴。通过统一数据标准、完善管理规范，真正实现气象政务服务全国的“一网通办”。在全面集约整合、共享协同的大背景下，全面梳理气象部门面向社会公众提供的具体办事服务事项，实行政府服务事项编码的实时更新、动态管理，通过规范事项名称、条件、材料、流程、时限等，为气象部门四级审批的信息共享和业务协同，提供无差异、均等化政务服务奠定基础。中国气象局一体化在线政务服务平台按照国家政务服务相关数据标准及规范建设，基于中国气象局各类行政审批业务数据，梳理形成符合国家标准的全国气象部门行政审批事项的事项目录库、实施清单库、用户信息库、办件信息库、电子签章库、电子证照库等。

（二）建立“一站式”服务模式

为了支撑行政审批事项的全流程网上办理，实现“外网申报、内网审批、外网反馈”的服务模式以及与国家政务服务平台数据互联互通，该平台与气象部门管理信息系统充分整合共享，在互联网DMZ区搭建气象行政审批事项的申报应用系统，服务于社会公众，便于业务上报；在气象专网建设统一电子证照平台、统一电子印章平台、数据汇聚服务、安全管理中心、运维管理中心，实现业务数据的审批、签章、生成证照、安全和运行情况的监控以及业务数据清洗汇聚至气象部门前置机；在电子政务外网区，搭建气象部门的前置服务应用，实现气象部门行政审批政务服务数据与国家政务服务平台数据互联互通。中国气象局行政审批网上平台的 8 个审批事项的核心应用系统依托平台提供的统一流程引擎和表单工具集约起来，实现“一条龙”流程。

为了实现气象部门“四级应用”，通过与中国气象局 OA 系统（综合管理信息系统）的集约整合，最大化实现“资源共享，集约开发”，使用由 OA 系统提供的全国气象部门的人员库、权限库以及网络访问权限策略，实现全国各级气象部门用户访问一个平台进行事项办理，降低了系统建设成本，提升了资源整合使用率。

（三）气象行政审批服务统一服务接口

通过建设气象行政审批服务统一服务接口，满足外部政务服务的共享需求，支撑跨层级、跨地域数据互联互通。按照国家政务管理信息系统整合的要求和规范，中国气象局行政审批平台实现了在电子政务外网提供 4 类共计 11 个公共接口服务，供外部和地方政务服务平台调用，可获取到的信息包括各类行政许可事项办理。同时，根据各地方要求实现应用连通，利用国家电子政务外网实现了受理过程或全流程集成等不同形式的对接，以满足不同地方政府对于“一网办理”的实际需求。

三　应用效果

遵循国家一体化政务服务平台建设要求，并结合气象部门实际需求，充分运用信息化手段推动政务信息化创新集约高效发展，以技术革新推动审批服务模式的转变，使得政务服务规范化、便利化水平全面提升，为企业和群众提供全流程一体化在线服务，推动政府治理现代化。审批流程的集约化建设避免了数据和业务“两张皮”，减少在不同系统中重复录入，提高了基层窗口的工作效率。通过良好的标准化和服务接口能力，平台已经实现与湖北、上海、河北、浙江、广东 5 个省市的政务服务网实现对接。2019 年，中国气象局一体化在线政务服务平台共计注册人数 9293 人，8 项气象部门政务服务事项全部实现全程在线办理，办件总量 9633 件。

（国家气象信息中心　王甫棣）

北京市大力推动政务服务“指尖办”

2019 年以来，北京市积极开展指尖行动计划，大力推动覆盖范围广、社会关注度高的政务服务事项办理渠道向移动端拓展。在“北京通”App 的基础上，拓展了微信、支付宝、百度 3 种服务渠道，实现了北京市政务服务移动端多渠道服务。在全市各区、各部门共同努力下，各渠道接入政务服务应用数量不断增加。截至 2020 年 4 月上旬，“北京通”App 已接入应用 691 项、微信小程序已接入应用 662 项、支付宝小程序已接入应用 641 项、百度小程序已接入应用 668 项，4 个移动端渠道累计访问量达 4.86 亿次。目前，北京市移动端应用已涵盖了市公安局、市残联、市教委、市民政局、市卫生健康委员会、市人力资源和社会保障局等45个部门的高频服务事项，提供了行政审批、公共服务、政务信息、在线互动等服务内容，为企业群众提供贴心灵便的掌上办事体验，全面提升了北京市掌上政务服务的能力。

一　实现移动端政务服务渠道全覆盖

为提升用户使用便利度，全面拓展移动端服务渠道，小程序的建设从社交、支付和地图查询3种类型选取了高频常用的第三方App作为基础，避免办事人重复下载安装App。同时，充分发挥第三方App用户数量大的优势，向办事人主动推送移动端政务服务应用。依托全市统一身份认证系统，已实现多渠道用户信息的互通互认，用户只需在一个平台注册账号，即可同时登录市网上政务服务大厅、“北京通”App和各类小程序，实现“一次注册，全网通办”。

二　“刷脸”验证保护用户安全隐私

为方便办事人对移动端应用保存的个人信息进行集中管理、统一展示，北京市在各移动端打造了个性化用户空间，提供“个人信息”“我的证照”“我的咨询”等服务，方便市民随时查看相关信息。如办事人可在“我的证照”中对已实现电子化的个人证照，包括身份证、户口簿、社保卡、驾驶证等，进行查看、绑定、解绑等操作，并实现办事时证照应用授权、查看历史授权记录等。同时，为保护用户信息安全和个人隐私，北京市4个移动端渠道均已实现人脸识别身份认证，办事人通过“刷脸”验证后方可查看涉及个人隐私的相关信息、提交办事申请、调取并应用电子证照等，防止个人信息泄露。

三　电子证照应用助力办事材料精简

为丰富移动端服务场景，北京市运用区块链技术，实现了电子证照在移动端的申领管理和扫码亮证服务。办事人在实体大厅综合窗口办理业务时，只需携带手机，利用移动端“刷脸”验证身份后，扫描二维码向综合窗口授权，工作人员即可通过北京市电子证照库调取身份证、户口簿、结婚证、离婚证等7类电子证照。在办事人核实证照信息并签字确认后，电子证照直接上传至受理系统，并同步流转至后台审批系统，完成全程电子化办理。以“小客车指标配置”业务为例，过去办事人需要携带本人的身份证和驾驶证的原件及复印件才能办理。现在，办事人只需使用手机端的电子证照亮证服务，综合受理平台就可直接调取到办事人的电子身份证、电子驾驶证，工作人员核验通过后即完成办理。全程无须提交任何实体证照或纸质材料，办事体验更加畅快、便利。目前，北京市已利用以上7类电子证照，在市、区两级政务中心的400余个事项中，实现办事人无须携带相关证照原件或复印件即可办理，全年可以为企业群众精简办事材料10余万份。

四　高频服务一键便捷办理

各移动端以用户体验为导向，按照主题、部门、对象等分类，规划了不同类型的办事专区，方便快速定位到事项。以主题分类为例，已创建了社会保障、户政服务、交通管理、教育考试、医疗卫生等近 40 个不同专题，实现了市人社局、市公安局、市卫健委等多部门的高频热点服务分类集中发布。如社会保障专题集中发布了社保卡补换卡、医疗定点机构修改等 12 项服务；户政服务专题集中发布了身份证预约办理、出生登记预申请等 29 项服务；医疗卫生专题集中发布了新生儿疾病筛查结果查询、婚检孕检预约等 28 项服务。办事人可通过主题快速定位服务入口，实现一键办理。以办事人常用的“出生登记”为例，登录政务服务移动端应用后，通过“户政服务”主题专区或搜索关键字“出生登记”即可快速找到“出生登记预申请”服务入口，实现在线提交材料办理预约登记，免去现场排队等候时间。

五　便民信息一键快速查询

为方便办事人快速查询各类常用信息，移动端集成了多项高频信息查询服务，包括定点医院查询、人事考试成绩查询、新生儿疾病筛查结果查询、票样查询等 35 项。办事人可在移动端“办事”专区，根据主题、对象、部门快速定位相关事项，一键查询到办理地址、流程、申请材料、结果样本等办事指南信息，为其提供“手掌间”的信息服务。以“成绩”查询为例，移动端添加了中考、高考、成考、自考、职业技能、公务员等多种考试成绩查询，用户无须再登录不同网站分别进行查询，简化了办事流程。

同时，政务服务移动端小程序开通了“市、区、乡镇（街道）”各层级政务服务事项的办事指南查询功能，如便民服务、公共服务类事项。办事人可在小程序“生活服务”专题里，随时查询到粮油价格、水果价格、邮政业务资费等信息，并通过便民地图找到身边的博物馆、图书馆、旅游景点、文化场所、星级酒店等。同时，借助百度、微信、支付宝等平台自身优势，将其已有城市服务进行接入，包括百度小程序的“AI 寻人”、微信小程序的“ETC 助手”、支付宝小程序的“物业费缴纳”等，进一步丰富其服务内容。

六　投诉建议一键在线反馈

为进一步拓宽办人事诉求渠道，北京市依托政务服务移动端小程序整合了“12345”服务热线功能，打造网上接诉即办平台，开通社情民意直通车。办事人可直接通过小程序将个人的咨询、建议、投诉等以文字、图片形式直观地反馈给“12345”，随时查询办理进度结果并评价打分。小程序还同时提供一键拨打“12345”政府服务热线功能，真正打通市民投诉的“最后一公里”。办事人还可通过关键字搜索并关注他人的咨询投诉记录，以便第一时间查找同类问题的解决方案，节约办事时间。

七　智能语音搜索助力无障碍环境建设

充分利用AI人工智能技术，提供智能语音搜索功能。办事人可通过唤醒语音助手，使用语音快速定位服务事项，为有视觉障碍的用户提供智能辅助作用，助力北京市无障碍环境建设。同时，小程序加大了对助残方面的服务力度，包括残疾人证办理、残疾人证件挂失补办、成年残疾人康复服务补贴等多项助残服务均已在小程序上开通，让残障人士实现“足不出户”享受便捷政务服务。

下一步，北京市将继续优化政务服务移动端功能，丰富服务内容，推动实现市、区两级1000项政务服务应用接入，提供更多便民服务；进一步助力优化营商环境，推出移动端企业服务专版，推动企业开办、经营许可、清缴税款、出口退税、创业补贴等事项在移动端办理；加快推动电子证照多端亮证应用，在更大力度支撑实体大厅综合窗口电子证照应用的基础上，重点推动驾驶证、行驶证线下查证和简单事故处理、身份证入住酒店、社保卡就医等在移动端场景应用，办事人无须携带证照原件即可办理业务，让移动端小程序应用真正成为办事人灵便、贴心、智能的随行办事助手。

（北京市政务服务管理局）

从“上云”到“云上”
北京市政务云筑牢数据之基

一　北京市政务云建设背景

为进一步贯彻落实市领导对于北京市政务云“利用政务云推进市电子政务集约化发展势在必行”和“加大推进力度”的指示要求，根据《北京市大数据和云计算发展行动计划（2016—2020年）》“建设全市统一的基础公共云平台。积极推进市级政务云服务模块化，持续提升政务云服务功能，推动市级各部门的应用系统逐步迁移到市级政务云”，按照“企业投资建设，政府购买服务”模式，遵循“统筹规划、适度超前、资源共享、确保安全”的原则，在市财政局、市发改委的大力支持下，2015年10月，北京市经济和信息化局（以下简称“市经济和信息化局”）通过公开招投标，确定了两家政务云服务商和一家政务云安全监管服务商（服务期均为3年），建设政务云六里桥节点，提供云主机、云存储、互联网带宽、云安全等服务，同时满足委办局对于政务外网、互联网、行业业务专网的信息系统入云需求，为北京市行政事业单位信息化系统提供统一的云服务平台。政务云服务商负责提供IaaS服务，承担云平台安全保障。云安全监管服务商受政务云管理单位委托，负责监督管理和考核评估云服务商、云平台安全监测等，确保政务云提供的服务内容和服务质量符合要求。

二　北京市政务云建设现状

按照“上云为常态、不上云为例外”，除公安、安全等部门以及涉密和信息安全等级保护四级（含）以上信息系统外，全市各部门现有信息系统应逐步迁移上云，停止服务器、存储等相关软硬件采购。

2018 年 2 月，市经济和信息化局通过第二次采购确定 3 家云服务商（首都信息发展股份有限公司、中国联合网络通信有限公司、浪潮软件集团有限公司），2018 年 8 月第三次采购确定了 5 家云服务商（太极计算机股份有限公司、中国电信股份有限公司、中国移动通信集团有限公司、北京金山云网络技术有限公司、优刻得信息科技有限公司），服务期均为 3 年。目前共有 8 家云服务商。

2019 年，北京市经济和信息化局通过公开招投标，确定了云综合监管服务商和云监管平台服务商，分别负责人工监管服务和平台建设两大类内容。综合监管服务项目，以咨询、监督管理、分析评估等人工服务为主，开展政务云管理体系建设、政务云运维监督检查、政务云外围安全监测、云服务商综合评估、政务云运行数据管理。综合监管平台项目，以政务云管理为核心，以政务云数据为基础，利用信息平台，对北京市政务云开展业务监管和对外服务。

三　北京市政务云建设成果

4 年来，在全市统一规划和监督指导下，政务云服务不断探索创新，主要取得以下成果。

（一）市级政务云平台规模逐渐扩大

目前，政务服务中心节点已完成建设，共 8 家云服务商，政务云资源总量达到 vCPU188988 核、内存 463172GB、存储 22054TB。并计划推动六里桥和密云双节点建设工作，进一步扩大政务云资源规模和服务能力。

（二）入云系统应用快速增加，基本完成“上云”工作，步入“云上”阶段

2018 年年初至 2019 年上半年，北京市政务云工作重点为支撑北京城市副中心首批搬迁单位信息系统搬迁工作。截至 2018 年年底，入云系统 1000 多个。2019 年，组织实施《2019 北京市政务信息系统入云工作方案》，成立入云工作组，依托目录链系统，对各部门入云工作进行系统培训指导，市级政务系统全面迁移入云。截至 2019 年年底，50 多家政府部门基本完成入云。目前全市已入云系统 1700 多个，已分配云主机数量达到 15000 个，已分配云资源达到 vCPU102671 核、内存 313865GB、存储 9142TB。同时，针对云资源使用率偏低问题，通过清理僵尸系统、合并同类应用、降配等措施进行云资源优化，提高云资源使用效率和使用绩效。

（三）政务云监管逐步制度化、规范化

作为北京重要的信息化基础设施，北京市政务云自2015年正式建立以来，一直以为城市治理提供信息化技术支撑为首要任务，经过几年来的不断建设，已建立了完善的政务运维管理体系，在标准化、规范化、流程化的道路上日臻成熟。北京市政务云经过4年标准化工作的积累，形成七大类31项政务云管理制度和规范，考核评估指标300余项，涉及云服务提供、云平台运维、云机房管理、云使用满意度、云安全保障等各个方面，形成了“以基线为核心，以评估为手段，以数据为依据”的政务云多云管理体系。

（四）推动政务云管理从流程管理向数字化管理转型

通过云综合监管服务项目的采购，改变从前以流程管理为主的管理模式，不断向获取数据、落地数据、分析数据、共享数据的以数据为主线的管理模式过渡。建设数据平台，通过对历史的和新增的政务云的运行、监控、安全、管理数据进行梳理、归类、建模，形成“以数据为中心”的政务云管理模式；通过开放政务云监管数据，使政务云使用单位能够掌握本单位的云资源使用情况和信息系统运行情况；通过整合监管数据，为考核、评估和淘汰云服务商提供客观依据。

2019年通过对机房运维数据、硬件资产数据、业务管理数据、运行监控数据、考核评价数据等数据进行分类和整理，建立了政务云数据资源目录。同时基于不同角色对政务云运行数据的需求，完成政务云数据共享目录的建设，数据共享目录包括使用单位主题、云服务商主题、政务云整体主题。通过构建政务云数据汇聚和交换管理规则，实现了政务云内多云数据的有序交互和快速传递，让各单位数据的交换共享成为可能。

得益于政务云的数据汇聚，跨单位跨部门的数据共享变得更加快捷，数据资源的开发利用也变得更加方便，在此前提下，政务服务得以持续优化提升。例如，北京利用区块链将53个部门的职责、目录以及数据联结在一起，形成“目录区块链”系统，相当于全市“数据目录”的一本大台账；北京市政务服务管理局依托政务云建立了一站式在线政务服务平台，所有事项“一网通办”；北京市地方金融监督管理局借助政务云构建了首都金融综合信息服务平台，为首都金融服务机构提供行政审批“一条龙”服务，行政事项办理更加快捷、高效。

（五）云上系统安全可靠，保障有力

2019年，顺利完成“亚洲文明对话大会”、世园会等14次政务云重保工作，确保重保期间云上系统安全无事故发生，有力保障了全市大数据行动计划顺利开展。2020年新型冠状病毒肺炎疫情保障，充分发挥了政务云的优势。一是快速部署，快速提供云资源，支撑了北京市卫健委、经信局、发改委、商务委等单位的防疫系统建设，系统运行期间及时按需扩容，接到需求后在2小时内开通资源，保障了系统的稳定运行；二是确保安全，针对此次疫情系统牵头组建政务云保障团队、网络攻击监测团队和数据安全保障团队，其中数据安全保障团队首次建立，通过梳理数据流分析数据风险，并加强监测防护，确保疫情系统中的个人数据安全。

（六）打造云管家式服务，用云从此更简单

为了让各委办局方便快捷地使用云服务，北京市政务云特别打造了管家服务体系。在传统信息化建设中，各委办局往往需要关注从机房环境、网络规划到设备购置等各方面问题，现在通过政务云的管家服务，可以从信息化运维的烦琐工作中脱离，更加专注于系统应用的功能实现和优化，既充分发挥了云计算按需服务的特性，又充分释放了信息化应用的创造力。北京市政务云通过将云上服务流程向两端延伸，在入云咨询、系统部署、运营维护、使用反馈等各个环节上为各单位提供全方位技术支撑；让政务云成为各个委办局的咨询管家、运维管家和数据管家，用云变得更加简单，入云单位也更加信赖政务云。

（七）助推信息化产业发展

北京市政务云助推信息化产业向新的方向发展，带动信息化企业不断转型升级。通过承建北京市政务云，各云服务商逐步实现了转型升级，传统的软硬件集成商转变为集成硬件、软件、数据、标准等多种能力的综合型企业；运营商借助其电信基础设施优势向云和数据业务又迈进一步；互联网企业借助公有云的技术力量也在拓展其政府业务。北京市政务云"以云服务商为主发展云上生态"的理念，促使云服务商通过跨界整合，形成有特色的生态圈，使生态圈中的企业各自发挥优势，形成新的数字化服务能力。以政务云为中心，云服务商正在逐步构建起一个兼容开放、多样化且富有生命力的生态体系，既聚拢产业力量，又助推政务云的周边产业共同发展。北京市政务云已经形成了以 8 家云服务商为中心，超过 80 家服务器、存储、安全、网络设备等硬件设备厂商及监控管理类等软件厂商为政务云服务、年产值近 2.5 亿的格局。

（北京市经济和信息化局）

北京市西城区打造大数据样板　提高城市管理服务品质

西城区紧密跟踪技术发展趋势，坚决落实国家、北京市要求和决策部署，主动作为，经过十几年的发展，西城区信息化应用已经跨越了"单项应用、分散建设"的第一阶段，深入推进"用户导向、互动服务"的第二阶段，初步进入以"大数据"为核心推动工作发展的第三阶段。

目前，按照统一领导、分工负责、协调推进的要求形成了大数据工作机制。按照"四横两纵"总体框架形成了一个大数据中心、三个基础平台、四个基础库、三大数据应用中心及多个区街数据应用平台的大数据工作格局。按照提升政务服务效能、惠及大众民生、支撑城市运行、提升精细化管理水平等目标形成众多应用。多个典型应用获得国家、北京市表彰和推广。

一　抓机制，提升理念凝共识

2018 年在全市率先成立由书记、区长任"双组长"，主管区领导任副组长并负责各专

项工作的大数据工作领导小组，设立区大数据办公室。2018 年率先在全市建立了区大数据专家咨询委。2019 年成立了科技和信息化局加挂大数据管理局的牌子。街道大部制改革过程中，将大数据工作纳入三定方案。

多次组织专家研究西城区大数据工作，谋划西城区大数据方向。创办了大数据工作专报，刊登领导调研、会议研究、部门街道工作动态、上级动态、大数据案例、专家论点。成立了六个专项工作组，主管副区长定期调度。

二　抓统筹，政策平台齐发力

开展顶层设计。2017 年在全市率先以区委区政府印发了《西城区关于推进大数据建设的实施意见》；区政府印发了《北京市西城区政务信息资源管理办法（试行）》；制定了全区政务信息系统整合、数据资源目录梳理计划和工作标准，印发了《关于推进我区政务信息系统整合共享的实施方案》《西城区街道大数据分中心平台建设要求》。

建立大数据监测平台。监测西城区大数据重要指标，汇聚了全区大数据基础数据和 53 个大数据应用，展现了西城区大数据战略和总体规划，从大数据架构、基础支撑、数据分析、大数据应用四个维度综合监测展示大数据建设现状和成果，为大数据管理部门和各单位掌握现有应用系统和数据资源，以及开展培训、宣传提供了有力支撑。

开展信息化基础设施建设。已建成了两地主备云计算数据中心、共享交换平台、网络安全平台。为各单位提供统一的政务网络、安全防护、服务器、存储备份等基础软硬件服务，提供快速开发、物联网统一接入、应用系统移动适配、应用整合等应用支撑服务。实现光纤“千兆到企，百兆入户”的能力，进一步推进“无线西城”建设，试点 5G 网络，5G 基站基本实现全覆盖。

建立大数据安全体系。建立了一支信息安全监测、技术保障服务、制度规范建设的专业保障队伍。建立了网络信息安全预警监控体系，完善了综合运维监控管理。区机房基础环境通过国家等级保护三级测评，网络边界、云环境部署了必要的安全防护、监控审计和病毒查杀等设备或系统。发布了统一的密码策略要求，定期开展安全漏洞检测。明确了“谁生产、谁负责，谁使用、谁负责，谁保存、谁负责”的数据安全保护责任原则，对远程访问业务数据采取了 VPN 加密以及数字证书统一认证（CA 认证）的方式，确保数据传输过程中的安全保密。

建立数据汇集标准和交换体系。基本建成包括数据汇聚、管理、共享、分析、监测等功能的大数据中心平台，为全区提供共性应用支撑。建设了统一的数据共享交换平台、政务资源目录系统，并且制定了“数据交换与整合规范”“接口与服务规范”“目录服务及管理规范”等技术规范。建立了人口、法人、时空地理信息、宏观经济四大基础数据库。区人口库汇聚了市、区人口信息 262 万条；区法人库汇聚了市、区多个单位企业信息 28 万条；区地理信息库按照“权威部门维护权威数据”的共建共享模式，整合了 1943 年以来 18 个年份基础地理信息数据、27 个部门 283 个专题图层，以及实时感知数据和新型测绘产品数据，形成了“全区一张图”。数据共享交换平台在 6 个市级部门、35 个区级部门和街道间进行了10亿余条跨层级、跨部门的数据共享。这为城市治理、民生服务、政务服务、营商环境、疏解控人、高精尖产业调整等重点工作提供了有力支撑。

摸清数据资源家底。在北京市大数据平台上线发布会上作为唯一典型区县分享工作经验，在北京市目录区块链上链工作中在全市区县中率先上链。自2018年3月开始，历时8个月，完成了全区的信息资源梳理工作。通过深入全区各部门、街道共71家单位指导帮助，摸清了各单位的数据资源现状、可以共享的数据资源和数据资源需求。梳理出信息资源5012类、信息项72603项，其中可共享资源2984类、可开放资源85类。目录梳理结果已经开始支撑我区城市治理、民生服务、安全生产、政务服务大数据工作，以及北京市公共信息资源开放工作。

三　抓重点，特色应用显成效

按照应用牵引、急用先建、特色突出，形成亮点、推广经验的原则形成了一批应用典型。智慧西城时空信息云平台成为国家样板，企业监管信息共享平台获国务院“放管服”检查通报表扬，“三纵两横一平台”紧密型医联体建设的典型经验获2018年国务院第五次大督查通报表扬。西长安街“数字红墙”模式受到李克强总理的肯定和好评，市委书记蔡奇同志对月坛街道的城市体检评估系统专门做出借鉴推广重要批示。

（一）开展安全稳定大数据工作，保障核心区安全

强化大数据手段应用，利用5G、虚拟现实、智能语音、人脸识别等新技术强警，保障了核心区公共安全。

推出安全生产“双预防”大数据平台，汇聚市区两级安监系统、共享对接区21个业务系统数据，建立了西城区安全生产数据中心，深入开展数据挖掘分析和关联分析，绘制全区安全生产“一张图”，提高了事故风险防控水平和事故应急处置能力。

（二）开展“城市大脑”建设，做好城市精细化管理

开展西城区“城市大脑”建设，汇集了城管委、园林局、政务服务局等相关部门数据，搭建了基础运算、数据开发等平台，开展了井盖智能管理、店外经营整治等应用场景，完成了“雪亮工程”视频接入。

城市管理相关部门利用物联网对重点区域人员聚集、雨雪量、消防、环境、园林、城市部件等开展态势感知，服务应急处置和日常管理。

智慧西城时空信息云平台作为自然资源部在北京市的唯一试点，形成了“以平台促进应用，以应用完善平台”的建设模式，取得了显著的应用效果。在全时空信息模型、数据资源时序化、智能地图适配、无插件三维可视化引擎、空间大数据分析等方面特色突出。为全国数字城市地理空间框架升级转型，以及在区县一级开展智慧城市时空信息云平台建设提供了可复制、可推广、可落地的“西城模式”。

建立城市建设综合监管平台，将散落在各个角落的数据进行整合共享。对接市住建

委数据中心，打通信息孤岛，共享融合市管数据与区管数据，用于领导决策、业务协同、企业服务，创新工作方式，提高监管能力。

建立历史文化保护区智能监测与管理系统，对白塔寺周边区域进行包括气象、环境、声音、人流、车流等城市生命体征数据实时监测，并进行空间分析展示，服务核心区科学规划和精细化管理。

利用三大手机运营商所获得的移动信号大数据监测人口变化，为应急指挥、疏解人口提供帮助。

（三）开展民生大数据建设，用数据惠民

承担北京市全民健康信息互联互通和信息便民服务试点工作，建设西城全民健康信息平台、居民健康档案中心、分级诊疗信息平台、健康综合服务门户等信息系统，实现了主要医疗机构间互联互通、信息共享和业务协同。推广西城电子健康卡、京医通，实现“指尖上”的健康服务。让数据多跑路、群众少跑腿。西城区“三纵两横一平台”紧密型医联体建设的典型经验，于2018年获国务院第五次大督查表扬通报。我区正在研究5G应用，进一步提升大数据支撑。

出台街道大数据中心指导意见、技术规范，涌现出西长安街、月坛、金融街等有特色的街道数据分中心，简化居民办事流程、提供更贴心的服务，实现了精细化管理、精准服务。

（四）开展政务服务大数据建设，优化营商环境

建立“一窗式”办事系统，进一步梳理审批服务事项，提升政务大厅办事体验、推进业务服务精细化、扩大综合受理范围、延伸无差别服务、提供一次性主题服务，开展政务服务大数据挖掘分析。

建设市场监管大数据平台，整合了44个部门的企业风险数据，推进跨部门协调联动和联合惩戒机制建设，“西城区企业监管信息共享平台”入选全国守信激励创新经典案例，西城区荣获“首批国家守信激励创新试点地区”。

（五）开展经济大数据建设，为构建高精尖产业结构精准决策提供保障

整合西城区经济社会数据，实现跨领域的大数据开发使用，监测分析宏观经济总量、经济发展动态，对行业、规模、隶属情况等进行多维度分析，为区域经济发展空间分布、产业布局优化提供直观有效的大数据支撑，增强我区经济发展的监测、分析、决策能力，为构建高精尖产业结构提供有力手段。

（北京市西城区大数据管理局）

北京市海淀区楼宇经济监测分析平台服务经济高质量发展

在减量集约发展的新形势下，海淀区围绕经济发展的空间和企业两大核心要素，构建楼宇、企业数字矩阵。灵活运用人工智能、大数据等技术，建设楼宇经济监测分析平台，提供基于人工智能的经济监测、智能分析和预测预警服务。形成“全区域、全时空、全场景”的产业经济应用场景，有效助推区域经济高质量发展。

一 建设背景

随着经济社会发展和城市化进程的快速推进，楼宇经济作为一种新的集约型、高密度的经济发展形态，已成为海淀区突破土地资源限制，优化拓展产业发展空间，促进重点产业集群集聚，培育经济持续增长新动力的重要新引擎。

海淀区土地及空间资源日趋紧缺，逐渐成为制约区域经济社会高质量发展的重要因素之一。近年来，在疏解非首都功能、谋求减量集约发展的新形势下，海淀区建设用地总量在逐步缩减，因此，在减量发展背景下，向立体要发展、向空间要效益，大力发展楼宇经济成为区域高质量发展的重要路径。

海淀区楼宇经济监测分析平台，正是围绕经济社会发展的空间和企业两大核心要素，通过构建楼宇、企业的数字矩阵，灵活运用人工智能、大数据等技术，为“精确掌握楼宇资源，精准服务重点产业、精心优化空间布局、精细识别低效空间”提供支撑。

二 工作思路

楼宇经济监测分析平台运用深度学习、自然语言处理技术等人工智能技术，突破了传统经济分析多源经济数据整合难、多维异构数据关联难、综合经济工作决策难等问题，实现了高精尖产业的智能识别、企业与楼宇的精准匹配、异常经济波动的主动发现，构建了立体化的产业空间与经济发展数字孪生体。

通过整合企业、楼宇、经济、运营、信用、专利和舆情等丰富的数据资源，开展资源、经济、产业、企业、空间、效益等六个方面的精细化监测与分析。从空间效益、产业发展、企业运行、风险预警等多个维度，实现城市高质量发展的综合性评估，为经济运行调控、空间资源配置、产业结构升级、优化营商环境等工作提供支撑服务。

三　创新做法

海淀区楼宇经济监测分析平台的建设，立足深入落实海淀区“两新两高”战略要求，围绕打造海淀区经济运行监测核心平台的目标，按照“一统、二融、三通、四促”的思路，为区域经济高质量发展、打造高品质楼宇提供数据化、平台化的支撑。

（一）一统落实机制，夯实数据基础

统筹发布《海淀区楼宇经济监测数据管理办法》（以下简称《管理办法》），为实现各部门数据的持续动态更新，进一步规范平台数据使用和管理，确保数据安全提供保障机制。“管理办法”对楼宇经济监测分析平台采集的各类数据以及形成的成果数据从职责分工、数据共享和使用、保密安全三大方面明确提出了具体要求。

（二）二融汇聚资源，构建数字孪生

融合政务数据和社会数据，融合楼宇空间和企业主体。在政务数据和社会数据融合方面，楼宇经济监测分析平台整合了海淀园管委会、国家发展和改革委员会、市场监管局、税务局、统计局、人力资源和社会保障局、金融办、财政局、商务局和规自委海淀分局等部门的企业数据210余万条，互联网舆情、专利、招聘等企业生产运营数据约30万条，并依托知识图谱构建技术，形成了一套可供统计、分析的标准化企业数据矩阵。

融合楼宇空间数据和企业主体数据。整合海淀园管委会、房管局、投促局及各街镇报送的1880栋重点楼宇，以房管局全生命周期系统中的既有建筑物数据为基准，确认1183栋标准楼宇数据，最终根据实际情况筛选、合并为826栋重点楼宇，并以此为载体，利用自然语言处理技术，将企业精准匹配入楼，完成了全区近30万家注册企业、纳税企业的入楼工作，覆盖全区70%以上的税收。

（三）三通打破壁垒，打通经济动脉

楼宇经济监测分析平台的建设，实现了“数据通、平台通和业务通”，打通了经济工作的“数据流、技术流和业务流”。

数据通即依托数据管理办法建立的数据采集更新机制，利用区级政务大数据基础平台提供的共享交换服务实现房屋楼宇与房管局的全生命周期系统的数据联动；基于数据沙箱技术通过数据分平台，实现税务局、统计局、市场监管局等部门的企业数据的脱敏汇聚；通过在线上传功能，面向海淀园管委会、金融办、财政局、投促局、商务局等部门，提供定期数据更新上传服务。

平台通即为全区12个经济相关部门、29个街镇，提供包括重点楼宇、重点区域、行业特色楼宇、亿元楼宇、20强楼宇、财政200强企业、重点企业600强、独角兽企业、规上企业等17项数据分析成果的在线查看，实现“全区—街镇（重点区域）—楼宇—企业”四级经济数据一站式展示。

业务通即横向贯通区级经济相关部门，纵向打通区街服务经济工作流程。以多部门、多来源经济数据的打通为基础，以楼宇经济监测分析平台为载体，搭载了服务经济、低效空间、楼宇调查、企业走访等区街业务应用功能，实现了经济业务工作的跨部门、跨层级协同联动。

（四）四促聚焦场景，推动经济协同

促进区域经济整体监测能力。实现了以楼宇为载体的区域经济监测与服务。从企业迁入迁出、楼宇税收增减、空间效益变化等维度，动态感知区域经济运行状态，客观评估区域经济发展变化趋势，主动发现市场主体风险。为区领导、各部门和各镇街的中观、微观经济监测分析提供分级、分类数据服务。从风险防范角度，通过部门填报、舆情风险、租期风险、运行风险、异地风险等 6 类风险维度，时刻监测海淀区楼宇及其入驻企业风险，做海淀区产业经济发展的护航员。

促进产业空间高质量发展。以区域、楼宇的空间效益和产业属性为抓手，分析经济发展质量。通过税收产出强度的分析，发现海淀区不同区域的产业空间效益特征。例如“马上清（青）西地区”成为楼宇经济重要“发展极”；中关村西区及中关村大街沿线，楼宇资源高密度集聚，以 0.2% 的土地面积实现了 12% 左右的区级税收贡献等。高品质楼宇与低效空间的明显差异，客观反映出楼宇承载的经济主体发展趋势，成为指导海淀区提升经济发展质量的有效抓手。

促进税源分级分类服务。通过整合区内重点楼宇的注册企业、纳税企业数据，结合互联网舆情数据和街镇走访数据，可以对海淀区重点税源、税源变化、异常税源等不同类型、不同规模的税源主体进行实时监测。通过将统计局、税务局和市场监管局掌握的企业进行比对，对于税源建设的不稳定因素进行有效识别，促进了区域纳税监管、优质税源涵养工作的开展。

促进经济服务工作协同联动。依托楼宇经济平台的数据处理结果，向区政府报送了《关于海淀区重点楼宇经济承载力情况》的报告。开展重点楼宇数据报送工作，并通过与房管局的平台对接，实现了北京市重点商务楼宇摸底调查数据的共享。各街镇依托楼宇经济监测分析平台智能识别的疑似异地企业名单开展了核查工作，此项工作形成的业务和数据闭环，建立了平台对经济服务工作的主动支持和业务工作对平台数据的动态反哺机制，对智能化开展区域税源建设、优化营商环境有指导意义。

四　取得成效

（一）多域全时数据打造经济服务全场景

接入难、表达难、关联难和决策难，是海淀区在构建楼宇经济监测分析平台过程中面临的四大挑战。在楼宇经济监测分析平台的建设过程中，通过建立多域全时数据的接入，形成多源、异构、异质楼宇、企业数据的同质化表达，实现楼宇、企业两类主体和

主体间的关联拓扑模型，融合复杂结构的智能学习和共享，为区域经济监测的精准开展、智能分析开辟了一条新路径。在保障各部门数据权责、各口径数据相对独立的基础上，构建分级、分层的数据服务体系，支撑楼宇经济监测分析平台日常监测、分析和各部门服务经济、产业空间对接等实际业务场景开展。

（二）人工智能技术服务经济工作全流程

海淀区楼宇经济监测分析平台的建设，促进了平台与现有业务机制的线上线下深度融合。依托平台压实经济工作任务和责任，激发了部门、镇街在服务经济领域的工作活力。通过灵活的数据组织形式和严谨的数据处理方式，夯实了全区经济领域数据基础；结合大数据技术、人工智能算法模型，通过数据可视化手段，为全区各级领导、各部门、各街镇，提供了经济监测、智能分析和预测预警服务，形成“全区域、全时空、全场景”的产业经济应用场景。为海淀区现有产业发展和空间提升提供了新动能，促进了海淀区经济高质量发展、城市高品质建设，有效支撑科技创新中心核心区建设。

（北京市海淀区科信局）

北京市海淀区政务服务局区块链技术的应用报告

北京市人民政府办公厅2018年7月发布《北京市推进政务服务“一网通办”工作实施方案》，明确提出试点运用区块链等新技术提升政务服务质量和信息安全水平，并责成海淀区政府牵头进行先行试点相关工作。2018年8月8日，海淀区人民政府办公室印发《海淀区推进政务服务“一网通办”工作方案》，对区块链政务应用试点工作做出了具体任务安排，明确以“个人存量房交易”和“开办营利性医疗机构”两个业务场景为试点方向，探索研究区块链政务应用的建设模式和运营机制。

一　应用背景及政策指导

习近平总书记在2019年10月24日的中央政治局第十八次集体学习时强调，要把区块链作为核心技术自主创新的重要突破口，明确主攻方向，加大投入力度，着力攻克一批关键核心技术，加快推动区块链技术和产业创新发展。延用“互联网+”带给人们的极大便利，不难想象“区块链+政务服务”蕴藏着多么广阔的应用前景。

2018年6月，按照市长专题会有关精神和《北京市政务服务“一网通办”实施方案》（京政办发〔2018〕26号）要求，海淀区作为先行试点，研究运用区块链等新技术提升政务服务质量和信息安全水平，落实相关场景的应用。市经信局、市政务服务局和海淀区共同组建了工作专班，积极协调数据共享，进一步深化、推广试点成果，落实《北京市2019年政务服务跨越行动计划》。

（一）法规依据

依据最高人民法院在 2018 年 9 月 7 日起施行的《最高人民法院关于互联网法院审理案件若干问题的规定》中的第十一条规定，电子签名、可信时间戳、哈希值校验、区块链等可作为验证电子数据真实性的技术手段。海淀区征求各单位同意后，通过“智能合约”，进一步探索实现更大范围的办事“减材料”。

（二）政策指导

2016 年工信部发布《中国区块链技术和应用发展白皮书（2016）》，总结了国内外区块链发展现状和典型应用场景。国家也非常重视区块链在信息安全及信用体系等方面的发展问题，为更好地规范区块链市场，确保区块链的正向价值运用，要求相关单位建设的区块链产品及项目，通过区块链信息服务备案管理系统（该系统由中共中央网络安全和信息化委员会办公室、中华人民共和国国家互联网信息办公室建设，系统网站 https：//bcbeian.ifcert.cn/）进行申报备案。运用区块链技术在政务服务中实现新型共享及鉴权的方式，越来越得到国家政府的广泛重视，各类相关文件也诠释了区块链技术的作用，区块链作为新兴技术不是取代而是补充。

（三）落实思路

海淀区深入开展针对区块链技术的学习和研究，创新性地将政务服务审批行为作为由办事人授权发起的一笔跨部门数据共享交易，并在其他城市区块链技术应用成果的基础上优化改进，采取只共享关键审批信息的轻记账方式，支撑实际业务办理的高效运行，既避免了全量数据上链造成的大量数据冗余和数据验证延迟，又确保了关键审批信息的防篡改和安全可信。

区块链平台具有不改造原有系统、不改变原有流程、不影响原有数据的优势，核心是安全、可控、精准的交易式数据共享，海淀区旨在建立安全、可信的跨部门数据流通跑道，通过数据流通实现政务服务的“一网通办”和与社会服务的跨领域协同，为公众提供更多维度、更深层次的融合服务。

二　工作开展情况

（一）按照相关精神，全面启动工作

按照市长专题会精神，海淀区于 2018 年 7 月召开全区工作部署会，明确重点任务、工作要求等，全面启动区块链试点工作。

（二）研究制定方案，统筹推进工作

海淀区多次召开工作专题会，研究制定工作方案，成立工作专班，建立保障机制，确保试点工作落实到位。

（三）组建工作专班，协调数据共享

为支撑海淀区依托科技优势大力探索政务改革、优化营商环境，市领导高度重视并作出相关批示，由区科信局牵头成立市区两级联合工作专班，强化市区联动、统筹协调，与市级大数据及目录链建设同协作、同推进，打通市、区分散的各类政务服务数据和证照信息，同时加快协调国家层面数据共享，提升“区块链＋”试点效果。

目前海淀区区块链上链数据包括国家市监管总局电子营业执照信息、国家民政部婚登信息、国家残联残疾人信息，市规自委房屋产权信息、市公安局户籍信息、居住（证/卡）信息、市环保局环评信息、市税务局信用评级信息、市市场监督管理局行政处罚信息、黑名单信息、异常名录信息、市卫健委医疗机构许可证信息、市民政局婚登信息，区市场监管局空间资源信息，总计15类证照和资源信息，还有18类证照信息正在向市政务服务局及市经信局申请中。

（四）选取事项场景，推动项目落地

海淀区结合全市优化营商环境考核指标综合考虑，在企业办事领域选取企业设立中相对简单的“开办营利性医疗机构”场景，在个人办事领域选取复杂度高、跨部门多的“存量房交易”场景开展区块链试点工作。

（五）运用鉴证服务，提升服务效率

在不动产交易应用场景中，京籍身份证、京籍结婚证、京籍离婚证、房产证等材料不再需要提交（由于税务数据未共享，目前需办事人现场提交缴税凭证）。线上申请的买卖双方仅需携带手机、身份证即可完成交易环节的各项审批；线下申请的办事群众只需读取身份证信息，就可授权区块链材料鉴证系统为窗口人员提供证照鉴证服务，辅助窗口人员审核材料真伪，各环节办理时间大幅缩短，窗口材料核验时间由15分钟减至2分钟，实现公众线上“一步”、线下“一次”，群众办事获得感大大提升。

（六）运用存证服务，推动归档改革

推动企业开办场景中住所核验的改革，将海淀区区块链系统接入北京市企业开办“e窗通”系统，实现业主通过区块链技术实时获取房产信息并进行系统自动核验，明确数据真实性及有效性，并将其空间资源授权租赁企业使用，避免企业伪造注册地址的行为，减少窗口，并让区块链上的存证证书可以作为“e窗通”系统电子归档依据。

（七）深化探索实践，实现智慧服务

运用“区块链＋人工智能AI”探索实践“智慧审批”，以实现“网上办理、受理零见面”“信息共享、申报材料零提交”“自动比对、审批（核）零人工”“主动送达、领证零跑腿”“全程留痕、纸质材料零归档”的智慧审批“五个零”标准为目标，办事群众只需

携带手机及身份证即可办理业务，减轻窗口压力，降低人员履职风险，从而提升工作人员的工作效率，大幅度提高办事企业和群众的幸福感和获得感。

三　试点成效

（一）关于企业开办运用区块链的社会反响

利用海淀区区块链实现业主与租赁企业“一次不用跑”的挂靠服务，业主只需通过活体认证将其空间资源（空间资源是指业主所持有的房产资源，主要体现为房产规划用途及房产面积等信息）进行备案，并授权租赁企业使用，而该授权信息在租赁企业申办业务完成后即失效，在此过程中当企业名称发生变更时，若房产为股东持有并发生该股东变更时，房产业主需要重新进行活体认证，反之无须活体认证，这样可有效避免某些企业伪造注册地址的行为。区块链技术营造出可信的服务体系，让海淀区企业登记中的“大房本，小地址”的问题得以解决，让市监局依据业主信息判定其空间资源可注册企业份额，持续提升了空间资源优化效果，实现辖区内空间资源的有据可查、公开透明、标准统一等能力。

2019年8月23日，北京市发出首份“智慧审批”营业执照，实现住所核验“即批秒办”。截至目前，在企业开办场景中，区块链平台提供存证证书42笔。

（二）关于不动产交易运用区块链的社会反响

海淀区按照“主题式服务、一站式办理”的理念，应用区块链技术，在有效保护公众隐私、保障政府数据安全的前提下，实现了政府服务和社会服务的有机结合，在全市率先实现二手房买卖和用电过户的同步办理，让办事群众“只需跑一次”，大幅提升了群众办事的便利性。

截至目前，通过区块链技术完成交易量已增至1650余笔，日办理量突破119笔。

（三）关于“智慧审批”运用区块链的社会反响

依托“一网通办”平台建设，运用区块链、人工智能等新技术，以信用评定作为先决条件，推出行政审批事项“实时比对核验、自动开展审批，即时出具结果”的“智慧审批”服务，推动政务服务审批模式“由人工到人工智能”的转变。自2019年12月4日以来，已在中关村及温泉镇办理12个事项，办理量42笔，其中3笔为异地办理。

（四）海淀试点工作各家媒体评价

自海淀区块链上线以来，各家媒体相继报道给予其高度评价，相关报道如下。

新华网：海淀区借助区块链技术促进“一网通办”。

人民网：新技术助力海淀“一网通办”“不动产登记＋用电过户”同步办理。

《人民日报》：海淀区应用区块链技术减时限方便群众——房产登记同时办理用电过户。

《北京日报》：海淀率先推出“不动产登记＋用电过户”同步办理。

《经济日报》：海淀区利用区块链技术促进“一网通办”主题服务再创新。

北京电视台的早间和晚间新闻：海淀区利用区块链技术促进“一网通办”。

人民网：北京发出首份“智慧审批”营业执照 住所核验即可实现“即批秒办”。

《北京青年报》：北京发出首份“智慧审批”营业执照。

北京电视台财经频道：智慧审批，即批秒办！北京发出首份“智慧审批”营业执照。

（五）相关专家对海淀试点工作的点评

中国人民大学国家发展与战略研究院政企中心副主任、公共管理学院副教授张楠迪扬表示：海淀区把区块链技术应用于政务的尝试，其建设理念走在全国前列。区块链技术在“一网通办”中的应用，可以解决多部门协作问题，真正实现审批流程“减事项、减环节、减材料、减时限”，显著优化审批流程，进一步提升企业和群众的获得感。

张楠迪扬表示，对于企业来说，营商环境的改善意味着为企业提供便捷的全生命周期服务，这其中不仅要求政府效率的提升，还涉及公共领域服务的改善。如果能在保证安全的前提下通过区块链技术实现政府与多部门协作，实现“一网通办”，对于改善营商环境有重要意义。

（六）贡献优化营商环境的“海淀经验”

在世界银行的营商环境报告中，电力获得和财产登记是两个重要内容。此次，海淀区通过区块链技术有效提高了不动产登记以及电力服务的办理效率，提升了群众和企业的获得感和满意度，成为海淀区在优化营商环境中的一次具体实践。随着海淀区应用区块链技术在不动产交易全链条和企业开办全生命周期服务等领域的全面深入，对于北京市不断总结优化营商环境的“海淀经验”将做出贡献。

四 工作经验及体会

（一）数据使用更安全

区块链在政务服务应用中可有效保护数据安全，无须共享各部门全量数据，使用部门须经“智能合约”和办事人授权才能触发单次使用其他部门指定数据；办理结束，数据使用权即失效，避免使用部门翻看查阅其他部门信息，规避数据移作他用和批量泄露风险。

（二）窗口服务更高效

区块链通过“智能合约”触发各部门数据实时精准共享，在不改变原有审批流程的前提下，有效辅助审批人员核验材料真伪，大幅提高形式性审查和审慎性审查效率，降低窗口人员履职风险，因此区块链平台对窗口工作人员有黏性强、好度高、体验感好等特点，可有效提高窗口服务效率。

（三）跨部门协同更便捷

海淀区块链平台与各部门业务系统不冲突、不矛盾，在不改变各部门审批权限和系统操作的前提下，整合串联各审批环节，大幅压缩业务办理时间，达到与并联审批相似的扁平化效果。例如市规自委通过数据查询接口即可满足区块链的应用需求，在不改变现有系统和保障数据安全的前提下，实现对数据的运用和对业务的支撑。同时，区块链平台极易实现政务服务和社会服务的跨领域协同，可为公众提供更多维度、更深层次的融合服务。

（四）群众办事更方便

各类办事材料由发证部门直接验证并承担数据效力责任，有效减少办事群众须提交的相关办事材料，办事过程简便，颠覆了办事群众对以往行政审批烦琐、复杂的印象，实现了公众线上“一步”、线下“一次”，群众办事获得感大大提升。

（五）打消部门关于数据上链共享的顾虑

1. 各部门对上链数据隐私安全顾虑

各部门上链数据通过 CA 全程公钥加密，如得不到数据持有部门授权，任何一方无法查看数据，因加密数据都是国密算法（SM2、SM3、SM4），对敏感信息起到安全保护的作用。

2. 各部门对上链数据使用初衷顾虑

各部门上链数据根据业务需要生产智能合约，各自履行电子合约约束条款，如一方不履行上链数据无法执行，对业务所需信息起到明确用途的作用。

3. 各部门对上链存量数据监管顾虑

各部门上链数据通过“自营自管”自身信息，全程可监控、可追溯每笔交易数据及调用合约情况，并与其他部门自行签订智能合约，无任何第三方干涉，对业务扩展及获取信息起到直通渠道的作用。

4. 各部门对上链数据与传统共享误解

比起传统共享区块链更加安全可信、职责明确，每条共享数据必须取得持有部门授权后方可使用，解决传统共享中第三方干预、任意读取、批量泄露等风险问题。

（六）理清与市级大数据及电子证照库之间的关系

我们认为区块链、大数据、电子证照库之间是共生共助、使其长、避其短的关系。

1. 数据方面

大数据对数据起到高度集中汇聚、深度挖掘钻取的作用，虽然数据广泛，但无法满足服务链条各环节数据的准度要求；电子证照库对数据统一结构、规范样例，虽然复用能力强，但无法满足政务服务对材料证明时效性的要求；区块链辅助大数据及电子证照库设立节点服务，进行分布式对接各部门数据源，做到实时拉取当前业务所需数据，弥补数据精准性和时效性问题。

2. 安全方面

随着大数据时代演化，数据安全、机制保障也逐步完善健全，大数据中心逐渐在“互联网”发展过程中起到了主导地位,但在数据传递及共享方面大数据存在诸如第三方干涉、存量泄露、缺乏支线灾备应急等风险；而电子证照库只对证照数据进行 CA 加密，形成结构化数据，证照安全虽得以保障，但还是没有解决传递及共享的安全问题；区块链辅助大数据及电子证照库去除第三方干涉，可有效防止数据被篡改，让数据传递及共享的过程全程加密，保护数据对象的高度隐私，在灾难恢复期间起到分布式应急作用。

3. 职责方面

大数据主动索要数据，对沉淀的大量数据承担各类职责，一旦数据出错无法追溯来源及明确职责；而电子证照库的职责，主要来源于有关电子证照信息的政策法律；区块链与生俱来具有可追溯、明职责的天然属性，可辅助大数据及电子证照库明确数据来源。

五　保障机制的完善

（一）完善在线活体认证可作为实人审查

推动司法局及相关单位制定核验标准，保障办事群众通过移动端进行“活体检测 + 实名认证”，可替代部分现场实人审查。

（二）推动改革建立法规及制度配套保障

相关单位积极推动审批中通过区块链、大数据、电子证照、原件照片等方式实时获取办事人证照材料作为核验依据，替代现有窗口审验证照真实性及纸质归档的模式，解决其运行相关的法律、法规、运行机制完善以及电子存档规范等问题。

（北京市海淀区政务服务管理局）

北京市朝阳区“朝阳+”品牌赋能政务服务提档升级

2019年1月16日，习近平总书记在雄安新区考察时指出，要运用现代信息技术，推进政务信息联通共用，提高政务服务信息化、智能化、便利化水平，让群众少跑腿。为深入贯彻习近平总书记关于政务服务工作的重要指示，落实国家和北京市加大政务服务改革力度的决策部署，朝阳区政务服务管理局牢牢把握区域定位，以建设“朝阳特色”政务服务品牌为有力抓手，持续深化“放管服”改革，优化政务服务，加快打造市场化、法治化、国际化营商环境，形成了以“1+3+N”为顶层设计的“五全六通一张网”全网通政务服务平台，为企业群众提供了更便捷高效、科学智能的政务服务体验。

一 “朝阳速度”释放活力，助推跃升国际一流营商环境

（一）打造“1144”新设企业开办模式

依托朝阳区单窗通办综合受理系统，设置13个企业开办“全流程”综合窗口，利用信息化手段打破了部门间的数据壁垒，实现了“综合窗口受理，并联审批，一个环节，统一出证”的效率提升，达到了最快20分钟领取营业执照、3个小时领取“四件”（营业执照、公章、税控盘和发票）的实际效果。

（二）优化社会投资简易低风险项目审批模式

全面优化再造行政审批流程，通过“综合窗口受理，一表申请，并联审批，联合验收”模式，将办理时限从137.5天压缩至市级规定的21天，再精简至8天即可领取规证和施工许可证。

（三）创新不动产登记模式

首创“一窗受理、内部流转、即时办结、同窗出证”的不动产登记模式，细分模块，划分出综合窗口登记五种类型，全面简化合并登记环节，做到“一窗通办、一人受理、自助服务、双语引导”，实现最快45分钟即可核发不动产权证、完税证明及发票，真正实现“立等可取”的服务实效。

二　“朝阳标准”树立标杆，推动形成优质政务服务品牌

（一）窗口标准化

以“小小窗口、满满服务”为导向，持续强化“红旗窗口”“服务之星”评选机制，全面实行“每日晨会分享、每日工作小结”，组织开展业务学习培训，强化服务人员聚焦主责主业。定期开展服务礼仪标准化培训，邀请专业团队开展窗口人员礼仪培训工作，围绕仪容仪表规范、形体仪态、标准话术、“6S”标准化管理等内容，提升政务窗口形象。

（二）平台标准化

按照“赋权、下沉、增效”的原则，加快政务服务事项下沉与社区服务站转型有机结合，深化“一站多居”“厅站合一”模式，实现群众办事“足不出社区 / 村”。目前朝阳区已配备了 20 台自助服务终端，企业群众可以自助办理涉及公积金、社保、市场监管、住建等 18 个部门的 150 余高频服务事项，累计服务 9693 人次，位居北京市自助终端使用量前列。

（三）事项标准化

将区、街乡、社区（村）三级政务服务事项全部纳入政务服务事项管理系统，作为区级政务服务事项唯一数据源集中统一管理，并与国家平台、市级平台实现互联互通，逐步细化事项清单，实行动态调整管理，做到谁主管、谁统筹、谁负责、清单之外无事项。

三　“朝阳效能”赋力转型，逐步形成智慧政务全程网办

（一）全网通“平台办”

坚持线上、线下并行、并重，是朝阳区“全网通”政务服务平台建设的指导思想和基本原则。目前“全网通”政务服务模式日臻成熟，政务服务“线上线下”逐步优化，逐渐形成“五全六通一张网”的发展格局，“全网通”政务服务平台建设成果已在基层政务服务工作中发挥显著作用。截至目前，朝阳区 1658 项政务服务事项已 100% 网上可办，300 项政务服务事项“最多跑一次”，涉及公共服务、行政确认、行政许可等类别，覆盖税务、文旅、市场监管、人社、发改、住建等部门，网上服务更加精准，服务链条更加完备，办事效率更加高效。

（二）全流程“一网办”

通过“首都之窗”一次登录进入朝阳区网上办事大厅，企业群众可在线选择所要办理的业务，了解所需材料、办理流程、办理时限等关键信息，进行在线预约、在线预审。

2020 年 3 月底之前，企业群众可选择预约 EMS 邮寄服务，通过 EMS 邮政快递实现审核材料和办理结果的双向邮寄，即可做到足不出户、全程网办。

（三）专业化“掌上办”

“朝阳政务”微信公众号不仅为企业群众提供了在线咨询、在线取号、网上预约、在线申报、办件查询等掌上服务，同时集成了专业大厅服务能力，开通医保网上服务，通过利用区块链技术数据共享、可追溯的优势，逐步实现法人身份证明、企业营业执照、医保医疗数据等十三项数据的跨部门应用共享，减少了企业线下认证、线下领取凭证两大环节，实现了单位注册、网上预约、审核结果电子回单等功能，办事人可通过“朝阳政务”公众号医保平台直接领取电子报销凭证，实现“一次都不用跑”。

（四）移动端“智能办”

在 2019 年全面推出“朝我说”“朝好办”等“朝”系列政务服务品牌之后，朝阳区继续推出了“朝慧办”App，预计 2020 年年底前就可上线 800 个政务服务事项，具有智能问答、大数据关联、在线办理、证照寄送等功能，企业、群众通过“朝慧办”App 足不出户即可实现业务办理。

四　“朝阳力度”巩固监督，综合提升政务服务品质

（一）以全面监督推动服务质量提升

严格责任落实，明确工作要求。综合运用“特约监督员明察暗访、第三方公司测评、群众满意度评价、管理机构评价、窗口自评”五评价监督考核体系，不断优化“一把手访、专员访、首席代表访”工作机制，充分发挥党员厅长、党员流动服务岗作用，立足营商服务特点，对大厅日常工作、窗口服务质量等多方面的信息进行采集，从而带动服务满意度整体提升。

（二）以全程监察督促服务主动优化

以绩效考核为抓手，不断强化效能监察平台监督力度，联动单窗通办综合受理系统，充分发挥朝阳区政务服务“全网通”信息化平台大数据共享的优势，共享业务办理的流程数据，将区级和街乡级政务大厅的业务办理过程纳入效能监察平台进行跟踪监督，实现对所有业务进行事前、事中、事后的监察，确保每个环节清晰可查可追溯，有效促进服务流程公开透明。自 2019 年运行至今，区级大厅共计服务群众 767676 人次，办理事项 765433 件，群众办事满意度大幅提升，满意率达到 99.99%，非常满意率为 70.81%。

（三）以全渠道“好差评”倒逼诉求未诉先办

以“12345”热线市民诉求为“哨声源”，对群众反映的问题进行逐项跟踪督办，做到有一办一、举一反三。进一步完善“朝我说”意见征询服务，在全区各级各类政务服务场所开展“咨询、投诉、建议、表扬”四类群众反馈“接诉即办”工作，依托政民互动平台、“朝我说”意见征询平台、企业服务平台，化被动的“接诉即办”为主动的“未诉先办”，主动靠前倾听企业群众诉求，确保做到“有诉必办、一办到底”。截至目前，共受理群众诉求 963 件，响应率、解决率、满意率均达到 100%。

（北京市朝阳区政务服务管理局）

北京市丰台区城市精细化管理大数据项目

一　建设背景

党的十九大作出到 21 世纪中叶把我国建成富强、民主、文明、和谐、美丽的社会主义现代化强国的战略安排，其中制度建设和治理能力建设的目标是：到 2035 年，“各方面制度更加完善，国家治理体系和治理能力现代化基本实现”；到 21 世纪中叶，“实现国家治理体系和治理能力现代化”。

为全面贯彻落实习近平新时代中国特色社会主义思想和党的十九大精神，加快推进丰台区社会治理体系和治理能力现代化，响应《北京大数据发展总体规划（2018—2020 年）》中的相关规定，丰台区于 2019 年启动“丰台区城市精细化管理大数据项目”，旨在打造共建、共治、共享的社会治理格局，以信息化手段为支撑，不断提升城市、社会管理精细化水平。

二　建设目标及内容

（一）打破数据壁垒，实现政务数据融合汇聚

搭建丰台区大数据汇聚平台，支持与丰台区各委办局业务系统的数据对接，实现各委办局政务数据与精细化大数据管理项目的无缝对接，打破各委办局之间的业务边界，实现丰台区政务数据资产的汇聚与应用。

（二）规划业务场景，多维剖析区域运转态势

基于丰台区政务数据的融会贯通，将散布在区域各个角落的数据相互关联，建立多维应用场景，对丰台区域进行全域的即时分析、指挥、调动、管理，从而实现对丰台区的精准分析、整体研判、协同指挥。

三　系统应用场景

丰台区城市大脑规划了三大应用场景：基础应用场景、主题应用场景和综合应用场景。其中，基础应用场景汇集了全区一张图、视频图像整合两大系统，构建了丰台区时空一张图的框架。主题应用场景为丰台区相关委办局、街乡镇提供了针对产业、车辆、环境、街乡治理四大主题的场景化执政方案。综合应用场景实现了对丰台区的全区地貌和区域运行状态的实时监控。

（一）基础应用场景

1. 全区一张图

完成覆盖全区三维电子地图及实景地图制作。同时采集重点地区数据，实现落点、落图、落格、落责，各委办局及街乡镇均可使用该三维底图服务，并根据各自业务需求完成不同的专题应用，实现全局掌握情况、及时发现问题。

2. 视频图像整合

打通公安视频专网与政务外网，可对公安符合要求的视频进行调取、查看，为全区视频监控、应急调度指挥打下坚实基础。

（二）主题应用场景

1. 产业地图

平台共录入全区规模以上商务楼宇信息，初步实现全区相关产业数据的信息预览、地图搜索及初步统计分析。

2. 街乡镇综合治理

依托“全区一张图”整合区域范围内的基础数据，以 2 个街道共计 10 平方公里为试点，整合“12345”热线数据、公共视频图像监控数据等，在统一平台上形成统一综合治理模块，并辅助各级领导进行信息查询和辅助分析。

3. 区域环境质量分析

推进生态环境监测数据联网共享，加强生态环境大数据综合应用和集成分析，实现综合决策科学化、环境监管精准化。

4. 重点车辆监控

完成了对丰台区全域 12 吨以上的货车数据的实时监控，并对相关数据进行整合和智能化管控分析，提高了城市精细化管理中交通领域的控制能力。

（三）综合应用场景

1. 城市运行监测

以区域四线——区域生命线、区域生活线、区域事件线、社情民意线为核心，将区域运行的各项关键数据通过直观的几何图形、图表进行可视化展示，清晰有效地传达城市运转状况，辅助领导掌握区域实际运转状况。

同时作为丰台区城市大脑的统一门户，以单点登录形式集成相关业务场景与委办局成熟业务系统入口，便于领导通过城市运行监测主页快速进入各个应用场景。

2. 遥感影像监测

利用卫星遥感技术，对全区裸露地面、河道积水点、固体废物堆放、建筑工地、违法建设、城中村变化、城市绿地变化、地质灾害进行监测，对重点区域监测情况动态掌控，及时发现异常情况，为政府相关部门管理整治提供大数据支撑。

四　系统应用成效

（一）形成了丰台区的综合政务数据资产

城市大脑已完成丰台区委办局数据、遥感数据、视频数据、建筑、产业数据等政务数据和地域基础数据的融合汇聚，建立了丰台区的数字资产名录，形成了丰台区的数据资产，为城市大脑的升级进化打下了坚实的数据基础。

目前，城市大脑已汇聚丰台区15个委办局、175类数据资源，合计300GB政务数据。并形成数据资源服务API，为充分发挥大数据的应用价值预留了接口。以下列举城市大脑部分数据建设成果。

（二）建立了基于业务场景的综合服务体系

城市大脑形成了面向区政府、委办局、街乡镇三级用户的综合服务体系，根据不同层级用户的个性化应用需求，搭建了丰富的应用场景。目前城市大脑已建成41个应用视图，覆盖建筑工程、生态环境建设、城市基础建设、城市经济建设、人口、居民消费、就业、教育、市容环境、吹哨报到、执法类事件、舆情信息合计12项领域，共计172项指标，为各级政务部门进行执政管理提供了抓手。

（北京市丰台区科信局）

北京市顺义区打造“顺手”政务服务新风尚

为深入贯彻习近平总书记关于提高政务服务信息化、智能化、精准化、便利化水平的重要指示，落实国家和北京市全面推进政务服务工作的系列决策部署，北京市顺义区着力提升政务服务水平，按照“便民服务最全、企业服务最优、行政审批最简”的目标，以移动互联网、云计算、大数据为技术支撑，以标准化事项目录库为核心，已初步形成由10个系统交换互联的资源整合型“政务服务一网通”平台，为顺义市民提供“一站式”的快捷服务、“一窗式”的集约服务、“一网式”的智慧服务。创新性打造“顺手”政务服务系列，在全市率先运行“顺手办”政务服务掌上办事大厅。2019年，新政务服务中心正式投运，成为全市事项入驻比率最高、部门最全、业务最广的区级综合性“一站式”服务平台。

一　特色做法与创新实践

（一）优化营商环境，打造“顺手”系列服务

1.“顺手办”服务，率先上线解民忧

在全市率先上线“顺手办”掌上办事大厅。“顺手办”掌上办事大厅依托“顺义政务”微信公众号，以微信小程序的形式为办事人提供线上政务服务，让老百姓顺手即办。在全市率先开通社会救助直通车，实现社会救助事项顺手可办、全程办通。首批上线功能包括我要办事、在线取号、预约取号、咨询建议等，涉及教育、文化、卫生、企业经营等各领域政务服务事项，全部实现了线上预约、线上申报等功能。

2.“顺手提”建议，提升服务满意率

在“顺义政务”微信公众号基础之上衍生民意诉求服务，以“顺手提建议、服务更满意”为主题，全面启动“顺手提”及“找茬有礼”活动，创新大数据展示，提高透明度，及时向办事者问询诉求、征集意见，并做到件件有回音、事事重解决，解决率达80%以上。

3.“一站送”营商政策，助力企业服务体验

为企业提供“企业开办礼包”，囊括企业开办惠企政策，在原有配置基础上升级扩容，新增优化营商环境“口袋书”、税费政策宣传册、“梧桐工程”折页、单位公积金及社保办理流程图等企业开办事项相关内容，实现一站送服务、打包送政策。

（二）改革“一门”“一窗”，加速“全区通办”

1.打造区级“3+5+3”模式特色空间格局

顺义区新政务服务中心按照“同类型主题事项向‘一窗’集成，关联事项向‘一区’集成”的规划思路，实施“3+5+3”的空间格局。第一个“3”是指企业服务、城市运行、社会事务三个“无差别”综合受理服务专区，让涉及工商、食药、交通、环保、民政等40余个部门的1000余个政务服务事项实现专区内100%无差别综合受理。“5”是指不动产登记、公积金、出入境管理、婚姻登记、税务5大专题受理服务区，新政务服务中心将原先分散分布在全区各处的专业大厅进行物理集中，最大限度地实现了政务服务事项的“一站式”办理，让企业和群众办事“只进一扇门”。第二个“3”是开设商务休息区、自助服务区和智慧阅读区3个辅助功能区，让企业和群众在办理事项的同时，还可以享受休闲等待、电子书刊阅读等“增值”服务。

2.推进事项标准化，加速“全区通办”落实

推进全区政务服务标准化工作，建立区级标准化政务服务事项库，健全事项清单网

上动态更新机制，制定服务评价与窗口工作人员服务质量几十项标准指标库，做到标准化规范管理，为实现信息共享和业务协同，提供无差异、均等化政务服务奠定基础。

通过与各委办局进行“一对一”调研与对接，对政府部门直接面向公民、法人的公共服务事项目录中重点服务事项的条件、材料、流程、时限等信息进行了全面梳理。2019 年初基本建成全区统一、规范的政务服务事项库，并对社会公开。

同时，为解决“办事指南不简洁”的共识性问题，真正实现“按图可办”，对各委办局热点事项的办事指南格式、设计等内容进行要求和规范。全新绘制的 1520 张个性化极简版政务服务流程图于 2018 年 8 月底“上岗”，将原来大厚本的办事规范简化成一看就懂的图表，让企业和百姓办事更明了、更高效，成为顺义区优化营商环境改革的一个缩影。

为加速“全区通办”落实步伐，采取“明确推进范围”“分组精准推进”“逐一授权确认”三步走方法，首批实现社保 236 个事项的“全区通办”，同时组织相关部门和镇街进行业务培训，确保事项“放得下、接得住”。

（三）融合线上线下，构建“一站式”政务平台

顺义区政务服务利用大数据、云计算、移动互联网等新技术，提升政务办公、管理、服务和决策智能化水平，融合构建综合性“一站式”政务服务平台。通过整合和管理顺义区各政务服务部门，搭建大厅统一信息发布系统、统一排队叫号系统、公众互动桌面系统、智能引导系统、运行服务管理系统、电子监控系统等，提供统一的政务服务处理、服务监管和综合展示；同时提供政务服务共享归集的数据管理以及安全管理。通过升级顺义区政务服务中心办事窗口功能与服务，对多部门、多窗口联办事项，推行“前台综合受理、后台分类审批、统一窗口出件”的服务模式。

推进实体政务大厅向网上延伸，积极推行网上预约、网上评价、网上支付、自助终端办理，提升办事大厅和窗口信息化、智能化水平，实现线下业务与顺义政务服务网平台的融合，构建网上网下无缝衔接的公共服务平台。

通过整合实体政务服务大厅和顺义区政务服务网线上平台的用户数据，推动“信息发布、运行管理、统一交换、公共资源交易、大数据分析决策、绩效考勤”等 10 余个政务信息化系统以及排队叫号、智能引导、智能问答等终端系统数据互联、互通、沉淀，形成线上线下互认的统一身份认证体系，实现群众办事多渠道的一次认证、多点互联、无缝切换。

二　主要成效及下一步重点

2019 年 2 月底，顺义区投入使用全市入驻范围最广、事项办理最多的区级政务服务中心，加快推进企业、群众办事“只进一扇门”。同年 12 月，顺义区人力社保局、国家医疗保障局部分业务进驻顺义区政务服务中心，实现将企业服务、城市运行、社会事务三个分类专区合并为无差别综合受理区，实现 43 家入驻部门 1300 余个事项的 100% 无差

别受理。首批实现 306 个政务服务事项下沉镇街办理，236 个事项实现全区通办。

（一）利企便民，顺民心惠民意

顺义区新政务服务大厅自 2019 年 2 月 25 日开厅以来，总办件数 8.9 万件，实现服务群众 29.39 万次，服务满意率达 100%。持续推进优化营商环境“顺手办”与“全区通办”改革。2019 年初上线全市首个“顺手办”掌上办事大厅，纳入交通行政审批事项，实现多个交通事项顺手可办，通过预审批实现“最多跑一次”。在全市率先开通社会救助直通车，实现社会救助事项顺手可办、全程办通。

（二）接诉即办，听民意解民忧

通过开展建议“顺手提”及“找茬有礼”活动，2019 年共征集涉及 13 类政务服务内容的意见建议 3 万余条，回复率及回访率均达 100%，采纳并解决意见建议 24763 条，解答市民来电 10413 个。目前根据民意需求已增设母婴室、49 块导视标牌等。通过广泛征集意见，倾听民意，为民解忧，为企业与居民提供精准服务，真正实现“民有所呼、我有所应”。

（三）数据赋能，促高效助决策

通过建设顺义区综合性“一站式”政务服务平台，深化利用大数据分析，量化工作绩效信息，实现对顺义区窗口人员服务的监督考核、对顺义政务服务数据的沉淀统计、对公共资源交易项目招标采购环节的监督管理，为政府了解民生、政策决策提供有力支撑。

（四）展望未来，更智能、更贴心

未来，顺义区将继续贯彻落实党的十九大精神和习近平新时代中国特色社会主义思想，充分利用“互联网 +”等信息化技术手段，向智慧政务 2.0 迈进。按照国家、北京市、顺义区政务服务总体部署，面向“互联网 + 政务服务”更高要求，开展顺义区政务服务智能升级、数字升级与服务升级，优化提升服务方式与服务效果，推动数据融合应用升级，实现服务零距离，让群众和企业有实实在在的获得感。

（北京市顺义区政务服务管理局）

北京市密云区政务服务管理局运用 RPA 技术破解二次录入难题

一　建设背景

2020 年北京市在电子政务领域制定政务服务超越行动计划书，大力推进“一网通办”工作方案落实，大力推进“全程网办”工作。

二　存在问题

目前综合窗口和审批部门之间，区级服务大厅与街道、业务专厅之间仍存在“人跑数据不跑”（综合窗口、部门之间以纸质工单流转为主）及审批业务中的“二次录入问题”，区级部门、镇街以及综合窗口相关业务人员普遍反映人工操作多、负担重、效率低、协同难的问题，这反映出当前迫切需要使用智能化手段优化政务服务体系，大量采用“无纸化审批”和“无人审批”手段，建立“数据代替人跑”的业务协同机制。

三　建设目标

重点选取综合窗口接件事项中的高频事项，以及与营商环境和服务民生关联性高的事项作为部署对象，运用 RPA 技术生成相关事项的智能工单支撑“无纸化审批”，从而提高政务服务大厅行政审批效能。

（一）综合窗口接件数据覆盖全

以最大化采集事项审批所需数据为目标，尽可能在接件环节完整采集部门审批系统中所需的全部数据字段，增强综合窗口与部门的业务协同性。

（二）综合窗口数字化、智能化采集

综合运用 RPA（机器人流程自动化）、OCR（光学字符识别技术）、NLP（自然语言处理技术）技术，以人机协同方式实现综合窗口工作人员对办事人提交材料所含信息数据的数字化、智能化高效采集并形成智能工单，在提高“无纸化审批”程度的同时，大幅度降低综合窗口工作人员的手工录入工作占比，提高综合窗口接件效率。

（三）部门实现“无纸化审批”

通过 RPA 技术实现智能工单业务数据字段向部门业务审批系统的自动化、智能化填写，从根本上解决“二次录入问题”。

四　建设方法

综合运用 RPA、OCR、NLP 三大技术来生成智能工单。其中，主要应用的技术为 RPA，RPA 能够模拟人类在电脑上的操作，按规则自动执行流程任务。具体来说就是将综合窗口及部门工作人员就单一事项审批过程中在电脑上的操作步骤完整进行复制，并按照设置的逻辑、规则进行精准执行。各项技术应用具体情况介绍如下。

（一）智能工单定制

通过人工调研部门审批系统中各事项所需的信息名目，就每一个审批事项定制出一份完整信息名目的空白智能工单，实现“一事一工单”。在综合窗口接件时，工作人员只需根据办事人的申请事项打开对应智能工单并启动 RPA 完成填写。

（二）综合窗口智能接件

办事人在综合窗口提交自己的纸质文件后，综合窗口人员利用窗口配置的高拍仪扫描办事人提交的各项申请材料，然后启动对应事项的 RPA 机器人，RPA 机器人将打开定制的空白智能工单，RPA 机器人中集成的 OCR 功能可自动识别申请人提交的制式表单及证照的数据字段，然后通过 NLP 提取表单、证照中的关键词，最后生成填写好的智能工单并保存在本地。基于 OCR、NLP 识别功能对于制式表单及证照的精准度能达到 80% 以上，综合窗口工作人员只需对录入智能工单进行简单复核与确认，从而实现“综合窗口数字化、智能化采集”目标。

（三）智能工单流转

智能工单的流转通道仅需利用现有的电子政务外网，RPA 机器人无须现有系统（综合窗口、委办局）开放端口。

（四）部门审批工单智能回填

部门工作人员只需打开综合窗口填写的电子表单，在复核确认无误后，可直接启动对应事项的 RPA 机器人完成向审批系统的自动化、智能化回填，省时省力，减少人工录入的烦琐和错误，提高效率，实现部门“无纸化审批”。

五 建设成果

通过30天的事项调研、流程定制、RPA开发及软件部署，目前已在密云区政务服务局的综合窗口以及交通委员会、城市管理委员会、卫生健康委员会员会、烟草专卖局、市规划和自然资源委员会密云区分局、招标采购局6个部门的审批计算机上部署安装了RPA机器人。涉及事项包括城管委4项、交通委2项、卫健委6项、烟草局3项、规划和自然资源委员会2项和招标采购局1项，合计18个事项。

（一）“无纸化审批”成果初显

对于整个办事流程采用“一单流转”的方式，综合窗口生成智能工单之后，整个流程只需这一张智能工单，在综合窗口通过这张智能工单可以使用RPA自动填写到行政审批平台，委办局工作人员可以通过这一张单子使用RPA自动填写到部门审批系统。

（二）综合窗口接件数据覆盖全

综合窗口接件时由原本只获取到“6+N”项基础数据，扩展到委办局的录入系统数据100%全覆盖，有效解决了操作系统间的需求数据差异导致的多次、反复数据录入，从接件的一开始就最大限度地采集审批所需信息，从而进一步提高综合窗口及委办局之间的业务协同性。

（三）录入时间压缩90%以上，破解“二次录入”难题

基于RPA技术实施的人机协同全数字化接件模式，综合窗口人员只需利用前端设备扫描审批附件，RPA机器人及OCR、NLP技术将完成事项审批数据的读取、填写及流转，其中通过OCR、NLP采集的数据精准度达到80%以上，大幅减少综合窗口人员的人工操作；委办局工作人员在使用RPA技术之前，需参对纸质表单录入所需数据，20个字段需要5~10分钟，录入后还需核对数据准确性，而通过RPA技术自动回填审批工单，机器人自动填写20个字段时间不超过30秒。相对于之前的手工录入，使用RPA机器人将手动录入时间花费减少90%，大幅降低了综合窗口、委办局工作人员录入工作强度，提高了审批流程效率，并从根本上消灭“二次录入问题”。

六 创新经验与推广价值

本项目通过创新性地运用RPA技术显著降低综合窗口服务人员和部门审批人员的工作强度，并提升执行效率。RPA机器人部署快、实施成本低、数据复用率高，且不涉及目前业务系统改造，见效快，能够高效、快捷、有效地破解“二次录入”难题。

（一）RPA 开发快，不影响日常工作开展

就 30 个业务审批字段以内的审批事项，每个事项的流程开发、调试、运行时间不会超过 3 小时，相对于传统动则数月的开发软件平台，实际投入使用时间极短，部署工作对日常业务开展影响小。同时，RPA 开发是以审批事项为单位的，每开发完成一个事项流程即可在测试之后就能立刻投入使用，每天都有进展，有可见产出。

（二）RPA 部署实施快

RPA 机器人安装软件可以一键安装，每台计算机从添加账号，到安装机器人，直至最后激活绑定用时不会超过 10 分钟，能高效覆盖各接件窗口。

（三）工作人员上手易

RPA 机器人使用轻快便捷，界面简单，一键操作，综合窗口及委办局工作人员能很容易上手使用。从下载文档到启动机器人，轻松 2 步，完成录入界面的操作。

（四）RPA 单机软件安全可靠

RPA 机器人部署是通过管理端 commander 机器人创建账号，生成激活码，然后在部署电脑本地激活，除了跟 commander 机器人有少量交互，其本身不联网，无外通数据，只是个单机工具，没有泄密风险。

（五）信息安全有保障

本方案是利用区级电子政务外网来进行工单数据的共享交换，可在不涉及各部门之间的业务接口的条件下，实现工单数据的流转，信息安全有保障。

（六）强化业务协同，提高审批效率

本方案以委办局审批事项所需前置数据字段为导向，定制人机协同的 RPA 采集方案，一次定制，可重复使用，提高政务数据的可复用率，实现了综合窗口与部门之间的智能化业务协同，进一步提高业务审批效率。

七　下一步展望

基于 RPA 技术实施的人机协同全数字化接件、自动回填审批工单能够有效解决“二次录入问题”，虽暂时应用场景只涉及 6 部门 30 事项，但非常具有推广应用价值，可进一步扩展适用于其他审批部门的高频事项以及与营商环境、服务民生关联性大的事项，能大大降低综合窗口及部门审批人员的手工作业强度，提高综合窗口及部门之间的业务协同性，对实现“一体化”政府建设有积极的实践意义。

通过 RPA 技术生成智能工单在一定程度上实现了“无纸化审批”，可有效提高政务服务大厅行政审批效能。在以智能工单为信息载体的工作场景下，可进一步探索“工单数据本地化”“工单进程可查询”“工单流转区块链”“即办件工单当日办结”“承诺件工单逾期预警”等全新智能工单管理模式，进一步提升政务服务一体化数据治理水平。

同时，鉴于 RPA 技术是一种独立于操作系统的外挂式软件，在结合 OCR 及 NLP 技术的基础上，可以成为数据的“精准搬运工”，能帮助区级政务服务管理局与各委办局之间进行高效、精准、安全的数据流转，对区级政务服务管理局的数据治理水平提升有非常积极的作用，有助于区级政务服务管理局充分发挥“一张网”建设职能。且随着政务服务数据的逐渐汇集沉淀，最终能为政务服务管理局实施大数据分析平台和应用提供数据保障。

（北京市密云区政务服务管理局）

河北省政府公文处理平台 V3.0

为了适应新形势、新任务、新要求，减轻当前繁重的公文处理任务，河北省政府领导同志多次对办文办件工作做出重要批示，明确要求省政府办公厅要规范办文程序，加强审核把关，提高公文办理质量和效率。我们结合省政府机关党组“不忘初心、牢记使命”主题教育中开展的质量效率提升行动，充分利用信息化手段提升公文运转效率和质量，开发建设省政府公文处理平台 v3.0（以下简称“3.0 平台”），以落实“基层减负年”为目标，打造 24 小时“不打烊”的全省政府系统公文处理体系，在全省范围内全面推行无纸化办公，大幅降低行政成本。

一　加强顶层设计，重新梳理全省政府系统电子公文处理体系，构建全省“一张网”

开发“3.0 平台”不单单是开发一个省政府办公厅的办公 OA，而是打破信息壁垒，重构全省政府系统公文流转，这是一个系统性工程，它囊括中央、国务院、国家各部委、省委、省政府、省人大、省政协、省政府办公厅各处室、省直单位、市县政府、驻冀单位、金融机构、群众团体等 263 个单位等公文办理运转。

在开发 3.0 平台初期，编制了标准数据接口，以实现全省统一管理，各单位互联互通为目标，逐个化解各单位办公 OA 与 3.0 平台没有打通的“堵点”，最终实现全省政府系统公文运转的无缝衔接。借此打通了各级各部门与省政府公文运转的“最后一公里”，形成全省公文处理“一张网”。

二　推动技术创新，打造线上线下公文处理融合的新模式，实现政务公文全部纳入平台管理

为了顺应领导批阅公文的习惯，创新利用二维码的特点和线下转线上自动批处理的技术，以移动办公和纸质文件运转相融合的方式，打造高效率公文处理新模式，并将全部政务公文纳入平台管理。据测算，通过移动办公方式，使整个公文审批流程时间缩短了1/3，极大降低了各单位行政成本，减轻公文运转压力。

自“3.0平台”上线以来，省政府领导逐渐开始适应移动批阅文件，截至2019年11月底，基本都采用移动办公App进行非密文件的审批。省科技厅、省人大办公厅、省政协办公厅等单位分别到省政府办公厅学习移动办公应用。

三　强化督办联动，完成“3.0平台”与省政府督办系统互联，有效提高督办落实效率

“3.0平台”与省政府督办系统实现了数据对接，及时将需要督办落实的领导批示，推送给督查室进行督办落实。“3.0平台”打破了信息孤岛，减少人为操作失误，真正实现“数据多跑腿”，缩短各个环节的运行时间。

平台记录文件运转过程的全部要素，所有经办人和批示领导可随时查询查看。平台保存全部文件数据，能够实现数据沉淀、分析，可以有效为领导决策系统、文件共享库等提供最新数据支持。

四　改进机制举措，聚焦数据安全和制度保障，确保“3.0平台”稳定运行

平台基于政务外网办公域建设与互联网逻辑隔离，通过VPN加密隧道技术、CA认证KEY及严格的权限管理等手段，有效保证平台安全。同时建立应对服务器宕机、停电等非人为情况的应急机制，还制定了数据每日自动备份、每月刻盘备份、每年异地备份的机制保证数据存储安全。

省政府办公厅出台了《关于进一步提高公文办理质量和效率的若干措施（试行）》。聚焦公文审核把关不严、质量标准不够高、工作机制不够优、运转效率不够快等问题，改革创新公文运转模式，严格落实把关职责，进一步理顺机制，规范程序，明确责任，针对易出现纰漏的环节提出解决办法，就审核把关职责进行清晰划分，为优质高效办理公文，更好地协助省领导同志抓好各项工作的推进落实提供了制度保障。

五　运转成绩斐然，充分利用信息化技术提升办公效率，切实减轻工作负担

自“3.0平台”运行以来，已经运转了非密文件5402件，其中有70%的文件通过移动端进行审批，最快5个环节审批时间仅为12小时。办公效率提升30%。

省直90余家单位以及11个设区市、定州、辛集和雄安新区政府全部通过平台直接向省政府报送文件，并接收审批完成的文件，大幅缩短了时间成本和人力成本，切实减轻了全省政府系统的工作负担。

（河北省人民政府办公厅电子政务处）

河北省承德市政府数据开放平台

一　平台介绍

2018年是我国政府数据开放的关键一年。1月，中央网信办、国家发改委、工信部联合印发《公共信息资源开放试点工作方案》，确定在北京、上海、浙江、福建、贵州5地开展公共信息资源开放试点，要求试点地区结合实际制定具体实施方案，明确试点范围，细化任务措施，积极认真有序开展相关工作，着力提高开放数据质量，促进社会化利用。根据2015年国务院印发的《促进大数据发展行动纲要》的要求，2018年年底前，我国将建成国家政府数据统一开放平台。

在此背景下，承德市政府积极响应国家政策号召，勇于创新，在河北省率先启动了政府数据开放平台的项目建设工作，并于2019年4月完成了对平台建设的招投标工作，正式开始平台建设。

（一）平台功能介绍

承德市政府数据开放平台（以下简称“开放平台”），是承德市政府在国家政策法规允许的条件下，通过数据服务接口将城市数据整合，统一向社会上的企业和公众免费开放数据服务，从而实现让社会公众挖掘城市数据价值的数据服务平台，是河北省内第一个对社会进行数据开放的政务数据服务网站。

开放平台主要由开放平台门户网站和开放平台管理后台系统两部分组成。

开放平台门户网站提供对开放数据情况的统一展示，根据不同维度进行数据的展示与查询，如按部门、主题分类、开放方式等；同时用户可以使用注册网站用户账号方式，通过多种方式获取数据，包括在线预览、表格下载、接口服务、应用服务查询等方式。且用户可以通过移动手机端访问开放平台，随时随地了解到政府数据开放的数据情况和服务。

开放平台管理后台系统包括对门户的用户管理及数据的管理，可通过后台对门户的运营

情况进行监控，同时通过后台可提供数据上传、数据审核、数据发布、数据使用申请审核等功能，业务部门可通过后台对开放数据内容进行集中管理，大大降低业务部门的工作量。

（二）平台政策支持

除了优秀的平台设计以外，承德市政府还出台了一系列政策为平台发展推广提供支撑。在《承德市人民政府关于引发承德市政务信息资源整合共享实施方案的通知》（承市政办字〔2018〕15 号）中明确提出了稳步推进政务公共数据资源开放的工作要求。同时，承德市政府还制定了具有针对性的、切实可行的数据开放政策规范及行动计划，明确开放政府数据的原则和要求，厘清开放政府数据与信息公开的差异和关联性，并对开放政府数据的对象、形式、边界进行严格定义，保证数据开放的规范化和制度化。另外，通过编订年度工作方案，公开向大众发布，从而提高社会公众知晓并使其积极参与到开放政府的数据工作中，令平台能够真正为民服务。

为了规范化数据开放管理，承德市政府发布了《承德市数据开放平台管理规范》，并针对公众、系统运维、政府人员三种不同角色制定了相应的规范版本，针对性地提出了管理规定，为平台发展提供了运行规范。

二　平台价值

开放平台作为管理机构、开放机构、社会公众的共用平台，主要能够起到以下四个方面的作用。

（一）渠道作用

通过数据网站开放公共信息资源；社会公众通过数据网站获取公共信息资源；管理机构通过数据网站对公共信息资源开放共享过程进行管理、对成效进行评估考核。

（二）桥梁作用

通过数据网站建立起开放机构和社会公众交流互动的桥梁，社会公众可通过数据网站向开放机构提出数据开放需求，评价已开放数据的质量；开放机构则可以通过数据网站响应社会公众需求，不断扩大开放范围，提高数据质量。

（三）窗口作用

数据网站是公共信息资源开放的宣传和监督窗口，公布公共信息资源开放共享相关要求、开放计划、开放机构的考核排名，接受社会各界监督；公布鼓励公共信息资源开放共享和再利用的政策、发布优秀信息服务产品，促进信息服务产业链形成。

（四）支撑作用

数据网站要为公共信息资源开放全过程提供基础设施资源、网络资源、计算资源、存储资源等信息化基础支撑；为公共信息资源的开放、存储和再利用提供数据采集工具、管理工具、分析处理工具等技术支撑。

三　平台建设情况

承德市开放平台于 2019 年 5 月 7 日正式启动建设，并在 2019 年 9 月 26 日通过了国家安全等级保护二级测评后，于 2019 年 11 月 27 日通过了专家组验收，完成了平台功能建设。

截至 2019 年 12 月，已经有 25 个部门参与到数据开放平台的推进工作中，在各级部门以及承德市信息资源共享交换平台的支持下，由部门通过承德市信息资源共享交换平台进行数据录入并推送到开放平台进行数据的统一管理和使用。目前开放平台共获取开放目录 111 个，其中依申请目录 9 条、完全开放目录 102 条、对外开放数据 90 万余条，资源目录涵盖经济建设、教育科技、资源环境、公共安全、民生服务等 12 个方面。截至目前，平台累计访问量达 4 万余次，其中个人用户访问 1600 余次、企业用户访问 2000 余次、未注册游客访问 37000 余次、接口申请累计 30 余次。

四　平台亮点

开放平台是河北省内第一个对社会进行数据开放的政务数据服务网站。公众和企业能够直接在网站上查询到数据，并可以将数据下载。通过城市数据开放平台打破政府部门间的数据壁垒，整合、汇聚、联通原本分散在不同部门的数据信息，公开面向所有个人和企业，形成城市数据开放的官方渠道。普通市民可以在城市数据开放平台上找到市民日常最为关心的民生数据。企业则能够通过平台发布的各行各业相关数据，发现新的商机和商业模式，从而深度挖掘数据价值，真正实现数据的开放共享。

开放平台通过对政务数据进行采集和整合，按照不同的主题、部门、应用服务、行业服务等进行分类，提供数据目录、数据接口、数据应用等多种方式的数据服务，并统一发布在开放平台对外提供访问、查询和使用，提供对开放数据情况的统一展示，根据不同的维度进行数据的展示与查询，并可通过多种方式获取数据，包括在线查看、表格下载、接口服务、应用服务查询等方式，从而实现公众可以随时随地地了解到政府数据开放的数据情况和服务。

开放平台通过与市政务信息资源共享交换平台对接，极大降低了平台汇聚数据的成本。开放平台依托市政务信息资源共享交换平台，实现了对各部门数据的统一汇聚，避免了大量数据共享中的重复工作，从而将平台建设重心放在了开放数据指标以及开放服务中，极大提升了平台建设成果和效率。

（承德市人民政府办公室　李鑫　范志冰）

建设“满意承德”信息平台 提升政务服务工作水平

近年来，承德市委、市政府坚持转变政府职能，持续深化“放管服”改革，推出了一系列改革举措。2018年，承德全面推行“承德办事一次成”改革，“满意承德”城市信息平台（以下简称“平台”）作为一项重要内容，在深化“互联网+政务服务”，推行政务服务“一网、一门、一次”改革中发挥了重要作用。平台按照《国务院“互联网+政务服务”平台技术体系建设指南》和《河北省“互联网+政务服务”平台技术标准规范》，借鉴先进地区建设经验。承德市委市政府深入调研企业和百姓实际需求，市行政审批局组织“满意承德”城市信息平台的具体实施工作。

一 “满意承德”建设背景

“十三五”时期是全面建成小康社会的决胜阶段，是信息技术变革实现新突破的发轫阶段，也是数字红利充分释放的扩展阶段。2018年6月10日，国务院办公厅印发《进一步深化“互联网+政务服务”推进政务服务“一网、一门、一次”改革实施方案》（国办发〔2018〕45号），对推进政务服务“一网通办”和企业群众办事“只进一扇门”“最多跑一次”等做出部署。

承德作为全国信息惠民试点城市之一，按照国家、省总体安排和部署，以解决民生痛点、关注办事难点为导向，推动各级各部门强力改革，先后印发了《承德市“互联网+政务服务”实施方案》和《“承德办事一次成”改革实施方案》，将“互联网+政务服务”作为全市绿色大数据产业之一。“满意承德”城市信息平台作为“互联网+政务服务”的扩展和延伸，逐步将政务服务、公共服务、便民服务纳入全市统一的政务服务平台，通过信息共享和数据归集利用，将政务服务由网络端推向移动端，让居民使用一个App畅享城市生活服务。全市各级各部门创新服务机制、优化办事流程、缩短审批时限，依托“满意承德”城市信息平台，为企业和办事群众提供高效、便捷服务，逐步解决企业和群众反映强烈的办事难、办事慢、办事繁的问题，为进一步完善便民、惠企以及城市综合治理提供良好支撑。

二 “满意承德”建设内容

“满意承德”城市信息平台遵循“五统一原则”（网络统一、云平台统一、应用系统统一、技术标准统一、数据格式统一），组织搭建完成了全市统一的App信息平台。平台能够支撑市县乡村四级“政务服务、公共服务和便民服务”，包括政务服务预约预审、便民缴费统一支付、掌上服务大厅、智慧生活“一卡通”四个组成部分。汇聚承德市辖区内便民 App 和微信公众号，归集政务服务数据，实现网上预约、在线预审、网上办理、办事指南、社保查询、医保查询、公积金查询、机动车违章查询、水电暖缴费、通信缴费、供热停开栓、医院挂号、药店扫码购药、公交出行、景区年票充值、门票购买、信用查询、公共资源交易、市民随手拍等功能。

（一）政务服务预约

整合各级政务服务大厅排队取号系统，形成全市统一移动端预约门户。办事人员通过线上预约，减少线下等待时间。一是办事人员分时段预约、缩短排队等候时间；二是提示办事人员根据预约数据错峰到大厅办理事项；三是政务服务大厅通过预约数据分析，随机调整服务时间或增设临时服务窗口。

（二）政务服务预审

政务服务事项依托“满意承德”面向企业和百姓提供网上申报、线上预审等服务，逐步解决办事人员反复跑、材料重复提交等问题，通过线上提交材料、线下材料复用，力促“办事一次成”。政务服务大厅通过数据分析，梳理出高频事项及办事周期，提升政务服务效能。

（三）扩展支付渠道

整合涉及民生的水、电、暖、气、通信费、有线电视费等便民缴费系统，融合线上线下支付渠道，拓展支付、结算和管理职能，实现微信、支付宝、银联等网上多渠道支付。

（四）掌上服务大厅

按照集约建设、规范管理要求，整合全市各类网上办事平台，通过聚合效应，形成全市统一的信息移动端入口。围绕个人和法人全生命周期，持续优化服务，提升用户体验，推动更多服务“掌上办”“指尖办”，基于大数据分析，为办事人员提供精准、智能、主动的服务。

（五）智慧生活“一卡通”

汇聚公交、公积金、社保、医保、校园及消费等卡证系统，逐步整合居民生活的各种卡证，实现工作、学习、生活、娱乐、消费虚拟卡“一卡通”。

三　“满意承德”组织实施

“满意承德”城市信息平台根据“互联网 + 政务服务”的规划，按照“市级建设、市县共用、集约建设、资源共享”原则组织实施。

（一）开展建设前期调研

为确保“满意承德”信息平台取得实施，市行政审批局组织工作人员走访了8县4区和市直近30个部门，通过座谈交流、现场测试和技术研讨等方式，征求了300名机关工作人员、群众及部分专家教授的意见和建议，共征信意见、建议近40条。同时，借鉴北京通、E福州、幸福秦皇岛等影响力较大的城市App建设经验，进行功能对比，查找不足，以让“承德人满意、让来承德人满意”为目标，扩展和完善“满意承德”平台功能。

（二）提升电子政务外网功能

提升全市电子政务外网承载能力和信息安全防护能力，市直部门入网带宽增加到200M，县区级核心入网带宽增加1G，市级电子政务外网统一互联网出口增加到2G。扩大电子政务外网覆盖范围，实现对部门、县区及所辖乡镇的全覆盖。

（三）统一政务云平台部署

依托全市统一云平台，组织各部门业务系统向政务云平台迁移，推进各部门业务系统的对接和数据融合，为“满意承德”城市信息平台提供平台和数据支撑。

（四）应用系统统一部署

全市统一部署“满意承德”城市信息平台，各级各部门按照职责分级做好平台的管理和维护工作。实现“满意承德”城市信息平台同“互联网+政务服务”平台、信息共享交换平台的对接和数据交换。

（五）归集政务服务数据

依托信息资源共享交换平台，组织市县两级部门政务服务数据的归集工作，汇聚全市App和微信公众号，归集社保、医保、公积金、企业法人、信用信息、电子要件、电子证照等政务服务数据。

四 “满意承德”平台成效

（一）提升全市整体信息化水平

根据本辖区公共服务、便民服务覆盖范围，以“满意承德”城市信息平台为基础，全市各级政务服务部门、综合执法部门、银行、医院、学校等均组织信息系统的升级改造工作，全市信息化整体水平明显提高。

（二）打造城市综合移动服务入口

统一政务服务移动入口，集成各类公共服务、便民服务App和微信公众号近200个，实现高频、便民移动化事项近200个，让市民用一个App畅享城市所有服务，将政务服务由8小时扩展到24小时，极大方便企业和群众办事。

（三）融合“第三代”电子社保卡

推行以第三代电子社保卡为载体的一卡通服务，通过对政务数据的归集和利用，实现居民养老保险、工伤保险、失业保险等35项网上便民服务功能。

（四）医保药店虚拟卡扫码购药

实施电子社保卡、医保卡同“满意承德”的深度融合，市县两级定点医保药店实现虚拟社保卡扫描购药，能够为全市近40万参保人员提供虚拟卡扫码购药服务。

（五）不动产登记“实时”受理

依托“满意承德”城市信息平台，组织不动产、住建和税务三个部门专用信息系统对接和数据共享工作，实现基础数据一次录入，及时共享。不动产登记实现预约预审，有效解决了办事群众排队难、等待时间长等问题。市级不动产登记由原来日均办理60人次提升到150人次，各县区不动产均按照市级模式进行复制。

（六）构建数字城市生态体系

通过统一服务标准，开放平台数据，拓宽服务渠道，全方位构建“城市服务生态体系”。全市共归集政务服务数据约5.5亿条、电子要件约200万个、电子证照约20万个，承德市行政审批局、平泉市行政审批局、双滦区行政审批局被省列为依托全国一体化在线政务服务平台开展电子证照试点单位。

（承德市行政审批局　刘秉奇　刘全立　王丽松）

鄂尔多斯市打造“网上办、智慧办”品牌

鄂尔多斯市以深化“放管服”改革为核心，以增强人民群众获得感为落脚点，以“三集中、三到位”改革为抓手，以打造网上政务服务为突破口，创新践行“互联网+”思维，推动线上智慧政务平台和线下实体大厅“双线并举”，实现了由“政府端菜”向“群众点菜”的转变。

一是推进线下服务“进一门”。“只进一扇门”是减少群众办事跑腿次数最直接有效的做法，是“互联网+政务服务”优势的直观体现，也是实现“一网通办”和“最多跑一次”的基础。近年来，鄂尔多斯市以“三集中、三到位”改革为抓手，统筹推进“横到边、纵到底”政务服务体系建设，市本级及9个旗区全部设立了政务服务中心，建成75个苏

木乡镇（街道）便民服务中心，同时加强嘎查村（社区）便民服务代办点建设，搭建了市本级、旗区、苏木乡镇（街道）、嘎查村（社区）四级政务服务体系，推动政务服务事项进驻各级政务服务中心集中办理，实现了“进一扇门、办一揽子事”。同时，在全市全面推行“一窗受理”模式，根据办理事项领域、办理流程关联度、办理数量等要素，通过调整优化政务服务大厅布局，统一设立综合窗口，实行“前台综合受理、后台分类审批、统一窗口出件”集成服务，推动全市 80% 的政务服务事项实现“一窗”分类受理，企业群众办事实现了“一门进、一站式、一窗办”。

二是打造线上服务“一张网”。依托互联网、云计算、大数据等技术，建成了集“看、查、办、问、评”等功能于一体，市级统筹、四级政务服务体系线上线下全覆盖的智慧政务“112+N”平台（包括“一网”即鄂尔多斯市政务服务网、“一库”即政务服务信息资源库、“两平台”即政务服务管理平台和便民服务平台、“多终端”即电脑、移动、自助、电话和电视等终端），推进政务服务平台规范化、标准化、集约化建设和互联互通，形成了全市政务服务“一张网”。全面接入自治区、国家一体化在线政务服务平台，实现自治区到嘎查村（社区）5 级联动，推动网页端、移动端、自助端多层级、多渠道应用，打通了政务服务“最后一公里”。依托智慧政务平台，持续推进多终端应用，建成政务服务电视终端和“12345”市长热线电话终端，方便群众获取办事指南、办事进度等相关信息，享受全天候的咨询查询服务；建成了全市统一的网上“中介超市”，中介机构可“零门槛、零限制”入驻，实现了中介机构从粗放式管理向超市化集中管理的转变，解决了过去中介机构到处找市场、业主单位四处找中介的矛盾，让供需对接更加直观的同时，也让中介服务更加公开、透明、便捷、规范。

三是推动政务信息“数字化”。平台上线仅是基础，要实现一网通办，离不开数据跑腿。为更好解决我市政务信息化建设中“各自为政、条块分割、烟囱林立、信息孤岛”问题，按照“内外联动、点面结合、上下协同”的工作思路，以各级各部门政务服务事项标准化和政务信息整合共享为抓手，推进政务服务跨地区、跨部门、跨层级数据共享和业务协同。按照自治区一体化平台建设要求及“三级四同”标准，全市共完成事项认领 5829 项，发布标准化实施清单 4037 项，接入特色应用 30 项，整理比对电子证照 113 项，推送 25 个市直部门共享数据资源 244 个，办理时限提速 42.4%，申请材料减少 60% 以上，政务服务事项网上可办率提高到 75% 以上。2019 年以来，平台累计办件达到 9.9 万件，实现了全程留痕、全程监控，切实为企业群众铺设了标准化、规范化、科学化办事轨道，开启了快捷、高效的网上办事“高铁时代”。

四是推动群众办事“指尖化”。依托互联网和智能手机、微信等技术，全方位打造“咨询随时问、问题随时提、信息随时查、业务随时约、申请随时办”的“e 政务”手机 App 和鄂尔多斯市政务服务微信公众号掌上服务平台，实现与智慧政务平台的数据实时同步，为企业群众提供办事指南、在线评价、进度查询、在线咨询、预约申报以及水电气暖、有线电视、网络通信便民缴费服务，让群众查得方便、看得明白，切实将服务带进家门，装进口袋，拉进朋友圈，实现“一机在手，办事无忧”。同时，强化审批服务移动化、智能化应用，上线部门专用审批 App，打破时间和空间的界限，随时随地、即报即批，实现网上审批“零见面”，有效节省了审批时间，提升了审批效率，推动审批模式的跨越和变革。

“放管服”改革是一场刀刃向内的自我革命，

喊破嗓子不如甩开膀子。鄂尔多斯市在“互联网+政务服务”改革方面做出了积极有益的探索，先后获得“全国优秀政务服务平台”“中国‘互联网+政务’优秀实践案例50强”“‘互联网+政务服务’创新应用App”等荣誉，成功走出了一条富有鄂尔多斯特色的改革发展之路。站在相对集中行政许可权改革试点的崭新起点上，鄂尔多斯市将进一步加快改革步伐，总结提炼经验，不断优化政府管理和服务职能，使企业群众不仅可以享受线下“一站式”服务，更可享受线上打破层级、地域、时间限制的“网上办事”便利，全面打响“网上办、智慧办”的鄂尔多斯政务服务品牌。

（鄂尔多斯市政务服务局）

辽宁省辽阳市社保卡引领智享生活

2016年，辽阳市率先在全国启动了以社会保障卡为介质的“惠民一卡通”工程。“辽阳惠民一卡通”建设有效整合各部门孤立分散的政务服务资源，拓展“互联网+政务服务”渠道，构建群众办事统一身份认证体系，推进群众网上办事“一个服务平台覆盖政务服务和生活消费、一个App贯通线上、一张卡贯通线下”，实现多渠道服务的“一网通办”。通过线上手机App和线下自助服务一体机实现社会保险查询缴费、就业失业登记、各类社会保险待遇领取、养老资格认证等102项社会保障；水电气暖缴费、公交乘坐、商超消费、网上购药等12项消费支付；住房公积金查询还款、图书借阅、低保待遇领取、交通违章查询缴费（计分）等8项政府公共服务领域共计122项服务功能。

一　便民利民，从传统服务走进百姓的手机

辽阳市委、市政府确定将辽阳“惠民一卡通”为全市信息化便民服务的统一入口。由于涉及单位多，任务繁重、工作量大，除了102项社会保障领域的服务功能属于社保卡应用范畴，其他20项服务功能都是跨部门、跨行业的业务，涉及公安、财政、民政、交通、通信、金融等30多个单位或部门。辽阳市委、市政府成立了由常务副市长任组长的领导小组，领导小组办公室设在市人社局，并及时下发了《辽阳市“惠民一卡通”建设实施意见》（辽市通组发〔2016〕1号），指导各成员单位开展工作。

“辽阳惠民卡”App的界面、徽标、名称、功能及页面的布局等工作一切都是从零开始的。辽阳市人社局经过调研和研究，最终决定使用人脸识别技术实名登录查询或认证，并确定了“打造平民项目”这一标准研发App。以“社会保障号码”作为识别码，刷脸登录。首先针对政务服务领域内三大类群体提供服务——养老认证、社保查询和公积金查询，实现大群体业务线上办理，把服务送到百姓身边，同时经办机构工作量大幅降低。使用快捷注册、生物识别登录的方式，建设成一个老年人和孩子也会用的“平民”项目。

要实现网上缴费，涉及金融账户建立和支付环节，存在的风险和难点很大。尤其是引入第三方支付公司需要千分之三的手续费，这样就增加了运营成本。2016 年 12 月 7 日，市人社局与中国电信“翼支付”平台签署了战略合作协议，他们承诺免除网上社会保险和水电等生活缴费项目的手续费。2017 年 7 月初，电费、通信费缴费功能上线运行，“惠民一卡通”成功打通了支付通道。同年 11 月上旬，辽阳市人社局又与中国银联达成了合作意向，在免除各项社会保险缴费划拨手续费基础上又对“辽阳惠民卡”App 支付给予了 5000 元免密支付的授权。2018 年初，医疗机构二维码聚合支付，即医疗账户与金融账户聚合支付功能开始内测，标志着辽阳市医疗消费体系付费、结算及诊疗等医疗应用环境建设开启了新的电子支付时代。

二　三年相伴，让各项应用一一实现

三年来，“辽阳惠民卡”App 从 1.0 版到现在的 4.0 版，一年一个大版本，一年一个新变化，更为优质的界面、更为良好的用户体验、更为丰富的实用功能，让老百姓真正体会到科技智能给生活带来的便利。

三年来，“辽阳惠民一卡通”从工程启动到各级社保经办机构使用社保卡经办业务，从带现金缴费到辽阳银行窗口全面受理社保卡绑卡缴费再到 App 直接缴费，从社区养老认证到 80% 以上离退休人员使用 App 认证，从公交卡充值到 App 扫码乘车，从线下办理读者证到 App 扫码借书，从第一个退休人员持辽阳银行社保卡领取养老金到目前 87% 的覆盖率，从社保待遇入卡到低保、惠农补贴入卡，从线下服务到线上服务……辽阳人就这样一步一步从传统服务迈进了指尖服务的时代。

三年来，“辽阳惠民一卡通”一步一步走出了人社、走出了传统、走出了政务、走进了数十万辽阳百姓的手机，用一步步坚定的步伐，向着“互联网 + 政务服务”“互联网 + 人社”大步挺进。2016 年 12 月，养老认证功能上线，这是利用手机 App 开展社保卡 102 项应用的第一步；2016 年 12 月末，公积金功能上线，这是走出人社的第一步；2017 年 7 月，电费、通信费缴费功能上线，这是具备线上支付能力的第一步；2017 年 11 月，图书馆功能上线，这是具备线上服务功能的第一步；2017 年 12 月，电子社保卡及定点医疗机构二维码购药功能上线，这是电子社保卡应用迈出的最坚实的一步；2018 年 7 月，异地急诊报案、异地居住申请、异地医保账户返还等功能上线，这是真正把业务经办放到网上办理的第一步；2018 年 12 月，全省首张国标电子社保卡在辽阳首发，完成了辽宁电子社保卡零的突破。

从 2019 年开始，不动产登记预约、扫码乘公交、网上购药、用工招聘陆续上线运行。“辽阳惠民卡”App 上线三年以来，实名注册总量突破 45 万人，覆盖 50% 以上参保人群；日均活跃用户达到 5 千人，月活跃用户超过 30 万人，“辽阳惠民卡”成为城市政务领域活跃度较高的 App，目前在全国政务类 App 中排在前列，领跑全省政务类 App。

三　满载收获，向着“互联网 + 人社”大步前行

2018 年 2 月 7 日，《人民日报》第 13 版刊发的题为《办社保，百姓不跑数据跑》的文章报道；辽阳“惠民一卡通”前后数次登陆“辽宁卫视”和《辽宁日报》并于 2018 年 2 月登陆《辽宁新闻》；“智慧辽阳”获得“2017 IDC 城市领导力转型大奖”，“惠民一卡通”是城市领导力转型的重要亮点；“惠民一卡通”2017 年、2018 年连续两年获得辽阳市委、市政府颁发“四个辽阳”建设优秀项目奖；2018 年 7 月，“辽阳惠民卡”App 被评为由光明网主办的“2018 中国互联网 + 公共服务”优秀案例。2019 年 3 月 28 日，全国人社信息化工作会议在珠海举行，“辽阳惠民一卡通”项目受邀参加“全国人社信息化成果展”，并在展会上大放异彩，受到高度评价。

这些耀眼的成绩并没有让“辽阳惠民一卡通”停止前进的脚步，“辽阳惠民卡”App 一步步走出了人社、走出了传统、走出了政务，走进了辽阳老百姓的手机，而且用更加坚定的步伐，向着“互联网 + 政务服务”“互联网 + 人社”大步迈进。

（辽阳市人力资源和社会保险事业服务中心　高洪亮）

聚焦科学化、智能化、人性化
推动黑龙江省智慧检务建设向纵深迈进

2019 年以来，黑龙江省智慧检务立足为司法办案服务、为检察工作服务、为人民群众服务“三为”理念，聚焦“科学化、智能化、人性化”总体要求，持续践行新时代科技强检战略。探索司法办案、司法管理、司法服务信息化增效发展之路，全速推动检察信息化建设向高标迈进、向纵深拓展。

一　与司法办案共频，立足“四大检察”强化技术支撑

随着司法体制改革的深化，检察职能相应进行了调整，已初步形成刑事、民事、行政、公益诉讼“四大检察”并行的新的法律监督格局。黑龙江省检察机关借助信息化引擎力量，研发各类辅助办案系统，逐步打通政法各部门数据孤岛、构建公益诉讼技术支撑体系，拉动“四大检察”提质增效、高质量协调发展。

（一）融入刑事检察

全省各级检察院针对司法办案领域提升而研发的信息化应用层见迭出，司法办案辅助类创新应用版图与模式日趋宽阔与多样。

一是以需求为导向，提升办案效率。通过反复需求调研，定制研发全省智能辅助办案系统。该系统主要具备智能阅卷、量刑建议、类案推送、文书纠错、阅卷审查、标准

指引等六大功能，其将办案过程中最容易出错、最耗时的机械性工作由人工智能代劳。例如，在动辄几十、几百页的电子卷宗中抓取关键信息自动生成阅卷笔录，办案人无须翻阅、打字，在阅卷环节平均可节省 5~30 小时，大幅提升简易案件办理效率。目前，该软件已在全省案件量较高的 6 个基层院进行试点应用。

扫黑除恶专项斗争数据分析平台是 2019 年度黑龙江省检察机关依法全面履职，积极开展扫黑除恶工作的一个缩影。系统对涉黑涉恶案件数据各类重点关注指标进行集中展示，辅助院领导、部门领导监督案件办理进度，获得业务决策量化依据，以改进业务工作，制定合理工作计划。

二是运用大数据，探索智慧办案。在政法机关信息共享、业务协同方面，积极响应省委政法委牵头跨部门协同办案平台研发应用工作，在大庆市检察院率先实现横向公、检、法、司等政法单位，纵向各级检察院案件网上办理全覆盖，打破了政法各机关已有信息系统独立、封闭的现状，全力打造政法跨部门信息共享、业务协同的“大庆范本”；为严格规范减刑、假释、暂予监外执行案件的办理，黑龙江省院积极研发减刑假释办案 App，对罪犯的考核奖惩、认罪悔罪等情况实行网上录入，以电子数据形式向法院报送案件，在节省人力、物力的同时，筑牢数据铁笼防止“暗箱操作”。

三是推进远程办案应用常态化。远程提审、远程庭审、远程送达是检察机关规范执法行为、推进智慧司法的重要举措。2019 年哈尔滨市检察院研发远程提换协同办案平台，提供在线预约、换押、提讯、义务告知、示证、笔录、签章、延期通告、具结会签等功能，将“三远”工作系统化、智能化，进一步减轻了一线办案人员压力；大庆市检察院“三远”常态化应用工作日趋成熟，2019 年全市远程提审共计 1196 人次、远程换押 318 次、远程开庭 641 次，应用率较高。在此基础上，大庆市院进一步拓展“三远”应用深度，开展认罪认罚从宽制度线上应用，全年全市通过远程认罪认罚 706 件，签署具结书 564 件，认罚使用率由 32% 提升到 53%，有效解决辖区内律师资源短缺，无法现场见证认罪的难题。

（二）创新民事检察及行政检察

一是创新民事检察及行政检察工作方法。在林区分院积极推进电子卷宗共享平台建设，探索民行工作新途径。通过检、法两院联合签署《民事行政案件电子卷宗共享平台实施办法》，强化各自内部审批程序，强化运行保障确保调卷安全，设专人负责电子卷宗调阅、管理，有效保证电子卷宗的集中规范管理与严格流转程序。平台上线后累计向法院制发检察建议 9 份，采纳率 100%，将以往办案的平均周期由 24 天缩短到 10 天。二是搭建指尖上的微服务。例如，集贤县检察院积极开通“集检民行”微信公众号，在民行科成立了特殊人群维权工作站，主要受理公益诉讼和特殊人群维权服务。

（三）支撑公益诉讼

当前公益诉讼已成为检察机关新的业务增长极，黑龙江省检察院积极探索检察信息技术，为公益诉讼提供技术支撑。首先，积极应用公益诉讼大数据应用平台，内置公益诉讼资源管理中心、指挥调度中心、数据采集平台、分析研判平台、辅助办案平台等子模块。对互联网进行全网“开源采集”案件线索、对区域内行政执法单位网络进行“闭源采集”案件线索，借助大数据实现信息的社会化收集、集约化传递，解决案源信息的碎片化瓶颈，畅通了案件线索来源渠道。其次，先后举办两期无人机驾驶员培训班，建成一支专属于检察机关的无人机飞行队伍。并与黑龙江通用航空服务站签署无人机战略航务保障协议，建立无人机规范管理机制，确保无人机飞行安全、合规。目前，哈尔滨、齐齐哈尔、佳木斯、七台河、伊春、哈铁等市（分）院，包括部分基层检察院，均已将无人机取证技术成熟运用到公益诉讼办案实践，充分发挥了无人机航拍具备覆盖范围广、定位精准、高清摄像、全景扫描、动态跟踪等诸多优势。

二　与司法管理共舞，立足“人事财物策”探索智慧路径

黑龙江省检察院因地制宜、适度创新集成“人、事、财、物、策”的内部管理对象要素，借助信息化优化检察办公、探索队伍管理、完善检务保障，在推动司法管理便利化、无纸化建设方面取得了长足进步。

（一）智慧赋能检察办公

黑龙江省检察机关在全省大力推进“网上办公 + 移动办公”线上应用，同哈尔滨工业大学软件公司共同研发全省检察办公管理信息系统。系统集“协同办公、信息发布、文件存储、内部通信”等功能于一体，可以实现公文流转、公告查看、会议通知、知识管理等功能。创新性开通手机移动办公软件访问接口，通过手机实现检察机关非密公文流转、事务处理、会议办理“指尖化”应用，进一步推动检察机关事务办理智能化、上传下达便捷化、内部管理精细化。目前，全省半数以上地区已配置移动办公软件特需加密卡设备，网上协同办公的新型工作模式和良好应用态势已初步形成。

黑河市检察院部署应用的智能文件传阅系统、大兴安岭检察院研发的“智能网络巡查机器人”均为省内 2019 年度创新工作项目，对检察办公管理信息系统起到了补充作用，使得日常办公管理工作更加智能化、人性化。

（二）创新高效队伍管理

一是积极应用全省检察机关考勤管理系统，以人脸识别技术、指纹识别技术、GPS 定位技术为依托，汇总检察干警考勤信息，在微信小程序上集中展示。进一步强化工作作风建设，促进机关效能提升。二是农垦分院研发微信“统计助手”，其在教育培训管理、提高数据报送的准确性和实效性等方面受到检察干警青睐，提高了数据统计的效率，该程序在省检察院各内设部门和新招录的公务员中进行了培训推广应用。

（三）精准完善检务保障

检务保障的核心业务财务管理系统、资产管理系统、公车调度平台等功能在齐齐哈

尔市检察院的检务保障智能化互助平台体现得较为完整。通过在手机App中设置协同办案、文档中心、固定资产管理、工资管理四个模块，实现检务保障人员对话交流，实现固定资产管理“精准化”、工资信息“手指化”、办公操作“轻便化”。

三 与人民群众共情，立足“检务公开”推进科技惠民

黑龙江省检察院借力智慧检务下功夫、求实效，以科技手段为支撑，积极推进检务公开科学化、程序化、提升涉检信访案件办理质量效率、践行老百姓主张法律公道不求人理念，将检察为民理念融入务实担当。

（一）创新检务公开方式方法

一是立足检务公开，筑牢公开透明运行基础。充分运用高检院部署的案件信息公开系统，结合新媒体平台展示检察工作。将检务公开与“自媒体”有机融合，坚持将检察门户网站——龙剑网、“两微一端”等新媒体公开平台建设作为检务公开的重要抓手，及时将社会舆论关注及有社会警示作用的案件通过新媒体平台对外发布，实现信息发布工作日常化和常态化。

二是突出实效，全方位凸显亲民利民形象。善用“互联网+自助终端”新模式，自主研发“一站式”检察服务自助终端，市民通过注册身份证信息后可以视频、电话的方式与后台值班干警沟通，打破时间、地域的限制，让检务公开更便民、利民、亲民。

（二）强化检察为民科技服务

一是完成“12309”检察服务中心实体大厅智能化改造建设并投入使用，设有业务咨询、控告申诉、司法救助及国家赔偿案件受理、案件管理4个业务窗口。另设专业服务工作区，让人民群众“只进一个门”就能办成事。

二是在佳木斯市桦川县院试点“智慧桥”检察业务平台，通过手机一键办理违法举报、预约到访、百姓留言、服务评分等检察业务，简化办事流程。

三是在信访工作上，深入落实高检院群众信访“七日内程序性回复，三个月内办理过程或结果答复”的庄严承诺。自主研发应用信访大数据平台，提供超期回复预警功能，确保群众来信件件有回复，实现回复率、办结率和满意率等多项指标显著提升。

四 结语

下一步，黑龙江省检察机关还将继续完善升级全省智慧检务工程建设，积极推进大数据在司法办案、检察办公、队伍管理、检务保障、检察决策支持、检务公开和服务等领域的深层次应用，立足实际打造具有龙江特色的智慧检务“拳头”应用，进一步提升检察业务管理科学化、现代化水平。

（黑龙江省人民检察院　王树春　许　强）

浙江省杭州市提高医保经服务水平 办打造便民利企优质服务

为贯彻落实党中央、国务院“放管服”改革精神，按照国家医疗保障局统一部署，杭州市国家医疗保障局坚持以人为本，不断提升医保经办服务水平。目前，网办事项中医保 7 类大项、39 个办事事项全部实现网上办、跑零次、即时办，办理承诺期限在法定期限基础上再缩短，实现了“数据多跑路，群众少跑腿”的目标，杭州医保群众满意率长期处于 99% 以上。

一是以制度规范为抓手，系统性建章立制。成立“最多跑一次”领导小组，陆续出台《杭州市医疗保障局关于深化“最多跑一次”改革工作的实施意见》《杭州市基本医疗保险、大病保险、医疗救助“3+N”报销结算联办“一件事”“最多跑一次”改革实施方案》《杭州市医保市域经办一体化业务专班工作方案》等文件。全面落实跑零次、即办件比例、承诺时限压缩比、一证通办比率、网上办比率、掌上办比率、材料电子化比率等“最多跑一次”事项涉及医保的 7 大核心指标体系。借助打造诚信体系建设的契机，建立了容缺受理、个人承诺等制度，优化办事流程，精简办理环节。

二是以智慧医保建设为亮点，实现资源数据共享。市属 11 家公立医疗机构及区属社区卫生服务机构等全市 253 家医疗机构全面推广“医后付”“信用就医”系统。依托“城市大脑”推广应用电子病历，在医疗机构间互通共享病历信息，在方便参保人员和医务工作者的同时，有效加强医保监管。以“一证通办”为手段，积极推进数据“全归集、全打通、全共享”，通过杭州市公共资源数据交换平台，实现了包括公安、人社、民政、残联等在内的多部门数据共享，可直接通过调用平台接口实现跨部门办理事项。2019 年以来，为办理户籍迁移、居住证办理、残疾职工申报等 19 个需参保证明材料的事项，相关部门日均调用接口达 1.64 万人次。

三是以“跑零次”为目标，提升便捷办事体验。通过技术创新和流程再造，借助移动平台大力推广线上“网上办”“掌上办”，同时通过在支付宝开通查询医保信息和转移个账资金等功能、在微信公众号实现规定病种备案等，实现群众“掌上”淘宝式便捷办事体验，省内率先开展门诊慢性病长处方工作。与民政、人社、退役军人事务管理等部门密切配合推进公民个人全生命周期“一件事”改革。2019 年 5 月已实现跨省异地就医业务区域内互办，群众可在长三角地区 4208 家定点医疗机构直接结算异地就医门诊费用。特治特药备案、出国（境）带药备案等事项，可直接由就诊医生端完成，提升了就医群众体验。

（杭州市医疗保障局）

安徽省亳州市企业联办服务平台

一　建设背景

习近平主持召开中共中央政治局会议，指出要加大对重点行业和中小企业帮扶力度。2019 年 10 月 23 日，国务院总理李克强签署国务院令，公布《优化营商环境条例》，其中规定："政府有关部门应当按照国家有关规定，简化企业从申请设立到具备一般性经营条件所需办理的手续。"为深入贯彻落实党中央、国务院优化营商环境的决策部署，简化企业开办流程，解决企业开办难题，亳州市立足"互联网 +"，在优化网上申请营业执照的基础上，国内首创"企业开办一件事"模式，率先实现公章免费刻制，建成"企业联办服务平台"实现了企业快速开办，为优化营商环境、服务经济发展提供了坚实支撑。

二　平台简介

亳州市"企业联办服务平台"是依托安徽政务服务网亳州分厅，按照"网上统一受理、一表式填报、后台分发"的原则建设框架系统，形成一次告知、一次表单、一次联办、一次办好、线上一次登录的"一次办"基础平台，实现企业开办一网通办。通过对企业设立登记、公章刻制、银行开户、税务票种核定申领、人社信息采集等环节进行企业开办流程再造，实现统一受理。在办理工商营业执照的同时采集公章刻制、银行开户、税务发票申领、人社信息采集等环节的申报材料，实现信息一次录入多处使用，避免多次、重复填报数据。目前可应用于 38 类市场主体（包括企业、个体工商户、农民专业合作社等）的注册登记，实现了数据壁垒向数据共享转变、序时审批向容缺审批转变、被动办事向主动服务转变、碎片化服务向一体化服务转变。

三　运行情况

2019 年 8 月 26 日，亳州市"企业联办服务平台"正式上线，全面覆盖安徽政务服务网亳州分厅的市场主体注册登记入口，服务全市三县两区行政区域化内的 600 多万人口。截至目前，亳州市"企业联办服务平台"的企业开办率为 86.75%，其中，谯城区 92%，涡阳县 88%，蒙城县 78%，利辛县 67%，高新技术开发区 96%。

四　创新做法

（一）实施流程再造，提供组合式、定制化办事服务

在全面梳理企业开办所需办理事项的基础上，搭建了“5+X”可配置的系统架构，即5项企业开办基本要素（注册登记、公章刻制、发票申领、银行开户、社保登记）+183项后置审批（如食品经营许可、烟草专卖许可等）。联办平台先固定配置5项基本要素，再根据群众需要开办的企业类型，自动组合门头店招、食品经营许可、烟草专卖许可等后置审批，形成一套完整申报页面，群众可根据实际情况自主勾选可办事项，让群众随时办、随地办、随意办，变被动申请为主动服务，变碎片化服务为一体化服务。目前，企业联办服务平台已上线超市、饭店、中药材门店、网吧等企业类型38个，通过流程再造群众办理企业开办现场跑动次数从5次减少到0次。

（二）创新审批模式，推行串并结合、容缺受理

在保证流程合法有效的前提下，一是将注册登记作为企业开办的核心要素，单独串联办理，其余事项全部并联办理，最大程度缩短企业开办流程。二是针对有前置要素的事项，如房产中介资质认证要求先进行劳动用工备案等，实行容缺办理，即先受理申请，进行审核，在前置要素事项办结时再最终办结，最大程度缩减企业开办时长，办理时限由原来的5个工作日压缩至1个工作日以内。

（三）推进信息共享，实现部门审批便捷、群众体验最优

联办平台对接了企业注册登记、公章刻制、社保登记等系统，实现电子营业执照、企业人员信息、身份证以及公章章模等数据互通共享，推进审批结果互认，将群众原来需要重复提交的营业执照、身份证、从业人员信息、经营地址等材料整合去重，最大限度地简化了表单要素和申报材料，申请材料由12份精简至1份，减轻了部门审批工作量和群众申请繁杂度。目前，公章刻制、银行开户、社保登记、税务登记等事项已实现“零填报、零上传”。

（四）推行全流程网上办理，让开办企业“零跑腿”“零成本”

依托汇集的数据资源，推动企业开办5项基本要素事项实现全流程网上办理，变线下办理为“不见面”审批，让数据“多跑路”、群众“零跑腿”，有效避免了人为因素，消除了权力设租寻租空间，从根本上杜绝了行政不作为、乱作为和“吃拿卡要”的不正之风。我市与10多家刻章公司达成合作协议，将平台生成的刻章任务平均分配到刻章公司进行公章刻制，刻章公司3个小时内完成5枚公章刻制后通知EMS收件，企业1天内即可收到新办公章。产生的费用由政府承担，群众无须支付刻章和邮寄费用，实现了企业开办“零成本”。自平台上线以来，全市通过平台新开办市场主体10063户，节约企业费用905.6万余元。

（五）加强安全认证，确保实名实人实证

联办平台通过实名认证、电子签名、授权许可、网上留痕等功能，建立了全方位的安全认证体系，保证了申请人身份和材料的有效性；通过审批结果和电子营业执照等电子证照的实时共享，保证了数据的安全可靠，让群众申请到人到事，让部门审批安全放心。目前，38 个类型的企业开办集成服务均上线了电子签名功能。

五　取得成效

2019 年，亳州市搭建“企业联办服务平台”，推动企业开办“一次申请、一表填报、一套材料、同步办理”，实现企业开办 5 项基本要素 1 个工作日内办结、“零跑腿”“零成本”，在全国率先进入企业开办“1”时代，有效激发了市场主体活力，进一步优化了营商环境。自 2019 年 8 月 26 日上线以来，全市通过平台新开办市场主体 10063 户，平均每个企业开办用时 5.4 小时（工作时）。2019 年 11 月 4 日，国务院办公厅印发《关于对国务院第六次大督查发现的典型经验做法给予表扬的通报》（国办发〔2019〕48 号），对安徽省亳州市搭建企业联办服务平台实现企业快速开办的做法给予了通报表扬。

（亳州市数据资源管理局）

安徽省亳州市推行“互联网＋公积金”　擦亮高效便民金招牌

党的十九大报告多次提出，要树立以人民为中心的发展思想。近年来，市住房公积金管理中心以市政府推动部门信息互联互通为契机，大力推行“互联网＋公积金”模式，把公积金业务搬到网上，放在云端，实现住房公积金缴、提、贷、查等 30 余项业务全部纳入网上办理，做到了“一次上网，一次办结，一网通办”，既做到了“以人民为中心”，方便了群众办事，又节约了社会成本，提高了工作效率。

一　推深做实简政放权，进一步释放服务活力

我中心认真梳理公积金业务办理所需的要件、名称以及相关要求，对于多余的、能从部门间信息共享的等证件、证明进行删除，建立起公积金公共服务项目清单，最大化地让办事群众免受各种证明材料的困扰，也不用在各部门来回奔波，既节约办事时间，又节约办事成本，大大提升了办事群众的幸福感和获得感。2020 年 5 月 11 日，我中心根据亳州市司法局《关于全面推广证明事项告知承诺制的通知》文件要求上报了证明事项告知承诺制目录清单，全面推行证明事项告知承诺制，是持续深化我市“放管服”改革、开展“减证便民”工作、优化营商环境的又一有力举措。可以进一步从制度层面解决群

众和企业办事难、办事慢、多头跑、来回跑等问题，改善营商环境，提高了为缴存职工办事服务的能力。同时,文件规定了“申请人确有严重不良信用记录或曾经出具虚假证明，骗取过许可证或有关机关颁发的其他证照，这类人不能作为告知承诺制适用的对象”。试点探索失信惩戒模式，依法建立申请人的诚信档案和虚假承诺的黑名单制度，并完善“一处失信、处处受限”的联合惩戒机制。完善的负面清单和惩戒机制是让“证明事项告知承诺制”在正确轨道上运行的必要条件。相信只要在实践中不断总结完善，“证明事项告知承诺制”在今后必会发挥更大作用，推动政务服务更加精准化、精细化，让群众办事更加方便、快捷。

二　优化服务流程，打造公积金服务金字招牌

2017 年 12 月 26 日，市住房公积金管理中心贯彻落实住建部《住房公积金基础数据标准》《住房公积金银行结算数据应用系统与公积金中心接口标准》“双贯标”工作，并顺利通过住建部专家组验收，标志着我市公积金提取到账进入“快时代”。基础数据贯标使年度审计转变为实时审计，由传统的人工定期审计转变为由业务系统进行实时预警，防范了各类风险，确保了资金安全。中心结算应用系统正式上线运行后，成功与各业务委托银行对接，实现每日对银行专户流水、业务流水和财务流水进行交叉对账，从而确保了业务账、财务账、资金账三账合一。同时，结合“中心自主核算，委托银行办理”的特点，采用“网厅前台录入，中心后台审批”的业务办理模式，通过结算应用系统进行直联支付，让资金“秒速”到账，改变了过去由银行网银支付，时间长、手续多的现象，实现了提速增效。

2019 年 3 月 25 日,我中心率先在“皖事通”App 上线公积金提取,群众仅需“上一次网”就可轻松办理住房公积金提取业务。群众办理公积金提取业务时，在“皖事通”App 上进行人脸识别或者选择声纹认证，认证成功后，进入公积金页面点击“我要提取”，点击“提交”即可办理住房公积金提取业务，既方便又快捷。同时借助“双贯标”工作，实现了公积金提现实现“秒速”到账。

异地转移接续平台是针对公积金异地转移业务，由住房城乡建设部牵头，建立的全国性平台。通过该平台公积金缴存职工在转入地中心设立住房公积金账户并缴存住房公积金后，到转入地公积金中心申请即可将自己在异地缴存的公积金转入现公积金账户。我市于 2018 年 7 月 1 日正式接入平台，2019 年 7 月 29 日正式开通了公积金异地转移接续直连业务，实现了中心核心业务系统与平台无缝对接，使异地转移业务更加高效安全。异地转移业务由以往使用住建部 Web 客户端办理改为在中心公积金业务系统中直接办理，通过全系统接入，实现了客户数据异地转移与资金支付实时操作，减少审核及人工操作步骤，优化办理流程，提升服务效率，缩短办理周期，真正实现了“账随人走、钱随账走”。

为贯彻落实《中共安徽省委安徽省人民政府关于进一步做好新时代退役军人服务管理工作的意见》等文件精神，扎实做好退役军人住房公积金缴存工作，我中心为退役军

人专项岗位缴存公积金建立“绿色通道”，实行专人专项负责制，指定专人负责谯城区25家退役军人专岗用人单位公积金账户开设、缴存业务指导等工作，并就其缴存公积金存在的问题提供解决办法。此举切实维护退役军人公积金缴纳权益，让缴存公积金的退役军人享受住房公积金制度带来的益处。

三　信息通用共享，破解信息“孤岛”

市住房公积金中心深入落实“三个以案”警示教育精神，坚持问题导向，“刀刃”向内进行整改，通过“群众提”“自己找”等渠道梳理查摆自身存在的问题，发现公积金账户跨县区合并业务，职工必须到公积金账户转出地才能办理，如职工从涡阳县调到蒙城县工作，办理公积金账户合并时，该职工必须到涡阳县公积金管理部办理，跑腿跑路、耗时耗力，给缴存职工带来很多不便。市住房公积金针对查摆出的问题，建立“四个清单”，扎实推进整改，优化业务流程，打通数据“堵点”，破除信息“孤岛”，让缴存职工自主选择在亳州市本级、涡阳县、蒙城县、利辛县任何一个公积金管理部门，就近办理住房公积金合并业务。实现了住房公积金账户跨县区合并转移业务实现“全城办”“就近办”，解决跨县区账户“合并难”问题。

自2019年8月12日整顿以来，市本级和三县管理部共完成16笔跨县区合并公积金业务，大大提升了市住房公积金服务效率，极大便利了广大的缴存职工。

四　加强业务协同，确保资金安全

资金安全是整个公积金正常运行的生命线，资金运营风险主要来源于公积金贷款和提取带来的风险，我中心积极应对，审慎思考，制定出资金安全“两套环”。第一环为窗口审理环，窗口人员在接收到申请材料时，运用信息比对系统，逐项核对，若发现不一致立即退回并提示修改，减少利用虚假材料顶替真实材料进行骗取骗贷的现象；第二环为稽核环，稽核科利用大数据平台，对网上审批通过的业务进行抽查，对波动较大的数据进行核查，对问题整改结果进行复查，确保资金运行数据都在监控之下，资金运行风险达到安全可控。另外，针对不同逾期贷款情况，逐一分析制订催收方案。一是对于开发企业或其他债务纠纷逾期的，我中心会同受托银行上门催收，争取借款人主动还款；二是经下发催收通知后仍不还款，对开发企业未交房的，按照三方协议，从开发企业保证金中予以扣划；三是借款人有公积金结余的，动员借款人办理用公积金对冲还款；四是借款人判刑入狱，逾期较多，确无还款能力的，依法启动诉讼程序。

五　构建公积金服务体系，念好“一字诀”

为了做好做优公积金服务，我中心大力推进办事材料目录化、标准化、电子化，完善网上预审机制，优化在线填报、受理、审批等环节，全面推行“前台一网受理，后台一次审批、窗口一门出件”工作模式，念好“一字诀”，实现了“一窗受理、一网通办、一次办结”，整合公积金三十余项业务上线安徽政务服务网，本辖区缴存职工通过一张网就能实现所需的公积金业务的办理。办事群众自网上上传业务必需资料后，由专人进行材料的审查、核准与核发，不经第二手，不产生推诿扯皮的现象。以“用一次就办成”的服务标准，贯穿业务办理全过程，保证办理不中断，服务不间断，直至业务全部办结为止，推进“互联网＋公积金”、建设政务服务“一张网”，是一项关乎全局、势在必行的重大任务。亳州市住房公积金管理中心坚决贯彻落实中央、省、市部署要求，顺应人民群众期盼，着力补齐政务服务“短板”，不断提升公积金服务水平、擦亮公积金服务金招牌，让群众办事更便捷，创新创业更顺畅，让政务服务更智慧，努力把亳州市住房公积金管理中心建成全省公积金体系中审批事项最少、办事效率最高、投资环境最优、市场主体和人民群众获得感最强的管理中心之一，让各类市场主体在亳州大地能够创业愉快、兴业愉快、发展愉快、生活愉快。

（亳州市住房公积金管理中心）

“一化三通”破孤岛——江西政务数据共享的探索与实践

政府数字化转型是推进国家治理体系和治理能力现代化的重要路径，但实现政府的数字化转型非常难，其中“破除信息孤岛”一直是比较难解决的问题之一。近年来，江西认真贯彻落实省委、省政府决策部署，紧紧围绕政府治理和政务服务改革需要，以大数据的思维深入推进“互联网＋政务服务”，大力推动政府数字化转型，全力以赴破除“信息孤岛”，统筹建设一体化的数据共享体系。具体而言，江西省在建设电子政务尤其是推进政务数据共享方面重点开展了以下工作。

一　提高工作认识——做到三个坚持

江西省电子政务发力技术支撑、数据保障和平台建设，在工作中主要提高了三个方面的认识。一是坚持“五统一”原则。在推动平台和数据建设上，坚持统一组织领导、统一规划实施、统一标准规范、统一云网平台、统一安全管理。二是坚持“五化”方向。在推进政府数字化转型上，坚持技术平台集约化、业务协同化、平台标准化、数据共享化、服务人性化。三是坚持三措并举。在赋能政务服务上，坚持“破孤岛、推共享、促应用”三措并举，即三个点上都要着力。

二　完善工作保障——建立四大机制

强有力的机制保障是推进政务数据共享的基础，为加快推进政务数据共享，江西建立健全了四大机制，这些机制为全省政务数据共享跨越式发展提供了良好的组织机制保障。一是建立高位推动机制。成立由江西省常务副省长任组长、省政府秘书长任副组长，省政府各部门主要负责同志为小组成员的江西省推进政务数据共享工作领导小组，统筹领导全省政务数据共享工作。二是建立技术评审机制。严格信息化项目审批，由江西省信息中心牵头对省级信息化项目进行技术评审，要求新建信息系统必须依托政务云部署，系统数据必须可共享，从源头上避免新的重复建设和“信息孤岛”。三是建立业务培训机制。强化业务培训，提升各地各部门技术人员业务水平，保障共享工作高效推进。针对省直各部门和各地市政府，先后组织了多次大规模业务培训。四是建立工作调度机制。建立数据专员机制，每个省直部门确定1名数据专员，专职协调本部门数据共享工作。建立数据专员日常联系渠道，每周调度工作进展，每月通报任务完成情况。

三　强化导向指引——坚持三个导向

一是坚持问题导向破孤岛。通过分析政府数字化转型中存在的互联互通难、数据共享难、业务协同难等“三难”问题，认为“信息孤岛”是制约信息资源共享、互联互通和业务协同的核心点。因此，江西省政府专门出台了《关于加快推进全省政务数据共享的工作方案》,把“破孤岛”和“推共享”作为核心点来推动,具体提出“一化三通”路径，实现基础平台集约化、系统通、数据通、应用通。

二是坚持需求导向推共享。将共享需求分为两类，一类是个性数据共享需求，另一类是共性数据共享需求。把个性数据共享需求放在数据交换平台上，部门之间的数据并不汇集，而是让部门之间通过一定的规则进行共享；对于高频的数据，则是落地到省大数据中心，经过治理后由省大数据中心为所有部门提供数据服务，并提出了“三定”路径，即定人员、定清单、定数项。

三是坚持效果导向促应用。数据共享的成效最终还要体现在服务的给付上，通过平台和数据来再造流程，优化办事流程，简化办事材料，强化业务协同，实现跨部门、跨地区、跨层级、跨系统的数据共享和应用，从而实现“数据多跑路、群众少跑腿”。

四　注重实践效果——落实“一化三通”

（一）推动“集约化”，稳步推进“迁网上云”

一是推动专网非涉密信息系统迁移至政务外网。推动在专网运行的非涉密信息系统向政务外网迁移，逐步取消现有业务专网。目前，江西省民政、生态环境、林业等部门专网均已基本完成迁移工作。二是全力推动新建信息系统“上云”。完成江西省商务厅重要产品追溯管理系统、省司法厅仲裁信息管理系统、省教育厅教育教学信息化系统等102个新建信息系统依托政务云建设，据测算，相比分散建设和运维，节约省财政资金投入17.8亿元。三是逐步推进原有信息系统“迁云”。完成江西省农业农村厅“农机购置补贴辅助管理系统”、省人社厅“绩效考核管理信息平台”、省财政厅“行政事业单位资产管理系统”等 118 个原有省级信息系统向政务云迁移。

（二）推动“系统通”，快速打通“信息孤岛”

一是上门调研“摸清家底”。组织调研小组赴省直各部门调研，掌握各部门“信息孤岛”现实情况，编制印发《2019 年全省政务数据共享工作要点》和《2019 年省直部门政务数据共享工作任务分工表》。二是强化共享交换平台核心枢纽地位。不断完善平台功能，扩展平台覆盖范围，在省市县三级部署 71 个交换中心和 990 个交换节点，接入 1400 多个政务部门。同时要求涉及数据共享的政务信息系统必须与数据共享交换平台实现对接。三是省级“信息孤岛”全面打通。聚焦“一年内打破信息孤岛”目标,编制任务清单，明确责任分工，列出清单挂图作业，对进展较慢的部门实施集中办公，现场逐个系统对接，逐项任务核销。目前，江西省直部门“信息孤岛”已全部打通。四是市县“信息孤岛”基本打通。以打通省级信息孤岛为基础，全面向市、县推进，开展市县“信息孤岛”攻坚战，坚持每周调度一次、每月考核两次，加大推进力度。目前列入 2019 年计划的市县两级 427 个“信息孤岛”已全部打通。

（三）推动“数据通”，归集共享数据资源

一是推动数据共享。组织各地各部门在数据共享交换平台注册目录、挂载资源，并在数据开放平台向社会公众开放数据资源。目前，省数据共享交换平台共挂载数据资源 9902 个，其中国家级 1817 个、省级 703 个、市县级 7382 个，这些数据资源累计被调用 3.2 亿次，实现交换 314.2 亿条；省数据开放平台向社会公众开放 72 个数据资源目录，15 万余条数据。二是推动数据归集。建成了人口、法人、电子证照、公共信用、投资项目、社保、纳税等 8 个高频数据共享库，可提供 274 项服务，截至 2019 年年底，已为各地各部门提供身份信息核验、法人信息核验、个人证照查询等高频数据服务 1400 余万次。三是制定标准规范。强化技术统筹，为系统互通和数据共享创造技术条件，编制出台了目录编制、接口对接、平台接入等 17 个技术标准规范，作为江西省地方标准实施。

（四）推动“应用通”，加快推进政务应用

一是以数据共享提升政府治理能力。江西省发改委通过共享 14.6 亿条信用信息为公众提供 1.6 亿次信用服务；税务部门通过共享信用信息对 A 级纳税人提供免除认证、“绿色通道”激励措施;省民政厅通过共享公安、人社、税务、住建、银行等多个部门的数据，为社会救助审批提供数据核验，累计核对 508 万人次；省扶贫办通过共享 8 家 2000 余万条扶贫数据，为精准识别建档立卡贫困户提供支撑。二是以数据共享支撑跨省异地办事。推动赣浙两省在全国率先实现身份证、户口簿等 11 本证照跨省“亮证”，为 110 万名在浙江西人、4.7 万户在赣浙江企业提供跨省网上办事便利。三是以数据共享推动业务流程优化。通过数据共享和流程优化，把企业的备案办理时间大大压缩，实现全程网办。企

业备案办理平均时间由 5 个工作日缩减为 3 个小时，平台已完成 25574 个项目备案；企业注册登记实现“网上办、不见面、快递送”。四是以数据共享支撑“互联网 + 政务服务”。推动政务服务“网上办”“掌上办”，通过数据共享重点支撑政务移动平台“赣服通”建设，截至 2019 年年底，已实现 6738 个政务服务事项掌上办，115 个电子证照掌上查，就医、上学缴费等掌上缴，实现“手机一开，说办就办”，累计点击数达 2.78 亿次，注册用户突破 1000 万人，日活平均人数 20 多万人。

此外，“赣服通”上线事项数量和证照种类全国第一，并在全国第一个实现跨省数据共享应用；实现省市县三级覆盖，成为全国第二个实现省市县三级掌上政务服务全覆盖的省；使用面广，每 4 个江西人就有 1 人在使用“赣服通”，在同类平台中位居全国第三。2019 年 11 月，江西省打造“赣服通”的典型做法被国办通报表扬，11 月 15 日李克强总理到江西视察时还专门听取了工作汇报并给予肯定。在新型冠状病毒肺炎疫情防控方面，“赣服通”更是大放异彩，紧急上线疫情服务专区和复工复产专区。疫情服务专区于 2020 年 1 月 31 日正式上线，截至 3 月 2 日，访问达 516.3 万人次。其中 128 名专家在线接诊 13674 人，AI 机器人服务 268704 人次，智能问诊服务访问量累计 108124 人次。截至 3 月 2 日，复工复产专区已累计访问 204.7 万人次，累计申报复工复产备案企业 7411 家，完成备案 2579 家；累计企业入驻招聘 86 家，发布职位 102 个，已有 819 名用户报名求职；累计申领电子通行证 54919 张；累计开通线上开具复工证明的企业 146 家，开出复工证明 229 条。同时，江西省疫情防控应急指挥部重点防控物资调配保障组，通过“赣服通”采取线上线下相结合的方式，向市场分两批先后投放 3100 万只口罩，面向全省销售。江西居民通过“赣服通”提交预约信息，选择指定药店或邮政配送，等待摇号中签，即可到店购买或等待邮政配送口罩。

（江西省信息中心）

河南省“掌游中原　老家河南”智慧小程序项目

河南省是中华民族历史文化的重要发源地，拥有丰富而深厚的历史文化资源，其地下文物、馆藏文物、历史文化名城、重点文物保护单位数量均位居全国第一，是中原文化旅游大省。全省共有 A 级景区 511 家，其中，5A 级景区 13 家、4A 级景区 165 家、3A 级景区 230 家。

为加快促进“互联网 + 旅游”融合发展，加速推进旅游从传统服务业向现代服务业转型，河南省强力推进智慧文旅发展。2018 年，在全国率先确定了景区智慧化评价标准，对景区的智慧化水平进行钻级评价，2018 年评选出 30 家钻级景区，2019 年评选出 39 家智慧景区，并对其进行表彰，极大激发了全省智慧旅游的建设热情。在线咨询、在线预订、在线支付、电子讲解、智能导航和一键救援等服务在 A 级景区广泛应用，全省智慧旅游“连线织网”的条件日趋成熟。

为进一步降低智慧文旅建设的门槛，加速提升中小景区的智慧化水平，增强不同旅游要素单位之间联动能力，真正让游客“一机游”，2019 年 9 月，河南省文旅厅联合蚂蚁金服正式启动“掌游中原　老家河南”智慧小程序项目。

一　项目目标

一是综合运用移动互联网、大数据、LBS 和物联网技术，集合河南旅游全生态，将省、市、景区及配套服务无缝衔接，打造有河南特色的、最具实用性的“一机游”。

二是以游客为本，通过简单易用的小程序，打通“吃、住、行、游、购、娱”全链路，切实解决景区营销、服务、管理三方面痛点，全面快速推动全省智慧旅游高质量发展。

三是通过“互联网 +”赋能河南实现全省旅游服务智慧化、形象统一化、旅游数字化，为河南智慧文旅发展构建新平台，为全国智慧文旅发展探索新思路。

二　项目创新点

（一）“自下而上”的自运行机制，更具活力

“掌游中原　老家河南”智慧小程序项目，最大的创新之处是发挥市场的内生力量，通过采用“自下而上”模式，即从终端（景区与游客角度）“生根”，再自然“发芽”，生成省、市级平台，使上级平台内容可从下级平台内获取，订单服务直接下发到景区后台，省级平台几乎无维护工作量，也无须配备运营人员。以“大平台，轻投入，轻运营”的模式代替传统“大平台，大投入，重运营”的模式，让项目更具有生命力。

（二）“小投入，快部署”的建设模式，更具效力

“掌游中原　老家河南”智慧小程序项目为打破传统智慧建设周期长、成本高，建设赶不上需求，应用赶不上变化的尴尬情况，通过菜单式服务，为景区提供 30 套行业解决方案、12 套景区通用模板、30 多种可选功能。一个景区投入几万元，一周的时间就可实现电子化购票、快速入园、地图导览、语音讲解、信用租赁、信用游玩、咨询投诉、文创商城、智慧餐饮、智慧酒店等一系列功能，构建“吃、住、行、游、购、娱”的旅游服务闭环，快速实现从 0 到 1 的智慧化跃进。

（三）“大平台，轻运营”的运行体系，更有合力

“掌游中原　老家河南”智慧小程序项目落地景区，直接为游客提供入园服务，通过景区平台直接向上传输旅游数据，政务信息也可通过平台高效触达景区和游客，完成平台引流、数据回流的闭环。为政、企、民沟通搭建了桥梁，拉近了政府、景区、游客之间的距离。

（四）"小程序，大支撑"构架体系，更具潜力

河南省文旅厅与蚂蚁金服进行战略合作，通过对游客行为的收集和分析，为游客提供个性化内容和服务推荐，完成对景区服务和运营方案的调整。同时，辅助政府决策和景区规划，利用支付宝城市服务频道、支付宝首页千人千面合作位、会员频道、花呗、惠支付、支付结果页等定期和不定期的大流量曝光活动，从顶层赋能营销，解决景区无流量、不知如何营销的问题。寻求河南旅游发展最优解，最终实现游客、景区、政府三方共赢的形态。

三　项目实施效果

（一）驶入智慧升级快车道

"掌游中原　老家河南"智慧小程序项目于2019年9月正式启动，截至12月，仅3个多月，就完成河南116家景区智慧化服务升级改造，用户无须下载安装就可实现应用"触手可及"，游客只需扫一扫或搜一下即可打开应用，一键生成桌面入口，大大提升游客体验，降低景区开发的成本。项目一经推出，便引发社会广泛关注，新华网、《中国旅游报》、大河网、新华财经、快科技、《河南日报》、河南政府网、创视网、映象网讯等数十家媒体对此宣传报道。

（二）打开河南营销新思路

阿里巴巴集团从顶层赋能流量，先后开展了国庆活动、"双十二"活动，累计66家景区参与，为游客带去实惠，受到游客好评。不仅可利用开放的城市服务频道、支付宝首页千人千面合作位、会员频道、花呗、惠支付、支付结果页等大流量曝光，景区还可结合自身的门票、线路、特产、优惠券、文创商品等参与活动，提升游客消费。

（三）拓展数据应用新方式

随着技术迅猛发展，基础建设日渐完善，各景区的信息化应用水平不断提升。将分散在各景区的客流数据实时、准确地接入省厅产业运行监测调度平台，为景区客流预警提供数据支撑，是加快推进信息整合共享工作的重要组成部分。小程序矩阵的建设，为省厅即时、精准的数据采集提供了新的渠道，为旅游大数据分析和应用提供了新的方式。

下一步，河南省文旅厅将借助阿里巴巴集团的大平台、大生态，以"掌游中原　老家河南"智慧小程序为便民利器，深度结合蚂蚁金服的信用体系、支付体系和大数据体系，全面释放大数据价值，提升全省智慧文旅的服务能力和旅游形象，最终打造数字河南、信用河南、绿色河南，让更多的人行走河南、了解河南、爱上河南！

（河南省文化和旅游厅信息中心）

郑州市“智汇郑州”青年人才服务平台

郑州市“智汇郑州”青年人才申报补贴工作，是郑州市委、市政府着眼培养国家中心城市，建设后备人才队伍，吸引优秀高校毕业生赴郑州创业的一项重大举措，是推行“互联网＋政务服务”、实现“以人为本、便民利民”的一项便民化改革服务。系统建设和业务梳理围绕群众眼中的“一件事”，通过流程再造、数据打通，实现了国家和省级数据共享交换平台与教育部、公安部和省、市各部门直接跨层级、跨部门数据共享，实现零见面、零资料，着力解决了减环节、减材料、减费用的问题，让人民群众有了“获得感、幸福感”；作为郑州市政务服务率先上线运行的跨部门联动、跨层级数据共享的“一件事”，有力推动了郑州市政务服务事项跨部门、跨层级、跨领域集成办理、场景式服务改革创新。

一　建设内容

系统投入使用前：办理“智汇郑州”青年人才申报补贴需要由本人前往现场提供身份证原件、户口本原件、社会保险参保权益单、社会保障卡、毕业证书原件、学位证书原件、学籍验证报告、学历证明8项原始纸质材料。经过真实性核查以后，由窗口工作人员代为办理青年人才申报补贴申请。申请人需要携带大量纸质材料，如有疏漏则无法正常申报，常常出现前往不同部门多次跑腿的情况（见图7-1）。

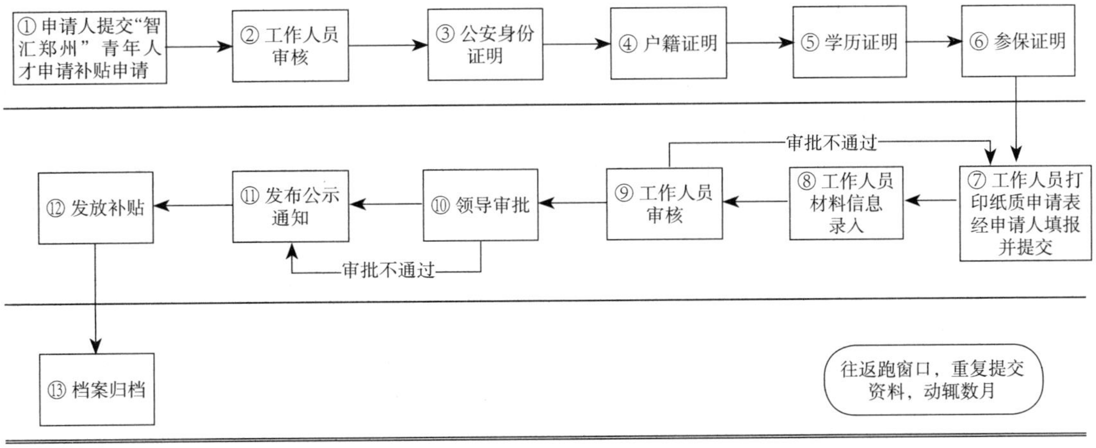

图7-1　“智汇郑州”青年人才申报补贴申请线下业务流程

系统投入使用后：申请人无须提供任何纸质材料，不必前往办理窗口，无须输入任何信息，只用点击手机，3 步即可完成申请。系统需求充分考虑通过移动互联网，方便服务对象使用智能手机的实际，依托国家共享交换平台和河南省共享交换平台，共享调用公安部人口数据信息、教育部学历信息数据资源、人社部社会保障卡和河南省、市社会保险参保数据信息资源，形成了 3 部委、6 部门的跨部门、跨层级数据共享和联合协作，让数据多跑路，申请人少跑腿，消除了人为因素，使得郑州市“智汇郑州”青年人才申报工作申请受理变得高效、真实和便捷。据了解，这是全国首批通过国家数据共享交换平台获取教育部学历信息用于跨部门、跨层级业务开展的服务型应用案例。同时，为深入探索“放管服”重点改革领域，数据共享后，郑州市人力资源和社会保障局将申请环节由 13 步压减为 3 步，申请人由多部门往返跑变为零见面、零材料，办理时间压缩至 24 小时即刻办理、限时办结，大大提升了事项经办的便民利民水平。

二　系统技术架构

“智汇郑州”青年人才服务平台采用面向服务的 SOA 分布式架构，主要由平台应用、基础资源、服务支撑、基础设施及后台管理等构成。平台主要分为设备层、数据层、服务层、业务层、表现层。其中“智汇郑州”青年人才服务平台应用层满足用户对平台服务的需求响应，基础资源层作为平台重要数据的提供及管理，业务支撑层对系统各类资源进行统一调配与管理，基础设施层提供系统基础性能保障，后台管理对线上平台的资源、安全、服务、用户等进行管理与配置。基础资源、服务支撑、基础设施及后台管理等构成如下。

数据层：以数据保存为核心，建立分类数据库，实现信息资源的整合、共享和统一管理，为信息流、业务流和知识流的一体化集成提供数据基础，为安全管理提供信息服务。经过统筹规划、统一标准、分工协作，建设数据库群，分为基础数据、人才知识数据库、证书信息数据库、国家人才信息数据库、国家重大专项数据库，实现信息资源的整合和共享，避免重复建设和标准不统一造成的资源浪费。

服务层：为整个系统提供技术支撑，主要包含服务引擎、界面框架、统计分析引擎、报表服务、数据仓库组件等各种服务引擎和服务策略，为业务处理提供专业化的组件服务。为了提高平台的扩展性，以模块化和契约组合的方式提供服务，每种服务可单独使用，也可随意组合，使平台更加灵活易用。

业务层：为了便于管理和业务关系，平台挂接多个业务系统，实现“智汇郑州”青年人才服务平台的各个功能，主要包括人才信息采集平台、申报进度管理平台、政府协助服务平台、数据管理及服务平台。通过用户接口，为不同的用户提供信息查询和交互服务，并通过信息采集传输网关实现安全档案数据采集和各个环节数据传输与共享。

通信层：平台通信采用 SSL 据传输协议，引入区块链技术，利用区块形成链进行数据存储，用密码学机制保障数据的存储和传输安全，利用加密算法、共识算法保证数据不被篡改和伪造，提供高效、安全的数据交互通道。

表现层：平台支持各种数据展现和交互方式，可实现门户网站、项目研究、人才管理、人才引进、办事服务窗口、政府公告等各个系统的友好的用户界面，为公众用户提供统一了解“智汇郑州”青年人才服务平台的窗口，方便公众更全面地了解“智汇郑州”青年人才服务平台，从而提升“智汇郑州”打造制造强市的综合服务能力。

平台使用“Hadoop+R”的大数据解决方案，通过对人才户籍、学历、年龄层次、所处行业、所学专业等多维度人员属性结合当前政策标准，创建属性分析模型及行为事件分析模型，通过综合分析形成分析报告供政府决策、政策调整及平台优化。

平台自 2018 年 1 月上线至今，通过大数据分析报告，主管部门对当前人才政策进行了 6 次不同层次的调整，对平台业务流程进行了 3 个大版本的迭代，为引入青年人才提供了坚实的决策和技术支撑。

三　以“互联网 +”突出人才队伍建设的业务创新

“智汇郑州”青年人才服务平台自 2018 年 1 月上线以来，至 2020 年 4 月，共申报青年人才生活补贴 50267 人，其中人才窗口申报 11776 人，线上申报 38491 人。学历构成方面，本科学历占比 56.99%，硕士学历占比 38.42%，博士学历占比 4.59%。毕业院校构成方面，省内高校占比 59.97%，省外高校占比 37.16%，国外高校占比 2.87%

“智汇郑州”青年人才服务平台的开发和应用，将为政府内部管理提供梳理工具和过程管理水平衡量尺度，为外部“智汇郑州”运营塑造和提升品牌形象。为引入青年人才提供政策保障、技术支撑，“智汇郑州”青年人才补贴系统技术的引用，使青年人才生活补贴管理摆脱了传统人工窗口审核涉及部门众多、手续烦琐、等待时间长等各种困扰，精简化申报补贴的渠道，使“智汇郑州”青年人才足不出户即可接受郑州政策的红利，使得郑州聚集人才数量与质量大大提高。

“智汇郑州”青年人才服务平台的应用，促进了对引进人才的申请单位、单位类型、经办人、职务审查等环节的数字化管理，使设定范围内所有用户单位的质量安全信息智能化、管控全程信息化、数据处理智能化、信息传输网络化、评估预警模块化、监管服务程序化。

（1）加大对高端人才档案管理、财政补助投入、“智汇郑州”青年人才生活补助发放过程的全程监控，使全市高端人才监管达到全覆盖、无遗漏，及时发现并处理违法违规行为，提高对“智汇郑州”青年人才引进项目齐抓共管、联合行动的快速反应能力和综合监管水平，有效提升了财政资金的使用效率，使监管工作实现跨越式发展。

（2）通过“智汇郑州”青年人才服务平台城市服务、小程序等多方渠道采集获取的“智汇郑州”青年人才生活补助申报个人基本信息、检测检验等环节的数据，自动为每个“智汇郑州”青年人才绑定唯一的身份证标识，使用户利用扫描二维码、手机短信、网站查询等方式随时获取到智汇郑州青年人才生活补助申请过程、审批使用、检测结果等信息，出现后期问题，可实现源头追溯。

（3）提高审核数据的统计分析及时性和准确性，通过信息收集制作更规范的检验报告，彻底改变以往靠人工制作、费时费力的状况，提高检测的效率和质量。

（4）加强“智汇郑州”青年人才安全预警能力。根据系统当前和历史的检测数据，比对预先设定的最低需求数、行业稀缺人才、科研项目、行业短板等指标，综合分析判断某一行业、某一领域、某一检测地区的青年人才分布情况，对于异常情况做出预警提示，便于监管部门及时发现问题，及早采取应对措施，避免发生较大的“智汇郑州”青年人才流失事件。

（5）建立信用评价体系。通过使用对受检用户的各种审核数据，参照审核要求、公安系统、学信网等指标自动生成申请人申请生活补助等级，便于监管部门及时对用户的安全登记状况做出评估，同时也为奖惩措施提供了科学的依据。

（6）通过互联网技术的新型“智汇郑州”青年人才生活补助“无接触模式”的推广应用，强化过程监控管理，降低“智汇郑州”青年人才生活补助生产各个环节的成本。

四　城市汇智效益突出

城市人才竞争同质化日趋明显，人才政策边际效益递减弱化，各城市不仅比拼优惠政策，更比拼政策落实的速度与温度，比拼发展环境的软实力。为高标准实现政策落地，市委市政府召开了落实“智汇郑州”人才政策动员会，安排部署工作，明确任务，夯实责任。搭建“智汇郑州”青年人才服务平台就是落实引进人才的主要举措，通过跨部门、跨层级数据信息自动对接比对、业务协同，申报手续实现 3 分钟办理完成；开通了网上申报系统，可以通过支付宝、微信上传相关资料，真正实现让“数据多跑路，人才少跑腿”。2018 年 11 月，青年人才生活补贴“一件事”作为典型案例，在国家发改委，向政务信息共享整合推进组做了专题汇报和现场演示，得到领导和专家们的一致好评，充分肯定了郑州在政务信息共享整合上的创新成果。

（一）初步优化了郑州市的人才结构

政策实施两年来，引进高素质各类人才（团队）235 个，集聚各领域创新创业领军、紧缺人才 500 余位。其中，引进两院院士 12 人，高级专家 43 人，长江学者 6 人，海外知名企业或研究机构领军人才占人才总数的 1/3，在引进高端人才的数量、质量和结构上，实现了历史性突破，优化了郑州市的人才结构。

（二）提升了郑州市的创新能力

在新引进的人才（团队）中，创业领军团队 33 个、创新领军团队 27 个、团队成员共 256 人；创业领军人才 29 人、创新领军人才 15 人、创业紧缺人才 24 人、创新紧缺人才 9 人，有力推动了郑州市创新驱动战略深入实施。目前，国家大数据综合实验区现已入驻郑州的企业超过 100 家。已成立中科院郑州研究院，引进轨道交通技术研究院、中航军民融合产业研究院、中科院电工所郑州分所等众多高层次科研院所。已建成并投入使用的创新创业载体面积超过 700 万平方米，进驻企业超过 2600 家，其中高新技术企业近 400 家、科技型企业近 680 家。

（三）引育了一批具有引领性、战略性的大企业、大项目

高层次人才引进给郑州市带来了一大批其有引领意义的高端项目。引进的专家团队在荥阳市启动建设石墨烯创新产业园区的项目，已经初步建成了年产 50 吨的制造中心，并带动吸引很多下游企业向园区集聚，初步形成了应用产业链和产业集聚带。引进的专家团队在航空港实脸区的“靶向肝癌药物及内肝药物研发”项目，对生物医药产业的培育起到了战略支撑作用。随着人才新政的实施，合晶科技、意昂神州、上汽乘用车基地等一批重大项目进驻郑州市，以电子信息、汽车与装备制造为代表的战略支撑产业集群效应正在形成，以航空港实验区、经济技术开发区为标志的新的增长板块拉动作用不断显现。以郑东新区为带动的金融集聚、高端服务集聚功能不断提升，优化了郑州市的产业布局。

（四）提高了郑州市的美誉度和影响力

郑州市委、市政府在郑州国际会展中心举行高规格“智汇郑州”人才政策发布会，面向全球发布人才新政，施一公等 8 位“郑州人才特使”亲临现场接受聘书。《人民日报》、新华社、中央电视台、凤凰网等近 50 家媒体现场采访报道、直播，有关报道点击量超过 3 亿，百度相关搜索结果 222 万篇。郑州市人才办、人社局等 9 个涉及政策落实的市直单位共受理咨询电话 5500 多个，微信服务平台综合点击量达 323 万人次，开创了郑州市人才发展的崭新局面，提高了郑州市在国际国内的影响力。

（五）增强了郑州市的综合实力

郑州市“十二五”期间，郑州的综合竞争力在全国 294 个城市中由第 54 位前移至第 19 位，创新创业环境在全国 100 个地级市中由第 16 位晋升至第 9 位。在经济下行和环境治理压力持续加大、困难因素不断增多的情况下，第三产业在经济中的比重稳定在 50% 以上，工业中六大高耗能产业的比重持续下降，高新技术产业增速达到 12%。

（郑州市电子政务中心）

湖北省武汉市自然资源和规划信息中心（武汉市自然资源和规划档案馆）数字档案室建设

数字档案室建设是适应信息化发展要求机关档案室的“升级版”。2015年10月，武汉市自然资源和规划局被列为首批全国示范数字档案室建设试点单位，该局所属事业单位武汉市自然资源和规划信息中心（武汉市自然资源和规划档案馆）[以下简称“信息中心（档案馆）”]负责承担建设任务，相关处室分工配合。项目建设历时4年，累计投入经费1000多万元，按照建设“全国示范数字档案室”目标，从组织建设、基础设施建设、应用系统建设、数字档案资源建设、保障体系建设和工作亮点6个方面统筹安排、多方联动、分工协作、合力推进。2020年1月在国家档案局组织的专家评价会上，与会专家一致认定该项目达到全国示范数字档案室建设水平。武汉市自然资源和规划局成为全国自然资源系统中第一个副省级和湖北省首家通过“全国示范数字档案室”建设验收评价的单位。

一　做法与经验

（一）突出重点，建设应用系统

2005年，武汉市自然资源和规划局数字档案室开始建设该局机关档案管理系统，2014年建成覆盖全局的“两级联动，三级应用”城乡一体化国土规划专业数字档案馆，实现数字档案接收、保管、利用和统计。2018年，武汉市自然资源和规划局数字档案室对数字档案管理系统进行升级改造，全面优化档案接收、管理、保存与利用功能，通过整合档案管理系统与局政务平台，新增公文与业务电子文件在线归档功能，实现电子文件自动分类与保管期限鉴定、文件格式自动转换、元数据自动捕获与著录、四性检测与自动OCR识别等。数字档案管理系统的不断改进和完善，为数字档案室建设奠定了良好的基础。

（二）夯实基础，建设基础设施

数字档案室机房达到国家B2级标准，全市8个区（分）局、2个开发区分局、10个局属事业单位和69个基层国土所与市局互联互通。数字档案室配备专用虚拟服务器约30台，专用SAN、NAS在线存储设备10套（总存储量达670TB），建立本地数据容灾系统及磁带备份系统，确保档案数据安全。数字档案室办公终端、打印复印、扫描仪等辅助设备配备齐全，有效支撑数字档案室日常工作。

（三）持之以恒，开展资源建设

2007年，信息中心（档案馆）稳步推进纸质档案数字化建库工作，逐步推进所有存量档案数字信息采集与建库；建立“随办随归，随归随扫”档案收集与整理工作机制，实现数字档案资源数据实时动态更新，馆（室）藏档案 100% 数字化；新版数字档案管理系统投入使用后，实现增量档案电子化，文书、不动产登记业务、照片、录音、录像等类别档案采集、整理、归档实现全电子化。同时，武汉市自然资源和规划局数字档案室初具规模，集中管理全局系统各门类档案案卷级和文件级目录数据库、全文数据库，实现数字档案资源的集中统一管理与整合共享。

（四）强化保障，建立安全体系

信息中心（档案馆）会同相关处室建立健全了 20 余项数字档案室管理与数字信息安全制度，构建了一套完整的制度保障体系。按数字档案室建设要求，结合工作实际，制定了 7 大门类电子档案元数据方案、电子文件分类方案，完善了电子文件在线归档和电子档案管理规范、电子档案利用、电子档案鉴定与销毁、电子档案安全保密、档案数据备份、应急管理等安全管理规范与制度，为电子档案收集、管理、保存与利用工作提供了统一的标准和规范。

二　应用与成效

（一）提升档案数字化率、电子化率

局机关室藏档案实现存量档案 100% 数字化、增量档案电子化，各区（分）局室藏存量档案 90% 以上数字化、增量档案电子化被纳入工作议程，全局不动产登记档案电子化率达 100%。截至目前，局机关室藏数字档案总量达 17.5 万余件（卷、张、盘），集中管理各区（分）局各门类全文档案达 529.5 万件 / 宗（58TB），房产移交历史档案 680 万卷（55T）。

（二）转变档案管理思维

档案管理思维从实体档案管理思维向数字档案管理思维转变，从片面的数字观念向连续、可信的数字观念转变。档案人员积极转变思想观念，遵循电子档案生命周期及规律，着重设计电子文件流转、归档与管理流程；重视前端业务系统产生的电子文件规范性问题，并通过技术与标准结合的方式，确保电子文件流转各环节的元数据信息完整、齐全、安全、可用。

（三）升级档案管理方式

档案管理方式从手工管理向系统管理转变，从后端管理延伸至前端管理并向全生命周期管理转变。档案人员逐渐适应在线移交、在线归档、在线查询、在线服务等系统管理方式；档案管理系统延伸至前端业务系统，从电子文件到电子档案，从业务系统到档案管理系统，各个环节和过程可追溯、可验证。

（四）提升档案管理效能

数字档案室归档工作实效性、档案整理工作效率与电子档案质量不断提升。随办随归、实时在线归档工作机制使归档时限缩短、分类与著录去人工化、重复数字化率降低，整体工作运行成本与人力强度大幅降低；电子文件全流程管理避免了电子文件遗漏或缺失，保留电子文件原始性与数字连续性，保证了电子档案真实性、完整性、可用性和安全性。

三　特色与创新

（一）以统一为原则，加速市区档案工作一体化建设

依据组织架构模式和实际业务需求建设，采取区域性集中式的总体架构进行设计，通过建设统一平台、构建一体化系统，系统涵盖了各门类档案，涵盖了电子文件生命周期的全过程管理，涵盖了档案接收、整理、保管、监督、指导、鉴定、统计、编研、利用等各管理环节，整体提升了档案信息化水平。

（二）以智慧为理念，促进信息化与档案工作深度融合

积极开展大数据、语义分析与移动互联网等技术的应用，实现了电子文件智能归档、业务档案嵌入式服务及移动数字档案服务等，档案智能化管理初见成效。一是与公文、不动产登记信息系统有效融合，实现电子文件自动检测、分类、鉴定与元数据采集；二是依托智慧武汉·国土空间基础信息平台（一张图）系统，实现基于地理空间信息的图文一体化与空间可视化的业务档案服务；三是借助移动互联网，搭建移动数字档案馆系统，打造不断线档案信息服务模式。

（三）以业务为依据，优化档案管理系统功能流程

结合实际工作，建立“两步走”电子文件归档流程，为系统电子文件流转功能优化提供依据。以公文为例，按照“预归档—正式归档”两步走策略，公文系统增加预归档功能，兼职档案员在公文系统对办结文件进行预归档操作，公文系统实时捕获预归档电子文件及其元数据，档案管理系统自动接收预归档的电子文件及其元数据，并完成正式归档。

（四）以科研为引领，深化档案信息化建设与应用

重视档案科研工作，2014 年“国土规划专业数字档案馆建设”获湖北省优秀档案科技成果一等奖，2016 年“城乡一体化国土规划数字档案馆建设与应用”、2017 年“基于分类主题的国土规划数字档案资源数据挖掘与可视化研究”均获国家档案局优秀科技成果奖三等奖。档案科研工作的不断推进，提高了工作效率，提升了档案资政服务能力，引领数字档案室工作不断向前发展。

“全国示范数字档案室”的建立是新形势下档案工作的新起点，我们将继续解放思想、锐意进取，把数字档案室工作推向更高层次，把建设成果应用到更深处，为自然资源和规划事业做出新贡献。

（武汉市自然资源和规划信息中心
武汉市自然资源和规划档案馆）

湖北省市场监管局全程电子化商事登记

湖北省市场监管局按照省委、省政府“放管服”改革的统一部署，充分利用现代信息技术手段，开展企业全程电子化登记制度改革，不断提升政务服务能力，提高商事登记服务的便利化水平，持续优化市场主体营商环境。

一　主要工作情况

全程电子化登记改革是以“互联网 +”技术为支撑，以实现便利化为核心，实行网上申请、网上受理、网上审核、网上公示、网上发照、网上保存电子档案的全程电子化登记服务模式。

（一）扎实开展改革试点

湖北省实施全程电子化登记前期在宜昌、襄阳试点，成熟后在全省范围内推广运用，经历了以点带面、分步实施的过程。2016 年 5 月 10 日，湖北省工商局在宜昌上线试运行了全程电子化登记系统，并发放全省第一份运用全程电子化登记系统核准的营业执照。通过试点单位的大胆探索创新，形成了可复制、可推广的工作经验，为全省实施全称电子化登记注册奠定良好基础。

（二）完善全程电子化登记系统

省市场监管局通过信息化手段不断创新服务，努力提高商事登记服务便利化水平。办事群众直接通过全程电子化登记系统提交相关资料，通过后台审核后即可通过政务中心服务窗口或者自助打照机打印营业执照，并同时申领电子营业执照。引入在市场上使用广泛的法大大、e 签宝等电子签名服务商，在全程电子化登记系统为办事群众提供安全、可靠、稳定的电子签名服务，通过手机扫脸即可实现在线电子签名，大幅提升了群众办事体验。实现全程电子化登记系统与人民银行武汉分行银行分发系统的对接，企业在设立登记环节即可同步申请银行开户，现在全省已有 14 家省级银行与我局全程电子化登记系统联通。

（三）全面推行企业开办全程电子化

按照“网上办一次不跑”“线下办一次办成”改革思路，千方百计提高企业开办办结率、办成率。自 2018 年 6 月 1 日起，在全省全面推行企业登记全程电子化登记系统，整合公章刻制、发票申领、社保登记、银行开户等事项，申请人可通过湖北政务服务网登录系统，实现企业开办全程“一次不用跑”、所有业务类型全覆盖、所有市场主体全覆盖，走在了全国前列，湖北日报以《三年攻坚，只为不见面》为题作了报道。坚持零收费、无介质，研发建成电子营业执照签发、管理和应用系统，湖北省成为全国最先开通手机版电子营业执照发放应用的省，已累计发放电子营业执照 530 万余份。借助微信、支付宝等第三方平台，企业可以通过手机实时出示、打印和验证营业执照。2019 年 5 月 9 日，全省微信办照系统启用，常务副省长黄楚平赴省市场监管局按下启动按钮，标志着湖北省又一条便利化营业执照办理通道上线。

（四）持续推广电子营业执照应用

推进电子营业执照在电子商务、电子政务领域广泛应用和跨领域互认通用，加快实现“互联网 +”环境下“一照走天下”，为省“互联网 + 服务”“互联网 + 监管平台”提供了 530 万全量市场主体电子营业执照库，湖北省市场监管局是省直部门第一个将全部证照电子化、第一个全量将电子证照共享到政务服务网的单位。在湖北银行开通电子营业执照服务通道，在全国率先探索电子营业执照身份认证、证照共享等功能在电子政务及金融行业的应用。2017 年，实现了企业登记信息与“省政务一张网”数据自动交换。2018 年，又在全国第一个实现了湖北省电子营业执照库与“政务一张网”的对接。2019 年年初，协调省工商局开放了电子营业执照全国库接口，建立了全国电子营业执照认证的省级政务平台，实现了企业身份认证和营业执照共享两大基础功能，为湖北省数字政府建设提供了安全和便利条件。

（五）开设企业开办及注销“一网通办”专区

在省政务服务网建立企业开办和注销网上服务专区，做到“登录一个平台、填报一次信息、后台实时流转、即时回馈信息”，为企业开办及注销提供更加便利的渠道。自 2019 年 9 月 1 日以来，两个专区作为高频办事事项受到了广大企业、群众和省政务管理办的高度关注和重视。两个专区均具备“多事项联办”功能，“企业开办专区”可一次性办理“企业注册、公章刻制、银行开户、社保登记和发票申领预约”等事项；“企业注销专区”可一次性办理“企业注销、税务注销、海关注销、商务注销”等事项。截至目前，已通过专区开办市场主体 11.39 万户，通过专区注销企业 3287 户。

二　主要特点

（一）网上电子签名

申请人通过网上申请、远程签署、领取执照，只能使用网上电子签名。全程电子化登记系统采用法大大、e签宝、中国金融认证中心（CFCA）等数字证书，相关证书经过工业和信息化部认证，保障了电子签名的合法性、安全性。

（二）自动验证信息

全程电子化登记系统集成了全国法人库、人口库、总局名称库等信息，当申请人提交身份证信息时，系统对相关数据进行实时对比，验证签名人身份信息，有效解决了数字证书与签名人之间的身份匹配问题。

（三）资料自动合成

一是自动合成申请文本。申请人在线填报信息后，平台可自动生成内容齐全、格式规范的登记申请资料。凡是录入过的信息，系统均可自动带入，有效避免重复填写。二是自动生成电子营业执照。申请人在网上申报并通过审核后，系统就能自动生成公示版、网页式的电子营业执照，并自动将登记信息推送到国家企业信用信息公示系统（湖北）向社会公示。申请人可网上签收电子营业执照，制作网页链接，方便对外使用。三是自动保存电子档案。登记完成后，全程电子化登记系统可自动生成电子档案，并编制目录和页码，安全存放到湖北市场监管综合业务（电子档案）管理系统，供社会公众查询。

（四）人性化在线导办

为方便申请人快速上手，对全程电子化登记系统进行人性化设计，增强人机对话和便捷化操作，每一步操作都有自动提示；针对申请人录错的信息，专设了电子校验提示，申请人可以按照系统提示逐步进行，大大提升了用户体验。另外，还通过建立QQ群、微信群等服务渠道，提供政策咨询、操作指导、在线答疑等。

三　主要亮点

全程电子化登记改革具有以下几个亮点。

一是零纸张。申请人无须提交纸质申请表及其他证明材料，全程网上在线填报材料、信息自动验证，符合当前提倡的绿色、环保、无纸化政务服务目标。

二是零见面。申请人无论身在何处，只需通过互联网就能提交登记资料，完成网上签名，轻松取得营业执照，让数据多跑路，让申请人不跑腿，大大节省了办照时间。

三是零费用。通过全程电子化登记系统办理企业登记，不需要申请人支付任何费用，全程免费申办营业执照。同时，支持CFCA数字证书认证的银行，均免费向申领人发放U-KEY验证工具，为申请人节省了成本。

四是“一网通办、五事联办”。全程电子化登记系统在办理企业登记的同时，整合了公章刻制、发票申领、社保登记、银行开户等事项，申请人可通过湖北政务服务网登录系统，实现企业开办全程“一次不用跑”、所有业务类型全覆盖、所有市场主体全覆盖。

（湖北省市场监管局）

湖南省协同推进“互联网+旅游监管”

湖南省旅游综合服务平台（湖南旅游监管网）是面向旅游企业、游客、政府搭建的智慧旅游综合服务平台，以物联网、新一代通信网络、智能数据挖掘等现代信息技术提升在旅游体验、产业发展、行政管理等方面的应用。

一　项目目标

围绕旅游产业吃、住、行、游、娱、购六大要素，建立大数据中心和各种应用，将旅游产品供应商、分销商、游客、行政部门联系在一起，打造面向未来旅游形态的智慧服务、智慧营销、智慧管理平台，并在此平台基础上，发展以市场为主体的电子商务体系。

二　服务对象

平台目前在湖南省内平稳运行10余年，覆盖全省14个地州，已纳入2000余家旅行社、500多个景点、5万多名导游、8000多个产品供应商。

系统操作单位用户4000多名，包括大部分的旅行社、一部分景区和旅游车公司、保险提供商，以及旅发委、运管、公安、卫生、质检等监管部门。

三　主要内容

（一）总体架构

总体框架包含数据中心、统一平台、应用端，通过物联网和互联网支撑和连接。

数据中心：平台所有旅游要素的海量信息中心。提供规范、高效的数据服务，实现数据处理、挖掘、充分共享，各子系统间的数据统一接口及数据交换。

统一平台：系统业务处理的逻辑平台。它通过对数据核心层的调用访问业务数据，实现不同的功能模块和子系统，满足不同的业务需求；所有业务功能在此统一平台上得到良好的封装和定义。

应用端：访问平台服务的各终端设备，包括浏览器、App，以及数据采集感知设备或介质，如二维码、传感器。

（二）平台应用

平台应用由产品供应商应用、分销商应用、监管服务应用、游客应用、核心业务系统、电子商务体系等部分组成。

1. 旅行社应用

资料申报、行政审核事项办理。

团队业务处理，行程编辑、导游委派、订房订车、行程预约、购买门票、购买保险，与游客签订电子合同等。

信息查询，大数据分析，帮助旅行社经营决策。创建新媒体渠道，吸引游客主动参与传播和营销。

2. 导游应用

团队业务处理，团队委派确认，接收行程计划、游客信息、资讯。

创建新媒体圈子，吸引游客参与互动、交流，更好地管理团队和帮助游客。

3. 景点应用

资料申报、行政审核事项办理。

团队业务处理，接受团队预报、行程预约、订票，团队签到对证。可与景区系统对接运行，快捷、共享，提升游客体验。

信息查询，大数据分析，挖掘客源、游客兴趣点，帮助提升景区品质和体验。

4. 游客应用

团队验证、导游验证、相关信息查验，签订电子合同、接收团队行程信息、资讯，可对团队行程、旅行社、导游服务做出评价反馈。

通过丰富的物联网、各种信息终端享受便捷服务，参与新媒体互动、分享，提升旅游体验，创新旅游文化。

5. 监管应用

行政审核事项办理：旅游企业申报、变更、评星评级等。

基础信息监管：对涉旅基础信息（旅行社、景点、酒店、导游、领队、车辆）等档案建立、维护、检审及监管。

动态信息监管：实时查询、出境团队审核、团队路上监察、导游委派监管、车辆委派监管、大屏动态监察。

数据对接：与公安、交通、工商、卫生、质检等部门进行信息共享和协作，维护旅游市场秩序。

信息查询、多角度大数据分析，为旅游规划决策提供依据。

6. 核心业务体系

团队业务体系：以团队行程为主线，围绕吃、住、行、游、娱、购六大要素，将旅行社、景区等产品供应商、分销商，以及游客、行政监管在平台中建立业务往来和联系，形成团队业务体系。

散客业务体系：以越来越多的自由行游客为对象，提供行程计划、行程采购、出行、目的地向导等高品质的服务体系。

电子商务体系：团队业务或散客业务将在平台中形成一系列的订单，并完成在线交易（B2B、B2C）。

7. 大数据应用

系统中积累了丰富的游客、经营数据，通过建立分析体系，可掌握游客和团队的动态分布，挖掘旅游热点、客源热点、游客兴趣点。为游客出行规划、旅游营销、管理决策等提供依据。

8. 智慧应用

物联网、云计算、下一代通信网络、高性能信息处理、智能数据挖掘等技术在旅游体验、产业发展、行政管理等方面的应用。

挖掘旅游热点和游客兴趣点，引导旅游企业策划对应的旅游产品，制定对应的营销主题，从而推动旅游行业的产品创新和营销创新。

充分利用新媒体传播特性，吸引游客主动参与旅游的传播和营销，并通过积累游客数据和旅游产品消费数据，逐步形成自媒体营销平台。

增强游客、旅游资源、旅游企业和旅游主管部门之间的互动，高效整合旅游资源，推动旅游产业整体发展。

四　创新点

（一）跨部门协同，共同监管

整合旅游目的地的涉旅部门行政资源，成功实践“综合产业综合抓”，旅游、工商、税务、公安、物价等行政部门均在监管网系统中有相应角色和用户，各部门可通过监管网将旅游服务质量标准、旅游餐饮卫生安全管理、治安管理、价格管理、市场监督等管理执行到位，为共同管理旅游企业和维护旅游市场秩序提供了信息化联动平台，将多个部门的不定期联合检查上升到日常管理联动，实现了综合产业综合抓的工作局面。将《国务院关于促进旅游业改革发展的若干意见》（国发〔2014〕31 号）中“各级旅游行政管理及相关部门要充分发挥职能优势，加强协调配合”的要求落到了实处。

（二）银旅融合

通过整合金融资源，银行依据监管网的数据和相关管理功能给旅行社、景区景点、文化演艺等旅游企业和旅游从业人员提供了信贷支持、短期融资等各项金融服务，加快了金融业和旅游业的融合发展，促进了金融产品创新和服务创新等工作。

（三）团意险创新

整合保险服务，引入专业保险公司，实现在湖南全省（包括武汉高铁站、贵州铜仁机场等行程）的全行程覆盖，最重要的是保险公司在湖南省主要旅游目的地和交通要道的 10 余家重点医院签订了旅游意外紧急救治担保协议，确保游客得到最及时的救助，充分体现了尊重生命的理念。

（湖南省文化和旅游厅宣传信息中心）

互联网环境下的衡阳市自然资源政务辅助审批系统建设

一　建设背景

随着信息化建设工作的开展和推进，衡阳市积累了大量国土空间相关数据以及信息化业务系统，取得了很大成绩，如“一张图”综合监管系统、数字衡阳地理空间框架、一站式管理服务平台等。现自然资源部门改革已基本完成，但原国土和规划部门在不同时期由不同厂商基于不同平台构建了多个系统，且在性能和功能等方面与“互联网+”政务服务需求存在一定的差距，无法实现复杂网络环境下的数据共享交换，对自然资源和规划业务审批支持力度不足。

衡阳市自然资源和规划局于 2019 年开展了基于国土空间基础信息平台的“互联网+”自然资源政务辅助审批系统建设，重构市自然资源信息化基础框架，逐步消除“孤岛数据”和“烟囱系统”。

二　建设内容

该系统以《自然资源部信息化建设总体方案》为指导，结合“多审合一、多证合一”等改革要求，以“自然资源云”为基础，市县一体化的架构，重新梳理了市级自然资源和规划的业务体系，整合了自然资源管理类数据标准，建立了政务辅助审批的数据更新机制。最终建设成一个由自然资源业务审批工作流引擎驱动的符合自然资源服务管理特点的，基于国土空间基础信息平台提供分析服务的智能审批监管应用系统。

三　系统特点

（一）制定管理类数据标准和更新机制

审批系统的核心就是管理类数据的流通。按照测绘数据“谁生产、谁负责”、审批数据“谁审批、谁负责”的原则，在系统设计阶段通过对管理类数据统一组织与分析，覆盖策划、选址、报批、征收、储备、供地、用地、总图、工程、竣工、执法到登记全业务，形成标准规范、要素突出、统一管理的自然资源管理类数据体系，明确面向不同的业务需要什么数据和入库什么数据。

（二）自带图形数据生产及入库

因面向多源数据处理和带图辅助审批的需求，所以面向审批人员开发 BS 控件端协助测绘成果数据在线进入审批图形临时库，支持审批成果在线打印和触发进入审批图形正式库；开发 CS 客户端辅助测绘单位生产，导入测绘数据并调用自然资源“一张图”进行前期的合规性分析。

（三）边界明确的带图审批

（1）建立审批图形库的临时库、正式库和历史库。管理类数据在受理和审批过程中存在临时库中，由产生文号、证号等业务办结动作触发图形更新到正式库。在发生变更调整类业务，原正式库图形数据沉淀到历史库，并保留追溯关系，以此保证了审批图形库的层次清楚。

（2）合理部署内外网带图审批需求。在保证数据安全的前提下，充分利用政务外网审批的方便快捷，在外网部署的国土空间基础信息平台仅加载脱密版的遥感影像、土地总体规划、土地利用现状、生态保护红线、城市总体规划等基础数据，主要提供浏览服务。项目的合规性分析技术性审查由审批中发起，经部署在自然资源业务网的国土空间基础信息平台提供详细的准确的分析报告，其包括 1∶2000 高清影像的鸟瞰位置图和详细图、土地分类面积汇总表、地籍权属信息表等。

（四）面向对象的“五库”分层次管理

以政务辅助审批系统为源头，将审批数据设计为收件库（含身份信息库）、状态库、过程库（含公示库、上会库、上报库）、结果库（含电子证照库）和预档案库。收件库由案卷基本信息、目录、附件属性和附件本身组成，满足“一云一库多应用”架构下的收件资料共享和企业身份信息复用。状态库为案卷办理过程的时间、节点和人员，为群众查询办理进度和省市行政效能监察服务。过程库为办理过程中的阶段性成果，满足门户公示、规委会和储委会的资料提供和阶段性成果入库。结果库由审批单、成果基本信息、电子证照和附图组成，主要服务协同办公和成果利用。预档案库由收件库和结果库按档案标准生成预档案库，推送至档案系统的临时库，以待上架。

（五）引入审查委员会审查

为进一步明确承办科室责任制，避免模棱两可的审批意见。系统为业务流程提供审批要点清单，承办科室责任人必须选择同意或不同意后才能进一步流转案卷，如不同意须做出选择指出具体哪项要点不符合要求。不同意的案卷则自动进入审查委员会台账，局审查委员会成员对该类型案卷进行集中式审查后才能正式判定审批的有效性，其目的就是降低业务人员懒政不作为的事件发生率。

（六）基于关键指标的绩效考核

为进一步真实地考核政务审批的效能，系统采用了短信预警、超时自动移交、多次超时锁卷、大屏在线监控等多种措施外，还面向审批决策人设定了代签（20% 的权重）、超期（40% 的权重）、与审查委员会意见不一致（40% 的权重）三个关键指标，实现按考核时间段按部门考核到人。

（七）自然资源和规划知识库

为助力打造知识型学习型组织机构，及时提供自然资源和规划管理中所需的知识。利用内容引擎一方面采用网络爬虫抓取互联网上与自然规划相关的信息到知识库，另一方面工作人员能创建和收藏知识，并提供知识库的内容审查、分类、检索和打印等服务，保持知识库的不断积累和分享。

（八）基于区块链的电子证照服务

系统除按照《电子证照总体技术架构》等国家标准生产电子证照库外，为进一步保障电子证照共享的可靠性，通过利用区块链技术采集和分析在不同阶段的电子证照数据，在业务审批完成的同时写入区块链，面向社会、部门和系统内分别采用公开链、联盟链和私有链，并附带土地码信息，以满足自然资源和规划许可事项证照的随时获取、随时使用、随时查验。

（九）五个网上在线服务

为积极落实“互联网 + 政务服务”，系统开发了五个网上在线服务，确保政务服务的普惠化。网上受理：面向社会群众，提供湖南政务服务网、市自然资源门户网、微信、移动 App 等多渠道的自然资源和规划业务网上受理，并在系统在办箱标志出来。网上预约：通过与市政务大厅的排队叫号系统对接，实现工作日分时段预约办理服务。网上查询：通过政务系统与门户网站、微信对接，提供事项办理的全过程进度查询服务。网上验证：通过公安人脸识别的登录验证后，利用法人库信息实现电子证照库的实名在线调用和有效性检验。网上支付：通过与财政和金税务系统对接，提供在线支付功能，并返回发票号码、支付金额信息及支付凭证附件。

（十）融合多会议模式

面对自然资源和规划审批中的多会议需求，系统直接内嵌会议模块，可在流程节点中启动或单独启动，为储委会、规委会，专家会、评审会、专题会提供案卷基本信息、附件材料、图形数据、多媒体等多类数据的展示，并支持其他佐证材料的二次录入编辑，其会议纪要成果作为阶段性成果保存进入过程库。

（十一）一地一码协同服务

从项目策划开始由政务审批系统根据地籍区地籍子区数据，按照宗地代码规则生成具有地理空间信息的土地码。该土地码通过业务关联附带继承于土地的全周期，并建立电子证照库与土地码的对应关系。从而可以通过土地码在线查询该块土地范围上的选址预审、报批供应、建筑施工、竣工验收和不动产登记等应用场景的状态和结果，实现土地的线上清晰追溯和监管，从而满足宏观决策的需要。

（十二）接入智慧监管预警

对接基于铁塔公司基站的高清摄像探头，对基本农田、在建工程、违法用地、矿产管理、储备土地等区域进行全天候监控信息采集，并与政务审批监管参数要点对比分析，即时通过短信和微信向城区分局负责人发出预警，并自动下达移动核查任务。这样有效地保护了基本农田和加强土地批后监管，能实时掌握土地现状及整治情况，改变事后管理为事前预测的模式。

四　建设成效

系统在完成顶层设计后边建设边上线，现已完成全业务流程网上带图审批（含移动版），整体审批效能明显提高。系统中完成审查委员会审查 27 件，知识库 90 条，按季度进行个人的绩效考核，在线产生行政许可类的电子证照 145 件，在审批流程中召开储委会、规委会和专题会 36 次，出台了一套自然资源和规划管理类数据标准和更新机制，其收件库和成果库已和多规合一协同审批系统、不动产登记系统内部共享，电子证照库已进入市政务信息资源共享目录并保持每天更新，“互联网 + 政务服务”已开通门户在线受理查询服务，并初步从违法用地、在建工程、基本农田和矿产开发方面中选址 10 个点部署了在线智慧监管等。

下一步我们将继续完善系统，抓紧与省级用地报批、矿产直报和批后监管等系统对接，加快一地一码的辅助决策、全面接入智慧监管预警以及积极推动县级应用开发等，努力建好支撑自然资源治理现代化的信息化服务体系。

（衡阳市自然资源和规划局）

全面推进司法行政信息化体系建设
打造具有珠海特色的“数字法治、智慧司法”模式

为贯彻党的十九大关于网络强国、数字中国、大数据战略部署和中共中央办公厅、国务院办公厅《关于加快推进公共法律服务体系建设的意见》、司法部《“数字法治　智慧司法”信息化体系建设指导意见》，进一步落实广东省司法厅和珠海市委、市政府的决策部署，坚持以人民为中心的发展思想，聚焦助力推进国家治理体系和治理能力现代化，为提升珠海市司法行政信息化建设水平，全力服务粤港澳大湾区建设和珠澳深度合作，为把珠海市建设成为全国最安全稳定、最公平公证、法治环境最好的地区，为全面建成小康社会提供坚强有力的法治保障和优质高效的法律服务，珠海市司法局自 2019 年起启动了新一轮司法行政信息化体系建设行动计划。

一　总体目标

围绕司法行政“一个统筹、四大职能”，构建一体化的“珠海市司法局综合业务大平台”，以“云端司法”大数据中心建设为基础，以“智力司法”人才资源数字化平台建设为支撑，以“5G+ 司法”指挥中心建设为手段，以“智慧司法”公共法律服务平台建设为群众提供便捷、高效、精准的公共法律服务为落脚点（“两中心两平台”），深入推进十三项信息化建设措施，实现“高度协同、资源活化、指挥有力、服务质优”的信息化建设目标，实现珠海市司法行政信息化体系建设“四个统一”。

统一数据中心。建成全市逻辑统一的司法行政大数据中心，实现司法行政全业务数据资源汇集的数据中心和数据互通共享，向全市提供数据服务，并实现业务运行和应急管理的一屏通览。

统一人才中心。建成全市统一的司法人才资源数字化平台，实现司法人才基础信息、业务情况、社会公开信息一库掌握，形成珠海司法人才“智库”，实现司法人才资源科学合理管理与服务，极大地激发人才服务活力。

统一调度指挥。建设可视化一目了然、决策精准科学、全局指挥联动的司法行政指挥中心，实现整体、高效、协同的指挥体系，满足开展警令政令传达、要情信息处理、工作督查巡查、应急协调组织等司法行政业务活动。

统一服务应用。推进智慧公共法律服务应用建设，打造一体化智能化公共法律服务平台，通过规范标准、数据共享、业务协同，让数据多跑路、群众少跑腿，实现全业务、全时空服务，形成覆盖城乡、便捷高效、均等普惠的现代公共法律服务体系。

二　建设内容

（一）建设“云端司法”大数据中心

发挥数据基础支撑作用，强化司法行政数据统筹管理，深化司法行政数据应用。

（1）建设司法行政大数据中心。通过数据资源规范、提取、整合、汇总等手段归集现有司法行政业务数据、政府部门共享数据、互联网公开数据等，再加工、再处理，采取分析建模、数据共享和数据可视化方式，实现司法行政数据资源聚汇通用，为全市司法行政业务及各级司法行政部门开展数据应用提供统一支撑。

（2）建设数据可视化系统。利用 ETL 数据处理、ER 建模工具、可视化组件等技术，结合指挥中心大屏、PC 屏幕、移动端屏幕，对业务现状存在的规模、优势、趋势、瓶颈和盲点进行分析展现，对关键业务流程、质量和效率进行实时监控，对服务用户特征及行为分析展现、对空间信息与监控等数据综合分析展现，实现“一屏知全局”目标。

（3）建设司法行政数据主题库。建立视频资源主题库、特殊人群主题库、风险防范主题库、企业法律保障主题库、涉外法律服务主题库、矛盾纠纷化解主题库等动态更新的主题库，构建数据安全和运行安全监控体系，完善技术防范手段，为司法行政业务运行管理提供数据服务和技术支撑。

（二）建设“智力司法”人才资源数字化平台

为指挥调度与人才画像提供详尽的司法人才资源数据支撑，满足新形势下政府治理体系和治理能力现代化的法律服务人才资源需求。

（1）建设司法行政队伍、法律服务人才资源库。充分利用现有司法行政管理人员、公证员、人民调解员、司法鉴定人员、人民监督员、行政复议人员、律师等信息管理工作的基础数据，构建标准统一规范、详细的司法人才资源数据库，实现司法人才的数字化管理，实现人才“一张图”信息化管理目标。为司法行政队伍考勤、出入境、非编人员、户口、党建等提供信息化管理手段，为对外法律服务提供人员数据支撑，为制定未来法律服务人才发展战略提供数据依据和决策服务。

（2）建设珠海法律服务人才网上超市。以中国裁判文书网权威公开数据，结合本地政府法律顾问、公共法律服务数据、一村（社区）一法律顾问、公益服务数据等，客观反映法律服务人才案件代理情况、擅长业务类型等信息，通过可视化图表信息展示方式形成面向公众的“珠海法律服务人才中介超市”，通过法律服务人才信息的发布，为公众提供客观全面的法律服务人才信息，公众可在线自主选择法律服务需求，后台自动精准推送相关法律服务人才参考信息。逐步拓展实现涉外法律服务律师资源、国际纠纷调解资源、专业性调解资源的在线信息服务，增强珠海市律师在国际法律事务中的地位和影响力，为中国企业和个人“走出去”、为服务“一带一路”建设发展、为涉外经贸活动提供法律服务。

（三）建设“5G+ 司法”指挥中心

以大数据中心和司法人才数据化平台为基础，通过数据分析预警、业务综合协同系统，运用 5G 技术畅通音视频指挥渠道，实现全局性、可视化、扁平化指挥。

1. 建设数据分析预警系统

坚持数据“采集、汇聚、研判和应用”相结合，充分发挥大数据中心作用，实现数据双向流通，加快现有各业务信息化系统的共融互通与数据汇集，实现有效的实时监测、统计分析和预告警示，为市、区两级司法行政机关研判形势、决策提供可靠数据支撑，通过系统反哺珠海法律在线网、微信公众号、小程序等法律服务产品，进一步提升服务水平。

2. 建设业务综合协同系统

为司法行政日常工作活动提供业务信息（如文字、语音、图片、视频等）日志管理和智能分类存储服务。提供业务数据统计呈现、数据报送、通讯录管理等基础功能。实现司法行政要情应急信息多种方式报送和直报机制，为要情应急信息获取、指挥命令下达提供可靠的手段。实现立法、行政复议与应诉、政府法律事务、行政执法协调与监督、普法宣传、公共法律服务、律师管理、特殊人群管理、综合事务管理等协同模块，开发面向市、区、司法所三级司法行政人员不同角色的账号权限管理后台体系，不断完善人员考勤、请销假、非编人员管理、就餐、会议管理、出入境管理、场所安全、固定资产、物资采购管理等功能，实现一人一桌面、一业务一模块。

3. 建设 5G 视频远程指挥系统

在保持指挥中心现有的司法部视频点名系统、省司法厅视频会议系统、全市司法行政系统重点场所监控视频的基础上，建设 5G 视频远程指挥系统，强化对社区矫正、安置帮教、强戒所等具有应急突发性质业务的指挥管理，为指挥提供可视化的应急处置环境，实现应急资源的信息化管理，实现与现场的实时通信通话，实现音频、视频、现场数据实时传输，实现跨层级、多部门集中协调指挥调度、远程业务培训、会商、远程技术支持、应急呼叫等功能。

4. 建设司法行政指挥云桌面

实现云桌面与数据中心的实时对接，PC 端与移动端数据资源同步更新，及时将相关信息推送到移动设备，呈现相应的运行态势、监测结果、各类报表、统计分析、预警提醒等，打造领导指挥“驾驶舱”，做到全局数据随时知晓、全局动态随时掌握、全系统人员随时调动。

（四）建设面向政府司法行政管理和面向群众提供公共法律服务的“智慧司法”应用平台，补齐全业务信息化建设短板

1. 进一步提高立法、政府法律顾问和行政复议的信息化水平

一是建设规范性文件合法性审查系统。线上支撑现有的文件备案审查的工作程序，实现在线提交、在线审查、智能制文、自动盖章生成回函、自动发回申请单位等功能，实现关键环节短信即时提醒，审查工作全部结束后电子存档留痕并同步存档、同步发布，

文件到期自动提醒。建设规范性文件库，将现行有效的文件库电子化管理，按权限供有关单位、社会公众查询等。二是对接政府法律顾问工作和政府合同备案系统。实现对全市政府法律顾问人员信息的动态化管理，通过日志管理形式实现对会议类和办文类政府法律顾问事务的呈现功能。三是建设行政复议在线辅助应用。依托“珠海智慧司法”小程序，新增行政复议申请书模板在线下载与智能生成，解决“申请书难写”和复议机构遇到的“申请书不规范”的问题，提供业务分析研判和相关统计分析展示。

2. 进一步提升公共法律服务信息化水平

一是建设“珠海智慧司法”小程序、珠海法律在线，实现公共法律服务业务一口对外，按照应上尽上的原则，整合可利用的网络法律服务资源，实现法律咨询、人民调解、公证、司法鉴定、法律援助、行政复议、律师服务等业务的集约化进驻，提升在线服务能力，构建“珠海人指尖上的公共法律服务超市”。二是建设全市统一公证业务系统。依托珠海市“云端珠海”司法大数据中心，实现全市公证行业信息共享，实现五家公证处数据互联互通、文书互认、公证协作，监测“同一件事多头公证”现象，推动在线公证、自助终端办证建设，解决珠海市公证机构无法进驻“粤省事”小程序等技术壁垒、解决公证系统与遗嘱公证平台数据互通与数据核查、解决公证历史数据的平稳迁移等堵点问题。三是实现全市人民调解案件数据统一监控、管理，系统实现各级数据报表统计分析，无须再逐级上报数据报表。四是建设司法鉴定示证系统。联合公安、法院、检察院联合发文确定电子司法鉴定意见书服务管理新模式，通过多部门互认，通过可信技术手段实现电子司法鉴定与纸质司法鉴定同等效力，为当事人或者委托司法机关实现在线查询，探索与法院委托鉴定的衔接新机制，司法鉴定审批、业务服务情况实时呈现。

3. 进一步提高特殊人员管理信息化水平

一是加强社区矫正信息化工作。结合《中华人民共和国社区矫正法》实施后的社区矫正管理方式，创新应用信息化管理核查新思路新方法，基于“珠海智慧司法”小程序开发社区矫正专栏，实现定位管理、行为轨迹，远程报告、信息核查、教育学习等日常管理功能，实现后台的即时管理与预警。实现与“粤矫通”App 无缝对接，实现数据一次输入多应用之间互通共享。积极推进与公安、法院、检察院、监狱等政法部门的互联互通、数据共享、业务协同，探索社矫大数据分析，将社区矫正全过程实时展现。二是加强刑释人员安置帮教管理系统数据应用。对全国刑释人员安置帮教管理系统和广东省社区矫正管理管理系统二次开发，实现社区矫正对象管理的线上监督，实现解矫与安置帮教工作的无缝对接。三是对接戒毒所信息化工作，实现与戒毒所系统互联互通。持续保持对戒毒场所的远程监管，确保戒毒所重点区域、戒毒学员的在线监管，提高突发事件的信息化处理能力。

4. 充分结合区域特色创新公共法律服务新举措，打造指引清晰、便捷高效的场景化服务专区

搭建珠澳深度合作法律服务专区、搭建横琴法律服务专区、搭建高新区法律服务专区、搭建在线中小企法治体检服务专区、搭建在线农民工欠薪求助法律服务专区、搭建5G 普法活动专区。

三　主要成效

近年来，珠海市司法局推动司法行政信息化工作持续升级，特别是“两中心两平台”上线以来，逐步形成“数字法治、智慧司法”的信息化新格局，为推进全面依法治市、推进治理体系和治理能力现代建设提供有力的支撑。

一是基本打通了四级信息壁垒，实现全市司法行政数据汇聚互通共享，解决了多年来纵向省垂业务系统和横向自建业务系统数据烟囱林立以及数据“只上不下”的局面，建设全市统一的数据中心，成为全省司法行政大数据中心的重要节点，不断满足全市司法行政数据应用基础支撑。

二是整合了全市司法行政队伍和公共法律服务人才资源，通过对全市 5000 多名司法行政队伍人才和公共法律服务人才的信息资源集中统一入库管理，实现人才基础信息和相关属性数据一张图管理，为制定未来法律服务人才发展战略和服务资源科学精准调配提供数据依据和决策服务。

三是全市司法行政管理能级大幅提升，通过整合各级司法行政数据资源，建立数据中心、指挥大屏、业务协同小程序、司法行政云桌面等应用功能，构建形成一体化的“珠海市司法局综合业务大平台”，实现数据共享、可视化呈现、动态管理、指挥顺畅，为领导决策、资源布局、精准高效指导提供有力支撑。

四是公共法律服务更加便捷、高效、精准，以需求为导向，完成一体化的公共法律服务小程序和珠海法律在线建设，实现群众法律需求随时随地可问、可查、可办，线上线下结合的全流程闭环服务，强化服务背后的各业务信息化应用支撑，并构建公共法律服务档案，实现服务对象画像，实现服务精准推送。

四　未来展望

一是进一步加大数据共享，提高数据量与质，增强数据应用能力；二是进一步发挥人才智慧，完善资源的布局与调配，探索人才评价体系建设；三是进一步完善业务协同和调度指挥，实现全方位、全业务联动局面形成；四是进一步拓宽思路，积极深耕服务功能，不断优化公共法律服务与群众的连接方式，提升群众获得服务的便捷度、实效度；五是运用“科技＋法律”技术，提升服务智能化与业务数字化水平。

（珠海市司法局）

新疆维吾尔自治区深化政务协同办公大数据系统应用　推进数字政府建设

推进新疆维吾尔自治区人民政府网上协同办公系统建设及应用，是在新形势下根据政府工作定位，在新时期通过集约化、系统化协同、政务数据共享推进数字政府建设，为推进国家治理体系和治理能力现代化提供技术支撑的科学决策。2019 年，新疆维吾尔自治区人民政府运用电子政务统一网络全面实现普通公文处理、流转及主要办公业务全流程全员网上办理，实现政务公文数据、资料文档网上查询和共享，自治区政府公文运行及行政事务运转效率明显提高，公文数据统计更加全面准确，在提升政府机关“三服务”水平、提高政府行政效能和治理能力等方面发挥重要作用。

一　主要做法

根据自治区政府专题会议审定通过的《全面提升办公厅网上协同办公应用及信息资源共享水平的方案》（以下简称《方案》），在自治区政府主要领导同志的亲自推动下，自治区人民政府办公厅（以下简称“办公厅”）认真组织，确立了明确的工作目标，成立了以自治区政府主要领导同志为组长的工作协调领导小组，建立了周例会、月联系会、专题会和工作简报等多种形式的工作协调推进机制，优化完善系统，建立并优化了收文办理、发文办理、报告（阅件）呈阅、出行报告、派车申请、请销假、处室周工作台账等 35 个工作流程，以现场演示、上机操作、机关大讲堂等方式大力加强培训，积极做好网络环境及软件配置等相关技术保障，领导带头、处室参与积极开展应用，建设政务公文大数据系统，完善政府公文库、建立办公信息资源库，信息上载和应用工作有序开展，制定了《网上协同办公系统安全保密工作管理暂行规定》《网上协同办公系统用户及数字证书管理办法》等 6 个制度和规范，通过实施办公厅网上协同办公系统升级改造项目健全安全保障体系，完成了《方案》确定的主要工作任务，达到了预期工作目标。在此基础上，以应用效益为根据，解决问题、补齐短板，持续深化网上协同办公应用，进一步完善工作流程及系统功能，努力实现高效便捷的办公信息交换和共享，全面提升协同办公应用水平。

（一）流程优化和制度建立

建立并优化办公厅收文办理、发文办理、报告（阅件）呈阅、请示（报告）批阅、通知发布及办理、信息上载、请销假、领导出行报告、重要文件催办、处室工作台账、考勤 管理等 35 个工作流程，并根据工作中发现的问题对工作流程持续进行优化完善。

为促进网上协同办公应用安全管理规范化制度化，办公厅制定了《网上协同办公系统安全保密工作管理暂行规定》《网上协同办公系统用户及数字证书管理办法》《内部通知（公告）电子化发布管理办法》《信息上载及共享应用管理办法》《网上协同办公系统运行维护管理规范》及《网上协同办公系统办理流程流转提醒规范》等制度，进一步明确了网上协同办公应用安全保密工作责任，对开展网上协同办公应用的计算机终端、用户、身份数字证书（CA-Key）的安全管理，以及内部通知（公告）电子化发布、办公信息上载及共享、流程流转提醒、系统运行维护等工作进行了规范。

（二）系统建设

充分依托办公厅原有网络资源和应用平台，在保障网络和信息安全的前提下，以功能完善、应用全面、先进适用为建设原则，优化完善了网上协同办公系统，建设完善了办公信息资源共享平台，开发了适用于业务工作发展的应用模块和应用系统，探索建设了移动办公平台，打通数据壁垒，实现内部各政务信息系统的高度整合，在自治区政府系统内形成“大系统、大平台、大数据”的架构体系，为办公厅进一步提升办公效率、强化“三服务”职能提供支持和保障。

对自治区政府现有电子政务网络、政务云平台和安全保障体系等进行完善和改造建设，网络和计算能力达到保障全员全流程网上协同办公以及相关政务业务系统安全稳定运行的要求，安全保障达到了符合国家重要信息系统第三等级保护的相关技术标准和规范，确保自治区政府网上协同办公、主要政务业务应用系统、政务办公信息资源共享应用高效安全地开展。

（三）数据建设

完善政府公文库，建立符合国家电子文件标准的政府 OFD 标准版式政府公文的存储查询，方便下载编辑利用。初步建立信息资源库，梳理了可共享的办公信息资源目录，已加载信息 1000 余条，办公信息资源库信息上载和应用工作有序开展。

（四）互联共享，内外协同

打通业务壁垒，促进政府系统各单位办公业务互联共享，推进办公厅内部和各厅局部门及各级政府基于统一技术平台，开展政府业务工作的全流程协同办理。办公厅网上协同办公和信息资源共享交换平台升级改造项目，在规划建设时即提出构建设自治区政府系统统一的网上办公技术平台，充分利用云计算和大数据等先进技术，实现高效地全流程网上办公，便捷地共享办公信息资源，打通办公厅与自治区政府各厅局部门的业务壁垒，完成自治区政府机关普通公文及主要政务业务全流程网上数字化办理，逐步推进实现各级政府系统横向到边、纵向到底的政府机关普通公文及主要政务业务全流程网上流转和办理。目前，已有自治区人力资源和社会保障厅、残疾人联合会，伊犁哈萨克自治州、阿克苏地区、巴音郭楞蒙古自治州等试点单位依托自治区政府统一网上协同办公平台在积极开展各单位内部的网上办公应用。

（五）安全保障

网上协同办公系统在登录认证、用户应用、系统维护等多个方面提供了有效的安全保障管理措施。

系统登录认证安全保障。为保障各电子政务应用系统的使用安全，统一身份认证（CA）系统保证了网上协同办公应用及其他应用系统用户的唯一性、安全性和不可抵赖性。

可信身份管控安全保障。主要实现全区政府系统基于统一身份认证进行可信身份验证，通过权限管理对政务云平台的应用和信息资源进行管控，确保全区各级政府和部门的网络接入用户采用“授权人员可以访问许可资源，非授权人员无法访问任何应用和信息资源”的可信身份授权原则，安全、正常、稳定地开展各项应用。

系统运行管理安全保障。网上协同办公系统在管理上严格遵循三员分立管理体系，即分别设立系统管理员、安全保密管理员和安全审计管理员。系统管理员负责系统的日常运行维护工作，安全保密管理员负责系统的日常安全保密管理工作，包括用户账号管理以及系统所产生日志的审查分析，安全审计管理员负责对系统管理员、安全保密员的操作系统进行审计跟踪分析和监督检查，保证了业务部门数据不能被系统维护部门查阅、调取和删除。

应用及数据安全保障。网上协同办公系统对所有工作流程按照“谁制作、谁负责”的工作原则，提供了完整全面的安全管理。只有流程参与人才有权对本人的文件或信息进行删除，其他人员无权删除；只有流程参与人可以查阅到该文件，未参与流程办理的任何人员都无法查阅；在流程办理过程中，已经转入下一办理环节的流程，其他环节对已做出的建议或批示等内容无权进行再修改。应用层面利用 FC-SAN 架构实现高速数据存储，并部署容灾备份设备，可对应用系统在极端情况下停止服务或运行实现无缝接管，保障系统运行稳定可靠。

（六）组织保障

自治区政府主要领导同志召开多次会议，专题研究加快推进办公厅网上协同办公相关工作。办公厅成立了以自治区政府主要领导同志为组长的工作协调领导小组，领导小组办公室设在自治区政府电子政务办公室。建立了周例会、月联系会、专题会和工作简报等多种形式的工作协调推进机制，及时通报工作进展情况，分析解决工作困难，指导安排下一步工作，确保工作有序推进。

二　突破与亮点

（一）全员参与

已形成包括自治区（省级）领导的全员全流程网上办公局面。截至 2019 年年底，所有自治区（省级）领导、办公厅所有干部、部分自治区政府部门已开展协同办公应用，参与统一网上协同办公平台开展应用的各地各单位配发数字安全证书（U-key）近 2000

个，系统累计网办文件 11000 余件，网办出行报告、派车申请、请销假、处室周工作台账、干部周工作小结、合同审核等流程 9000 余件。

（二）全流程数字化

实现收文办理、发文办理、报告（阅件）呈阅、请示（报告）批阅、通知发布及办理、信息上载、请销假、考勤管理、领导出行报告、重要文件催办、处室工作台账、干部职工每周工作小结、会议管理、派车管理、合同审核、电子大屏信息发布、宣传信息短信发布等 35 项业务流程的搭建和优化，支持自治区政府机关普通公文及主要政务业务全流程网上数字化办理。

（三）矩阵组合工作法

根据自治区政府主要领导同志关于“应用矩阵组合工作法有效提高工作质量和效率”的相关工作要求，构建“并联协同拟稿发文（办文）”流程，主办发文处室（单位）可向多个任务承办处室（单位）发布办文任务，各任务承办处室（单位）同时接收任务，并根据任务要求就文稿的不同部分内容进行拟稿、核稿，实现业务协同、联办文稿、跟踪督办等功能。矩阵组合工作法充分利用现有信息资源，提升各部门协同工作能力，大幅提高办文办事效率，有力增强政务业务办理的精准性、便捷性，提升政府业务工作质量。

（四）政务大数据分析

在网上协同办公系统各类办公和业务工作流程电子化、数据整合和共享的基础上，建设了政务大数据分析系统。系统主要包括多维分析辅助决策、数据图表与业务信息交互等功能，并根据公文大数据分析需求，设计制作了政务公文数据综合分析展示大屏，以图文结合的方式展示了自治区政府及办公厅各类收文、发文和文件办理情况，对政府领导特别关心的国发、国函等重要收文进行重点办理情况分析。同时，数据分析报表还提供了即时查询等功能，满足用户个性化查询的需求。

（五）电子政务运行模式变革

为适应“互联网 +”时代的要求，电子政务工作部门要尽快实现从技术支撑到“流程 + 技术 + 服务”支撑的职能转变，不仅有利于提高政府的履职效能，而且事关全面深化改革总体战略规划。不同于传统业务处室牵头负责业务流程梳理工作，按照自治区主要领导同志委托，自治区政府电子政务办公室全面牵头负责推进各项工作流程优化和改造及协同办公应用推进工作，从技术保障单一职能转变为优化流程、技术保障、综合服务的职能，积极利用网络及信息化技术促进政府管理创新，自治区政府网上协同办公应用取得实质性进展。

（六）需求导向促进应用深化

搭建“线上＋线下”工作平台，紧紧围绕政务工作需求，构筑发现工作需求的“连心桥”，使协同办公系统成为政府各项业务工作高效运转不可或缺的部分。线上通过“网上办公工作意见建议”，收集汇总网上协同办公工作中需改进的问题和努力的方向。强化为自治区领导服务、为部门服务、为各处室服务的意识，线下通过“实地走访＋处处留意”的工作机制，及时发现工作需求，用量变带动质变，持续改进系统功能并深化应用。

三　应用成效

自治区政府网上协同办公系统应用以来，政府公文运行及行政事务运转效率得到明显提高，文件及行政业务工作跟踪督办力度得到进一步加强，公文运转统计数据及应用更加全面准确，多项政务工作取得“提质增效”，系统已成为政务部门日常办公中不可或缺的有效平台。自治区政府网上协同办公应用以“全员、全流程、规范化、持续深化”的特点，受到政府领导、部门及政务人员的广泛好评。

除了已列入首批试点应用的5个地区和单位外，昌吉回族自治州人民政府、喀什地区行政公署等地区和单位也正在筹划依托自治区政府统一网上协同办公平台在开展各单位内部的网上办公应用。自治区政府系统内“大系统、大平台、大数据”的统一网上协同办公平台应用有序推进，运行稳定、安全，效果良好。

自治区政府网上协同办公应用持续深化，应用水平持续提高，自治区政府网上协同办公应用范围及水平在自治区处于领先地位，是少数几家包括省级领导全流程参与网上办公的应用平台，在全国各省区政府办公信息化应用中也位于先进行列。“新疆维吾尔自治区人民政府网上协同办公应用”被中国计算机用户协会评为“2019政务信息化应用创新”优秀案例。

（新疆维吾尔自治区人民政府电子政务办公室）

第八篇

年度发布

黄国栋——最高人民法院信息中心规划管理处处长

黄国栋，男，毕业于山东大学计算机学院，硕士研究生学历。现任最高人民法院信息中心规划管理处处长。

2001—2011 年在总参防化学院工作，2011 年到最高人民法院行政装备管理局工作，2013 年到最高人民法院信息中心工作。长期从事信息化系统总体规划和顶层设计、信息化项目管理、信息化成效评估、人民法院电子卷宗推进指导以及信息化重大会议筹备等工作。主要参与编制起草《人民法院信息化建设五年发展规划》《关于加快建设智慧法院的意见》、人民法院信息化标准、《人民法院信息化项目建设管理办法》《智慧法院评价建设指标体系》等指导性文件。

李响——北京市高级人民法院信息技术处处长助理

李响，男，北京人，1976年6月出生，自2000年7月起在北京市高级人民法院信息技术处工作，现任北京市高级人民法院信息技术处处长助理。

该同志从事法院信息化工作20年，全程参与了北京法院信息化建设，从北京法院第一代审判业务软件系统建设到创建我国电子政务运维服务外包机制，从统筹“信息球”信息化审判管理模式到率先在全国实现司法公开和诉讼服务，从“一库两平台”设计到知识型首都智慧法院建设，亲身经历了北京法院信息化建设应用的全过程。

多年来，该同志以高度的责任心和事业心，参与规划了北京法院信息化建设的顶层设计，并参与编制了北京法院信息化建设的三个五年规划，组织了“天平工程”项目、司法公开项目、诉讼服务中心项目、执行指挥中心等项目的需求论证、架构方案设计和研发攻关工作，主导了“信息球”“北京法院审判信息网”“智汇云”“睿法官”、三屏互动的互联网庭审系统等多个全国开创性的法院信息化应用建设。同时，参与多项全国技术标准的制定和评审工作，对促进审判体系和审判能力现代化做出了重要贡献。特别是近年来，在主导推进分调裁一体化平台建设、全流程电子卷宗深度应用、优化营商环境、区块链存证技术应用等项目建设上成绩显著。

该同志在工作中开拓创新，锐意进取，积极引入新技术进行创新型法院信息化应用建设，坚持勇于担当、善于作为的进取状态，紧紧围绕“最高标准、最严要求、最好效果”的工作目标，见事于早、谋划于先、行动于快、督促于紧、落实于细，努力使北京法院信息化工作走在全国前列。

蔺海波——北京市西城区科技和信息局四级调研员

蔺海波，男，1962 年 3 月出生，在北京市西城区长期从事大数据、信息化等建设工作，具有较高的理论水平和丰富的实践经验，为北京市西城区信息化的理论研究和实践探索做出了积极贡献。组织统筹全区信息化建设，推进智慧城市和大数据应用建设、政务数据资源共享、信用体系建设等工作。组织参与《西城区“十二五”时期信息化发展规划》《西城区“十三五”时期信息化发展规划》《西城区“十三五”智慧城市建设规划及实施方案》《西城区关于推进大数据建设的实施意见》等规划建设。组织制定了《西城区大数据中心技术框架》，组织起草了《数据交换与整合规范》《接口与服务规范》《目录服务及管理规范》等技术规范。

李晓静——北京市朝阳区政务服务管理局党组书记

李晓静，女，现任北京市朝阳区政务服务管理局党组书记。

全面主持实施朝阳区政务服务改革工作，在深化“放管服”改革、优化营商环境方面积极探索推进，推动形成了朝阳特色的政务服务品牌。一是统筹建设了以“1+3+N”模式为顶层设计的“五全六通一张网”全网通平台，涵盖监督管理考评、业务协同办理、网上大厅申报、智慧大厅引导共 4 个板块 21 个子系统上百个功能模块。二是全程跟进朝阳区综合窗口改革，推动新设企业登记、不动产登记、新建简易低风险社会投资项目三个“朝阳模式”落地实施。三是落实了事项集中进驻、“一窗”改革和“一网通办”信息化建设任务，主持开发“朝我说”“朝慧办”等一系列服务平台，各项工作稳步推进、成效显著。四是秉持“小小窗口、满满服务”理念，扎实推进政务服务规范化、标准化建设，形成系列管好管用的监督评价措施，在政务大厅运行管理方面取得了创新性成果。

祖鹏——北京市丰台区人民法院党组书记、院长

祖鹏，男，1974年1月出生，汉族，北京市人，中共党员，法学博士。现任北京市丰台区人民法院党组书记、院长、二级高级法官。先后在北京市高级人民法院、北京市原宣武区（现为西城区）人民法院、北京市西城区人民法院、北京市平谷区人民法院、北京市丰台区人民法院工作，在此期间曾在最高人民法院挂职锻炼一年。在审判工作中紧紧围绕法院中心工作，服务大局、公正司法、锐意创新，为有效推进区域治理、探索智慧法院建设做出了积极贡献。

作为基层法院院长，他高度重视审判工作与信息化建设的融合，带领全院积极探索大数据、云计算、移动互联网、人工智能等科技创新成果，将其运用到司法领域。深入推进电子卷宗随案生成、语音识别系统推广、立案诉服中心、智慧庭审等智慧法院建设。在丰台法院创新构建“一平台＋四大智慧服务”的信息化集成新模式，不断推进智慧审判、智慧执行、智慧服务和智慧管理的信息化应用和建设。

在他带领下，该院率先在法院搭建调解案件流转跟踪平台，开发专门微信小程序及案件管理网站，对调解案件逐案生成二维识别码，在案卷扫描、委托调解、诉调对接、庭室接收等全部节点扫码记录案件流转信息，一案一码，全业务、全流程、全贯通追踪案件去向，法官“扫一扫”记录案件流转信息，当事人“点一点”查询办理进程，实现调解案件全程可视、全程可控、全程可留痕。自2019年3月平台正式上线以来，已生成案件二维识别码30675条、案卷流转扫描65335条，运行成效显著。

该院首创“一站式送达平台”，形成了送达人员团队化、送达流程一体化、线上操作智能化的全新送达工作格局，努力打造法官“一键点击”，六种送达方式全部一站式完成的工作模式。研发智能辅助系统，送达流程“一键操作”，集成了电话、预约、公告等7种集约送达申请方式，可批量处理邮寄送达全部事务性工作。同时，嵌入外出送达App，引入远程单兵指挥系统，集约规划线路、可视化分配任务、送达全程留痕，实现送达流程线上操作“全覆盖”，线下运行“可监控”。大力推广电子送达，应用范围“应扩尽扩”。与115家律所近千名律师签订电子送达确认书，在立案诉服中心大力推广引导当事人选择微信送达，全面拓展电子送达应用空间。2019年，该院民商事案件的公告送达100%线上完成，电子送达39578次，电子送达率达44.9%，外出送达2126次，89%的外出送达实现了线上操作，平均为书记员减轻了60%以上的送达工作量，极大地方便了法官和人民群众。该院民商事案件平均送达周期缩短15天，案件审理周期缩短10天。

2018年，该院信息化建设荣获全国2018互联网＋智慧法院先进单位奖。2019年，该院“一站式送达平台”项目获评2019全国政法智能化建设优秀创新案例，被最高人民法院大力推广，全国百余家法院来院调研学习，群众称赞“跑腿少了，事好办了”。

彭兴宝——北京市密云区政务服务管理局党组书记、局长

彭兴宝，男，1962年2月出生。北京市密云区政务服务管理局党组书记、局长。

彭兴宝同志长期从事经济管理和政务服务工作，具有较高的理论水平和丰富的实践经验，为密云区政务信息化的实践探索做出了积极贡献。曾定制密云区政务服务移动App“密切帮”解决区级政务服务“最后一公里”问题，实现政务服务事项全程网办，给付类事项线上领取等成果。改版密云区政府网站建设，提出“搜索即服务”等先进理念，推动政府网站互动交流智能化进程。利用RPA智能化机器人，解决了政务服务事项审批中二次录入的情况，解放政务人员劳动力，为更好地服务企业、人民群众奠定了坚实基础。

陈宜——天津市高级人民法院行装处信息办副主任

陈宜，女，现任天津市高级人民法院行装处信息办副主任。1989年通过中国计算机软件专业技术资格和水平考试，获得程序员级专业技术资格证书和计算机软件水平证书；1990年调入法院，又参加法律专业学习，获法律专业本科学历；1999年来到天津市高级人民法院新组建的网络筹备组，开始了长达20余年的法院信息化建设和应用工作。从全员计算机知识普及培训到高级人民法院局域网建设，从统筹全市法院二级专网搭建到应用系统开发，从天津法院信息化3.0建设到智慧法院建设，从单一应用到现如今的多网系应用全覆盖，亲身经历了天津法院信息化建设应用的全过程。

该同志有较强的事业心和责任感，以解放思想、实事求是为原则，充分发挥业务和技术优势，将与时俱进、开拓创新精神融入法院信息化工作，在法院信息化建设、应用和管理等方面大胆实践，注重信息化应用成果落地。特别是近年来，组织实施执行信息化、电子卷宗、电子诉讼、数据共享等重点工作，深入推进智慧法院建设，行政审判和执行管理工作等方面成绩显著。

张克——河北省市场监督管理局网信办副主任

张克，男，1968年10月出生，中共党员，现任河北省市场监督管理局网信办副主任。

张克同志注重学习，实现政治素质和政治站位全面提升。始终抓住“学习”这一关键，坚持用习近平新时代中国特色社会主义思想武装头脑，用理论上的清醒确保政治上的坚定。一是读原著、学原文、悟原理，对习近平新时代中国特色社会主义思想有了深入理解和掌握，提高了思想觉悟和政治站位，坚定了理想信念，在思想上、政治上、行动上自觉与党中央保持高度一致。二是增强了党性观念，树立了大局意识，坚定了政治立场和政治定力。

该同志积极作为，在改革中勇挑重担、成绩突出。建设完成河北省法人库，使全省52个部门系统实现数据共享，共享市场主体登记类数据5273369条，异常名录信息、严重违法失信企业信息、双随机检查结果信息等监管类数据11121331条，投诉举报类数据269387条，双随机信息7000余条。国家企业信用公示系统（河北）上线并通过总局验收，企业开办“一窗通”、名称自主申报、企业登记全程电子化、手机办照等建设成果丰硕，特别是在手机政务上创新推出“云窗办照”，成为河北个体工商户登记的一个品牌，将个体办照变得像网购一样便捷，手机端便捷申报、CA“证照签”电子签名，半天内可完成执照办理、邮寄到家，办照实现“零见面、一次不用跑”，一年以来已手机端办理28.9万户，获得了较高的群众满意度。

该同志务实进取，市场监管信息化工作中突出创新理念。推进实施数字市场监管工程，高标准完成了《河北省市场监管信息化建设顶层设计方案》。建设了全省统一的“河北省数字市场监管平台”，年内统一建设运行了全省市场监管OA办公系统，上线河北省市场监管执法系统、河北“12315”投诉举报系统，市场监管指挥中心系统，强化“互联网+政务”和“互联网+监管”的数据共享，河北市场监管信息化不断迈上新台阶。

韩跃杰——内蒙古自治区翁牛特旗人民法院党组书记、院长

韩跃杰，男，汉族，1966年6月出生，内蒙古自治区敖汉旗人。1987年8月参加工作。大学本科学历，现任翁牛特旗人民法院党组书记、院长，三级高级法官。韩跃杰同志把智慧法院建设作为助推法院高质量发展的重中之重，积极向内蒙古自治区财政厅争取专项资金，两年来，共争取投资2510余万元，全面加强智慧法院建设工作。

主要事迹为以下内容。积极推进“两个一站式”建设，打造了集约高效、多元解纷、智慧精准的“一站式”诉讼服务中心，建成“六区、八窗口”，配备了自助立案一体机、诉讼风险评估自助终端等信息化设备。建成模块化机房、信息集控中心、视频监控中心、远程视频调解室、法警装备室以及23个数字法庭，为业务部门安装42部录音电话。将审执工作和信息化技术深度融合，建成电子卷宗随案生成、“智审”、审判质效评估、法官业绩考评等18个智能化辅助办案系统，全年干警使用电子卷宗随案生成系统扫描卷宗6510份，利用智审系统生成裁判文书1360份，案件裁判文书平均撰写时间不超过20分钟，效率提高80%以上，提高了档案规范化管理水平。充分运用“互联网+”技术，打造了赤峰市法院系统首家“微法院”，启动“审务通”移动办公系统，建成网络调解、网上立案、远程视频接访系统等智能诉讼服务平台，切实满足了群众多元诉讼服务需求。

2019年4月，最高人民法院网络安全和信息化领导小组将翁牛特旗人民法院确定为全区首家“全国基层法院信息化建设试点单位”。

马振平——内蒙古自治区鄂尔多斯市政务服务局党组书记、局长

马振平，男，中共党员，现任内蒙古自治区鄂尔多斯市政务服务局党组书记、局长。从事政务服务工作以来，马振平同志将全面提升线上政务服务水平作为深化“放管服”改革的重要抓手，认真钻研、不断进取、开拓创新，为推动全市“互联网＋政务服务”工作发挥了积极作用。

马振平同志紧抓政策辐射和信息化建设带来的利好因素，创新思维理念，探索“典型引路、整体推进”路子，在与第三方科技公司研发升级智慧政务平台的基础上，不断完善智慧政务平台信息公开、网上办事、便民服务、效能监察、中介服务等功能建设，打造了自治区首个覆盖市、旗（区）、苏木乡镇（街道）、嘎查村（社区）的四级政务平台，并实现了与自治区、国家政务服务平台的一体化对接联动。坚持以点代面，推进鄂尔多斯市政务服务“数字化转型”，让“数据多跑路、群众少跑腿”成为现实。在马振平同志的带领下，该平台先后荣获“中国‘互联网＋政务’优秀实践案例50强”“‘互联网＋政务服务’创新应用App”等荣誉。

以人为本的理念、为民服务的情怀，在推进“互联网＋政务服务”进程中，一个更普惠、更贴心、更有温度的政务服务格局正在形成：全市政务服务事项“网上可办率”“一窗受理率”和高频事项“最多跑一次覆盖率”达到75%以上，群众满意率达到90%以上。这组数字已然成为鄂尔多斯市推进政务服务工作进程中的一道亮丽风景。马振平同志将团结带领鄂尔多斯市政务服务人，深入践行“网上群众路线”，广泛运用新技术新应用，以更智能化与个性化的政务服务，继续推进“互联网＋政务服务”，打造“网上办、智慧办”的鄂尔多斯品牌，为鄂尔多斯市改革发展贡献自己的力量。

陈乃权——沈阳市信息中心发展规划部部长

陈乃权，1970年出生，辽宁沈阳人，1993年3月加入中国共产党，1996年毕业于武汉测绘科技大学，获工程硕士学位。先后就职于沈阳市勘察测绘研究院、沈阳市规划和国土资源局信息中心、沈阳市信息中心，现任沈阳市信息中心发展规划部部长，教授级高级工程师，注册测绘师，通过EXIN DPO资格考试。

2018—2019年，负责基于GIS的住房租赁交易服务平台体系建设，获辽宁省测绘科技进步一等奖；城市轨道交通工程测量规范GB 50318-2015参编人员，出版《城市轨道交通工程测量》一书；出版普通高等教育十二五规划教材《工程测量实训》一书；参加城市建设工程规划电子报批数据标准、历史建筑数字化建档等两项团体标准制定。

该同志任职沈阳市信息中心大数据应用部部长期间，全力推进电子证照共享服务平台和数字认证安全管理平台的推广及信息共享；启动智慧沈阳运行管理平台的立项和建设，为领导的科学决策、城市治理提供信息支撑。

顾威——温州市大数据管理局局长

顾威，男，现任温州市大数据发展管理局局长。毕业于清华大学电子工程系，研究生学历，工学硕士，美国印第安纳大学工商管理硕士。曾在中国银行、华夏基金和东海证券等多家金融机构任职。2012年人才引进至温州，先后担任温州市金融办副主任、龙湾区副区长、市金融办主任、市地方金融管理局局长。2018年12月，温州市大数据发展管理局挂牌成立，被任命为局长。

作为首任局长，突出抓好顶层设计谋划。聚集政府数字化转型这一中心工作，按照一张蓝图、一张网、一个界面、一个中心“四个一”原则，制定了温州市政府数字化转型实施方案，谋划编制跨部门数字化应用体系、公共数据治理体系、城市物联网基础设施、5G应用等配套规划，强化资源整合，突出业务协同和数据共享，为今后一段时期温州市政府数字化转型工作提供重要指导。

全力抓好政府数字化应用建设。推动浙江省级“8+13”重大项目全面落地贯通，“互联网＋政务服务”“互联网＋监管”“互联网＋协同办公”、数据共享和应用成效等重点指标位居全省前列。同步抓好本地特色应用创新，启动城市大脑建设，迭代升级“惠企政策直通车”，创新推出“个人信息数据宝”“政务督查掌上钉”等一批应用，取得了超预期效益。2019年浙江省对市政府数字化转型评估得分全省第一。

持续抓好基础平台建设和技术支撑。指导建设机关内部“最多跑一次”改革平台、“一件事”系统，推进市县两级政务App（公众号）清理整合，督促完善政务服务网、“浙里办”“浙政钉”手机App、基层治理四平台、“瓯e办”自助终端、公共数据交换共享等数字化支撑平台，全力做到“让数据跑路代替群众和部门跑腿”。积极推进政府网站规范化建设，工信部中国软件测评中心发布的《2019年中国数字政府服务能力评估报告》，温州市政府网站建设水平位居全国第七、省内第一。

金俊平——江西省信息中心主任

金俊平，男，1967年12月出生，研究员。江西省信息中心主任，被聘为江西省信息化智库专家、江西省人民政府研究室特约研究员、中国信息协会政务大数据专家委员会专家委员。

金俊平同志长期从事经济管理和电子政务工作，具有较高的理论水平和丰富的实践经验，为全省信息化的理论研究和实践探索做出了积极贡献。曾参与制定全省国民经济和社会发展多个五年规划和全省电子政务发展规划；主持开展《基于国产CPU/OS的江西省政府办公信息系统应用研究及示范工程》《实施“互联网+”促进江西经济发展的机遇与对策研究》《江西省“十三五”电子政务发展研究》《江西大数据产业发展研究》等重大课题研究；主持了全省电子政务云、电子政务共享数据统一交换平台、政务服务网、公共信用信息平台、“赣服通”移动政务服务平台等重大项目建设；主持制定了《电子政务外网安全接入平台技术规范》《电子政务云平台资源服务规范》等电子政务技术标准规范。课题项目曾荣获省科技进步奖、创新成果奖、先进平台等奖项，2019年主持开发建设的“赣服通”平台获国务院办公厅通报表扬。

于巍峰——青岛市市场监管局信息中心副主任

于巍峰，男，1996年参加工作，中共党员，现任青岛市市场监管局信息中心副主任。ORACLE OCP认证专家，微软认证的系统工程师，曾多次获得青岛市电子政务先进个人，多次抽调总局参与系统研发并受到嘉奖。曾由人民邮电出版社出版过《Internet与电子商务》一书。参与设计的“基于队列缓存式大数据量交换的网上年检系统”通过了科技局鉴定，鉴定专家一致认为该系统居于全国领先地位，参与研发的大数据鹰眼监测系统多次荣获市级优秀大数据产品、智慧城市优秀解决方案等诸多奖项，“双随机一公开”平台被评为市政务服务优秀解决案例，青岛信用信息服务平台荣获市智慧青岛十佳案例等。2017年、2018年被评选为市局职业道德标兵，2019年被选树为“典型引路”榜样人选。

市场监管局组建以来，先后负责建设了青岛企业开办、注销一体化平台，实现企业登记、公安刻章、涉税事项办理等相关工作的一链办理；智能审批服务系统，实现智能登记微信端，企业登记注册“秒批”事项；风险监管预警系统，实现对食品、药品、特种设备、质量和市场秩序五大领域的风险预警；企业档案电子化管理系统，实现企业自身、律师等相关单位和人员依权限通过互联网不见面查阅企业档案，提升档案电子化管理水平。

盛铎——郑州市电子政务中心主任

2019年4月，盛铎被抽调参加郑州市工程建设项目审批制度改革工作，负责系统建设和应用推进工作，积极主动作为，科学谋划，建成了物理分散、逻辑集中、资源共享的统一平台体系。系统于2019年7月1日试运行，10月8日全市正式运行。实现了工程建设项目从立项到竣工验收的全流程覆盖，确保对审批部门、公共服务部门、中介机构的全方位监管，为郑州市工程建设项目全流程审批时限控制在100个工作日提供了有效支撑。

为持续提升政务服务水平，负责郑州市网上政务服务能力提升攻坚工作，对照国家评估指标体系，列出问题清单，制订解决方案，细化工作措施，各项任务圆满完成。推动政务服务事项“减时间、减材料、减环节、减跑动”，在行政审批制度改革“1、3、7”时限基础上，压缩至 6 个工作日以内；减少群众办事等待时间和跑动次数，市本级行政许可事项时限压缩达到 41.7%。以办事群众和企业的角度重新对办事指南进行逐项梳理，对全市 1389 项依申请政务服务事项办事指南协同各单位完成整改。

负责郑州市政务服务中心信息系统建设运维工作，该服务中心于 2018 年 12 月 19 日开始为群众企业服务，和用户单位紧密协调配合，确保了各类系统安全稳定运行，系统功能得到持续优化完善。

李全民——河南省文化和旅游厅信息中心主任

李全民，男，汉族，中共党员，1972 年 1 月出生，河南省文化和旅游厅信息中心主任，工商管理硕士，信息系统项目管理师。

自 2007 年以来，先后主持开发“河南省旅游目的地营销系统”“河南省旅游云计算平台”“河南旅游行业公共信息服务系统”和“河南智慧旅游开放平台”等在内的多个旅游信息化项目，主持制定多个智慧旅游标准规范。参与数十项国家和省市级信息化方案制定和评审工作，具备较高的信息化理论素养和实践能力。

孙萍——武汉市自然资源和规划信息中心副主任

孙萍，女，大学学历，中共党员，正高职高级工程师、注册城市规划师，现任武汉市自然资源和规划信息中心副主任。

长期从事城乡规划、土地资产与市场监测监管、国土规划信息化等工作，主持完成了多项部、省、市重大项目，其成果成为“智慧武汉”重要建设基础，广泛应用于国土空间用途管制和城乡建设等工作。

近年来主持武汉市第三次国土调查数据库建设及管理信息平台研发工作，构建了“内业预处理—外业调查—市区级审核—数据建库上报”的三调整体协同技术体系，创新性技术方法与手段获得部、省、市好评；主持武汉市土地利用管理信息平台建设，实现了多渠道、多形式、多层级的全市土地利用全生命周期动态监测，为提高土地利用效率、提升土地参与宏观调控及区域经济发展能力贡献了力量；主持闲置土地动态管理系统建设，实现了“要素全管控、过程全留痕、预警全响应、巡查全覆盖、处理全到位”的“五全”闲置土地管理智能化和精准化；主持武汉市国土规划执法监察信息平台建设，建立了“大数据预判、区域施策、精准锁定、快速查处”执法监察技术体系，缓解了巡查执法“人少、事多”、执法工作“要快、要准”的困境，成为全省推广典型。

主持武汉市年度耕地质量等别更新与监测评价工作，建立了2013—2018年耕地质量评价与监测成果，实现了耕地质量等别动态更新以及质量变化定期监测，为耕地数量、质量、生态“三位一体”保护夯实了基础；主持武汉市土地利用现状动态更新与监测工作，构建了全市2009—2018年土地利用时空数据库，实现了土地利用动态监测，为自然资源资产管理、耕地保护和土地集约节约利用等工作提供了可靠的基础底图与底数，两项工作分别获得2018年、2019年中国地理信息产业优秀工程金奖。

主持2018年武汉市政府十件实事既有住宅增设电梯工作，通过创新制度设计、简化程序、搭建全流程信息管理平台，实现市、区、街道、社区四级联动，加强便民服务，破解老旧小区加装电梯难题，获市网群部2018年度办理群众诉求“十大优秀案例”，2019年该项工作作为案例被国务院办公厅专报信息采用。

张武——长沙市数据资源管理局党组书记、局长

张武，男，研究生学历，中共党员，现任长沙市数据资源管理局党组书记、局长。

张武同志是长沙市数据资源管理局首任局长，他认真贯彻习近平总书记关于大数据战略、数字中国、智慧社会建设的指示精神，不忘初心，牢记使命，勇当大数据时代的奋进者、开拓者、奉献者。开局之年，在他的带领下，长沙市数管战线围绕“全省样板、全国前列”总目标，高效推进数据资源管理工作，开启了长沙新型智慧城市和数字政府建设的新篇章。

推动顶层设计全面优化。他深入调查研究，对标先进城市，结合长沙实际，形成了“12345”的工作思路和“三步走”发展战略。为在顶层设计上全面对接国家战略，他成功促成长沙市人民政府与国家信息中心签署战略合作协议，科学推进《长沙新型智慧城市示范城市顶层设计》编制工作。推动基础支撑不断夯实。他牵头推进与腾讯、华为等业界领军企业的战略合作，城市超级大脑项目和政务云二期底座项目快速落地。政务云可提供统一、灵活、安全、可靠的基础支撑服务，有效解决了云资源供给紧张现状，信息共享交换平台汇聚超过100亿条数据，可有效支撑24个跨部门业务数据流的互通。推进重点应用建优建强。他坚持以人民为中心，“让

数据多跑路、群众少跑腿”，长沙市“互联网+政务服务”一体化平台上线运行，实现四级全覆盖，网上政务服务能力跻身全国32个重点城市前十。“我的长沙”城市移动综合服务平台正式发布，上线两个月，注册用户总数突破150万，获评“全国市级十大优秀案例”。政府网站集约化平台建成，长沙市政府门户网站在2019年中国政府网站绩效评估中，荣获省会城市政府网站第二名。推动数管水平持续提升。为推进“最多跑一次”“一件事一次办”改革落地见效，他组织开展全市数据营商集中攻坚行动，归集共享142类政务关键数据资源，汇聚支撑111个政务服务高频事项，实现灵活就业人员养老保险参保登记等10项民生领域高频事项的全程网办。他牵头起草并提请市政府颁布实施了《长沙市政务数据资源管理暂行办法》《长沙市政府投资信息化项目建设管理暂行办法》《长沙市新型智慧城市规划编制实施方案》，初步形成了“规划一盘棋、建设一体化、数据一本账”的格局。

刘稚——新疆维吾尔自治区人民政务电子政务办公室主任

刘稚，男，中共党员，正高级工程师，现任新疆维吾尔自治区人民政府电子政务办公室主任，兼任国家行政学院电子政务专家委员会委员、新疆维吾尔自治区专家顾问团成员、新疆维吾尔自治区网信智库专家等。

多次参与国家及新疆维吾尔自治区信息化（电子政务）工作政策、方针和规划的制订工作，主要参与了国家“互联网+监管”建设、新疆维吾尔自治区电子政务和政府信息公开等工作体制、机制建立及规划规范撰写工作。曾主持编著《互联网时代发展战略的研究》《新疆维吾尔自治区电子政务建设规划指南》《新疆电子政务发展报告》等专著。

近年来主要主持了自治区网信办重点科创课题《政府网站集约化平台安全保障体系研究》，主持承担了自治区专家顾问团重点决策咨询课题《采用大数据技术推进重点环保区域治污联防联控体系建设的对策研究》《信息化促进乡村振兴战略全面实施的研究》《智慧旅游促进旅游业大发展策略研究》《智慧健康养老服务业发展对策研究》等自治区重要课题，相关研究成果得到业内专家肯定，并提交自治区和相关主管部门领导决策参阅。

自2019年以来，在自治区政府和政府办公厅的统一协调领导下，结合自治区政务工作发展的实际和急需，积极组织推进了重点政务信息化项目的建设和应用，组织完善网上协同办公系统，牵头建立优化网上办公流程，建立健全制度和规范，组织协调网上办公平台和安全保障体系全面升级改造项目的立项、实施工作，持续推进网上协同办公工作深入开展。办公厅公文流转和批办时效显著提高。

李辉——河北省市场监管局网信办正高级工程师

李辉，男，1967 年 10 月出生，中共党员，现任河北省市场监管局网信办正高级工程师。该同志注重学习，获得 ORACLE 数据库、项目构架师、信息化技术证书。

该同志从事河北经济户籍管理系统项目立项、软件开发、推广应用工作，2019 年参与了企业开办“一网通办”“云窗办照”的研发工作。

推行企业开办“一网通办”。全面推开企业名称自主申报，开发了企业开办“一窗通”系统，并在石家庄市桥西区、衡水市局试点后全省推广，实现了企业开办时申领营业执照、刻制印章、申领发票、社保登记等全流程网上申请和办理。

推进手机端全程电子化。上线“云窗办照”手机 App，可实现个体工商户手机办照。申请人只需要从手机下载“云窗办照”App，用手机按提示步骤操作点击即可完成提交，登记人员后台办理审批，申请人网上可查询办理进度，批准后可选择邮寄等方式获取执照，真正实现了个体户办照“审批服务零见面、纸质材料零提交，手机办理零距离”。“云窗办照”通过手机端实现申请人身份认证和电子签名，确保法律效力，实现了一部手机可办照。

实施“互联网 + 政务”取得明显成效，确保市场监管局服务事项进驻河北省政务服务中心大厅。出台对接计划、规范和方案，开发河北市场监管一窗受理系统，满足省级大厅“一窗综合受理、后台分类审批”的业务要求，实现了数据共享、业务协调。

高洪亮——辽宁省辽阳市人力资源和社会保险事业服务中心“惠民一卡通”项目负责人

高洪亮，男，中共党员，电子工程师，现任辽宁省辽阳市人力资源和社会保险事业服务中心“惠民一卡通”项目负责人。

高洪亮同志，1995 年 12 月光荣参军入伍，1998 年 11 月退伍。2001 年被分配至辽阳市社保局工作，2014 年被调入辽阳市劳动保障信息中心工作至今。从事人力资源和社会保障信息化工作12年以来，他荣获了四个辽阳建设先进个人、2018“互联网+政务服务”先进个人、2018中国“互联网+公共服务”优秀个人等荣誉称号。

2016年，高洪亮同志作为辽阳市劳动保障信息中心的电子工程师，主动请缨负责“智慧辽阳”的“惠民一卡通”建设工作。在没有任何可参考和可借鉴的前提下，他努力钻研、深入学习了App架设、H5研发、线上支付、数据传输等“互联网+”、大数据的相关科学知识，积极补齐自身所缺欠的技术短板，全力构建智慧城市一卡通平台，实现了人社领域、消费支付领域和政府服务领域共计122项服务功能，真正实现了“指尖政务”“零见面”的便民服务模式，极大提升了政务服务网上供给能力，让人民群众有更多获得感。

由他负责的“惠民一卡通”项目多次受到国家、省、市的表扬和表彰，特别是2019年在珠海召开的“全国人社信息化创新应用展”中，“辽阳惠民一卡通”项目大放异彩，得到了人社部领导的高度评价。

姜渭——上海市宝山区行政服务中心信息科科长

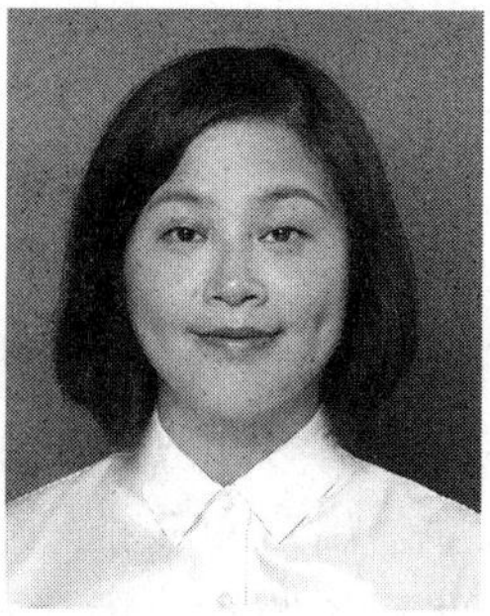

姜渭，女，中共党员，1999年合肥工业大学毕业，现任上海市宝山区行政服务中心信息科科长，长期从事“互联网+政务服务”工作。近年来，姜渭同志以落实推进“一网通办”工作为核心，开拓创新，锐意进取，在不断提升宝山区“一网通办”成熟度、成效度方面发挥重要作用。

一是务实进取的“开拓者”。为切实推动政务服务网上办，姜渭同志带领团队，在前期申请环节，着力推广证照关联、数据共享、电子印章、数字签名、智能填表、智能审核在网上申请中的应用。在中期审批环节，通过推进电子证照应用、共享数据核验、部门协同，实现企业办事“减材料”。在后期物流环节，推广“一网通办”免费双向物流，申请材料上门揽收，审批结果快递到家，让“快递送”代替“企业跑”，大幅减少企业跑动次数。

二是攻坚克难的“先行者”。为创新推广AI智能审批在政务服务领域的应用，姜渭同志带领团队积极探索“AI+一网通办”。线上实现零材料AI审批。通过数据共享“减材料”、人工智能“助审核”、优化流程“减时间”、市区联动“路畅通”等多项举措，实现“网约车驾驶人员背景审查”等多个事项办理“像网购一样方便”。上海市“一网通办”推进工作简报第一时间刊载先进做法，在全市推广线下无人干预自动办理。截至目前，宝山区累计上线30余项智能自助办理事项。

2019年上海市“一网通办”调查评估结果显示，宝山区“一网通办”服务能力综合名列前茅，她本人也获得2018年上海市宝山区优化营商环境先进个人荣誉称号。

吴波——合肥市数据资源局应用推进处处长

吴波，男，合肥工业大学计算机与信息系计算机及其应用专业毕业，合肥市数据资源局应用推进处处长，牵头承担合肥市电子政务工作推进、全市政务信息化项目管理、智慧城市重点项目推进。

吴波同志从事公安科技信息化规划、建设、应用管理20年，负责全市政府投资信息化项目审核管理2年多，对政务信息化项目审核、建设、管理具有丰富的工作经验。作为公安部重点实验室评估专家、安徽省安全技术防范行业协会专家，吴波同志先后牵头开展了《公安信息移动服务平台》《基于数字建模技术的公安情报信息研判分析综合应用平台》《面向反恐处突领域的海量人脸图片比对系统研究》《目标物体的视频智能识别、跟踪与报警系统》等科研课题研究。承担的《多源多模态视频智能处理关键技术及应用》项目获得安徽省科学技术奖二等奖，《基层民警教育训练平台》《基于智能终端的勤务联动指挥系统》等项目荣获全国公安基层技术革新奖。牵头开展的合肥市“互联网＋政务服务”平台，在国办电子政务办组织的2018年重点城市网上政务服务能力第三方评估中位居32个参评城市中第六。先后被评为全国公安机关金盾二期工程建设成绩突出个人、全省公安科技先进个人、全省公安机关“三基”工程建设先进个人、合肥第八批专业技术拔尖人才。

袁浩——亳州市数据资源管理局政务服务科科长

袁浩，男，1986年3月生人，籍贯涡阳。2002—2006年就读于安徽建筑工业学院（现安徽建筑大学）计算机科学与技术专业。2006年10月起参加工作，主要从事政务信息化、“互联网＋政务服务”相关工作，目前任亳州市数据资源管理局政务服务科负责人。

2019年，该同志不断创新工作思路，创新企业联办模式，依托企业注册登记事项，将公章刻制、发票申领、银行开户、社保登记等事项，及食品经营许可证、烟草专卖零售许可证等183个后置审批事项根据群众要开办的企业类型，如超市、饭店等，组合成“一件事”，实现群众一次填报、相关部门并联审批，极大减少了群众申请材料和办理时限。以普通企业开办的5个基本事项（注册登记、公章刻制、发票申领、银行开户、社保登记）为例，申请材料由12份精简至1份，办理时限由5个工作日压缩至1个工作日。结合我市免费刻章政策，让群众“一次申请、一套表单、零成本”即可开办企业，部分企业类型甚至“零上传、零跑腿”，截至目前平台新设企业9086个，市区平台使用率达95%以上，为企业节约资金约817万余元。2019年11月4日，国务院办公厅印发《关于对国务院第六次大督查发现的典型经验做法给予表扬的通报》（国办发〔2019〕48号），对亳州市搭建企业联办服务平台实现企业快速开办的做法给予了通报表扬。

马飞——亳州市住房公积金管理中心信息科科长

马飞，男，1979年出生，中共党员，现任亳州市住房公积金管理中心信息科科长。2002年参加工作以来，一直在公积金系统工作，现任亳州市公积金管理中心归集科长、信息科长。该同志信念坚定、工作踏实、作风正派，被评为市级优秀共产党员，连续多年被评为年度考核优秀。他负责实施的“互联网+公积金”项目，被住建部发文推广，要求各地学习亳州改革经验，并在全国住房公积金信息化工作会上作经验交流。2019年入选安徽省住建厅“不忘初心、牢记使命”主题教育先进事迹报告团成员。

他始终爱岗敬业，用创新服务推动提质增效。认真落实市委、市政府“互联网+政务服务”的要求，深入贯彻住建部公积金基础数据和银行结算应用系统接口标准的要求，创造性提出将“双贯标”工作与互联网结合起来，打造“互联网+公积金”新模式。将公积金审批事项“最小颗粒化”，为了实现公积金业务办理的“一张网，一扇门，少跑腿，办成事”，他充分利用部门间的共享互信，统一身份验证机制，通过授权共享其他相关部门的信息数据，建立一套完整的公积金数据核查系统，打通了系统在网上申请、受理、审批环节的数据交换通道，使“全程网办、全网办结”成为现实。审批办结的同时进行资金结算，实现资金“秒速”到账。受到了广大群众的一致好评。

工作中他始终公正无私，用廉洁服务树立良好形象。坚持把纪律和规矩挺在前面，严格遵守中央八项规定和省市实施细则，始终保持共产党人清正廉洁的政治本色。

王朝静——青岛市大数据发展管理局数据应用管理处处长

王朝静，女，1979年出生，2004年选调至青岛，从事电子政务和大数据工作至今。

作为数据应用处处长，持续组织完善数据资源采集汇聚、共享交换、开放利用，青岛市先后获批国家首批“互联网+政务服务”试点示范城市、国家信息惠民试点城市、国家首批政务信息资源目录试点城市。组织建成包含56类主题4.1亿条数据的人口基础数据库，包含39类主题6600万条数据的法人基础数据库，以及包含662类5.9亿条数据的公共信用数据库；实现了跨层级、跨部门的数据共享，需求满足率高达98%;开放各类数据2000余万条，为大众创新、万众创业提供了强有力的数据支撑。2019年，结合“高效青岛”建设攻势，组织开展“数据大会战”，推动政务服务流程再造，支撑全市首批91项“秒批”业务上线，依托跨部门数据共享，减少重复提交材料75%以上。

2019年9月，组织承办山东省数据开放应用（青岛）创新创业大赛。吸引2452支团队、3329个选手参加，参赛作品提交总数达9623次，为政务数据和社会数据融合应用、激发“数据要素”价值潜能提供了新思路和新方法。一是数据总量多。涉及道路交通、民生就业等15个领域3.6亿条数据，仅“识别失信企业”赛道就提供了600多个维度的数据。二是亮点应用多。收到创新赛作品197个，算法赛作品提交9426次，涌现出一批紧扣民生热点、社会治理的作品。三是扶持手段多。引入孵化器参与，为参赛团队提供孵化券赞助，可以抵房租、法务中介费等；邀请创投风投机构参与项目路演，两个项目团队与十方创投签订投资意向框架协议。

孙磊志——青岛市大数据发展管理局电子政务处副处长

近年来，该同志扎实落实党中央、国务院关于“加快推进电子政务，打通信息壁垒，构建全流程一体化在线服务平台，助力建设人民满意的服务型政府”的要求，创新思路，发挥“集中统一、集约发展”的电子政务优势，大力推进“互联网+政务服务”，助力全市“一次办好”改革和营商环境提升，努力让市民获得优质、高效、便利的网上办事体验，少跑腿、好办事、不添堵，提升获得感和幸福感。

组织承担的网上政务服务能力评估工作，在国务院办公厅组织的全国重点城市网上政务服务能力评估中，获评“非常高”（最高档）。组织实施政府网站集约化管理，2019年在全国330多个地市级政府网站绩效评估中，青岛政务网再次取得全国第一名的优异成绩。起草撰写的典型经验材料，在中央党校（国家行政学院）举办的2019（第十四届）中国电子政务论坛上做典型经验介绍。

2019年，该同志承担移动端政务服务和电子卡包等两项攻坚战任务。圆满完成了1000项服务事项的整合上线，全市移动端办事服务工作取得突破性进展。创新打造市民“电子卡包”，电子身份证已在市、区两级审批服务大厅1800余项政务服务事项中应用，市民到办理业务时没有带身份证，通过手机出示二维码，“扫一扫”即可在线查验并自动存档，无须留存纸质复印件，忘带身份证也能把事办成。

该同志坚持以人民为中心的发展思想，组织打造集约化服务型政府网站，不断提升政府网上公共服务水平，实现了新兴信息技术、网站建设管理和政务改革创新的深度融合，在建设阳光政府、沟通服务群众、推动科学发展等方面发挥了积极作用。在全国18次政府网站绩效评估中，组织建设并管理运维的“青岛政务网”11次名列全国第一，打造了全国政府网站建设标杆地位。

肖道刚——长沙市大数据中心应用建设部部长

肖道刚，男，中共党员，硕士研究生学历，2008年参加工作，2013年任长沙市开福区电子政务中心主任，2020年任长沙市大数据中心应用建设部部长。该同志政治素质高，业务能力、协调能力强，群众关系好，近年来荣立湖南省二等功一次，荣获湖南省为民办实事先进个人，多次荣获湖南省、长沙市政府网站建设先进个人等荣誉。

2013年肖道刚同志主持开福区电子政务中心全面工作以来，牵头推进网络、网站、安全、应用等各项工作，电子政务内外网体系建设、政府网站建设管理、信息安全、信息化项目建设等方面取得卓越成效，开福区政府门户网站连续被评为湖南省、长沙市优秀网站，开福区电子政务中心连续被评为长沙市信息安全先进单位，肖道刚同志个人先后被评为省市政府网站建设先进个人。

2019年5月，肖道刚同志根据长沙市数据资源管理局工作安排，牵头推进长沙市城市超级大脑、政务云底座项目等重大项目建设。其中，长沙市城市超级大脑子项“互联网＋政务服务”一体化平台建设实现在市、县（市区）、乡镇（街道）、村（社区）全面覆盖，助力长沙市在2019年度国家网上政务服务能力第三方评估中综合评分位列全国重点城市10强；子项“我的长沙”APP城市移动综合服务平台在2019数字政府服务能力暨第十八届中国政府网站绩效评估结果发布会上，被评为市级十大优秀案例；电子政务标准试点项目于以94.5分高分顺利通过国家标准委专家评估。

乐知——深圳市罗湖区智慧城市建设中心主任

乐知，男，中共党员，1985年焦作矿业学院毕业，现任深圳市罗湖区智慧城市建设中心主任，长期从事电子政务、信息化和智慧城区建设和管理工作。近年来，乐知同志以推进智慧城区建设为核心，积极探索，勇于创新，不断提升罗湖区智慧城区建设水平。

一是求真务实的“践行者”。为切实推进罗湖区数字政府和智慧城区建设，探索与实行“总包”模式，有效实现高标准集约集成建设。为推动罗湖区教育信息化升级，打破传统建设模式，采用服务购买模式代替原有购买产品模式，创新按实际使用效果计量付费的方式，构建“互联网+教育”大平台，探索罗湖“精品教育”、“智慧校园”实践体系的全流程、全场景、全生态创新。为推动全区大数据应用，围绕政务大数据与可视化、大数据分析以及新时代干部大数据思维培养等方面内容，多次组织开展罗湖区干部大数据思维培训，启发罗湖区干部的大数据思维，营造可持续发展的数据思维环境。

二是攻坚克难的“创新者”。为推动城区治理能力现代化、高效化，高标准建成罗湖区城区运行指挥中心。为统一分拨城区事件、优化配置管理资源、协同联动处置部门、共享运用事件信息，构建城区管理和社会治理一体化平台。为优化营商环境，打造集主动、精准、整体式、智能化政府管理和服务为一体的政企服务平台。为优化政府管理，以问题为导向、以转变管理方式为目标，形成政府合同体系化、规范化管理，率先在全国范围搭建政府合同统一管理平台。

方向明——福建省高级人民法院网络安全和信息化建设办公室一级主任科员

方向明，男，大连交通大学计算机应用技术专业毕业，工学硕士，中共党员。现任福建省高级人民法院网络安全和信息化建设办公室一级主任科员，主要从事法院信息化项目规划、信息系统建设和司法大数据管理应用等工作。

该同志先后参与福建法院信息化建设五年发展规划、三年“赶超跨越”行动计划和福建智慧法院智能化审判辅助服务项目等多个全省法院重大信息化专项可研报告暨初设方案编制工作，规划建设内容涉及福建法院审判执行、诉讼服务、司法公开、大数据管理与服务等大多数业务领域。牵头或参与福建法院网上诉讼服务平台、统一司法送达平台、繁简分流与速裁办案系统、诉讼费管理平台、移动微法院、司法大数据服务平台等20多个信息化系统研发建设、升级完善和推广部署工作，积极推进福建法院“一网通办”平台建设工作，努力为法院干警打造一体化、集约化、智能化的网上办案办公平台。其中司法送达平台有效融合各种民事送达模式，为送达制度改革提供信息化支撑平台，实现所有送达行为电子化、数据化和可视化集中归口管理，提高送达效率和送达质量；网上诉讼服务平台为诉讼参与人提供多渠道、多方式的在线立案、缴费、庭审等诉讼服务。通过各项信息系统的建设和应用推广，为审判一线工作提供便捷高效的技术手段，为审判管理工作提供有力抓手，为提升法院司法公信力和透明度提供信息技术保障。方向明同志负责福建法院司法大数据应用管理工作，梳理编制了福建法院司法数据共享交换目录，组织开发数据交换共享接口10多个，推进福建法院司法大数据平台与福建政务数据汇聚共享平台等政务数据共享平台建设，及法院与公安、工商等政务部门之间的数据共享交换工作。积极参与“数助决策”、专题研究等大数据分析应用工作，用数据反映法院审判执行工作成效和发展方向，促进了科学管理和综合决策的水平。

陈皓——湖南省高级人民法院信息化工作领导小组办公室一级法官助理

陈皓，男，1984年2月出生，中共党员。湖南省高级人民法院信息化工作领导小组办公室干部，计算机学士，法律硕士，一级法官助理。

该同志牢固树立“四个意识”，坚定“四个自信”，始终做到“两个维护”，廉洁自律、兢兢业业、主动作为。陈皓同志牵头推进统筹规划，制定了最高人民法院集中建设，中基层法院抓好系统应用、基础建设和网络安全的工作模式，整合了资源。按照最高人民法院的信息化建设规划，充分征求各级法院和各部门的意见和需求，制定了项目建设规划和替代计划，促进项目建设既符合最高人民法院发展规划又符合本省法院实际。该同志认真落实最高人民法院关于“两个一站式”相关工作要求，积极协调、主动作为，在两个多月的时间内完成了“湖南移动微法院及跨域立案项目”的设计、立项、审查、实施及验收等各项工作，按时完成了最高人民法院的工作任务。大力推动诉讼服务中心建设，协助湖南高级人民法院现代化诉讼服务中心顺利建成。全面推进网上缴费，湖南143家法院现已全部支持线上线下扫码缴费功能。

该同志建议要在全市重点培养一批院领导重视、基础较好、敢为人先的法院狠抓信息化应用，树立标杆，以点带面推动全省法院的信息化应用水平，同时通过抓应用发现和解决了审判流程业务、电子卷宗、智能辅助办案、网上法院等系统存在的功能问题和技术瑕疵，为全省法院提升应用实效打下了扎实基础。

该同志牵头建立了“湖南法院信息化专家库”，加强了与最高人民法院、兄弟法院和省直单位及科研院所的技术交流。充分利用各行业信息化技术人才，加强对信息化项目设计、立项、招标、验收等方面的技术分析与论证，加强了项目的科学性、可行性、实用性。通过加强价格论证，提高项目性价比，仅2019年下半年，就为全省法院各类信息化项目建设节约经费近700万元。

该同志能干事、敢干事、干实事，获得领导和同志的一致好评。在湖南高级人民法院工作11年，先后荣立个人三等功3次，获嘉奖5次，被评为优秀党务工作者1次、优秀党员1次，获个人单项奖1次。2019年以出色的工作获得年度嘉奖。

吴顺华——江西省高级人民法院司法技术处主任科员

吴顺华，男，工学博士，江西省高级人民法院司法技术处主任科员，2014 年进入法院开始从事法院信息化工作，充分发挥自身特长，投入智慧法院建设浪潮，工作业绩突出，先后获得三等功等多项荣誉。负责江西智慧法院建设整体规划和系统研发，全面参与江西特色智慧法院体系构建，创新案例连续三年入选“法治蓝皮书”，个人获评“2018 政府网站最佳实践者”称号。2019 年，围绕智慧法院江西品牌创建、审判智能化、集约化送达等方面创新性开展工作，较好地完成了各项工作任务，为智慧法院建设江西模式的深入构建巩固贡献了自己独特的力量。

张烜铭——青海省高级人民法院审判管理和信息技术处四级主任科员

张烜铭，男，汉族，1988 年 7 月出生，甘肃会宁人。毕业于西安科技大学机械设计制造及其自动化专业，研究生学历。2018 年转业至青海省高级人法院审判管理和信息技术处，从事信息技术管理及运维管理工作，现任审判管理和信息技术处四级主任科员。

该同志在部队培养了吃苦耐劳、甘于奉献、履职尽责、不辱使命的事业心和责任感，自身要求严格。转业到法院工作两年来，在院处领导的正确领导下，面对新环境、新岗位、新要求，工作中虚心请教、边干边学、加班加点、积极作为，始终保持了较高的工作热情和敬业精神，业务素质有了明显提高，较好地确保了运维工作的正常运作和分管工作的顺利完成。

两年来，该同志负责推进青海法院质效型运维体系构建、厂商合同管理、日常运维管理、运维资产管理、系统权限管理、相关服务费用采招结算及全省法院信息技术培训组织等工作。他建章立制、强化管理，制定完成了系统运维相关的 10 余项工作制度，并在日常工作中注重加强对有关厂商、公司售后服务及驻场人员的跟踪管理，初步构建形成了“运维公司 + 厂家驻场 + 第三方信息化专业服务机构”三位一体的运维体系，较好地明确了运维服务人员责任与定位，为全省各级法院提供了更专业、更规范、更高效的技术支撑服务；

全面规范并梳理系统权限，将系统权限细分到具体岗位并实行审批留痕制度；牵头对接省电子政务办数据共享交换平台，参与了青海法院智慧法院建设及项目编制工作；2019年根据院党组工作要求，以“审判流程风险防控”为切入点，通过与软件厂商的深度协作，规划设计并开发完成了审判流程风险防控系统，该系统对督促法官规范办案、发挥院长庭长监督管理职责发挥了重要作用。

黄靖淞——四川省高级人民法院技术室综合科科长

黄靖淞，男，四川省高级人民法院技术室综合科科长。

该同志曾在多个工作岗位历练，成长为一名既熟悉法院各项工作、具备一定的法律知识和较强的协调管理能力，又精通信息化技术的复合型管理人员。

黄靖淞同志积极承担各项工作任务，一是积极参与四川法院信息化建设顶层规划，参与起草了《四川智慧法院建设五年发展规划》《四川法院信息化建设三年发展规划》《全省法院信息化建设工作要点》等文件，对信息化建设进行了总体架构设计和方案论证。二是对《信息化工作管理办法》《重大项目建设实施管理暂行办法》等规范性文件进行论证、起草和编制。三是稳步推进各项信息化项目建设。积极参与了四川法院数据中心、信息化系统重建、电子签章系统、减刑假释系统、网上诉讼服务中心等重大项目建设。四是做好了文秘工作。撰写各种信息化材料、文件，起草讲话稿，制作PPT，得到了充分肯定。五是积极开拓信息化宣传阵地。创办了“川法智审”微信公众号，编制了《四川法院信息化建设通讯》电子期刊，多篇文章被最高人民法院采用。六是努力做好综合后勤工作。细致入微地做好了会务保障工作，确保了“全省智慧法院建设工作推进会”和“全省信息化工作培训会”等全省性大会，以及“全省智慧法院建设成果展”“首届数字中国峰会”等展览的顺利召开。在借调最高人民法院期间，该同事从事最高人民法院信息化规划和宣传工作，得到了最高人民法院信息中心的肯定。

黄靖淞同志对智慧法院建设过程中的突出问题进行了深入的调研分析，对“多元化纠纷在线解决”“智慧执行”、诉讼服务体系信息化等7项工作提出了思路和建议，为领导决策提供参考；组织撰写了《四川智慧法院建设问题研究》等2篇十九大调研报告；积极协助最高人民法院司法改革办完成了1篇中政委关于司法改革和信息化建设的重大调研课题，得到了最高人民法院信息中心和司法改革办的高度评价；参与编写了1篇司法大数据课题，被最高人民法院认定为优秀；执笔编写的《四川法院创新电子卷宗、电子档案新模式 全面提升法院工作效率》被法院信息化蓝皮书收录。

金辉——上海市第一中级人民法院司法行政装备处（信息管理处）负责人

金辉，女，现任上海市第一中级人民法院信息管理中心负责人。该同志政治坚定，工作思路清晰，抓信息化措施得力，紧扣智慧法院建设目标要求，与中心全体同志团结协作，积极进行智慧法院建设，在“全业务网上办理、全流程依法公开、全方位智能服务”三个方面取得了明显成效。

该同志组织开发了规范透明执行办案软件，建立了服务于执行局长、执行法官和当事人的三位一体的工作平台。该平台为执行当事人提供公开信息和有效沟通的功能；为执行法官提供智能辅助办案和自我管理功能；为执行局长提供重点事项监督和科学调配工作计划和人力的功能，实现规范执行的目的。在工作中金辉同志加班加点，与执行法官和技术开发团队反复沟通协调，使软件的功能实现了院党组确定的以公开倒逼执行规范的目标；注重整合，保证软件技术架构科学，既避免重复开发，又要保证新的软件功能更便捷、更强大；推进应用，不断完善软件功能，做好使用培训和迭代优化工作，不仅对执行局所有的法官进行集中培训，而且针对当事人制作了该软件的使用宣传册，指导当事人应用该软件，不仅注重开发更注重在日常的使用过程不断进行优化更新，坚持每周例会制度，不断收集当事人和法官的意见，不断进行优化和完善工作。自软件上线以来，有1442件案件通过软件向当事人发送执行短信共5764条，当事人反馈信息为153条，执行法官通过软件制订了9408条工作计划。执行局长通过软件对263件案件实现了有效督办，督办事项数量为719条。案件当事人对执行程序及事项告知满意度得到明显提升，

该同志在智慧法院建设过程中积极支撑法院审判权运行机制改革及审判绩效考核改革工作，组织开发了案件繁简分流分类处置和审判绩效考核平台。在案件繁简分流方面，实现案件繁简自动分类、优化人案配置、电脑随机分案等功能，保证有限的司法资源得到合理分配，达到审判效率和审判质量兼顾的目的；在绩效考核方面，遵循“质量优先、兼顾效率；分类考核、尊重差异；考核到人、全员覆盖”的考核理念，实现了对员额法官、法官助理、书记员和司法行政人员的全面科学的考核。

该同志连续四年参加最高人民法院司法大数据专题协作任务，负责开发了相应大数据系统平台，并都取得了优异的成绩。2019年参加的“非法集资案件特征、趋势及防范分析”项目获评全国法院特等奖。主动学习区块链技术，并积极推进将区块链技术与法院审判执行业务相结合的应用研发工作，成为人民法院司法链上第一批上链的单位。

赵兴洋——云南省高级人民法院司法技术处副处长

赵兴洋，男，1981年3月生，武汉大学计算机科学与技术专业本科，武汉大学刑法学硕士研究生，国家认证信息系统高级项目管理师，国家注册信息安全专业人员（CISP），现任云南省高级人民法院司法技术处副处长。

主要事迹有：

1. 夯实基础，不断推进云南法院信息化基础设施建设。先后主持云南全省法院二、三级网建设、全省法院视频会议系统建设、云南高级人民法院中心机房建设、云南法院专有云建设等基础性信息化项目，主持全省法院视频会议、科技法庭、视频提讯等多个技术标准的制定，不断完善全省法院信息化的基础设施，为云南智慧法院建设打下了坚实的基础。

2. 真抓实干，牢固保障云南法院网络信息安全。作为在全省法院系统唯一获得全国网络信息安全领域认证CISP的网络安全专业人员，入职以来全面负责全省法院的网络安全总体规划和设计。主持建设了全省法院统一边界防火墙系统、互联网边界交换、网络防病毒系统、专有云安全防护等网络安全系统。在全国两会、中华人民共和国成立70周年等重大敏感节点，保证了全省法院网络安全零事故。在2018年发生的法院系统勒索病毒攻击重大事故中，成功抵御勒索病毒感染，实现云南法院数据零丢失。

3. 加强应用，推进全省法院信息系统建设。通过负责不动产网络查控系统、被执行人布控系统、执行案款“一案一账户”系统等项目建设，助力解决执行攻坚；通过负责云南法院司法公开平台建设，推进阳光司法；通过负责云南法院云数据中心可视化平台建设，实现云南智慧法院建设成果的集中管理和展示。

4. 突破创新，不断构建政法跨部门大数据应用建设。通过负责“政法信息资源共享平台”的建设，实现了公检法司安等政法部门的信息共享；通过负责“政法跨部门大数据办案平台”的建设，实现了政法部门间在报请逮捕、一审公诉、移送审查起诉、减刑假释等业务的网上协同办理，实现了电子卷宗的跨部门随案移送；通过负责“云南多元矛盾纠纷化解平台”的建设，实现了矛盾纠纷网上化解，打通线上下线的办案平台，为老百姓提供方便、快捷的诉讼服务。

苏宏义——贵州省遵义市中级人民法院技术室主任

苏宏义，男，汉族，1975年3月出生，1997年7月毕业于贵州大学计算机软件专业。同年10月参加工作，现任遵义市中级人民法院技术室主任。

该同志政治坚定，工作思路清晰，抓信息化措施得力，带领部门干警与时俱进，开拓创新，紧紧围绕审判执行中心工作，积极向院党组建言献策，通过运用网络信息、云计算、大数据等高新技术，大力推进法院信息化3.0版和“智慧法院”建设，为审判业务、诉讼服务、司法管理、廉洁司法提供了有力的信息技术支撑。一是狠抓信息化建设。在该同志的建议和推动下，遵义中级人民法院已建成中心机房、楼宇安防、科技法庭、视频会议、数字审委会、无纸化党组会议室等硬件系统，以及审判信息资源库、民商事大数据辅助、审判流程节点管理、重点案件管理、律师诉讼服务、遵义微法院等软件平台，通过信息化建设节约审判资源、提高审判效率、方便群众诉讼，初步实现全业务网上办理、全流程依法公开、全方位智能服务。二是狠抓信息化应用。该同志根据现有设备及软件情况，组织制作相关使用说明和规定，加强全院干警应用培训，切实提升应用水平。积极收集梳理各部门需求意见，不断强化与相关公司的沟通对接，努力争取技术支持，在实践中优化和完善各系统功能，有效解决各部门干警在应用中遇到的困难和问题。同时，针对性地制定应用考核管理办法，并将信息化应用情况纳入各部门及个人的绩效考核。三是狠抓大数据创新。针对司法改革进程中面对的一系列难题，该同志主动作为，与一线法官、技术公司研发了民商事法官审判工作量饱和度分析系统，全程服务于民商事案件的办理和管理，从法官工作量着手，从诉讼源头出发，借助大数据的分析运用，建立和完善科学、动态、系统的工作量测算方法，通过精准识案、科学分案、均衡结案，实现不同法院、不同部门、不同法官工作量的客观评价，推动绩效评价由量到质的飞跃。该系统入选2017年全国司法改革二十大典型案例。在着力优化和完善饱和度系统基础上，该同志又牵头研发并上线民商事裁判文书智能生成、质量分析及法条案例智能推送等功能，帮助法官一键式制作裁判文书，辅助法官正确适用法律，促进法官类案类判，同时通过对裁判文书进行大数据分析，把控文书质量，最大限度提升民商事案件质效。

努力终有回报，该同志带领的遵义市中级人民法院技术室于2017年被最高人民法院评为全国法院信息化工作先进集体。遵义市法院也连续四年在全省法院信息化工作检查考核中位列第一。

宋杨——河南省三门峡市中级人民法院网络信息技术管理处处长

宋杨，男，38 岁，中共党员，法律硕士，现任三门峡市中级人民法院网络信息技术管理处处长。2005 年进入法院工作，先后在刑一庭、行装处、研究室、网信处工作，自 2013 年担任行装处副处长后开始分管信息化工作，近年来受到省级表彰 1 次，荣记个人三等功 3 次，连续多年受到个人嘉奖。

该同志始终以饱满的热情忘我工作。他认真学习建设“智慧法院”的重大部署和要求，学习信息化相关知识，并和审判业务有效融合，紧紧围绕法院信息化建设要求，创造性地开展工作，在信息化工作上业绩突出。

该同志组织领导了两级法院的信息化基础设施的完善升级，夯实了信息化设施的根基；建设完成了使用单向光传导技术的安全边界，有效实现了互联网、专网、移动网等不同网系间的数据交换；完成了安防监控的改造升级，通过人脸识别、定位跟踪、大数据分析等技术，实现了实时甄别报警；全力对人民法庭的信息化进行改造升级，打造智慧法庭；建设完成了电子卷宗随案同步生成、智能阅卷、智库、智能语音识别系统、文书智能编写、繁简分流和速裁办案平台相关应用系统，尤其是繁简分流系统和速裁办案平台的建设完成并上线运行，效果显著，在全省进行应用推广，受到了省院表彰。

工作岗位从审判业务到信息技术的转变，需要学习的知识很多，该同志能够快速调整思路，努力学习新知识，同时将审判业务知识和实践经验与信息化工作有效结合，以方便人民群众诉讼、方便法官办案、方便法院管理为目的，按照夯实硬件、升级软件、强化应用的工作思路，努力将智慧法院建设向纵深推进。

由于他的努力工作，三门峡法院的信息化工作连续多年被省高级人民法院评为先进。

周峰——江苏省南通市中级人民法院行装处副处长

周峰，男，1978年9月生，中共党员，2001年毕业于苏州大学理学院数学系，本科学历。2008年获得河海大学计算机工程硕士学位。2001年进入南通中级人民法院工作，2007年任中级人民法院行装处网络中心副主任，2011年任行装处网络中心主任，2016年任行装处副处长，18年来一直坚守在智慧法院建设一线。工作业绩突出，先后被评为全市法院司法行政工作先进个人、市级机关优秀共产党员，全省法院信息化工作先进个人、全国法院信息化工作先进个人，2015年、2018年两次荣获三等功。

周峰同志作为南通法院信息化建设的负责人，工作中坚持以习近平新时代中国特色社会主义思想为指导，不忘初心，牢记使命，勇担当、感作为。在南通中级人民法院党组的带领下，坚持"司法为民"的服务理念，坚持"当事人满意、法官满意"的目标导向，时刻以推进智慧法院建设和提高司法保障服务质量为己任。工作中他高标准要求自己，不断攻坚克难，开拓创新，打造了集智慧诉服、智慧审判、智慧执行、智慧警务和智慧政务"五位一体"的智慧法院新模式。近年来，南通中级人民法院智慧法院建设成果多次得到最高人民法院、江苏高级人民法院的高度肯定。

2019年2月，南通中级人民法院受邀参加2019年第二届数字中国建设福州峰会，周峰同志作为具体落实人，为全国智慧法院建设提供了新样本。其中移动执行App系统填补了移动执行办案领域的空白，2017年被评为全省法院信息化建设创新成果，2019年成功入选《法治蓝皮书·中国法院信息化发展报告》和全国政法智能化智慧法院建设十大创新案例，被最高人民法院在全国范围推广应用。2019年南通中级人民法院研发了"智慧警务"App被江苏高级人民法院全省推广使用，成为全国首家被推广使用的警务管理平台。在"数助决策"试点工作中，周峰同志积极协调各方，为南通中级人民法院扎实推进"数助决策"试点工作做出了诸多努力。继2019年11月《2019上半年南通法院评审判执行运行情况评估报告》《基于司法大数据的2019上半年南通经济社会运行情况评估报告》获得南通市委市政府主要领导和最高人民法院张述元副院长高度认可和批示后，南通中级人民法院又获得了由最高人民法院颁发的首届"数助决策"试点工作一等奖。

张明军——深圳市盐田区人民法院党组成员、政治处主任

张明军，男，中共党员，硕士研究生学历，现任深圳市盐田区人民法院党组成员、政治处主任。

该同志先后任盐田区人民法院审判监督庭副庭长、法律研究室主任、政治处主任，历经多岗位历练，熟悉审判业务和管理工作。2017 年 5 月，盐田区人民法院被广东省高级人民法院确定为广东省“智慧法院”试点单位。张明军同志落实盐田法院党组部署，在上级法院信息技术部门的大力支持和有力指导下，创造性落实试点工作任务，从制约网上办案的各项瓶颈问题入手，起草“智慧法院”建设工作计划和方案，参与研发电子卷宗随案同步生成系统、“法智云端”行政诉讼服务平台等一系列重点信息化项目，研发的电子卷宗系统在全国较早攻克“自动编目”难点，解决了案件归档时的“二次扫描”问题，真正实现“一键归档”。

该同志积极落实盐田法院党组关于推进全流程无纸化办案的工作部署，认真开展调查研究，参与起草《盐田法院关于深入推进无纸化办案优化审判流程工作方案》《全流程网上办案工作规程》等配套制度。注重应用体验，广泛征集办案人员对信息化系统的使用意见建议，及时组织技术公司进行系统优化升级；加强信息化系统的推广应用，分批分层次组织全院干警进行信息化系统应用培训。组织召开工作协调会和推进会，召集法官和技术人员共同对无纸化办案问题进行讨论研究，制订工作进度表，强力推进动工作开展，为盐田法院在全国率先推行全流程无纸化办案做出了积极贡献。

2019 年，该同志根据深圳市中级人民法院部署安排，参加深圳市“智慧法院”一体化平台建设试点工作任务，勇挑重担，担任“统一门户”项目组负责人。他带领项目组成员认真研究分析，提出项目需求，与技术人员合作，加班加点，率先完成一期研发工作任务并在盐田法院率先上线运行。“统一门户”打通法院信息化应用系统，实现后台数据连接，将分散的各领域工作、不同环节信息和待办事项根据使用者的习惯进行集中展示、便捷办理，有效推动了法院工作运行机制与现代信息技术的深度融合，为建立全业务网络办理、全流程依法公开、全方位智能服务的人民法院组织、建设、运行和管理形态提供了有益的实践经验。

吴继超——重庆市巴南区人民法院诉讼服务中心（立案庭）员额法官

吴继超，男，34 岁，中共党员，研究生学历，一级法官。现任重庆市巴南区人民法院诉讼服务中心（立案庭）员额法官，工作职责为指导全区各人民调解委员会调解，负责法院委派调解及一体化诉调对接工作。

该同志在法院工作八年来，始终以饱满的热情，忘我工作。特别是从事一站式多元解纷机制建设后，他认真按照最高人民法院和省高级人民法院“智慧法院”建设部署和要求，积极运用互联网思维办理传统司法业务，创造性地开展工作。他从 2017 年驻花溪派出所调解室成立之初就起开始指导其调解工作，该驻所调解室成立 2 年来，受理各类纠纷 2200 余起，调解成功率达 98.6%，未发生因调解不妥引发的“民转刑”案件，群众满意度为 95% 以上。2019 年 11 月，花溪派出所入选全国首批“枫桥式公安派出所”。同月，最高人民法院院长周强批示推广巴南区“一体化”司法确认机制。在他自行承办的 242 件和协助办理的 694 件申请确认调解协议效力案件中，全部通过互联网在线申请，申请人的时间、经济成本几乎为零，司法效率大大提升。

上海星鸟网络科技有限公司

一　公司基本情况

上海星鸟网络科技有限公司（以下简称为“星鸟公司”）是一家专业从事政府网站及政务新媒体监测、运营与数据分析的互联网软件公司。公司主要互联网产品系列为监控通（http：//www.jktong.com）与名企云（http：//www.mqy.com.cn）。监控通主要以国办政策文件为依据，为政府网站群及政务新媒体提供常态化监测。名企云则致力于提供可视化拖拽式建站、自定义流程表单、自定义报表等敏捷开发工具，可快速为政府、企业搭建个性化网站和政务新媒体统一监管平台。

在政务新媒体监测行业，星鸟公司拥有实力强大的 IT 开发团队和服务体系。通过 5 年的深耕，公司积累了多年的监测技术及项目经验，对政务新媒体内容运营、信息采集、监测诊断、数据统计分析有独特理解，并拥有先进的信息采集与诊断分析技术。自国办政务新媒体检查指标下发至今，星鸟公司已为数千个政务新媒体提供监测服务。在技术监管方面，星鸟公司已有成熟上线的政务新媒体云监管平台，该平台应国办相关政策而生，且将随需求变动而快速升级迭代。在人工检查评测方面，公司组建了一支具有丰富政府网站及新媒体群检查评测项目经验的人工评测服务团队，可提供专业、高效、可靠的人工评测服务。

二　政务新媒体监管解决方案

（一）内容概况

以国办最新政务新媒体相关政策文件为依据，对政务新媒体实行“平台统一规划、账号统一备案、内容统一监控、问题统一督办”，通过“日常技术监测 + 人工定期检查”的方式，对政务新媒体矩阵展开日常技术监测及定期人工全面评测检查，推动政务新媒体健康发展，提升政务新媒体传播力、引导力、影响力、公信力。

（二）主要政策文件依据

《国务院办公厅关于推进政务新媒体健康有序发展的意见》（国办发〔2018〕123 号）；

《国务院办公厅秘书局关于印发政府网站与政务新媒体检查指标、监管工作年度考核指标的通知》。

（三）建设目的

通过对政务新媒体展开集约化管理与常态化监测，实现以下目的。

（1）“共享+自主订阅”的方式，打造公共资源库，实现资源共享，加强舆论引导，形成统一的对外宣传矩阵。

（2）常态化技术监测及定期人工检查，及时发现并整改“内容不准确、信息不更新、互动回应差”等不合规问题，提高工作效率。

（3）为主管部门提供政务新媒体决策依据，同时为各级政务新媒体运营管理人员提供分析、参考的依据。

（4）完善政务新媒体考核指标体系，推动政务新媒体健康发展，提升政务新媒体传播力、引导力、影响力、公信力。

（四）政务新媒体统一监管平台功能

1. 账号备案管理

对微信公众号、微博、头条、App 等新媒体的新建、关停、注销等报备与审核，便于政务新媒体主管单位及时了解辖区内政务新媒体整体建设及运营情况，同时确保政务新媒体监测与考核评测对象的实时动态更新，提升新媒体监管效率。

2. 公共资源库

通过设置公共文章库，可以实现各新媒体账号之间内容充分共享，从而加强舆论引导，形成统一的对外宣传矩阵。

热文推荐：提供新媒体热点文章榜单，便于发现网民关注热点。

内容订阅：可自主订阅任意第三方微信、微博及头条文章。

上级推送：上级可共享推送优质文章素材，一键推送至各单位，实现上下协同发声。

3. 内容在线校对工具

为保障待发内容的质量及效果，避免出现严重错误或者不合规信息，平台为用户提供在线校对工具，支持一键导入 Word/txt 内容进行校对，支持错误在线修改。用户通过此工具可快速校对、审核并修改错别字，确保发布信息的准确性。

4. 政务新媒体发布时效性监测

对新媒体发文情况展开日常监测，并动态统计新媒体更新状态（正常、即将逾期或者严重逾期）、最近 1 次更新时间、最长更新时间间隔等。

5. 政务新媒体健康性监测

采用先进的技术，对新媒体文章中的严重表述错误、敏感信息及非法外链展开日常监测。

6. 政务新媒体运营统计分析

对各新媒体账号的关注粉丝数、已发布文章的阅读量、评论量、点赞量、转发量、内容原创情况、粉丝数等数据进行监测。

7. 新媒体榜单—管理员报表

为便于主管单位对辖区内各单位新媒体进行监控，平台汇总展示各个新媒体群的健康性、影响力及热点文章排名。支持按新媒体分组查询。

8. 问题智能告警

支持按用户需求设置告警阈值，当系统问题达到告警值时，则自动通过短信、微信的方式告知相关新媒体责任人。

（五）人工定期评测与分析报告

1. 人工定期评测

由专业人工评测团队按照《政府网站政务新媒体检查指标》对政务新媒体展开人工评测检查，并提供评测报告及问题复核服务。

2. 政务新媒体矩阵年度监测分析报告

基于本年度新媒体监测及人工检查数据，提供新媒体年度监测分析报告，帮助政务新媒体主管单位了解辖区内政务新媒体整体发展现状，为未来新媒体规划提供决策依据。

三　政务新媒体项目承建经验分享

基于多年来的项目沉淀，有关政务新媒体监管项目建设的经验如下。

（一）政务新媒体监管方面

（1）加强对新媒体内容的事前审核校对。从历史监测数据来看，政务新媒体中存在较多错别字，特别是可能引发负面舆情的严重错别字。因此，为了提高内容准确性，建议加强内容发布前的内容审核校对力度，可大大减少此类问题的出现。

（2）通过常态化技术监测及问题预警，可及时发现并整改高频问题。如更新不及时、错别字、敏感词及非法外链问题。

（3）人工定期评测可检查内容更多，更加细致，也是新媒体检查不可或缺的一部分，人工检查报告可为新媒体优化提供全面的指导。

（4）“日常问题督办 + 定期评测结果通报”，推动各个新媒体运营主体积极自查与整改，不断优化，保障新媒体运营质量。

（5）对问题整改情况复查。对于日常发现的严重问题（如长期不更新、严重错别字、敏感信息等）以及人工定期检查发现的问题，需安排专人定期复核其整改情况，能有效提高问题整改效率。

（二）舆情感知与引导方面

（1）协同发声，提高舆论引导能力。通过搭建公共资源库，特别是上级可推送文章给各单位，由下边单位转发分享。

（2）政务新媒体互动信息可挖掘网民情感倾向，有利于政府感知负面舆情。如一篇有关房地产新政意见征求稿的评论，可通过分析评论的正负面情感占比，来分析网民对该文的认可程度。

四　政府网站及新媒体监测产品介绍

星鸟公司拥有数十个具有自主知识产权的监测类产品，主要产品为政务新媒体统一云监管平台、微信矩阵运营管理平台、网站群智能运维监管平台、网站群普查监测平台、政务公开监察平台、网站决策分析系统、错别字校对软件等，产品主要应用于各级政府网站及政务新媒体监管。

政务新媒体统一云监管平台——对政务新媒体采用集约化监管方式，实行“平台统一规划、账号统一备案、内容统一监控、问题统一督办”，对政务新媒体整体运营情况、发布时效性情况、内容健康性情况等进行全方位动态监控。

微信矩阵运营管理平台——一站式微信公众号矩阵内容运营及监管平台，支持微信图文编辑、发布与管理，提供海量图文样式，素材一键共享，实现上下级协同一致发声；可对微信留言及消息进行管理，并对互动信息进行正负面情感分析，提升互动性并感知负面舆情；监控微信矩阵群发及内容健康性情况，打造规范、优质、高影响力的政务微信矩阵。

网站群智能运维监管平台——对网站错链、可用性、更新量、错别字、外链及访问量等展开日常监测，及时发现问题、秒级告警，快速定位并解决问题。

网站群普查监测系统——响应国办普查相关文件要求，对普查技术指标展开全面监测，帮助各单位对网站进行自查、整改与核对等，切实提高网站质量，完成国、省网站普查。

政务公开监察平台——按照最新国家政务公开政策文件要求，对政务公开时效性、政策解读关联性、政务公开平台健康性、政务公开访问量等情况展开监测，同时支持问题一键督办，提升问题整改效率。

网站决策分析软件——对政府网站访问量、访客行为路径、访客属性、关注热点、搜索引擎优化等进行量化分析，挖掘用户感兴趣的信息，提升网站智慧感知、智慧响应能力。

错别字校对软件——支持事前事后错别字校对，系统基于1000亿字汉语语料分析，采用先进的语法分析与语料库统计相结合的方法，能精准校对政治性错误，支持重点词校对及同音字校对，支持可视化定位及错别字整改自动复核。

由于篇幅有限，以上主要与大家分享星鸟公司在政务新媒体监管方面的解决方案及相关经验。若对政府网站群监测相关产品及服务有兴趣的，可进入产品官网查看详情：监控通（http：//www.jktong.com/）。

第九篇

大 事 记

2019 年电子政务大事记

2019 年 1 月 10 日，国家互联网信息办公室发布《区块链信息服务管理规定》（以下简称《规定》），自 2019 年 2 月 15 日起施行。出台《规定》旨在明确区块链信息服务提供者的信息安全管理责任，规范和促进区块链技术及相关服务健康发展，规避区块链信息服务安全风险，为区块链信息服务的提供、使用、管理等提供有效的法律依据。

2019 年 1 月 28 日，区块链信息服务备案管理系统上线运行，官方网址为 https：//bcbeian.ifcert.cn/。备案主体通过官网填报备案信息、查看备案审核状态，普通用户通过官网查询备案信息。具体操作说明访问 https：//bcbeian.ifcert.cn/ 查看。

2019 年 1 月，中共中央办公厅、国务院办公厅印发《关于推进基层整合审批服务执法力量的实施意见》（以下简称《意见》）。《意见》指出，基层管理水平直接关系人民群众生产生活，决定党执政的社会基础和执政能力、国家治理的根基和水平。要坚持和加强党的全面领导，适应乡镇和街道工作特点及便民服务需要，加强党的基层组织建设，改革和完善基层管理体制，使基层各类机构、组织在服务保障群众需求上有更大作为。

2019 年 4 月 1 日，国务院办公厅秘书局发布《国务院办公厅秘书局关于印发政府网站与政务新媒体检查指标、监管工作年度考核指标的通知》，自公布之日起施行。

2019 年 4 月 3 日，国务院总理李克强签署国务院令，公布修订后的《中华人民共和国政府信息公开条例》（以下简称《条例》），自 2019 年 5 月 15 日起施行。修订后的《条例》除了明确十五类信息各级行政机关应当主动公开外，还规定了不公开政府信息的具体情形，意味着今后滥用信息公开例外原则将得到有力遏制。

2019 年 4 月 15 日，国务院推进政府职能转变和“放管服”改革协调小组优化营商环境专题组召开第九次全体会议暨京沪两地改善营商环境改革经验论证会。受国家发展和改革委员会副主任林念修同志委托，国家发展和改革委员会副秘书长周晓飞同志主持会议并讲话。

2019 年 4 月 22 日，国务院办公厅日前开通国务院“互联网 + 督查”平台，面向社会征集四个方面问题线索或意见建议：一是党中央、国务院有关重大决策部署和政策措施不落实或落实不到位的问题线索；二是政府及其有关部门、单位不作为、慢作为、乱作为的问题线索；三是因政策措施不协调不配套不完善，给市场主体和人民群众带来困扰的问题线索；四是改进政府工作的意见建议。

2019 年 4 月 26 日，国务院总理李克强签署国务院令，公布《国务院关于在线政务服务的若干规定》，自公布之日起施行。

2019 年 5 月 6 日至 8 日，第二届数字中国建设峰会在福建省福州市召开。峰会围绕电子政务、数字经济、大数据、智慧社会、工业互联网、网络科技、数字生态、数字健康等主题举办了 12 场论坛。

2019 年 5 月 6 日，国家网信办在第二届数字中国建设峰会上发布《数字中国建设发展报告（2018 年）》，报告包含 2018 年数字中国建设取得新的重要进展、数字中国建设重大任务深入推进、各地区信息化发展水平整体提升、全力推进 2019 年数字中国建设四个方面。

2019 年 5 月 21 日，国家互联网信息办公室发布关于《网络安全审查办法（征求意见稿）》公开征求意见的通知。

2019 年 6 月 13 日，国家互联网信息办公室发布关于《个人信息出境安全评估办法》公开征求意见通知。

2019 年 6 月 25 日，国务院召开全国深化“放管服”改革优化营商环境电视电话会议，国务院总理李克强讲话提出，要打造全国政务服务“一张网”，在更大范围内实现“一网通办”、异地可办。

2019 年 7 月 2 日，国家互联网信息办公室、国家发展和改革委员会、工业和信息化部、财政部关于发布《云计算服务安全评估办法》的公告。

2019 年 7 月 4 日至 5 日，全国一体化在线政务服务平台和“互联网 + 监管”系统建设工作部署暨集中培训会在合肥举行，会议通报了全国“一网通办”和“互联网 + 监管”系统建设总体情况，部署了下一步重点工作。

2019 年 7 月 17 日，以“智能感知态势　携手构建安全”为主题的 2019 中国网络安全年会在广州召开。本次大会由国家互联网信息办公室指导，国家互联网应急中心（CNCERT）联合国内 7 家网络安全企业主办、中国通信学会协办。

2019 年 7 月 21 日，2019（第十四届）中国电子政务论坛暨“数字政府”高峰论坛在广州开幕。该论坛由中央党校（国家行政学院）、国家电子政务专家委员会和广东省政府联合主办。本次论坛以“推动政府数字化转型 引领经济社会高质量发展”为主题，发布了《2019 中国电子政务发展报告（蓝皮书）》《2019 数字政府建设发展报告》《2019 移动政务服务发展报告》《2019 年省级政府和重点城市网上政务服务能力第三方评估指标体系》四项研究成果。

2019 年 7 月 25 日，中共中央政治局常委、国务院副总理、国务院推进政府职能转变和“放管服”改革协调小组组长韩正主持召开国务院推进政府职能转变和“放管服”改革协调小组全体会议，认真学习贯彻习近平总书记重要指示精神，落实全国深化“放管服”

改革优化营商环境电视电话会议要求，审议有关文件，研究和部署下一阶段重点工作。

2019 年 8 月 21 日，国务院总理李克强主持召开国务院常务会议，决定从 12 月 1 日起，在全国自贸试验区开展“证照分离”改革全覆盖试点。同时，强调“证照分离”改革要持续推进，对市场主体一视同仁，进一步放宽市场准入，推进便利化，并加强公正监管、事中事后监管，寓管理于服务中。

2019 年 8 月 22 日，国家互联网信息办公室发布《儿童个人信息网络保护规定》，自 2019 年 10 月 1 日起施行。

2019 年 8 月 28 日，国务院总理李克强主持召开国务院常务会议，部署深化放管结合加强事中事后监管，促进公平竞争提升市场效率；决定再取消一批工业产品生产许可证，更大释放市场主体创新创造活力；确定进一步促进体育健身和体育消费的措施，部署推动在线教育健康发展促进教育公平。

2019 年 9 月 3 日，国务院办公厅印发《关于做好优化营商环境改革举措复制推广借鉴工作的通知》（以下简称《通知》）。《通知》指出，近年来，各地区、各部门深入推进“放管服”改革，深刻转变政府职能，持续优化营商环境，取得积极成效。其中，北京市、上海市聚焦市场主体反映的突出问题，对标国际先进，推出大量改革举措，形成了一批典型经验做法。《通知》要求，在全国复制推广借鉴京沪两地优化营商环境改革举措。

2019 年 10 月 18 日至 22 日，由国家互联网信息办公室、科学技术部、工业和信息化部、浙江省人民政府共同主办的第六届世界互联网大会“互联网之光”博览会在浙江乌镇举行。在本届世界互联网大会期间，来自全球 83 个国家和地区的约 1500 名嘉宾齐聚乌镇，围绕“智能互联开放合作——携手共建网络空间命运共同体”主题，纵论网络空间发展大势，展示信息技术创新成果，共商网络空间开放合作途径，也为全球互联网发展提供了新思想。

2019 年 10 月 22 日，国务院第 66 次常务会议通过《优化营商环境条例》（以下简称《条例》）。这是我国出台的首部针对营商环境优化的法规，将于 2020 年 1 月 1 日起施行。该条例从保护市场主体、优化市场环境、再造政务服务、严格监管执法、强化法治保障等方面对于打造营商环境提出了具体的措施和要求。

2019 年 10 月 24 日，中共中央政治局就区块链技术发展现状和趋势进行第十八次集体学习。中共中央总书记习近平在主持学习时强调，区块链技术的集成应用在新的技术革新和产业变革中起着重要作用。我们要把区块链作为核心技术自主创新的重要突破口，明确主攻方向，加大投入力度，着力攻克一批关键核心技术，加快推动区块链技术和产业创新发展。

2019 年 11 月 22 日，经党中央、国务院同意，国家发展和改革委员会、商务部正式印发实施《市场准入负面清单（2019 年版）》。2019 年版负面清单共列入事项 131 项，相比 2018 年版减少了 20 项，缩减比例为 13%。

2019年11月27日，国务院总理李克强主持召开国务院常务会议，部署以实施《优化营商环境条例》为契机，加快打造市场化法治化国际化营商环境，更大力度为各类市场主体投资兴业破堵点、解难题。

2019年11月29—30日，全国电子政务工作座谈会暨国家电子政务综合试点工作现场会在广东省广州市召开。会议深入贯彻落实习近平总书记关于网络强国的重要思想，总结交流国家电子政务工作经验，研究部署下一阶段国家电子政务重点任务。

2019年12月3日，国务院办公厅印发《关于建立政务服务“好差评”制度提高政务服务水平的意见》，要求2020年年底前，全面建成政务服务“好差评”制度体系，建成全国一体化在线政务服务平台“好差评”管理体系，各级政务服务机构、各类政务服务平台全部开展“好差评”，实现政务服务事项、评价对象、服务渠道全覆盖。

2019年12月15日，国家互联网信息办公室发布了《网络信息内容生态治理规定》（以下简称《规定》），自2020年3月1日起施行。国家互联网信息办公室有关负责人表示，出台《规定》，旨在营造良好网络生态，保障公民、法人和其他组织的合法权益，维护国家安全和公共利益。

2019年12月19日，正在澳门视察的国家主席习近平，到位于黑沙环的政府综合服务大楼，了解民生政务服务。

附　录

数字政府创新符号词典

100个创新符号就是100个改革足迹

Y

Z

B

符号：88模式❶

城市：鄂州市

释义：近年来，鄂州市持续优化服务流程，创新服务方式，推行“一窗受理、集成通办”改革，按照政务服务“一网一门一次”和“三集中三到位”的要求，各部门行政审批事项按照“应进必进”的原则，市直部门首批22名“首席审批官”于2019年9月30日统一入驻市民中心，标志着鄂州政务服务正式进入“一窗受理、集成通办”和“88政务”模式。

所谓“88政务”模式，即一门、一窗、一号、一单、一表、一网、一次、一份8个“一”和马上办、网上办、一次办、就近办、集中办、帮你办、自助办、全域办8个“办”。鄂州通过“88政务”模式，进一步满足了企业和群众办事易办、快办、办好的需求，最大限度利企便民，促进政务服务优质、快捷、高效，推进全市营商环境不断优化。

符号：办税地图❷

城市：武汉市

释义：为方便办税，近年来，武汉新增了近300个办税点，城市格局也在不断变迁。“办税去哪儿最近？最方便？”这成了企业的疑问。为快速响应企业诉求，武汉市税务局在全市税务系统内进行组织调度，于2019年4月3日推出武汉首份“办税地图”，全市314个办税点全部上线，为纳税人精准导航，让纳税人“进对门，办对事”。

“办税地图”主要提供了以下四项功能。一是实现地点展示。对全市314个办税点进行了精确标注，“厅”表示办税服务厅，“站”表示税务服务站，“邮”表示邮政代开网点，“政”表示政务中心驻点窗口等，并注明了办税点职能和联系电话。二是实现导航服务。可以选中某一办税点进行“导航”，为纳税人选择最优出行路线。三是实现筛选查找。可以点击“办税点筛选”，按类型、区域和距离查找，方便纳税人选择。四是展示办税服务厅流量。可以点击“大厅流量查询”，查看“窗口数量”“排号数”以及“预计等待时间”，方便纳税人合理选择办税地点。

点评：“可预期”永远是公众办事体验的核心需求。

符号：帮小二❸

城市：陕西省周至县

释义：为了让企业和群众，特别是特殊困难群体享受到“最多跑一次”带来的便利，在落实好“只进一个门、只找一个人，就能办成事”的基础上，陕西周至政务服务中心针对行政审批及政务服务事项，创新实施“帮小二”式全程帮办政务服务模式。抽调6名业务能手组建“帮小二”服务队，在政务服务大厅设置“帮你办”服务台，按照“自愿委托、无偿代办、合法高效”的办事原则，为企业和群众提供办事咨询、协助填报表格等服务。

2019年3月5日，陕西周至政务服务中心的“帮小二”正式上岗，共为困难群众和企业提供“领办”服务40余次，提供代填表格、代交资料等帮办服务13次。

❶ 信用湖北，http：//www.hbcredit.gov.cn/xyjs/xytj/ 201910/t20191016_97630.shtml，2019年10月16日。

❷ 经济日报－中国经济网，http：//www.ce.cn/xwzx/gnsz/gdxw/201904/04/t20190404_31800069.shtml，2019年4月4日。

❸ 兵马俑在线，http：//news.wmxa.cn/zhouzhi/201903/613045.html，2019年3月25日。

下一步，陕西周至政务服务中心将推行“帮你办”工作信息公开制，每季度为“帮小二”评定星级，进一步提升和完善“帮你办”便民服务水平。

C

符号：窗口飞地❶

城市：浙江省泰顺县

释义：2019年4月27日，泰顺县“办事不回乡”杭州服务中心正式挂牌。这是泰顺县深化“最多跑一次”改革、创新实施“办事不回乡”的一项实际举措。

泰顺县目前共有14万人在外务工经商创业，占全县户籍人口的1/3，其中在杭州的泰顺人多达5万。在杭泰顺人每年需往返泰顺县办理社保、就学、户籍、住房等事项3~5次，长途跑、来回跑费时费力，“办事不回乡”改革就是抓住这个“痛点”，以设立“窗口飞地”的形式进行破难。

综合考虑到杭州老乡多、辐射广等优势，该县选点杭州“试水”，启动实施“办事不回乡”改革。即依托“办事不出村”平台和“瓯e办”自助服务终端，将“一窗受理”服务延伸到杭州，为在杭及周边地区的泰顺人实时提供审批、生育、社保等高频民生事项服务。在杭泰顺人可自主选择“掌上移动办”、服务网点直接申报、网上申报代办等模式，不回乡就办理相关业务。

点评：其实这就是数字时代的政务服务“驻×办”。

符号：城市眼·云共治❷

城市：杭州市拱墅区

释义：有这样一只眼睛，24小时盯着大街小巷，实时发现并告知车辆违停、游商摊贩等各类保洁保序问题，用它的嫉恶如仇引导人们从善如流……这只“眼睛”就是杭州市拱墅区首创的城市眼云共治平台。

杭州市拱墅区在小河街道试点的“城市眼云共治”平台，是一种新型城市治理模式，以“摄像头眼睛+计算机智能大脑+基层共治”的模式，形成高效的闭环处置机制，打造智慧型城市治理的全新样板。2019年该平台已纳入全市城市大脑建设体系。

作为先行区，2019年拱墅区在小河街道已有基础上继续完善，优化提升识别种类、精准度和处置流程，实现所有街道全覆盖，构建完善区、街两级“城市眼云共治”平台体系，功能从城市管理向综合治理等领域延展，为全市推广提供拱墅样板。

如果说“城市眼”提高了发现问题的能力，那“云共治”则把重点放在解决问题上，引导各类主体参与城市共建、共治、共享。

点评：不可完全将城市命运寄托给机器，所谓“云共治”，最终是人与社群的参与。

符号：朝我说❸

城市：北京市朝阳区

释义：为切实提升群众企业获得感和满意度，2019年5月朝阳区政务服务中

❶ 温州日报瓯网，http：//www.wzrb.com.cn/mobile_show.aspx?id=941174，2019年4月29日。

❷ 中国警察网，http：//www.cpd.com.cn/n10216060/n10216158/201912/t20191222_873271.html，2019年12月22日。

❸ 人民日报，http：//paper.people.com.cn/rmrb/html/2019-05/23/nw.D110000renmrb_20190523_3-11.htm，2019年5月23日。

心开设“朝我说”意见征询专区，企业和群众可通过线上线下两种方式提出意见建议，评判政务服务绩效，这在北京市尚属首次。

“朝我说”负责接收有关政务服务问题线索，兼顾民意征询与投诉受理功能，有“现场说”“移动说”两种模式。“现场说”指在政务服务中心大厅开设专区，常设一名受理人员，专门接待企业及群众反馈。

“移动说”则是企业、群众通过“朝阳政务”微信公众号“微服务”菜单进入“朝我说”意见征询系统，在线提交建议、反馈问题。专区遵循“群众说、我们听、专人记、立即办”的原则，针对即办事项和承诺事项，第一时间将问题反馈至相关职能部门，建立沟通联络机制，跟踪处理流程，并将结果反馈至提议人。

“朝我说”窗口建立后，朝阳区还将建立完整的意见征询问题档案，按照全区三级政务服务体系设置问题库，分类存档有关全区各类政务服务意见，每一条投诉都被详细记录在册。此外，朝阳区还将完善特约监督员明察暗访、第三方公司测评、群众满意度评价、管理机构评价、窗口自评“五评价”等机制，促进营商环境优化。

符号：呈小服❶

城市：昆明市呈贡区

释义：2019 年 9 月 5 日，呈贡区政务服务管理局举行“政务客厅·宾至如归”呈贡区政务服务形象上线新闻发布会，昆明市首个政务服务形象——“呈小服”上线。

在小服志愿者的导引下，办事群众在地图导航仪上轻轻一点，就可以找到办事路线；大厅采用无声叫号系统，以手机短信提醒和屏显方式进行叫号，全厅没有嘈杂、没有拥挤，仿佛坐进了自家客厅。

办事群众身份认证成功后，“智能自助填表系统”自动录入办事人姓名、地址等基本信息，无需手动填写纸质表格，填表的时间可从原来的 10 分钟缩减至 2 分钟。同时，政务大厅设有 24 小时自助服务区，进驻交通违章罚款自助缴费机、出入境证件自助签注、电力公司自助终端等 9 台自助设备，助力呈贡区政务服务进入无纸化时代。

目前呈贡政务服务中心共进驻 22 个部门，共有 123 个办事窗口，可受理 347 个审批服务事项。行政许可事项由原来的 40 项增加至 142 项，服务事项由原来的 31 项增至 205 项。其中，“最多跑一次”事项由原来的 9 项增至 225 项，实现审批服务大厅企业注册、不动产交易登记、民生保障服务、婚姻登记、投资项目审批、公安业务 6 个“一站式”便民服务，实现一门式政务服务。

D

符号：淀小二❷

城市：北京市海淀区

释义：2019 年，海淀区政务服务管理局进一步优化服务流程、压缩审批时限，狠抓服务意识、服务态度和工作作风，坚持以人民为中心，争做服务企业群众的“淀小二”，以“群众需要什么样的服务，我们就提供什么样的服务”为方向，着力培育利企便民的“北京温度”，扎实推动

❶ 昆明市呈贡区人民政府，http：//cg.km.gov.cn/c/2019-09-06/3624981.shtml，2019 年 9 月 06 日。

❷ 北京市海淀区人民政府，http：//zyk.bjhd.gov.cn/zmhd/smhy/201906/t20190618_4326892.shtml，2019 年 6 月 6 日。

政府职能转变，实现政务服务“跨越式”发展。

“淀小二”是什么？“淀”是海淀，“小二”是服务精神、态度、理念的集中体现。

为当好“淀小二”这个角色，海淀区政务服务中心已经初步建成以一窗式服务、一站式审批、一键式咨询、一条龙代办、一网式支撑“五个一”为服务模式，以集成服务、融合服务、主动服务、党建服务等“四大服务”为特色的综合性、立体式政务服务体系，同时提出了窗口服务“五项标准”、窗口人员“三不”承诺。进入海淀区政务服务中心，可以享受到企业注册登记、市场经营管理、税务服务、工程建设审批等企业全生命政务服务。

E

符号：24 小时不打烊[1]

城市：上海市徐汇区

释义：以往市民办事，总会遇到一个回避不了的问题——自己下班了，政府单位也下班了，这样的窘境让整天忙碌于工作的白领非常尴尬。徐汇区行政服务中心 2.0 版中心开启运行后，24 小时自助服务大厅为市民解决了这个问题。

在徐汇区，24 小时自助服务大厅的大门时刻为市民开启，即便是上班族也能在任意时段办理事项。24 小时自助服务大厅涵盖自助办理工作台、自助签注机和社保、医保自助终端等十大类，实现视频咨询、一网通办、网上预审、自助办理、材料补正、材料智审、人证核验、材料打印、指南打印、进度查询、呼叫服务、便民服务等 12 项功能，提供 29 个部门 654 项政务服务事项的办理，将原先白天 8 小时服务时间延伸到 24 小时不打烊自助服务，体现了“无人政务大厅”理念。

徐汇区 24 小时政务服务模式的出现，有效降低了企业和群众办事创业服务成本，创新应用云计算、大数据、人工智能等新技术，形成自助办事和窗口办事功能高度统一的政府服务新格局，实现政务服务从“人工”到“智能”的跨越。

点评：24 小时不打烊，核心不仅是公众 24 小时能否在前台提交材料，更考验的是政务服务平台的后台是否能 24 小时有效运转。

符号：e 窗通[2]

城市：北京市

释义：2019 年 1 月 17 日，北京企业登记 e 窗通服务平台正式上线运行。申请人可登录该平台办理营业执照、刻制公章、涉税事项、员工“五险一金”、企业银行预约开户等相关业务，实现网上“一窗”填报。

“e 窗通”的特点主要体现在“一网通办”。原先分散在各部门网站的网上办事系统整合后，申请人只需进入“e 窗通”系统即可一次性完成开办企业的申报。申请人无需多点登录和申报，省时省力，部门之间数据共享不及时和串联审批耗时过长等问题也将得以解决，企业开办“易”“快”“便”。

在数据采集上，“e 窗通”系统实现多表合一，避免申请人重复填报数据，同时，统一数据采集标准和格式，企业登记、办税、刻章等业务事项共性数据统一采集，

[1] 东方网，http：//shzw.eastday.com/eastday/city/gk/20181102/ u1a14348631.html，2018 年 11 月 2 日。

[2] 北京市企业登记 e 窗通服务平台，http：//ect.scjgj.beijing.gov.cn。

大幅精简数据采集项。数据调用时，可实现跨部门信息应用，调用公安的人口信息、法院的失信被执行人信息以及多部门的信用黑名单信息等。

企业登记信息核准后，将立即推送给公安、税务、人力社保、公积金等后续办理部门，相关部门业务审核通过，统一反馈结果至“e窗通”系统供企业查询。同时财政局、住建委、城管委等17个涉及多证合一备案事项的部门也可以获得企业登记信息。

“e窗通”系统的上线，整合了各部门业务办理流程，彻底调整了目前串联审批的工作模式，使其变为各部门并联审批，实现开办企业“五个一”，即“一窗、一网、一表、一次申报、最多跑一次”。全流程可减少85%的网上办事环节，从原有的涉及企业开办的8次办理，缩减为1次申请，企业开办时间在现有基础上再提速40%，实现企业开办3天完成。

F

符号：扶持通❶

城市：佛山市

释义：为促进政府扶持政策加速落地见效，佛山市财政局牵头建设佛山市扶持资金综合服务平台（即“扶持通”），着力为企业破解“政策不易找、申报靠腿跑、进度看不到”等难题。

“扶持通”平台是佛山市各级产业发展扶持政策信息的统一发布平台，为企业提供扶持资金的一站式申报服务。平台通过大数据与移动互联网等技术的创新应用，通过收集整合企业类型、规模等企业自身数据及企业在平台的访问留痕数据、订阅数据等，精准捕捉企业对扶持政策的关注点、兴趣点，将存量政策项目与企业进行智能匹配，主动向企业推送相关政策项目信息，帮助企业及时掌握政策、申报资金，尽量避免错失申报时机；同时构建信息反馈机制，将受理环节、审批环节、资金拨付环节等节点信息通过用户预留的接收渠道实时进行反馈，让企业对申报进展情况了如指掌。

该平台从2017年启动至今经历了三期建设开发，于2018年5月面向全市企业公开使用，接受企业申报。截至2019年8月，“扶持通”平台已为企业兑现扶持资金5亿元，接近9800家的企业在佛山新注册。

G

符号：改革体验官❷

城市：义乌市、西安市、北京市西城区

释义：作为全球最大的小商品集散中心和中国最富裕地区之一，义乌拥有多项国家级殊荣，究其原因，是义乌大胆改革创新的结果，也是不断将服务视角推向深入细致和追求营商环境最宽松的结果。

“改革体验官”制度的设立，就是这样一种大胆的改革创新，目的在于通过社会各界人士参与城市建设与管理，推动城市现代化治理。与当前各地实施的建言献策、监督渠道相比，“改革体验官”发现的问题更深入微观，更贴近百姓的“柴米油盐”，建议来源更为广泛，反馈处理更灵活高效，可逼迫有关服务部门改进服务方式，提高服务效率，推进了政府转型和

❶ 佛山在线，http：//www.fsonline.com.cn/p/266838.html，2019年8月19日。

❷ 浙江省人民政府，http：//www.zj.gov.cn/art/2019/3/26/art_1554469_31638556.html，2019年3月26日。

全面改革的深化，给浙江“最多跑一次”改革在基层推动加装了一双“火眼金睛”。

面向社会公开招聘善于“挑刺”的“改革体验官”，瞄准政务服务不到位及群众“吐槽”多的地方，针对性监督和提出意见，这些问题，被有关部门分类梳理，录入统一的管理系统，由相关部门办结并反馈。这样的“改革体验”，确实击中了政务服务中不合理、不高效、不到位的要害，极大地提升了政务服务改进速度，确实是一种群众监督的创新，远比单个群众的监督和反映更专业，也更有力度，让人眼前一亮。

点评：将政务服务视为一种公共产品，改革体验官应该是“超级用户”，是所有政务服务“下水”的第一批种子用户。

符号：莞家服务 ❶

城市：东莞市

释义：2019 年 7 月 31 日，东莞市政府常务会议审议通过《东莞市“数字政府”建设总体规划（2019—2021 年）》（以下简称《总体规划》）。在省“数字政府”规划总体框架下，东莞市“数字政府”建设按照“一个主题、一项核心、一条主线、一套体系”的规划思路，打造“数字政府”政务数据大脑，创新“网购式”政务服务体验，开创“数字政府”建设新模式，以高标准全面提升东莞市政务服务能力和现代化治理水平。

其中一个主题即以“莞家服务”为主题，依托“政务数据大脑”，通过“政企合作”将先进生产力引入政府治理，创新政府服务模式，汇聚政务、公安、交通、医疗、教育、社区、民生等惠民服务，实现业务通、数据通、证照通、支付通、服务通，同时从用户体验的角度改进政务服务设计，用群众“爱不爱用”来检验政务服务成效。

《总体规划》提出，东莞“莞家服务”将具备七大基本特征：部门网店化、服务产品化、点评大众化、沟通即时化、过程可溯化、应用移动化、支付电子化。

东莞力争通过“莞家服务”为“数字政府”改革建设打下坚实基础，最终实现跨层级、跨地域、跨系统、跨部门、跨业务的协同管理与服务，推进政府决策科学化、社会治理精细化、公共服务高效化，推动东莞市“数字政府”改革顺利开展。

点评：“服务产品化”是“莞家服务”的最大亮点。

J

符号：接诉即办 ❷

城市：北京市

释义：从老百姓关心的事情做起，把民生服务作为考核政府工作的一项重要指标，是北京市打通民生服务“最后一公里”的有效举措。“接诉即办”就是促进民生服务的重要举措和创新机制。

“接诉即办”主要依托“12345”政府热线，百姓生活中遇到的各类难题都可以通过拨打 12345 反映。“12345”便民热线做到了“接电话、派问题”，24 小时不断线；“收反馈、记回访”，事不完人不走；“闻风而动、接诉即办”，群众诉求单单有回应，件件有反馈，生动阐释了“民有所呼、我有所应”，在很大程度上提升了群众的幸福感和获得感。

北京市在“接诉即办”工作推进上，真抓实干，把群众的小事当大事，把群众

❶ 新浪网，http：//finance.sina.com.cn/roll/2019-09-19/doc-iicezzrq6819958.shtml，2019 年 9 月 19 日。

❷ 中国青年网，http：//pinglun.youth.cn/wztt/201907/t20190702_11998114.htm，2019 年 3 月 22 日。

的诉求当重点，有效解决了一大批困扰百姓的烦心事、操心事、揪心事。

符号：警医邮[1]

城市：上海市、杭州市、肇庆市、郑州市、广州市

释义：办理驾驶证业务，有时会遇到手续繁、排队长、折返跑的情况。上海市公安局交警总队联手相关医疗机构，2019年8月1日起在首批11家医院设立“警医邮”便民服务点，让驾驶人在体检医院就能办理车管业务。

“警医邮”便民服务对象涵盖需办理驾驶证补换领、注销、提交身体条件证明、增加准驾车型的“老驾驶人”和新申领驾驶证的“准驾驶人”。同时，本市及外省市户籍居民、香港澳门行政区居民、台湾地区居民、华侨、外国人等，均可申办“警医邮”便民服务。

以补换领驾驶证为例，申请人通过设置在现场的自助拍照机、打印机等自助终端采集个人基本信息、驾驶证专用证件照片、身份证明等材料照片，选择驾驶证领取方式，用现金或扫码方式在线支付所须费用。需进行体检的由医院工作人员引导体检即完成整个申请过程。申请信息会实时传输交互至后台业务系统，车管所工作人员对业务申请进行审核，及时反馈受理结果，符合要求的限时办结业务，并根据申请人意愿安排邮政寄递交付驾驶证。

相比传统服务模式，“警医邮”便民服务可以让办事人少跑腿，一站办理一次办结；少等候，业务分流多点可办；免复印，影像存取减免材料；免填表，自助申请自动填报。

[1] 上海市交通安全综合管理服务平台，https：//sh.122.gov.cn/cmspage/jgzx/2018-09-27/20180927005684.html，2018年9月27日。

K

符号：口述办照[2]

城市：济南市中区、汉中市、泰安市

释义：为进一步改善营商环境，2018年10月下旬起，市中区市场监管局借力“全程电子化登记”，针对个体户登记手续简单但填表烦琐的问题，使用“济南工商微信登记平台”，在全区推广个体户“口述办照”简易登记改革，全面开启简易登记改革新模式。

申请人无需填写和准备任何表格或照片，只需出示身份证，直接向窗口人员口述申请信息，由窗口人员使用智能终端设备（手机、平板电脑等）将信息录入“济南工商微信登记平台”，经系统自动生成材料后，由申请人通过智能终端设备确认签字，随即当场发照。

“口述办照”的便利之处可以总结为以下几点。一是流程简化，把过去“名称预先核准—设立登记—受理—核准—发照”等多个环节，简化为智能设备录入信息一个环节，材料反复录入优化为“一次录入”，集“多窗”于“一窗”，有效压缩了办理时间，提高了行政效率。二是材料精简，把过去需要多次签字的申请表和承诺书等都集成为一份电子材料，通过电子签名的形式“一表联签”、化繁为简。三是防篡改，电子档案兼具“无介质、云存储、防冒用”等特点，解决纸质档案存储难题的同时，也有效杜绝了身份造假、虚报材料的现象。

[2] 凤凰网，http：//sd.ifeng.com/a/20180821/6821496_0.shtml，2018年8月21日。

"口述办照"简易登记模式推行以来，形成了"一张身份证、口头申报、现场录入、当场发照"的工作模式，起到了简化程序、减少材料、缩短时间、消除障碍的作用。

L

符号：6S 服务❶

城市：广州市增城区

释义：2019 年 10 月 17 日，增城区政务服务中心新址揭牌启用，标志着增城在全力推动政务服务"一门集办、一窗综办、一次即办、一网通办"方面迈上了新台阶。

在功能分区方面，增城区政务服务中心分为 A、B 两个大厅。服务企业法人为主的 A 区大厅进驻 38 个区直相关单位的政务服务事项 1017 个，按照"前台综合受理、后台分类审批、统一窗口出件"的模式，实现"受理审批相分离、线上线下互融合、数据之间共享用"。服务市民个人为主的 B 区大厅整合了不动产、出入境、户政、社保、医保、公证、婚姻等政务服务事项 402 个，打造了一条"首楼层、智能化、有温度、体验佳"的"政务服务主题步行街"。

在创新服务方面，增城区政务服务中心创立了主动（Self-motivated）、认真（Serious）、快捷（Speedy）、标准（Standard）、特别（Special）、满意（Satisfactory）的"6S"服务理念，推出 50 种以上电子证照应用、双向免费快递送达、建立"F2F""12345"服务热线机制等一系列举措，为群众提供更便捷、更优质的政务服务。

符号：立拍下单❷

城市：广州市

释义：广州"12345"政府服务热线不断丰富微信公众号、小程序、网页等互联网渠道的服务功能，在"广州 12345 小程序"上开发了"秒查""秒下单"功能，这些功能将为市民提供指尖上触手可及的热线服务。

"秒查"主要提供办事咨询、信息查询功能。选取目前市民较为关注、热线话务量最多的业务类型，共有工商、公积金（贷款、提取、密码重置）、公安（户政、出入境）、医保（医保待遇、异地就医）、生育医保、社保（参保咨询、转移、市民卡）、就业（登记、工资）等 14 个模块。同时，还增加了微信一键转发、访问足迹、内容复制、字号选择等贴心的辅助功能。

"秒下单"主要提供快捷投诉举报的功能。以社会热点诉求为导向，包括立拍下单、停水电 / 水浸自然灾害、拖欠工资、物流快递等 4 个模块。其中"立拍下单"主要包括城管（乱摆卖、市容环境、施工扰民、违章建筑、设施破损）、交通（乱停车、非法运营、出租车）、环保（噪音、废气、污水）三大类业务。市民上传图片、视频等文件后，只需要点选几项简单的信息，即可实现诉求提交。同时"有图有真相"，便于政府部门后续处理。整体操作简便、人性化，如姓名、手机号、地址等信息可实现一次输入或自动获取，一次未能填写完成的工单也会暂存，方便下次输入，还可以通过自带的语音转换功能，提交工单的备注说明。

❶ 增城日报，http：//www.zc.gov.cn/zx/zcyw/content/post_3857939.html，2019 年 10 月 18 日。

❷ 广州日报，http：//static.nfApp.southcn.com/content/201811/28/c1704499.html，2018 年 11 月 28 日。

符号：两少七减❶

城市：张家口市

释义：近两年来，张家口市充分发挥市行政审批局的职能作用，依托市“互联网＋政务服务”平台，推出“两少七减”套餐式政务服务，不断提高企业和群众的办事便利度。

“两少”服务，即“一点统筹”少弯路，“一表填报”少跑腿。目前该市行政审批局所有政务服务事项在河北政务网一网公开、一次告知，无论在家还是在自助申报区申报，申报内容都会立即自动分发至各受理窗口，减少了企业和群众的等待时间。与此同时，在办理“多证合一”事项时，企业只需统一填报多证合一信息采集表，信息便自动转至相关部门，无须再到其他部门办理相关手续。

“七减”服务，即“一审一核”减重复、“同城通办”减距离、“集成服务”减材料、“材料复用”减压力、“一网公开”减烦琐、“一码申报”减录入、“精简材料”减负担。这是该市行政审批局利用“互联网＋”背景下云计算、大数据、人工智能等新技术成果推出的七项创新审批服务，实现了信息流转便捷化。

M

符号：秒批❷

城市：深圳市、上海市、青岛市、北京市海淀区

释义：2019年2月28日，深圳正式实施在职人才引进和落户“秒批”。在此之后，“秒批”服务拓展到在职人才引进、留学回国人员引进、博士后入户及其配偶子女随迁，全面实现4种人才引进业务类型“秒批”，全程只需一次跑动，全程纸质材料提交减少80%以上。

所谓“秒批”，是指无人干预自动审批服务，即申请人网上提交信息，系统按既定规则，通过数据共享实时比对核验，自动做出审批决定，并将结果及时主动告知申请人的政务服务新模式。

“秒批”业务率先建立诚信申报机制，为信用记录良好、诚实守信的申请人提供“秒批”便利服务，同时开启承诺制服务模式，将核查端口后移，对“秒批”通过后的业务相关申报材料的完整性、一致性、合规性进行核查，并通过业务抽查、定期返查、交叉检查等方式加强对“秒批”业务的事后监管，切实做到信任在先、过程监管、便民利民。

对人才引进需审核的学历学位信息、犯罪记录信息、技术职业资格信息、社保信息、体检信息等信息，全部由系统自动调取相关政府部门和机构数据库的数据自动比对，即报即批、即批即得。对所有来深人才，一视同仁，在统一的业务规则下，系统自动进行数据比对，比对通过即予“秒批”，确保公平公正，杜绝人为干预和暗箱操作。

目前深圳市已有150个事项实现“秒批”，计划2019年年年底前实现超过200项。国庆前夕上线的深圳企业“秒批”系统，将企业设立审批时限由原来的一天大幅压缩至几十秒内。

点评：“秒批”在数字技术包裹之外，体现更多的是一种改革精神。

---

❶ 中国改革网，http：//www.chinareform.net/index.php?m=content&c=index&a=show&catid=25&id=35461，2019年12月26日。

❷ 深圳特区报，http：//sztqb.sznews.com/PC/content/201808/20/content_443612.html，2018年8月20日。

符号：免跑腿信封[1]

城市：深圳市福田区、平度市

释义：作为“全国相对集中行政许可权试点”，福田区整合全区各行政审批单位的事权、资源、力量，以区政务服务中心建设为综合平台和主阵地，以智慧福田建设和“互联网＋政务服务”为抓手，通过流程重置、标准重构、机制重组等一系列举措，推动“3×4”智慧政务服务改革，高标准打造政务服务示范区。2019 年 5 月 5 日，福田区行政服务大厅全国首创免跑腿信封，符合 218 项容缺办理服务事项的，补寄材料和发放证照均可通过免费跑腿服务办理。

“免跑腿信封”就是专门针对“容缺补件服务”而设计的前端配套产品，办理相关事项忘带材料，窗口工作人员就会递上“免跑腿信封”，扫描信封二维码就能了解所需材料，寄送材料和收取证照均免费，大大提高群众办事便利度和满意度。

符号：码上办[2]

城市：浙江省、成都市成华区

释义：2019 年 8 月底，浙江省推出全省统一的民政服务二维码，并实现与“浙里办”、浙江政务服务网对接，形成民政服务事项清单，群众只需用手机扫描二维码，就可实现低保、养老、婚姻登记预约等 12 项民政服务“码上办”。

民政服务“码上办”应用现代信息技术，办理过程全程留痕、办理结果网上可查，不仅能快速回应群众需求，为民政对象提供高效便捷的服务，还能以“数据跑”代替“人工跑”，切实为基层减负，破解基层人手不足难题。

民政服务“码上办”具体包含社会救助“码”上协同、社会组织管理服务“码”上通办、身后事“码”上联办、养老“码”上服务、婚姻登记“码”上预约、困境儿童“码”上关爱、慈善爱心“码”上传递、社会工作“码”上对接、城乡社区治理“码”上参与、区划地名信息“码”上查询、福利彩票形象“码”上提升、信息资源“码”上支撑等 12 项重要举措。民政服务对象通过移动端“浙里办”App 扫描二维码，进入民政服务事项清单，选定服务事项后实现掌上办理。针对部分服务对象不会使用移动端办理的情况，各级民政部门将会提供贴心的代办服务。

符号：免申不用办[3]

城市：武汉市武昌区

释义：近年来，武昌区将各职能部门可以在街道实现的政务服务下沉，将分散在街道各科室的政务服务集中，在全省率先建立街道行政事务服务中心，缩短“就近办”的空间距离。但在具体的办事过程中，还是有一些不方便的地方，一些事项实际操作过程中需多部门审核，需要基层工作人员不断送件、取件，再送件、再取件，这既增加了他们的负担，又给居民增添了麻烦。

在此背景下，武昌区提出把高质量发展体现在人民生活的现实感受上。2019 年 4 月初，武昌区召开“民呼我应”改革试点工作新闻通气会，宣布 32 项民生服务事项免申不用办，21 项全程网上办，75 项现场一次办。

[1] 读特，https：//www.dutenews.com/futian/p/189518.html，2019 年 7 月 13 日。

[2] 浙江新闻，https：//zj.zjol.com.cn/qihanghao/ 100057607.html，2019 年 4 月 15 日。

[3] 湖北退伍军人事务厅，http：//va.hubei.gov.cn/bmdt/ywdt/ydfx/201912/t20191210_1733951.shtml，2019 年 4 月 3 日。

免申不用办就是免去居民群众申请环节，通过大数据比对、后台流转、网格员代办等措施，实现政府部门主动服务、社区代其办理，居民群众不用再跑路。32项“免申不用办”政务服务主要集中在卫生健康、民政救助、老年人、残疾人服务等领域，其中有关残疾人服务高达10项，老年人、困难居民等服务有9项。

点评：为特殊群体定制的“数据红利”。

符号：免证办❶

城市：广东省

释义：2019年8月20日，“粤商通”移动服务平台正式上线。平台依托“数字政府”政务云平台、大数据中心、电子证照库等基础支撑体系，将涉及企业的政务服务和信息服务集成到移动端，并根据企业在线办事实际需要，设置政策发布、政务服务、政企互动、企业中心4个板块，面向全省1200万商事主体，提供“一站式、免证办、营商通”的贴身便捷服务。

“粤商通”在全国率先实现政务服务线上线下“免证办”。依托“数字政府”支撑体系全面联通人口库、法人库、社会信用库、电子证照库等基础数据库，实现企业办事所需电子证照共享互认。企业在线申办业务时，只需通过统一身份验证，即可实现报送材料自动关联和项目信息自动填报。

目前，平台已支持投资项目备案证、营业执照、食品经营许可证、药品经营许可证、税收完税证明、建设工程规划许可证、高新技术企业证等10种常用电子证照，实现136项高频事项线上办理免提交证照。同时支持企业到实体大厅窗口办事用手机亮证，即可完成证照查验，无需携带实体证照，实现高频事项线上办理“免证办”，让“粤商通”成为企业办事的“身份证”和“通行证”。

N

符号：你承诺我就批❷

城市：天津市、辽宁省、上海市

释义：“你承诺，我就批！”是天津进一步落实“简证便民”工作，大力推进承诺制标准化、智能化、便利化审批制度改革（简称“一制三化”审批制度改革），以诚信建设为保障，确定承诺事项、明确承诺要件、统一承诺文书、规范办理步骤，实行“宽进、快办、严管、便民、公开”的政务服务新模式。

2019年5月，天津与辽宁、上海、广东、四川、陕西等13个省（市）和公安部、司法部、人力资源社会保障部、自然资源部、交通运输部5个部门一同被确定为“建立证明事项告知承诺制”试点。申请人在申请办理行政许可、行政确认、行政给付等事项时，由行政机关以书面形式将规定的证明义务和内容一次性告知申请人，在申请人书面承诺已符合所告知的条件、标准和要求并愿意承担不实承诺的法律责任后，行政机关不再索要证明，依据承诺办理相关事项，并通过信息共享、联网核查等加强事中事后监管。

按照“你承诺、我审批，你不兑现、我就撤销”的原则，天津建立政务服务诚信档案黑名单制度，对采用告知承诺审批提出申请，而未在限定期限内履诺，或经

❶ 中华人民共和国中央人民政府网，http：//www.gov.cn/xinwen/2019-08/20/content_5422508.htm，2019年8月20日。

❷ 新华网，http：//www.tj.xinhuanet.com/news/2019-08/13/c_1124869297.htm，2019年8月13日。

查实承诺不实，即被判定为失信行政相对的人，由履行审批职责的行政机关依法撤销其依据承诺取得的许可决定或办理结果，并将其列入政务服务诚信档案黑名单，做到失信必惩，信用社会建设不断增强。

符号：宁满意[1]

城市：南京市

释义：2019年5月24日，南京市委市政府召开《完善一体化在线平台深化“互联网+政务服务”打造“宁满意”工程实施方案》新闻发布会，围绕加快一体化政务平台建设、深化“互联网+政务服务”改革、做大做强“不见面审批”服务品牌，南京启动实施“宁满意”工程，助力全市营商环境的持续优化。

“宁满意”，就是让您满意。“宁满意”工程从企业和群众关注的热点出发，围绕基础性支撑、个人办事和企业办事三个维度，提出了“十个一”的具体任务。

一网通，企业群众只需登录南京政务服务网和江苏政务服务App，就可以享受到“一次注册、单点登录、多处互认、全网畅行”的整体服务；

一门通，进一扇门能办所有事；

一证通，身份证号码为办理事项唯一标识；

一指通，一些简易事项，可以在手机上操作，动动手指就能办成事；

一城通，不同区、不同街道相同的事，实现全市无差别办理；

一机通，热点事项实现24小时自助办理；

一照通，通过一张电子营业执照就可关联企业相关信息；

一链通，涉及两个以上部门、两个以上事项，将合并成“一件事”予以办理；

一栏通，在南京政务服务网、“我的南京”App开设专栏，发布特色事项清单，让办事人“找得到、看得懂、办得快、可监督”；

一事通，市政府确定的重点投资、科技创新以及国家鼓励类投资建设项目，各级代办中心采取一事一议的方法提供有针对性的指导和帮办服务。

Q

符号：七办[2]

城市：昆明市

释义：为进一步推进政务服务一网通办、审批服务便民利企、打造一流国际营商环境，昆明全面实施了“一窗通办”“一网通办”“掌上通办”“一次办成”“就近申办”“马上办好”“全市能办”的“七办”模式，实现跨区域、跨部门、跨层级、跨业务、跨系统的信息共享，真正让群众少跑腿。“七办”具体是指以下几个方面。

“一窗通办”——一窗综合受理、集成服务，将审批服务事项纳入各级政务服务中心大厅统一办理，截至2019年2月14日，昆明25个市级部门的285项办事项纳入综合服务窗口和平台受理；

“一网通办”——梳理了昆明市级275项，县（市、区）1242项，全市共计1517个“一网通办”事项，配置有6856个办事情形，实行网上申报、网上提交和原件核验机制；

“一次办成”——“最多跑一次”改革，

[1] 江苏经济报，http：//jsjjb.xhby.net/mp2/pc/c/201905/25/c637211.html，2019年5月24日。

[2] 惠州日报，http：//e.hznews.com/hzrb/pc/content/201906/ 25/content_233392.html，2019年6月25日。

昆明市、县两级共梳理公布改革事项5202项，办件量4736.7万余件；

“就近申办”——梳理了“就近申办”首批87项事项，推动各级政务服务中心、为民服务中心（站）设置代办工作席，实现个人事项就近申办、网上代办；

“马上办好”——梳理20个昆明市级部门352个“马上办好”事项清单，通过集中授权，将各部门“马上办好”事项的受理、办理权限，集中委托综合窗口统一行使；

“全市能办”——借助网上办和网上代办机制，对办理量大、办理频次高的事项，实行全市通办、跨区能办、异地可办；

“掌上通办”——昆明市政务服务办事App（安卓版）已于2018年6月上线运行，可以通过手机进行办事预约、进度查询、事项申报、材料提交。还同步开发了政务服务效能监察App，实现政务服务的“掌上监管”。

符号：取号必办❶

城市：昆明市官渡区

释义：到窗口办事，最怕的就是听到窗口工作人员说下班了，让明天再来。为此，官渡区人社局切实将办事群众的痛点作为工作切入点，开启延时服务，窗口实行“取号必办”，通过自身的延时服务，让群众办事不“延时”。

所谓“取号必办”，就是指只要办事群众取了号，即使到了下班时间，也会启动延时服务为群众办理业务，绝不会让群众等到明天。官渡区通过提升服务效能、提高服务质量，截至2019年10月，共为50余名办事群众在办理失业金领取、招录用工和失业保险参保中启动延时服务，真正做到让群众最多跑一次、办事不“延时”。

符号：全链通❷

城市：江苏省

释义：为贯彻落实党中央、国务院关于深化“放管服”改革、优化营商环境的决策部署，营造更加公开、透明、便利、高效的企业开办环境，2019年8月8日，由省工商局牵头搭建的江苏企业开办“全链通”综合服务平台，已在南京市鼓楼区和江北新区率先上线试运行。

“全链通”平台，是江苏省打造的一个企业开办事项的网上集成办理平台，改变了原先企业开办“工商注册—印章刻制—银行开户—涉税事项办理”的串联式业务流程，实现了工商登记、刻制公章、涉税事项办理、银行预约开户等企业开办事项的多部门联办、跨领域协办、全链条通办，有力推动了办理涉企“政务＋金融＋公共事务”事项综合服务的改革创新。

目前，江苏已完成“全链通”对接长三角“一网通办”一体化平台，不但支持江苏本省用户的企业开办，还支持上海、浙江、安徽用户通过“全链通”平台在江苏设立企业，实现“一次提交材料、一网信息共享、承诺限时办结、反馈办件信息”的涉企事项在长三角城市群实行跨区域、跨领域、跨行业全程网上办理。

符号：秦务员❸

城市：西安市经开区

释义：为推进“十个一”民生工程和

❶ 云南网，http：//ylxf.1237125.cn/NewsView.aspx?NewsID=299549，2019年10月11日。

❷ 新浪网，http：//news.sina.com.cn/s/2018-08-10/doc-ihhnunsq4398687.shtml，2018年8月10日。

❸ 网易陕西，https：//3g.163.com/local/article/ED5CST93041999H8.html?isFromOtherWeb=true，2019年4月19日。

智慧城市建设，不断提高服务水平，打造城市社区“15分钟便民服务圈”，优化社区布局，经开区首推“秦务员”民生服务，对“12345”市民热线等各类咨询、投诉和建议，实行统一受理、统一流转、统一办理，不断增强市民群众的幸福感和获得感。

同时，为了将日常服务工作做到更好，充分发挥窗口服务功能，提高受理效率，行政审批局（政务中心）对新入职人员进行了一系列系统、有效的理论培训及岗位实践，切实做好服务企业、服务群众的“秦务员”。2019年3月，经开政务服务大厅共接待企业和办事群众31003人，提供咨询服务3837人次，受理业务27166件，时限内办结率100%。

符号：全员全科❶

城市：泰山市泰山区

释义：政务服务业务量在不同窗口之间差异很大，潮汐性现象普遍存在，这就使得前来办理业务的群众意见很大。为破解政务办理潮汐性难题，不断提升群众办事体验，山东省泰安市泰山区推出“全员全科”政务服务新模式，深入推进审批服务便民化。

所谓“全员全科”，是指将各个事项窗口各自受理、审批，改为由前台“全科窗口”集中受理，后台同步审批。目前行政审批服务局全科窗口可受理148项政务服务，日均业务量为510件左右，并通过简化审批环节、缩减办事时间等方式，很大程度上缓解了业务办理的潮汐现象。

区行政服务管理局还通过推行“培训考核”机制、施行“窗口轮岗”制度，保证标准严格有效执行的同时，培养全科窗口工作人员“一专多能”，促进全科窗口工作人员之间的业务交流、学习和提升。

全科政务改革后，全科窗口工作人员人均办件量平均提升77%，平均办件时间缩减50%以上，窗口平均收件时间控制在15分钟以内，效能同比提高120%，企业和群众综合满意率达99.5%，让企业群众切实感受到高效与便捷。

R

符号：容e查❷

城市：北京市海淀区

释义：企业之间经济往来、办理相关事项，以及司法、纪检监察机关调查处理，都需要对企业的工商登记档案进行查询和使用。过去，企业档案查询实行手写填表、现场打印的查询方式，这在场地、人力、耗材、设备购置、维护等方面需投入大量成本。随着近年来企业查询需求大量增长，原有的查询方式已经完全不能满足新形势下社会各界的需求。

为此，海淀工商分局创新性地将人脸识别技术与排队取号系统相结合，推出应用人脸识别智能取号、自助填表系统，实现“刷脸”取号，在北京市属于首创。来海淀工商分局办理档案查询业务首先进行“刷脸”取号，与此同时扫描办事人员的营业执照，对办事人员的身份证进行人、证比对，且在取号的同时，集成了打印档案查询登记表。通过人脸识别、身份证比对、营业执照二维码确认企业唯一业务办理号码，实现取号与登记的同时进行。

同时，试点开展企业档案“容e查”

❶ 信息化和软件服务网，http：//eg.infosws.cn/ 20190830/26355.html，2019年8月30日。

❷ 中国市场监管报，http：//www.cicn.com.cn/zggsb/2018-07/17/cms108786article.shtml，2018年7月17日。

服务，拓宽企业档案查询渠道，在全市率先推行为企业提供带有签章和防伪水印的电子档案查询、拷贝服务。办事人员可以用自备存储介质拷贝所需的档案信息，查询浏览企业的登记信息材料，还可导出下载为电子文档。

符号：融 e 行❶

城市：福清市

释义：为进一步深化“互联网＋政务服务”，优化营商环境，福清市行政服务中心推出了工程建设并联审批、电子证照应用、微信端网上申报等一系列便民举措，打造集“证照联办套餐服务”“银行代办”“企业信用服务”“EMS 邮递服务”等在内的“融 e 行”便民服务品牌，在全省首创“融 e 行”智慧审批平台。

“融 e 行”智慧审批平台搭载在自助受理终端机上，位于 24 小时自助服务区，提供自助申报、指南查询、表单打印、身份证打印等应用服务，同时还融合实人认证、扫描上传、纸质材料存取、语音输入、手写输入等五大功能，为自助申报提供便利。平台涵盖福清市企业登记、经营管理、工程建设、社会事务等领域 1300 多个审批事项，融合了 20 类证照联办套餐服务事项，可实现“无差别受理、不见面审批”。

此外，市行政服务中心在 4 家银行设置“融 e 行银行代办”窗口，为福清企业免费提供企业登记全流程的代办服务。

S

符号：15 分钟政务服务圈❷

城市：西安市

释义：目前，国内许多城市都建设了集中式的政务服务中心，办事的企业和群众都要往这一个地方跑，即使只跑一次，这一次也可能会跑得很远、很辛苦。

2019 年 1 月下旬，《西安市全面推进“一网通办”加快数字化转型行动方案》印发，提出构建“15 分钟政务服务圈”。以城区镇街和城市社区为单位，按照居民人口密度分布情况，建设“15 分钟政务服务圈”，2020 年全面建成“城市社区 15 分钟政务服务圈”，提升市民办事便利度。

着力建设 15 分钟政务服务便民圈，是西安政务服务改革未来目标之一。近年来，西安市共建成各级政务服务机构 3615 个，全市首批 30 个镇街、40 个社区试点工作全面推开。

在社区要实现办事不出“15 分钟圈”，西安市这种分布式、下沉式的 15 分钟政务服务圈就是身边的便利店，尽可能把服务送到离企业工作和市民生活最近的地方，不仅减少人跑动的次数，也让跑动的距离变短，真正节省办事时间和成本。无论未来的科技技术多么先进，人提供的服务才最有温度。

点评：从指定地点可办到随处可办，政务服务下沉带来的附加影响是重建了公众与政府沟通的语境。

❶ 福州新闻网，http://news.fznews.com.cn/dsxw/20190929/5d8ffea643f66.shtml，2019 年 9 月 29 日。

❷ 人民网，http://m.people.cn/n4/2018/1221/c1275-12075004.html，2018 年 12 月 21 日。

符号：十办一化❶

城市：大连市中山区

释义：2019 年 2 月，在大连市召开营商环境建设工作会议之后，中山区随即启动新一轮营商环境建设工作。中山区委、区政府通过召开会议、广泛征求意见，最终确定了“十办一化”18 项政务服务举措，形成了《中山区营商环境建设“2019 版”实施方案》。

“十办一化”中的“十办”分别是小微企业和困难群体帮忙办、重点企业和重大项目包保办、咨询服务和错时预约网上办、群众服务就近办、政务服务一次办、注册登记联动办、行政审批容缺办、纠纷调解门口办、执法监管柔性办、服务全程监督办。“一化”是政务服务标准化。

围绕“十办一化”，中山区共制定 18 项政务服务举措，聚焦解决企业群众办事痛点、堵点、难点，彻底解决企业和群众办事反映强烈的“不会办”“怕麻烦”“不舒心”等问题。

符号：双减半❷

城市：上海市

释义：2019 年年是上海加快推进政务服务“一网通办”的攻坚年，在“一网通办”已接入 1674 项政务服务事项、90% 的审批事项实现“只跑一次、一次办成”的基础上，上海又提出“一网通办”的“双减半”目标，要求行政审批事项办理时限减少一半、提交材料减少一半。

在审批时限方面，该市以 2018 年年底的行政审批事项及办理情形为基础，按照具体办理情形逐一压减，推动审批部门进一步缩短审批办理时限，力争做到“能当场办结的当场办结，无法当场办结的提前办结”，实现审批办理时限比承诺时限平均减少一半。

在提交材料方面，该市明确了 4 个“一律不需提交”的原则，即没有法律法规依据的证明材料一律不需提交，能够通过数据共享或网络核验的材料一律不需提交，能够通过电子证照库调取的证照一律不需提交，能够通过告知承诺方式解决的材料一律不需提交，从而大幅精简办事材料。

经过全市 16 个区与 39 个市级部门 4 个多月的改革攻坚，“双减半”工作取得阶段性成果。目前，审批承诺时限已平均减少 59.8%，提交材料已平均减少 28.6%。

符号：刷脸零证办理❸

城市：平湖市

释义：如今，高铁站“刷脸”过安检，网购“刷脸”支付……人们的生活处处充斥着“高科技”。这几年，平湖市也积极加快智慧城市建设，为“放管服”改革创造了良好的基础。

2019 年年初以来，平湖供电与政府部门协力探索“互联网 +”服务，成为浙江省首家依托嘉兴政务数据共享系统建立“政务通”平台的单位。该平台由公司营业人员引导用户操作，只需 5 秒“刷脸”就能实现身份识别，快速准确地读取身份证、产权证、营业执照等证明材料，实现“数据多跑路、群众少跑腿”。“刷脸零证”轻松化解了忘带身份证、产权证等的尴尬。

目前，平湖电力已在新仓供电营业厅、平湖供电营业厅等 7 个营业厅及平湖市行

❶ 新浪网，http：//dl.sina.com.cn/news/m/2019-08-01/detail- ihytcerm7805244.shtml，2019 年 8 月 1 日。

❷ 人民网，http：//sh.people.com.cn/GB/n2/2019/0814/c134768-33250265.html，2019 年 8 月 14 日。

❸ 嘉兴市人民政府网，http：//www.jiaxing.gov.cn/art/2019/5/13/art_1578778_34041456.html，2019 年 5 月 13 日。

政服务中心安装嘉兴市一证通办数据共享系统和设备，可办理居民峰谷电价变更、过户、校表及企业高压新装、增容、临时用电、暂停（暂停恢复）等21类业务。

符号：三零模式❶

城市：兰州市

释义：数据“多跑路”，群众“少跑腿”，全程无纸电子化系统，突破了地域空间和办公时间的限制，将传统“面对面”服务转变为“键对键”服务，让企业设立登记真正实现了办理过程“零跑腿、零纸张、零见面”的“三零”模式。这是兰州市建立统一政务服务管理体系，理顺政务服务管理架构，营造和优化营商环境给群众带来的好处。

兰州市建立全市统一的政务服务管理体系，理顺政务服务管理架构是优化营商环境的体制基础。打造“横向到边”的全方位政务服务平台；纵向上积极构建市、区（县）、乡镇（街道）、村（社区）的一体化政务服务管理新体制，打造“纵向到底”的四级政务服务平台。

目前，兰州市已全面开展和推进“互联网+政务服务”工作，建设和开通了政务服务移动端，截至2019年5月上旬，市级政务服务事项网上可办率已达到96.77%，逐步实现“零跑腿、零纸张、零见面”的办事模式。

符号：顺手办❷

城市：北京市顺义区

释义：顺义区掌上办事大厅“顺手办”于2019年1月正式上线。至此，顺义的企业和市民，可以通过实体办事大厅、网上办事大厅、掌上办事大厅多种渠道办理政务服务事项，三管齐下，真正实现办事像“网购”一样方便。

“顺手办”，顾名思义就是不用特意跑路、不用专门等待、不受时间和地点的限制，捎带手儿就把想办的事情给办了。“顺手办”掌上办事大厅依托“顺义政务”微信公众号，首批上线功能包括我要办事、在线取号、预约取号、咨询建议等多个功能，涉及教育、文化、卫生、企业经营等各领域政务服务事项，全部实现了线上预约、线上申报等功能。

顺义通过将掌上大厅的事项和北京市统一行政审批业务平台的数据对接，用户前端提交、部门后端审核，实现事项办理的全线贯通。同时，该办事大厅还搭载了交通查询、公积金查询、社保查询等功能，提升服务附加值。

点评：“顺手办”的基础是要建立区域人员的生活轨迹数据地图，那样才可能把政务服务做到真正“顺手”。

符号：数小二❸

城市：西安市

释义：在旧社会，生活在社会底层的普通老百姓一般是没有名字的，只有上了学才有学名，一旦做了官也就有了官名。古时候驿站、茶馆、酒肆、旅店等处负责侍应的人，地位低下，人们常称其为小二。进入互联网时代，“店小二”已经成为电子商务发展中不可或缺的一个角色。他们负责招呼顾客、销售商品、帮忙发货，为“店小二”赋予了新的内涵。

2019年1月下旬，《西安市全面推进

❶ 甘肃经济日报，http：//szb.gansudaily.com.cn/gsjjrb/201905/20/c126814.html，2019年5月20日。

❷ 北京日报，http：//bjrb.bjd.com.cn/html/2019-01/22/content_2026913.htm，2019年1月22日。

❸ 凤凰网，http：//sn.ifeng.com/a/20181206/7080523_0.shtml，2018年12月6日。

“一网通办”加快数字化转型行动方案》印发，提出要以创建全国“三化五最”营商环境最佳示范城市为目标，推进政务服务平台规范化、标准化、集约化建设，打造智慧政务“数小二”品牌，实现政务服务线上线下融合互通，政务数据资源同城共享，100% 非涉密政务服务事项网上可办，达到全城通办、就近能办、异地可办的目标，实现企业和群众“最多跑一次”。

建设“最多跑一次”改革（数字化转型）项目，加快实现政务服务“一网通办”，是打造西安智慧政务“数小二”品牌的关键。数小二，作为数字政府店小二，通过搭建“大平台、大数据、大系统”，打破“数据壁垒”，推进政务服务、公共服务“全程网办”，让企业、群众办事如同网购一样便捷。

如今，西安市的各级党政机关和党员干部，从一把手到干部员工，所有人都争当金牌“店小二”和五星级“服务员”，着力优化营商环境。

符号：首席审批官❶

城市：福建省安溪县、鄂州市

释义：为践行政府服务“马上就办”、办事“最多跑一趟”的理念，安溪县在全省率先试点首席审批官委派制度，确定行政许可首席审批官并授予相应权限，代表所属部门“一把手”直接履行本部门授权范围内审批事项的审批职责。

在审批过程中，对不需现场踏勘、专家论证、会议决定的事项，首席审批官拥有审批决定权；遇重大事项审批或疑难问题，则采取由审批官牵头窗口工作人员，现场集体研究讨论后予以审批决定；不能在窗口一次性办结的，有办理建议权和协调督办权。这样既可有效避免审批官“单兵作战”，又破解了窗口“只挂号不看病”的顽症，确保审批行为依法、准确、按时办结。

审批官由政治素质好、业务能力强的部门中层以上干部或窗口负责人担任，持由行政审批部门颁发的“行政审批首席审批官任命书”“行政审批授权书”上岗。安溪县在发改、民政、卫计、市场监管 4 个服务窗口试点推行首席审批官委派制度，明确审批官职责权限与责任，确保其在日常业务管理内的审批决定权。通过项目整合，当地行政服务中心 80% 以上的事项由以前“一审一核”转变为“一人办结”，改承诺为即办，为办事群众节约 50% 以上的时间。

首席审批官制度，这种创新举措减少了内耗，优化了流程，改变了以往层层审核、层层递交的服务链体系，解决了群众审批办证“到处跑、多头跑、来回跑”的问题，让办事群众真正有了获得感、省心感、方便感。

符号：首席隐私官❷

城市：深圳市坪山新区

释义：2019 年 9 月 6 日，坪山区新型智慧城市与“数字政府”专家委员会正式成立。该委员会按业务方向划分了数字政府、智慧社会及法规与伦理隐私三个小组。其中，伦理隐私组将为该区在信息管理工作创新上提供咨询。特别值得关注的是，坪山区全面推行了首席隐私官制度。

首席隐私官，即专职把好信息安全关的“守门人”，是互联网遇上强调专业与

❶ 鄂州政府网，http：//www.ezhou.gov.cn/sy/bmdt/201910/t20191015_238518.html，2019 年 10 月 15 日。

❷ 广东新闻，http：//www.gdxinwen.com/news/20190908/145660.html，2019 年 9 月 8 日。

分工的现代企业管理概念所催生的产物。在企业，首席隐私官是专门负责处理企业中所有与隐私问题相关的事务，是在客户权益与公司利益之间表演“平衡特技”的人物，其在面对民间团体和个人时，是捍卫消费者隐私权的企业内部的有利人士。由政府聘用首席隐私官专司信息安全管理这种操作此前并不多见，善于从现代企业管理经验中汲取养分，也是政府社会治理的一种进步。

当数据被有效开放和共享之后，人民群众的信息在政府内部将变得透明，导致信息泄露且难以追责的问题。坪山区全面推行首席隐私官制度，是对传统的信息采集、数据保护及审查工作的一种创新，为政府应用数据的开放共享打下了坚实的基础。

点评：政府数据开放共享的“守夜人”。

符号：税邮云仓❶

城市：武汉市

释义：2019 年 8 月下旬，武汉市税务局和武汉市邮政公司合力建设的全国首个“税邮云仓”投入运行，一站解决纳税人网领发票所有问题。

“税邮云仓”是按照增值税专用发票仓库相关标准设立的发票专用仓库，同时设置发票分拣区、寄递操作区和客户服务区，实现大平面作业、流水线生产、自动化运行。税务部门和邮政企业共同受理武汉市范围内纳税人的网领发票申请、发票发放、收寄及咨询服务。

有了“税邮云仓”，过去人工审核、多层流转等问题都将解决，将原来的分散处理变为集中管理、自动处理，实现了“两减两优”，即减少办事层级和减少环节、减少税务人员服务压力，优化环境、优化服务。纳税人网上申领发票后，可随时上网查看快件运输状态，主城区范围内“半日达”，新城区“一日达”。

符号：深圳 90 改革❷

城市：深圳市

释义：2019 年 7 月 10 日下午，深圳市政府举行建设项目审批制度改革新闻发布会，正式公布《深圳市政府投资建设项目施工许可管理规定》和《深圳市社会投资建设项目报建登记实施办法》两个文件。这是继上周出台首批 100 个“不见面审批”事项清单后，深圳市委市政府贯彻落实习近平总书记重要指示要求，在进一步优化投资环境、推进政府审批改革上做出的又一重大改革举措，此次改革简称为“深圳 90”改革。

所谓“深圳 90”改革，即建设项目从立项到施工许可，政府部门的审批时间不超过 90 个工作日。为实现改革目标，两个规章将按照“双流程、双约束、共提效”的思路，从政府审批流程和建设单位管理技术流程两个层面共同推进，并依托“互联网 + 政务服务”保障技术实现。

改革按照“能并则并”“能简则简”“统一规范”的原则，对审批事项做了精简和规范。政府投资建设项目方面将目前的项目建议书、可行性研究、方案设计、初步设计、施工图设计和施工招标 6 个阶段整合为立项及用地规划许可、建设工程规划许可、施工许可 3 个阶段，全流程审批事项从 61 项精简到 49 项。

改革后，将原来的项目审批时限压缩了 2/3。政府投资建设项目从立项到施工许可办理完成，房建类项目审批时间控制

❶ 央广网，http：//news.cnr.cn/native/city/20190902/t20190902_524760216.shtml，2019 年 9 月 2 日。

❷ 人民网，http：//sz.people.com.cn/n2/2018/0802/c202846-31007022.html，2018 年 8 月 2 日。

在85个工作日以内，市政线性项目审批时间控制在90个工作日以内；社会投资建设项目从签订土地使用权出让合同至取得施工许可，审批时间控制在33个工作日以内，至不动产登记完成，审批时间控制在45个工作日以内。

T

符号：泰好办❶

城市：泰安市

释义：2019年8月16日上午，“泰好办”政务服务品牌发布暨自助服务终端启用仪式在泰安举行，集自助申报、便民查询、证明打印、自助缴费、视频连线直通窗口、全市通办6大功能于一体的“泰好办”自助服务终端正式亮相并启用。泰安计划自2019年起，实施3年“泰好办”政务服务品牌创建行动，打造成为全国有知名度、有影响力的政务服务品牌。

与“粤省事”“浙里办”等他省政务品牌相似，“泰好办”的泰表示的是地域，其真正的含义“太好办”，则是从办事企业和群众的视角出发，审视他们在政务服务中获得感和满意度。

“泰好办”自助服务终端的研发，是“泰好办”政务服务品牌创建的重要内容。在具体实施路径中，泰安将着力推进“十大专项工程”，即“一门集中”工程、“一窗受理”工程、“一链办理”工程、“市县同权”工程、智慧政务惠民工程、“贴心代办”工程、制度创新工程、中介服务提速增效工程、政务诚信建设工程、专业职业化窗口干部队伍建设工程等。

目前，“泰好办”自助服务终端已经在泰安市本级、所属6个县（市、区）及高新区政务服务大厅，88个乡镇（街道）便民服务中心以及86个重点社区（村）便民服务点进行部署应用，共部署220台，实现了市县乡和重点社区全覆盖。

W

符号：五减改革❷

城市：济南市

释义：针对企业和群众办事的痛点、堵点、难点问题，2019年9月下旬，济南市出台《关于推进制度创新加快流程再造 实现“在泉城·全办成”的实施意见》，加快流程再造和制度创新，深化减材料、减证明、减环节、减时限、减费用“五减”改革，推动政务服务数字化转型，力促企业和群众办事“一次办成”。

“五减”一是削“减”申报材料。凡是没有法律法规依据的一律取消，能够整合的一律整合，前一环节已收取的不再要求重复提交。目前，济南市工程项目建设审批管理系统已上线试运行，申报材料由500余个减至160余个，减少约70%。

二是清“减”证明。2018年以来，济南市开展了多轮证明事项清理工作，各部门加大“减证便民”攻坚力度，市行政审批局取消171个审批事项的183件证明材料。试点告知承诺制，将证明材料改为书面承诺。

三是压“减”审批环节。对审批流程进行梳理和推演，删减不必要的环节，实行简易事项“独任审核”，推广容缺受理模式，推行“不见面审批”。

四是缩“减”办理时限。梳理当场办结事项目录，在法定办理时限内压缩承诺时限，将一般工程建设项目全过程审批时间压缩至85个工作日以内。设立24小时

❶ 人民网，http://sd.people.com.cn/n2/2019/0816/c166192-33258968.html，2019年8月16日。

❷ 新华网，http://www.xinhuanet.com//local/2019-10/04/c_1125071860.htm，2019年10月4日。

自助服务区，实现更多事项“秒批秒办”。

五是“减”少办事成本。推广绿色通道、首席服务官和数字化审图等措施，实行免费刻章、免费复印、免费双向快递，推行预约服务、延时服务，切实解决企业群众来回跑、成本高问题。

符号：无证明城市❶

城市：金华市

释义：2019年2月23日，金华市举办深化减证便民全面实施“无证明城市”启动仪式，由此率先成为全国首个“无证明”地市。

“无证明城市”是指在全金华市范围内，群众和市场主体办事无需再提交自己跑腿去开具的证明材料，也就是指群众和市场主体未持有、由第三方权威机构开具、针对特定事项具有举证意义的盖章类材料。在证明事项清理过程中，采取项目化管理的方法，取消一项，注销一项，并实行了“六个一律”取消。即凡是没有法律法规明确规定的证明材料，一律取消；凡是开具证明的部门、镇街或村居无权查证、无法开具的证明材料，一律取消；凡是能够通过申请人现有证件、凭证办理的，一律取消；凡是能通过申请人书面承诺等信用管理手段解决的证明材料，一律取消；凡是能通过部门间会商核查或实地调查核实的证明材料，一律取消；凡是能通过市政务网大数据信息平台实现数据信息互联共享的证明材料，一律取消。

值得注意的是，“无证明城市”并非不需要任何证明，如身份证、学生证、不动产证、营业执照等各类证照等自持材料，申请补助审批表、施工审批表等审核材料，公证书、判决书、裁定书、调解书、裁决书等具有法律效力的司法文书，当事人在诉讼中为了举证主动提供的证据材料等诉讼证据仍需要市民提供。

Y

符号：一城通❷

城市：南京市

释义：南京市首批20个“一城通办”事项，于2019年8月下旬在江苏政务服务网南京旗舰店上线运行。此次上线运行的“一城通”项目涉及民政、卫健、人社、残联四大与民众生活密切相关的领域。

开通“一城通”就是要打破层级和区域限制，形成全市标准化的事项办理指南和统一的申办材料，以便办事人可以在全市不同区域就近申请相关事项办理。市民可在江苏政务服务网上“宁满意”模块的“一城通”中，查看需要申办的事项后，携带申请材料到就近的政务服务窗口，由窗口工作人员通过网上“办件转交”功能模块，转交到对应的部门、区、街道办理。

“一城通”项目小组正积极推进市公安局、人社局、民政局、卫健委、残联、气象局等有关部门单位开展相关事项梳理工作，预计近60个“一城通办”事项在2019年年底前分批上线运行。

符号：一号答❸

城市：江苏省

释义：政务服务“一号答”是全省

❶ 人民网，http：//legal.people.com.cn/n1/2019/0226/c42510-30002740.html，2019年2月26日。

❷ 荔枝网，http：//news.jstv.com/a/20191231/f9423417a171[illegible].shtml，2019年12月31日。

❸ 中华人民共和国中央人民政府网，http：//www.gov.cn/xinwen/2017-11/25/content_5242126.htm，2017年11月25日。

“12345”在线一体化建设中的一项重要工作，是指企业和市民有关行政审批事项和政务服务的咨询、诉求，全部可以通过“12345”这个号码解答。具体讲，就是在“12345”在线平台开设专门的入口来承接企业、群众对不见面审批的相关诉求并提供其他延伸服务。包括三个方面的服务范围。一是提供行政权力事项和公共服务事项咨询和协同办理；二是解答“不见面”审批（服务）事项的办理流程、所需材料和其他相关事项；三是接受企业群众对“不见面”审批（服务）和政务服务网在省、市、县、乡（镇）四级服务建言评价。

企业和市民在办理政务服务事项遇有疑问时，可直接拨打当地“12345”服务电话，进入“一号答”语音导航；或通过关联网站、微信公众号及 App 等渠道进入“一号答”专项入口。各级“12345”在线汇总梳理政务服务“一号答”相关信息，及时反馈给“不见面”审批（服务）和政务服务网管理部门，做到“一个平台受理、三级联动办事”。

符号：一号窗口❶

城市：广东交警、江苏交警

释义：车辆遭跨省套牌该怎么办？对车辆交通违法行为处罚信息有异议，又该如何维权？对此，广东交警部门统一设立专治“疑难杂症”的“一号窗口”，实行跨部门、跨地区集中受理、联动解决群众办理车管业务中涉及机动车和驾驶证管理及交通违法处理方面的疑难事项。

广东交警在 2018 年便启动了“一号窗口”工作。2018 年 12 月 3 日，省厅交管局印发了《广东省公安交警部门建立“一号窗口”集中受理群众疑难杂症事项工作方案的通知》，部署在全省公安交警部门建设实施“一号窗口”，同时，以深圳支队作为试点单位。

“一号窗口”实行首接负责制，对群众提出的属于职责范围内的求助事项，不论交通违法行为发生地在本地还是在外地，均要受理并认真调查。同时，省局开发了统一的信息管理系统，全省所有“一号窗口”受理的业务都采集进系统，网上流转、全省联动，提高办事效率。

符号：一件事一次办❷

城市：湖南省

释义：2019 年 4 月 9 日，湖南省政府常务会议审议通过《“一件事一次办”改革工作实施方案》及首批 100 项“一件事一次办”事项目录表，标志着湖南省正式启动“一件事一次办”改革。

“一件事”是指企业、群众需办理的一个事项，既可以是单独的“一件事情”，也可以是需到多个部门办理或多件相关的“事”“一揽子事”，经过梳理整合、流程再造后，变成企业、群众眼中或窗口统一办理的“一件事”。

“一次办”是指一次告知、一次表单、一次联办、一次办好，线上一次登录、一网通办，线下只进一扇门、最多跑一次。

此次改革，逐步实现从部门审批一个事项向服务企业群众“一件事”转变，从每个部门“最多跑一次”向“一件事”“最多跑一次”转变，从企业群众眼前的“一件事”“一次办”向任何“一件事”“一次办”转变。将“放管服”改革、行政审批制度

❶ 微讯江苏，https：//baijiahao.baidu.com/s?id=1604887416783905980&wfr=spider&for=pc，2018 年 7 月 2 日。

❷ 中华人民共和国中央人民政府网，http：//www.gov.cn/xinwen/2019-11/24/content_5454987.htm，2019 年 11 月 24 日。

改革、“互联网+政务服务”等各项工作有机串联起来，是湖南进一步方便企业群众办事的一项重要举措。

符号：一链办理❶

城市：山东省、赣州市

释义：山东省政府新闻办公室2019年5月13日举行新闻发布会，解读《关于聚焦企业和群众关切深化“一窗受理·一次办好”改革的措施》（以下简称《措施》）。《措施》要求，进一步聚焦“群众眼中一件事”，2019年年底前，山东省和各市在推进项目落地、企业注销便利化、证照联办等方面再推出一批高频“一链办理”事项。

“一链办理”，就是根据群众企业常办、高频事项的关联程度，将分散在多个部门多个窗口的事项按链条进行优化整合，推行一次告知、一表申请，将“一事一流程”整合为“多事一流程”，推出“套餐式”服务。“一链办理”服务具有材料进一步精简、流程进一步优化、时限进一步压缩等特点。

山东省莱州市“一链办理”事项清单目前共包含16个事项，主要聚焦基层量大面广、与群众生活密切相关的重点领域和高频办理事项，发力在实处。随着“一链办理”的推行，多项相关业务可以交给一个窗口办理，打破部门（单位）界限，缩短办理业务的时间，减少烦琐流程，是促进审批服务便民化的实际性举措。

符号：一栏通❷

城市：南京市

释义：2019年8月下旬，南京市“宁满意”工程首批特色政策事项“一栏通”在江苏政务服务网南京旗舰店上线，专门发布特色政策事项清单，提供专项政策解读咨询。

各级各部门的特色政策事项有不少，此前是各自分散在自家的网站，“一栏通”上线后，则集中发布在南京旗舰店“宁满意”工程页面。首批上线的“一栏通”包括创新名城一号文、宁聚计划、减税降费、社会保障、扶残助残、个税改革专栏等6个专栏。“一栏通”做到了政策事项可阅、可问、可办、可评，真正让办事人“找得到、看得懂、办得快、可监督”，享受专栏服务的高效、精准、便捷。

符号：一趟清 & 一条龙❸

城市：佛山市

释义：2019年3月18日，佛山市在禅城区智慧新城行政服务大厅举行“证照联办”改革启动仪式，联审联办“一趟清”、申请材料“一张表”、多证办理“一条龙”的“证照联办”服务于6月起全市实施。

证照联办是指营业执照和后置经营许可证同时受理、同步发证，实行关联审批事项一次告知、同步受理、资料共享、精简流程、统一发证的联审联办新模式。

作为“证照联办”改革的亮点，联审联办“一趟清”是指所有“证照联办”的事项都可以在同一综合服务窗口申请办理并领取证照，窗口一次性告知并接收多个关联许可事项申请，在各项审批完成后统一将所有证照送达申请人。此举有效打破各审批部门各自为政，多渠道受理的传统审批模式，解决企业和群众办事“多头跑”“反复跑”的问题。

❶ 赣州市政府网，http：//www.ganzhou.gov.cn/zfxxgk/c100449rn/2019-05/08/content_6aded226ea4843609ddf949c36ab2f16.shtml，2019年5月8日。

❷ 扬子晚报网，https：//news.yangtse.com/content/743856.html，2019年8月20日。

❸ 南方网，http：//fs.southcn.com/content/2019-03/19/content_186103809.htm，2019年3月19日。

多证办理“一条龙”是指申请人按办事行业主题一次性提出办事申请，系统自动识别分派至各级部门并联审批，审批状态共享，审批结果互认，大幅压减了企业办理证照的时限，为企业提供了进入市场的快速通道。

通过开发搭建全市统一的证照联办审批平台，打通各部门间的数据壁垒，推行“统一受理、并联审批、统一发证”的服务模式，让数据“多跑路”、企业“少跑腿”，使企业更快速、更便捷拿到营业执照并尽快投入正常运营，释放企业创新创业活力。

符号：一业一证❶

城市：上海市浦东新区

释义：2019 年 7 月 31 日，上海浦东新区举行“一业一证”改革发布会，并颁发首批行业“综合许可证”。这标志着浦东在全国率先推进行业准入审批改革，把过去一个行业多个审批事项整合为一张许可证即可“闯天下”。

所谓“一业一证”，就是把一个行业准入涉及多个审批事项整合于一张行业综合许可证上，不仅破解企业曾经“准入不准营”的难题，办证的速度与便利度均可大幅提升。

“一业一证”改革背后，浦东探索了“六个一”的流程再造，即实现“一帽牵头”，一个行业由一个部门牵头建立“放管服”高效协同机制；实现“一键导航”，重构审批事项指引方式，实现企业办事导引从“模糊查找”转变为“个性定制”；实现“一单告知”，对审批条件进行标准化集成，形成一张准确、清晰、易懂的告知单；实现“一表申请”，将多张申请表合并集成为一张申请表，系统申请材料中抓取数据自动填写；实现“一标核准”，梳理整合一个行业涉及的多个审批环节，变“串联”为“并联”；实现“一证准营”，把一个行业准入的多张许可证进行彻底整合。

Z

符号：政创空间❷

城市：浙江省

释义：2019 年 8 月 21 日，浙江省政府“互联网 + 督查”平台“浙里督”在浙江政务服务网和“浙里办”App 上线运行。浙江省由此形成“互联网 + 政务服务”“互联网 + 监管”“互联网 + 督查”三箭齐发、并驾齐驱的局面。

“浙里督”设置“重点督查”“绩效管理”“政创空间”“民生地图”等板块，与国务院“互联网 + 督查”平台紧密对接，实现问题线索网上收集、督查事务政民互动、绩效考评结果公开、政府创新同台竞技、民生事项在线监督。

其中“政创空间”作为政府改革创新经验的展示区，以“比一比，政府改革谁先行”为着眼点，推介各地各部门可复制、可推广的改革创新最佳实践。浙江省在政府部门绩效考评体系中专门设立“改革创新”指标项，今年还进一步创设“省政府改革创新奖”。为此，“部门政创空间”将展示省级部门年度改革创新项目评审结果，逐一推介优秀的改革创新案例；“市县政创空间”展示各地涌现的具有先行和示范意义的改革经验。

点评：通过平台思维激发政府部门内

❶ 上海市政府网，http：//www.shanghai.gov.cn/nw2/nw2314/nw2315/nw4411/u21aw1396356.html，2019 年 8 月 1 日。

❷ 浙江政务服务网，http：//jx.zjzwfw.gov.cn/art/2019/8/21/art_1179048_37177040.html，2019 年 8 月 21 日。

部创新的数字化模式。

符号：政务便利店❶

城市：上海市、武汉市、瑞安市

释义：将政务功能放到云端、再送到家门口，是一项便民利民的重大举措。如今，遍布上海市的200多个社区事务受理中心，正在承担连接政务云与市民民生的使命。

社区事务受理服务中心，是上海设在街镇层面、集中为居民群众提供个人政务服务的社区综合性服务机构，也是政务直面居民需求"最后一公里"的落点与窗口。经过多年建设，上海的社区事务受理服务中心这个市民家门口的"政务便利店"，已全面实现"三一两全"，即社区事务线上"一网通办"、线下"一窗受理、一次办成、全市通办、全年无休"。

"政务便利店"还提供"全时服务"。2018年3月实施"全市通办"后，各社区事务受理服务中心真正实现了365天为民服务不间断，即居民在周末和国家法定节假日也能办理事务，同时工作日中午时段也将提供服务。

社区事务的"全网通办"所依托的信息系统平台，需要对接后台11个委办局的22个业务系统（个别委办局有多于1个业务系统），才能动态地实现169个事项的"一窗受理，一窗反馈"。这样一来，居民可以在全市任何一个社区事务受理中心办理个人事务，而不受户籍所在地的限制。

符号：政务服务+❷

城市：深圳市龙岗区

释义：近年来龙岗区通过不断改革创新，围绕数字政府建设，推行政务服务事项全流程网上办理模式，精简申办材料、优化办事流程等，让群众办理政事越来越方便，越来越简单。在政务服务越来越便利的同时，仍存在一些问题，例如不少群众对办理流程、办理资料不熟悉，仍希望有人能面对面进行讲解，手把手带他们办理。

引入第三方平台，实现"政务服务+"，为办事群众、企业提供身边的政事办理咨询，正是龙岗区政务服务数据管理局整合利用社会资源、提升政务服务质量，多层次多方面为民服务、提高群众获得感的生动体现。

"政务服务+"，就是整合社会资源、市场资源，找准多方切入点，让更多具有公信力且与企业、群众日常经营、生活挂钩的机构，如银行、快递、互联网平台的社会平台自愿成为政务服务的"店小二"，为身边的群众提供专业的政事办理指南。

除了"政务服务+银行""政务服务+园区""政务服务+互联网平台"，后续龙岗还将探索更多"政务服务+"内容，进一步拓展"政务服务+邮政""政务服务+人工智能""政务服务+行业协会"等服务内容，利用社会力量真正将政府服务送到办事企业、群众的身边，助力龙岗打造一流营商环境。

❶ 中国新闻网，http：//www.sh.chinanews.com.cn/shms/2019-05-28/57360.shtml，2019年5月28日。

❷ 龙岗政府在线，http：//www.lg.gov.cn/xxgk/ztzl/yshjzt/jyjl/201911/t20191107_18516062.htm，2019年11月7日。

符号：政务服务 5S❶

城市：德州市德城区

释义："政务服务 5S"模式是德城区为深化"一次办好"改革推出的融合服务模式，包括延时服务、上门服务、帮办代办服务、零距离服务和一站式服务五种服务，是区行政审批服务局"融服务"政务品牌的重要组成部分。

德城区行政审批服务局在工商登记窗口试点开展"延时服务"，对临近下班或刚下班时间受理的业务，窗口工作人员推迟下班时间，延时办理至该事项办结。

为进一步打通服务群众的"最后一公里"，针对行动不便的特殊群众，开展"上门服务"。

将"学雷锋志愿服务"和"帮办代办服务"深入融合，组建了"融服务"志愿帮办服务队，为企业和群众免费提供办事咨询、材料准备、业务办理、证照邮寄等"帮办代办服务"。

探索打破传统柜台式服务模式，将被动坐等服务变为主动靠前服务，在设置大厅值班班长的基础上，让部分窗口工作人员走出柜台，在自助服务区为群众提供"零距离服务"。

推进各类政务服务和便民服务事项进驻区政务服务中心，整合企业开办、食品药品店开办、民办教育机构开办等多个链条，为群众办事提供"一站式服务"。

符号：政务管家❷

城市：西咸新区空港新城、杭州市西湖风景名胜区

释义：在开展政务服务的实际工作中，企业和群众办事仍存在多次跑路、帮办人员不统一、办事时间不自由、办事资料不明晰等问题。为解决这些痛点难点问题，"政务管家"应运而生。

"政务管家"是空港新城创新设置的一种概念性岗位。既然要做"管家"，就要成为全方位的行家"能手"，既要对企业办事可能涉及的所有业务了如指掌，还要对所服务的企业有深入了解，甚至还要与管委会各部门间有足够的沟通互动，才可能胜任这一岗位，"政务管家"为提升政务服务水平带来了一次全新改变。

在空港新城政务服务大厅，"政务管家"可为办事企业和群众提供全流程的业务咨询、事项受理、帮办代办、预约提醒、邮递上门等服务。此外，从 2019 年 7 月开始，空港新城开始实行"窗口前移、管家上门"政务服务常态化进社区、进企业工作模式，让"政务管家"走出政务服务中心，上门送服务。空港新城同时开通 33633792"政务管家"热线，办事企业和群众可拨打热线咨询业务办理流程进度，或进行投诉、提出建议，还可电话定制政务事项办理时间。

从"坐等上门"到"主动上门"，从"你提需求我服务"到"全程主动包干"。"政务管家"不仅将推动政务服务向精准化、定制化发展，更让建设服务型政务真正落到了实处，对于着力打造国际化营商环境的空港新城而言，意义重大。

符号：政务人工智能训练师❸

城市：杭州市

释义：2019 年 1 月 21 日，近 200 位来自浙江省 42 个省直机关和省、市、县(市、

❶ 德州新闻网，http：//www.dezhoudaily.com/p/1461760.html，2019 年 6 月 19 日。

❷ 腾讯大秦网，https：//xian.qq.com/a/20190929/ 007815.htm，2019 年 9 月 29 日。

❸ 浙江政务服务网，http：//qz.zjzwfw.gov.cn/art/ 2019/1/22/art_1179053_29893774.html，2019 年 1 月 22 日。

区）信访局的工作人员成为全国首个“政务人工智能训练师培训班”的学员，在统一接受系统性培训和考核后，他们将正式成为全国首批“政务人工智能训练师”。“政务人工智能训练师”是浙江省信访局和阿里 CCO 的一项创新尝试，把一线办事人员请入人工智能技术学习的课堂，让人工智能技术的应用第一次真正成为政务服务创新的推动力。

老百姓的办事需求也越来越个性化，政务知识库需要不断完善和不时更新，如何让人工智能机器人“学习”新知识，“理解”复杂需求，乃至“协调”不同部门处理工作，就是未来的“政务人工智能训练师”需要完成的工作。

浙江省首批“政务人工智能训练师”培训班，培训内容不仅包括智能问答和智能分派算法原理、语音交互流程设计等 AI 技术基础知识，还有专为此次培训设计的智能政务解决方案、政务知识运营管理等定制课程。

点评：“政务人工智能训练师”本质就是智能政务服务的“数据饲养员”。

电子政务理事会名单

顾问

周宏仁　国家信息化专家咨询委员会常务副主任
高新民　国家信息化专家咨询委员会委员、中国互联网协会常务副理事长
陆宇澄　欧美同学会常务副会长、北京市人民政府原副市长

理事长

陆首群　中国开源软件推进联盟主席、中国工业经济联合会副会长　教授

常务副理事长

任守信　中共中央办公厅信息中心原主任
汪玉凯　中国行政体制改革研究会副会长、国家信息化专家咨询委员会委员、国家行政学院教授
周德铭　中国审计学会副秘书长、计算机审计分会会长、“十二五”国家电子政务指导专家组专家

副理事长

王安耕　国家信息化专家咨询委员会委员、中国国际信托投资集团公司原总工程师
孙　钢　天津市工业和信息化委员会副主任
戴瑞敏　国家行政学院电子政务专家委员会委员、国家分类与代码标准化委员会委员
金　锋　江西省信息中心原主任
查宗祥　国土资源部信息中心原副主任
江一山　最高人民检察院检察技术信息研究中心原副主任
石跃军　国家工商行政管理总局信息中心总工程师
阎冠和　北京市经济和信息化委员会原副主任
倪　东　北京市东城区信息化工作办公室原主任
刘惠军　青岛市人民政府原副秘书长、青岛市电子政务和信息资源管理办公室原主任
王　俊　湖北省宜昌市人民政府副秘书长兼市智慧城市建设办公室原主任
胡善勇　华为企业业务中国区总工程师、中国计算机学会计算机安全专业委员会委员

常务理事

蔡　阳　水利部信息中心（水文水资源监测预报中心）主任
崔卫东　青岛市电子政务和信息资源管理办公室主任

陈　俊　江苏省信息中心副主任
陈晓桦　中国信息安全产品测评认证中心副主任、总工程师
丁明柱　国家测绘地理信息局地理信息与地图司（测绘成果管理司）副司长
董学耕　海南省工业和信息化厅总工程师
董振国　河北省电子政务研究会长常务副理事长
何　军　南京市信息中心主任
洪之民　山东省信息中心主任、党委书记
扈喜平　内蒙古自治区人民政府办公厅电子政务中心副主任
胡晓明　中国社会出版社监事会主席
胡学同　江苏省经济和信息化委员会副主任
黄长清　湖北省武汉市互联网信息办公室（武汉市网络安全和信息化领导小组办公室）主任
李景相　甘肃省人民政府办公厅副巡视员
李世东　国家林业局办公室副主任、信息化管理办公室主任
李晓波　国土资源部网络安全和信息化领导小组办公室专职副主任
刘　斌　中央纪委信息中心（网络举报管理中心）副主任
刘春贵　山东省济南市信息中心主任
刘　稚　新疆维吾尔自治区人民政府电子政务办公室主任
单志广　国家信息中心信息化研究部首席工程师、规划研究室主任、研究员
商建东　河南省郑州市人民政府副秘书长
宋　庆　中央机构编制委员会办公室电子政务中心副主任
孙松涛　上海市人民政府办公厅电子政务办公室主任、上海市公众信息网管理中心主任
谭晓准　公安部科技信息化局党委书记
王海青　广东省党委系统信息化中心主任
王　进　浙江省经济信息中心常务副主任
王连印　中国信息安全认证中心党委书记兼副主任
王智玉　审计署信息化建设办公室原主任
信宏业　文化和旅游部信息中心副主任
徐富春　环境保护部信息中心副主任
杨　飞　湖北省信用信息中心副主任
杨京英　国家统计局统计科学研究所高级统计师
杨胜万　全国人大信息中心副主任、中国人大网总编辑
杨志新　湖南省人民政务发展研究中心巡视员
姚　琴　国家税务总局电子税务管理中心主任
曾德华　教育部教育管理信息中心副主任
钟福雄　最高人民检察院检察技术信息中心副主任

理　事

蔡俊武　山西省大同市人民政府信息化中心（政府服务热线管理中心）主任

曹红星　上海市高级人民法院信息管理处处长

陈俊清　陕西省商洛市人民政府政务信息化办公室主任

陈伟波　广东省汕头市电子政务管理办公室主任

陈玉娣　南京海关信息化副调研员

池宏洲　山西省经济和信息化委员会信息处处长

崔新强　武汉市信息中心政务网络部主任

戴　辉　北京市国家税务局征科处处长

戴兆斌　江苏省南通市信息中心副主任

董藏收　山东省东营市电子政务和信息资源管理中心主任

董美娣　上海市科技信息中心主任

段玉鹤　河南省漯河市行政服务中心党工委书记、主任

杜志芳　东软集团（北京）有限公司副总经理

范跃宇　福建省南平市数字福建闽北工程建设领导小组办公室主任、高级工程师

冯立三　内蒙古自治区赤峰市人民政府信息中心主任

龚　平　北京亚细亚智业科技有限公司总经理

顾　纺　安徽省六安市电子政务办公室主任

郭　环　广州市越秀区发展和改革局局长

郭宗泽　山西省晋城市人民政府信息化管理办公室（信息中心）主任

韩亚彪　山西省统计局统计新闻处调研员

韩义森　江苏省扬州市政府信息资源管理中心副主任

郝万亮　山东省潍坊市经济和信息化委员会副主任、潍坊市综合信息中心主任

何建吾　中关村科技园区海淀园管理委员会企业发展促进处（海淀区经信办、区人民政府信息办）处长、主任

贺金珂　山东省德州市电子政务办公室主任

黄　锐　浙江省杭州市大数据管理服务中心（杭州市人民政府电子政务办公室）主任

黄田田　浙江省台州市委市政府信息中心副主任

黄伟建　北京科烨盈创科技有限公司总经理

蒋如明　湖南省永州市政务中心党组副书记、副主任

李　景　大连市花园口经济区行政服务中心主任

李启青　北京市东城区信息化工作办公室副主任

李　云　北京市平谷区信息中心副主任

梁占武　长春市工业和信息化局（长春市中小企业发展局）副局长

刘　琨　北京市市政管理委员会信息中心主任

刘绍业　湖南省娄底市电子政务管理办公室主任、党组书记

刘秀梅　全国社会保障基金理事会信息技术部信息处理处处长

潘建国　河南省南阳市电子政务中心主任
潘哲旭　黑龙江省佳木斯市信息中心主任
彭宝富　山西省朔州市人民政府信息中心主任
亓　巍　武汉市科技信息中心主任、高级工程师
钱建国　内蒙古乌海市人民政府信息化办公室主任
钱　杰　上海市绿化和市容管理局科技信息处处长
冉忠涛　大连市人民政府行政服务中心电子政务处处长
邵德奇　科学技术部信息中心处长、研究员
佘贵清　北京市互联网法院副院长
盛　铎　河南郑州市电子政务中心主任
石志明　湖南省长沙市人民政府电子政务管理办公室副主任
苏　轶　广西壮族自治区人民政府办公厅电子政务管理办公室副主任
税　军　海南省工业和信息化厅信息化推进处处长
宋　刚　北京市城市管理综合执法局科技信息中心
宋　唯　上海市房屋土地资源信息中心主任
宋彦敏　广东省广州市科技和信息化局电子政务处处长
史　明　辽宁省沈阳市经济信息中心总工程师
孙立杰　贵州省六盘水市电子政务办公室主任
孙丽梅　中国国家博物馆信息网络部副主任
唐慧荣　贵州省贵阳市工业和信息化委员会副主任、贵阳市信息产业发展中心主任
陶小平　湖南省衡阳市电子政务管理办公室主任
滕建新　湖南省怀化市电子政务管理办公室主任
汪　诚　人力资源和社会保障部信息中心宏观规划处处长
王汝国　北京市监狱管理局技术装备处副处长
吴玉娥　十堰市人民政府电子政务办公室主任
肖　兵　江西省九江市人民政府信息化工作办公室党组书记、主任
熊朝阳　重庆市人民政府电子政务办副主任
殷光霁　上海市虹口区人民政府办公室副主任
尹国胜　山西省晋中市委市政府信息化中心主任
尹　岷　北京市规划和自然资源委员会国土信息中心主任
余力克　江西省交通运输厅信息中心主任
于　伟　北京市住房和城乡建设信息中心主任
袁启告　江西省宜春市人民政府办公室（市政府政务信息化办）副主任
乐　知　深圳市罗湖区数字政府建设管理局局长
张斌峰　江苏省人力资源和社会保障信息中心主任
张友盛　福建省龙岩市数字龙岩建设办公室主任
张光玉　黑龙江省政府办公厅电子政务办公室调研员
张建明　江苏省无锡惠山区通信信息网络中心主任

张军力　福建省厦门市电子政务中心副主任、教授级高级工程师
张立华　吉林省高级人民法院技术处处长
张新汉　陕西省汉中市信息化工作办公室主任
赵常山　北京市大兴区经济和信息化局副局长
赵更虎　陕西省铜川市电子政务办公室主任
赵　宏　长春市人民政府办公厅电子政务处处长
赵　军　山东省东营市人民政府办公室电子政务中心主任
赵仕品　成都市人民政府行政效能建设办公室副主任
郑　辉　山东省电子政务协会副秘书长
郑新广　大连市人民政府网站管理中心副主任
周玉芬　南京紫金数云信息技术有限公司副总经理
周兆贤　广东省肇庆市经济与信息化局党组成员、肇庆市信息中心主任
朱建伟　沈阳市民政局信息中心主任
朱孝军　安徽省马鞍山市信息化管理办公室主任
朱树宏　北京市西城区卫生和计划生育委员会信息中心主任
邹　力　交通运输部科技司副巡视员

后 记

刚刚过去的6个月，中国和世界经历了一场前所未有的新冠疫情，虽然我们已经欣喜地看到，中国的疫情已经得到了基本的控制，经济在迅速回升，A股迎来了期盼已久的“复兴牛”，甚至个别地区的输入性疫情和北京新发地疫情也正被高效的应对措施和百姓的主动性配合所控制，中国的经济、社会似乎正在新的“复兴”机遇刺激下焕发出强劲的活力与新动能。

而疫情期间我们不断感受到数字化转型、新的数字经济的普惠便利，“健康通”打破了疫情对社会和生活的“隔离”，信息化轻而易举的恢复了“隔离”状况下的新联结、新消费、新基建、新增长。特别是与一些霸凌国家的“孤立”“退出”“脱钩”行为相比，正在享受数字化生活、信息社会的中国人至少增加了几分自信、自尊、自豪、自强，不会再轻易相信“月亮是外国的圆”了。

就在这样一段从震惊、受伤中不断恢复强壮的日子里，《中国电子政务年鉴（2019）》终于完成了编辑出版工作。可能会晚一个月和读者见面，但只要想到这几个月我们所处的抗疫环境，仍然要感到庆喜和欢欣。请大家记住，在抗击新冠疫情的日子里，所有的作者、编辑、编委，大家都在努力的工作，履行我们自己的职责。

感谢所有的供稿单位、作者，感谢电子政务理事会秘书处的全体工作人员张晓梅、赵凤娟、申东、黄喆，感谢本书的责任编辑。

电子政务理事会秘书长

彭维民